國共東北大決戰歷史真相

雪白血紅

張正隆 著

www.cosmosbooks.com.hk

書　名　雪白血紅
作　者　張正隆
出　版　天地圖書有限公司
香港皇后大道東109-115號
智群商業中心13字樓（總寫字樓）
電話：2528 3671　傳真：2865 2609
香港灣仔莊士敦道30號地庫／1樓（門市部）
電話：2865 0708　傳真：2861 1541
九龍旺角通菜街103號（門市部）
電話：2367 8699　傳真：2367 1812
發　行　香港聯合書刊物流有限公司
香港新界大埔汀麗路36號中華商務印刷大廈3字樓
電話：2150 2100　傳真：2407 3062
出版日期　2010年6月／(重排本)　初　版・香港
2014年9月／（重排本）第五版・香港
ISBN : 978-962-257-517-2

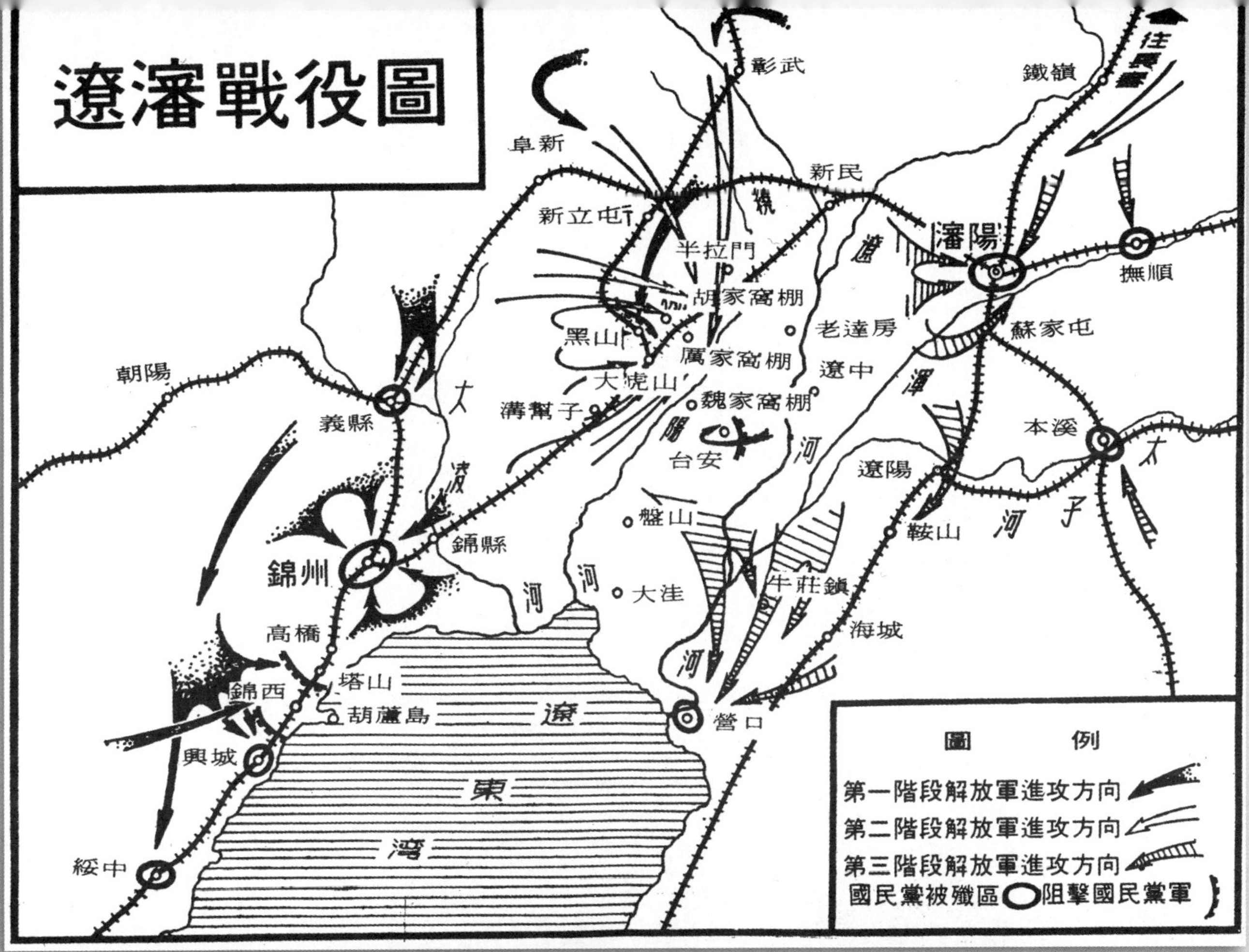

這是《雪白血紅》的背景，在整個遼瀋戰役中，中共居於攻勢。但在此之前，國民黨軍隊也曾在東北多次戰勝解放軍。

在東北的戰略部署上，毛澤東與林彪曾有過很大的分歧。

中共四野名將，左起：
第一排：聶榮臻、羅榮桓、林彪；第二排：黃克誠、劉亞樓、高崗。
林彪時任東北局書記，總司令兼政治委員。

林彪麾下的四戰將：

黃永勝與他的夫人項輝芳

左起：李作鵬、吳法憲、邱會作

圍困錦州城的解放軍炮兵群

遼瀋戰役塔山狙擊戰的解放軍陣地

圍困錦州

遼瀋戰役中，東北野戰軍追擊廖耀湘的「西進兵團」。

蔣介石與杜聿明（右）。國共爭奪東北時，杜聿明受蔣任命為東北保安司令長官。

國民黨東北「剿總」司令衛立煌，並不完全聽從蔣介石的命令。

國民黨抗日名將廖耀湘

廖耀湘統率的機械化部隊新六軍，在抗日戰爭中屢建奇功，最後在內戰中被解放軍全殲。

被解放軍包圍的國民黨部隊，包括新一軍和新六軍，都是曾經前赴緬甸抗日的軍隊。

1948年10月19日，國民黨「東北剿匪總司令部」副總司令兼第1兵團司令官鄭洞國（中）在長春率部放下武器後抵達哈爾濱。

滇軍出身的曾澤生（右）1938年3月以血戰台兒莊一役成名。
1948年東北內戰中率領六十軍在長春起義。
圖為解放軍長春前線司令員蕭勁光（中），政委蕭華（左），
接見曾澤生。

解放區的民工支前小車隊

目 錄

一四、中國，幾點鐘？

歷史是甚麼？

——自序

睡候車室。住高級房間（每天10至16元的）。揣着麪包去檔案館查閱資料。鑽山溝尋訪舊戰場。走街串巷找那些小洋樓和四合院，按用目力難以辨清層次的建築中的某隻門鈴。汽車換電車，電車換汽車，最多一天坐公共電（汽）車花三元多。經常坐首班車出去，坐末班車回來。有時連把方便麪扔進「熱得快」的興致都沒了，還得去撥拉那些挺難撥拉的電話，預約明後天的採訪對象。

這樣跑了近一年，就去爬格子。在長這麼大沒那麼熱過的1988年夏天，汗水把稿紙都洇濕了。

於是就有了這本書。

一本關於昨天的書。

一本關於關東最後那場戰爭的書。

採訪前，連「縱隊」是團是師是軍是兵團都不清楚。遼東大山溝裏的軍人，更未想到這本書會是這個樣子。

但這並未違背初衷。

一篇報告文學，當然不僅要客觀地記錄下已經發生過的事情。但它首先應該做到這一點。

做到這一點很難，特別是對於幾十年前發生的事情。當事者視野有限的掛一漏萬的回憶，各種各樣隻鱗片甲的傳聞，顯然不無偏見，甚至有意隱諱了一些事實的文字資料。後人只能在這樣的基礎上綴合歷史，充滿主觀意識地綴合歷史。你可能接近了它，卻休想復原它。

能做的是不諱過，不溢惡，不誇飾，不虛美，像老祖宗教導的那樣「秉筆直書」。

這其實更難。

對於這本書尤難。

主要難在有個叫「林彪」的人。

很多人問：寫不寫林彪？

又問：怎樣寫林彪……

再問：這樣寫行嗎？

在關東最後那場戰爭中，家鄉那個小鎮經常「開仗火」（黑土地老人語，即「打仗」）。母親抱着剛來到這個世界的小小的我，趴在炕沿下哆嗦。

四十年後，我感到了母親的顫慄。

有人說：寫現代史難於宇宙史。

一位參加撰寫當年三縱戰史的老人，被公認為「記憶力特別好」。老人對此也很自信。寫完親身經歷的四保臨江的小荒溝戰鬥一節，再去當年戰地一看，地形、地物及敵我兵力配置，幾乎全然不是那麼回事兒。

主要還不難在這裏。

有的老人說：這事你不用記，記了也不能寫。

不服不行，有的真不能寫。

有的老人說：你問的這些我都知道。但不能說，現在還不能說。

望着老人，你會想到飛機失事後千方百計尋找的那個黑匣子。你找到了，卻打不開它。

治史者講「潛心研究史料」。可這些不能披露的和鎖在「黑匣子」裏的史料如何「研究」？還有那些經常變臉兒的「史料」可信嗎？

一部《遼瀋戰役親歷記》，應該說是關於國民黨方面最有權威的資料了，而且好像也沒怎麼「變臉兒」。可是，那些能夠勾勒出國民黨戰略框架的原始文電，一份也沒有。對照本書實錄的共產黨方面的大量文電，就會知道這是一個怎樣的缺憾。僅憑回憶「大意」是不夠的，甚至是不可靠的。而且，文章中的「我」（或主人公），字裏行間盡力和蔣介石劃清界限，就像另一些回憶錄竭力和林彪劃清界限一樣。對於跑去台灣的人，遣詞用句比較尖刻，無所顧忌。對於留在大陸的敗軍之將，以及後來從海外歸來的人，就有情有面，客氣多了。

四十多年了，史實的回憶不盡相同是正常的。一忽兒吹捧，一忽兒批判，叫人難辨真偽，倒也能提供個信息，扯出根線頭。最難辨的，是那些隻字不提，好像根本就未曾發生過，且往往是比較重大的事情，叫你無跡可尋，連個判斷真偽的機會都沒有。

已經成為歷史財富的關東這場戰爭，一切都是已知數。這裏，除了台灣去不得外，只是調查採訪的多寡；是正視，還是迴避；是實事求是，還是指鹿為馬；是搶救這筆財富，還是聽任早已不是朋友的時間，年復一年地蝕逝。

時間是個保密大師，是個去偽存真的大師，是個息事寧人的大師，若干年後，當我們可以輕鬆地打開這隻鏽跡斑斑的「黑匣子」時，厚厚的塵封中，可能只剩下些乾澀枯燥的檔案資料，而沒了生動活潑、有血有肉的形象了。

外國人似乎比我們還急。

從街頭書攤，到國家領導人家中的書架，一部《長征——前所未有的故事》，使索爾茲伯里在中國大出風頭。另一位哈佛大學教授費正清（看這姓名好像是咱們龍的傳人）先生，在完成主編《劍橋中國史》六卷巨製後，1986年出版一部新的中國近代史和現代史：《偉大的革命：1800－1985》。

十億人口的泱泱大國，那麼多作家和史學家在做甚麼？不是祖宗的家譜外人碰不得，實實在在，這本來理所當然就是我們的事情，而且理所當然應該寫得更快，更好！

有治史者説：寫中國現代史之難，就難在我們是中國人。

1988年7月8日《青年參考》報道：因為教科書內容有誤，蘇聯取消中學畢業歷史考試。

真的，當身體和世界觀正在成熟中的學生們，經過一場從精神到肉體的緊張勞作後，發現學到的東西許多不是真的，該多悲哀？

關東最後那場戰爭糟蹋了黑土地，後來糟蹋的是甚麼？大人把家譜搞亂了，叫孩子怎麼續。

人們都喜歡孩子。因為孩子是明天，是希望，是祖國的花朵，是我們的生命的延續。

還因為孩子天真，爛漫，真誠，心地純潔，不說謊。即使說謊，也說得那麼天真，爛漫，真誠，自然，能給生活增添一些喜劇色彩。

為人，為文，當然需要成熟，需要對人生和世事的深刻的透視和理解，可首先需要的難道不是真誠嗎？要孩子誠實，大人難道不首先需要誠實嗎？

有時就想：人為甚麼要「長大」呢？

〔解放軍出版社出版「中國革命鬥爭報告文學叢書」，組織一批軍內外作家重打這些戰役，有眼力，有魄力，為國為民做了件大好事。

這些年，報告文學作家手伸得太長。報告文學的許多使命，本來是新聞記者應該擔承的。在這裏，又開始搶起歷史學家們的飯碗了。這是報告文學作家的榮耀，也是他們的悲哀。

見仁見智，文壇上正在闊談報告文學的異軍突起。（不但該談，而且該寫：採訪十幾位各種類型的報告文學作家，寫一篇報告文學。題目叫《中國的報告文學》。）其實，報告文學空前繁榮，熱潮迭起，歸根結底，這就在於改革、開放和政治的透明度。

但這好像還不妨礙中國的報告文學作家，願意去「政治人身保險公司」保個險——如果有這樣的保險公司的話。〕

採訪中還有個體會和感覺：驚駭，惶惑，激動，興奮。

很多作家走到歷史中去尋找「避風港」。這裏卻似乎是一片禁臠，險象環生。

有時簡直想掉頭就跑。

有時又想留在那裏不回來了：歷史中的新聞太多了，有些去處簡直就像從未開墾過的處女地。那令人反思的天地也太廣闊了。

於是，至今縈繞在腦幕上的一個問號，就是：歷史究竟是個甚麼東西？

一位搞歷史的朋友說：歷史就像個婊子，誰有權勢誰就可以弄它一下！

這話與他的西服、領帶不相稱，卻不乏形象。

不管歷史是個甚麼，也不管一百個觀眾心目中有多少個「哈姆雷特」（一位名人說：一百個觀眾心目中就有一百個哈姆雷特），要想把關東最後這場戰爭比較圓滿地畫個「。」，恐怕還要到可以進出台灣檔案館那一天。

而且，連跑帶顛，只吃不到一年的麵包和方便麵（有人說這篇東西是用腳、麵包和方便麵寫出來的），是遠遠不夠的。

所以，這篇東西只能算是一篇草稿，或徵求意見稿。

感謝所有給予採訪方便的單位（幾十家，恕不一一列舉了）。

感謝本書中所有寫到姓名的老人。

感謝瀋陽軍區和本集團軍的領導和同志們。

感謝所有給予鼓勵和支持的朋友們。

作者

1989年舊曆除夕夜

一、熱　點

本來，1945年是勝利年。

本來，1945年的中國，應該飛起和平的鴿子，唱響建設的號子，邁開振興的步伐。

本來，黑土地是良田，而不是戰場。

這裏需要借用黑格爾的一句話：存在着的都是合理的。

第一章：今天從昨天走來

地球，一隻破球

假如，1945年8月，人類不是向廣島和長崎投下兩顆原子彈，而是在卡納維拉爾角發射一顆觀測衛星，我們看到的是一個甚麼樣的地球呢？

從德國到意大利到日本，一座座城市變成了瓦礫場。高樓大廈的碎磚亂石填平了街道和公路，潛艇和軍艦的殘骸堵塞了港口和海軍基地。歐洲最大的工業中心，素有「歐洲工廠」之稱的德國魯爾地區，昔日鋼鐵廠、煤礦、發電廠和有關設施鱗次櫛比，濃煙遮天蔽日，人們為空氣和噪音污染發愁發怒。如今，藍湛湛的天空下，大地空空蕩蕩，空氣一塵不染，蒸氣在瓦礫堆上騰竄着無色的火燄。

曾經是拿破崙威斯特伐利亞王國的首都，擁有18萬人口的卡塞爾市，一位工程學家以典型的條頓人的精明估計，該市每個居民可攤上51.5立方米瓦礫。至於柏林，英國工黨政府在給下議院的一份報告中說，即使每天清除1000噸瓦礫，也得30年才能清除乾淨。

東京的命運似乎好些，那就是它的橋樑和公路基本無損。

廣島和長崎呢？

有些城市已從這個星球上抹掉了。

住宅的含意，是指四面有結實的牆壁，有窗戶，有屋頂，有取暖、烹調和衛生等一整套設施的住所。這裏不然。人們像老鼠一樣擠在防空洞和炸毀的建築的空隙，用從廢墟上撿來磚木、紙板和金屬片甚麼的，搭成了像幾萬年前人類祖先曾棲身過的那種窩棚。從殘垣斷壁中炮口樣伸出的一節節煙囪，就是人們擁擠不堪的住處的標記。

當那些各式各樣的炸彈、炮彈，都符合設計要求地發揮了效用後，誰也未能把自己拽離這隻破球，到外層空間去找個好球安家落戶。

醫院裏擠滿了因缺少止痛藥而慘叫不已的傷兵，雙目失明的，斷臂折腿的，被汽油彈燒得遍體鱗傷、面目猙獰的，被子彈打掉生殖器的。他們是希特勒、墨索里尼和東條英機的犧牲品。但就肉體而言，他們還算幸運兒。

從蘇聯的斯大林格勒到法國的瑟堡，從挪威的納爾維克到埃及的卡塔拉盆地，從中國的台兒莊到太平洋上的所羅門群島，在塹壕裏，在瓦礫下，在草叢和沙漠中鏽漬斑斑的坦克和大炮旁，在海底長着青苔的艦船裏，到處躺着陣亡者的屍體。有的已經化作白骨，有的正在腐爛發臭。沒有墳墓，沒有墓碑，連個簡單的標記也沒有。只有冥冥中那個全能的上帝，知道他們的姓名，知道他們從何處來，誰的心在為他們垂淚滴血。

身着黑服的婦女，排着長隊等待領取配給品。孩子瘦得只剩下「可憐」二字，而絕無可愛之處。每人每天獲得食物的熱量，還不及戰前的一半，而且連這點食物也在減少，有時乾脆領不到。衣服和取暖用煤比食物更匱乏。據《紐約先驅論壇報》報道，萊茵河畔擁有43萬人的美麗的杜塞爾多夫市，這年冬天定量供應的衣服，只有26套男裝，15套童裝，33件成人外衣和兩條毛巾。飢餓和寒冷像子彈一樣把人們擊倒在地，傳染病像蝗蟲一樣從這片廢墟撲向那片廢墟。兒童大都患了軟骨病。嬰兒和兒童死亡率增到最高點，出生率則順理成章地降到最低點。

世界簡直成了一隻巨大的潘多拉匣子，如果說其中還有一點希望，那就是盼望黑夜快點到來。黑夜可以把這一切隱去，幾小時睡夢還可以到戰前的情境中遊歷一番。於是，第二天早晨照樣還得醒來的人，就不能不羨慕那些永遠睡着了的人。

戰勝國應該是另一番景象吧？

是的，曾經被奪去家園的被侮辱、被損害的人們，終於恢復了尊嚴。尊嚴是寶貴的，甚至是最寶貴的。但最寶貴的尊嚴並不能替代一切。當滿面焦黑的軍人在易北河畔流着熱淚擁抱在一起，又從攻克柏林和佔領東京的狂歡中冷靜下來，他們會想起甚麼？

從歐洲到非洲到亞洲，所有戰場的所有對手的屍體旁，都躺倒着同樣數目，甚至是更多的自己的伙伴。那醫院裏傷兵的慘狀也無二致。當他們從戰場回到自己保衛着的故鄉，從華沙到鹿特丹，從倫敦到馬尼拉，到處是戰火洗劫的破敗和狼藉。斯大林格勒的瓦礫堆，除了廣島和長崎，可以和戰敗國的任何一座城市媲「美」。

人類在付出3000萬至6000萬人的代價後①，在那燒焦的廢墟上遊蕩着的幽靈，名字都叫「失業」和「通貨膨脹」。

這是一場勝負俱傷的戰爭。負者，槍炮無彈藥，坦克無燃料，飢腸轆轆的士兵吃光了最後一聽土豆燒牛肉。勝者，除了美利堅合眾國，也都精疲力盡。如果再僵持下去，軀體裏最後幾滴血液也將流光。

即便是100億美元能重建10個斯大林格勒②，世界上又有甚麼東西，能夠撫慰千千萬萬同樣身着黑服，站在街頭，等待領取配給品的母親和妻子的心呢？

即便是渾身沒一塊傷疤的美國軍人，勳章叮噹地踏上沒有落過一顆炮彈的本土，人類的堅毅、勇敢和男子漢氣魄，就非得在血肉飛濺中熔鑄不可嗎？

所有的戰爭都是內戰，因為所有的人類都是兄弟。

第二次世界大戰的硝煙散盡，我們看到的是一個被人類自己糟蹋得遍體鱗傷的地球，和人類自己那顆千瘡百孔的心！

戰爭結束了，正義勝利了。但就人類而言，沒有勝者。

1945年向人類大聲疾呼：

千萬不要忘記1945！

中國，血未流夠

從1945年至今，人類已經四十三年沒有爆發世界大戰了。這個時間，是第一和第二次世界大戰間隔時間的二倍還出點頭。

無疑，人類在走向成熟和進步。

但是，就像那個金光燦燦的太陽從未同時普照這個星球一樣，和平之神從未一視同仁地施惠於全人類，總有那麼幾個被遺忘的角落。柬埔寨，阿富汗，黎巴嫩，安哥拉，人民至今還在槍炮聲中過日子。

---

① 關於第二次世界大戰死亡人數，各國統計數字不一樣，少在3000萬，多在6000萬。

② 第二次世界大戰後，德國給蘇聯的戰爭賠償為100億美元。

兩伊戰爭打了八年，打不動了，才坐到談判桌旁繼續僵持着。誰知道養好傷口攢足勁，會不會再撲上去廝打？

事實上，當第二次世界大戰的槍聲未停和剛停時，這個地球上各種各樣局部戰爭的槍聲，就此伏彼起了。從東南亞到中東到黑非洲，民族解放戰火燎原。這也是一種成熟和進步。當英法等國做為被侵略者歡呼反法西斯戰爭勝利的時候，它們在今天被稱為「第三世界」的一些國家口，繼續充當着的可恥的殖民主義角色，難道不是理所當然地應該用槍炮轟擊、批判嗎？

比之仍在為民族解放流血犧牲的印度、印度尼西亞和越南等國，「八·一五」後的中國，實在是幸運而又令人羨慕的。

中國卻打得比誰都兇！

這是一場真正的內戰，中國人和中國人扭抱廝打（儘管武器上寫着漢字的並不多）。

而且不是在一個角落，而是在一個有960萬平方公里土地，人口佔人類四分一的國家裏進行的戰爭。

但誰也不能說中國人是忘記了1945。

類似「有槍就是草頭王」這種胡傳魁式格言和理論，在舊中國是頗有點「放之四海而皆準」的。

舊中國政治舞台的四根柱子，是用槍炮鑄成的。政治家們全副武裝在這裏發言，辯論，競選。槍是麥克風，炮是高音喇叭，子彈、炮彈是選票，軍隊是選民。誰的槍炮和軍隊多，誰的政治就走紅，政治家的形象就高大。從黃袍加身到屍骨遍地，槍桿子就像魔術師手裏的魔杖，簡直可以隨意玩弄歷史。無論多麼天才的政治家，沒有槍桿子，混碗粥喝也難。縱覽中國近代史上顯赫一時的人物，有幾個不是馬刺叮噹，殺氣騰騰的軍頭？

蔣介石的標準像全身被掛。

全身披掛的蔣介石挺有風度。

做為一個如果沒有他，一部現代史就會是另一種樣子的人物，把蔣介石漫畫式地一筆劃入另冊，顯然是不公正的。早在做為孫中山的重要助手和北伐軍首領，以及後來的八年抗戰，他有疲勞，有苦勞，也有功勞。在逐鹿中原的軍閥混戰中，他縱橫捭闔，表現了相當出色的政治軍事才能。否則，他不可能取得孫中山的信任，也不可能把那些獨霸一方的大小軍閥聚集到他的麾下，當然也就不能成為中國的執政黨總裁，國民政府主席，國家軍事委員會委員長和盟軍中國戰區最高統帥。

「八・一五」後的蔣介石，更顯得瀟灑，自信，風度不凡。

那風度和自信，可不是裝出來的。

他擁有3000萬以上人口的地區，控制着所有的大城市和絕大部份鐵路。他接收了100萬侵華日軍的裝備，有430萬軍隊。這樣一支龐大的軍隊，不僅在中國，就是在亞洲也是首屈一指的。做為這支軍隊的統帥，沒有比在軍旅中崛起的蔣委員長更懂得它意味着甚麼了。每個與之打交道的人，如果不能充份意識到這一點，舉手投足就會失去依據。

更重要、更意味深長也更具有威懾力的，是這支軍隊中有39個旅是美械裝備。美械裝備就是「勝利」的代名詞。和美國站在一起就是和勝利站在一起。有一個39個旅，就意味着會再有一個、幾個39個旅，就意味着美元會源源而來。

就連他的敵人的朋友和同志的蘇聯共產黨人，也和他站在一起，表示願意「盡最大努力促進中國在蔣介石領導下的統一」①。

至於他的臣民嘛，他胸有成竹。他不止一次地面對狂呼「蔣委員長萬歲」的人潮。他看到人們看到的是一輪和平與自由的太陽。

在善良、質樸、喜歡把人神化的中國老百姓心目中，他本來可以成為一輪那樣的太陽的。「八・一五」後的中國，只要他想做，他幾乎沒有做不到的事情。果真如此，中國的老百姓將會世世代代向他頂禮膜拜，蔣委員長的丰采將光照千秋，歷史將把十倍於諾貝爾和平獎的榮耀奉獻給他。

歷史耐着性子等了他將近一年的時間，可他早已翻出了那本《剿匪手本》②。

他要趁共產黨還未強大到可以匹敵時，把它扼死。

---

① 廖蓋隆著：《全國解放戰爭簡史》，69頁。上海人民出版社（1984年）。

② 《剿匪手本》，為蔣介石1933年編寫的講述進攻紅軍的小冊子。抗戰勝利後，蔣介石將它重印發給國民黨軍官，並下達命令稱：「此次剿匪為人民幸福所繫，務本以往抗戰之精神，遵照中正所訂《剿匪手本》，督勵所屬，努力進剿，迅速達成任務。」

但他還要請毛澤東到重慶談和平。

誰槍炮多誰就有主動權。戰爭與和平的開關都在他手中。一個成熟的無懈可擊的政治家，就是要把「和平」唱到按下戰爭開關的那一瞬間，而在那一瞬間之後則應唱得更響。

東西德國，南北朝鮮（還曾經有過南北越南），那是大國政治的產物，主要是外力的結果。

大陸和台灣呢？

當轟擊柏林的炮彈爆炸的氣浪，把希特勒的屍灰衝擊得無影無蹤，也把一棟棟倒塌樓房中鴨絨被褥中的鴨絨，楊花柳絮般地漫空揚撒時，誰知道中國老百姓，幾個人才能擁有一條算是「被子」的東西？

從人格到衣食住行，條頓人和大和人，無疑是一下子從天堂墮入了地獄。做為勝者的中華民族，這一切一直是在一個甚麼樣的水平線上？在一面面飄揚着的「青天白日滿地紅」下，一張張因忍受的苦難太多太多而只剩下土色和菜色的臉上，除了痛苦的忍受和忍受的痛苦，還能看到甚麼？

人民要過日子，要受教育，國家要恢復，要建設，要發展。百廢待興。這一切的前提是和平與安寧。在這個多強權，少公理的世界上，中華民族是太需要和平了，太沒有理由打內戰了——因為我們太貧困了，太落後了！

不該打內戰的理由，也許正是打內戰的根由。

愚昧，貧困和落後的惡性循環方式之一，就是戰爭。

盟軍太平洋戰區最高司令道格拉斯·麥克阿瑟將軍，在回憶錄中談到「八·一五」這一天和戰後獲得的榮譽時，寫道：「從最早的童年時代以後，我就未曾哭過。這時，我激動得熱淚盈眶。」①

已經傷亡2000萬人的中國的千千萬萬的老百姓也在哭，並將繼續哭下去：白髮人繼續哭黑髮人，妻子繼續哭丈夫，嬰兒繼續趴在冰涼

① 王季平主編：《八·一五這一天》，435頁。光明日報出版社（1985年）。

的乳房上哭叫，直到把淚哭乾……

一部共產黨的歷史，就是一部挨打挨抓挨剿的歷史。

軍閥打，列強打，曾經是朋友的國民黨翻了臉打得比誰都狠。「四·一二」殺紅了眼，共產黨血流成河，活着的不是鑽進地下就是鑽進山溝。鑽進山裏也不行，找上門去打。第五次雖未斬盡殺絕，也被殺得落荒而逃。一個逃，一個追，一路追出六個省。十六年後毛澤東高吟「宜將剩勇追窮寇」，其實那是跟蔣介石學的。只是蔣介石怎麼也沒追上毛澤東，共產黨這個「窮寇」越追越剿越強大。

蔣介石說這不是內戰，是「剿匪」。這似乎不無道理。連「真龍天子」的朱元璋，未登基前也被御封為「匪」，更何況「共產共妻」的共產黨。而且，中國是歷來講「勝者王侯敗者賊」的，被攆得到處鑽山溝的人，能不是「賊」、「匪」嗎？可第二次合作後，怎麼還是不時地扭來打去呢？難道堂堂執政黨，竟與「匪」合作了八年？

（不知死於八年抗戰的二千多萬中國軍民中，可否包括如皖南事變那樣大小摩擦中的死難者？）

既然東北淪陷後，蔣介石仍然御駕親征去江西「剿匪」；既然第二次合作後，蔣介石如過河菩薩自身難保，仍然不時忙裏偷閒捅共產黨一刀，還能指望他不用「攘外」了後，再不「安內」嗎？

住在延安窰洞裏的共產黨人，睡夢中都聽得見國民黨磨刀般的切齒聲。

比之總是乾淨利落，穿一套質地考究的軍服，既有軍人的威儀，又有學者的儒雅的蔣介石，身材略高點的毛澤東，就相形見絀了。這不僅因為他就像他指揮的那支為大多數中國人看不起的軍隊一樣，總是穿着那種又肥又大，有時還打着補丁的粗劣的衣服，還因為這個從信仰到性格都和蔣氏格格不入的人，確實不怎麼修邊幅。而且，再聯想到當年在井岡山被土匪打了埋伏，幸虧手執雙槍的賀子珍縱馬趕到才得脫險，那男子漢風度和氣概，那當口簡直就蕩然無存了。

然而，即使是天天都在詛咒他的人，也不能不承認他是中國的第一個偉男子和天才。

中國共產黨中央委員會主席毛澤東的天才和風度，表現在他站在歷史峰巔上「一覽眾山小」的恢宏氣度，和立於時代潮頭駕馭歷史的縱橫自如的瀟灑。此前，他曾將走投無路的共產黨引向坦途，並使之充滿朝氣和活力。此後，僅用三年時間，就把那個曾被朋友和敵人都視為中國最強有力的人物，流放般地趕到了那個倒是很美麗，卻無論如何也盛不下那顆心、嚥不下那口氣的海島上。

可是，1945年8月28日，毛澤東脱掉那身灰布衣服，換上一套藍布制服，再戴上一頂有點不倫不類的盔式帽時（以後好像再沒見他戴過），他的心情可實在不敢輕鬆。

他不是怵去重慶打那種冠冕堂皇的嘴巴子官司。有一手風流倜儻好書法，寫一手才氣橫溢好詩詞和政論的毛澤東，在這方面對付蔣委員長游刃有餘。可嘴巴子、筆桿子再厲害也不行，嘴巴子和筆桿子裏面出不了政權。

這時的毛澤東已不像在江西時那樣寒酸了，可「橫」的仍然不成比例。蔣介石的軍隊接近他的四倍。如果裝備和訓練程度也可以用倍數表示，還不止這個數。力量對比當然不僅僅是數量的多少，可沒有數量也談不上力量。

以往每次摩擦，彼此都把自己描繪成羊一樣的受害者，指着對方鼻子大叫「狼來了」。若說成百上千次大小摩擦都是國民黨挑動的，那不客觀。可若說共產黨就是活膩味了，總去老虎嘴巴上撥鬍子，恐怕連蔣介石最親密的朋友也不會相信。

生機勃勃的講求實際的共產黨人，想打內戰也應該再等上幾年，待雙方實力相當，或是比對手強大時，再動手。

由不得共產黨。

和平是力量的均勢、平衡，或者是由於不平衡而屈辱的臣服。「八·一五」後的中國，沒有這種平衡。毛澤東的字典裏，也沒有「臣服」這兩個字。

從一場世界大戰到一場局部戰爭，都是在一個早晨打響的，又都不是在一個早晨打響的。矛盾的發生、發展和激化，是從上一個矛盾完結時就開始醞釀了。猶如一個潮浪從湧起到跌落的同時，另一個潮浪就發生了，湧起了。所以，無論兩場戰爭間隔多長，某種意義上就理論而言，一場戰爭結束了，另一場戰爭就開始了。

即將在中國發生的這場戰爭，不在此例。

這是一場八年前已經打了十年，沒分出輸贏，現在又接着打下去的戰爭。同樣的對手，同樣的戰場，同樣的勢不兩立。所以，被歷史教科書分為第二和第三的兩次國內革命戰爭，實際是同一場戰爭的兩個階段。只是由於日本帝國主義的「進入」，同為炎黃子孫的敵對雙方，不聯手抗戰誰也不能生存了，才算勉強忍下一口氣。而當「進入」的第三者被趕走後，八年前殺得難分難解，這八年大面上也經常過不去，卻都宣稱自己擁護孫中山和孫中山的三民主義，也都對炮樓中的偽軍喊過「中國人不打中國人」的兩大政治勢力，就又全力以赴地廝打起來了。

站在八十年代遙望歷史，人們常常會發出這樣的感慨：如果當年不「反右」，不搞「大躍進」和「文化大革命」，今天該會多好啊！

還可望得更遠點：「八·一五」後如果不打這場內戰，中國會怎樣？

歷史沒有「如果」。

第二章：因豐饒而多難的土地

匹夫無罪，懷璧大罪

如果把中國版圖比作一隻昂首挺立的公雞，從這隻公雞的第三根頸椎以上的絕大部份，就是曾被稱為「滿洲」的東北。

「關東山，三宗寶，人參貂皮烏拉草。」「棒打獐子瓢舀魚，野雞飛到飯鍋裏。」連中原人也曉得的，版權無疑是屬於關東山的這類民謠，表現了人們對這片土地多少熱愛和嚮往啊！

清一色黑鈣土的松遼平原[①]，是中國最大的糧食產地。大豆，小麥，高粱，水稻，或以數量居全國之首，或因質量名聞遐邇。大豆和柞蠶更是飲譽中外。大小興安嶺和長白山系綿延千里的群山，森林覆蓋面積超過內地總和。在大山和黑鈣土下面，是閃耀着各種瑰麗色彩的數十種礦藏。其儲量之豐富，有的為中國之最，有的為世界之最。「八·一五」日本投降時，這裏的重工業佔全國的90%。鞍山，撫順，小豐滿，依次為中國的鋼都、煤都和電都。

歷史告訴我們，「九·一八」事變後，日本帝國主義就是依托這片豐腴的黑土地，揮師南下，征服了華北。

之前，東北近百年來最有名氣的人物「張大帥」張作霖，腳踏這片風水寶地，俯視中原，幾次叩打山海關，終於爬上了「中華民國陸海軍大元帥」的寶座。

再之前，絕對是土著的女真人，被關東山水滋養得驃悍壯烈，雄

---

① 黑鈣土又稱黑土，在我國主要分佈在東北地區。這種土壤腐殖質含量很高，礦物質養料也很豐富，為肥沃的土地之一。

心騰騰，文攻武打，敲開中原的大門，建立了一個版圖為歷朝歷代之最的大清帝國。

日本有部影片，叫《啊，滿洲》。

無論高鼻樑、藍眼睛的外國人，還是膚色、長相都和我們一樣的外國人，誰踏上這片土地，都會情不自禁地「啊」上一聲的。在由衷地發出讚歎後，一些心懷叵測的傢伙就變了面孔，怪叫着闖進來搶關東了。

列強中最早把爪子伸進這片土地的，是被當地人稱為「老毛子」、「大鼻子」的沙皇俄國。

自道光三十年（1850年），黑龍江口附近的廟街變成「尼古拉耶夫斯克」後，沙皇俄國血腥旗幟所到之處，中國的村鎮都變成了「斯克」。

請看如今黑河市對岸的海蘭泡，1858年是怎樣變成「希拉戈維斯克」的。

> 手執刺刀的俄兵將人群團團圍住……把河岸一邊空開，不斷地壓縮包圍圈。軍官們手揮戰刀，瘋狂地喊叫：「不聽命令的立即槍斃，……」人流像雪崩一樣被壓入黑龍江的濁流中去。有的想拚命撥開人牆，鑽出羅網；有的踐踏着被擠倒的婦女和嬰兒企圖逃走。這些人或者被騎兵的馬蹄蹶到半空中，或者被騎兵的刺刀捅翻在他。隨即俄兵一起開槍，槍聲、怒罵聲混成一片，淒慘之情無法形容，簡直是一幅地獄景象。①

就在一位日本諜報員，耳聞目睹沙皇俄軍獸行後不到四十年，一位叫阿倫的英國人，又在一篇《旅順落難記》中寫道：

> 十來個日本兵，捉了許多逃難人，把辮子打了一個總結，就

---

① 轉引自黑龍江省社會科學院歷史研究所編：《東北近百年史講話》，79頁。黑龍江人民出版社（1984年）。

慢慢地做槍靶子打。有的斬下一隻手，有的剁下一隻腳，有的砍下一個頭。……無論男女老幼，沒有饒過一個。……死屍堆積得幾尺高，那男女老幼，死得奇形怪狀，沒有相同的。……那櫃台上的木柵尖上串着無數的人頭，櫃台旁邊還有一個大釘子釘着一個幾個月的小孩。地板上的血，足有三寸厚，死屍重重疊疊堆了起來，零零落落的手、腳、頭，到處都是。①

然後是1904年的日俄戰爭。

一個叫嚷「滿洲是日本的生命線」，一個要實現「黃色俄羅斯」計劃。馬蹄在冰雪中濺着火星，戰刀在風雨中劈閃弧電。當時的《盛京時報》寫道：「陷於槍炮彈雨之中，死於炮林雷陣之上者數萬生靈，肉血飛濺，產破家傾，父子兄弟哭於途，夫婦親朋呼於路，痛心疾首，慘不忍聞。」②

如今每當入夏，渤海的旅順口遊客如雲。那可真是個如詩如畫的去處，卻難使旅者順心順氣。白雲山，東西雞冠山，老鐵山，二〇三高地，侵略者炫耀武功的各種各樣的碑塔，觸目皆是。

我們有的是「萬忠墓」。

還有那些怕是只有歷史學家才能數過來的喪權辱國的《璦琿條約》、《馬關條約》、《交還奉天省南邊地方條約》、《中俄密約》、《旅大租地條約》、《樸茨茅斯和約》、《中日滿洲善後和約》……

1904年2月12日，即日俄開戰第三天，「老佛爺」慈禧太后以光緒皇帝載湉名義，發佈諭旨：「現在日俄失和，非與中國開釁」，中國應「按照局外中立之例辦理③。」2月17日，清朝總理各國事務衙門正式知照各國政府：「日俄失和，朝廷均以『友邦』之故，特重邦交，奉上諭守局外中立之例。」④

我們成了局外人，第三者，而且信誓旦旦地「決不插足」。

無獨有偶。

①②③④ 轉引自《東北近百年史講話》，60，86，89，90頁。

1931年8月16日，正在江西「剿匪」的蔣介石，百忙中電令張學良：「無論日本軍隊此後如何在東北尋釁，我應予不抵抗。力避衝突。」①就在「九·一八」日軍炮轟北大營當天，南京政府還訓誡瀋陽駐軍：「即使勒令繳械，佔入營房，均可聽其自便。」②

後人在驚歎這種驚人相似之餘，不免想到他們也有難言之苦：敵不過人家，才不得不出此下策吧？

那就橫下心來，好好建設國家過日子呀？

卻不！

一部中國現代史，一頁一頁，從東北翻到西南。趙錢孫李，周吳鄭王，一方土地一面旗幟，一面旗幟一支軍隊。從軍服軍銜到槍炮彈藥，從齊步正步到匍匐前進，世界上有多少列強，中國就有多少模式。誰想過西方何以進步了？誰想着發展國計民生了？只想着購買槍炮，只想着擴大地盤，只想着窩裏鬥鬥個老大。有時也給治下百姓點甜頭，那是為了土皇帝的萬世基業。有時也回頭瞪一眼洋主子，那是為了更大的乞求和出賣。一船船、一車車軍火運來，一車車、一船船烏的煤、白的銀、黃的金運走了。在上蒼賜給我們的這片土地上留下的，是白骨，是淒號，是一部血染淚浸的掀不動的歷史……

我的家在東北松花江上，
那裏有森林，煤礦，
還有那滿山遍野的大豆，高粱。
「九一八」，「九一八」，
從那個黑暗的時候……

上下幾千年，縱橫幾萬里，有哪一個年代的哪一個國度或地區，曾經孕育過這樣一支悲愴、淒涼、哀憤的歌？

一個女子因姿色傾國傾城而使國傾城傾的故事，史書和文學作品中不鮮見。當今世界政治格局，本來相安無事，突然在哪片不毛之

① 中國人民政治協商會議全國委員會文史資料研究委員會編：《文史資料選輯》第6輯，24頁。
② 張田實改編：《偽「滿洲國」始末》，21頁。江西人民出版社（1985年）。

地，或是濁污海區，發現了石油甚麼的，就平空生出許多是是非非，有時甚至不惜大打出手。

而誘人的黑土地喲，就因為你太豐腴了，太富饒了，就得孕育出這樣一支令人垂淚淌血的歌嗎？連旗幟上嵌着鐮刀斧頭的社會主義的蘇聯，也派兵艦搶去了你美麗的撫遠三角洲？

我的黑土地喲，你本來是富國強兵，振興民族的龍騰之地。你本來應該蕩漾着雄烈而柔婉的關東民歌，歡樂的圓舞曲和美妙的小夜曲呀！

延安説幹就幹

共產黨人的目光，就像部高敏度雷達，在黃土高坡的窰洞裏，關注着這個世界上每個值得關注的信息和空間。

1945年4月底，毛澤東在中共七大的結論和關於選舉候補中央委員問題的講話中，反覆説明爭取東北的重要意義：

> 東北四省①是很重要的。從我們黨，從中國革命的最近和將來的前途看，如果我們把現在的一切根據地都丢了，只要我們有了東北，那末中國革命就有了鞏固的基礎。②

八字還沒一撇，高瞻遠矚的共產黨人已先得一分。

對於被稱為「窮黨」的中共，那片遙遠的黑土地實在是太有魅力了。但是，此刻對於共產黨還是神秘而陌生的這片土地，若不是它的地理位置的魅力，一切魅力都不成其為魅力。東北靠着蘇聯，兩邊與蒙古接壤，南邊和朝鮮隔江相望，西南是經營了多少年的華北根據地。慣於見縫插針，在三不管境界中尋求生存之所的精明的共產黨人，這回要背靠沙發，兩手搭着扶手，腳下還踏着塊自家的地毯了。

但中共七大戰略方針，仍然是向南發展。

此刻，對於這片富有魅力的黑土地，共產黨人是可望而不可及。

---

① 即遼寧，吉林，黑龍江和熱河四省。

② 「遼瀋戰役」編輯辦公室著（1984年）：《從進軍東北到全境解放》。見自「遼瀋戰役紀念館」。此文「不得翻印，不得摘抄」，憑記憶錄此，文字基本不會錯。

在人類第一顆實戰原子彈蘑菇雲升起後，蘇聯出兵東北，太陽旗就像暴風雨前晾在陽台上的尿布一樣，從東北到東南亞一古腦兒消失了。

急劇變化了的國內外政治格局，使東北成為不僅是中國，而且是國際兩大政治勢力爭奪、角鬥的一個焦點。也使中國共產黨人挺進東北，把東北變成奪取全國的戰略基地，成為可能。

朝氣蓬勃地創造歷史的共產黨人，以鐵的紀律、意志和信念，把種種可能化作鐵的事實。

蘇聯出兵東北第二天，中共中央就向各中央局、中央分局發出準備進佔城市和交通要道的指示。第三天，十八集團軍總司令朱德，一口氣發出七號命令。

與本節直接有關的是第二號命令。

為了配合蘇聯紅軍進入中國境內作戰，並準備接受日滿偽軍投降，我命令：

一、原東北軍呂正操所部由山西、綏遠現地，向察哈爾、熱河進發。

二、原東北軍張學思所部由河北、察哈爾現地，向熱河、遼寧進發。

三、原東北軍萬毅所部由山東、河北現地，向遼寧進發。

四、現在河北、熱河、遼寧邊境之李運昌所部，即日向遼寧、吉林進發。

總司令　朱德

中華民國三十四年八月十一日八時[①]

8月26日，國民黨中國政府與蘇聯政府簽定的《中蘇友好同盟條約》正式公佈。事前對此一無所知的中共中央，仔細研究了這個條約，當即決定組成145人的幹部團，由林楓率領開赴東北。

---

① 王振乾著：《東北挺進縱隊》，172頁。遼寧人民出版社（1984年）。

9月11日，中央根據山東分局派往東北偵察人員的報告，決定立即從山東抽調四個師挺進東北，「利用目前國民黨及其軍隊尚未到達東北（估計短時間內不能到達）以前的時機，迅速發展我之力量，爭取我在東北之鞏固地位」①*。

9月間，挺進到瀋陽的冀東十六軍分區司令員曾克林，和蘇軍特使飛抵延安。楊家嶺會議室一夜燈光，映照政治局兩個決議：成立以彭真為首的東北中央局，向各中央局發出關於配備一百個團的幹部進入東北的指示。指示中重申：「目前我黨在東北的任務就是要迅速的、堅決的爭取東北，在東北發展我黨強大的力量。」②

9月17日，在延安主持工作的劉少奇致電在重慶談判的毛澤東，提出「向北推進，向南防禦」的戰略方針。毛澤東立即回電，表示完全贊同。

9月19日，劉少奇代表中央起草了《關於目前任務和向南防禦，向北發展的戰略方針和部署的指示》。

由「向南發展」到「向北發展」，完成這一舉足輕重的戰略轉移，共產黨人只用了四十多天。

「英明」這個在辭典中被註釋為「卓越而明智」的詞，如今很少用了，幾乎看不到了。它不僅有「高大全」味道，還有點犯忌，刺激人。

但在本書故事發生的那個年代，對於共產黨人在窰洞、茅屋、甚至是權避一時的廟宇中，做出的那些大的和比較大的決策，你幾乎都可以不加思索就冠之以「英明」二字。

重慶先失一招

「八·一五」使蔣介石得以重溫「中國王」之夢。

他當然不會忘卻這片豐饒的黑土地，也不會忽略環繞着這隻「雞頭」的幾個國家的姓名，並聯想到多爾袞和張作霖的發跡史，以及愈

---

① 引自中共中央給山東分局的電報。抄自中國人民解放軍檔案館。本書凡標有「*」號的資料，均見於中國人民解放軍檔案館。

② 瀋陽軍區政治部研究室編（1985年）：《洛陽軍區歷史資料選編》，1頁。

發被這片土地膨脹了野心的日本帝國。如今，這些是寫在小學地理、歷史課本上的。

可勝利來得太突然，他的四百多萬大軍尷尬地窩在西南。其中裝備精良、訓練有素的幾十萬精鋭軍擺在中緬、中越邊境。那兒，正好是中國這隻「公雞」尾巴下的那個地方。

蔣介石不得不和毛澤東嘴上一通「和平」，原因之一，就在這裏。他需要用時間調整空間，填補日軍留下的真空。在東北，則是填補蘇軍撤退後的真空，進而隔斷中共與蘇共的聯繫，南北夾擊，消滅中共。

希特勒在歐洲節節敗退時，坐在峨嵋山上的蔣介石，欣喜與寬慰中，一定會不無憂慮地注視到這樣一個事實：蘇聯紅軍所到之處，波蘭，羅馬尼亞，保加利亞，匈牙利，捷克斯洛伐克，南斯拉夫，阿爾巴尼亞和德國東部，一個個都「赤化」成了共產黨國家。

輪到東北時，老謀深算的蔣介石，好像反倒大意了。

美英法蘇在歐洲有默契。美蘇在亞洲，在東北有交易。《雅爾塔協定》①，人家隔着鍋台上了炕，他不讓上也不行。他認了，也是「捨不得孩子打不着狼」。於是，《中蘇友好同盟條約之換文》中就寫上一句：「蘇聯政府以東三省為中國之一部份，對中國在東三省之充份主權重申尊重，並對其領土與行政之完整重申承認。」②於是，熊式輝就捧着「東北行營主任」大印，率領一班早已急不可待的大員，興沖沖地來接收東北了。

若說蔣介石不了解斯大林的個性，不曉得這個北方強鄰原來叫作「沙俄」或「帝俄」，那是太小瞧他了。可決心鏟除中國「共產邪

---

① 1945年2月4日至11日，蘇聯、美國和英國首腦在蘇聯克里米亞半島的雅爾塔舉行會議，簽訂了密約《雅爾塔協定》。主要內容是：在德國投降，歐戰結束後兩、三個月內，蘇聯對日宣戰。其條件為：（1）維持蒙古人民共和國的現狀；（2）蘇聯恢復在日俄戰爭期間被日本掠奪的權力：南庫頁島及附近島嶼歸還蘇聯；大連港國際化，蘇聯恢復租用旅順港；蘇中共同經營中長鐵路；千島群島交予蘇聯等。

② 王德貴、徐學新、鄭曉亮編：《八・一五前後的中國政局》，476頁。東北師範大學出版社（1985年）。

惡」的蔣委員長，卻又幻想從異國「共產邪惡」手中接收東北。果能如此，中共千里萬里是奔誰去的呢？慣會為我所用的蔣介石，何時如此看重一紙聲明呢？

而且，當熊式輝一幫大員碰得滿臉晦氣，蔣介石居然以為蘇軍所為只是軍方意見，不一定反映蘇聯政府的政策。

不管蔣介石怎麼想的，這位本來精於此道的政壇老手，算是走了一步臭棋。

待到品出箇中三昧時，松花江畔已經雪花飄飄了。

在「八·一五」後的「闖關東熱」中，時間之寶貴、緊迫，別說兩個半月，兩天半也是非同小可的。

從「九·一八」到「八·一五」，從嚴令東北軍不得抵抗，到和中共打冤家，搶地盤，中國合法的統治者蔣介石，無論如何也算不上個光彩的角色。即便真能把共產黨「剿」光，或是「剿」出東北，往甚麼地方再走上二萬五千里，在中華民族面前，又能算個甚麼英雄好漢呢？

中國——第二次世界大戰後的世界熱點！

東北——熱點中的熱點！

二、闖關東

老祖宗留下的辭典中，有句話叫「官逼民反」。其實，中國老百姓在走投無路之前，大抵不是反而是跑——「官逼民跑」。「公雞」狀的中國土地上的各族百姓，逢上天災戰禍，就像候鳥和魚類遷移、洄游一樣，是各有屬於自己的路線和天地的。

山東、河北人心目中的樂土是關東，他們世世代代走的都是一條路：闖關東。

從秦末開始，逢戰亂，內地人就浪潮般湧向這裏。清兵入關奪得政權不久，就將關東劃為禁區，嚴禁關內人涉足。黑土地是「龍興之地」，「龍脈」不可犯，一切都得原封不動地保留着。加上不斷抽調八旗兵丁入關打仗，使面積佔全國五分一的東北，人口只佔全國的百分之零點一左右，平均每平方公里還不到兩個人。

（客觀上，這倒像今天人類劃定的一些「自然風景保護區」。）

但禁是禁不住的，人類求生的慾望比甚麼力量都強大。從康熙七年（1668年）正式封禁到嘉慶十八年被迫開禁，闖關東的人流從未斷過，一浪高過一浪。

陸地關卡盤查，就從海上闖。官兵封鎖大路，就走小路，從沒有路的地方踏出條路。推車的，車上是一堆雜物和一個孩子，或是一個老人。挑擔的，一邊盛孩子，一邊盛東西。獨輪車軸瓦乾澀的噪音，在蒼天和大地間吱吜着。孩子不哭不鬧，神態木然得像飽經滄桑的百歲老人。老人白髮染成土色，渾濁的目光凝視遠方，閃爍着童稚般的希冀。不斷有人倒下，以家庭為基礎的行進單位解體了，人們就自動組成新的群體，人們不說話，見面連個招呼也不打，連路邊的「死倒」也不屑一顧，甚至跪在剛隆起的墳包前的人也是無聲地垂淚。他們把理想、信念和追求，都傾注在一雙雙血肉模糊的腳上。他們知道尋求幸福需要代價，他們還準備付出代價。只要能夠擁抱那片富饒的土地，無論付出甚麼樣的代價，都不在話下。

筆者的爺爺的爺爺，當年和一群山東漢子跨海到了遼東。漢子們暈船暈得一塌糊塗，一個個就像被潮浪沖上岸的死魚。可那一雙雙眼睛都燃燒着灼人的光彩：到關東啦！

三年困難的時間，老師組織我們到車站歡迎山東來的難民。至今印象最深的，是那些骨瘦如柴的孩子，有的還戴着紅領巾。記不得是當時還沒人想到把「盲」和「流」兩個字聯在一起，還是怎麼的，這些孩子和他們的父母，都有個挺漂亮卻沒人叫的名字——「支邊建設者」。

而「八・一五」後的這次闖關東，無論其規模、聲勢、目的、手段，以及對這片黑土地產生的影響和變革，都是史無前例的。

第三章：海陸空並進

9月初，冀熱遼軍區十六分區曾克林、唐凱部兩個團，兩個支隊，約4700餘人①，到達瀋陽、本溪、南滿各地；冀熱遼軍區李運昌部三個團、一個支隊，約5000人②，到達山海關、錦州、瀋陽一帶。

10月上旬，蕭華率山東軍區司政供衛等部，約1000餘人，到達安東（今丹東）；沙克率冀中三十一團，約1500人，到達錦州地區；萬毅率東北挺進縱隊，約3500人，到達磐石、海龍、東豐、西豐一帶；呂正操率晉西一個小團，約600人，到達瀋陽。

10下旬，吳克華、彭嘉慶率山東六師和五師兩個團，約8000餘人，到達營口地區；楊國夫率山東七師，約6000餘人，到達山海關地區，劉其人率6000餘人，到達古北口（第二年2月到東北）；劉轉連、晏福生率三五九旅，約3000餘人，到達本溪、撫順地區；鄧克明率冀魯豫一個團，約1000餘人，到達瀋陽以西地區；文年生率陝甘警一旅，約3000餘人，到達錦州地區。

11月上旬，羅榮桓率山東軍區直屬機關和警衛部隊及幾個獨立營，約4000餘人，到達安東及瀋陽地區；山東二師羅華生部，約7500人，到達瀋陽以西地區。

11月中旬，山東一師梁興初部，約7500百人，到達錦州以西地區；山東田松支隊，約1000人，到達牡丹江地區。

11月中下旬，黃克誠率新四軍三師（包括七旅、八旅、十旅、獨立旅和三個特團），約32000人，到達錦州以西地區。

---

① 1945年9月16日，中共中央在《我東北現況通報》中說，曾克林、唐凱部為1500人。東北軍區司令部1949年10月編寫的《東北三年解放戰爭軍事資料》中說，曾克林、唐凱部為「四個小團約一千七百餘」，李運昌部為「五個小團及一個支隊約三千二百人」。

② 同上。

11月下旬，黃永勝率延安教二旅，約3000餘人，到達熱河。

12月初，羅舜初率山東三師及魯中警三旅，約9000人到達瀋陽、鞍山地區。

抗日軍政大學1000人，延安炮兵學校1000餘人，先後到達南滿地區。

到達東北的部隊，總計為107000餘人。

與此同時，中央從冀熱遼、延安、晉綏、晉冀魯豫、晉察冀、山東、華中、華東、中原等地，抽調20000多黨政軍幹部和各種技術人員，進入東北。其中，中央委員、候補中央委員二十名，政治局委員四名。

出關第一軍

8月13日，冀熱遼區黨委和軍區黨委，在豐潤縣大王莊召開緊急會議，傳達毛澤東的《對日寇的最後一戰》，朱德的七號命令，特別是第二號命令。決定抽調八個團，一個營，兩個支隊，約13000餘人，並2500名地方幹部，由軍區司令員兼政委李運昌負責，組成「東進工作委員會」和指揮部，挺進東北。先由靠近東北的十四、十五、十六軍分區部隊組成第一梯隊，於8月下旬，兵分三路，出長城各口闖關東。

十六分區十二團副政委兼政治處主任劉光濤，騎着小毛驢，到分區所在地撫寧縣台頭營鎮去開會。

坐在劉光濤將軍家中，望着中等身材，不胖不瘦，儒雅文靜，頗有學者風度的原瀋陽軍區副政委兼黑龍江省軍區政委，無論如何也想像不出他當年騎毛驢時的形象和神態，腦幕上總是頑固地浮現出那位幽默大師阿凡提和那隻小毛驢。從冀東到關東，那在鄉道上顛兒顛兒的小毛驢，從來都是回娘家的新媳婦和趕集的老太太的坐騎。

冀東毛驢多。毛驢吃的少，不挑食，能負重，爬山，不愛鬧病，不像馬那樣嬌貴。這正對土八路脾氣。當時冀東團以上幹部，都配隻毛驢。劉光濤在冀東騎了三年毛驢。

1938年冀東暴動組建的十二團，是十六軍分區主力，一直在長城內外活動。關裏緊了出關，關外緊了進關，跳來跳去，哪裏方便就在哪裏出擊。日本投降前，十二團正在關外反「集團部落」[①]。團黨委開會，研究把部隊集中關裏作戰。會正開着，警衛排戰士高金誠吵兒巴火跑進來：日本鬼子投降了！大家都衝他瞪眼睛：甚麼鬼子投降了？發神經！小高說：是區長親口講的，說小鬼子投降了，每人慰勞一斤肉。不知誰說了一句：我們都不知道，他區長知道個甚麼？胡說八道。小高還想爭辯，一想這話確實在理，撅起嘴，不再「胡說八道」了。

筆者採訪百餘位老人，談到聽說日本投降了，沒一個相信的。第一個反應就是：哪個據點的鬼子投降了？

8月25日上午，十六軍分區團以上幹部，騎着在古今中外軍隊中都堪稱一絕的小毛驢，從各條鄉路上顛兒顛兒地去分區開會時，也不知道他們就要闖關東了。

更不可能知道中央「向北發展，向南防禦」的戰略決策，不知道他們的主要任務是進行戰略偵察，為中央制定東北戰略提供依據。

除了日本投降，「老大哥」到了關東，其他幾乎一無所知。

五天後，司令員曾克林和副政委唐凱，率領十二團、十八團、朝鮮支隊和臨撫昌支隊踏上了關東的土地。

是夜裏從山海關西邊的九門口繞過去的。

月亮又大又圓，給雨後清新的田野，重疊的遠山和巨齒似的長坡，鍍上了一層溫潤的銀白。快成熟的粗大的玉米棒子和沉甸甸的穀穗，在夜風中輕柔地摩挲着，隱隱透出莊稼人才能嗅到的馨香，一陣陣撩撥着本是莊稼人的士兵的心。隊伍在山路上拖出十多里，月光下像條灰色河流悄無聲息地湧動。偶爾有隻夜宿的鳥兒飛走了，翅膀撲啦啦扇動着，愈發增添了山野的靜寂。

過城豁子時，都覺着有些憋氣。

---

① 東北人稱之為「歸大屯」。日本侵略軍為控制人民，切斷人民與抗日武裝的聯繫，1934年12月3日，假手「滿洲國」頒佈了《關於建設集團部落的通令》。日軍燒毀民房，強迫人民搬到指定的「集團部落」居住。「部落」周圍挖有壕溝，溝上修築土牆，牆上圍着鐵絲網，四角修築炮樓。每個「部落」130戶至150戶居民。「部落」只設一個出入口，出入出示居住證明並登記，種地也不能遠離「部落」。

打了八年，好歹勝利了，去關東還得偷偷摸摸的，可老蔣是正牌，鬼子偽軍向人家投降，不認咱土八路，硬闖又闖不過去，不繞着走，又能怎樣？

上午9點多鐘到達前所車站，先頭連報告，一隊蘇軍正迎面開來。

「老大哥」來接咱們了！隊伍一下子沸騰了。

三尺半長，用顏料染得灰不灰、黃不黃、紫不紫的土粗布軍裝上的泥巴、汗漬和皺褶，摳了又摳，抻了又抻。同樣顏色的軍帽，軍帽上的瓷質青天白日帽徽，正了又正，擦了又擦。濕漉漉沒了模樣的綁腿，幾乎全部重打一遍。槍和刺刀更是擦呀擦呀。怎麼擦也是那些破爛傢什，為的是讓「老大哥」見出個精神頭兒。收拾停當，部隊在路邊排成四路縱隊，演練呼口號。又抽調二十多名司號員組成一支「軍樂隊」，站在隊列前邊。

來的是支五十多人的蘇軍，分乘五輛汽車，拖着三門炮。

老遠就軍號齊鳴，口號震天：

紅軍萬歲！

斯大林萬歲！

中蘇友好萬歲！

……

離休前是長春警備區參謀長的高秀成老人，當時是十二團二連指導員。

老人說：

八年抗戰，部隊政治教育沒少講蘇聯。蘇聯出兵東北後，好像還發了本教材，專門進行教育。講蘇聯是列寧的故鄉，是世界反法西斯戰爭的主力，是支援我們的「老大哥」。講蘇聯是世界上第一個社會主義國家，那裏已經消滅了階級，消滅了剝削和壓迫。講中國革命勝利後就要走蘇聯的道路，蘇聯的今天就是我們的明天。大伙兒可愛聽了，覺得蘇聯就像傳說中的天堂一樣美，一心樸實地和「老大哥」好。在冀東出發前搞動員，說去解放東北兄弟，和「老大哥」會師，大家那個樂呀。那時候那人心腸熟，心眼實。

過去光聽講，這回真的看到了，原來「老大哥」都是大鼻子，藍眼睛，頭髮甚麼色的都有，還帶鬈兒。看這是好奇，最眼饞的是那轉盤槍和大炮。當兵的就愛這個。咱一個團才一門八二迫擊炮，還是主力團。人家這麼幾個人就這麼多汽車大炮，怪不得人家打敗希特勒和小日本呢。

光高興了，喊了半天口號，才發現人家沒應聲。一個個抓着轉盤槍，警惕地打量我們，連車也不下。大家心裏犯起嘀咕：這「老大哥」怎麼不熱乎，也不下車認親呢？後來才知道，他們是弄不明白我們的身份，怕我們是國民黨，甚至是土匪甚麼的。

嘀咕是嘀咕，多少年培養起來的感情可是一點兒也不減，到底把「老大哥」的熱乎勁兒也煽起來了，也喊起口號來。就像看不明白人家那軍銜一樣，他們喊些甚麼也聽不懂。到瀋陽又見到些「老大哥」，才尋思出來好像有個「毛澤東烏拉」。

前所會師，土八路膽氣壯了，建議聯手攻打山海關。「老大哥」不置可否。再三交涉，才請示上級，同意配合行動。

在城外一棟房子裏和日軍談判，並遞交通牒：「中國八路軍和蘇聯兩國強大軍隊已兵臨山海關城下，着派中蘇兩軍代表向駐山海關日軍司令官送出通牒，命令駐山海關的日軍和偽滿洲國軍，接到本通牒後，限於本日下午2時，率部於山海關南火車站無條件向中蘇軍隊投降。」落款也夠氣派的：「中國八路軍司令官代表，蘇聯紅軍司令官代表。」①

蘇軍代表命令日軍打開城門，讓紅軍和八路軍進城。日軍代表說，山海關歸國軍接收，貴軍要進城，我得請示。蘇軍代表說，我們不是佔領，是走到頭了，要和城裏中國軍民聯歡。你們立即出城，把槍架好，聯歡完了再還你們。日軍代表仍說得請示。蘇軍代表火了：限你們半小時答覆，不然就不客氣了！

高秀成擔任翻譯。他曾在延安日本工農學校學過日語，學得半生不熟，又扔四年多了，只能聽出個大概意思。蘇軍帶的翻譯是個蒙古人，也是個「二百五」。高秀成嗑嗑巴巴把日語譯成漢語，那蒙古人再接力似地譯成俄語。日軍代表一個勁兒說好話，一口一個「貴軍」。蘇軍代表是個有點二桿子味兒的副連長，幾句話就一個「混蛋」。

---

①《八．一五這一天》，324、325頁。

時間過了，兩國軍隊在炮火掩護下，分三路發起衝擊。十八團首先突入城內，十二團攻下火車站和橋樑廠。日軍無心戀戰，爭相逃命。偽軍紛紛投降：我們早就想繳槍了。

十六軍分區離開駐地後，一路克樊各莊、海陽、柳門和石門寨，槍聲不斷。但堪稱戰鬥的，要算土洋八路攻佔山海關。

攻佔山海關，使十六軍分區闖關東沒了後顧之憂，也為後續部隊打開了一扇大門。

日本在「密蘇里」號戰艦上簽署降書，標誌第二次世界大戰正式結束的第二天，十六軍分區部隊乘坐一列客貨混編火車，從山海關到達錦州。

第二天，十二團和朝鮮支隊，闖入東北最大城市瀋陽。

一星期後，又相繼進入鞍山、遼陽、撫順、本溪等城市。

至此，十六軍分區不僅完成了戰略偵察任務，而且為共產黨人挺進東北搶奪了先機之利。

某軍幹休所離休幹部標兵，原作訓處長呂效榮老人，一提到本溪，話匣子就打開了。

山西人譏諷閻錫山這位五台縣人：「學會五台話，就把洋刀挎。」一口五台話的呂效榮，十六歲參加共產黨做地下工作，第二年被叛徒出賣被俘。正趕上本溪煤礦瓦斯大爆炸，死亡二千多勞工。一列悶罐從山西咕咚咕咚到了本溪，把他和一些被俘的八路軍和在中條山被俘的國民黨官兵，趕進茨溝煤礦礦井。太平洋戰爭爆發後，日本人把有「危險傾向」的一千多人，編為「特殊工人」（日本人稱為「直轄夫」）。每頓兩個橡子麵窩頭，每天勞動十二小時以上，上井就關進有兩層電網的棚子裏。大小便要報告，有人看着。睡覺時，麻袋片衣服都給抱走。一年365天，能動彈就得下井。傷了，病了不能幹了，拖去萬人坑餵狗。如今，本溪老人還常念叨：甚麼叫十八層地獄？那「特殊工人」就是十八層地獄中人呀！那小鬼子才叫歹毒呢！

日本要投降的跡象，先是監工不打人了，伙食也好了些，還給發衣服鞋子。接着，一些民憤大的日本人，一些比日本人更可惡的「二鬼子」，都不見了。留下來的直討好中國人：日本的快快的不行了，將來你們掌櫃的幹活，我們苦力的幹活。大家以為鬼子又要甚麼花樣。形勢明朗後，都擔心鬼子撤退前搞大屠殺，自動組織起來，準備和鬼子拚命。

領頭的，是個國民黨少校賀覺民，新四軍一個副團長邢方銀，膠東解放區一個區長陶守崇。8月14日夜，大雨瓢潑，「特殊工人」衝出茨溝，去市裏搶了一個軍火庫。第二天，暴動工人編成一個大隊，賀覺民任大隊長，邢方銀任副大隊長，陶守崇任政治部主任。

當他們戴着塗有特殊紅色標記的礦燈，同為十八層地獄中人時，從磨洋工到暴動起義，大家抱成團，同仇敵愾和鬼子鬥。當地獄不復存在時，這一切也就不復存在了。

收音機收到的都是國民黨廣播。今天講熊式輝快來了，明天講馬占山到了，讓保護工廠、礦山，等待國軍接收。國民黨的人越聽越高興，有的激動得邊哭邊喊：咱們的軍隊來了！他們本來沒把共產黨放在眼裏，人又多，摩拳擦掌想動手。沒幾天，本溪紛紛傳說中國軍隊開進了瀋陽，他們更加有恃無恐了。一天夜裏，突然襲擊，把主要是共產黨領導的五中隊的槍繳了。

形勢一觸即發。呂效榮所在的清一色是共產黨的三中隊，荷槍實彈，隨時準備應付不測。這時，派去瀋陽的偵察員回來了，說到瀋陽的是冀東八路軍。共產黨歡呼雀躍，士氣大振。國民黨的人一下子全蔫了。

曾克林派人來改編，把繳五中隊槍的特務中隊中隊長槍斃了。罪名是「破壞國共合作」。

呂效榮老人說，暴動成功後，雙方都盼星星、盼月亮似的，心都提到嗓子眼上了。若不是咱們的人先到了，我們這些人不死無葬身之地，也得垮了，散了，哪還有後來三縱隊八師那個二十三團呀？

9月16日，中央在《我東北現況通報》*中，這樣寫道：

（一）曾克林部隊現已發展二千餘人全為新式裝備，從山海關到瀋陽各城均有曾部。曾率四個連到瀋陽一星期，即發展成四千人，並收編保安隊萬餘人。

（二）原在東北做苦工我八路軍之俘虜約一、二萬人，已組織八路游擊隊，若干股並進入長春。

（三）國民黨員從監獄釋出後，甚為活躍，到處成立國民黨部。

（四）在瀋陽及各地堆積之各種輕重武器及資材甚多，無人看管隨便可以看到，曾克林已看守瀋陽各重要工廠及倉庫，據說有槍數十萬支大炮數千門及彈藥布匹糧食無數。武器資材落於民間者甚多。

（五）擴兵極容易，每一號召有數百人，並有大批偽組織武裝均待改編。①

……

12月初，東北局給中央的一封電報，談到進入東北後兵員、裝備迅速擴大、發展時，挺有趣地使用了一個很準確，但通常都帶有貶意的名詞：「暴發戶」。

冀熱遼軍區出關時三個分區13000餘人，兩個月左右就發展到100000餘人。這種發展很難說是正常的和可靠的。這已為歷史證明了。但是，無論後來發生了甚麼，也無論人們對此說了些甚麼，「八·一五」後的出關第一軍，冀東部隊，特別是十六軍分區部隊，功績卻是不朽的。

那是戰略上的成功與不朽。

「原東北軍……」

就在延安電台廣播朱德第二號命令（8月12日，《解放日報》頭版頭條全文刊載朱德的七號命令，並發表消息：《接獲總部命令後，我百萬雄師紛紛出動，賀龍將軍所部分路進擊太原，呂正操等軍星夜向東北進發》）的同時，精明的共產黨人又發了個內部指示。

晉綏分局晉察冀分局山東分局：

本日延安廣播總部命令第二號係為對外宣傳，搶先取得國內外公開地位而發，除李運昌部隊外，並非要呂、張、萬等部馬上

① 本文所有引用資料中，標點符號及錯別字等，均保持原樣。

開往東北四省，而應依中央灰夜指示，動員全軍執行當前任務勿懈。唯山東萬毅部，應準備待命出發。

中央
8.11

以萬毅為司令員的「東北挺進縱隊」，是9月24日由山東黃縣欒家口碼頭分批登船，月底陸續到達東北的。

四十二年後筆者採訪時，1955年被授予中將軍銜的萬毅老人，剛度過八十壽辰。約定8點到，擠車換車晚幾分鐘。聽到門響和腳步聲，已在客廳等候的老人，從椅子上立起，頭微微仰着，向前伸出雙手。臨走也是如此。

三年前患青光眼雙目失明的老人，1.70米以上身材，穿一件黃色將軍呢大衣，白髮禿頂，清癯矍鑠，硬硬朗朗。老人鄉音不改，講話極有條理，張口臉上就露出笑意。笑得慈祥，笑得溫暖，笑得真誠。

他是大連金縣人。用他自己的話講，「生下來就當了亡國奴」。那時大連叫「關東州」，是日本的附屬地，學校上算術課都用日語。十五歲到奉天（瀋陽），見到「張大帥」的奉軍。「中國也有兵？」後來就不覺奇了，他也當了「中國兵」。

1938年春，東北軍五十七軍六二七團團長萬毅，率軍在連雲港抗擊日軍登陸，血染征衣，殲敵百餘。同年秋，六二七團團長萬毅，率部在合肥佯攻守敵，燒了日軍機場，毀敵機九架。1939年初，六六七團團長萬毅，率部破襲津浦路，生俘日軍少將原山方雄，同年秋，三三三旅旅長萬毅，率部襲擊魯東南大店，親臨山頭指揮，殲滅日軍兩個中隊。一些日偽軍據點中流傳一句話「不怕一萬，就怕萬一（毅）。」

可在生養他的黑土地上，驍勇善戰的熱血男兒，卻無用武之地。

「九．一八」事變時，他是一〇五師衛隊營長。事變前一天，上級命令部隊從市內開到郊區，說是演習，「打野外」。當晚在新民上火車快進關了，才聽說日軍炮轟北大營。官兵扼腕頓足，痛哭流涕，要求打回瀋陽去。長官不同意。大家說，那就在長城上決一死戰。長官說立即進關，這是蔣委員長的命令。

老人說：

那十四年，我最聽不得的一支歌，就是《我的家在東北松花江上》。國土淪喪，百姓背井離鄉，軍人拿着槍是幹甚麼的？那時候，我們這些扛着槍的流浪漢，真想把鄉音改了。丟人哪！卻硬是不改！不是男子漢硬充男子漢，是要時刻提醒自己不要忘了恥辱，不要忘了根和家，要打回老家去，最聽不得的歌，唱得最多最響——用心唱，用血唱，用生命去唱！

接到中央要我部「準備待命出發」命令後，那種心情是很難用語言形容的。從那時起到東北解放，我們這些人一個共同的感覺，就是同樣做為共產黨員和軍人，無論能力大小，我們應該出更多的力，流更多的血。因為我們是黑土地養大的。

9月2日，「東北挺進縱隊」分別從膠縣、諸城、博山等地出發，二十多天後到達欒家口。

「東北挺進縱隊」有兩個支隊。一支隊即萬毅任支隊長的濱海支隊。二支隊是臨出發前，由魯中、濱海、膠東三個軍區各抽一個營組建的。全縱隊3500人，東北人不到30人，全是營以上幹部。

另一支挺進東北的「原東北軍」，由呂正操率領的一個小團600人中，東北人不到10人。

9月24日上午，挺進縱隊首批部隊一個連，由萬毅率領，乘隻汽艇，一路搜索前進，第二天上午到達興城釣魚台。上岸後，尖兵班與駐守當地的冀東部隊發生誤會，不打不相識地打了幾槍。

「接收武器」

自有「闖關東」一說後，豪爽、強悍、富於開拓精神的山東人，就是世代川流不息的闖關東大軍中人數最多的一個方面軍。這不僅因為山東人多地少，土地佔有極不合理，還因為山東與東北毗鄰。特別是海路，逢上順風，一晝夜就到了。筆者家鄉一些老人，至今仍固執地稱山東人為「海南人」——從大海南邊來的人。

「八·一五」後闖關東的共產黨軍隊，一半多來自山東。

「打敗日本好回家」

戰鬥英雄、某軍原副軍長瞿文清家樓後，有塊半個籃球場大小的菜地。葱，蒜，茄子，辣椒，芸豆，大頭菜，西紅柿，7月遼西大地上生長的一切蔬菜，這裏幾乎都能見到，綠油油長勢喜人。敲門進去，老人正在地裏拔草，那模樣神態，就像母親撫侍嬰兒。

他父親是煤礦工人，他自己也從未在地壠溝裏刨過食。土改時，工作隊和農會卻給他家劃為僱農。其實這也不無道理，上海、瀋陽那些大工廠又有幾多三代工人，更不用說山東博山鎮的煤礦了。即使他也下過礦井，他的世代家訓，他置身的那個幾乎全由莊稼人構成的世界，給他以主要影響的，也只能是傳統的農民思想。

1938年，日軍進攻山東。後來被蔣介石槍斃了的山東省主席韓復榘，「聞風四十里，槍響一百一」，向南逃跑。瞿文清一家人也沒頭蒼蠅似的逃難。先是父親病死了，接着小妹餓死了，後來他和母親被衝散了。兒子找媽淚花流，沒找到碰上撥扛槍人，讓他給劈柴燒水喝。沒幾天，這撥人被打垮了。打垮這撥人的人說他們是「八路」，說八路是窮人的隊伍，是抗日的，你是窮人，當八路吧。他沒聽明白甚麼叫「八路」，也沒想過要問，就像不曾問喝他燒的水的那撥人是「幾路」一樣。十五歲的他，目的很明確：給碗粥喝就行。於是，班長給件衣服，副班長給條褲子，戰鬥小組長給雙鞋，別人再湊些毛巾、綁腿、襪子甚麼的。兩天後發支老套筒。別人子彈100發，他個小，背不動，給50發，手榴彈也減半背兩顆。

直到今天也沒長大，1.62米個頭，只是頭髮斑白了，皺紋縱橫了。戴頂草帽，穿件老頭汗衫，一條半舊的確涼海軍藍褲子，使你覺得他不應該是這棟小樓的主人，而應該是郊區哪塊責任田裏的老農。

能說明他的身份的，不僅是這棟在這座中等城市中堪稱上乘的小樓，也不僅是壓在寫字台玻璃板下那些聲名顯赫的軍界人物的照片。更重要的是他言談舉止中那種簡潔、明瞭、果斷的軍人氣質，是從戰士、戰鬥小組長、副班長、班長、副排長、排長，一個台階沒落，直到副軍長，負過六次傷，至今身上還嵌着彈片，在血與火中鑄造的不帶任何虛妄的風度。

中華人民共和國，就是千千萬萬像他這樣的人，扛着槍桿子打出來的。

他理所當然地成為本篇報告的主人公之一。

個頭不高，文靜，纖巧，卻是豪爽又豪飲的原中國農墾部副部長張繼琪，日本投降時，是濱海軍區臨沭獨立團政治處主任。他和幾個酒量在一斤以上，個把月見次面也不用敬禮，打一拳、罵一句就算見面禮的本團和兄弟部隊營團幹部，有個君子協定：抗戰不勝利誰也不准結婚，誰結婚誰是王八蛋，還得請客。「八．一五」後到軍區開會，幾個人湊一塊了，找家飯館掏盡腰包喝一頓。有人說：小鬼子投降了，咱們得「開禁」了。吵兒巴火地坦白、對質一氣，全都是赤條條的光棍。大家說：這回得抓緊了，誰先結婚誰是好漢，誰最後結婚誰是王八蛋，還得請客！

張繼琪沒吭氣兒。

他知道要闖關東了。

當時只傳達到團以上幹部。他不能告訴他們。

連妻子也不告訴。

原福州軍區司令員江擁輝，闖關東時，是一師二團團長。妻子劉淑，每天一起行軍，不知道、也沒想到是去東北。他不說，她也不問。那時候那人就這樣，沒有「小道消息」，也沒有「小廣播」。

三師七團一營三連九班長瞿文清，當然也不會知道。

在新泰縣集結，動員時說：日本在東北囤積大批軍火，運到山東不少，全是新式武器，部像要開到膠濟路去「接收武器」。

過去拿命換，現在伸手拿，而且都是新式武器，能不高興？走了七天到達膠濟路，說海上風浪大，還沒到，要去龍口接收。

半個月後到龍口。連隊住進一座地主大院，門口立刻放上雙崗，都是正副班長。這時開始正式動員：蘇聯「老大哥」解放了東北，我們要進軍東北，接收東北，建設東北。

除了冀東部隊和各地調赴東北的黨政軍幹部，從山東八路軍到蘇北新四軍，從陸路到海上，臨出發前只傳達到團以上幹部。政治動員，也都是分階段進行，逐步滲透的。有的是上了船後，才告知是闖關東的。

第二次世界大戰中指揮盟軍在諾曼底登陸的蒙哥馬利元帥，曾經說過：「戰爭期間，我並不把全部真相告知士兵，因為既無必要，也會洩密。」

隱蔽戰略、戰役、戰鬥企圖，對行軍路線、目的嚴格保密，這是一般軍事常識。

這裏還有一個更廣闊的政治背景。

9月2日，中央在給各中央局的電報*中說：「因各地動員幹部和部隊去東北，規模很大，傳播很廣，容易暴露企圖，刺激國民黨美英與我不利，望各地告訴所有前進部隊和幹部不要聲張，少說多做，注意隱蔽，切實完成任務。」

還有一個也許是更重要的原因。

出關時是班長，進關時是指導員的瞿文清老人說：

戰爭年代，管理教育的一個重要內容，也可以說政治工作的核心，就是鞏固部隊。戰爭是需要士兵進行的，沒有兵怎麼打仗？拿破崙若沒有士兵，還不如阿爾卑斯山的一塊石頭。

那時當幹部，特別是當連長、指導員的，平時最操心，最頭痛，壓力最大的，就是怕出逃兵。防止逃亡，要發動群眾，主要是幫助教育重點人。黨員，正副班長，戰鬥小組長，一般都有個「鞏固對象」。站崗，值勤，出公差，都在一起，睡覺也挨着，醒了摸一把。「鞏固對象」要上廁所，「我也來尿了」，馬上跟去。有的就說：你別跟着了，我不能跑。誰不高興了，誰發牢騷了，誰想家了，都是「思想苗頭」，要隨時掌握。發現異常，立即報告。一仗下來，特別是打了敗仗，更要瞪大眼睛。

「八·一五」後逃亡比較多的時期，一是闖關東，二是四平保衛戰後，三是東北解放後進關。逃亡原因，一是苦，二是死，三是離不開家。那年頭不打仗的時候像節假日一樣少，隨時都可能流血犧牲。怕苦怕死就想家，家裏再苦沒有死的威脅。一些打仗很勇敢的人也開小差，就是捨不得離鄉離土。中國農民的傳統心理是看家守業。過去闖關東是無路可走，逼上梁山。抗戰打了八年，好歹勝利了，活過來了，能過安穩日子了，誰還愛離開家？

一般地說，行軍打仗路過誰家，誰就成了「鞏固對象」。

同樣意思的話，大多數老人都談過。

大都是宿營後趁機跑掉的。每到一地，除正常崗哨外，還在村外放幾處暗哨。有的怕自己睡得死醒不來，用根繩悄悄把自己和「鞏固對象」拴在一起，一動就拉醒了。逼急眼了，有的甚至用鬼子對付勞工的辦法，晚上睡覺把褲子都收到連部去。據說，有的還把手榴彈弦接得老長，像絆馬索一樣橫拉在路口上。一響就報警了。

山東闖關東部隊，除去1938年秋由晉西進入魯南的一一五師三四三旅，和以後陸續調派的少數幹部，士兵和連以下幹部基本都是本地人。每次動員參軍，都有這樣的話：不離鄉不離土的，想家了就回來看看嘛。「子弟兵」三個字的貼切和生動性，是一點也不含糊的。

過去，日本人常到山東招勞工，連抓帶騙，當場給四十塊大洋。我們就針鋒相對宣傳日本人如何壓榨勞工，「下關東就是跳火坑」，去的人都死了。又講關東多苦，多麼冷，冰天雪地凍掉鼻子耳朵。

現在要離鄉離土闖關東了，就宣傳關東多麼好，地大物博，小日本苦心經營十四年，工業發達，大城市多，鐵路多，樓房多，「樓上樓下，電燈電話」。

據說，新四軍三師闖關東路過臨沂時，軍長陳毅接見三師連以上幹部，講了這樣一段話：我離開延安時，毛主席讓我告訴你們，你們要到一個好地方去。那個地方是個花花世界，有電燈，有樓房，出金子，出銀子。那是個甚麼地方呢？毛主席沒告訴我，我也沒法告訴你們（哈哈大笑）……

對於闖關東路上可能發生的逃亡，山東軍區和東北局是有比較充份考慮的。

9月25日，還在闖關東路上的林彪，和蕭勁光一道發出一封電報。*

羅黎蕭[1]並軍委請轉新四軍：

在中央新戰略方針下，十餘萬大軍進行北大（原文如此。似應為「進軍北上」——筆者），希轉移時，防止逃亡，應視為一個重大問題，提議各部須為此召集會議，要真實研究動員的內容，與方式，及各種具體的保證方法，並互相通報，交換經驗。

① 即山東軍區司令員兼政委羅榮桓，副政委黎玉，政治部主任蕭華。

動員方式不可僅限於首長講話，而要開班、排小會，使戰士人員講話，通過自覺與互相動員，內容可勿在報上發表，但內部可以說明北上目的，在加強裝備保衛抗戰果實，取得保衛家鄉的更好工具，及為了發動與解放北面群眾。此種說法是否有礙秘密，請中央指示。

林蕭

二十五日

林彪的意見不可謂不正確。可這位正在走馬上任的東北人民自治軍總司令，據說十八年前南昌起義失敗後，也曾開過小差。只是由於不認識路，才不得不重新歸隊。

另一位正在闖關東路上的將軍，據說已經跑回家了。家裏人大吃一驚，說「白狗子」正在找你哪，快跑吧！

瞿文清所在連在龍口住一天，第二天就乘船出發了。

出發前清點人數，九班少個人。槍和背包都在，就是人沒了。

副班長急出一頭汗。這個戰士正是他的「鞏固對象」。門口有雙崗，牆外有巡邏哨，都說沒人出去。半小時前吃飯還在，有人說是給房東還飯盆去了。房東說沒有。大家不信，還進屋看了一圈。連隊眼看要出發了，在牛欄裏找到了。牆角立卷蓆子，副班長用手隨便撥拉一下，他在裏面叫起來。副班長要揍他，瞿文清連忙拉開了。他一個勁地哭：我要回家，我想家，想娘……

不行軍打仗，逃兵要關三天禁閉。然後開個「鬥爭會」，批評幫助教育一下，自己再檢討反省表個決心，全班同志再開個歡迎會。這回沒功夫，全免了。

戰爭年代有「四個槍斃」：打黑槍槍斃；強姦婦女槍斃，就地公審就地槍斃；投敵槍斃；帶槍開小差槍斃——帶槍開小差一般都是投敵。

某軍原副軍長鄭紹華，闖關東時是新四軍三師獨立旅一團警衛連戰士。

老人說，從蘇北出發那天，全團集合，槍斃三個逃兵。離休前任大連陸軍學校（現大連陸軍學院）訓練部長的袁步青，母親給他四塊大洋，留作開小差路費。槍斃逃兵後，母親說：兒呀，咱可不能跑了呀！1978年兩人在一個師工作，鄭紹華見到袁步青母親，半開玩笑地說：大娘呀，老蘇那時若跑了，還能當副師長嗎？

老人說，在東北三年，他槍斃了三個逃兵。

黑龍江省軍區綏化軍分區原司令員趙斌，闖關東時是一師三團二營副營長。

老人說：

在諸城還未動身，一些人就跑了。師裏挑了十多個可靠的幹部，由個外號叫「哇啦哇啦」的敵工幹事領着，去動員那些人歸隊。我們走家挨戶動員，說困難時候都過來了，現在勝利了，怎麼反倒不革命了呢？有人還講到東北都能提升，當官，當大官。轉了一個多星期，動員回來三十多，有的還是營連幹部，指導員，教導員。主要是動員幹部，戰士不怎麼管。沒功夫管那麼多。死頑固的大都是有老婆的。回到諸城，部隊已經出發了。軍區讓我們從海上走。白天行軍，晚上還得看着這些人。哪裏看得住呀，到龍口就剩兩個了。

某軍政治部原副主任李湖，闖關東時是魯中警三旅管理科指導員。

老人說：

從敖陽出發不久，夜裏突然響槍。我們跑出去，看見哨兵倒在地上，腳傷了。說是特務打的。月亮白晃晃，大地光溜溜，哪有個人影？到龍口又聽說八團二營長朱延國被壞人打傷了，是我在五連當指導員時的司務長幹的，把他抓了起來。過海到東北才弄明白，都是自傷，為了能留在山東。

黑龍江省軍區原副政委趙熙敏，闖關東時是冀中七十一團六連指導員。

老人說：

七十一團是「八·一五」後由地方部隊升級（由地方部隊變為主力部隊，稱為「升級」）的，剛升級就拉走了。臨走那天早晨，全團集合，團長講話：我們是主力，是正規軍了，不要這些破槍了，要到冀東去接收新式武器，接收完了就回來。開頭挺好，到冀東看到牆上「歡迎冀中部隊挺進東北」大標語，就有點炸營了。團裏要求黨小組長和排長站崗，連長、指導員帶班。有的站崗和帶班的都跑了。有人就說：瞧，不讓我們站崗，他們跑了。從安國出發時，一個老團一個新兵團4000多人，到古北口不足2000了。有的一個村子參軍幾十人，說跑都跑，村幹部領着跑。過北寧路時，一個有名的戰鬥英雄，連長馬義都跑了。出關那可真是一關哪！

某軍原政委李兆書，闖關東時是新四軍三師十旅警衛營三連指導員。

老人說：

一路上，抓到不少先頭部隊開小差的。有的不用抓，看見你自己就過來了。叫跑也不跑了。你想想，上千里路，人生地不熟，又沒有錢，怎麼走？軍裝能脫了，口音怎麼改？國民黨抓，地主老財打，漢奸特務也收拾你。即便到家了，地方政府還動員你參軍。不過也真有「堅決性的」。我們連有個姓史的，在遼西跑的，進關就叫國民黨抓去了。「國軍」沒當上半月，又跑了。那是鐵心不當兵了。

9月7日，萬毅在給軍委的電報*中說：

部隊採取逐次動員，但逃亡仍嚴重，僅昨夜即逃副排長以下八十餘。

11月15日，黃克誠在給「軍委林彭」[①]的電報*中說：

三師由蘇北出發共三萬二千五百人（因新兵二千五百人未等到）除後勤機關及一地方團掩護尚在途中未到沿途逃亡掉隊病號約三千人外，到達冀東者共約二萬八千人。

12月4日，林彪在轉致「中央軍委的七師楊國夫師長的電報」*中說：

戰士帶槍逃跑者甚多（僅昨夜連跑二十八人帶槍九支）。

所有闖關東部隊中，唯曾克林的十六軍分區未聽說有逃亡現象。

---

① 「林」即林彪，「彭」即東北局書記彭真。

從出關到進關，黑土地三年內戰中，逃亡始終是造成部隊減員的一個重要原因。

1948年9月7日，「林羅劉譚」[①]在給「毛主席」的電報*中說：

> 據不完全統計，野戰軍四、五、六三個月內逃亡八千餘人。

11月11日，「林羅譚」在給「東北局並報中央軍委」的電報*中說：

> 東北解放後，部隊中議論紛紛，不少東北戰士甚至某些幹部怕入關作戰，怕走路太遠，怕離開家鄉，土地分配後感到個人還沒享受過安樂生活，以至最近開始增加逃亡。五縱向義縣移動中逃亡三百多。四、十一兩縱向冀東前進，十一縱一至七日逃亡六百餘；四縱十一師一至六日逃亡近二百人。北滿各獨立團開到前線殲敵，亦發生同樣情形，這在我們將來新的行動中，會較為更加突出。

逃亡的幾乎全為土生土長的關東人。

李兆書老人說：

十四團九連指導員鬧個笑話。他讓文書把全連東北人抄個花名冊，列為「鞏固對象」。他不識字，讓一排長看看有沒有漏掉的。一排長一看就火了：我他媽的也成「鞏固對象」了！很多解放戰士是關裏人，這時都成了鞏固別人的骨幹。有的說：排長呀，你家鄉解放了，我們家還沒呢，你可不能扔下我們不管哪！

趙熙敏老人說：

進關就倒過來，東北人成了骨幹，關裏人成了「鞏固對象」。快到誰家了，就瞪着眼睛瞅着。那也看不住。打下天津走不遠，六十五團一營教導員尹志勤就跑了。他家在天津附近。到湖南後，一天行軍看見隊列中一個人揹口大鍋，這不是老尹嗎？他挺不好意思，說給抓

① 「林」即林彪，「羅」即羅榮桓，「劉」即劉亞樓，「譚」即譚政。

回來了。後來聽說又跑了。

三十八年後，筆者在家鄉採訪一位人稱「破爛王」的企業家時，他說：

東北剛解放，百廢待興，今天鐵路，明天礦山，街頭到處是招工廣告。招工人員這村跑那村，那嘴皮子磨的呀。若是今天，還不把腦瓜子擠扁了？那時沒有「城市戶口」，「農轉非」，那人的心思和現在不一樣，戀鄉戀土捨不得家，愛過「三十畝地一頭牛，老婆孩子熱炕頭」日子。

抗戰後期，山東和冀東部隊流行一支歌，叫《打敗日本好回家》①。

瀋陽軍區原副政委，抗戰勝利前的魯中軍區警二旅政委李伯秋老人說：

1945年初，一天晚上，幾個人在一起嘮勝利後幹甚麼。五團政治處副主任宋登華（離休前為軍委測繪局政委），說要回家和叔叔種地，他家有30畝地，他叔叔可會種地了。我說，蔣介石能讓你回家種地？抗戰前打，抗戰中打，他有那麼多軍隊，又有美國撐腰，怕是打完老蔣還得打美國。他說，你這話太影響信心了，可不能亂講呀。

老人說，《打敗日本好回家》這首歌，在警二旅唱了一年多。「八・一五」後，就內部打招呼，不讓唱了。

在某軍榮譽室，筆者抄下一支《山東縱隊②紀念歌》。

日寇侵入了山東，
投降派便掛上了免戰牌，
投降派逃跑了我們便從地下站起來！
徂徠山舉義旗，
誓死守土我們不離開。
土生土長在農村在民間，

---

① 有人又說叫《趕走鬼子好回家》。歌詞沒收集到。

② 1937年底和1938年初，中共山東省委在泰安縣徂徠山，長山鄉黑鐵山，壽光縣牛頭鎮，濰縣蔡家欄子，組織農民起義，成立了八路軍山東縱隊。

雖然是赤手空拳，
但是有三千八百萬人民和我們血肉相連；
雖然是苦中生，
但是有中國共產黨領導着我們邁步向前；
雖然是年輕的黨軍，
但進行了無數的血戰！
我們用土炮打下過飛機，擊沉過兵艦，
在雷神廟魏家堡楊家橫劉家井五井孫祖大柏山青駝寺[①]，
曾用我們的熱血寫下了輝煌的戰史。
看吧，看吧，敵人在我們面前發抖，
只要我們戰鬥，戰鬥，
無數的戰鬥寫下輝煌的戰史；
看吧，看吧，敵人在我們面前發抖，
戰鬥，戰鬥，只有不斷的戰鬥，
勝利就在我們前頭！

瞿文清老人給我唱過這支歌，好幾位老人都給我唱過。老人唱得激情滔滔，我聽得熱血沸沸。

這支歌後來也不唱了。

有人說到東北後，敵人變了，地區變了，番號變了，也就自動地不唱了。有人說曾有人批評過這支歌，說它有山頭主義，地方傾向，大家應該都唱《八路軍軍歌》。有人說其中「誓死守土我們不離開」這句，和挺進東北擰着勁兒，所以就不唱了。

「打敗了日本狗強盜」，還要「消滅了蔣匪軍」，才能回家。

就在中國共產黨闖關東部隊逃亡現象屢屢發生時，在菲律賓首都馬尼拉，12000名美國士兵正在舉行示威遊行。浩浩蕩蕩的行進隊伍中的標語上寫着：「讓我們回家去！」

這些士兵在鐵與血與火中生活得太久了，肺腑中充滿了硝煙和屍臭，耳朵裏灌滿了撕心裂膽的噪音和鬼哭狼嚎的慘叫。戰爭結束了，

① 均為山東縱隊戰鬥過的村鎮名。

大地寧靜了，空氣清新了，但這裏的一草一木，一磚一石，都能喚起戰爭的記憶，刺激着他們的神經。他們渴望回到能喚起兒時的天真的地方，渴望曾經討厭過的母親的嘮叨，渴望妻子的熱吻，渴望兒女的嬌憨，渴望林蔭下的絮語。在鐵血飛迸中，他們或許忽略了這些。可現在，他們急不可耐了！

抗議浪潮迅速蔓延到本土外的所有美軍基地。11月和12月，巴黎和法蘭克福的美軍士兵走上街頭，抗議政府往國內遣返軍隊的速度太慢，要求立即復員。憤怒的士兵給國會議員寫信，議員們則向五角大樓施加壓力。於是，五角大樓動員了一切力量（包括當時全世界最豪華的「女王伊麗沙白號」和「女王瑪利號」客輪）把這些士兵遣返回國，其速度比戰時緊急情況下向歐洲運兵速度還快。

第二次世界大戰後的厭戰情緒，是全球性的。

在一場殘酷的廝殺過後，這一切都是正常的。

沒有比在血與火中衝殺過的軍人，更懂得安寧和平的寶貴了，更渴望安寧和平的生活了。

只是各有各的追求方式。

女人、孩子與重武器

開頭，除了十六軍分區和「東北挺進隊」，各路闖關東部隊都帶着妻子兒女。

也沒多少女人和孩子。

那時沒「計劃生育」一說，也沒有婚姻法，結婚的條件叫「二七八團」——二十七歲，八年黨齡，職務正團。這已夠「計劃」的了，有些已超出「計劃」仍未結婚。有的是戎馬倥傯，沒有機遇，有的是執意不肯結婚。

江擁輝團長的妻子劉淑，當時是諸城縣虎部區婦救會主任。一師從諸城快登程了，江擁輝匆匆趕來找她，就匆匆跟部隊走了。丈夫給她找匹馬。人騎在馬上，心吊在嗓子眼兒上，夜裏總夢見自己懸在馬蹄子下。一些人逗她，說她這位騎士瀟灑極了，足可以當個騎兵團長，如果有個娘子軍騎兵團的話。

到魯北惠民縣，一道命令下來，軍委讓一師火速趕去山海關參戰，把住這扇關東大門。師黨委一個決定，把女人、孩子和重武器像包袱一樣卸在惠民，部隊輕裝急行軍走了。

她們被告知：部隊要打仗了，打完仗就來接你們。

這是常事。打她們和軍人結合那天起，就把自己交給這種生活了。她們已經習慣了這種生活。她們就在惠民習慣地等着打仗去了的丈夫。直等到春節，才知道丈夫是闖了關東。

——這些狠心的，就這麼悄沒聲地就把咱甩了，連咳嗽都沒咳嗽一聲！……

罵是親，恨是愛。關東那是甚麼地方呀！鼻子凍掉沒甚麼，怕的是那麼老遠還能回來嗎？老年人一輩又一輩講述「闖關東」的故事，就像講述一個發生在月球上的神話。今天丈夫拿着槍桿子一下子就闖去了，古老的神話一下子變成現實，又彷彿依然是那麼古老而又遙遠。

闖關東，找丈夫去！

渤海地委在惠民。地委領導説，大部隊都走了，小部隊護送不了。她們説不用護送，我們自己走。地委説，自古哪有一幫女人闖關東的呀？她們説，你們點下頭就有了。又説都嫌女人累贅，那還找女人，和女人結婚幹甚麼？七嘴八舌，大聲動氣。説着説着，就把眼淚這個武器搬出來了。甚麼武器也不行。大年初一，大家瞅着餃子誰也不吃。三團團長妻子，頭不梳，臉不洗，一杯又一杯，喝得滿屋子酒氣。

3月底，一師和七師家屬，坐隻小汽艇闖關東。二十多個女人、孩子和保姆，擠在三人多長，一人多寬的船艙裏，大人吐，孩子哭，那個聲和味兒呀。三團政委妻子張華，坐車時顛着早產了。母親一滴奶沒有，孩子一個勁兒哭，哭着哭着沒聲了。開頭以為是睡着了，不知誰説不對勁兒，都掙扎着爬過來。沒有奶，沒有藥，大海茫茫，怎麼辦？誰也不吐了，就那麼圍着，有的擦眼抹淚，有的傻愣着，眼睜睜看着孩子嚥氣了。

在莊河縣一個叫旮拉腰子的小村上岸。一輛大道奇拉上她們，繞道安東去吉林。過通化一道嶺時，車翻了，兩個師的家屬全甩進路邊沒膝深的雪窩子裏。爬起來，你望我，我瞅你，大眼瞪小眼。長這麼大第一次坐汽船，又第一次坐汽車，都不知道這「洋玩藝兒」是怎麼了。直到現在，老人們見面，還哈哈笑着述説彼此當時那副傻樣兒。

從延安、晉綏、晉魯豫、華中、華東、中原等地闖關東的部隊和黨政軍幹部，家屬大都是隨隊一起走的。

戰鬥部隊中「二七八團」少，女人一般都有馬騎。幹部團就不行了，「二七八團」都在一半左右，女同志，大都是徒步走到東北的。

可以想像——

在那秋日的黃土高原上，在那收割後裸露的中原大地上，在冀北邊緣那荒無人煙的沙丘間，行進着一支支由一個個一對夫妻一個孩的家庭組成的隊伍。孩子盛放在一隻籃裹，籃子馱放在馬背的一側，另一側的籃子裏放着衣物甚麼的。不諳事的孩子，或者隨着馬蹄的節律酣睡着，或者睜着不諳事的眼睛望着藍天，涉水，爬山，越沙丘。丈夫牽着繮繩，在前邊走着。妻子在盛放孩子的籃子旁邊跟着，或是抓着馬尾巴蹣跚着。塵土飛揚中，你可以想像那一雙雙露出腳趾的布鞋，想像那一雙雙血泡疊着血泡的腳掌。可以想像那一雙雙腳可能是從小就爬慣了山嶺的，可能是從校門走向延安又走到這裏的，可能是曾經要被改造成三寸金蓮後來又解放了的。也可以想像被秋雨淋透了衣服和泡腫了的雙腳，以及你可能想像得到並實實在在存在着的種種艱難困苦中，做為來到這個世界本來就要比男人承受更多痛苦與不幸的女人，可能經受的種種痛苦與不幸……

有人主張不帶女人闖關東。

這種人中有種人，想的不是輕裝快步，去東北搶奪先機之利。也不是等條件好了，有根據地了，再把妻子兒女接來。而是想乘機把土氣、「落後」的老婆甩掉，到那個「花花世界」中去換個花花的、洋氣的。

在海上

自古以來，山東黃縣龍口和蓬萊縣欒家口，就是海路闖關東的集結地和出發地。

山東闖關東部隊，大都是從海上走的。

中央對這項工作抓得很緊。

11月3日，毛澤東親自起草一份電報。

膠東區黨委：

近日部隊渡海情況如何，千萬要多要快，不得片刻遲誤，將此當作第一位工作，派大批幹部準備渡海，其他工作均屬次等。

中央

11.3

從8月中旬到12月初，龍口和欒家口碼頭處於一種史無前例的亢奮中。一支支隊伍開來，附近村鎮都擠滿了。岸上擠，灣裏更擠。沿海能徵集到的船隻全來了，擠擠匝匝開了鍋似的。一眼望去，一隻隻船划過去，好像就能一直走到東北。

大都是漁船，還有些貨船。鑽進船艙，就像鑽進了魚罐頭。從煤艙出來，都成了「煤黑子」。大船能擠一個連，小的就兩個班。

乘船教育：一、不准吸煙和打手電，防止被敵人兵艦發現；二、隨時準備戰鬥，碰上國民黨或美國軍艦，用手榴彈近戰肉搏，拚死不當俘虜；三、注意安全，沒命令不准出艙，大小便要報告；四、出事故不要慌，船壞了，觸礁了，要聽從統一指揮；五、不准說不吉利話，對於船老大可能搞的迷信活動，不要干涉；六、防止暈船，不要亂走動。

瞿文清坐的那隻船，不存在走動問題。

是隻瓜瓢樣的小漁舟。二十多人面對面倚在船幫上，就差人疊人了。登船前發的兩隻瓦罐，放在中間疊在一起的腿上。開頭挺正規往那裏吐，後來扭過臉往海裏吐，再後來就像報復似的，你朝我身上吐，我朝你臉上吐。到大連皮口山岸時，一個個就像從泔水缸裏撈出來的。

好在沒有別的甚麼事。

李湖坐的是隻帆船。開頭挺順利，下午起風了，浪頭掀起老高，桅桿喀嚓斷了。船老大跪下就磕頭，直叫「龍王爺開恩」。李湖說：我打這麼多年仗，子彈從來貼着頭皮飛，福氣最大，翻不了。聽到個「翻」字，船老大又叫「龍王爺」，又叫「天老爺」，爹呀媽呀叫起來，過叫邊哭。船在海上漂了四天五夜。剛上船時醫院幾個女兵要解溲就喊：你們快躲開，我們有事兒。這陣子一「有事兒」就叫喚：快來呀，不行了！幾個不暈船的，就把她們架到船後去。

比較曲折宕蕩，有點「歷險記」味道的，是後來最先搞起訴苦運動，被三縱黨委授予「教育功臣」稱號的趙緒珍坐的那隻船。

這是隻繳獲的大帆船，三師二團特務連一百五十多人坐着還不算太擠。指導員趙緒珍不愧為「教育功臣」，政治工作有聲有色。從宿營地到碼頭路上，以及開船後的個把小時，歌聲不斷。

春天到了萬物都發青，
咱們莊户人呀家家忙春耕，
多生產多打糧支援子弟兵。

八路軍打仗為咱老百姓，
部隊向西行攻打蒙陰城，
機槍掃大炮轟消滅鬼子兵。

唱完《打蒙陰城歌》，又唱《十八集團軍好》。

十八集團那可真正好，
三大紀律八項注意樣樣都做到。
吃的是煎餅，鋪的是乾草，
穿的衣服更是談不到冷熱這一套，
同志們辛苦了！

槍是土壓五，少數是洋造，
把漢奸鬼子消滅了。
建設新中國咱們一定能辦到，
先苦後甜慢慢熱，
同志們，到時候就好了！

趙緒珍說：別唱了，保持安靜，防止暈船。

大家說：小鬼子都不怕，還怕暈船？

瞿文清發的是隻瓦罐，他們發的是隻瓦盆，一班一隻。幾支歌沒唱完，就陸續賽歌似的吐上了。盆吐滿了往海裏倒，沒倒上兩回就連盆倒了。出發前發的新氈帽，一人一頂，上面綴着青天白日，挺整齊的，有些人還捨不得戴。不知誰帶的頭，朝氈帽裏吐，大家學起來，不少順水漂了。順水漂了可能有好處。保不準到東北不會照張相，保不準二十一年後不會被發現，小紅衛兵會指着那青天白日說：你是國民黨！

剛從龍口出發時，千帆競渡，大海都顯小了。逐漸地就稀落了，傍黑時連隻船影兒也沒了。風浪大起來，到內長山的大長山島附近，風向也變了。船老大一口一個「老總」，說甚麼也不敢走了。沒辦法，又折回龍口。

沒了模樣，也沒了情緒，都要求上岸，不走了。

——我寧肯和小鬼子拚十年刺刀，也不遭這份罪了！

——在哪兒都革命，非得去東北呀？

——非去不可就從陸上走。再遭這罪我就跳海了！

「教育功臣」也沒了轍。黨支部研究一下，咬着牙，就讓那船在海上漂着。

第二天下午，船老大說可以走了。到了砣磯島又走不了了。這回靠了岸。有大海包着，誰也跑不了。

歇一天又走。風平浪靜挺順溜，沒想到船老大來事了。幾個人大呼小叫一陣子，變戲法似的從哪裏端出幾盤菜和一隻雞，在船頭擺好點着香，有的念念有詞地磕頭作揖，有的拚命敲鑼打鼓。為首的船老大抖抖地說：老總呀，龍王爺「亮翅」了，要這條船哪！

蒙蒙亮的天色中，前方幾百米處隱隱凸起個黑影。隨船的團司令部參謀孫靈運，操起機槍就是一梭子，黑影不見了。孫參謀端槍立在船頭，命令開船。船老大臉都青了，哆哆嗦嗦駛出好遠也沒變過色來。

傍晌，那黑影又出現過一次。這次看得真切，一間房子大小，圓乎乎的，呈藍黑色。又一梭子打過去，又沒了。

船老大不害怕了，也不叫「老總」了：這八路真神，龍王爺也惹不起！

最倒霉的是見到「老大哥」後。

都知道到東北和「老大哥」會師，每個人好像都準備了一肚子話，到時候和「老大哥」嘮個痛快。哪知在老鐵山水道碰下蘇聯軍艦，沒有翻譯，一肚子熱乎話倒不出來。拖進港口，沒吃沒喝，扣了三天——把他們當「海匪」了。

也不怪「老大哥」不認親。

上船不久就吐得沒了人樣，又在海上漂顛四天。暈船甚麼也不想吃，肚裏吃食又吐光了，一個個瘦得像個鬼。「老大哥」捂着鼻子上船看了看，依着的，歪着的，橫躺豎臥的。有的眼皮都不睜，有的眼皮翻了翻，甚麼表情也沒有——也認不出「老大哥」了。

每隻船靠岸後，都有些人像卸貨一樣從船上抬下來。

山東渡海部隊陸續在遼南登陸後，先到的新槍新炮新服裝的冀東部隊，有些不知是不認識山東八路，還是覺得這些人太給自己丟臉了，對「賣呆」（遼東遼南人稱「看熱鬧」為「賣呆」）的老百姓說：這都是八路從關裏抓來的國民黨俘虜。

十餘天後，趙緒珍帶連隊在遼陽趕上部隊，團裏已經紮好花圈，要給他們開追悼會了。

三個多月裏，除渤海軍區翻了一隻船，五軍分區副司令員石瀟江等三十餘人犧牲外，其餘全部安全到達目的地。

還有段插曲。

三師二團特務連的帆船進入老鐵山水道前，迎面駛來一艘國民黨軍艦。大家鑽進船艙，只留幾個穿便衣的幹部在上面觀測情況。一挺馬克辛重機槍和四挺輕機槍，悄沒聲地架好了。船老大喊了句「去大連運梨的」就過去了。

大多船隻都有這種插曲。對付辦法，先是盡量躲避。漁船小，軍艦大，易先發現對方，也易躲避。躲避不了，只留便衣人員在船上，由船老大與之對答。這一帶往來漁船、貨船很多，很容易混過去。

更重要的原因，是國民黨缺乏警覺，沒想到共產黨會如此大闖關東。

1946年後，往來山東和遼寧運送傷員、幹部、家屬和各種資材的船隻，不時有被國民黨軍艦擊沉和拖走的。

「向交通要道進擊」

陸路闖關東，要比海上艱難困苦得多。

最苦的，是黃克誠的新四軍三師。

9月下旬，三師所屬四個旅和三個團分為左右兩路縱隊，陸續從鹽阜、淮海地區出發，跨越江蘇、山東、河北、熱河四省，歷時六十多天，行程三千多里，到達錦州地區。

過度痛苦使人沉默

某軍原副軍長黃達宣，像瞿文清一樣，是從戰士、戰鬥小組長、副班長、班長、副排長、排長，一個台階沒落當到副軍長，然後離休。他們身上的傷疤，他們榮獲的軍功章，也幾乎相等。而且，他們都是在黑土地上成為戰鬥英雄的。

比瞿文清大兩歲，高出一個頭的離休將軍，白髮，濃眉，目光平易，溫和中透着果斷與威嚴。一口地道蘇北口音，思路明晰、敏捷，談敘像瞿文清一樣簡潔、明瞭，沒有一個在官場聽慣了、似乎能夠顯示身份、尊嚴和氣派的「嗯」、「啊」之類。

他是江蘇泗陽縣劉集鄉人。十七歲那年，父親患一種病，吃不下飯。他不知道那叫食道癌，莊稼人都不知道。臨死前，父親讓把家產賣了還債，母親到姐姐家去，兒子自己去闖蕩活命。

往哪兒闖蕩是不言而喻的。村東百十里處是鬼子中心據點，外邊是偽軍，再外邊三不管地區是土匪天下。劉集人混不下去了，就去當土匪。這是老輩傳下的規矩。有股最大的土匪，頭子就是他們黃姓人。

這是父親臨終遺言。做為兒子，即使一輩子都和父親對着幹，這句話是必須照辦的。

母親哭天抹淚不同意：咱黃家祖祖輩輩都是老實人哪，可不能吃這碗飯啊！

再一條路是投八路。老百姓叫新四軍也叫八路，對共產黨也叫八路，八路也叫共產黨。鬼子漢奸説八路是「紅鬍子」，「共產共妻」。一次聽説八路來了，人們哭爹叫娘這個跑呀。回來後，家裏一樣東西沒少，院子還給掃了。老年人説，八路好是好，怕是成不了氣候。他倒沒想成甚麼氣候，只是聽説八路紀律嚴。莊稼人最受不了這個「紀律」。當土匪就隨便，吃得也好。

人老了愛回憶。無論尊卑，走到這一步，都能回憶出貌似偶然的一個或幾個巧合來。

決定黃達宣後來闖關東，今天又在關東安度晚年的人生的第一個巧合，是劉集鄉一個出了五服的當保長的堂哥的一句話：當八路給你一斗小米。

堂哥黃達芝早就勸過他。幫助料理完喪事又勸他，還是投八路吧，投八路給你家一斗小米。小米的魅力加上母親的旨意，於是，他就扛上一支沒有準星的老套筒，成了全村的第一個「紅鬍子」。半年後，另一個投八路的劉集人告訴他，那斗小米真給了，還說黃達芝就是八路的人。

瞿文清不知道喝他燒的水的那撥扛槍人是幹甚麼的，只知道那撥人是被八路打垮的。按照「階級鬥爭」觀點，那幾天歷史是算不得清白的。而本文另一位主人公黃達宣，若不是一斗小米，竟險些當了土匪。

筆者還聽過這樣的故事。哥倆揭不開鍋了，門口正過隊伍。弟弟說，跟他們走吧。哥哥說你先走，我去趟茅房就攆你。結果，弟弟參加了紅軍，哥哥跟「白狗子」走了。

從紅領巾時代開始的一個相當長的人生階段中，筆者一直相信這些老革命當初就是為了革命，解放天下受苦人，實現共產主義，堅定不移地走進革命隊伍的。

更不知道還有那麼多逃兵。

黃達宣扛着一挺捷克式闖關東時，是獨立旅一團一營一連一排一班一戰鬥小組小組長。

第一步動員到隴海線作戰。過了隴海線動員到臨沂地區作戰。到濟南西邊，說臨沂敵人由山東老大哥部隊打了，我們到平津之間去作戰。從楊村過了平津鐵路插向玉田，快出關了才正式動員進軍東北。

原瀋陽軍區工程兵副政委胡可風，闖關東時是十旅二十九團宣傳幹事。老人說，從蘇北出發時，動員口號是：舉行大反攻，向交通要道進擊，向大城市進擊！進大城市還不高興？日本投降了，也該進大城市逛逛了。過平津鐵路前還算穩定，快到玉田時，一些「瞎參謀」就嘀咕上了：一個勁地走，這是去哪兒呀？是不是去東北？蘇聯「老大哥」在那兒，都是共產黨，大概去得。可東北太冷，咱南方人到那兒受得了嗎？

正式動員和山東一樣，講東北多麼好，大豆有多大個，高粱米營養多麼豐富。出冷口一看，都是荒山禿嶺。再一吃高粱米，有人就端着飯盆去問醫生：你說高粱米營養多麼豐富，你怎麼不吃呀？

蘇北新四軍在遼西瞅着高粱米，愁眉苦臉不動筷。山東八路軍在遼東瞅着高粱米，「吧嗒吧嗒」掉眼淚兒。

瞿文清那個連到遼陽後，沒米沒菜也沒炊具。司務長說咱們下館子去。大家樂壞了。一路上見不少城市高樓，雖沒進去也開眼了。這回要下館子，看看這關東館子幾個盤子幾個碗。進屋規規矩矩坐下，每桌端上一大盆紅眼高粱米飯。大家你瞅我，我瞅你，就是不想動筷。

黃達宣幾乎是在平生第一次吃高粱米飯時，才明確自己是到了關東的。

不是他不愛思想，實在是他太累了。

最苦最累的，就是像他和瞿文清這樣的人。

「是兵不是兵，背上四十斤。」他是機槍手，一挺捷克式，250發子彈，背包，糧袋，加一起有六十斤。機槍本是三個人輪流扛的，那兩人個小，大部份時間他都扛着。後來抽出個人幫病號背槍，那機槍就長在他肩上了。

開頭每天六十里左右，逢上雨天還能休息。過平津鐵路後就加快了，每天百里以上，下小雨也走。他不知道山海關已經打上了。但他知道是有情況了。明白這個能憑空生出許多力量。有的人卻愈發不行了。他就把米袋、步槍甚麼的，再往自己肩背上堆。

關鍵是休息不好。

行軍最重要的是不掉隊，不減員。幹部神通再大，也關照不過來。靠誰？靠骨幹，靠黃達宣和瞿文清這樣的活躍在最基層的骨幹。

他有兩個「鞏固對象」，一個叫唐大榮，一個叫唐維民。唐大榮三十多歲，全班年紀最大。他打仗好，挺勇敢，就是「家庭觀念重」，愛發個牢騷，那牢騷大都與老婆孩子有關。唐維民十六歲，文弱得像個書生，一天說不上幾句話。他堂公在蘇北出發前跑了，連裏去找沒找到，把他拉來頂替。連裏再三叮囑，要他「承包」這兩個人。後來，唐大榮當了排長，打天津時負傷；唐維民當了副連長，在朝鮮二次戰役時負傷。負傷後再未見過，至今也不知在哪裏。

每到宿營地，他就對二唐說：你們累了，歇着吧。這話翻譯過來，就是「別跑了，有人盯着哩」。說完就去找柴禾燒水，燒好再給端過來。洗腳是行軍中第一件大事，比吃飯都重要。洗完了，誰腳打泡了，再幫着挑泡，穿上馬尾巴。有時這一切做完了，自己腳未洗，飯未吃，倒那兒就打上鼾了。醒來後，冷丁一下，看看二唐，有時就想：要跑這不是早跑了嗎？

黃達宣和瞿文清都說自己從未動過開小差的念頭。開頭，瞿文清是覺得有碗飯吃，黃達宣是記着那斗小米。後來，是覺得班長、排長、連長、指導員對咱好，咱得對得起人家，不能讓人家難心。

二唐對他挺反感，覺得他是個「特務」。他也覺得這個角色很尷尬。逐漸地，都不這樣想了。一個大哥，一個小弟，加一塊勁頭也不比他大多少，這些事情本來就該他幹的。後來二唐一提起闖關東，就說感謝他。他說：我應該感謝你們。

從蘇北到關東，從長白山到海南島，誰應該感謝誰呢？

原六三野戰醫院院長吳振淮，當時是獨立旅醫政幹事。

醫政幹事兩項工作。一是當醫生，看病。二是負責醫務人員的提升、調動。哪個醫生犧牲了，哪個看護班長可以提起來，向組織科寫個報告。主要還是看病。

闖關東路上，比較多的疾病是打擺子。

闖關東前，獨立旅南下浣江，那裏是瘧疾流行區。

這是一種急性傳染病。不發作時是好人，發作起來忽冷忽熱。冷得發抖，幾條被子壓不住，熱時發燒可達39度、40度。發作後大量出汗，頭痛，口渴，渾身無力。上午8點多鐘，下午3點多鐘，最愛發作。

正是行軍的時候。

照樣走。

配有馬匹的幹部，馬都讓給病號了。重病號騎馬，輕的把槍枝、彈藥、背包、糧袋放到馬上，人步行。再選些身強力壯的戰士，排成一路縱隊，每人中間夾個打擺子的，用繩子捆在腰上聯成一串。一手拄着棍子，一手抓着繩子，連拖帶拽地往前挪。那情景，就像電影上國民黨抓的一串串壯丁。

不是親身經歷，誰會想像得出闖關東大軍中，竟會有這樣一支隊伍！

一忽兒冷得哆哆嗦嗦，一忽兒燒得迷迷糊糊。腦子裏好像全是空白，又好像被鉛樣的東西灌滿了。甚麼知覺都沒有了，這個世界彷彿都不存在了，卻知道向前挪動腳步。一步，一步，就像踩在棉絮上。

後來，這個隊列的指揮官——醫政幹事吳振淮也打起了擺子。

老人說：講講別人還行，我自己是怎麼走過來的，記不得了。

老人說：若不是互相幫扶着，誰也走不過來。

離休前是瀋陽市農機局副局長的李少英老人，闖關東時和鄭紹華是同班戰士。「文化大革命」中，造反派說他是假黨員。鄭紹華聽說了，寄去一份證實材料。

十年內亂後，老戰友重逢。

鄭紹華說：我若不用腦袋擔保，你就叫人打死了。

李少英說：闖關東我不替你扛槍，你早就壓死了。

那時候，鄭紹華十六歲，又瘦又小，還不到九十斤。

一些老人說，剛上路時，歌聲不斷。一路行軍一路歌是我軍傳統。後來可就唱不動了。怎麼鼓動也唱不起來了。

大地是黃褐色的，軍裝是灰色的。一支支灰色的隊伍，在黃褐色的大地上默默地流動着，像一部無聲電影。一隊隊大雁逆方向從頭上掠過，抖落一串串清脆的「嘎嘎」聲，濺不起一絲回音。

適度痛苦使人喋喋不休，過度痛苦使人沉默。

食為天

兵馬未動，糧草先行。

闖關東大軍先行的是籌糧官。

十旅二十九團先行的，是糧秣股長張文星和他的籌糧隊。

從蘇北出發後，他率領二十五人的籌糧隊，每天提前大部隊兩天左右出發，沿預定行軍路線籌備糧草。闖關東如此，大部隊行軍都如此。平型關戰鬥後參軍，離休前為某軍後勤部長的張文星，戰爭年代就和糧草打交道了。1949年進軍廣西在苗區籌糧，講不明白，差點兒叫個苗族女人一柴刀砍死。

在江蘇、山東、河北籌糧很簡單。需要多少糧、菜、油、肉和飼料，到村公所找到管事的報個數就行了。都是老區。事先打過招呼，沿途都有準備。

從冷口出關後就不行了。

一是「滿洲國」的地方，老百姓不了解共產黨。二是人煙稀少，日本人搞「集團部落」，很多地方是無人區。三是窮，很多人穿不上褲子，大姑娘披着麻袋片偎在炕上，不敢動窩兒。

所到之處，都找舊政權人員聯繫。白天大都跑了，晚上好辦些。敲開門，點上油燈，告訴他們需要多少糧草。沒有糧草，就詢問有沒有地主，住在甚麼地方。這些人大都點頭哈腰，滿臉堆笑，眼睛直掃籌糧隊腰裏那鐵傢伙。

地主糧食也不白拿，或者給錢，或者開條子。錢是解放區票子，人家不認；條子就是一張紙，當場寫上二十多個字，蓋上章。告訴他，現在光復了，解放了，偽滿票子馬上要作廢，這種票子就要流通了。再講新政權很快就會建立，到時候把條子交給政府，就可以頂替公糧。

這種條子幾乎散見於東北各地。除去遼瀋戰役，每次作戰所用糧草，基本都是取之於作戰地區。開頭老百姓不認條子，認為這不過是耍個花招的公開搶奪而已。共產黨那幾條破槍，還能打天下成立政府？後來可就重視起來了，其珍貴不亞於今天人們放置存摺。

出冷口通過的是剛闢為解放區的拉鋸區。一些地方窮得別說地主富農，連中農也沒幾家。找到村長，使勁嘛嘛口水，張口說出一千斤。村長說剛過去一撥，現在砸鍋賣鐵也拿不出這個數了。拿出前面二十八團留下的條子給張文星看，說，若不信，我領你們挨家轉轉。張文星心裏很不是滋味。都是莊稼院出來的，甚麼不明白？可明白又怎樣？部隊也不能餓着肚子行軍呀。好歹湊三百斤，病號吃純糧，別的都吃從山上摟的榆樹葉子摻點玉米麵的大鍋粥。

臨走給錢時，村長哭了：對不起同志了，沒法子，太窮了。

張文星也要哭了：才過去兩個團，後邊還有那麼多部隊呀！

共產黨部隊還未過完，一些村子就陸續有人逃難了。國民黨部隊過去後，很多村子就空了。

12月17日，黃克誠在給軍委的電報*中說：

> 三師出發到東北已一月，僅領到滿洲偽幣二百萬元，夠伙食十六天用，一切經費均停發，對人民強迫使用五百元，一百元之大邊幣，造成物價飛漲，商店關門，糧食除一部份吃日本存糧外，其餘到一處吃一處，吃空燒盡，有如蝗蟲，人民怨聲載道。

——又過兵了。

——都是中國兵。

——中國兵，外國兵，「大鼻子」，「小鼻子」（東北人稱俄國和蘇聯人為「老毛子」、「大鼻子」，日本人為「小鼻子」，稱土匪為「鬍子」），媽個巴子都是「鬍子」！

——過來過去，這兵哪輩子能過完哪？

……

在一陣緊似一陣的北風中，站在院子裏的，躲在門後的，藏在山坡草叢中的男人、女人、老人和孩子們，冷漠地注視着這些穿着紫不巴嘰、黃不巴嘰、灰不巴嘰的「二大布衫子」，後來清一色是黃綠色軍服，戴着有點像牛尾巴下邊那個東西似的帽子的兵們。他們見過各種各樣的兵，清朝的辮子兵，進關去打吳大帥的張大帥的兵，見了女人就紅了眼睛的俄國兵，張口就是「八格牙魯」的日本兵，像潮水樣向關裏潰逃的少帥的兵，也是中國人、卻專門欺負中國老百姓的「滿洲國」的兵，還有專門夜裏過的「鬍子」。在中國，沒有比兵們更有力量的了，也沒有比兵更臭的了。他們看得太多了，他們看慣了，也看夠了。可他們還得看着。因為他們不能閉上眼睛，閉上眼睛也會找上門來，叫你帶路，叫你納糧，叫你出女人。除非你閉上眼睛永遠也不睜開。他們知道兵們全是在喝他們的血汗。他們不但要養活老婆孩子，還要養活這些兵們。因為兵們是不種地的。若是中國兵打跑進來殺人放火的外國兵，那沒說的，他們向着中國兵。可這樣的時候太少，而且幾乎沒打贏過。大都是中國兵們在打。誰勝了，誰敗了，與他們毫不相干。因為誰勝了，他們也是個窮。他們的義務就是納糧，讓這些兵們吃飽了，喝足了，玩兒似地過來過去，打來打去。

沒有誰告訴他們這次大過兵和以往的有甚麼不同。即使有人告訴，他們也不會相信。因為歷史從來就是這麼教導他們的。

四十多年後，有老人說：

當了十四年亡國奴啊，那是甚麼滋味兒？誰來管你？「大鼻子」把「小鼻子」趕走了，該安生過日子了吧？不！這回中國人可來精神了，都來搶呀打呀。唉，尋思起來，真叫老百姓寒心啊！

衣亦為天

牡丹江軍分區原獨立團政委王振奎老人，闖關東時是延安炮兵學校第一期學員。

老人說，學員中南方人挺多，南方人熱門話題是東北多麼冷。有的說，那地方耳朵一撥拉就掉了，鼻子一摸就下來了。有的說，聽說撒尿得拿棍子敲，不然就拔不動腳了。有的說，那不是把「那玩藝兒」也敲掉了嗎？東北人都沒有「那玩藝兒」？

黃達宣他們沒有這種想像和幽默。不是他們缺乏想像和幽默，而是當他們得知千里迢迢是在闖關東時，那風雪已經無情地襲來了。

雪花漫天漫地飄撒着，光禿禿的樹枝在寒風中嗚嗚尖嘯。這些很少或從未見過雪的「南蠻子」（東北人稱南方人為「南蠻子」），一身單衣，苦不堪言，感不到一絲新奇。

走起來還好，最難耐的是停下打尖（簡單的用餐）。走一身汗，衣服濕淋淋貼在身上，風一次透心涼。體質差點的噴嚏連天，病號越來越多。於是打尖的時間和次數，就越來越少。本來已是越來越乏了，再加上飯盆菜盆中吃食越來越差，結果越走越慢，越慢也就越冷。

還有像老天爺的臉一樣，越走越冷的關東人的臉。

有的老人說：若是再走上個把月，不用國民黨，老天爺就把我們打垮了。

10月12日，黃克誠致電*「中央軍委」：

> 部隊臨行倉促，準備不足，途中不便多帶，北進天寒，請準備棉背心三萬，鞋襪三萬雙，棉帽三萬頂，大衣一部，以備到時

補充。

此類電報，黃克誠拍發過多次。

從9月到10月，中央軍委幾次指示沿途有關地區負責人，解決陸路闖關東部隊的棉衣問題。

最終還是各部隊自己解決的。

瀋陽軍區後勤部原部長石瑛老人，當時是獨立旅政治部主任。他說，先到的部隊，皮帽大衣大頭鞋，應有盡有，都是日本貨，還搞到些被服倉庫。我們這些「南蠻子」甚麼也沒撈到，一個個凍得縮頭烏龜似的。好歹捱到阜新，黃克誠親自下令分些白布、棉花，讓各團自己做大衣帽子。土八路除了生孩子沒有不會的。把白布用鍋灰染了，剪成紅領巾似的三角形，鋪上棉花縫好，兩個角往下巴上一繫，「帽子」成了。往隊列中一看，都成了五十年代圍着圍巾的農村婦女。走上幾里再看，汗水鍋灰攪在一起，都成黑非洲來的了。

各部隊出發前都比較注意服飾。山東有些部隊還發套「細布」（又稱「洋布」）軍裝。東北那麼富，又要和「老大哥」會師，土八路太土了叫人笑話。再說東北人沒見過八路甚麼樣兒，應該讓他們看看八路的軍威雄壯。可被凜冽的東北風一溜，就甚麼也顧不得了。

一師未出冷口，政委梁必業就宣佈：別講甚麼軍容風紀了，保暖第一，不凍壞就行。

於是，這支參加過平型關戰鬥的英雄部隊，披着被裹着毯子的，包袱皮和褂子包在腦袋上的，路邊有塊麻袋片甚麼的，也趕緊撿來纏在腳上。其狼狽狀，令今天銀幕和熒光屏上的任何一支國民黨軍隊，都相形見絀。

從海上來的，被「老大哥」當成了「海匪」，被冀東部隊向老百姓介紹為「抓來的國民黨俘虜」。從陸上來的，在老百姓眼裏，不是「鬍子」又是甚麼呢？

火車不是推的

談到闖關東路上過鐵路時，幾乎所有老人都說自己「摸了一把」。摸到鋼軌的説鐵路是鐵的，摸到枕木的説是木頭的，摸到路基上石頭的説是石頭的。於是都遺憾過鐵路時是夜間，沒能看個明白。於是就問看過鐵路火車的，問火車站着跑、躺着跑，人推的，還是馬拉的，聽得恭敬又崇拜。

看過火車是一種榮耀，更不用説坐過火車了。

趙緒珍帶着他那連「海匪」，被「老大哥」放行後走到普蘭店，坐上了火車。連魂兒都沒剩多少的「海匪」們，聽説坐火車立刻來了精神頭兒。老遠看見火車就跑過去，摸呀，看呀，把耳朵貼上去聽呀，喃喃自語着，就像戰後歸家端詳、撫愛妻子、情人。老百姓都來「賣呆」，姑娘媳婦捂着嘴笑。車開出不遠，沒人號召，又歡天喜地唱起歌來。有的説：這回可他媽開眼了！有的説：這回死了也值了！

坐火車是一種冒險行為。

「八．一五」前，鐵路系統和所有部門一樣，都操縱在日本人手裏。日本投降後，日本人有的逃跑了，有的被打死，剩下的都惶惶不可終日，管理和技術人員奇缺。重要設備被「老大哥」拆走，老百姓則拿那些持家過日子用得着的。從車輛到鐵路，破損程度史無前例。人們看到哪輛車「喘氣」了，不管「票車」（當時人們稱客車為「票車」，車站為「票房子」）、貨車，蜂擁而上。司機開車前都要扔句話：出了事可別找我。

延安炮校第一期學員1000人，渡黃河，過雁門關，沿恆山山脈到達熱河省會承德後，就是乘這種火車闖到關東的。

王振奎老人説，聽説要坐火車，大家樂得一夜都沒睡好。

是列貨車。沒煤，挑出三百多彪壯漢子去三里外煤場抬來，再桶挑盆端往鍋爐裏加水。累大半天走不上大半天，停下來又上煤上水。有的車站沒煤，就燒劈柴和豆餅。人和車呼嘛呼嘛一天，也就喘出百把里，跟「11」號差不多。不過都挺高興，坐上火車了，過癮了，有吹的了。

到平泉換列「票車」，有硬座，有軟座，還有臥舖。大家更美得合不攏嘴了。

這列車沒剎車風閘。車沒閘就像老虎沒籠子。又選出幾十名壯漢，每節車廂連接處放兩人，負責操縱手閘輪。

車內已人滿為患，又擠上一些「關東老客」。車梯上，掛鈎處，行李架和車廂頂上，裏裏外外都站着人。

火車憋足勁駛出不遠，就聽「咣噹咣噹」響，窗外山坡上的樹卻不往後跑。探頭看，火車正在爬坡，動力不足，又是超載，車輪光在原地空轉。列車司令下令推，一陣號子推上去，大家七嘴八舌樂開了：誰說「牛皮不是吹的，火車不是推的」？

話音未落，就覺得列車越跑越快，窗外樹木一閃而過，像飛起來似的。大家樂得歡呼起來。突然間，車身劇烈抖動起來，稀哩嘩啦，爹呀媽呀，行李架上的人都被甩下來，人撞人，人壓人，亂成一團。

最初的一瞬，王振奎好像看到有人在窗外飛一樣閃過，接着就被人壓在身下。他竭力想掙扎起來，那壓力愈發沉重。也不知過了多長時間，好像有一個世紀，又好像只是一瞬間。最後一瞬的情形記不得了，十多年後在瀋陽第一次乘電梯時想起來，就跟電梯啟動瞬間的感覺差不多。

醒來後，好像聽到有人呻吟，慘叫。睜開眼，這是在甚麼地方呀？行李、包裹和人滾壓在一起，人橫躺豎臥着，軟綿綿癱着的，傻乎乎瞪眼的，懵頭懵腦往哪爬的，空氣中一股焦糊和血腥味兒。那時沒有地震的概念，廣島、長崎爆炸兩顆原子彈倒是印象深刻。莫非是美國往這也甩了一顆？

爬出車窗，看見列車斷成幾截。有的車軲轆朝上，有的擰成了麻花，有的扎下路基。鋼軌朝天撅起，七零八落掛着枕木，像梯子似的。遍地是人，鮮血塗濺車身、路基、路邊電線桿和樹木。這一切都被蒸氣籠罩着，像下着大霧。

原來，下嶺時車速越來越快，操縱手閘輪的人使出吃奶的勁兒也剎不住。學員七隊指導員馬緒清帶着通信員，冒死攀爬過幾節車廂，一看駕駛室裏空空的，司機和司爐早跳車逃命了。兩人手忙腳亂熄滅爐火，巨大的慣性依然拖着列車狂奔。快到葉柏壽車站時，撞上前面一節煤車。

傷亡幾十人。

又調來一列火車。

國民黨軍隊快到錦州了，得和敵人搶時間。而且這帶蒙族騎匪經常出沒，大家都是徒手，不是久留之地。

說甚麼也不坐火車了。

從通化連夜趕來的炮校校長朱瑞，給大家打「保票」：這回前後各有一個車頭，它若再「跑毛」，後邊車頭就拉住它。大家都是黨的寶貴財富，若是再出事，我也沒法向毛主席和黨中央交代呀！

重新登車後，提心吊膽地誰也不作聲。

王振奎老人說：當時我就想：是死是活就這一回了，這輩子再也不坐這「洋玩藝兒」了！

最早獲得軍銜的人

9月17日，一架塗有紅五星的道格拉斯式雙引擎飛機，從延安起飛，向東北飛去。

坐在飛機上的中國人，是東北局書記彭真和委員陳雲、葉季壯、伍修權等人。

9月14日，曾克林向中央彙報挺進東北情況後，政治局立即決定成立以彭真為首的東北局，搭乘蘇軍特使飛機赴瀋陽開展工作。

到東北要同蘇軍打交道。為着工作方便，以中央軍委主席毛澤東名義，授予彭真、陳雲、葉季壯中將軍銜，伍修權為少將。並用中俄兩種文字寫了任命書。

他們是我軍最早獲軍銜的人。

查閱解放軍出版社出版的《中國人民解放軍將帥名錄》，其中並無彭真、陳雲、葉季壯的名字。文前「出版說明」，也未提及此事。

僅憑一紙任命書，而不佩戴任何能夠表示軍階的標誌，也為土八路其「土」之一。不知是否也為古今中外軍隊之一絕。

天氣不好，飛機好像出了點故障，臨時決定在山海關機場着陸。飛機在跑道中段降落，衝出跑道，機頭插進一塊稻田，尾巴翹起，來了個「稻田芭蕾」。

彭真受了腦震盪。伍修權受點輕傷。葉季壯被翻倒的油桶和通訊器壓住，腿部受重傷。陳雲最幸運，艙門被東西撞開時，把他推進了駕駛室，只嚇了一跳。

第二天，一列專列把他們送到瀋陽，住進張作霖的大帥府。

也算陸海空立體闖關東。

「教授」

彭真一行到瀋陽第二天，中央又決定派李富春、林彪、羅榮桓、張聞天、高崗，赴東北工作。

想想此前此後，這些人在黨和軍隊的地位和作用，就知道共產黨為奪取東北下了怎樣的本錢。

羅榮桓是10月24日從臨沂動身的。

先是乘汽車，後是躺在擔架上，由幾個身強力壯的警衛員抬到龍口。

做為山東黨和軍隊的統帥①，兩個多月來，他的精力和體力每天都在超負荷運轉。

接到朱德的七號命令後，他立即召集高級幹部聯席會議，將各軍區主力和基幹部隊編成野戰兵團，發動反攻。殲滅日偽軍60000餘人，解放縣城46座，攻克煙台、威海等六個重要港口，將山東解放區連成一片。在此期間，中央決定從山東抽調60000主力部隊，40000幹部，選擇便捷途徑，迅速挺進東北。這是一項龐大而又複雜的工作。選定路線，設置兵站，徵調船隻，後勤供應，部隊輕裝，思想動員……千頭萬緒，缺一不可。

他本來是個病人。

記不得腰痛始於何時。或許是在長征途中，或許是從晉西來山東路上。投筆從戎，生死置之度外，還顧得上腦熱腰痛？只記得1942年攻打日照縣甲子山時，腎病加劇，以致尿血。陳毅邀他去蘇北治療，那裏有個奧地利泌尿科大夫羅生特。羅生特慧眼，說腎裏有個腫瘤，卻拿不出來。一位傑出的醫生缺乏醫療設備，就像一位優秀的將軍打仗沒有兵。陳毅建議去上海治療，毛澤東不同意。將軍身上有傷疤，弄不好就是給日本人送去了。將軍對妻子說：再堅持五年，打敗日本再去見馬克思。

---

① 羅榮桓當時任中共山東分局書記，山東軍區司令員兼政委，一一五師代師長。

五年計劃提前實現了，又闖上了關東。

登船前，機關人員一律換便衣。

9月15日，中央在關於派一百個團的幹部到東北工作的指示*中，要求「開入東北之部隊」，「在進入滿洲邊境時，絕不可被紅軍及英、美、國民黨人發現」。換便衣是其中措施之一。

戴墨鏡的參謀處長李作鵬（最後職務為副總參謀長兼海軍政委），身材細長的保衛部長蘇靜（離休前為總參謀部軍務部長），胖乎乎的供給處長何敬之（去世前為武漢軍區後勤部長），都扮成商人模樣。大家你瞅瞅我，我瞅瞅你，都覺得對方挺可笑，挺彆扭，又想到自己可能比人家還可笑，還彆扭。

闖關東大軍唯一一位外國人羅生特，怎麼也沒找到一套合身西裝。沒辦法，也像李作鵬等人一樣，穿長衫，戴禮帽。可那藍眼睛、大鼻子怎麼換呢？他對着鏡子哈哈大笑一陣，又無可奈何地聳聳肩，搖搖頭。

當年青島大學土木工程系學生羅榮桓，化裝成一位教授。穿件深色長衫，戴頂禮帽，配上那副實實在在的深度近視鏡，更主要的是他原本就具有的學者風度。曾當過紅軍工兵營長的林月琴，穿上陰丹士林布旗袍，冷眼看去，倒也像個教授夫人。

汽艇在海上顛簸兩天，到達遼東半島東南角的貔子窩。

在海上曾被蘇軍巡邏艦發現了，說明身份後就放行了。

「林總」

這是一個曾被尊為中國的第二號神，後來又被列為第一號鬼，非神即鬼，好像從來都不是人，最終還是被一個「鬼」字覆蓋了的人。

這是一個二十四歲就當軍團長，從連長、營長、團長、師長，當到野戰軍司令員、國防部長，而且經常身兼數職（比如抗日軍政大學校長兼政委，東北局書記、東北軍區司令員兼政委、東北野戰軍司令員），除了「副統帥」從未當過副職的人。

這是一個黨史軍史少了他，有的史實就會講不明白，就會出現空白，就會留下問號，進而愈發挑逗起人們好奇、探究心理的人。

這是一個不時要面對，又不敢面對，竭力要迴避，又很難迴避（看着好像也挺容易），輕不得，重不得，深不得，淺不得，稍不謹慎就要引起麻煩，已經死去快二十年了，依然異常敏感的人。

這是一個人們私下裏有不少議論，據說世界上也有不少傳聞，而今逐漸開始比較客觀公正地放到歷史天平上的人。

誰都知道，這個人的名字叫「林彪」。

10月31日，中央決定成立東北人民自治軍，林彪任總司令，彭真、羅榮桓任第一、第二政委，呂正操、李運昌、周保中、蕭勁光任第一、第二、第三、第四副司令，程子華任副政委，蕭勁光兼參謀長，伍修權為第二參謀長，陳正人為政治部主任。

林彪是8月24日離開延安的，目的地是山東，去山東軍區任司令員。中央決定讓羅榮桓回延安治病。結果，兩個月後接替羅榮桓的，是新四軍軍長陳毅。

從延安坐一架美國運輸機到太行山（寫完這一節，夢見林彪乘坐的好像是那架256號三叉戟。寫遼瀋戰役打錦州一章，又夢見林彪好像站在天安門上指揮戰鬥，手裏還擎着本小紅書。——夠荒誕的）。然後騎馬，步行，大部份時間是步行。到河南濮陽，接到中央「萬萬火急」[①]電報，命令林彪、蕭勁光、江華、鄧華、李天佑、聶鶴亭等原定去山東的人，立即轉道奔赴東北。

筆者沒見到這封電報。估計，這個時間應是9月19日，或是9月19日前後。

查到這樣兩封電報。

軍委並請轉羅黎：

為掌握冀熱遼戰略樞紐，準備一切力量，爭取粉粹國民黨與我們爭奪華北，東北的進攻，以保東北的順利爭取，因此，我們為堅決執行軍委這一意圖和任務，擬由此間經冀中，直到冀東，佈置冀熱遼一帶地方工作，發動群眾，組織武裝，並準備和訓練

① 《蕭勁光回憶錄》，326頁。解放軍出版社（1987年）。

部隊，建設炮兵，以及進行佈置戰場等工作。因此我及蕭勁光等，為爭取時間起見，擬不去山東，並建議關於山東出征部隊的轉移，留守部隊的組織，幹部的配備問題，請羅黎蕭迅速決定辦理。

關於津浦戰役[①]的組織與指揮，應由新四軍北進主力兵團負責，最好由陳軍長、宋時輪等親自指揮。

林彪

二十二日

軍委並請轉羅黎蕭：

（一）中央皓電及賀電，望你們迅速佈置與行動，我們將以最大的決心和努力，來完成中央所給之重大任務。關於山東部隊與幹部，可先後陸續的走，尤其是幹部須迅速北去，以便展開廣大的地方群眾工作及進行擴軍。

（二）津浦路之破壞工作，望切實加以佈置，最好即執行，除破鐵軌外，必須挖壞路基，鐵軌易補，路基難修，為此須以此種方法，獎勵群眾的破壞工作，展開群眾的破路工作，部隊尤應起領導作用。

（三）我與蕭等現在濮陽軍區，擬有日動身經冀南、冀中、冀東，需時月餘可到。我們帶有原北方局電台，請富春多帶譯電員去。

林彪

二十四日

還有前已全文抄錄的，9月25日以「林蕭」名義發出的那封關於防止逃亡的電報。

就是說，接到那封「萬萬火急」電報後，還在闖關東路上，林彪就進入情況，開始工作了。

而且，決心很大，信心挺足。

---

① 1945年10月下旬，國民黨十七個軍約四十餘萬人，在日偽軍接應下，企圖打通津浦路，進軍華北、東北。山東八路軍在濟南和徐州間組織津浦路戰役，阻止國民黨軍隊北進，以保證闖關東部隊安全，為在東北先機展開爭取了時間。

10月中旬，林彪一行到達山海關，然後乘火車直達瀋陽。

從濮陽出發後，一路秋雨綿綿，天氣陰冷，道路泥濘，日夜兼程，走得挺苦。

過平漢路還和偽軍打一仗，馱在馬背籃子裏不到兩歲的林豆豆，因馬伕受重傷，馬驚了，被掀到一片花生地裏。黑燈瞎火的，好一番周折，才在一副馬鞍子下面找到。

當林彪在濕漉漉的馬背上，或是邁動雙腳在泥濘中艱難跋涉時，除了上面可能還有的電報，他還想了些甚麼？當心愛的女兒不見了時，他的心也像那張白皙的臉一樣不動聲色嗎？當他到達「兩京鎖鑰無雙地，萬里長城第一關」的山海關時，這位後來在中國十大元帥中排在第三位的將軍，想到和感慨了些甚麼？

有一點可以斷言的，就是無論想些甚麼，那內容，那心情，那感覺，都和二十六年後在山海關乘256三叉戟起飛時不一樣。

也沒人會想到此刻同在一個闖關東隊列中的江華，三十五年後，會成為審判林彪等人的最高人民法院特別法庭庭長——連江華都不會想到。

歷史簡直就是個魔幻大師！

第四章：一條對角線

8月31日，蔣介石任命熊式輝為東北行營主任。

10月12日，三星上將熊式輝，率領行營官員和九省二市[①]的省主席和市長們，到達長春。

10月18日，蔣介石任命杜聿明為東北保安司令長官。列入東北保安司令長官部戰鬥序列的有十三軍、三十軍、三十二軍、五十二軍、九十二軍、九十四軍。

11月16日，杜聿明率十三軍和五十二軍，闖過山海關。

從1946年2月開始，國民黨五大主力中的兩大主力新六軍和新一軍[②]，還有七十一軍，滇軍六十軍和九十三軍，原東北軍五十三軍，陸續闖進關東。

共八個正規軍，30萬人左右。

全是由美國海軍海運到秦皇島登陸的。

據說，當時秦皇島人在碼頭隨便彎下腰去，就能拾到一隻紐扣，一隻金黃色的紐扣，不是貝殼。

世界太小太狹窄，可那片黑土地太大太空曠。不然，這麼多人撒到那裏怎麼很快就不見了，三年後只回來萬把人？

換個牌子

杜聿明原是第五集團軍總司令兼昆明防守總司令。

兩個總部的牌子自然掛在昆明。那可是個好地方。亞熱帶氣候，四季如春，還有那麼多未來得及一飽眼福的名勝古蹟。可他沒有機會

---

① 8月31日，國民黨政府將東北劃為九個省和兩個直轄市，即遼寧、遼北、安東、吉林、松江、合江、黑龍江、嫩江、興安九省，哈爾濱和大連兩市。

② 國民黨五大主力，即新一軍，新六軍，五軍，整編十一師和整編七十四師。

了。他把「雲南王」龍雲搞下了台，他在雲南也呆不下去了。

他知道蔣介石不會虧待他。他只是留戀這支軍隊，捨不得他的五軍。

從中國第一個裝甲兵團團長，到二〇〇師師長，再到五軍軍長。五軍傾注了他的心血，是他報效國家，建功立業的地方，也是他這位二星中將的搖籃。他已經把人生最美好最輝煌的一段留在那裏了。每個人都懷戀自己的故鄉。對於一個獻身軍旅的將軍，那支有着朝夕與共的活生生的生者和逝者的軍隊，才真正是生他養他的故鄉。

第五集團軍司令部原班人馬，走了近乎這片國土的一條對角線，把一塊「東北保安司令長官部」的牌子，掛到如今瀋陽鐵路局大樓的雨搭前。

闖到黑土地上的杜聿明，黃呢軍裝筆挺，領章上兩顆三角星閃着灼人的光芒。

他是站在青天白日旗幟下的司令長官，名正言順，文打武鬥，怎麼接收怎麼有理。

他麾下的士兵，無論對闖關東作何感想，在這一點上都這麼理直氣壯。

所以，三年後在淮海戰役中被俘自殺未成後，杜聿明拒絕談任何問題，動輒拍桌子摔板凳。以至於從濟南押赴北京功德林時，不得不給他戴上重重的腳鐐。

遠征軍再遠征

新一軍，新六軍，五十二軍，五十三軍，七十一軍，抗戰後期，都是曾經進入緬甸，或是中緬邊境作戰的遠征軍。

這五個軍，還有前面提到的滇軍兩個軍，其抗戰歷史，有的可以追溯到1933年長城抗戰，1937年淞滬抗戰，有的可以追溯到名聞中外的台兒莊大戰，慘烈的南京保衛戰，以及後來國民黨正面戰場上幾乎所有比較大的戰役。

這是一支支在八年抗戰中歷盡艱辛的功勳卓著的軍隊。這是一支支曾經表現了中華民族堅貞不屈氣概的軍隊。它們是國民黨正面戰場上的精鋭。他們是我們民族的驕傲。

現在，他們又要遠征了。

從西南遠征東北，去那裏打殺曾和他們並肩抗戰的國民革命軍第十八集團軍，和國民革命軍新編第四軍。

這七個軍，都是從越南和「公雞」尾巴下邊那個地方，陸續開拔闖關東的。有的曾在南京等地接受日軍投降。有的是先空運，後海運，到達秦皇島的。有的是一直乘船，幾乎歷經中國所有海域一萬多公里的航線，在秦皇島登陸的。

啟程最早的，是10月中旬分別由九龍和越南海防海運的十三軍和五十二軍。

這個時間，比曾克林的十六軍分區晚五十多天，比啟程較晚的新四軍三師晚二十天左右。

卻比三師提前一星期闖到山海關前。

黃達宣老人説，他們過玉田不久，國民黨飛機就追上來了。一幫一幫的，都是「大肚子運輸機」。大家着急了，腳步更快了。

他們不知道，在海上，軍艦一艘一艘的也都趕到前面去了。

鐵腳板沒走過汽車輪子，更追不上飛機和軍艦的螺旋槳。

還是現代化快。

他們肯定走錯了地方

不到三年後在長春起義的六十軍，也是從越南海防登程的。

今年六十五歲的胡義深老人，闖關東時是六十軍暫編二十一師一團二營四連中尉排長，起義時是一團副官處副官。

筆者是在某招待所見到他的。老人鬚髮斑白，儒態瘦弱，周身部件好像不堪重負，隨時可能散了架。穿件邊角洗得發白的藍布制服，黑色條絨敞口布鞋的大小腳趾處，像腳趾甲似的釘着兩塊亮晶晶的黑皮掌。

老人講在越南怎樣接受日軍投降。講離開海防前，曾和五十三軍的弟兄一道，狠狠教訓了企圖在海防登陸的法國殖民軍。「那一仗好痛快！」九艘法軍艦隻，擊沉一艘，重傷三艘，俘擄二千多人。講六十軍參加台兒莊大戰，弟兄們怎樣在禹王山浴血厮殺。老人有些遺憾，說他參軍晚了，沒去上台兒莊。他們村有幾位七十多歲的殘廢老人，都是從台兒莊下來的。他參軍前就知道他們是「打日本的英雄」，一直為此自豪。

講這些，老人眉飛色舞。

講起闖關東和闖到關東後的情形，就有聲無色了。

四十一年後老人再闖關東，是為了解決「歷史遺留問題」，要求為自己「落實政策」。

啟航不久，副團長王國祥來看船上最高指揮官，代理副師長的師政治部主任張第東。

王國祥是六十軍老人，上層路子熟。談話間，張第東裝作不經意地問：咱們這是去哪兒？王國祥說：我正想問你呢？

這是一艘美國登陸艦，船長和水手都是從招商局臨時調僱的。借拜會船長機會，張第東又問船長。船長說：奉國防部港口辦事處和美軍聯絡處指示，到廣州待命。

茫茫大海，沒有站牌。問船長到甚麼地方了，船長說在汕頭和汕尾之間。這不是過珠江口了嗎？船長說：接到命令，不去廣州去福州了。

在越南受降完畢，撤出理所當然。當時風傳兩個方向，一是赴日做佔領軍，二是去台灣。福州與台灣隔海相望，看來去台灣無疑了。

一夜好睡，醒來已經進入黃海了。

船長說：改到青島停靠，去濟南接防。

船抵青島，距碼頭300米停泊。船長說船大吃水深，晚潮來了才能靠岸。晚潮洶湧船長說天黑了，明天再上岸吧。早潮來了，船起錨了，張第東命令王國祥準備登陸，船卻向港外駛去。急詢船長，船長說：港口司令部通知，接到軍事委員會急電，部隊立即開赴東北。

張第東和王國祥望着船長，臉都青了。

中尉排長胡義深更是一無所知，也不問。

他是軍人。軍人沒有選擇。軍人沒有自由，沒有自身，也沒有個性。

每天除了睡，就是看海。白天大海是藍色的，晚上是黑色的。藍黑色的大海上有日出，日出大海就變成了紅色，變成了血。日落也是如此。日出日落一次，他就在腳下鋼板上劃一道。共劃了八道。到東北後，在那祖祖輩輩從未見過的冰天雪地裏，他常想起這藍色的紅色的大海。他覺得若沒有這大海，他就不會到這冰天雪地中來。從此就開始憎恨大海。

還有那米飯和乾菜。那乾菜也不知是甚麼菜，也吃不出甚麼味兒，反正吃就是了。後來常想起那乾菜，覺得沒那乾菜就不會見到那冰雪。以後無論吃甚麼，一想起大海，就想吐。

再就是那船上的人，那些不知要把他們送到哪裏去的當官的（他認定當官的甚麼都知道），這些像他一樣睡着了也像醒着，醒着也像睡着了的弟兄。

這是個鋼鐵和血肉堆積的世界。鋼鐵裹着血肉，血肉裹着鋼鐵，就像嵌在血肉裏的彈片，就像擠壓在鋼鐵間的肉餅。你倚我，我靠你，你搭我，我壓你，到處是頭，到處是四肢。人身上最多的好像就是腳，一走動就發現到處都是它們，好像都變成了螃蟹。不過，你怎麼踩絕無人表示反感，甚至動都不動一下，好像都是死螃蟹。汗臭、屁臭，擦槍油和皮革味兒，還有鐵鏽和海風的腥澀味兒，也跟死螃蟹的味道一樣。

他們無法被當人看待。他們只是站立或平躺着。佔那麼大空間的隨便甚麼東西。說原本最形象，說工具更準確，即將開始的由大人物導演的戰爭工具。他們離開父母，離開妻兒，離開故鄉，去學習、受訓，改變自己的服飾、習慣、脾性和愛好，都是為了只有極少數掌握着他們的命運的人，才知道的某個地方和某一時刻的。

他們本來是有自身，有自由，有個性的。

他們本來是知道自己向何處去的。

胡義深是滬西縣永寧鎮大永寧村人。這個村名再貼切不過了。男耕女織，牛哞雞鳴，世代就這麼寧靜地過活。日本打進中國，不少年輕人扛搶去了。1940年招兵，三丁抽一，五丁抽二。他家是地主，可以拿錢買，十丁、八丁也不用抽一。他去了，去報考黃埔軍校昆明分校十八期。十六個月畢業，分到滇軍四旅一團二營任見習排長，在金平一帶，即今天名聞天下的老山西200里處，與日軍對峙。

整整三年，就蹲在那亞熱帶的群山上。風吹，雨淋，日曬，螞蟻咬，蚊子叮。日軍偷襲，他們出擊，炮火燒焦了翠綠的美人蕉。子彈沒傷着筋骨，蚊子把皮肉叮爛了，流着膿血，散着惡臭。那也在那裏蹲着，摟着一桿法式步槍像摟着情人，盯着對面日軍像盯着情敵。

想家，想父母，想那個叫「大永寧」的村子。人若不想這些就不是人。可他沒動過回去的念頭。「當軍人能夠犧牲自由，就能服從命令，忠心報國，使國家有自由。」他記得，這是國父孫中山的教導。

日本投降了！他跳起來歡呼，把子彈射向天空歡呼。又歡呼着去越南受降。那是代表一個民族去受降。那是中華民族的榮譽，是滇軍的榮譽，也是滬西那個叫「大永寧」的小山村的榮譽。

他開始想家了，急不可耐，如癡如狂！

睡夢醒來，他聽見弟兄們有的哭，有的叫「媽」，有的叫着顯然是女人的名字。那是妻子？還是情人？有的竟把身邊的弟兄抱在懷裏，親着，吻着，喃喃自語着。他知道，這些身強力壯，性慾旺盛的弟兄，無論在睡着了也像醒着，還是醒着也像睡着了的時候，都在想家。

可即便不是在這茫茫大海上，即便他們渾身都是腳，那實實在在長在自己身上的腳，就能走自己的路嗎？

於是，他們就又羨慕，又嫉妒，又憤怒地望着那些在船舷船尾噭噭叫着，好像在故意嘲笑他們的白翅膀的海鷗。

直到今天，胡義深一看到鳥兒，就會想到那船，那海，那些嫉妒海鷗的弟兄，想起當時的那聲歎息：人，為甚麼長的是腳而不是翅膀呢？

踏上黑土地，他們明白了，這回怕是做鬼也回不去了。只是總覺得這一切都像做夢一樣不真實，我怎麼能跑到這裏來呢？

在滇地，祖祖輩輩，逢上天災戰禍，或者北上天府之國，或者南下進入兩廣，或者向西流入緬甸，老撾。在滇人世代相傳的字典裏，是從來未有「闖關東」三個字的呀！

也有例外。三藩之亂時，吳三桂在雲南起兵被鎮壓，康熙皇帝將十萬滇軍發配關東，充作站丁。從北京到黑龍江，到一個驛站就甩下幾十。站丁任務是傳遞文書。一般文書，這邊下馬，那邊立即接過上馬。火急文書，換馬不換人。遇有十萬火急文書，人馬都不換，星夜奔馳，俗稱「八百里滾蛋」，到站時往往人倒馬斃。站丁家人叫「站民」。站民不許遠出，「百里為逃，違者殺罪」①。站民十家一把菜刀，用鐵鏈鎖在指定菜板上，輪流使用。站民姑娘出嫁前，要先在「老爺」家住三天。

胡義深不知道祖上還有這樣一撥闖關東的，也不知道和他一道打過日本的美國軍人，早已用他們的方式爭得了回家的權利。不過，從當時到現在，朦朦朧朧中，他都有種強烈的感覺：都想回家，誰也不想到這片八竿子打不到的土地上來，為甚麼又都這樣乖乖聽話呢？就因為他們是扛着槍的軍人嗎？

① 孫占文著《黑龍江省史探索》，117頁。黑龍江人民出版社（1983）。

三、 關東的碰撞

1945年最早闖關東的，是外貝加爾方面軍司令，蘇聯元帥馬林諾夫斯基率領的，據説士兵中有不少原是刑事犯人的蘇聯紅軍。

政治和歷史教科書上，曾長期把這次闖關東，結論為促使日本投降的決定性因素。這只是寫在紙上的政治和歷史。不過，這確是一次真正意義的闖關東，用飛機、大炮、坦克和轉盤槍闖關東。

後來就是撞關東了。

是實力的碰撞。是以實力為後盾的政治和外交的碰撞。是國共兩黨還未大打出手前的一次背景複雜的碰撞。是各自利益攪混成一團的激烈而又微妙的碰撞。是最終造成三年後的既成事實的影響巨大的碰撞。

碰撞的是三國四方：蘇聯、美國、中國共產黨和國民黨。

第五章：土八路與洋八路

在這場中國人打中國人的戰爭中，蘇聯的作用是非常複雜而又微妙的。

但無論怎樣複雜而又微妙，歷史已經這樣寫下了：如果不是蘇聯出兵東北，中國共產黨人再遠見卓識，也只能在黃土高坡上遠遠地望着這片黑土地；如果沒有蘇聯的默許和協助，闖進關東也不會那樣快地發展壯大，僅用三年時間就奪佔了黑土地；如果出兵東北的不是蘇聯，而是美國，這一切簡直就是不可想像的了。

歷史在寫下這些的同時，也寫下了蘇聯共產黨人對中國和中國共產黨人的傲慢和蔑視；寫下了蘇聯共產黨人和斯大林的民族利己主義；寫下了斯大林可以說是精明，也可以說是狡詐、圓滑的外交手腕，和缺乏遠見的遠見。同時，也寫下了近二十年後，中蘇兩大共產黨由不和到分裂的一段伏筆。

不准土八路進瀋陽

十六軍分區一路順風，到瀋陽出了麻煩。

「老大哥」不讓下車進城。

客貨混編列車兩邊，五米左右一個洋八路，轉盤槍對着車上土八路。從上午10點到傍晚，吃飯不讓下車，連大小便也不讓下車。這是怎麼了？

有人拿出「抗日軍政大學」和延安黨校校徽。「老大哥」不認識漢字。有人拿出隨身攜帶的馬列書籍，指着上面的馬克思和列寧頭像比劃，「老大哥」說這書在書店隨便能買到。曾克林兩次去衛戍司令部交涉，一個叫卡夫東的司令，年紀不大，「老大哥」架子端得老大。第三次，唐凱擼下衣袖，指着參加紅軍後在手臂上刺下的鐮刀、斧頭和五角星，連聲說：共產黨、毛澤東！共產黨、毛澤東！

這回遇上了好人，是個叫格拉辛科的政工幹部。曾克林和唐凱說：我們是共產黨、毛澤東領導的八路軍，是奉延安總部命令到這裏來的，我們在山海關已經和你們共同作戰了。冀熱遼是我們的根據地，不讓我們來讓誰來？不信，你們可以問莫斯科。

這是不能都怪罪「老大哥」的。

當時的瀋陽，國民黨地下軍活動猖狂，還有日軍和偽滿軍的散兵游勇，搶劫、殺人，白天晚上槍聲不斷。整個關東都是如此。十六軍分區突然出現在瀋陽，「老大哥」不得不防。而且，如果是因為看重了他們頭上那顆青天白日帽徽，把他們當作了國民黨軍隊，那甚至是好意。

可後來呢？

10月中旬，蕭華率山東軍區司政供衛等部到達安東，見到「老大哥」，自報家門，也是說不明白。

說不明白就唱：

> 起來，飢寒交迫的奴隸，
> 起來，全世界受苦的人。
> 滿腔的熱血已經沸騰，
> ……

正像列寧說的那樣，無產階級無論到了甚麼地方，都能憑着《國際歌》的歌聲，找到自己的朋友。

找到朋友認了親，也不行。

11月中旬，蘇軍通知東北局，根據蘇聯與國民政府簽定的協議，瀋陽要由國民黨軍隊進駐，要東北局領導機關和八路軍限期撤出瀋陽。東北局領導據理力爭。還是那個卡夫東，咆哮起來：不走，就用坦克把你們趕走！

「老大哥」居然要用坦克對付「小兄弟」！

11月22日，劉少奇在重慶代表團的電報*中，有這樣一段：

> 彭林電，戌皓友方通知他們，長春路沿線及城市全部交蔣，

有紅軍處不准我與頑作戰，要我們退出鐵路線若干里以外，以便蔣軍能接收，他們能回國。彭林未答應，我們已去電要他們服從彼方決定，速從城市及鐵路沿線退出，讓開大路，佔領兩廂。

還有不愉快的事情。

9月下旬，蘇軍說瀋陽附近有日軍軍火庫，存放十餘萬支槍，可以移交八路軍。中央立即指示各地尚未出發部隊，不帶或少帶武器，到東北後再武裝。這些軍隊正在路上，蘇軍突然變卦不給了。

蔣介石是合法領袖，國民黨是執政黨，是中國最強大的力量。

共產黨就不行了，簡直是「人熊貨也孬」，成不了甚麼氣候。

而且，還在抗戰期間，斯大林就認為中國共產黨人不是共產主義者，不是國共聯合戰線的「維持」者，還不是堅定的抗日戰士。

所以，他們就拋開了中國共產黨，而和國民黨打交道，定協議。所以，他們就讓東北局和八路軍離開瀋陽，不走就要用坦克往外趕。所以，他們就不守諾言，不把軍火庫交給八路軍，使土八路愈發土得掉渣兒。

第一批進入瀋陽的東北局領導被授予軍銜，據說是「為着工作方便」①。這「工作方便」中也應有「對等」的意思。然而，對等從來都是實力的對等。沒有實力，何來對等？

在一個昨天還鳴禮炮二十一響歡迎的一位國家元首，今天被政變推翻了，當晚就會給新領導人發去賀電的世界上，誰願意把屁股坐在明顯的弱者，因而注定是負者的一邊呢？

但這並不妨礙「老大哥」在某些時候，某些方面，幫助和支持中國共產黨人。這種幫助支持，有時還是很認真、很負責、很實在的。

鐮刀斧頭與共同利益

十六軍分區闖進關東半個月左右，就吹氣兒似地發展到二萬多人，且「全為新式武器」，沒「老大哥」助力，看來這是不大可能的。

---

① 伍修權著：《我的歷程》，168頁。解放軍出版社（1984年）。

是有條件的。

《我東北現況通報》中，有這樣一段：

紅軍不准八路軍及中央軍進入滿洲，但我個別同志及我們部隊不用八路番號者，都可幫助並委為衛戍司令市長及其他重要職務，因而得以控制資財及發展武裝。但凡打入八路軍旗子及公開用共產黨員名義者，紅軍概不接洽，並不給任何幫助，曾克林部因在瀋陽掛上八路臂章即引起紅軍干涉，並派代表到延安要求八路軍撤退。

既要支持同姓馬列的共產黨，還要冠冕堂皇地和國民黨政府及美國打交道，不讓他們抓住甚麼把柄。於是，一切支持和幫助就都在不聲不響中默默地進行。而延安早已窺透天機，半個多月前就指示所有闖關東部隊，凡是「為紅軍所堅決反對之事我必須照顧，不要使紅軍在外交法律上為難。」①

黑土地三年內戰中，共產黨軍隊番號變化為全國之最。先用「東北軍」、「義勇軍」名義，後來又叫「東北人民自治軍」、「東北民主聯軍」……

配合默契。

1946年1月12日，國共軍隊首戰營口前，山東六師與駐營口蘇軍聯繫，請蘇方人員不要上街，以防進攻時造成誤傷。

如果說土洋八路間此類小默契可以忽略不計，土八路奪佔長春、哈爾濱和齊齊哈爾，是不可不提的。

3月31日，東北局致電*中央和林彪：

子丑林：

1. 關於三城市問題辰兄②兩處電文如下：

一稱關於此事四月十五日前不能答覆我暫勿逼近長春。另一電則稱四月十五日前不能實現。

---

① 山東大學編寫組：《中國革命史論文輯要》，1062頁，中共黨史資料出版社（1987年）。

② 「辰兄」及前面和後面電文中的「友方」，「友人」，都是指的蘇軍。

2. 又稱：這樣做，對我只會有利，他們不走停戰小組決不能來。

寅卯

一九四六年三月三十一日申時

一切都在默契之中。蒙在鼓裏的，是在談判桌上與之簽定盟約，在宴會上與之碰杯的那個合法的國民黨政府。

3月12日，蘇軍突然撤出瀋陽，東北民主聯軍即調軍四平附近待機。第二天蘇軍一撤，即乘勢攻佔四平。4月中下旬，蘇軍相繼撤出長春、哈爾濱和齊齊哈爾，民主聯軍相繼跟進，又連佔三城。共斃俘國民黨收編的保安隊二萬餘人，繳獲各種軍用物資堆積如山。土八路的土氣頓時抖落不少。

1947年1月13日，東北民主聯軍總情報站發出一封電報：

林總軍委：

確悉，12日廖耀湘致杜聿明熊式輝蔣介石略稱：普蘭店以南甲乙[1]雙方勾結，乙方在甲方掩護下，整頓補充，將為遼南大患，如匪再向普店竄犯，遂跟蹤追擊徹底擊滅之。請通知石河驛蘇軍協力堵擊，以履行中蘇友好條約，同時積極交涉接收大連，如遲疑拖延，則大連匪可訓練二萬以上，不僅為遼南大患且可影響東北整個局勢建造。

東北總情

子元午

廖耀湘所述，基本屬實。

有人說：到底都姓「馬列」，同宗同族一個祠堂，是親三分向。

蘇聯共產黨人幫助中國共產黨人，希望它強大，並不等於就是瞧得起它。

① 「甲乙」即蘇軍和東北民主聯軍。

同一面嵌着鐮刀斧頭的旗幟下，還需要有共同的利益。後者才是關鍵所在。這裏沒有永恆的朋友，也沒有永恆的敵人，只有永恆的利益。利益相同，才有合作。利益相異，就會碰撞，有時甚至可能大打出手。

蘇聯共產黨人客觀上幫助了中國共產黨人，主觀上是為了自己。

而且，想想造成三年困難的原因之一，再想想那以前友好「蜜月」中的齟齬，我們回報得還少嗎？

第六章：國共合作

歷史上，中國共產黨曾和國民黨兩次合作，第一次合作北伐，第二次合作抗日。

蘇聯共產黨和中國國民黨也兩次合作，一種國際上的國共合作。第一次合作是為了抗日，第二次合作是為了甚麼呢？

都是為了自己。

斯大林把蔣介石泡了

中日戰爭爆發後，蘇聯是第一個給中國提供援助的國家。從1937年到1939年，僅給中國空軍的援助就達二億美元。當然都是給國民黨軍隊的。即便是發生皖南事變後，仍將150門大炮運抵蘭州，交給國民黨軍隊。

誰也不能否定這種國共合作。從物質到精神，它都有利於中國的抗戰。而那些英勇犧牲在中國土地上的蘇聯軍人，他們從來都受到，並將永遠受到中國人民的崇敬與懷念。

但問題並不應該，也不可能到此了結。

30年代末和40年代初，正是世界法西斯勢力最猖獗的時期。在歐洲，希特勒虎視眈眈，隨時可能撲向蘇聯。在遠東，日本侵佔東北後，一直策劃進攻蘇聯。戰略利益需要蘇聯有個比較強大的中國，在遠東抗衡日本，使蘇聯避免兩面作戰的窘境。

而在中國，誰能做到這一點呢？斯大林看好的是蔣介石和蔣介石的國民黨政府。

在克里姆林宮的戰略構圖上，沒有中國共產黨的地位。斯大林曾輕蔑地說：「中國共產黨人不是真正的共產黨人，他們是人造奶油式的共產黨人。」①

---

①《中國革命史論文輯要》，925頁。

「八·一五」後，斯大林仍然青睞於蔣介石。

比起美軍駐延安觀察組那些校官尉官們，斯大林元帥的目光差遠了。

但這並不意味着，他不會向蔣介石道聲「拜拜」。

因為時間變了，空間的格局變了。他的敵人已不是德國和日本了，而是國民黨的老大哥美國了。他和曾被他稱為「人造奶油式的共產黨人」，其實必未知道甚麼叫「人造奶油」的那些延安「土包子」，開始有共同的利益了。

但這並不意味着，他要幫助毛澤東統一中國。

做為戰勝國，兩次世界大戰後，列強都給中國送來了「禮物」。第一次是把戰前德國在山東的特權，轉讓給日本。第二次是把當年沙俄在東北的權益，交還給社會主義的蘇聯。

直到寫着禮物清單的雅爾塔秘密協定擺到桌前，蔣介石才知道被出賣了。

蔣介石震怒了！震怒之後是冷靜。冷靜了，就派他的外交部長王世杰，在那些以雅爾塔協定為藍本的《中蘇友好同盟條約》、《關於大連之協定》、《關於旅順口之協定》、《關於中國長春鐵路之協定》、《關於外蒙古問題之換文》上，逐一簽了字——也就是去趟莫斯科簽個字而已。

這是沒有法子的法子。也只有在這沒有法子的法子中想點法子。蔣介石縱有中國心，也無中國力。沒有力，何來理？

但他也不無得意之筆。

抗日戰爭爆發前，他曾想把戰火引向蘇聯，使中日戰爭變成日蘇戰爭。無奈蘇聯強大，日本不大敢惹。如今，他卻幾乎沒費甚麼力氣，就把蘇聯拉到了與中共對壘的自己的一邊。而「八·一五」後的今天，他最大的敵人，不就是延安的共產黨人嗎？

「蘇聯政府同意予中國以道義上與軍需品及其他物資之援助，此項援助當完全供給中國中央政府即國民政府。」①

蔣介石在審視這些漢字時，大概會對莫斯科的共產黨人發出鄙夷

① 摘自《中蘇友好同盟條約之換文》。見《八·一五前後的中國政局》，476頁。

的冷笑：這幫見利忘義的小人！

殊不知斯大林撈到實惠後，就拋開這些用中俄兩種文字寫成的條文，又去實踐他的「安全帶」理論了。

昨天的「安全帶」，是用蔣介石的軍隊拖住日本。今天的「安全帶」，是和延安的共產黨人抗衡美國勢力。

蔣介石只管撥弄他的如意算盤。

中共即便不和蘇聯鬧僵，蘇聯也受到掣肘，他盡可以放膽「剿匪」。倘若蘇聯不守規矩，美國會袖手旁觀嗎？美國何許國也？那是一個打個噴嚏地球就要發燒的美利堅合眾國。

強大的美國確實是蔣介石的可靠盟友。和蔣介石志不同，道不合的蘇聯，也不得不和蔣介石握手寒暄。蔣介石幾乎擁有一切，卻失去了人民。

在這場背景複雜的碰撞中，最終能夠決定關東前途和命運的，不是美國，不是蘇聯，也不是蔣介石，也不是毛澤東，而是被美國、蘇聯和蔣介石忽視了的人民。人民才是這片黑土地的主人。誰擁有人民，誰就擁有黑土地。

以熊式輝為首的接收大員，在關東到處碰壁。外交部駐東北特派員蔣經國，向蘇軍總部交涉，要求協助接收中共在各地建立的政權。蘇軍說這些政權是人民自己建立的，行政接收是中國內政，蘇軍不便干預。蔣經國提出派人到吉林、瀋陽、哈爾濱視察，請蘇軍協助。蘇軍說去吉林可以，去瀋陽和哈爾濱無法保證安全。不久，接收大員們連長春也不敢呆了。原來給他們站崗的警察，竟是萬毅的「東北挺進縱隊」的八路軍！

杜聿明的關東行，卻順利得難以置信。

10月28日，杜聿明飛抵長春，會見馬林諾夫斯基元帥，洽談接收東北事宜。

藍眼睛的「東北王」滿臉笑意：「我們蘇聯始終要同中國人民友好的，蘇中友好關係，我深信是永久的，因為我們早就有了傑出的孫中山和列寧他們兩人的友誼。……杜將軍帶領中國軍隊接收東北的領土主權，蘇軍很歡迎，你們從海路、陸路來，我們都歡迎。」①

杜聿明當即提出，請蘇軍在營口掩護國軍登陸。馬林諾夫斯基不但表示同意，還畫了一幅蘇軍位置圖，寫明蘇軍營口警備司令及掩護國軍登陸要旨，送給杜聿明。臨別，這位元帥一再表示，歡迎杜將軍早日再來長春，蘇中共同攜手合作，兩國人民過和平生活。

1938年後就和美軍打交道，對美軍將領的驕橫跋扈深有體會的杜聿明，對這位蘇軍元帥的印象極好。他簡直有些憤憤不平了：都説對蘇外交棘手，扯淡！

六天後，杜聿明帶着馬林諾夫斯基的「聯絡圖」，乘美艦「脱羅爾號」駛進營口港後，卻發現蘇軍已不知去向，中共已經接管營口，正在進入陣地，準備用槍炮歡迎他。

儒將杜聿明再好脾氣，大概也不能不咬牙切齒迸出一句：這個姓馬的俄國佬！

此前，國軍曾試圖經大連進入東北。蘇軍説大連是商港，允許軍隊登陸就違反了《中蘇友好同盟條約》。企圖在葫蘆島登陸，也同樣受阻。末了，只剩下一處由美國老大哥控制的秦皇島。而從那裏闖關東是條漫長的路，一路都得用槍炮開路。

這邊軍隊還未運完，那邊南京7000學生上街遊行，高呼「蘇軍必須立即撤出東北」、「打倒新帝國主義」、「蘇聯等於德國加日本」。國民黨本想借此給蘇聯施加壓力，以便順利接收東北。斯大林卻順勢突然下令蘇軍撤退，把國民黨閃了個倒憋氣。八路軍則一路跟進，填補了蘇軍留下的真空。

斯大林把蔣介石泡了，泡在臘月天的松花江裏，泡個烏眼青，透心涼！

總導演是美國

如果從頭道來，美國在中國八年抗戰前四年中扮演的角色，是極

---

① 中國人民政治協商會議全國委員會文史資料研究委員會《遼瀋戰役親歷記》編審組編：《遼瀋戰役親歷記——原國民黨將領的回憶》，502頁。文史資料出版社（1985年）。

不光彩的。它不斷增強對日輸出廢鐵、汽油、棉花、橡膠等物資，在中國軍民的鮮血和白骨上發財。直到日本開始向南洋擴張，這種血腥買賣仍未停止，其中汽油輸出反見增加。

日本投降前，美國的行為也不光明正大。

1944年底，美國聯合參謀總部認為德國投降後，尚需十八個月才能打敗日本；如果蘇聯不對日作戰，美軍將付出傷亡100萬人的代價。美國軍人的鮮血固然金貴，蘇聯軍人的生命也不是鹹鹽換來的。斯大林說，出兵可以，得有條件。於是，就有了那個雅爾塔秘密協定，就有了三國四方黑土地的碰撞。

天上轟轟隆隆，地上轟轟隆隆，海上轟轟隆隆。由南向北，蜂蜂擁擁地轟轟隆隆。

美國人倒不諱言，説那是不明飛行物甚麼的。

美軍中國戰區司令魏德邁，得意又豪邁：「這無疑是世界歷史上規模最大的空中軍隊調動。」①

美國總統杜魯門稱：「運往華中、台灣、華北之軍隊共十四個軍，內有三個軍係空運者，十一個軍係海運者，美國僅為空運一項即耗費三億美元。」②

還把自己的海軍陸戰隊，轟轟隆隆地開進北平、天津、唐山、秦皇島，為國民黨搶佔華北和東北保持戰略據點。

再加上盟軍遠東戰區最高統帥麥克阿瑟早已下達的那項命令：在華日軍，只能向國民黨軍隊投降。

「八·一五」後，美國就這樣在中國寫下了它的最初幾頁歷史。

延安共產黨人心裏明鏡兒似的：如果沒有美國插手，抗戰勝利後，整個華北和東北就都是他們的了。

但這還不至於影響美國在中國的選擇。

今天，人們很喜歡講「機會均等」。其實，機會從來都是個勢利眼兒，喜歡取悦強者。

---

① 廖蓋隆著：《全國解放戰爭簡史》，175頁。

② 《中國人民解放軍第四野戰軍第三次國內革命戰爭戰史》（初稿）（以下簡稱《四野戰史》），第1冊，24頁。廣州軍區司令部印（1960年3月）。

美國既有力量，又有機會，它在中國幾乎可以隨意進行選擇。它可以選擇共產黨人。一份來自美軍駐延安觀察組的，希望如此選擇的內容翔實的報告，就擺在白宮決策人的寫字枱上。它可以選擇第三次國共合作。這最符合中國老百姓的意願，它也確曾為此奔走過。可它最終還是選擇了國民黨，選擇了像扶不起的阿斗一樣的蔣介石。結果，它不但丟失了希望在中國得到的一切，還丟失了臉面。

能夠抓住機會的，才是真正的強者。

美國和蔣介石雖然也不時發生齟齬，但比之蘇聯和中共，美國這位老大哥對小兄弟，要「哥兒們夠意思」得多。

蘇聯對中共的支持，是以不刺激美國為前提的。

在日本，蘇聯也要求有自己的佔領區，美國不同意，它就作罷了。在朝鮮，蘇軍小心翼翼地不去觸犯三十八度線以南的美國的利益，日本投降後，很快撤回三十八度線以北。對中國，斯大林曾多次向美國表示：「美國應該而且可能在這方面起領導作用。」[①]

1946年1月25日，中央在給東北局和林彪的一封電報*中說：

> 友人並告營口及東北決不能打，據他們確實所知，在滿洲發生戰爭，尤其是傷及美人，必至引起嚴重後果，有全軍覆沒及惹起美軍入滿的危險。

蘇聯怕美國，不希望美國進入東北，像當初的日本一樣站到它的大門口。可一個統一的、強大的，而且是親美的中國，對它又有甚麼好處呢？要想控制中國，在中國取得利益，就要使中國保持分裂和衰弱，只要不激怒美國就行。

實力是政策的基石。沒人家力量大，多方讓着點，在情理之中。一場殘酷的世界大戰過後，竭力避免另一場大戰的災難，本是全人類的願望。但是，如果這一切都是從一己的利益出發，是用別人的鮮血和白骨來建立自己的「安全帶」，那就不能說是高尚的了。

1948年，中共必勝，大局已定。斯大林仍然勸阻中共過江，就是這種政策的固執地短視地可憐巴巴地繼續。

---

① 《中國革命史論文輯要》，926頁。

在1949年新華社的新年獻詞《將革命進行到底》中，毛澤東向全世界宣告：「一九四九年中國人民解放軍將向長江以南進軍，將要獲得比一九四八年更加偉大的勝利。」

不聽邪的毛澤東！

後來，斯大林正視了自己：在中國問題上，我們承認我們是做錯了。

敢於公開正視自己的斯大林，是偉大的。

第七章：最大的那條邊

60年代末的「珍寶島事件」發生後，在中蘇兩黨唇槍舌劍的論戰中，我們曾送蘇聯兩個不雅的新名詞：「新沙皇」和「社會帝國主義」。

實事求是地講，從日本投降到蘇軍撤退這段不算太長的歷史時期中，蘇軍在東北的某些行為，是頗有點「新沙皇」和「社會帝國主義」味道的。

「『老毛子』太臊性了！」

十六軍分區被阻在瀋陽車站，手執轉盤槍的「老大哥」，上車搶他們的鋼筆、「櫓子」。

如果車上還有女人，土洋八路會不會打起來？

前面說了，「八．一五」後的關東充滿恐怖。那個瀋陽衛戍司令卡夫東，在一篇回憶錄中也談到這一點。但他絕口不談在蘇軍進駐地區，造成人心惶惶的主要原因，是那些為非作歹的蘇聯大兵。

買東西不給錢是常事。連全副武裝的八路軍都敢搶，老百姓還在話下？

最難以忍受的是糟蹋女人。光天化日，在大街上就追，就拉。人們天不黑就關門，有的還把胡同堵死。鳳凰城沒駐蘇軍，不知從哪兒跑去一個，滿大街追女人，把座縣城鬧得雞飛狗跳。駐在當地的冀東部隊，不得不把這個「老大哥」抓起來，送交安東蘇軍衛戍司令部。

這不是個別人看到和經歷的個別現象。從遼寧到吉林到黑龍江，人們都說：「『老毛子』太臊性了！」

有的老人說：直到現在，在電影電視上看到「老毛子」，這心還直突突。

最慘的是亡了國的日本女人。蘇軍到處，跑不及的就「削髮出家」。當「和尚」也躲不過去，日本人居住區白天晚上都能聽到慘叫聲。實在受不了了，有的就主動送去一些，希圖能夠保全多數。有的跑到八路軍駐地，跪地痛哭，請求「八路太君」給予保護。

各處蘇軍都有死於非命的。當時是說國民黨地下軍幹的。這是不能排除的。但是，當這些「太臊性了」的大兵闖進民宅胡作非為時，後腦勺被甚麼東西來一傢伙，那也是不在情理之外的。

1948年9月29日，東北野戰軍鐵道縱隊政工會議上，一位領導講了這樣一段：「紅軍曾有個別違犯紀律的現象，這畢竟還是個別的」，「應從大處着眼，不應專從生活小事、方式方法等細小問題去着眼。」①

比之幾十上百萬大軍，「個別」是沒錯的。

然而，生活在黑土地上的人也沒錯。他們是在比較了從張作霖的奉軍到蔣介石的國軍，再到所有曾經踐踏過這片土地的異國軍隊，才咬牙切齒地說上一句「『老毛子』太臊性了」的。

當時有種說法，說蘇軍在歐洲傷亡太大，把獄中一些犯人充軍來打日本。這是可能的。可大連地區50年代留下的那些混血兒，也是犯人所為嗎？

蘇軍從歐洲到中國到阿富汗，美國從歐洲到非洲到日本到越南，都留下了混血兒。今天，從柬埔寨到黎巴嫩到西南非洲，操着各種語言的軍人還在製造混血兒。當年的成吉思汗大軍所到之處，也是一樣。

一種世界性的人類醜像。

第二次世界大戰期間，美國在源源運往歐亞非各戰場彈藥給養的同時，也給性慾旺盛的軍人送去成噸計的「軍用物資」——避孕套。而日本為了減少因性病造成的非戰鬥減員，則從本土和朝鮮徵集十餘萬「慰安婦」，以解快「皇軍」官兵的性飢餓。有時，「一名慰安婦，一天須接待三百七十名以上的男人」。②

軍人在殘忍地蹂躪女人時，他們也被戰爭蹂躪着。

---

①《瀋陽軍區歷史資料選編》，163頁。

②（日）千里夏光著：《隨軍慰安婦》，代序，1頁。湖南人民出版社（1988年12月）。

戰爭就是掠奪

中東鐵路像柄利劍縱貫黑土地[①]。東北人民的血汗，順着劍刃向沙皇俄國流了近三十年。

「八·一五」後，這條被日本帝國主義截流了十四年的大動脈，又北上流向了社會主義的蘇聯。

工廠、礦山設備被拆卸了，運走了。有的是整座工廠、整座礦山的拆卸、運走，只剩下一些空房子。據日本產經新聞出版的《蔣總統秘錄》稱：「在電力工業方面，相當於東北總發電量百分之六十五的電力供應設備拆運而去，此外，鞍山、宮原（即本溪）、本溪（今本溪湖）等鋼鐵廠設備的百分之八十被搬走，撫順、本溪、阜新、北票等處煤礦都被劫掠而受害甚大。」美國國務院一份調查：「估計在蘇軍佔領期間，東北工業蒙受損失約達二十億美元。」[②]

8月28日，蘇軍僅從長春偽中央銀行中，就提走庫存滿洲幣七億元，各種有價證券總值約75億元，黃金36公斤，白金31公斤，白銀66公斤，鑽石3705克拉。

從日本人的高級傢具，到中國市民的收音機、座鐘，都要。有的老人說，連農民的黃牛也往火車上趕。

在戰後的德國，蘇聯也是這樣幹的。

一位叫哈特里奇的美國人寫道：

「蘇聯死傷了千百萬人，遭受了災難性的破壞和損失。他們期望用最快的速度，各種可能的手段從戰敗國德國那裏取得賠償。他們的指導原則是：『能拿的就拿！』成群結隊的俄國人來到蘇佔區，他們在德國俘虜的幫助下，動手把德國的基礎設施搬得清光。可以說，凡是能拆走的都拆走了——管道設備，鐵軌，電話機和交換機，汽車，市內發電站，有軌電車，機床乃至整座工廠——甚麼也逃不過俄國人的眼睛。」[③]

---

① 中東鐵路原為沙俄所建，以哈爾濱為中心，西至滿洲里，東至綏芬河，南至大連。1898年動工，1903年全線通車。日俄戰爭後，長春以南段為日本佔據。十月革命後，長春以北段由中蘇合辦，「九·一八」後為日本所佔。

② （美）江南著：《蔣經國傳》，139、140頁。中國友誼出版公司（1984年）。

③ 同上。

對於發動了第二次世界大戰的希特勒德國，這也算是「惡有惡報」。

可這裏不是德國，也不是日本，而是中國呀！

我的悲哀的黑土地！

熊式輝一夥在東北到處碰壁，正不知所措，咄咄逼人的蘇軍又加上新的砝碼：「凡在其佔領區內日軍所使用之一切物件，均係合法的戰利品。」①

「八·一五」前，整個東北都在日軍控制之下，「日軍所使用之一切物件」，簡直是海闊天空無限大。

熊式輝走馬上任前，在重慶就計議定了的。準備在中蘇協議中有關蘇聯利益的條款下，做出最大的讓步，以換取蘇軍在接收問題上的協助。可尋遍所有協議的所有條款，哪有這樣一條呢？這位蔣介石的智囊人物，也算機關算盡，卻無論如何也跟不上斯大林的胃口。

長春警備區原副司令員嚴東江老人，闖關東到瀋陽後，東北局派他和另外三個人去接收滿洲里。據在東北局接受任務的賈石（離休前為國務院外貿部副部長）講，他們去這個過境小站的任務之一，就是截流，截住那些被蘇軍非法搶劫的物資。一行四人準備到哈爾濱與李兆麟聯繫，未到哈爾濱，就聽說李兆麟被暗殺了。

老人感慨：那「老大哥」真下得了手啊！

機會是以實力大小進行分配的。利益也是由實力大小決定的。

從「八·一五」日本投降，到翌年「五·二三」蘇軍撤退出境，如果把這期間三國四方的碰撞結果用一個不等邊四角形表示，毫無疑義，蘇聯的那條邊是最大的。

對於這片黑土地，實力強大的美國，畢竟有點鞭長莫及。

蘇聯很愛建立紀念碑，也很會建立紀念碑。比如在東北最大的城市瀋陽，不管你是誰，也不管你想不想看，只要去過，下了火車，就會看到一座高大的紀念碑。

這裏想說的，不是這座理所當然應該建立的，也理所當然地被列

① （美）埃德溫·哈特里奇著：《第四帝國的崛起》，90頁。世界知識出版社（1982年）。

為市級文物保護單位的「蘇軍陣亡將士紀念碑」，而是另一種碑。

是「『老毛子』太臊性了」的那種碑。

是「『老大哥』真能下得了手呀」的那種碑。

確確實實，對於那些「太臊性了」的大兵，蘇軍有關當局後來是很嚴厲的，有的當場就處以極刑。特別是對糟蹋中國女人的大兵。

可對於那些搶掠或指揮搶掠「日軍所使用之一切物件」的官兵，斯大林處罰了哪一個呢？

做為人類歷史上第一個社會主義國家，蘇聯是從那個列強中最具侵略性，也最貪婪的沙皇俄國脱胎而來的。我們很難說二者之間有甚麼必然的聯繫，也很難說其間沒有甚麼必然的聯繫。我們只能說，做為這個國家，也做為共產黨的領袖，斯大林也未脱俗。因而，這一切也就都不值得大驚小怪了。

因為戰爭本來就是掠奪，掠奪財產，掠奪女人。在人類最早的戰爭中，不就是把擄獲的男人殺掉，而把財產和女人掠走，供自己揮霍和蹂躪嗎？

斯大林得到了實惠，卻深深地刺激了一個民族的感情。這是無論開動甚麼樣的宣傳機器，也磨滅不了的印記。

10月12日，延安《解放日報》頭版報導：《由東北回家的博愛勞工說紅軍對中國人民親如一家》。

「和蘇聯老大哥會師去！」當年闖關東的老人，幾乎個個都懷有這樣一種真摯而又熱切的感情。宣傳教育多少年了，在他們心目中，和「老大哥」的情誼是勝過親生骨肉兄弟的。

在某種意義上，這倒與蘇聯衛國戰爭初期，一些布爾什維克曾堅信德國工人階級會築起街壘，開闢國內戰場反對希特勒，有些相像。

據說，十六軍分區被阻瀋陽車站，手執轉盤槍的蘇軍士兵搶奪他們的鋼筆、櫓子時，一些幹部戰士就要和「老大哥」幹。後來那個著名的「塔山守備英雄團」，曾有個營長，無論甚麼人和他談話，做工作，也轉變不了他對「老大哥」的看法：甚麼雞巴「老大哥」，土匪！

在筆者家鄉，有人就因為說了類似的話，1957年被打成「右派」。

四、且戰且退

這是最初的內戰，是決定關東命運的舉足輕重的搏戰。

複雜多變的局勢，像局勢那樣多變而又經常互相矛盾的政策，使這段已經刀鏤斧刻般寫在了黑土地上的歷史，某些章節至今還放在抽屜裏蒙受灰塵。

最初的結果，是杜聿明的兩個軍六萬多人，就把林彪的十萬多人，一路趕出山海關、興城、錦西、錦州、義縣、阜新。後來又增加五個軍，就把林彪趕出四平、長春，一直趕到松花江北。

有些部隊，闖進關東就開始退關東。有時也停下來放一陣槍回頭再跑，直跑到人家不追了，才算站住土八路的鐵腳板。

幾乎所有的關東大中城市名字前面，都曾被冠以「保」字。有的還提出要「像保衛馬德里」那樣的「保」。結果是保甚麼丟甚麼，丟得喪氣又洩氣。

局勢之嚴峻，有人曾以「有遭遇西路軍危險之可能」比喻之。

滄海橫流，方顯出英雄本色。

勝利，就孕育在這難堪的「丟」與「跑」之中。

第八章：「獨霸東北」

10月19日，中央在給東北局的電報中說：「國民黨已知我黨在東北建立武裝，因此，他急於派軍隊及黨、政人員到東北和我鬥爭。我黨方針是集中主力於錦州、營口、瀋陽之線，次要力量是在莊河、安東之線，然後掌握全東北。」①

10月23日，又指示東北局：「竭盡全力，霸佔全東北。」②

王振奎老人聽過高崗作報告：「勾子」（即屁股）靠着蘇聯，只要把臉面前海上陸上幾個口子一堵，東北就是我們的了！

就是這樣簡單。

截止11月20日，在蘇聯政府決定執行中蘇條約規定，將長春路及沿線大城市交由國民黨接管前，中央和東北局的政策，一直是「獨霸東北」。

一個鼓舞人心的響亮的口號。

一個一廂情願的口號。

「拒敵於國門之外」

第一槍打響在天下第一關。

交手前，十三軍派代表乘吉普車下通牒，要冀東部隊撤出山海關，讓他們出關接收東北。土八路沒客氣，送上門來的槍下了，車留下，人訓一頓，開着「11」號回去了。

11月初，國民黨軍隊大規模進攻前，山東七師趕到了。不同建制的六個團萬餘人，面對全美械裝備的十三軍和半美械裝備的五十二

① 丁曉春、戈福祿、王世英編：《東北解放戰爭大事記》，15頁。中共黨史資料出版社（1987年）。

② 同上。

軍，雙方兵力為1：6。

七師到玉田後，接到中央和東北局電報，命令火速到山海關增援。本已人睏馬乏的部隊，立即加快步子，每天120里急行軍。

疲憊之師也不含糊，上場就演拿手好戲。

七師幹部戰士不少是礦工出身，擺弄炸藥就像女人擺弄鍋碗瓢盆。炸碉堡，毀鐵路，在渤海地區用這種「土大炮」搞得鬼子心驚肉跳。如今又如法炮製，對付除了人全是美國貨的十三軍。一連兩天晚上，山海關西沙河國軍陣地上，「炮聲」動地，火光沖天，炸死炸傷和俘獲一百多人。第一次繳獲美國武器，大家愛不釋手：這美國傢什是好哇！

國軍哪領教過這個，懵了：土八路用的甚麼新武器呀？是「老毛子」給的吧？後退十餘里。後來弄明白了，氣得直咬牙：土八路就拿這破玩藝兒唬人哪！又硬起來，逼上來。

土八路也犯起嘀咕：這頑軍怎麼和山東那些頑軍不一樣，還敢和咱拚刺刀？那印着「昭和」字樣的炮彈的火力，簡直就沒法和這「USA」相比，把黑夜都打成白天了。

在叫得很響的「獨霸東北」口號下，有個口號叫「拒敵於國門之外」①。

今天聽着不倫不類，當時大家也有些不理解。

八年抗戰，一直是敵進我退，敵駐我擾，敵疲我打，敵退我追，打運動戰和游擊戰。這回變了，到這裏就挖工事，拉開架勢和敵人打。這可是大姑娘坐轎頭一遭。是大姑娘就得有這一遭，革命勝利遲早也得打正規戰，問題是隨着抗戰勝利，這種正規戰就到來了嗎？「拒敵於國門之外」，是拒一段時間就走人，還是戰至一兵一卒？部隊都擺在山海關一帶土地上，兵少戰線長，幾乎沒有縱深可言。硬碰硬，能拒得了嗎？

開頭，瀋陽來電報，説錦州會源源不斷補充兵員彈藥，還有大炮。這挺令人鼓舞振奮，卻只見電報不見人。幾次要求增援，增援上來的都是國軍。

---

① 採訪中，很多老人都談到，這句口號是東北局在一封電報中提出來的。原電未查到。

七師師長楊國夫（離休前為濟南軍區副司令員），高大，壯實，臉上有幾顆麻子。1928年參加革命，身上留下大小不下十塊傷疤的老紅軍，是戰爭這所大學培養出來的游擊專家。他沒唸過書，當然不喜歡咬文嚼字，何況這個口號的意思是再明白不過的。他雖感力不從心，但執行命令決不含糊。

11月15日，十三軍五十四師攻佔九門口，五十二軍二十五師迂迴成功，佔領義院口。

曾任一機部副部長，現為全國政協委員的徐冰州老人，當時是七師政委。他和參謀長閻捷三（離休前為後勤學院副院長）主張撤退。副師長龍書金（最後一個職務為新疆軍區司令員）是員虎將，沉思良久，也說撤吧。

楊國夫臉上的麻子有些變色。末了，終於歎口氣：撤……

再不撤，就只有向南突圍，闖不了關東了。

11月中旬，自治軍副司令員呂正操，率李天佑等人去營口設防，「拒敵於國門之外」。走到鞍山，被蘇軍截住，汽車也被扣下。李天佑在蘇聯吃過黑麵包，會俄語。一番口舌，「老大哥」放行了，他們也不去了——山海關那邊的「國門」已被突破了。

從崑崙關到山海關
——戰犯錄之一

杜聿明是11月8日到達山海關前的。

正是國軍被七師的「新式武器」打得暈頭轉向之際。

十三軍軍長石覺說，共軍火力非常強大，且戰術神妙。攻打沙河前，10分鐘就將村落房屋盡數摧毀，一個連傷亡殆盡。這位抗戰中有名的「逃跑將軍」湯恩伯的心腹，建議杜聿明重新考慮是否攻打山海關。

杜聿明接到的情報正好相反：「山海關共軍武器破爛，沒有炮火。」①

---

①《遼瀋戰役親歷記》，526頁。

杜聿明帶領十三軍團以上軍官，和那個「傷亡殆盡」連的連長，親去沙河前沿調查。

這對杜聿明是不稀罕的。從抗戰到內戰，他經常親臨前線調查、指揮。1942年在緬甸，半夜三更，他駕着吉普闖過日軍炮火封鎖區，坐到同古前線塹壕裏，向士兵和營連軍官了解戰況。他帶過的部隊都有這種作風，也沒人敢唬他。

那個連長是真懵了。問他哪個村莊被毀，他說北邊的一個。進村後，無一間房屋損壞。再問，就亂指一氣。

杜聿明決定：以十三軍為正面主攻，五十四師出九門口向共軍側後包圍攻擊；以五十二軍二十五師為迂迴部隊，向山海關東攻擊前進，截斷共軍後路。其餘為預備隊，隨戰況推移向山海關推進。

他成功了。

一列載着東北保安司令長官部的火車從秦皇島駛來。被成功鼓舞着的杜聿明，坐在他那節臥室、餐廳兼指揮所的車廂裏，用那雙因熬夜太多而充血的眼睛，望着掠窗而過的站牌：山海關、綏中、興城、錦西……

那清一式的站牌，那隨處可見的深藍色「仁丹」廣告，那初冬冷淡的陽光下寧靜的河流，那背陰處覆蓋着薄雪的山嶺，化作軍用地圖上交叉縱橫的曲線和指紋似的等高線，化作象徵城市的大小不一的圓圈，化作覆滿大地的黃綠色軍服，化作像血一樣的火和像火一樣的血，化作高腳杯和「青天白日」，「雲麾」勳章悅耳的碰撞聲。

他陶醉了。

他不知道林彪也正在向錦州走來。

但他知道他們遲早是要碰撞的。

他知道這位赫赫有名的共產黨將軍的份量，他就是衝這種份量來的。

「米脂婆姨綏德漢。」不知米脂出過多少美女，也不知綏德出過多少好漢。但杜聿明這位男子漢出自米脂而不是綏德。卻是無疑的。

如今舞台、銀幕和熒光屏上男子漢很多，而且大都鋒芒畢露，一覽無餘。有的甚至洋人不洋人，國人不國人，像個莫名其妙的天外來客。個頭中等偏上，臉膛方方正正的杜聿明，在軍服筆挺，馬刺叮噹的將軍叢中，與眾不同的，也許就是那種內在的傳統的儒將風度。連那位張牙舞爪的卡夫東，也稱他「是一個很有教養的人」①。

杜聿明的男子漢氣概，表現在他的業績上。

1933年1月，日軍佔領山海關後，分兵三路進攻熱河。十七軍二十五師，就是此刻杜聿明麾下的五十二軍二十五師，從蚌埠趕到古北口阻擊日軍。穿着草鞋的南方籍官兵，在臘月的冰天雪地中與日軍的飛機大炮對壘。師長負傷了，副師長杜聿明代理指揮。激戰三晝夜，二十五師傷亡四千餘人，日軍傷亡二千多。

這不是一次勝仗，就像後來遠征緬甸退走野人山一樣。他是負者，也是英雄，悲壯的英雄，歷盡萬難而萬難不屈的錚錚男子漢。

不過，使他建立功名的，畢竟還是1939年底的桂南崑崙關大捷。

當時，杜聿明是中國唯一的機械化軍五軍軍長，對手是曾經參加過南口、忻口、太原、台兒莊、廣州戰役的坂垣征四郎的第五師團。激戰十餘天，崑崙關得而復失，失而復得。日軍炮彈紛紛落在指揮所附近，幾次在杜聿明身邊爆炸。他抖落地圖上的泥土，拭去望遠鏡上的煙塵，眉頭不皺。

誰都知道，這個坂垣師團也吃過林彪的苦頭。

不用仔細觀察，就會挺有趣地發現，做為統兵幾十萬的將軍和東北內戰的一對對手，杜聿明和林彪有許多相似之處。

都是黃埔畢業。都被稱為儒將。都是各自領袖的愛將。都是抗戰名將。連抗戰中建立功名的地方也那麼相像，一個叫崑崙關，一個叫平型關。

平型關和崑崙關都是進攻戰。林彪是佔據有利地勢打埋伏，一個衝鋒壓下去，是戰略和戰術上的出其不意，打的是巧仗。杜聿明是仰攻「一夫當關，萬夫莫開」的崑崙關，是實打實，硬碰硬的攻堅。對手同樣是號稱「鋼軍」的坂垣師團，林彪攻擊的是二十一旅團輜重隊和後衛部隊，杜聿明攻擊的是十二旅團主力。戰果也不相同。平型關殲敵一千多人，崑崙關殲敵四千多人，旅團長也被擊斃。但是，平型關戰鬥中的土八路，裝備根本無法和杜聿明的機械化相比。而且，平型關戰鬥是在中國軍隊節節敗退時爆響的一曲凱歌，其敢打必勝的男子漢氣概，堅定全國人民的抗戰意志和信心，都是非同一般的。

---

①《在中國土地上——蘇聯顧問回憶錄》，274頁。中國社會科學出版社（1981年）。

「文無第一，武無第二」這是武林中話，論的是武功，而不是將才。如果真要比較這兩位抗戰名將的優劣高下，或許還真的需要他們比試一下。

果真有這一天，那就不僅是他們的不幸，更是全民族的悲哀了。

這一天果真有了。

「我有一個根本意見」
——4A電報[①]之一

歷史已經證明，這一段是至關緊要的。

林彪用並不需要多少天才，卻是少不得的意志、膽略和果斷，寫下了黑土地內戰序幕揭開後的第一筆。

「一戰解決問題」

11月19日上午，兩輛灰綠色，長鼻子像生了癩瘡似的剝落許多漆皮，如今在全世界的博物館都難見到的日本老式汽車，「吭吭哧哧」地從設在三經街的東北人民自治軍總部門前啟動了，「吭吭哧哧」駛出了瀋陽的「洋灰馬路」，拐上通往遼西的「電道」（日本人在東北修了許多公路，老百姓稱之為「電道」，形容其平坦、快。柏油路則稱之為「洋灰馬路」……今天一些老人還這麼叫）。

前面一輛敞篷的，坐的是警衛人員。後面一輛帶篷的，車廂裏是以李作鵬為首的參謀處人員，還有林彪的秘書季中權。

林彪坐在駕駛室司機旁邊。

他戴頂釘着兩個扣子的灰布軍帽，裹件日本黃呢軍大衣，倚在靠背上。對窗外本來就沒有甚麼看頭的結了層白霜的大地，他似乎全無興趣，對車身的顛簸好像也無動於衷，兩道給人印象深刻的濃眉下，一雙不大的眼睛似睜不睜，神態似睡不睡。

這是一張瘦削、清秀、白淨，看上去要比39歲的實際年齡小幾歲的臉。這是一張看上去城府很深，使人難以捉摸的臉。這是一張若不

① 當時電報分為四個等級：標有一個「A」的為一般電報，兩個「A」為急電，三個「A」為加急，四個「A」為特急。

是他的名字，人們也會認為是平淡無奇的臉。這是一張如今35歲以上的人都非常熟悉，也非常討厭，可以使孩子想到大灰狼，使大人想起中國歷史上所有丑角的臉——簡直就是面目猙獰！

那時候，人們可不覺得討厭，更談不上猙獰。

談到這張臉，在黑土地上與這個人打過交道的老人，有的說「親切」，有的說「嚴肅」，有的說「令人肅然起敬」，有的說「也看不出甚麼」。談到這個人，有的說他「不像個將軍」，有的說他「更像個學者」，有的說他「就像個大姑娘似的」。

一位老人說他第一次見到林彪，是在第一次反「圍剿」前。他是紅三軍的，林彪是紅四軍的一個師長，都駐在吉安東部一個鎮子裏。一天有人說林師長做報告，他跑去一看，站在講台上的怎麼是個孩子呀?!一口湖北話，挺尖、挺細，一字一句的，把「日本」叫「二本」。他也聽不明白，腦子裏轉來轉去就是一句話：這麼個清清瘦瘦的孩子，怎麼能當師長呢？

曾擔任過國務院衛生部副部長，現在是中國計劃生育協會副主席的季中權老人說，林彪一天二十四小時除了睡着了，腦子很少有閒着的時候，總是在思考問題。

此刻，車輪在轉，林彪腦子裏那個車軲轆也在轉，直到兩輛長鼻子汽車的車輪不轉了，他腦子裏的車軲轆還在轉。

有人說離開瀋陽不久，車輪就不轉了，有人說是快到錦州時。有人說是車壞了，有人說是休息時，兩個從地方臨時僱來的司機逃跑了。於是，六個輪子就變成了四個蹄子。馬是管理處長何敬之弄來的。也不知他是怎麼弄來的，就像變戲法似的。每到這種當口，他都能露一手。

林彪率領的這個輕便指揮班子，各有各的神通，連毛澤東都挺感興趣。1946年4月，曾專電詢問林彪，讓他介紹說明。

林彪騎馬的姿式挺好笑。兩肩耷拉着，有時還袖着手，頭隨着馬蹄的節奏一點一點。「大將軍八面威風」，他好像總沒睡醒。已經下幾場小雪了，騎個把小時就凍得受不了，就下馬步行。一雙日本大頭鞋在薄薄凍了一層的「電道」上邁動着，好像還挺有勁。

馬蹄得得，腦子裏那個車軲轆在轉。

腳步聲聲，腦子裏那個車軲轆在轉。

中央想在錦州西部打大仗。

11月14日，毛澤東在給「冀熱遼分局並告東北局、冀察晉局及黃梁、李沙」①的電報*中，指示：

以錦州為中心地區，為我全力集中作戰之戰略樞紐。

同一天，毛澤東又致電*彭真、林彪：

彭林：

十三日十九時電悉。頑十三軍，已在秦皇島撫寧地區集中，估計其後續尚有一個軍，至少集中三個軍，然後向山海關綏中之線攻擊前進，目前山海關作戰並非真面目戰鬥，我黃梁兩部四萬二千，遠道新到，官兵疲勞，地形不熟，目前開至叉院口駐操營必無好仗可打，即便殲敵一部，不通戰術勝利，而兵力暴露不得休整，勢將陷於被動，為避免此缺陷，謹慎使用主力，求於將來決戰時，一戰解決問題，應令李運昌、楊國夫兩部堅守山海關、綏中線，節節抗擊，消耗疲憊敵人，而令黃梁兩部從冷口，界嶺口分路隱蔽開至錦州、錦西、興城三角地區，處於內線，休整部隊，恢復疲勞，補充槍彈，熟悉地理民情，創造戰場，演習夜戰。俟敵進至綏中地區或興城地區，業已疲勞消耗至相當程度，我則集中最大兵力，計黃克誠三萬五千，梁興初七千，楊國夫七千，李運昌、沙克，在盤山錦州至山海關一帶者至少兩萬（新部隊可以參戰作為輔助兵力）共約七萬人，於有利的時間地點，由林或羅②親去指揮，舉行反攻，分作幾次戰鬥，再次殲滅其二、三個師，最後全部殲滅三個軍，即能從戰略上解決問題，冀東已編成兩個野戰旅，可調至山海關、綏中、興城之線的西面山地隱蔽集結，於正面主力決戰時，從側面切斷敵軍後路。總之從內線作戰着眼，此種方針最為有利，你們是否同意，仍望考慮電覆。

毛澤東

11，15

① 即黃克誠、梁興初、李運昌和沙克。沙克當時為晉察冀軍區副參謀長。

② 即羅榮桓。

在延安的毛澤東，分析得頭頭是道，而且決心、氣魄很大——「一戰解決問題」。

可情勢變了。

山海關失守後，十三軍和五十二軍主力，憑藉精良裝備，炮空優勢和初戰銳氣，長驅直入，向錦州疾進。11月19日佔領綏中後，即與黃梁兩部平行前進，而使在錦州、錦西、興城地區創造戰場的預想，成為黃粱一夢。

即便山海關還能堅守幾天，黃梁南部能提前趕到指定地域，這個計劃也是很難實現的。

因為打大仗的大前提，即在宏觀上對敵情我情的分析、判斷，是不可靠的，不準確的。

「爆發戶」與「七無」

先闖進關東的部隊，能夠吹氣兒似的膨大起來，是有其特殊的背景的。

東北人當了十四年亡國奴，吃橡子麵和配給的發霉的苞米麵。吃大米是「經濟犯」。誰吃了，逢上倒霉，噁心吐出來，被日本人看見，當場就被抓走。

東北人盼解放，解放者卻是胡作非為的「老毛子」。中國軍隊一下子開來了，能不親嗎？十六軍分區十二團駐在瀋陽小河沿奉天師範學校，人們都來「賣呆」，很多青年要求參軍，機關黨支部書記周雲，半夜時分出去解溲，一些人還圍着不走，他去就挑了一個排。

高秀成那個連在錦西接收一個軍火庫，不到一星期擴大一個營。戰士當班長，班長當排長，班排長當連長、指導員。

老人樂呵呵地說：那時想當個團長、師長、司令也容易得很。槍有，那時「老大哥」讓咱搬。人有，都想跟你走，也弄不清「八路」是怎麼回事，反正是中國軍隊來了。可你不能再擴大了，再擴大就不是八路軍、共產黨了。

兵員成份，一是工人，學生；二是潰散的國兵；三是成建制的偽滿軍隊；四是打着八路旗號，由國民黨先遣軍組織的武裝。

當時潰散的國兵很多，帶槍的、徒手的，路上隨處可見。這些人中不少是兵油子，不會做工種田，也不想做工種田，槍桿就是他們的飯碗。未潰散的偽滿軍隊，走投無路，也要求八路收編。那些由國民黨特工人員組織的武裝，本是準備迎接、配合國軍接收東北的，沒想到共產黨先到了。既在屋簷下，不得不低頭，先打起「八路」旗號求生存，時機一到，就準備掉轉槍口。

即便是純正的工人、學生，也有丟槍不幹的。他們是衝「中國軍隊」來的，一聽「八路」不是「正牌」，不是正牌不就是歪門邪道，不就是「鬍子」嗎？還有的本來是想混一官半職的。在中國，當兵歷來是當官的途徑之一。鬼子投降了，天下太平了，混個官還不好？沒想到還要打仗，打的還是美式裝備的正牌國軍，這可是玩命。

12月14日，林彪在給「中央東北局、李、呂」[①]的一封電報*中說：

> 在東北新成立之十多個旅，成份皆極壞，皆缺乏政治認識，流氓，土匪，憲兵，偽軍甚多，真正的工農成份，亦被帶壞。這些部隊所見之李運昌部（三個旅），亦無戰鬥力，對群眾紀律極壞，不但不能發動群眾，反而成為群眾對我不滿；不但不能消滅敵人，反助長敵人士氣；不但不能打土匪，且受土匪勾引。

據《東北三年解放戰爭軍事資料》統計，1945年12月底至1946年1月初，僅十天左右，「先後叛變者有：吉林一萬二千人，合江五千人，龍江約三千餘人，牡丹江三千人，松江一萬人，遼北三千餘人，嫩江三千餘人，李運昌部亦叛變不少，先後叛變共約四萬餘人」。[②]

可現在，這些部隊都列在東北人民自治軍實力花名冊上。

而且，其中大多數部隊的裝備，不僅在東北，就是在全國的共產黨軍隊中，也堪稱一流。一式三八大蓋，歪把子，各種火炮，有的還有坦克。那服裝也夠整齊的，從頭到腳都是日本貨，除了不戴軍銜，不說日本話，活脫脫就是「日本鬼子」——一些老百姓鄙夷地稱之為「中國鬼子」。

---

① 「呂」即呂正操，「李」即東北局副書記，北滿分局書記李富春。

② 中國人民解放軍東北軍區司令部編（1949年10月）：《東北三年解放戰爭軍事資料》，6、7頁。

先到的闊氣成了「鬼子」，後來的寒酸得像群叫花子。

11月26日，黃克誠在給毛澤東的一封電報中說：

部隊五十多天行軍，極疲勞。因自華中沿途動員均說坐火車、汽車及到東北裝備等樂觀心理出發，現遇到極為困難之情況，無黨，無群眾，無政權，無糧食，無經費，無醫藥，無衣服、鞋襪等，部隊士氣受到極大影響。

不止「七無」。

還缺少武器。

12月17日，黃克誠在給軍委的電報中說：

部隊武器僅補充步槍一千二百支，輕重機槍四十四挺，山炮十門，野炮四門，尚不能補足，沿途留下之武器，且多破缺不全，為新部隊丟下不用者。楊師、梁師稍多一點，幹部戰士對新部隊裝備完善，老部隊破破爛爛，極不滿意。

闖過關東的老人，都記得當時的一句話：「新兵新槍，老兵老槍，有的沒槍。」

軍隊沒槍就像老虎沒牙齒，別說打仗，連張牙舞爪嚇唬人的資格都沒有。

最頭痛，也最可怕的是「無群眾」。

12月11日，林彪在給「呂、李、東北局、並報中央」的電報*中說：

老百姓說：八路軍和中央軍都是為百姓的，彼此不打好了，並認為國民黨是中央，舊政權，舊武裝人員，皆盼望找國民黨接頭。

人心所向，是「不打好了」。加上「到一處吃一處，吃空燒盡，有如蝗蟲」，人們就愈發「想中央，盼中央」。

從1945年11月16日退出山海關，到1946年5月19日退出四平，每仗下來，傷員基本都是部隊抬着。抬下戰場，抬着行軍，抬着打仗。一師出關後打的幾仗，都是一團和二團打的，三團成了「擔架隊」。

有的部隊有時也能「動員」到老鄉，有的抬到沒人處就扔了，有的還把傷員砸死了。

無人抬傷員，無醫院，無情報，無根據地……一一羅列起來，能有「十七無」，「二十七無」。

多的是土匪。

關東向為多匪地區。「八·一五」後，土匪蜂起，蘇軍未進駐地區，基本都由土匪填補了真空。在匪患不算嚴重的錦西，林彪也被騷擾得不得安寧。白天看地形，土匪就在周圍山上打槍，晚上則進村搶劫。李作鵬幾次帶人搜剿，連影兒也抓不着。有天晚上，家裏就留幾個人。當時若有土匪或特務報信，不用多，來個把排，可能就不會有「九·一三」事件了。

背後有土匪搗亂，正面「頑軍」又如何？

1946年5月31日，黃克誠在給「中央軍委」的電報*中，談到「頑美式部隊比之過去一般頑軍有下列進步」：

（一）軍官士兵待遇提高一般吃穿均較優良，軍官剋扣軍餉貪污已減。

（二）官兵關係有進步，高級軍官宣佈不准打罵，下級軍官打罵亦減少。

（三）官兵關係有進步，駐軍民時（此處顯然有誤，但聯繫下文，意思是明白的——筆者）對居民紀律頗好，政治部到達地方召集居民開會宣傳麻醉民眾，一切給養由後方運送，故擾民較少，僱民伕一般給錢，但強拉打罵人民者仍有。

（四）戰術上比過去靈活，迂迴用的多，戰術改變很快，開始與我作戰時，駐村落經我一度夜襲，即改露營，開始營連衝鋒，直至一度打擊改用疏散隊形，第一梯隊被擊潰後，後列梯隊即連續衝鋒，因我守備部隊受炮火殺傷，人員減少，連續衝鋒即抵不住。

（五）指揮統一，協同動作，比過去好。

（六）守備沉着圍援做工事完成工事很快到達即做工事，故佔領之突破很困難，對我作戰信心頗高不像過去有很大畏懼心理。

（七）火器比日本軍隊強盛炮兵技術很好。

（八）督戰嚴厲，後退者常被督戰隊槍決。

《東北三年解放戰爭軍事資料》中寫道：

> 進入東北之敵軍為蔣系統精鋭，大部美械裝備，經過美國訓練，參加印緬作戰，炮火和自動火器多！戰鬥力強，老兵很多，都有三、五年的軍齡，其中甚至有個別排長仍當戰鬥兵者，較頑強，不容易繳槍，甚至一個（此處有誤，似應為「一連」——筆者）打到七八個人還不繳槍，帶着遠征軍，常勝軍的驕傲態度，尤其是新一軍新六軍特別驕傲，戰鬥確實也頑強。①

實實在在，這是第一次見到如此評價國民黨軍隊的文字，也是第一次聽說「老八路」竟然「有如蝗蟲」。就像前面已經寫了幾筆，下面將繼續寫下去的林彪一樣，若不是那麼多老人都那樣講，不但難以相信，簡直就不能容忍！

打完日本打國民黨，一些人對於美械裝備的國民黨軍隊的認識，還停留在抗戰期間鬧磨擦時打「土頑」那個階段上。

低估了敵人，高看了自己。

不知彼，也不知己。

也難怪，部隊就是發展很快，還建立了那麼多「革命政權」嘛，這說明人民是擁護、支持我們的嘛。還有「老大哥」也支持我們嘛。

對於隱藏在很好看的表象下複雜、險峻的局勢，對於黑土地上已經和行將發生的事情，坐在大城市裏是很難看到的。

延安的毛澤東也看不到。

林彪離開瀋陽前也不知道。

但是，他好像已經感到了一些甚麼。

據說，對於「獨霸東北」和「拒敵於國門之外」，他好像開頭

---

①《東北三年解放戰爭軍事資料》，196頁。

就有點不同意見。倒不是他不希望「獨霸東北」、「拒敵於國門之外」，而是眼下究竟能不能霸住、拒住，和怎樣才能霸住、拒住。

據說，一路上，他腦子裏像車軲轆似的轉來轉去，就是這個問題。

「撤退將軍」

錦州西六十五里，錦西縣城東八里，有處不大不小的景致，叫作虹螺山。史書稱：虹螺山「山脈自西而東，蜿蜒百餘里。從各方觀之，均成形，鄉人因有『八面威風』之稱[①]」。

並不威風的林彪，站在「八面威風」上。

帶股腥味兒的海風，要把人颳倒似的，斜刺裏撲啦啦拽動着大衣襟。很冷，那風好像要穿透衣服和皮肉鑽進骨子裏。大海碧綠碧綠的，鼓動着冷冰冰的誘惑和殺機。在八倍望遠鏡裏看久了，就把碧綠碧綠的大海和瓦藍瓦藍的天空，混成一體。

漂浮在碧綠碧綠的海水中的葫蘆島，碼頭上停着幾艘灰蒙蒙的軍艦。看不清艦上旗幟和標記，但是美艦無疑。有兩艘好像剛到，隱隱約約可見士兵正在下船。登上碼頭後，就和軍服顏色差不多的土路融在一起，一隊隊朝望遠鏡頭方向蠕動着。

來得挺是時候。地形也行。也有仗打，因為有敵人。可此刻這位東北人民自治軍總司令，能夠調動的全部武裝力量，只有來一連土匪也難應付的一個警衛排。

沒有兵，不能打仗的將軍，似乎應該順便瞅幾眼周圍的景致。可他大概連想都未想過，甚至壓根兒就不知道腳下這座山，算甚麼狗屁一景。

——「內線作戰！」

——「全部殲滅三個軍！」

——「一戰解決問題！」

人們常用「泰山崩於前而色不變」來形容大將風度之類。其實不用泰山崩於前，就是一棟樓塌於前，誰都得掉頭就跑。當然，用已經被用俗了的大海的潮浪形容林彪此刻的心情，當是很妥貼的。可浪濤再大，也濺不到那張瘦削、清秀、白淨的臉上一星泡沫。

---

① 瀋陽市圖書館編印（1985年）：《東北名勝古蹟軼聞》，185頁。

能夠看到的，只是那步履愈發沉重的踱步，和那些日子每頓二兩左右的飯量。

不過，他的決心，可能在那一刻就已經定了。

其實，部隊就離這兒不遠。

黃克誠的三師，距林彪也就二十里左右。梁興初的一師更近，就十里樣子。

幾天後，一師前衛團二團到達楊家杖子附近洞口村時，團長江擁輝到鐵路線上一個小站，通過綏中縣電話局打個電話，沒想到接電話的正是林彪。

當年一一五師保衛部巡視員樂壞了：林師長，你來啦！

肯定也很高興的林彪，聲音裏聽不出多少高興：嗯，來了。你們都帶了些甚麼武器呀？

江擁輝答：步槍、手榴彈，還有幾挺機槍。

林彪道：手榴彈是寶貝呀。

手榴彈真是個寶貝。不然，土八路不會為它編那麼多歌兒，唱得那麼興致、開懷。可手榴彈再寶貝，也難敵國民黨的美式大炮。而且一路兼程，一個個弄得精疲力竭，蓬頭垢面沒了模樣，再寶貝的手榴彈也扔不多遠了。

最慘的要數楊國夫的七師。

12月4日，林彪轉發一封電報*：

中央軍委：

國夫轉電如下：

我師自渤海登陸行軍，又在山海關堅持半月之久，後又運動防禦，每旅皆是戰鬥傷亡，減員有兩千之多，現部隊幹部情緒低，戰士帶槍逃亡者甚多，（僅昨晚連跑二十八人帶槍九支）。

原因：部隊自出關來，未領分文款項，服裝不能解決，生活極端困難，目前部隊極須整頓與補充。

林

支轉

就是這樣的部隊也調不來。

沒有電報密本。

11月22日，林彪在給「軍委東北局」的電報*中說：

> 楊國夫與我無密本聯絡，情況不明。

11月23日，黃克誠、劉震、洪學智[①]給「彭羅並軍委」的電報*中說：

> 與林台密本始終未弄通，林來報均未譯出。請轉告林設法送密本來。

沒有密本，只聽呼叫，誰也不知道誰在哪裏，只有拿着收到的「天書」着急上火。

還沒有地圖。

沒有地圖，別說打仗，連行軍都困難。

全套美式通訊設備的杜聿明，卻耳聰目明。連江擁輝和林彪通的那次電話，都被他的情報人員截接了。

從關裏開來的部隊聯絡不上，調不動，從南滿趕來參戰的部隊，也在瀋陽受阻。

羅華生（離休前為原鐵道兵副司令員）率領的二師，10月上旬渡海在皮口登陸不久，即奉命到錦州西部作戰。步行到普蘭店，政委劉興元（離休前為軍事學院政委）與蘇軍聯繫，「老大哥」挺幫忙，給調來一列火車。誰知瀋陽的「老大哥」卻變了面孔，讓立即下車，限令二十四小時內離開瀋陽，不然就要繳槍。羅華生派通訊科長王建華去東北局聯繫，希望東北局與蘇軍交涉，能夠放行。

見到的是東北局副書記高崗。

高崗說：告訴你們師長，就照蘇軍講的辦。

科長急了：總部命令我們去錦西作戰，下火車就不能按時趕到了呀！

---

① 劉震當時為新四軍三師第一副師長，洪學智為第二副師長兼參謀長。

高崗說：你回去就這麼講，就說是我的命令。不然就繳你們槍！

科長火了：「老毛子」要繳我們槍，你也要繳我們槍，這算甚麼共產黨?!

剛見面時，高崗一臉麻子就不是色。這下全青了：你敢頂撞我？我斃了你！

高崗也是沒法。「老大哥」正要用坦克趕小兄弟出城。大概他正在憋氣窩火，就把一肚子火衝自己部下發了。

開動「11」號走到新民附近馬三家子，看見車站上停着一列火車，車頭還「呼哧呼哧」喘氣。幾個「老大哥」荷槍實彈守着。十多節車皮上，坐着不少八路。一問，是冀東部隊，車上載滿着日本軍火被服，也被「老大哥」截住了。

羅華生上前商量：你看，我們不少人徒手，又沒穿棉衣，都是八路，支援點。

押車的是冀東部隊的一個後勤部長：沒有李運昌的命令，誰也不能動。

這邊談着，那邊人早上車搬東西了。

那個部長破口大罵：你們是土匪！

副師長賀東生（離休前為廣東省軍區司令員）火了：有你們這樣的八路嗎？你們才是土匪！

這邊武裝着，那邊和「老大哥」乾起杯了。

不知誰說的，「老大哥」愛喝酒，把他們灌醉了，車就有了。立即行動。供給科長弄來十多瓶酒和燒雞、豬頭肉甚麼的，又找上幾個酒量大的陪着。「老大哥」樂壞了，扔了轉盤槍，翹起大拇指，一口一個「毛澤東」，「毛澤東」。大家也翹起大拇指，一個勁兒地「斯大林」，「斯大林」。沒用半小時，幾個「老大哥」就全放倒那兒了。

可二師已經用不着去錦西了。

新部隊準備好，中看不中用。老部隊破衣爛槍，疲憊不堪，散在各地，處於行軍狀態，形成不了力量。

對於這些，中央即便不是不知道，也是知之不多，而且沒聽進去。所以，直到11月22日，仍然堅持在錦州西部打大仗。

彭羅並林李沙並黃劉洪*

（一）頑十三軍五十二軍的向錦州急進，望集中營口、瀋陽主力到錦州方面協同黃梁兩部以全力全部殲滅該頑，據報頑十三軍只有一萬六千人，每連只有六七十人，兵無鬥志，五十二軍情況雖不明，但孤軍深入，軍民不和，彈藥不繼，如我以全力堅決打擊之，是能大部或全部加以消滅的。

（二）蔣軍困難甚多，兵力不夠分配，現在頂多只能調五個軍入東北，即使蘇聯允許蔣軍控制東北各大城市，在蘇軍走後，我仍有可能奪取大城市，現在如能消殲其兩個軍則將給蔣以決定打擊。煞美蔣在全國威風，並給國共談判和全國反內戰運動以極好影響，並對我爭取東北及華北鬥爭亦有極大幫助，望你們根據情況盡一切可能達到消滅該頑之任務，這是決定大局的鬥爭。

中央

11.22

「二月逆流」中，被葉群一句話就送進監獄關了七年的季中權，個頭不高，儒態文雅。

六十五歲的老人說，從1945年11月5日起，他就給林彪當秘書，直到1947年夏季攻勢後才離開。這期間林彪發出的所有電報，都是林彪口述，由他筆錄，再送電台拍發的。

對於1945年11月21日上午8時，林彪在錦西前線拍發的那封電報，老人有印象，但具體細節記不得了。他只記得那段時間，林彪很少睡覺，有時半夜剛倒下又爬起來：小季，把燈點着。

電報*全文如下：

軍委、彭、羅：

連日我在興城錦州一帶所見所聞我部隊已參加作戰者疲憊渙散戰鬥力甚弱新兵甚多缺乏訓練梁師剛到黃師尚未到遠落敵後，各部皆疲勞武器彈藥不足而未得補充，衣鞋缺乏，吃不慣高粱，缺少用費，此外，自總部起各級缺乏地圖對地理形勢常不了解，通訊聯絡至今混亂，未能暢通，地方群眾則未發動，土匪甚多，故迂迴包圍時，無從知道。敵人利用我以上弱點，向我推進，並採取包圍迂迴依據以上情況我有一個根本意見，即：目前我軍應避免被敵各個擊破，應避免倉促應戰應準備放棄錦州以及以北二三百里讓敵拉長分散後，再選弱點突擊，因此在瀋陽，營口各地之我軍不必趕來增援，應就地進行裝備與訓練養精蓄神，特別加強炮兵的建設，以待以後之作戰。目前黃梁兩師皆我親自指揮，如能求得有利作戰時，即進行極力尋求戰機，側面的殲滅戰，此可能性仍很大，但亦不擬輕易投入戰鬥，並擬義縣為後方對敵正面與後面，仍以現時部隊與敵糾纏扭打。部隊急需補充棉衣，棉鞋，及大衣，望大量籌集，並望迅速大量印地圖。

以上意見望軍委考慮決定指示給我們與各兵團。我與各部不能暢通電報於錦西坎圭附近已開始與敵接觸，我即向江家屯轉移以利與黃梁會合。

林彪

馬八時

林彪到東北後，發出的第一個比較重要的電報，是請求中央要求撤退，是違背中央要求打大仗的精神不想打仗的撤退。

對於一個將軍，不論是古是今是中是外，撤退都不能說是光彩的。

但撤退有時比進攻還需要勇氣。

1947年5月，陳雲在給高崗的一封信中，曾把避免錦州決戰，成功地指揮四平撤退，作為共產黨人進入東北前七個月中的兩件大事。並說，如果這兩件事當時有錯誤的話，東北就很難有以後的好形勢。

「一個在展開的最初階段中所犯的錯誤，是永遠無法矯正的。」

還是普魯士和德國軍事家老毛奇說的。

也打了幾仗

生活中不乏這樣的將軍：聲名赫赫，可認真琢磨，卻想不起他曾指揮過哪個著名的戰役。

林彪用不着悲哀。

無論怎樣討厭他，憎恨他，只要提起平型關大捷和三大戰役中的遼瀋、平津戰役，就不能不想起「林彪」這個名字。還可以想到長征路上闖關奪隘，從長白山一直打到海南島。

可現在，對於當年紅一軍團、紅一方面軍、一一五師的老底子，也是後來四野骨幹力量的新四軍三師和山東一師，林彪還有點心中無數。平型關戰鬥負傷後，他有六年多未聞過戰場的硝煙了。當年一一五師的班長、排長、連長、營長，現在大都成了營團幹部，有的已經當師長了。對這些還習慣地稱他為「林師長」的部下，他曾是那麼熟悉，現在卻有點陌生了。他要摸摸他們，看看他們的戰鬥技藝。

還要摸摸從未見過的美式裝備的敵人，摸摸那個從未打過交道的杜聿明的脾氣。

在這點上，林彪與杜聿明所見略同。

三師和一師從錦西後撤途中，都打了幾仗。

先是在舊門，是遭遇戰。一師和五十二軍拚起了刺刀。邊打邊撤，撤到高橋附近又打一仗。兩仗雙方各有傷亡。第三仗是撤出錦州後，12月1日，在錦州義縣間一個小鎮上下齊台，由林彪指揮一師和三師七旅打的。

戴着助聽器的梁必業老人説，一師指揮所設在一個光禿禿的山頭上，他用望遠鏡觀察，發現前方主攻團指揮所，也有幾個人在用望遠鏡觀察。仔細看，認出其中一個是林彪。梁興初不信：林師長怎麼跑咱們前邊去了？看準了，趕緊説：快，向前轉移。

在後來有名的大窪戰鬥中，林彪指揮所距前沿就一里左右，他就站那兒觀察指揮。七十一軍潰兵跑旁邊村子裏，林彪讓警衛員去抓。

此前在開原阻擊新一軍，林彪乾脆跑到七旅前沿陣地去了。季中權和參謀處人員勸他別跑得太遠，他不理睬，一定要親眼看看這個「天下第一軍」。炮彈在周圍爆炸，子彈從頭上「嗖嗖」掠過。季中權從未見過這陣勢，不覺中把腦袋伸到工事外面去了。林彪伸手按下：小季，要打死的呀。

從錦西撤退到四平保衛戰結束，林彪經常跑到前邊去，目的只有一個：知己知彼。

上下齊台那仗的印象是：敵人火力強，不好打；自己隊形太密集，易傷亡，而且是一面推。

於是，撤退路上，這位「撤退將軍」腦子裏車軲轆般轉來轉去的那些問題中，就增加了兩個內容：「一點兩面」，「三三制」。

第九章：「最後一戰」

「獨霸東北」之後的口號，叫作「最後一戰」。

喊得和「獨霸東北」一樣響。

口號是甚麼？口號是為了達到一定目的，完成某項任務，而提出的具有強烈感召力量和鼓動作用的一句話，一個正確的口號，簡潔明瞭的語言中蘊蓄的思想，是非常豐富而深刻的。

站在80年代的峰巔上回顧歷史，我們在中國歷史進程的任何一個階段中，都能找到一些代表那個階段的口號。凡是口號比較正確的階段，革命和建設都比較成功、順利。反之則反之。而一個正確的口號，來源於對局勢和前途的客觀的、冷靜的、不帶一點虛妄的科學分析和判斷，即順應了歷史的規律和潮流。反之亦反之。

提出並執行正確的口號，需要天才、意志、信念、勇氣和幹勁。

識別並抵制錯誤的口號，尤其需要天才和勇氣。

黑土地「萬花筒」

1945年8月25日，中央在《對目前時局的宣言》中提出，日本投降後，「我全民族的重大任務是：鞏固國內團結，保證國內和平，實現民主，改善民主，以便在和平民主團結的基礎上，實現全國的統一。」

毛澤東在延安和重慶曾多次講過類似的話。1946年1月10日，在以毛澤東名義頒佈的《中國共產黨中央委員會關於防止國內軍事衝突的通知》中，明確提出：「中國和平民主新階段即將從此開始。」①

劉少奇、周恩來、朱德等人，也都講過同樣的話。

---

①《中國革命史論文輯要》，982頁。

「文化大革命」中，「和平民主新階段」被視為「投降主義路線」大加殺伐，並把它的版權歸屬於劉少奇。這並不奇怪。如果「叛徒、特務、內奸、工賊」這四項每項都如泰山壓頂般的帽子，不是給了劉少奇，而是戴到別的甚麼人頭上，也是同樣下場。

「獨霸東北」和「最後一戰」，都源自「和平民主新階段」。

確實，「八·一五」後，中國歷史的一個階段已經結束，一個新階段正在開始。

但不是「和平民主新階段」。

是戰爭，還是和平？

優勢在敵，還是在我？

應立足於大城市，還是把主要力量投注到農村和中小城市去？

今天，這一切早已沒有甚麼謎底了。但在當時，一個個問號就像一道道溝壑，縱橫在冰天雪地的黑土地上。

杜聿明兩個軍就把林彪逼得一路後退，後面還一窩蜂般跟進着五個軍。優勢在誰，應該説是明確的。加上蘇軍決意把大城市交給國民黨，共產黨唯一的出路就剩下了農村和中小城市。這也應該是明白的。可由於大前提是「和平民主新階段」，認識並實行這一切，也就困難重重了。

1945年12月5日3時，彭真和羅榮桓發出一封電報：

軍委並林、程、高、陳：①

（一）根據塔斯社一日馬帥②談話來判斷：第一，瀋陽以南我可以繼續放手，第二，蔣頑接收瀋陽，長春，似仍係空運，據渝電，兩處兵額均係一萬人。

（二）除北寧路作戰部隊外，我仍可集中三萬至四萬主力爭奪瀋陽，並可集中一萬主力威脅長春。

（三）因此我們應積極準備參加爭奪瀋陽，以造成對於和戰

① 「程」即冀熱遼軍區政委程子華，「高」即高崗，「陳」即陳雲。

② 即馬林諾夫斯基元帥。

均有利之局面。第一，如蔣頑開到後，蘇軍即撤退，我即堅決爭取消滅頑敵，先佔瀋陽，再奪長春。第二，如蔣頑到後，蘇軍仍不撤退，於蔣頑進入瀋陽三至五日後，我即以相當兵力跟蹤逼進瀋陽，並爭取在城內公開發動群眾，進行各種活動，在顧及蘇軍國際信用條件下，以各種形式與蔣頑爭奪瀋陽。

（四）為了達到上述之目的，必須阻斷北寧路前之敵，或予以殲滅性之打擊。因此在北寧路方面，除林所指揮之主力作戰外，提議程、詹①集中二、三萬主力，同時向秦皇島，山海關，綏中一線之頑敵進擊。

（五）可否請示。

彭羅

微三時

同一天，高崗、陳雲覆電「彭羅」，表示了不同意見②。

12月7日，劉少奇在覆電*中說：

我獨佔東北已經是肯定的不可能，因此，不應以爭奪瀋陽、長春為目標來佈置一切工作。而應以控制長春鐵路兩側地區，建立根據地，利用冬季整訓十五萬野戰軍，建立二十萬地方武裝，以準備翌年春天的大決戰為目標來佈置一切工作。林彪冬電部署以旅為單位，分散打土匪做群眾工作，是對的。

---

①「詹」即冀東軍區司令員詹才芳。

② 12月5日，高崗、陳雲覆電*為：

彭羅：

（一）我們對滿洲的戰略意見，詳見未發完的艷致東北局及中央電，馬帥談話內容未見，最近對我們兵力的數量位置也不知道。

（二）大殲滅及阻斷北寧路線，同時以三四萬主力進攻瀋陽，一萬主力威脅長春，如此大兵，已否全部到，並請考慮後果及影響如何。

（三）你們轉來中央關於改變獨佔滿洲與建立根樣地戰略指示，與你們來電是不同的。我們意見，亦分別請示中央。

高陳

微

12月底，東北局撤出瀋陽後，仍不肯遠去。先撤到本溪，呆了一個多月，又轉到撫順。圍着瀋陽，戀戀不捨地打轉轉。

12月24日，劉少奇致電東北局：

> 你們主力是部署在瀋陽、長春、哈爾濱三大城市周圍及南滿，似乎仍有奪取三大城市的態勢，而在東滿、北滿、西滿的許多可靠的戰略要地並無堅強部隊和有工作能力的領導機關去建立可靠的根據地。你們屁股坐在大城市附近，背靠有很多土匪的鄉村，如果頑軍一旦控制大城市，你們在城市附近不能立足時，主力以至全局就不得不陷於被動。你們今天必須放棄爭取東北大城市的任務企圖。……你們今天的中心任務，是建立可靠的根據地，站穩腳跟，然後依情況的允許去逐漸爭取在東北的優勢，這應該作為下一階段的任務。①

12月28日，毛澤東致電東北局，指示：

「我黨現時在東北的任務，是建立根據地，是在東滿、北滿、西滿建立鞏固的軍事政治的根據地。」這種根據地是「距離國民黨佔領中心城市較遠的城市和廣大農村。」目前「我們在東北的工作重心是群眾工作」。「只要我們能夠將發動群眾，建立根據地的思想普及到一切幹部和戰士中去，動員一切力量，迅速從事建立根據地的偉大鬥爭，我們就能在東北和熱河立住腳跟，並取得確定的勝利」②。

問題到此應該結束了，下一步是怎樣具體實行的問題了。幹這個，共產黨人輕車熟路，個個都是行家裏手。可行家裏手中的巨匠，早已發表「槍桿子裏面出政權」著名論斷的毛澤東，由於本文將陸續寫到的種種原因，一度卻把希望寄託於那位後來得了諾貝爾和平獎的美國將軍馬歇爾，把建立根據地的方針，變成了「最後一戰」。

「八·一五」後的近十個月裏，是一個色彩紛繁，變化多端，像萬花筒般令人眼花繚亂的歷史階段。

---

① 《東北解放戰爭大事記》，30、31頁。

② 《毛澤東選集》（合訂本），1075、1076、1077頁。

曾有那麼一個歷史時期，我們很喜歡把大千世界的各色問題，一刀齊地截成紅與黑兩種顏色。對於黑土地上的這段「萬花筒」時期，則以毛澤東《建立鞏固的東北根據地》指示發出那一天為界。此前違背這個指示精神的，可以忽略不計。此後再不「讓開大路，佔領兩廂」，即為「錯誤路線」。

這樣分，連毛澤東本人都難站到「正確路線」上了。

這是個需要並將產生領袖的時刻。已經當之無愧地成為共產黨領袖的毛澤東，在這一歷史時期同樣是當之無愧的。但領袖畢竟只是領袖，而不是神——儘管「袖」字最後那一豎，再往下出點頭，差不多就變成神了。

錯誤口號，必然導致失誤和混亂。

因一部《兵臨城下》，而在「文化大革命」中較早罹難的白刃老人，闖到關東後擔任共產黨安東人民廣播電台第一任台長。不久，上級還說要來個國民黨的台長，讓他有個思想準備。老人說，當時覺得真彆扭。兩個台長，怎麼工作，聽誰的？還不成天鬥嘴吵架？

有的老人說，大家議論「最後一戰」了，和平了，統一了，咱們是不是也要授銜了？一些人就算計自己能弄個甚麼「校」，甚麼「尉」。有的挺高興，覺得弄塊牌子扛扛，「土八路」就「洋」起來了。有的說：咱可不能戴那玩藝兒，那不成國民黨了？

撤離城市時，有些機關和部隊把傢具都帶着。火車、汽車，一路裝上卸下，不辭辛勞。有的為多裝傢具，竟丟下彈藥不管。「最後一戰」了，即便不刀槍入庫，也沒有沙發、沙發床和地毯甚麼的，來得實惠了。

《東北三年解放戰爭軍事資料》中，有一段文字：

> 有些同志掌握不住自己，花天酒地，聽戲，鬧陳設，逛市場，找老婆，下館子，沒車不走路等，好像有點習以為常的事，有的同志結婚大擺宴席，甚至想用小汽車鋪張浪費，在當時戰爭觀念是很淡薄的。①

---

① 《東北三年解放戰爭軍事資料》，105、106頁。

1946年5月24日，黃克誠在給中央的一封電報*中，這樣寫道：

> 整個軍隊與地方幹部除一部先進者外，一般渴望和平厭戰，希望在城市享樂腐化，從承德來之幹部，幾無願在鄉村工作者，都要求到長春、哈爾濱去。軍隊幹部則很多要求休養，做後方工作，做地方工作。

有些機關和部隊，進城第一件事是找房子，好「洋樓」。樓上樓下，電燈電話，自來水，抽水馬桶，沙發和沙發床。頭幾天像掉進棉花堆裏：這有錢人擺的甚麼窮闊？過幾天習慣了，舒服了，就感慨萬端起來：會走路就拿打狗棍，這些年今天傷一個，明天亡一個，哪曾想世界上還有這麼好的地方呀！這幫人可真他媽的會享福呀！這回也該老子享受享受，在天堂裏當當神仙啦！

發財現象也比較多，集體、個人都有。特別是先到的部隊。用一些老人的話講，是「黃（金子）白（銀子）黑（煙土）都有」。這些人，有的在退出城市時就匿下了。後來聽說要打仗了，溜的就更多了。

有人很不理解：苦大仇深之人，一塊兒穿草鞋，嚼樹皮，天當房子地當炕，腦袋掖在褲帶上幹革命，怎麼進城幾天就變成這副模樣了呢？

說這話的，也不乏這樣的土八路：甚麼樓上樓下，簡直是他媽的受洋罪！可他媽的熬出來了！

對於為了解決肚子革命而走進這個隊伍中的人，這一切都是正常的，從一個極端（也包括那種認為「熬出來了」的人）走到另一個極端，也是極容易的。就人的本性而言，誰也不是為了受苦才來到這個世上的。而且，闖關東路上不是講得明白，東北是個「花花世界」嗎？這花花世界就只看得，享受不得？那身上這些「眼」兒不是白穿了嗎？

據說，當時遼東軍區政治部曾有個通知，要求團以上幹部每天要喝牛奶，營連幹部喝豆漿。下邊部隊聽說了，戰士氣得哼兒哈兒的：我們在前邊拚命，他們在後邊喝牛奶呀！

講這故事的老人，講着講着就「撲哧」一聲苦笑了：別說那年月，就是今天的團職幹部，又有多少能喝上牛奶的？那時可真有點闖王進京的味道，飄飄然，昏昏然，把甚麼都看得那麼簡單，輕而易舉。好像樓上樓下，電燈電話，再加上每天早晨一杯牛奶，自己就變成「老大哥」了，革命就成功了。

把「和平民主新階段」這個提法，歸功或歸罪於誰都是不合適的。因為那是中央集體的意見。同樣，把上面一些現象的產生都歸咎於「最後一戰」這個口號，顯然也是不公正的。可誰又能說與此毫無相關呢？

「零點前誰搶到就是誰的」

1946年1月10日，國共兩黨領袖，向各自所屬部隊發佈了從13日午夜起生效的停戰令。

雙方立刻緊鑼密鼓行動起來，竭力在停戰令生效前搶得盡量多的地盤。

杜聿明率十三軍主力攻佔義縣和阜新後，又向熱河開進。1946年1月4日攻佔北票，5日佔朝陽，9日佔葉柏壽，10日佔淩原。一路攻無不克。

攻佔淩原當晚，杜聿明接到蔣介石密令：務於停戰令生效前佔領平泉等重要城市。

這邊搶了平泉，那邊丟了營口。

位於瀋陽、旅大、錦州三點之間的營口，是瀋陽的海上門戶，水陸交通便利，地形平坦。大兵團從此登陸，向東可以切斷中長路，威脅旅大，向西可以控制北寧路，向北則是進入東北腹地之捷徑。所以，杜聿明闖關東瞅準的第一個登陸點，就是營口。遼瀋戰役期間，毛澤東也一再叮囑林彪「控制營口」。

六師和五師一部渡海到營口後，即控制營口。1946年1月10日，五十二軍二十五師進入營口。蘇軍定於1月15日將瀋陽移交國民黨。國民黨兵力不敷分配。1月13日，遂將二十五師主力調去瀋陽，留下一個加強營守衛營口。

由山東六師和五師一部編成的遼東軍區四縱，讓出營口是為了不吃眼前虧。一見二十五師主力走了，立刻捲土重來。

五個團對付一個加強營，也不那麼容易。人海戰術，攻擊到午夜停戰令生效了，海關、郵局和市公署大樓三處制高點，還在國軍手裏。

是就地停火？還是繼續攻擊？戰前動員時講，過了13日午夜，誰再打誰負政治責任。二十五師敢於撤走主力，就是瞅準這一天要停戰。留守部隊死打硬拚不投降，原因之一，就是幻想頂到午夜，停戰令生效。停戰令是不容忽視的。可從戰略到戰術，最終解決問題的，畢竟還是實力，而眼下態勢是絕對有利的。而且，既然是「最後一戰」，豈能打個半生不熟？

司令員和政委咬咬牙：打！

1月25日，任弼時代表中央致電*東北局和林彪，詢問此事：

北平執行部將派執行小組到營口，望即準備接待。如果營口盤山確係在十三日二十四時後奪回則須準備退出該兩城，因我們提出雙方必須退出該時限以後所佔地區。

三縱七旅打盤山的口號，也是「最後一戰」。

部隊從遼中出發，經台安奔襲五十二軍一個輜重營。大雪尺把深，天冷，用東北人話講，「嘎巴嘎巴」的。一天一夜，隊伍在雪地裏趟出百多里，一個個頭上像開了鍋。夜裏10點多鐘趕到，明晃晃月亮地裏，見敵人正朝幾十輛輪卡車上裝東西。

瞿文清率尖刀班摸上去：不准動！

一個四川口音道：娘賣×的，跟老子開甚麼玩笑？

我們是「八路」……槍響了。

輜重隊也不含糊，頂得很厲害。瞿文清剛衝進一個大院里，敵人反擊上來。他們剛爬上房頂，敵人也爬上來。瞿文清隱在煙囪後，一槍撩倒一個。那人栽下去時把槍甩了，那槍順着瓦片「咣咣噹噹」往下滑。瞿文清瞅得真切，不要命地上前一把抓住。好傢伙，是支嶄新的美式衝鋒槍。打完仗又回來撿子彈，那手腕上還有塊錶。

他樂顛顛跑去報告：指導員、指導員，你看我得塊錶，得讓我戴一個禮拜！

指導員呂世斌聽聽、看看、愛不釋手，卻很爽快：調皮鬼，批准了，戴一個禮拜。

老人說：那時團長也沒塊錶呀！

這一仗打得漂亮又美氣。可一身汗沒乾，敵人增援上來了。上級命令趕緊跑，跑得差不多了，有人就喘吁吁地去問指導員：你不說這是「最後一戰」，半夜前打下來就是「解放區」，打不下來就是「敵佔區」嗎？

不久，又去配合四縱打沙嶺，動員時還講「最後一戰」。

二十年後，瞿文清在瀋陽見到遼寧省郵電局副局長呂世斌，還「泡」他：第一仗就是「最後一戰」，第二仗還是「最後一戰」，你可把我們這些小兵糊弄懵了！

呂世斌苦笑着：我也覺着不是那麼回事兒呀，這嘴上講着，心裏也膽突突地發虛。可上級就那麼講，換了你，能不那麼講嗎？

戰爭年代，這樣令人苦笑的口號，實在是不多的。

可後來呢？

兩個典型戰例

停戰令頒佈後，關內停戰，關東仍打，明停暗打。

秀水河子和沙嶺戰鬥，就是這一時期兩個比較典型的戰例。

秀水河子說

在1：350萬的遼寧省地圖上，北南流向的秀水河子和東西橫亘的彰（武）法（庫）公路，縱橫交錯疊成一個挺工整的「十」字。河與公路交疊處，就是秀水河子。

這是個有500餘戶人家的小鎮，公路把小鎮劃成南北兩半。人家大都是圍有土牆的獨立院落。東南地勢平坦，西北地形起伏，有山。因河而得名的那條秀水河，在東邊親暱地擁吻着默默無聞的小鎮，日夜不息地述說着只有它們才能聽懂的悄悄話。

已由「東北人民自治軍」更名為「東北民主聯軍」的八路軍和新四軍，闖到關東後的第一個殲滅戰，就是在這裏打的。

十三軍八十九師一個加強團，僅團長隻身脫逃。

老人都說：那時候國民黨真狂，也真有點不大好惹。

獨立旅出關到義縣附近，一天黃昏，一輛摩托車闖進一團團部，機槍「嘩嘩」一陣猛掃，掉過頭就跑了。這種鏡頭在今天銀幕和熒光屏上，主角是甚麼人是不用問的。可吳振淮老人親身經歷的，卻是被射擊的角色。那輛「屁驢子」（當時東北老鄉稱摩托車為「屁驢子」）跑沒影了，有人還愣在那裏沒緩過神來。

現在，還是這個十三軍的八十九師二六五團一個營、二六六團全團和師山炮連、汽車連，遠離主力，竟孤軍深入到秀水河子來了。

「如能求得有利作戰時，即進行極力尋求戰機，側面的殲滅戰。」林彪腦子裏那個車軲轆，轉到「秀水河子」停住了。

當時，林彪正率主力一師和三師七旅在這一帶活動。兵力佔優勢，部署上勿需多大變動即可投入戰鬥。而且，部隊進入東北後，針對美械裝備敵人特點，第一次搞了半個月練兵，體力戰力都有所恢復和提高。

一師和七旅都是一一五師老底子，七旅還是林彪的「娘家」。他當連長時，就在這支部隊。這是兩支具有光榮傳統的部隊，也是黑土地內戰中的共產黨主力。闖到關東後，林彪就把它們帶在身邊。

當即決定：七旅十九團和一師二團，分別由西南向東北，由北向南，擔任主攻；七旅二十一團一部和一師一團，由東南和西北兩個方向對進，做為輔助攻擊；一師三團為預備隊，兼打可能西竄之敵；七旅二十團和一個保安團，負責打援。

2月14日①，部隊已經進入攻擊地域，林彪還是有些不放心：打個電話，先別打，等我去。

太陽下山，林彪從法庫趕到秀水河子附近，在彰武方向公路下一座破廟裏，又召集師旅領導開了碰頭會。然後去到附近一個老鄉家裏，兩塊門板一拼，地圖一攤，就踱起步來。

一夜未合眼。不是背着手來回踱步，就是盤腿坐在炕上，老和尚打坐般一動不動。槍炮聲響成一鍋粥，炮火映紅了皚皚白雪，也透過被震破的黑糊糊的窗紙，一陣陣映在那張瘦削的臉上。眼睛半睜半

---

① 有的資料說是2月13日。

閉，眉頭一動不動，看不出任何表情。

下半夜了，槍炮聲還沒有弱下來的勢頭。五十二軍趕來增援的一個團，已在十多里外的太平莊打響了。兩處槍炮聲攪成一團。

林彪看看錶，讓七旅作戰科長陳世勳，去告訴戰鬥總指揮、七旅旅長彭明治（曾任駐波蘭大使。最後一個職務為中國人民解放軍武裝力量監察部副部長）：天快亮了，敵機要來，援兵要到，拂曉前若不能結束戰鬥，就撤下來。

今年七十七歲，一副慈眉善目的陳世勳老人說，彭旅長讓我報告林彪，拂曉前一定結束戰鬥。可天亮了，槍還在響。林彪又讓我跑了一趟。進村一看哪，滿街都是寫着「USA」的戰利品，彈藥箱，汽油桶，十輪卡，大炮。土八路這回可開洋葷了！俘虜一堆堆蹲在雪地上，黃糊糊的像一堆堆窩窩頭。戰士們拿着美國槍，叫着，跳着，一梭子一梭子朝天上放。

月亮明晃晃掛在天上，天地一片銀白。敵人還嫌不亮，又把照明彈一個個掛了上去。

天出奇的冷。幹部戰士都穿着薄棉衣趴在雪窩子裏，有的還穿着在山東、河北時老鄉慰問的雙層布夾鞋。

17時20分，開始肅清外圍敵人，三小時結束戰鬥。

22時，開始總攻擊。

「九·一三」前的回憶錄，都大談「一點兩面」和「三三制」。並說這是在東北第一次運用「林總」的「一點兩面」和「三三制」戰術。「九·一三」後，這些字樣都不見了。有的文章把「三三制」變成了「以各個戰鬥小組為單位編成疏散的戰鬥隊形」[①]。而在有關黑土地這場內戰的幾乎所有的文章，「九·一三」前的「林彪」、「林總」，「九·一三」後大都代之以「東總」。

二團突破口正是敵人主要防禦點。重迫擊炮發射的燃燒彈，在陣地前沿築起一道火牆。衝上去的戰士變成了「火人」，有的撲倒不動了，有的在雪地上翻滾着。

---

① 李運昌等著：《雪野雄風》，72頁。自由出版社（1988年）。

眼見衝擊受阻，七旅的方向卻鴉雀無聲。江擁輝沒有多想，也來不及多想。他的任務就是從北面打進去，以最快的速度和最小的傷亡從北面打進去。

槍林彈雨中，一個稱職的指揮員的頭腦，會變得出奇得冷靜、敏捷而又活躍，在撲面而來的熱浪中，江擁輝發現東北角敵人火力較弱，還有個彎曲的小河溝，便於隱蔽，衝擊距離也短。他立即命令一營向那裏運動，集中全團火力壓制敵人，掩護一營迅速發起了攻擊。

就在這時，七旅方向槍炮聲大作，撼動了整個戰場。

原來，這是林彪安排的。他故意讓十九團晚20分鐘發起攻擊，迷惑敵人，使敵人將兵力和火器投注到二團方向，以增加攻擊的突然性和可靠性。

趁敵人轉移火力之際，二團一營迅速突破敵人陣地。接着，另外三支箭頭也相繼射入鎮內。

短兵相接，全美械的十三軍可就不如半美械的五十二軍了。大炮不能上刺刀，炮彈都打到後邊去了。每班只有三支步槍，想拚命也只有三把刺刀。可敵人也不是一打就癱，沒刺刀就跟你搶槍把子。有個機槍手腦袋被扭住了，還抱着機槍射擊。

這一仗，一師和七旅傷亡700多人。

這個數字，打破了山東和華中地區八年抗戰中任何一次夜戰的傷亡紀錄。

秀水河子戰鬥，是在節節後退的不利態勢下，利用敵人輕敵冒進，精心策劃的第一個乾淨利落的殲滅戰。對於打擊敵人氣燄，消除當時對美械裝備敵人的恐懼，恢復和堅定鬥爭信心，無疑起了相當的作用。

從更廣泛的背景上看，這一仗向那個「萬花筒」時期訴説着的，卻遠非僅僅如此。

沙嶺——碰上了「王牌」

就在一師和七旅乘坐三十多輛美製「大道奇」，在老百姓「這土八路可真小看不得呀」的嘖嘖讚歎聲中，浩浩蕩蕩闊闊氣氣駛出「一舉成名」的秀水河子時，沙嶺戰鬥打響了。

2月初闖到關東的新六軍新二十二師，2月10日後，相繼佔領盤山、台安、遼中，在遼河以北以西地區形成一條線式防禦陣地。其六十六團和師教導營進至遼河南沙嶺村，成為突出孤立部份。

遼東軍區決定吃掉這股敵人。

兵力部署，以四縱五個團（後又調來三縱一個團）主攻，三縱兩個旅警戒、打援。

除了都是打孤立突出之敵外，一切都和秀水河子是另一種情景。

首先是「最後一戰」。

戰前動員：這是「最後一戰」了，這一仗打完了，東北就和平了！我們要不惜一切代價，動員一切力量堅決打好這一仗，也一定能夠打好這一仗！日本鬼子都打垮了，頑軍算老幾？把炮彈放出去就是勝利！

真是把對手當成幾炮就能轟散的「土頑」了。結果一打才明白，新六軍新二十二師是號稱「虎師」的王牌中的王牌。

從延安到西柏坡，毛澤東都有電報，要林彪想方設法打掉這個新六軍新二十二師。林彪幾次想集中絕對優勢兵力，吃掉這個王牌中的王牌，都未得手。四縱和三縱都是東北野戰軍中的主力，也可以說是王牌。可這都是後來的事，是在和新六軍這些王牌不斷較量中打出威風的。就像在山海關「拒敵於國門之外」的七師，後來成為著名的「攻堅老虎」，當時還不是一樣。現在，這兩個縱隊各方面實力，都明顯地遜於對手。

不是「土頑」是「王牌」，就該認真對付了吧？不能說沒認真，但戰術是談不上的。四面八方，人海戰術，猛打猛衝，把立足已穩之敵當作立足未穩之敵，一次不行再來，還不行再上。這個部隊傷亡大了，頂不動了，換個部隊再頂。就像羊頂架似的，頂了一晝三夜，不得不撤出戰鬥。

斃傷俘敵近700人，四縱和三縱傷亡為2100人①。

張繼璜當時是四縱十旅二十八團政委。

老人說：

---

① 東北三年內戰中歷次戰鬥雙方傷亡數字，所見資料有些有出入，有的出入還較大。筆者均以最新資料為準。沒有，則以「文化大革命」前最早的資料為準。

開進路上，大家都很高興。打八年日本還要打老蔣，「最後一戰」了，能不興奮？我們團後邊是炮團，九門日式山炮，大騾子大馬拉着，瞅着美氣神氣又長勁兒。

一開火就不行了，那炮彈不少從敵人頭上飛過去落到自己陣地上去了。敵人那炮彈卻像長了眼睛，專往咱人堆裏砸。都是燃燒彈，打哪哪着火，雪好像都打着了。我和團長在一間草房裏指揮，草房打着了跑到外邊。草垛，蘆葦，可利用的隱蔽物都打着了。沒招了，就躲進個大糞坑裏指揮。

我們還有個糞坑，部隊往哪兒躲呀，就那麼順着街道往裏衝。我說這樣不行，趕快在牆上打洞，從兩邊房子裏往上攻。

當時還是班長的瞿文清老人說：

和新二十二師一交手就叫人吃驚。槍打得準，炮打得更準，就在你頭上幾米處爆炸——小鬼子可沒打出這水平。

趙斌當時是四縱十一旅三十二團二營副營長。

老人說：

我那個營傷亡了一半，大都是火餤噴射器燒的。一打一條火龍，滿是冰雪的大街都燒黑了。當時也不知道那叫「火餤噴射器」，就叫「那玩藝兒」，「噴火的那玩藝兒」。後來不知誰說那叫「火箭炮」，大家就叫「火箭炮」。

來個縱隊領導，說：甚麼娘賣×的「火箭炮」，弄來個我看看！

我帶兩個班，從路邊人家挖開牆鑽進去。兩個國軍趴在沙袋後面，正往火餤噴射器上鼓搗甚麼。我瞅一氣，認準了，就撲上去。

滿以為拿回來就有辦法了。那個領導轉圈兒看，掂一掂，踢兩腳：娘賣×的，就這麼個玩藝兒呀？就這麼個玩藝兒叫「火箭炮」呀！

撤出戰鬥後，大家議論，說過去打鬼子也沒這樣呀？這是「頑軍」嗎？後來就傳說，新六軍是在美國訓練的，都是大學生。

那時可真有點怕美式裝備，怕新六軍。

這邊攻堅攻不動，那邊打援沒打住。

三縱八旅兩個團在六間房打援。晚到一步，敵人兩個營已經進村了。八旅連俘虜也沒抓個問問，趕到那裏，圍住就打。攻了一天，佔領一半村子，就一步也動不了了。旅長火了：再攻不進去殺你們頭！

正發脾氣，背後「轟隆」一聲，一個連沒幾個人了。

高秀成當時是八旅二十二團三營教導員。

老人說：

我那個營是預備隊。一營、二營攻了兩天，傷亡挺大，又疲勞。我們要上，他們不幹，怕我們把「最後一戰」的光榮搶跑了。團長是剛從延安來的，理論有一套。敵人沒把咱土八路放在眼裏，他沒把我們這些冀東土八路放在眼裏。你得有真本事呀？關鍵時刻卻拿不出決心，就讓那兩個半殘廢的營在前邊黏糊。

六間房久攻不下，敵人大隊援兵要到，旅裏決定用攻鬼子炮樓的辦法造土坦克。拉來滿滿兩馬車炸藥，放在九連休息的院子裏。也不知是有壞人還是怎的，半夜時分，一下子就響了，幾十里外都看見火光，聽見爆炸聲。我這耳朵，現在還不大好使。

前邊傷亡，後邊傷亡。這邊不能打了，沙嶺那邊也撤了。一路抬着傷員，那個垂頭喪氣勁兒就別提了。

老人都說，回到遼陽後開追悼會，一個個都眼淚汪汪的：這叫甚麼「最後一戰」喲！

一勝一負，國共兩黨，一比一平。

足球是圓的，戰爭也不能說是方的。不應以勝負論英雄。但對於成敗的原因，還是應該論論的。

而在更廣闊的背景上，勝也好，負也好，圓的也好，方的也好，訴說着的都是同一個主題。

「請主席頭腦清醒考慮之」
——4A電報之二

對於這段萬花筒般變化着的時局，看得比較清楚的人，歷史已經在黑土地上寫下了他們的名字：林彪、黃克誠、陳雲、羅榮桓、高崗、張聞天……

其中，首推林彪和黃克誠。

「黃瞎子」的眼力

新四軍三師老人，都說黃克誠眼神不好，近視。平時，師裏幾位領導有時稱這位師長兼政委「黃瞎子」，他也答應。對於慣於夜間活動的土八路，眼神不好是個難題。行軍時，有人跟他開玩笑，故意在前邊一蹦一跳的，說有石頭，有溝。他就挺認真地在後邊又蹦又跳。

從身材到心靈都堪稱巨人的戴高樂將軍，有句名言：「沒有威信就不會有權威，而除非他與人保持距離，他就不會有威信。」這種「距離論」的版權，其實並不是這位法蘭西英雄的。翻翻名人傳記，那些曾在歷史上留下雷霆般足音的中外名人，大都是這麼說的，做的。

來自湘南紅土地的戴眼鏡的瘦小的黃克誠，與這種不無道理、也令人討厭的「距離論」無緣。他是以對同志手足般的情誼，和基於這種情誼的嚴厲和寬厚，建立起絕非裝腔作勢才能攫獲的權威。他是以剛正不阿的錚錚鐵骨，和「雖九死其猶未悔」的耿耿忠貞，贏得了人民的敬仰和信賴。他是以他深邃的眼力和傑出的貢獻，在中國半個世紀風雨如磐的路上，留下了屬於他的也屬於人民的非同凡響的足音。

這種品格和眼力，在這片黑土地上，在那個令人眼花繚亂的「萬花筒」時期，曳起一道耀眼的閃電。

據說，如今有些追悼會或向遺體告別儀式，過了「那一會兒」，人們就海闊天空地談笑風生了。而黃克誠的追悼會，自始至終，都被一種景仰、懷念的氣氛籠罩着，那麼深沉，那麼莊重，那麼肅穆。流淚的人那麼多，流的淚也那麼多。人們談論的只有黃老：黃老的為人，黃老的剛正，黃老的節操，黃老的氣度……

9月13日，黃克誠得知蘇軍佔領東北，即致電中央：

> 建議中央立即派大部隊到東北去，不管蘇聯紅軍同意與否，要下決心進軍東北。……並派有威望的軍隊領導人去主持工作，迅速創造總根據地，支援關內的戰爭。①

---

① 中共中央黨史資料徵集委員會編：《中共黨史資料》第16輯，57、58頁。中共黨史資料出版社（1985年）。

到東北後，他始終關注根據地建設。

11月26日，在那封著名的關於「七無」的電報*中，他向毛澤東提議：

以一部主力去佔領中小城市，建立農村根據地，作長期鬥爭之準備。

同一天，又致電軍委：

東北敵特工、土匪甚多，如不及早建立根據地，我主力在東北亦很難應付。①

11月29日，又致電東北局：

已進入及將進入東北之主力及新組建成之部隊，數目特別巨，但若無黨政民之支持，無糧食經費的充分供給，無兵員的源源補充，將大減弱強大力量。目前東北大城市為頑軍佔領，鄉村則被土匪所佔據（大都與頑聯繫），我們則處於既無工人又無農民之中小城市。這樣下去，不僅影響作戰，且有陷入不利地位之危險。因此，運用冬季不能進行大規模作戰之五個月期間，發動群眾，肅清土匪，建立各級黨與政權，應成為當前之急務。

建議「立即劃分主力師（或旅）的補充熟悉地區，作為該師（或旅）之根據地」。如果在整個東北部隊中不能實施，「則請劃十個縣地區給三師各旅去建立後方，開闢工作」。②

12月17日，在給軍委的電報*中說：

三師及楊、梁等師，幹部均感沒有根據地，非肅清土匪無法解決目前困難，亦不可能生存發展，但迄今仍未劃固定地區，向

① 《毛澤東選集》（合訂本），64頁。

② 《毛澤東選集》（合訂本），64、65頁。

林總商討，林孤掌難鳴，向東北局建議，則從不回電，對目前既不確定持久方針，又無救急辦法，使情勢無論上下均感惶惑，且有人提及有遭遇西路軍危險之可能。

當從中央到地方都覺得東北形勢很好時，他在那裏來了個「七無」，簡直把形勢描寫得一團漆黑。當一些人還把美械裝備的敵人視為不堪一擊的「土頑」時，他在那裏一筆一筆地算計了敵人的「八條進步」。當有些人還未從「獨霸東北」中清醒時，他在那裏發出了「有遭遇西路軍危險之可能」的警報。

是危言聳聽嗎？

1946年5月24日，在四平失守後的一片悲觀氣氛中，在科爾沁大草原東部的白城子，他在給中央的一封很長的電報*中，這樣剖白了那顆赤子之心：

我是一個從壞處設想的人，所看到的現象亦是壞的方面較多，故或許有片面之處，但都是事實。

在他口述或是撰寫這封以及此前此後的那些電報時，他都想了些甚麼？想沒想到宋人張商英那句「畏危者安，畏亡者存」？想沒想到舞台上常唱，民間常道的那句，「自古忠烈多磨難」？他應該想到——但四十四歲的瘦小羸弱的男子漢，把這一切都置之度外了。

翻開建國後的報紙，「形勢」好像從來都未壞過，連「文化大革命」時期都是「大好，而不是小好」。這樣一個人罹難的命運就是注定了的，或遲或早而已。

據說，1959年廬山會議後期，毛澤東曾派一位著名人物和黃克誠談話，意思是站過來就行了。軍委秘書長兼總參謀長黃克誠，拒絕了。

一個憂國憂民，憂黨憂軍的人。一個說真話，做真事的人。一個堂堂正正的大寫的人。

據說，毛澤東12月28日給東北局《建立鞏固的東北根據地》的電報，就是根據黃克誠等人的意見擬定的。

可停戰令頒佈後，毛澤東又命令東北民主聯軍「保衛馬德里」。

於是，一封封少喜多憂的電報，又飛向了林彪、東北局和中央。

林彪無回音。

東北局無回音。

中央無回音。

照飛無誤。

縱觀歷史，那些有着堅強個性的傑出思想的人，幾乎沒一個是喜歡順從的人。這就決定了他們腳下永遠不會有平坦大道。

林彪「孤掌難鳴」時，他支持了林彪。彭德懷蒙冤時，他和彭德懷站到一起。毛澤東和毛澤東思想出了麻煩時，他站出來實事求是地評價了這一切。林彪被一個「鬼」字覆蓋了時，又是他第一個把林彪的一生都放到歷史的天平上。

毛澤東說：魯迅的骨頭是最硬的。

黃克誠的骨頭也是最硬的。黃克誠的胸懷也是最博大的。

黃克誠——中國共產黨人之楷模！

黃克誠——中國男子漢！

黃克誠——人民的兒子！

林彪腦子裏的車軲轆

「批林批孔」時，就聽說林彪是個好沉思默想的人。

當年在林彪身邊工作過的老人，都說從東北人民自治軍總司令到東北民主聯軍總司令，林彪想的是怎樣建立根據地，是戰爭，是用槍桿子打出黑土地的共產黨天下，把東北變成推進全國解放的戰略後方和前進基地。

而在這段「萬花筒」時期，擺在黑土地上的最尖銳、最重要的問題，莫過於對和戰前景的估量了。這個問題不解決，別的都無從談起。

從1945年11月19日離開瀋陽，準備到錦州西部指揮打大仗時起，主導林彪腦子裏那個車軲轆的核心問題，就是這個了。

他認為東北不可能有和平。

因為和平是力量的平衡。

和黃克誠一樣，林彪在這一時期的所有電報中，幾乎都談到了建立根據地問題。

和林彪一樣，黃克誠也認為東北的和戰前景只能是戰爭。不然，他們就用不着那樣極力主張建立根據地了。

請看林彪一封電報：

中央並東北局：

江號電悉。國內和平是否完全可靠，如完全可靠則我在東北部隊目前應集中力量作最後一戰，如不可靠則仍分散建立根據地，準備應付敵明年之進攻。盼覆

林

1．5．9時

顯然，他對和平，對「最後一戰」，是懷疑的和有保留的。

1月6日，中央在覆電*中說：

國內和平有希望，保衛熱河的戰鬥是帶着決定性的，目前階段中並可能是最後一戰。

1月26日，中央在《對東北和戰方針問題的指示》中，明確指出：

我們完全不應懷疑東北問題有和平解決與國民黨實行和平合作的可能。①

林彪不但仍然懷疑，而且致電中央，據理力爭，說明戰爭的危險性。

當時在「東總」工作過的老人，都說林彪從未講過「最後一戰」，前方後方唱的是兩個調子——當然不包括沙嶺戰鬥那個前方。

老人還講，秀水河子戰鬥前，林彪給一師和七旅營以上幹部做一次報告，講東北形勢，講建立根據地，講「一點兩面」、「三三制」。林彪說：沒有自衛戰爭的勝利，就不會有真正的和平。對這一

---

① 《瀋陽軍區歷史資料選編》，11頁。

點不保持警惕，就會陷於被動。

人民渴望和平，就像農民渴望土地，土地渴望種子，種子渴望陽光、春風和春雨。「和平民主新階段」符合人民願望，軍人願把「最後一戰」喊破喉嚨。直到今天，還有人在論證當時確有可能開始一個「和平民主新階段」，論證得也不無道理。可歷史已經證明了的，卻完全是另外一種情景。

對於「獨霸東北」，對於「拒敵於國門之外」，對於計劃中的錦州西部那場大仗能不能打，對於每個置身於前線的士兵，都不能算是難題。可當人們都在渴望和平，而和平的祥雲也確在頭上飄翔時，透過那瑰麗的雲霞而能看到戰爭的烏雲，這裏需要甚麼？

有個時期，報紙和紅頭文件上寫了那麼多「天才」，好像把「天才」都預支出去了，今天就難得見到了。這兩個字有些犯忌。如果把這兩個字和「林彪」兩個字聯在一起，那就更叫人心驚肉跳了。

現在，林彪更需要的是勇氣。

因為他面對的是毛澤東。

在中國近百年史上，沒有誰像毛澤東和林彪那樣，曾經那麼親密，又那麼疏遠，那麼大起又大落了。

據說，毛澤東第一次見到林彪，就留下了深刻的印象。

1928年4月，朱德、陳毅率隊上井岡山與毛澤東會師。毛澤東下山迎接，和朱德、陳毅從大路上山，部隊從小路走的。上得山來，見部隊正坐在路邊休息，一個娃娃樣的軍人，站在那裏給部隊講話：這個土匪，那個軍閥，只要有槍，就有塊天下。我們紅軍也有槍，紅軍也能坐天下。

毛澤東站住，聽了一會兒，問：這個人是誰？

陳毅答：他叫林彪，是個營長。

毛澤東說：營長？營長是領兵打仗的嘛。

第二天，毛澤東找林彪談話，讓林彪給井岡山紅軍做報告，題目叫《紅軍能夠坐天下》。

據說，長征過草地時，毛澤東身邊的十二個戰士，從擔架員、警衛員到挑伕，都是林彪在紅一軍團挑的。政治條件好，身強力壯。臨走前，林彪請他們吃頓飯，說：一定要保護好、照顧好毛主席，紅軍不能沒有毛主席。

可在此之前，四渡赤水到會理後，林彪卻要毛澤東下台。

遵義會議後，毛澤東指揮紅軍打了不少勝仗（也有敗仗），也走了些冤枉路。林彪說走的盡是「弓背路」，應該走弓弦，走捷徑。說毛澤東這樣指揮不行，要把部隊拖垮。在會理休整時，他給彭德懷打電話，讓彭德懷站出來指揮，「我們服從你領導，你下命令，我們跟你走」①。不成，又寫信給中央三人小組，要朱毛下台。他讓聶榮臻在信上簽名，被拒絕。紅一軍團軍團長林彪，就一個人簽名送去了。

後來，毛澤東說：你懂甚麼？一個娃娃。

無疑，後一個故事與前兩個是矛盾的。而後一個，白紙黑字，寫在《聶榮臻回憶錄》上。這就愈發使前兩個故事真假難辨，甚至完全不可信。可有很多時候，生活也就是這麼矛盾着，尖銳地對立着。

現在，當林彪在冰天雪地的黑土地上，不知踱來踱去了多少時間，腦子裏那個車軲轆終於在下面一封電報上停下來時，不知他可否想過那句「你懂個甚麼？一個娃娃。」

毛主席：

敵人和談是個陰謀。蔣介石企圖利用和談，在關內停戰，調集精銳到關外大打，先解決東北，再像磨盤那樣南北夾擊我們。恐怕還得立足於打，立足於消滅敵人有生力量。這是我對和戰的根本性意見，請主席頭腦清醒考慮之……

林彪手裏拿支削好的紅藍鉛筆，盤腿坐在炕梢，背靠在疊好的半人高的被垛上。有點西斜的陽光，透過屋檐下尺把長的冰溜子和老式窗格上的窗紙，照在那張微仰着的瘦削蒼白的臉上。眼睛似睜不睜，聲音不高不低，一字一句，就像背誦一篇早已熟記在心的課文。

季中權伏在四腳方桌上記錄。他沒理會到這封電報的份量。來電去電，當時電報很多。可聽到「請主席頭腦清醒考慮之」時，他心頭一震，筆尖停頓了一下，隨即又全神貫注起來。

記錄完畢，林彪看了一下，季中權就送交電台了。

---

① 《聶榮臻回憶錄》，259頁。解放軍出版社（1984年）。

回來時，林彪下炕了，正在地上踱步。

林彪抬起頭：小季，你看這個電報怎麼樣？

季中權道：「請主席頭腦清醒考慮之」這句，是不是重了點？

林彪站住了：對，快去拿回來！

電報已經發走了。

此電未查閱到。

還有一些電報也沒看到。

季中權老人說：

這封電報，準確時間記不得了，大約在秀水河子戰鬥前後。地點是彰武、法庫一帶，在一個老鄉家裏。電文還要長些，主要內容就是這些。這是我給林彪當秘書的二十多個月中，印象最深的一封電報。

毛主席沒有回電。四平失守後，在那封決定林彪當東北局書記的電報中，毛主席好像提了一下，記不準了。這期間林彪也再沒提，但看得出來，他有壓力。

當年我從上海投奔革命到延安魯藝後，組織上就教育我們要完全相信毛主席。毛主席的威望在心中是扎了根的，林彪卻「請主席頭腦清醒考慮之」，毛主席還會錯嗎？可林彪也是毛主席信得過的人哪？平型關打日本，赫赫有名，說他是「常勝將軍」。那時我才二十一歲，也弄不明白究竟是誰對誰錯。

老人說，「二月逆流」他被關進監獄，「九·一三」後又被勒令揭發「林彪在東北的反黨罪行」。想來想去，也沒想出甚麼。逼來逼去，他就把這封電報講了。嘴上講着，心裏唸叨：這能算嗎？

不知這封電報上寫着幾個「A」。就拍發電報那一刻講，兩個就足夠了。但從宏觀上看，這無疑是一封4A電報，一封戰略上的4A電報。

在戰爭與和平這一點上，林彪的洞察力，要比毛澤東高明、深刻。

黃克誠是看準了就說。林彪也不把話埋在肚裏。在會理請彭德懷站出來，要「朱毛」下台的那封信，是頗能代表他的性格的。

但他早已不是那個「娃娃」了。話還是要說的，但通常都要放到腦子裏那個車軲轆上，翻來覆去轉得差不多了，再出口。

電報發走了又想追回來，林彪在黑土地上也不僅這一次。

做為一個流血的政治的政治家，林彪也是個不流血的政治的政治家，而且是個頗精明、機敏的政治家。不然，1942年國共關係惡化，毛澤東就不會讓他出現在重慶的談判桌前。不然，在黑土地處於最嚴峻的歷史時刻，他就不會出任東北局書記。當然，後來「文化大革命」的發生、發展，也就可能是另一種情形了。

世界是個大千世界。

人也是個大千世界。

大千世界的人，把大千世界的世界，也把大千世界的自己，愈發攪和得千般色狀，萬端變幻，叫人愈加難以捉摸了。

第一〇章：四平不平

戰爭是個嫌貧愛富，到處浪蕩的花花公子。它總是貪婪地盯着那些富美之鄉，政治經濟中心，重要港口和交通集散地，有機會就猛撲過去，噬吻得漫天血火。

四平是太對它的胃口了：位於關東腹地，正處在中長、四梅和四洮鐵路的交叉點上，是進出東南西北滿的自由港。

於是，戰爭就張開黑色的翅膀，從山海關一路撲向四平。

這是國共兩黨闖進關東後的第一次大打出手。

5月1日，毛澤東說：「東北戰爭，中外矚目。」①

12月30日，蔣介石說：「四平街一役，奠定收復東北之基礎。」

共產黨人的最大戰果，是這一仗終於打掉了「最後一戰」。

四平與重慶

3月24日，中央在給東北局的電報中說，蘇軍4月份撤退完畢，國民黨必由瀋陽出兵向北爭奪長春和哈爾濱，「我黨方針是就全力控制長、哈兩市及中東全線，不惜任何犧牲，反對蔣軍進佔長、哈及中東路，而以南滿、西滿為輔助方向」。「動員全力，堅決控制四平街地區，如頑軍北進時，徹底消滅之，決不讓其向長春前進」。②

4月6日，毛澤東在給「林彪同志並告彭」的關於組織四平會戰的電報*中，說：

> 必須準備數萬人傷亡，要有決心付出此項代價，才能打得出新局面。

---

① 《毛澤東軍事文選》（內部本），276頁。中國人民解放軍戰士出版社（1981年）。

② 《東北解放戰爭大事記》，46、47頁。

毛澤東何以張口就是「必須準備數萬人傷亡」？

3月25日，毛澤東致電*「彭林」：

> 恩來回延三日，本日赴渝。美方因蘇美關係，急欲停戰，蔣被迫亦不得不停戰。故美方專機接周赴渝談判，判斷數日內即可談妥，派停戰小組至東北，望你們準備一切，尤其是不惜犧牲，打一、二個好勝仗，以利我談判與將來……

從1946年新年伊始到四平失守，在中央給東北局和「東總」的電報中，「打一、二個好勝仗，以利我談判與將來」的句子，屢見不鮮。

「八·一五」後，國民黨瞪着眼睛，硬說東北沒有共產黨軍隊，有的只是「土匪」。明明白白，實實在在存在着，人家卻視你為無物，也實實在在叫人忍無可忍。忍無可忍也得忍着。3月17日攻佔四平，把揣着蔣介石的委任狀的遼北省主席劉翰東活捉了。參戰部隊明明是後來成為東北野戰軍頭等主力師的十旅，開頭卻準備「以寧北保安軍剿匪安民肅清土匪的消息及寧北省政府名義發通電」。①

「拒敵於國門之外」，在錦州西部打大仗，是為了「獨霸東北」。現在，中央急切地要在東北打一、兩個大勝仗，是為了在「最後一戰」的和平到來之前，證明自己的存在和實力，以便在黑土地上爭取盡量多的主動地位。

戰略從來都是服從於政治的。

於是，黑土地上的四平，就成了一張流血的政治的談判桌。

於是，四年前從蘇聯療養回來就去到重慶，協助周恩來和國民黨談判的林彪，隔着千山萬水，又一次和周恩來攜起手來。

於是，趴伏在四平前線塹壕中的士兵，一個個都成了政治家和外交家。

3月13日，蘇軍開始由瀋陽沿中長路撤退回國第二天，國民黨軍隊進佔瀋陽。接着，又先後佔領鞍山、海城、營口、撫順、鐵嶺、法

① 四平市博物館編（1985年）：《四戰四平》第一集，8頁。

庫等地。4月上旬，調集主力，南攻本溪，北犯四平。

東北民主聯軍也拉開了架式。本溪方向，由遼東軍區統一指揮三縱、四縱和保三旅，阻敵南進。四平方向，西滿三師七旅、十旅和八旅、獨立旅大部，向鐵嶺以北地區集結；東滿二師和北滿七師，以大部向開原開進；一師和萬毅縱隊，暫在鐵嶺東南休整，準備向四平西南方向作戰。

同時，東北局調集兵力，準備奪取長春、哈爾濱和齊齊哈爾。

四平不平。遼寧不寧。長春和哈爾濱炮聲隆隆。

焦點是四平。

為了在蘇軍撤退前趕到長春，新一軍運抵瀋陽喘息未定，立即北上。4月8日，新三十八師進到興隆泉、柳條溝一帶。當晚，被一師、三師八旅、十旅和萬毅縱隊十二個團圍住，激戰一夜。

另一路七十一軍八十七師和九十一師，4月4日佔領法庫後，沿公路經通江口北進，企圖繞八面城迂迴四平。4月10日，八十七師兩個團突出冒進至金家屯時，與趕去阻擊的獨立旅三團遭遇。

林彪的既定方針，是趁敵在運動中，或立足未穩之際，集中優勢兵力打敵一路，求得徹底殲滅一部。新三十八師本來已經進入預定地域，可這個像新二十二師一樣的王牌中的王牌確實厲害，沒能達到預期目的。現在，八十七師兩個團送上門來了。他立即命令三團節節抗擊，誘敵深入，一面火速調集一師、三師八旅、十旅、萬毅縱隊和遼西工人教導團，共十四個團兵力，在大窪和金山堡一帶張開口袋。

4月15日黃昏發起攻擊。戰至第二天上午7時，將八十七師主力大部殲滅，並擊潰九十一師一部。

梁必業老人說：

一師擔任主攻，從八十七師側後突破。原定一團、二團並肩突破。快打響了，林彪說不行，重新調整。兩個團擺在一起，梯次配備，前邊擺一個營，後邊擺兩個營，再後邊還是。前邊突破一段，後邊的接上去攻擊，每支部隊都是生力軍，很快就突破了。

敵機很猖狂，貼着樹梢俯衝掃射。林彪說：讓每個戰士打一槍。真打下一架。

李兆書老人說：

我們連配合二十八團和獨立旅三團斷敵後路和打援。十幾挺輕重機槍擺在路邊，歪把子，捷克式，加拿大式，馬克辛……甚麼牌子都有，就跟今天街上那些小轎車差不多。天黑後，敵人上來了。開頭挺硬氣，往上攻，炮打得可蠍虎了。可咱們人多，又有準備，下半夜敵人就往後退了。

那一仗打得真漂亮，往後就不大行了。

大窪戰鬥殲敵4300餘人，是秀水河子戰鬥後又一個較大的勝仗。

秀水河子戰鬥後，中央軍委在賀電*中說：

> 在頑敵進攻下如能再打兩次這樣的戰鬥，國民黨將不能不承認我在東北地位。

在大窪戰鬥的賀電中，也表達了同樣的意思。

重慶談判桌上，共產黨人的記分牌增添了一分。

但這並不能改變共產黨的劣勢。

悲哀的馬歇爾

「沒有四平就沒有東北。」①

這是蔣介石說的，說得得意、自信。

他有理由得意，自信。

他的愛將沒辜負他的厚愛，在黑土地上指哪打哪，連連得分。

最重要的一分，是他親自得的。

在「八．一五」後中國這場內戰的歷史上，寫着馬歇爾的名字。

從1945年12月20日到1947年1月8日，寫了一年零十八天。1946年4月下旬後，內戰的焦點在東北，馬歇爾的精力也就主要集中在東北。毛澤東說「東北戰爭，中外矚目」，那個「外」和「目」，很大程度上，就是指的這位杜魯門特使那雙炯炯有神的藍眼睛。

---

①《四戰四平》第一集，5頁。

關於馬歇爾的調處，我們曾謂之為徹頭徹尾的虛偽，是打着調處幌子縱容、支持蔣介石發動內戰。從宏觀上看，這是不無道理的。具體到有些問題，就不無偏頗之處了。

馬歇爾來華不久，即停運國民黨軍隊到華北，暫停給國民黨新的大規模援助，幫助中國完成了包括東北停戰協定的四大協議。

這無疑給飽經戰難的中國人民帶來了福音。於是，黑土地上就出現了「歡迎馬歇爾」的口號。人們把這位後來提出「馬歇爾計劃」的諾貝爾和平獎獲得者，當成了救苦救難的洋菩薩。

他的格言是：「一旦去幹就要成功」。

他很快就陷入了窘境。

這與美國的既定政策有關。

從抗戰初期賣給日本軍用物資大發其財，到太平洋戰爭爆發後，幫助國民黨抗戰以牽制日軍南下，美國對華政策的基點，始終是「為自己」。就像蘇聯先是援助國民黨，現在又支持同一個「祠堂」的共產黨，都是為自己一樣，是可以理解的。

通過雅爾塔協定，美國在中國獲得了最大的利益。戰後美國對華政策的基點，就是保護這些利益，並伺機攫取更大的利益。

蔣介石心頭明鏡兒似的。

在「史迪威事件」中①，不能說蔣介石沒有中國心，但更值得讚歎的是他的精明。美國多的是將軍，全世界卻只有一個蔣介石。美國要使中國抗戰，就越不過蔣委員長這個台階。窺透了這一點，他就毫不猶豫地表現出了令羅斯福震驚的強硬和果斷。現在仍是如此。美國要想保持它在中國的利益，只有依靠他蔣介石。無論這個亞洲大國發生了甚麼事情，世界頭號強國美國都別無選擇。

他要打內戰，要通過一場內戰消滅共產黨。

如果外交不是以實力為後盾，而純粹是權術的競技，那麼，有着幾千年傳統的中國式狡黠，即便不是天下無敵，也叫你纏不清，理還亂。

1945年11月26日，美國前任駐華大使赫爾利，在給杜魯門總統的辭職報告中說：「在戰爭期間，我曾供職於爪哇、澳大利亞、新西

① 史迪威，美國佛羅里達州人。1942年任中印緬戰區美軍中將司令兼中國戰區總司令蔣介石的參謀長，因與蔣介石發生矛盾，1949年被美國政府調回。

蘭和西南太平洋一帶，埃及、巴勒斯坦、黎巴嫩、敘利亞、外約旦、伊拉克、沙特阿拉伯、伊朗、俄國、阿富汗、印度、錫蘭、緬甸和中國。在所有這些派遣的任務之中，中國的是最複雜和最困難的。」[①]

把這些話僅僅視為赫爾利在華使命失敗的託詞，是不妥當的。

五星上將馬歇爾的才智、名望和風度，都不是這位穿過牛仔褲的俄克拉荷馬州人可比擬的。可面對蔣介石這樣一位盟友，他就能創造奇蹟嗎？

而且，他也是美國人也要為美國服務，為美國的政策服務。

而且，當他踏上中國土地時，他的國家就是個不乾淨的角色了，星條旗已經可恥地飄揚在中國內戰的硝煙中了。

所以，無論馬歇爾本人多麼清白、公正、真誠，也無論他在世界能得到多少諾貝爾和平獎，在中國，只能是悲哀的馬歇爾。

誰來，也不能創造奇蹟。

他們都是抗戰名將
——戰犯錄之二、三、四

說闖關東的國民黨軍隊是精銳部隊，是精銳在它的全美械和半美械裝備，精銳在操縱這些裝備的是訓練有素，具有豐富戰鬥經驗的士兵，更精銳在指揮這些軍隊的將軍，都是蔣介石手下能征善戰的一流強將。

之二：「東方隆美爾」

七九河開，八九雁來，九九艷陽天。

老天爺是真夠照顧的，太陽又紅又大，罩在幾乎全是「南蠻子」的新一軍官兵頭上，脊背暖洋洋的。土地爺卻發了脾氣，大概是被「天下第一軍」的美械裝備攪擾了好夢，一路和它過不去。

過了驚蟄，陽光下，濕漉漉的南風一溜，鋪了一冬冰雪的黑土地，就由南向北一路融化開來。田野上泥水南流北淌，道路上積水翻

① 《八・一五前後的中國政局》，435頁。

漿，「電道」變成了地地道道的「墊道」：馬車、牛車、毛驢車，特別是重載車，不是路面滑膩難動窩兒，就是陷進坑窪爬不上去——你就一路墊去吧。

新一軍這些「南蠻子」哪見過這個呀。本來浩浩蕩蕩，威風凜凜，又風馳電掣的汽車、炮車和裝甲車隊，塗着「青天白日」徽記的綠色車身糊滿泥水，像群生了癩瘡的老牛，一路喘息着，走走停停。有的路面平光光、乾爽爽的，加大油門開起來，車頭猛地一沉，屁股就撅起來了。有人以為是中了地雷，卻沒爆炸聲。有人認為是土八路挖的陷阱，可也不能挖這麼多呀？問老鄉，才明白這叫「翻漿」：夏天暴雨沖刷的坑窪被秋雨灌滿了，風雪一捂凝結了，春天化凍後，表面風乾了，肚子裏卻是一攤漿糊般的稀泥。

於是，就沿路去拆老百姓的門板，抱柴垛上的柴禾，朝車輪下墊，朝泥漿裏墊。

杜聿明原定4月2日佔領四平，又推至4月8日。結果，直到4月15日，新一軍和七十一軍才推進到四平近郊。

西歐那位隆美爾被稱為「沙漠之狐」。這位被譽為「東方隆美爾」的孫立人的「天下第一軍」，現在成了黑土地上的烏龜。

此刻，孫立人應英國女皇之邀，正在倫敦受勳。

在佩戴中正劍的將軍叢中，孫立人是非同凡響的。

首先是他的履歷。

他是安徽舒城人。先入學清華，後保送赴美，入印第安那州的普渡大學，獲工程學士學位，又轉入弗吉尼亞軍校，成為那位悲哀的馬歇爾的校友。這樣，在留日派、保定系、黃埔系等派系如林的國民黨將軍中，他就成了形單影隻的留美派。又是貨真價實的工程學士，將軍兼學者，愈使他顯得鳳毛麟角。

二是他的業績。

1937年「八．一三」抗戰，他是稅務警察總團特種兵團團長，率隊參戰中彈負傷。1940年，稅警團改編為新三十八師，他任師長。翌年，隨杜聿明的中國遠征軍入緬作戰。

1942年4月18日，英軍第一師和裝甲第七旅在仁安羌被圍，向中國軍隊求救。孫立人即令一一三團星夜趕去，發現日軍只有一個大隊

（營），迂迴至仁安羌北面，截斷了英軍後路。英軍七千多人，竟然束手無措。一一三團當即發起猛攻，將日軍擊退。

對於在打通滇緬公路中立下赫赫戰功的新三十八師，此舉實在算不了甚麼，大概連孫立人也沒怎麼往心裏去。新二十二師和下面將陸續寫到的一些將軍的功績，也並不在新三十八師和孫立人之下。但是，由於孫立人直接救了英國人的命，又是在美國點化的，於是就大受洋人青睞。先是送一頂「東方隆美爾」桂冠，後來又給戴上一枚英國皇家「自由」勳章。

不過，這榮譽畢竟是在戰場上實實在在打出來的，是中國軍隊的光彩。

還有他的性格。

大凡在美國吃過麵包的人，都有那麼點無拘無束，放浪形骸。孫立人倒不必言必稱美利堅，但他的基於學識和戰功的孤傲、倔強，有話就說，有屁就放，不會搞人際關係，也是有名的。據說，後來在台灣任陸軍總司令期間，每週的軍事匯報從未準時出席過。原因是不願向參謀總長周至柔敬禮，遲到可以避免，因為蔣介石到場了。

美國式的民主令人羨慕，但孫立人是生活在中國，是封建專制的中國。而且，他不是工程學士，而是位將軍。他僥倖沒在大陸成為戰犯，但他脫不過「孫立人兵變」①。他沒有申訴機會，百年之後將成為千古謎案。但這種命運，從他接受美國式教育回到中國那一天，是不是就已經定了？

而現在，這位不屑與周至柔等人為伍的孫立人將軍，在倫敦授勳完畢，也沒和老頭子打個招呼，又應史迪威之邀，去大洋彼岸旅遊參觀了。

當這位「東方隆美爾」踏上黑土地，站到他早就應該站到的位置時，杜聿明督率他的大軍，已經快攻入四平了。

孫立人面對他的三個師長，將胸前那枚「自由」勳章向上移動了

① 據江南著《蔣經國傳》摘引官方公佈的資料稱，1955年6月初，孫立人和陸總第五署督訓組長郭連亮等人，欲乘蔣介石在台南檢閱部隊時，發動「兵諫」。在官方公佈的孫立人的辭職書中，稱之謂「不肖事件」。郭連亮等人被捕，孫立人被軟禁至1988年5月。此案疑點甚多，至今眾說紛耘。江南先生稱「孫立人是政治的犧牲品」。

一下：這裏將佩戴和明天一起到來的「青天白日」勳章。

之三：黃埔老大哥

正在指揮部隊向四平開進的鄭洞國，遠遠地望見孫立人趕來，就停在路邊等候，將新一軍「物歸原主」了。

他黑了，瘦了，長臉上灰蒙蒙的、厚實的嘴唇爆了皮，一雙眼睛紅得像兔子眼睛似的。

一個農民最幸福的，莫過於捧着金燦燦、飽鼓鼓的稻穀的時刻了。對於一個將軍，最欣喜，最榮耀的，莫過於攻下一座強兵據守的重要城池，並在萬人矚目中，以勝利者的姿態進入這座城池了。

鄭洞國是最有資格充當這種角色的了。從4月10日起，他就一直在四平前線指揮戰鬥。指揮所先後由開原推進至昌圖，又進至雙廟子，多次到前線督戰。他現在所處的位置，進入四平，奪得首功，只是舉步之勞。可他好像根本就沒想過這些。他把新一軍指揮權交給孫立人，就不聲不響地退回雙廟子前進指揮所了。

這就是東北保安長官司令部副司令長官鄭洞國。

一位純中國特色的將軍。

在實力雄厚的黃埔系將領中，和杜聿明同為黃埔一期老大哥的鄭洞國，以他的敦厚，忠誠，勇猛，打仗穩當，獨樹一幟。

1925年春，孫中山下令東征打陳炯明。攻到淡水城下，以校長身份指揮黃埔學生軍的蔣介石，在官兵中徵選「敢死隊」百餘人，強攻淡水。槍林彈雨中，敢死隊員鄭洞國第一個攀上雲梯，衝上城牆。

「七七事變」後，做為蔣介石的嫡系將領，從古北口抗戰到保定會戰，徐州會戰，武漢會戰，崑崙關戰役，宜昌會戰，直到1943年率遠征軍進入印緬作戰，北征南殺，大小幾十戰。身上傷疤之多，據說在東北國軍高級將領中，是數一數二的。崑崙關戰役中，他親率榮譽第一師擔任正面主攻。衝上去，打下來，全師傷亡近半。當年的敢死隊員紅了眼睛，親自督戰。號稱「鋼軍」的十二旅團旅團長中村正雄，就是他的部隊擊斃的。

在遠征軍入緬作戰失敗，退居印度那段寄人籬下的日子裏，連孫立人都對美軍將領的驕橫跋扈憤憤不平，鄭洞國卻能和他們處得來。

紅領巾時代，對於連環畫、小說和銀幕上那些「叛徒特務狗漢奸」，就有深刻印象。即便是在那個從生活到文學都模式化了的年代，舞台、銀幕上只要一出現這類角色，冷漠的觀眾也會發出一陣笑聲。

在這位能和美軍處得來的鄭洞國將軍身上，你看不到那種媚骨和奴相。他有時也不得不忍耐着點，但更多的是憑藉他的堅毅、尊嚴、正氣和大度，去面對他置身的那個世界。他的這種品格，贏得了同事、部下和上司的敬仰和信賴，也征服了以主子自居的美國將軍。這種品格，本來就是人類應具的高尚的美德。

就是因為這種美德，杜聿明把他從湯恩伯的第三方面軍挖來，當了自己的副手。

就是因為這種美德，後來他明知不可為也為之，去到了長春那座死城。

從他指揮他的部隊在黑土地上打響第一槍後，這種美德就化為負數了。

也是「各為其主」吧。

之四：逐次抵抗大師

孫立人入緬作戰失敗退入印度時是新三十八師師長，從印度反攻前任新一軍軍長。廖耀湘則依照同樣的順序，由新二十二師師長升任新六軍軍長。

都是王牌師和王牌軍的師長、軍長。

在某種程度上，新二十二師打得比新三十八師還出色，因而廖耀湘就顯得更加非同凡響。

1942年3月30日，在優勢日軍攻擊下，為避免被敵各個擊破，杜聿明命令第二〇〇師撤出同古，又命新二十二師在斯瓦河兩岸阻滯敵人，掩護主力集中，準備進行平滿納會戰。

從斯瓦至平滿納為一條隘路。日軍攻擊部隊為第五師團三個聯隊和第十八師團兩個聯隊，並配以重炮、坦克和數十架飛機，狂轟濫炸。面對絕對優勢的兵力和火器，新二十二師沿途構築陣地，逐次進行抵抗。待日軍進入預設陣地，埋藏的地雷炸彈一齊引爆，兩側伏兵和正面阻擊部隊齊出反擊。開頭，日軍憑藉武士道精神，不顧傷亡，頑強攻擊。兩、三次後，就不敢冒進了。新二十二師就虛設一些陣地，引誘敵人上鈎，並不斷派出小股部隊，出擊敵人側後。4月10日後，日軍又調集第五十五師團，全力攻擊。新二十二師仍以這種虛虛實實的戰法，痛擊敵人。戰鬥半月之久，日軍傷亡慘重，始終摸不清新二十二師虛實。16日，新二十二師安全進入平滿納，將窮追不捨的日軍引入預定地域。

對此，杜聿明曾評價為遠征史上「罕見的戰例[①]」。

寫完這段那天晚上，筆者做了個夢：

炮彈把斯瓦河濺成漫天瓢潑大雨，河面上漂滿翻着肚皮的死魚。塗着太陽徽記的飛機，在亞熱帶叢林上空尖嘯着，紅色的火燄將綠色的世界一片片燒成焦黑。在這紅綠黑之中，躍動的身影，打紅的槍口、炮口，拚彎的刺刀，砸碎的槍托，在火與血中撲抱在一起廝打翻滾的士兵——這一切都是無聲的。

我站到廖耀湘眼前。他站在塹壕前，不理睬我這位「共軍」，只顧擦他那副眼鏡。一會兒，那副眼鏡變成了望遠鏡。擦完了就放在眼前張望。眼睛望着，嘴裏下着命令，表情溫文爾雅，身子一動不動。他的命令我一句也沒聽懂，好像講的是法語。對了，他在法國聖西爾軍校鍍過金。在西方，聖西爾軍校與西點軍校齊名。可他沒直接救過洋人，洋人就不捧他。一排炮彈在前面築起一道火牆，衝擊波把他的軍帽掀掉了，頭上光禿禿的像個葫蘆瓢……

醒來想起，他的光頭是見自《遼瀋戰役親歷記》中的一幅照片。

現在，1946年5月14日，這位「叢林之狐」一樣的逐次抵抗大師，又率領他的新六軍由開原經中長路以東山地，準備迂迴至四平以東火石嶺子地區，攻擊共軍之左側背。

由開原至火石嶺子，公路兩側都是山地。西側山地縱深小，距中長路近，共軍不可能埋伏大部隊。東側正好相反，又是共軍進出南北主要通道，還有可靠後方，是新六軍北進最危險的方向。

「攻其無備，出其不意。」孫子兵法和經驗都告訴他，應該走那條最危險，但有時卻是最安全的路。

---

① 《文史資料選輯》，第8輯，26頁。

他走對了。

他以配屬新六軍的七十一軍八十八師作預備隊，將新六軍三個師分成左右兩路縱隊，實行廣正面前進，彼此互相掩護。一路遇敵，若敵兵力不大，另一路仍可一意前進。

他學乖了。一是接受了八十七師的教訓，二是剛在本溪打了幾仗，認識到土八路也不像想像的那樣好對付。而且，當年打日本也常這麼幹，輕車熟路。

5月14日上午，左路先頭團在威遠堡門附近與共軍遭遇，前衛營一個連長陣亡。這是新六軍闖到關東後，陣亡的第一個連長。戰至下午，共軍主動撤離。

從開原出發前，廖耀湘就得知林彪調三縱沿中長路東山地南下，準備迂迴四平國軍之右側背。威遠堡門戰鬥，廖耀湘判斷只是三縱先頭部隊，繳獲資料卻出乎意料地證明就是三縱主力。他立即得出結論：既然三縱主力不能阻止一個團的攻擊，那麼一個新二十二師就能擊破北進路上任何共軍。

十八年後，廖耀湘在回顧這段「罪責尤深」的歷史時，字裏行間不無得意之色：

> 當時國民黨在東北戰場上的作為，可以說大都取決於戰地負責實際指揮之責任者的決心意志和企圖，爾後新六軍敢以六個師北上長春與東出梅河口（而且東出梅河口是我個人的主張，呈報杜聿明決定的），實直接與威遠堡門之戰鬥結果攸關。威遠堡門不僅給我個人帶來了囂張的氣燄，也給整個新六軍的所屬各部隊帶來旺盛的士氣，但同時也帶來了輕敵的心理。對新六軍而言，可以說威遠堡門之戰鬥開啟了順利進犯四平與長春的端緒。這個並不聞名也並不為人所注意的小戰鬥，其影響是很深遠的。①

5月18日下午，新二十二師先頭部隊到達火石嶺子以南時，發現共軍在公路兩側山上構築陣地，連警戒都未佈置。到達火石嶺子車站

---

①《文史資料選輯》，第42輯，71頁。

時，一列從梅河口馳來的軍車，不知車站已經易手，還在向前開進。

比之湯恩伯之流，廖耀湘等人從意志、決心到戰術，簡直是天壤之別。

杜聿明笑了

——續戰犯錄之一

此刻的杜聿明，面黃肌瘦，1.7米左右的漢子，據説體重還不到100斤。

1月30日，他率十三軍進佔阜新後，即感到腰腿疼痛不支。咬着牙挺到秀水河子戰鬥結束，就再也撐不住了。2月18日，乘專機飛北平，住兩個月院，割去左腎，未等徹底痊癒，就又匆匆降臨黑土地。

對於杜聿明來説，最清新的空氣，不是林間湖畔拌着花香鳥語的氣息，更不是簡直要令他窒息的來蘇兒味兒，而是帶着血腥氣的硝煙，是捲着屍臭的火藥味兒。

毫無疑問，他是在骨肉相殘的戰場上病倒的，但並不能因此就説是在內戰中累病的。從古北口抗戰到崑崙關大捷，特別是入緬作戰敗走野人山，在那空氣都能攥出水的亞熱帶雨季原始森林裏，沒有雨具，沒有住處，野人似的輾轉跋涉兩個多月，誰能斷言病根不是那時落下的？而且，倘若此刻黑土地漫捲的不是內戰硝煙，而依然是抗戰烽火，又誰能斷言他不會同樣走下病床，踏上戰場？

不過，就像老戰友鄭洞國的美德早已變成負數一樣，杜聿明現在對蔣介石愈是披肝瀝膽，對他的將來也就愈加不利。

4月16日，杜聿明重返黑土地時，局勢是這樣的。

四平方向，新一軍和七十一軍攻擊受挫，非增加兵力打不開僵局。本溪方向，4月7日，熊式輝親自指揮五十二軍二十五師和新六軍十四師攻擊，二十五師一個團被重創，遂放棄攻擊。

從兵力看，四平和本溪共軍各有10萬餘人。論火力戰鬥力，四平優於本溪，林彪又親自在四平指揮。而本溪與瀋陽唇齒相依，為瀋陽門戶，共軍集結本溪，直接威脅瀋陽安全。如將本溪共軍壓迫至連山關以南，即可抽離一個軍以上兵力增援四平。而且，新六軍主力在遼陽，五十二軍主力就在瀋陽附近，稍加調整，即可攻擊。

不到一百斤的身子朝大衣裹一裹，杜聿明驅車奔瀋陽南郊的紅廟前進指揮所了。

行前，在報紙上發條消息，説他已到四平前線督戰。

林彪也慣會來這手。

從瀋陽起飛的飛機，帶着隆隆嘯聲，一批批從頭上掠過，再一批批轉來。在遠方那心馳神往的藍天與大地交接處，炮聲、炸彈聲就像沉雷似的日夜轟鳴。還有身邊幾部電話機不時響起的鈴聲。這鈴聲突然響起來是最討厭的，特別是對一個身體衰弱的病人。可杜聿明喜歡聽，因為那鈴聲是從前線傳過來的，他已經兩個月沒聽到這鈴聲了，更何況這鈴聲傳遞的都是好消息。據説音樂可以治病，他需要的就是這種音樂。他覺得此刻就像置身在一座現代化的音樂廳裏，傾聽一曲由他創作並指揮的交響樂。

也出了點不諧和音。

坐在原蘇軍司令部的東北行營大樓裏的熊式輝，聽着南方一陣緊似一陣的轟隆聲，唯恐杜聿明重蹈覆轍，心頭像有堆螞蟻在爬。一大早，就讓參謀長趙家驤打電話，要杜聿明回來，另謀萬全之策。

對於這位像自己一樣腿腳不大好，被人並稱「東北二瘸」的行營主任，杜聿明在心頭是沒怎麼瞧得起的。若論官場傾軋、角鬥，他或許不是對手。可現在是戰爭時間，東北的一切只有通過戰爭才能解決。熊式輝也軍裝筆挺，耀眼的紅領章上，每邊還比他多一顆金黃色的星花。可那不過是聾子的耳朵而已。他杜聿明司令長官才是堂堂正正的馳騁疆場的國軍將領，蔣介石是靠他來打黑土地這塊天下的。

不過，他也不敢得罪這位陸軍上將，他畢竟是他的上司。熊式輝只要隨便往老頭子耳朵裏吹吹風，他杜聿明打幾個好仗，再瘦下去一圈，也是難以抵銷的。從戰場到官場，他都不想吃虧。

但他現在不想回去。他理大，熊式輝官大，理沒官大。蔣介石兩次限令攻佔四平的期限都過去了，熊式輝一籌莫展。進攻本溪失敗後，聽説每天晚上都用安眠藥安眠。沒有平地不顯高山。現在正是大展身手的當口。只要能迅速打開僵局，首先是打開本溪方面僵局，他就能用事實征服熊式輝，使熊式輝放手讓他指揮作戰。同時也在重慶談判桌上壓下一個沉重的砝碼，給老頭子送去一份最好的禮物。

他決定拖到晚上再說。打得好，熊式輝不會強迫他改變決心。碰了釘子，再改變計劃也來得及。

他給新六軍軍長廖耀湘和五十二軍軍長趙公武打電話，命令他們全力猛攻。

他成功了。

他在四平也得手了。

5月12日，新六軍向開原集結時，杜聿明在瀋陽向廖耀湘交代任務，指出：共軍若繼續據守抵抗，新六軍就向左旋回，直接攻擊共軍左側背；共軍若撤退，即進出遼河套南岸，截斷共軍向北退路，壓迫共軍主力於遼河套內殲滅。

林彪跑了。

杜聿明遂下令向長春推進。

蔣介石有些猶豫。他擔心在長春會遭到頑強抵抗，又會形成四平那樣曠日持久的膠着狀態。不如養精蓄鋭，待與中共徹底鬧翻時再打。反正和戰開關都在他手裏。

杜聿明進攻長春腹案，是在本溪戰鬥進入尾聲時就打好了的。

他向蔣介石派來視察的副參謀長白崇禧，據理力爭：

> 第一，攻擊四平街的目的，就是為了擊敗共軍主力，一舉收復長春、永吉（即吉林省）。如果不乘勝追擊前進，必將前功盡棄。第二，停戰後，我軍整補，共軍也會整補。而共軍擴充非常迅速，我軍卻不能盡量擴充。鑒於從去年十一月二十六日到錦後奉命停止前進，到今年三月底為止，這四個月之間，共軍兵力增加了一倍多，我軍當時以兩個軍可以順利打到錦州，而現在有七個多軍卻到處被共軍牽制，尚不能順利打下本溪、四平，說明停戰是對共軍有利而對我軍不利。第三，現在命令已經下達了。大軍作戰收回成命不是那麼簡單，中途變更部署也是很困難的，反而引起部隊的疑慮混亂，有被敵人各個擊破的危險。第四，長春為東北首府，永吉小豐滿水電站為東北的動力資源，一舉收復，在政治上影響很大。在軍事上，可與共軍隔江（松花江）對峙，形成天塹，對我軍有利。在經濟上，可以依靠小豐滿的電力，供給長春、瀋陽、鞍山等處用電，發展工業。否則，小豐滿電站被

共軍控制，東北用電都成問題。[①]

他又如願以償了。

鞍馬奔勞的疲苦，由一連串的勝利加倍地補償了。

杜聿明的身形增大了一圈，原來那張灰黃粗糙的臉上，竟像喝了杯醇酒似的，泛起了淡淡的紅暈。

站在黑土地潮潤的春風中，以雍容穩健著稱、輕易不喜形於色的杜聿明，笑了。笑得那麼開懷、愜意，又笑得那麼矜持，穩重——一派儒將風度中的春風得意。

兩年半後，共產黨人在決定他為哪級戰犯時，大概是不會忽略他的這段經歷的。

會笑的人最後笑。

（可林彪就笑到最後的嗎？）

也許更令人忍俊不禁，卻又笑不出來的，是杜聿明和廖耀湘這些抗戰名將做為戰犯走進監獄時，竟和當年的日本戰犯生活在一起。中國戰犯除了寫材料和養病的，是必須勞動的，洋戰犯卻不必拿中國鋤頭。中國戰犯除了病號吃小灶，別的都是中灶，洋戰犯則全部吃小灶。這似乎是很難理解的，又似乎是很容易理解的。

四平不是馬德里
——4A電報之三

從4月18日國民黨在四平市郊打響，到5月18日民主聯軍撤出四平，四平保衛戰正好打了一個月。

林彪不想打這仗。

4月11日深夜，林彪在給中央和東北局的電報*中，在敘述了阻擊

① 《遼瀋戰役親歷記》，555頁。

新一軍新三十八師和七十一軍兩個師的推進情況後，說：

在此種情況下，及在蔣介石繼續增兵東北的情況，我固守四平和奪取長春的可能性和東北和平迅速實現的可能性均不大，因此我軍方針似應以消滅敵人為主，而不以保衛城市，以免被迫作戰其結果既不能保衛城市又損失了力量，而造成以後雖遇有利條件亦不能殲滅敵人，故我意目前方針似應脱離被迫作戰，採取主動進攻。對於難奪取與鞏固之城市，則不必過分勉強去爭取，以免束縛軍隊行動。

這是基於雙方實力而得出的判斷和建議，是林彪的又「一個根本意見」。

4月27日，毛澤東致電*林彪：

林彪同志：

一、四平守軍甚為英勇，望傳令獎勵；

二、請考慮增加一部份守軍（例如一至二個團）化四平街為馬德里。

軍委

5月12日，黃克誠致電*中央：

中央：

（甲）由關內進入東北之部隊，經幾次大戰鬥，戰鬥人員消耗已達一半，連、排、班幹部消耗則達一半以上。目前雖尚能補充一部新兵，但戰鬥力已減弱。

（乙）頑九十三軍到達，如搬上大量炮兵及部份坦克用上來，四平堅持有極大困難，四平不守，長春亦難確保。

（丙）如停戰短期可以實現則消耗主力保持四平，長春亦絕對必要，如長期打下去，則四平長春固會喪失，主力亦將消耗到精疲力竭，不能戰鬥。故如停戰不能在現狀下取得，讓出長春可以達到停戰時我意讓出長春，以求得一時期的停戰，也是好的，以求得爭取時間，休整主力，肅清土匪，鞏固北滿根據地來應付將來決戰。

（丁）東北如已不可能停戰，應在全國打起來以牽制國民黨向東北調動，東北則需逐步消滅國民黨主力，來達到控制全東北的目的。

（戊）我對整個情況不了解，但目前關內不打，關外單獨堅持消耗的局勢感覺絕不利。故提上面意見請考慮。

黃克誠
辰文

毛澤東不給黃克誠回電，是因為毛澤東不同意黃克誠的意見。

林彪不給黃克誠回電，是有難言之隱：他同意黃克誠的意見，卻不能不執行毛澤東的決定。

4月18日攻佔長春，林彪精神似乎為之一振。第二天清晨，即發出一封電報*：

東北局中央：

1. 長春攻佔意義甚大。

2. 敵新一軍三個師，七十一軍兩個師正向四平進攻，現一個師已被我大部殲滅，另一個師被我殲兩個營，我方傷亡甚大（開原起義約四千人）。敵昨日已直接開始攻四平，我守軍決戰至最後一人。

3. 望令攻長春之楊國夫部曹里懷部及第八旅等有戰鬥力的部隊星夜南下，至四平急進，決不可以攻長春傷亡與疲勞而有所影響，否則對大局極不利。

4. 長春只留少數部隊保衛城市。

林

本溪、大窪的勝利，長春、哈爾濱和齊齊哈爾的迅速奪佔，使黑土地局勢一時變得好看了些。於是，林彪調兵遣將，「守軍決戰至最後一人」。

其實，沒有這些，林彪也不會違背毛澤東「化四平為馬德里」的決定。

1945年11月21日，林彪在錦西發出那封「應避免倉促性應戰應準備放棄錦州以及以北二三百里」的4A電報後第二天，又接到劉少奇代表中央擬定的《全力消滅錦州頑軍》的電報①。這無疑是與林彪那個「根本意見」相悖的，但他仍然回電表示執行中央決定。

有必要把這封電報*抄錄如下。

軍委：

1. 我決心在錦西高橋以西山地進行大規模的殲滅戰。

2. 梁師黃師應迅速到江家屯地區附近一帶迅速休整恢復體力鼓舞士氣，同時派出高幹偵察地形提供作戰意見並以小部控制大小虹螺山（峴）構築據點。

3. 已令沙李部在高橋錦西（三十里）附近正面抗擊敵人牽制敵先頭，目前則派出小部隊逼近敵人進行騷擾與夜襲。

4. 楊國夫部應以一個團接近鐵路逼近與吸引敵人，其主力應到楊家杖子毛家屯一帶望立即行動。

5. 此戰關係全國政治形勢關係東北前途，必須以最高度的積極與勇敢組織與進行這一戰役，望加速休養部隊盡可能求得部隊的足衣足睡蓄養精力以便猛衝敵人向敵人肉搏。

林彪

廿三日十一時

雖無「決戰至最後一人」的話，但決心和氣魄都是夠大的。

但要以為無論在何種情況下，他都會命令他的部隊死守死地，直至戰至一兵一卒，那就不是林彪了。

林彪調集十四個師（旅），以四平市區為中心，構成一條東西蜿蜒百餘里的防線，先後擊退敵人正面進攻和迂迴，打成對峙。

5月15日，杜聿明調集十個師，分三路突擊四平。以新一軍擔任正面攻擊；七十一軍兩個師向四平以西攻擊，威脅側翼；以新六軍等

---

① 見本書第八章《獨霸東北》的《「撤退將軍」》一節，107頁。

五個師向四平以東迂迴，企圖截斷民主聯軍退路。

四平，危機四伏！

四平北不到二十里的一個小鎮梨樹，這些日子變得格外熱鬧，簡直有點車水馬龍了。民主聯軍的大車、馱馬，偶爾也有幾輛繳獲的美製道奇，和接收的燒木炭的像患老年慢性氣管炎一樣吭哧着的日本汽車，使僅有的一條十字小街愈發顯得狹窄、擁擠了。在南面轟轟隆隆的炮聲中，綢布店，糧米店，醬菜園，雜貨舖，大都關門了。幾家飯館倒是格外興隆，穿着灰色、黃色和灰不灰、黃不黃的軍裝的人，進進出出。老闆們點頭哈腰迎送着，一個個笑逐顏開。不過，在迎進送出和數票子的同時，也都在察顏觀色，並不時打着眼簾向那炮聲隆隆處望一陣，隨時準備帶上早已打點好的金銀細軟「跑屁頭」（東北話，即「逃難」）。

小鎮東南角一棟平房裏，林彪在踱步。

這是一個中學教員的家。如今的中學教員家庭，除了書外，內外觀很難與周圍居民找出差異。此時非同一般，起碼這三間青磚瓦房的那幾扇玻璃窗，就可與七品「縣太爺」相比。明亮的屋子裏，最顯眼的是牆上那幅以四平為中心的五萬分之一軍用地圖，和地圖上那些擠擠匝匝的紅綠色小旗。

林彪踱步的起始點都是這幅地圖。踱着踱着，就站到地圖前望一陣，有時踱到院子裏，踱回來還在地圖前止步。有時好像甚麼也沒踱出來，望一陣子又繼續踱。有時就說：小季，記錄。於是，一封電報就飛向前線，或是東北局，或是延安。如果說這期間還有甚麼動作，就是伸手到桌上那隻布袋裏抓把炒黃豆，像如今銀幕和熒光屏上一些外國人嚼口香糖那樣嚼着，腳下繼續踱着。

流血的政治的輪子在黑土地上飛旋着，也在林彪的腦子裏飛旋着。

世界上沒一個比喻是完美無缺的。把人，特別是把林彪這樣一個人和誰進行比較，更是件蠢事。但是，把他一生中指揮過的大小戰役，戰鬥進行比較、分析，就不難發現，這位非常強調「二百米內硬功夫」和「刺刀見紅」的將軍，更善於打運動戰，打巧仗，而較少打那種硬碰硬的陣地戰，消耗戰，特別是在敵強我弱的情況下。

做為一個流血的政治的政治家，林彪懂得四平這顆棋子在國共對壘這盤棋上的份量。四平頂住了，半個東北就是共產黨的了。但願望是一碼事兒，有沒有實力，能不能頂住，又是一碼事兒。他又何嘗不想「獨霸東北」呢？實力對比，當然也包括智謀的較量。力量不足，就要使巧勁。如同他這個「三等殘廢」和一個大漢摔跤，要想取勝，就要憑藉靈巧，閃轉騰挪，瞅準空檔，這一拳，那一腳，一點一滴地消耗，拖垮對手，而千萬不能支起架子，讓人家抓住。在秀水河子和大窪，他就是這麼幹的。在錦西不打大仗，向後撤，也是這樣一個宗旨。可現在，他被抓住了，是等在這裏讓人家抓住的。

而且，打了八年游擊戰的部隊，根本不適應這種掘壕據守的正規陣地戰。開頭，一些部隊把碉堡修得老高，像日本鬼子炮樓似的，被美式大炮一炮一個，成了靶子。七師主力星夜南下，進入陣地就開打，還是山海關前那一套。可敵人早已學乖了，「三板斧」一點不靈。這種情形並非一個七師。

在兵力火力都不得心應手情況下，以每個團十八里防禦正面的淺近縱深，把敵人硬頂了一個月，原因種種，下面將一一寫到。而做為東北民主聯軍的統帥，林彪是不遺餘力了的。

但他現在不想頂了，他看出火候了。

每個在前線的指揮員也都看出火候了。

一些老人說：那時看國民黨那勁頭，別說三年，就是用上打鬼子的八年，也不一定能打垮。

林彪的辦法，挺絕妙，也挺平常。在絕妙和平常之間，我們可以看到鮮明的林彪風格。

請看4月29日電報*：

中央東北局：

28時亥時電悉。近十日內恰值夜間無月亮不便我大軍的夜間作戰，又因地形平坦及新一軍已構築陣地，且七十一軍及五十二軍六十軍各一個師已與該軍靠攏，故在十日內殲滅或擊潰該軍可能性不大。進入東北之敵，為國民黨最精銳的，新一軍又為其最強者，故我軍雖奮勇作戰，傷亡重大，彈藥消耗甚多，但只能作部份的消滅與擊潰敵人，而難於全部擊潰與消滅。四平仍在我手，敵攻勢受挫，但正在調防，準備向我作新的進攻。以上情況供給你們研究參考。

林

不講守得住，也不講守不住，只強調困難，明確說明十天之內不會出現奇蹟。而且，「最精銳」的敵人正「準備向我作新的進攻」，為後文打下伏筆。

再看4月23日電報*：

中央東北局：

在保衛四平的戰鬥中幾個老主力旅傷亡各有一千數百人，子彈消耗為數浩大。茲將第七旅彭明治部本旬報告轉如下：

自四月徽泉頭守備時部隊變化甚大在泉頭雙廟牤牛哨半拉山門阻擊敵軍遲滯敵人前進仍然給敵人嚴重殺傷。自己本身的傷亡數不下千數。在四平北郊的防禦戰中只二十團十旅特務營傷亡五百餘，昨晚戰鬥十九團以猛攻小孤樹佔領村莊，我傷亡百餘，二十團猛攻任家屯之敵計傷亡達百餘。以上屢次戰鬥傷亡失聯絡已達千七百多人，有的連隊進行兩連合一，有的剩班把人基礎一時恢復不起來，同時在月來（此處似有誤，但意思尚可明白——筆者）運動中冒雨行軍，擔任防禦任務，白天與敵激戰，夜間修作工事，休息時間甚少，體力精神疲勞，因此部隊勇氣不像過去那樣激昂，那種生氣活潑的現象也不見有。

林

寢

還有5月17日電報*：

中央東北局：

茲將程世才①來電轉如下：

除大台山作戰外，自十日至今，連續進行七日保衛戰，部隊

① 程世才當時為遼東軍區司令員兼三縱司令員。

沒有睡過一通夜，終日作戰，轉移做工事，甚疲勞，所攜各種子彈炮彈已耗盡了，地方對我戰鬥動員差，找不到擔架，前線上傷員運不下，西豐城嚴重太平景像。

林
筱日

在這裏，他又把正在前線浴血奮戰的指戰員推上第一線，用他們的嘴把自己想說的全說出了。這是無可挑剔的。來自前線的意見是最有權威的。換個人，也會這麼做。

完成林彪風格的最重要一筆，在於不到最後一刻不說話。

5月17日電報*：

中央東北局：

四平今日敵北面與西面的攻擊被我壓倒，我獲槍百餘支，東南陣地則被敵攻佔，現東南形勢危急，刻敵我正猛烈爭奪中，已令各部拚死奮戰，求得壓敵之新攻勢。

林
篠

5月18日電報*：

東北局中央：

四平以東陣地失守數處，此刻敵正猛攻，情況危急。

林
5.18

中央東北局：

敵本日以飛機大炮坦克車掩護步兵猛攻，城東北主要陣地失守，無法挽回，守城部隊處於被敵切斷的威脅下，現正進行退出戰鬥。

林
巧亥

終於到了那一刻，林彪就堅決、果斷、毫不猶豫地說出去，做出來。

機敏得就像隻黑土地上的狐狸。

克勞塞維茨說：「防禦的概念是抵禦，在抵禦中包含有等待，我們認為等待是防禦的主要特徵，同時也是防禦的主要優點。」

四平保衛戰也是等待。這種等待在戰爭中是不多見的：掘壕據守一個月，等待重慶談判桌上的唇槍舌劍平息下來，簽一紙停戰協定。

十年前發生在西班牙的馬德里會戰，也包含有等待：等待國際縱隊的援兵。

四年前的斯大林格勒會戰，也包含有等待：爭奪空間，爭取時間，等待援軍，圍殲敵人。

馬德里等到了。斯大林格勒等到了。四平沒有等到。沒等到和平，也沒等到援兵。別說國際縱隊，連老百姓都不理解共產黨，而是「想中央，盼中央」。

韓先楚，一位可以說是「黑土地上的隆美爾」，也可以稱之為「黑土地上的巴頓」，或者「黑土地上的蒙哥馬利」，但他誰也不是，就是他自己的將軍，曾這樣評述這場「化四平為馬德里」的戰役：

> 四平保衛戰，是在特定歷史條件下形成的城市防禦戰，是我軍進入東北後，領導層對和戰問題看法不一掌握不定的集中反映。
>
> 在我軍處於劣勢條件下，過多的看重了一城一池的得失，與敵進行不利條件下的作戰，在戰略上是失策的。
>
> 由於我軍果斷的撤退，擺脫了戰略上的被動，又一次避免了不利條件下的決戰，保存了有生力量。另一方面，經過四平保衛戰和大撤退的反面教育，徹底消除了和平幻想，對東北全黨全軍在和戰問題，根據地建設問題上統一思想，產生了積極影響。①

終於打響了「最後一戰」——用8000多幹部戰士的鮮血和生命。

---

①《黨史研究資料》，第1、2期，5、6頁。中國革命博物館黨史研究室（1986年2月20日）。

「都是『老骨頭』」呀！
——黑土地英雄譜之一

三道林子北山，為四平側後制高點。天上飛機，地下重炮，新三十八師兩個營跟在坦克後面輪番攻擊。保一旅一團打得差不多了，七旅特務營上。上去沒半天，一連僅在炮火下就傷亡大半，有個排就剩下三人。

瀋陽軍區原副參謀長韓鏖，當時是七旅電台副區隊長。老人說，旅部住在四平北楊木林子，部隊上去下來都經過那兒。上去齊整整的，回來稀落落的。二十團三營頭天早晨上去，第二天傍晚回來，連槍都沒人扛了，像木柴一樣捆着挑回來的。

5月18日，十旅二十九團十一連在四平北神仙洞附近，掩護全團撤退。連長、指導員和副連長都負傷下去了，胡可風帶領二排在山上阻擊。撤下來時，就剩他和排長單長勝，還有個當嚮導的老鄉。老人說：我們三個都成了英雄。單長勝是「戰鬥英雄」，那個老鄉是「戰鬥模範」，我這個副指導員是「政治工作模範」。其實呀，活着的人活着就是了，那些犧牲的人才是真英雄。

老人一個個唸叨着那些倒下去的人的名字。

江擁輝老人一個個唸叨着，從四平唸叨到秀水河子，又唸叨到出關在舊門打的第一仗：第一仗就犧牲個警衛連長，那可是個好連長呀！打日本可勇敢了，叫王永富，王永富……

黃達宣老人說：從出關到四平撤退，一路上，打一仗，隊伍就少一截，越打越少，越走越少。

在「九里山下古戰場，牧童拾得刀和槍」的那個九里山下長大的陳世勳老人，說：秀水河子戰鬥結束後，村裏村外，雪地一片片被炮火燒黑了，讓雪一襯着，真叫黑。還有血、一攤一攤的，把雪都染紅了。白的那麼白，紅的那麼紅，雪白血紅——長那麼大頭一回見哩。

《東北三年解放戰爭軍事資料》中寫道：

> 四平保衛戰中我軍傷亡總數達八千人以上，部隊元氣損失甚大，黃克誠之三師七旅，原為井岡山老部隊，四平撤退後只剩下三千餘人，失去戰鬥力；萬毅之三師（即萬毅縱隊——筆者）原

有一萬三千人，經四平戰鬥傷亡及撤退被擊散，只剩四五千人，失去戰鬥力；一師梁興初部，剩五十人，還保持有戰鬥力；二師羅華生部還保持有戰鬥力；鄧華保一旅損失相當嚴重，其次是三師、八旅、十旅；楊國夫部弄得疲憊不堪和不少損失。①

需要説明的一點，是四平保衛戰中傷亡的8000多人，同期的本溪保衛戰，和此前各地各次戰鬥絕不會低於8000人的傷亡中，絕大多數都是抗戰中倖存的戰鬥骨幹。

用老人們的話講：「都是『老骨頭』呀！」

黑白分明
——他們也有姓名之一

同一時期傷亡的國民黨官兵，參加抗戰的比例數，比共產黨部隊還高。

他們大都來自南國的紅土地。他們在那裏落生，在那裏戍邊，也曾在異國的叢林中作戰。為了國家不再挨打受辱，為了人民能夠像樣地活着，他們身邊曾倒下那麼多戰友，鮮血把紅土地染得愈發殷紅。他們九死一生地闖過來了，闖到了民族解放和勝利的那一天。他們本來都是英雄好漢。

而且，他們中的絕大多數人，也都是世代在土疙瘩中刨食吃的農家子弟。闖關東前，他們中一些被運去接收南京、上海時，跨出C-54式巨型飛機艙門，面對着不斷鳴叫和「咔咔」作響的攝影機和照相機的鏡頭，望着那些朝他們歡呼的西裝革履的先生、太太和小姐們，那種畏怯，惶惑，自慚形穢，以至於有些無所措手足，與闖進錦州、瀋陽、長春的那些土八路，是沒有甚麼不同的。

從古北口到台兒莊，到崑崙關，到滇緬戰場，倒斃在他們槍口下的日軍，就個人而言，素不相識，無寃無仇。可他們是侵略者，他們

① 《東北三年解放戰爭軍事資料》，8頁。

遠渡重洋來燒燬我們的家園，殺戮我們的父母，姦淫我們的妻女。他們是強盜，是魔鬼，是野獸，是中華民族、也是人類的敵人和仇人。殺死他們，就是拯救祖國，拯救正義。殺死一個，祖國就多一份安寧，人類就少一個敵人。

可現在，從山海關到四平，三點成一線出現在準星前端的，是誰呢？在他們第一次扣動扳機前的瞬間，可曾有人閉過眼睛？可曾把槍口抬高一寸？可曾想過自己也是中國人？

即便是理直氣壯，覺得怎麼接收怎麼有理的杜聿明，在山海關指揮國軍打響東北內戰第一槍時，那心靈深處就會那樣平靜，蕩不起一絲別樣的漣漪嗎？

「內戰一開，生靈塗炭，決難止息，歷史的罪名，將落在我們的頭上。」[①]發出這種悲歎的，後來在和平解放北平中立了功的傅作義，那雙白淨的手上就沒有血腥氣嗎？

他們都在這場內戰中活下來了，傅作義還當上了中華人民共和國的水利部長和國防委員會副主席。當官並不是一切。活着也不是一切。可那些把紅土地養大的精壯的活生生的身軀，埋在了黑土地的人呢？死人就是一切，就一了百了嗎？

本來，他們應該去和家人團聚，去娶妻生子，去享受天倫之樂。本來，他們應該有最好的住房，最好的生活保障，最好的醫療條件，把身體好好普查一次，把在戰爭中落下的殘疾好好治療一下。本來，他們應該去受教育，而且是受最好的教育，用那雙操慣了槍炮的手拿起筆，去掌握建設國家，振興民族的武器。

可他們卻來到這片遙遠而陌生的黑土地，來打殺本來和他們一樣的骨肉兄弟。

歷史記得他們是怎樣來到這片黑土地的。

歷史是不會忘恩負義的。歷史將永遠銘記着他們昨天的偉烈和功

---

① 黃濟人著：《將軍決戰豈止在戰場》，96頁。解放軍文藝出版社（1982年）。

動，也同樣注視着他們今天的悲哀和罪孽。

昨天，今天，就像這白骨和黑土地一樣，黑白分明。

他們一個個都有自己的姓氏和名字，可誰也不知道。黑土地上沒有一塊他們的墓碑。大概他們自己也不想把姓名留下。

但歷史已經為他們立碑了，那碑文一字字都像警鐘長鳴……

第一一章：春之冬

在春末暖融融的黑土地上，共產黨人全線後退，退向臨近朝鮮的狹窄地，退向遙遠的松花江北。

開頭退得有條不紊。偌大個四平城，據說連具烈士遺體都未丟下。後來就不行了。新六軍一輛汽車拖門炮，就毫無顧忌地對共產黨大部隊窮追不捨。

處在勝利峰巔上的國民黨，終於把共產黨人趕到了人民中間，並最終把自己推入絕境。可在1946年那個嚴酷的春末，共產黨人確是連招架之力也沒有了。有的部隊被阻在敵後，有的失去聯絡，有的潰不成軍。

來自延安和東北局的意見，卻是「必須守住」公主嶺和長春，像保衛馬德里一樣保衛長春，變長春為第二個凡爾登。①

還在亂着套。

「想中央，盼中央」

5月18日夜，一師二團財會科會計劉淑，在梨樹附近一個小村聽到集合號，不知怎麼回事兒，和政委妻子張華出門來看。江擁輝匆匆趕來：還傻等甚麼？快走！跑呀走呀。張華說：只剩下喘氣兒的勁兒了，當俘虜也走不動了。劉淑說：可不能當俘虜。張華說：對，死也不能當俘虜。兩人強撐着往前挪動，江擁輝帶着打阻擊的騎兵趕上來了。

又飢又渴趕到吉林市，滿指望能吃點喝點，大街空蕩蕩的沒一個人影，像座空城。剛過松花江橋，身後轟隆一聲，江橋炸了，那邊敵

① 凡爾登是法國東北默茲省的城市和鐵路樞紐。第一次世界大戰期間，德法兩國軍隊在這裏進行了著名的凡爾登戰役，德軍傷亡近60萬人，法軍傷亡35萬人，故有「凡爾登絞肉機」之稱。

人也腳跟腳進了域。江面不到500米寬，對岸汽車、摩托車嗚嗚叫，老百姓像從地下冒出來似的擁到大街上，揮動各色小旗，呼喊口號。那情景，就像當年八路端了鬼子炮樓回來，老區人民歡迎子弟兵。

大家看得這個氣呀：

東北人都是亡國奴！

狗咬呂洞賓，不認好人心！

歡迎吧，有你們好瞧的！

……

1945年12月8日，重慶《中央日報》二版刊登消息：《溝幫子視察記。人民在嚴寒中修復共軍之破壞，老翁談人民將以全力協助國軍》。

1946年11月12日，東北民主聯軍司令部的《陣中日記》，有這樣一段：「頑區群眾條件極壞，我軍通過時，沿村抗擊，我們只能完全夜間行軍。」①

「八·一五」後，從南京、上海到所有國民黨軍隊進駐的淪陷區，一夜之間，蔣介石的畫像就從塵封多年的地方找了出來，莊重地掛上家庭和街道的莊重處。人們追隨着浩蕩開進的國軍歡呼，戀戀不捨地圍着每個穿制服的政府官員，向他們問好、致意。八年了，「國軍」來了，自己國家的軍隊來了！

黑土地人沒有蔣委員長的畫像，甚至從未見過，那心情卻是一樣的。

大連凱達實業有限公司瀋陽分公司離休會計宋長青老人，「八·一五」光復時，在瀋陽南站前「中興和」餡餅舖當學徒。八路進瀋陽那天，站前廣場人山人海，都去看「咱中國的軍隊」。他把掌櫃的四歲兒子舉在脖子上騎着，在人群中朝前擠。伸着脖子望了半天不見出站，有人說是「老毛子」不讓下車。人們火了，都罵「媽個巴子」：瀋陽是咱中國的，咱中國軍隊來了憑甚麼不讓下車？媽個巴子的老毛子還講不講理了？

---

① 中共中央黨史資料徵集委員會、中國人民解放軍檔案館編：《陣中日記》，14頁。中共黨史資料出版社（1987年）。

有人喊「來了」，人群立刻擁動、歡呼起來。看清了，人們突然都有些發愣。

那槍，那炮，那歪把子，還有那鋼盔甚麼的，沒說的，是繳獲的。可那衣服，怎麼盡是些紫不巴嘰的「二大布衫子」，邋邋遢遢的？有的頭上戴頂戰鬥帽，有的穿件鬼子上衣或褲子，有的乾脆從頭到腳都是鬼子打扮。這是中國軍隊嗎？中國軍隊怎這副樣子呢？

可人們很快又歡呼起來。畢竟是中國軍隊來了——盼了十四年哪！

喊些甚麼，老人記不得了。有點印象的，是「蔣委員長萬歲」和「毛主席萬歲」。

國民黨進城就大不一樣了。吉普車，汽車，炮車，裝甲車，坦克，清一色美式裝備和美式服裝，有的是卡嘰，有的是從未見過的「羅斯福呢」。人們興高采烈，奔走相告：比小鬼子還闊氣，神氣，這回可是真正的中國軍隊來了！

老人說，當時人們對美國印象可深了。人家有錢，傢伙好，還有原子彈。國民黨是「正牌」，又有美國支持，國民黨肯定能贏。

所有老人都談到當時東北人民的「正統觀念」。這是不難理解的。他們看慣了在這片土地上走馬燈般廝殺的外國軍隊，和打着各種「官家」旗號的中國軍隊，吃夠了它們的苦頭。他們就像盼望神話中的天兵天將一樣，盼望一支「正牌」的強大的中國軍隊。中國有這樣一支軍隊，各種各樣的「鬼子」就不能在這片土地上橫衝直撞了，天下就太平了。

現在，他們覺得是盼到了。

他們不知道，他們很快就將難堪地注視着這些人的醜行了。

而且，他們似乎還忽略了最重要的一點：在中國這塊古老的土地上，從來都是只能有一個「萬歲」的。別人頂了天，也只能是「八千歲」，或「九千歲」。

秀水河子戰鬥同時，獨立旅打下彰武附近的泡子車站，鄭紹華那個班住在一對五十多歲老人家裏。開頭，老兩口挺害怕，好像家裏來了鬼似的。他們幫老人打場，推碾子，挑水，掃院子，一口一個「大爺」、「大娘」，叫得老人心花怒放：天底下哪有幫老百姓幹活的兵呀，你們這些「南蠻子兵」真仁義呀！老太太是滿族，梳着高妝頭，每天晚上在油燈下給大家做鞋，見沒人就跟鄭紹華說悄悄話：孩呀，這八路不是正牌，有甚麼出息？再說你們那傢什也不行，不是白搭小命嗎？大爺、大娘這輩子甚麼不缺，就缺個兒子……

瞿文清老人講了個嚮導的故事。

3月20日，保衛撫順失利，連夜往外撤，他找了個嚮導。

剛到東北，打不過人家，總往後退，老百姓也不認八路，找嚮導挺困難。後來政治教育講課時，大家還爭論這個問題。有的說咱是八路，應該說服動員，不能來橫的。有的說敵人都快摸到屁股了，他不幹，不動硬的怎麼辦？

這個嚮導倒挺痛快。是個中年人，黑燈瞎火看不出甚麼身份，他則把這支由他引路的軍隊當成了國軍。點頭哈腰中不乏至誠，一路上車軲轆話喋喋不休：長官呀，你說說，好不容易把「小鼻子」盼倒了，又來了個甚麼「共產黨」。共產黨算甚麼東西！共產共妻，走哪吃哪，專門扒鐵路，一群穿「二大布衫子」的「鬍子」！他們也想成氣候？做夢！我說長官哪，我們都擁護蔣委員長，都向着國軍，盼望咱們國軍打勝仗，把這幫共產共妻的「鬍子」打光了，我們老百姓就有好日子過了……

對於國民黨關於共產黨「共產共妻」的宣傳，黑土地的前輩是不難接受的。傳統觀念告訴他們，凡是扛槍的隊伍，不是正牌，就是「鬍子」。「鬍子」不就打家劫舍、搶男霸女嗎？「鬍子」當然不扒鐵路，可和八路同是共產黨的臊性的「老毛子」，不就把一些鐵路扒了，設備拆了，運回國去了嗎？

李伯秋的老家在遼陽，「九．一八」事變後出走再未回來。闖關東後戎馬倥傯，遼瀋戰役後才回去一趟。都到這時候了，一些老人還問他：大侄子，聽說你們那槍呀炮的，都是用大姑娘和「老毛子」換的，這是真的嗎？

在黑土地人的心目中，「老大哥」實在沒給小兄弟留下好印象。而「我軍無錢，在鄉村中行動時，則到處徵發，老百姓恨我」，「到一處吃一處，吃空燒盡，有如蝗蟲，人民怨聲載道」，則正好「配合了」那些關於「共匪」的宣傳。這是沒法子的事，為了生存，逼到這份兒上了。卻無疑使人們愈發「想中央，盼中央」。

劉光濤老人說，當年在冀東時，鬼子偽軍一出炮樓，十里八村的，消息一溜風就送到耳邊來了。鬼子在前街住着，咱們傷病員就在後街，那麼多特務、漢奸，硬是不知道。

現在黑土地上的情景，正好顛倒過來了。

黑土地上的共產黨人，歸根結底是無根據地，無人民。

共產黨人在黑土地上一退再退，根本原因就在這裏。

「毛主席萬歲」？「蔣委員長萬歲」？

四平失守，在共產黨隊伍中引起的震動是空前的，巨大的。

在這種震動中，相當一部份人動搖了，逃跑了，有的甚至叛變了。

留下來的都是金子。他們使這支隊伍更精粹，更鋒銳了。

共產黨黑土地的天下，就是這些人金子般的脊樑撐起來的。

「那小差開的呀」

趙緒珍老人說：

四平撤退後，走了四十二天到樺甸才站住腳。我們走，敵人追，我們丟，敵人佔。看着要追上了，趕緊拐彎兜圈子，哪兒不好走往哪兒走。有的敵人跑到前邊去了，也得趕緊繞圈子。飛機在頭上撒傳單，後邊還有大喇叭喊：共軍弟兄們，共產黨完蛋了，你們別跟着白送命了，快投降吧。有時還唱歌，唱岳飛「精忠報國」甚麼的。那個狂呀！現在講這些像鬧着玩兒，那時可真是不大行了，打也打不了，走也沒勁了。

黨支部開會，號召黨員和幹部背兩支槍，或兩個背包。那時黨員是秘密的，實際已沒甚麼秘密了，一看背槍和背包的就知道了。這也擋不住跑。俘虜過來的跑，在東北擴大的跑，從關裏來的也跑，黨員也跑，幹部也跑，有的回家了，有的當土匪了，有的投敵了。走到東豐北邊，一天晚上跑22個，帶走20支槍，28顆手榴彈，2200多發子彈。連長王信圖，也帶支20響跑了。師政委李伯秋見了我，說：小趙呀，你這個指導員怎麼當呀！

老人說，這若是在平時，不撤職，也得擼你個茄子皮色，可那時都跑，無所謂了。虱子多不咬人，債多不愁人。當連長、指導員的，當時見面就問：你們今天又跑幾個？

十旅退到綏化進行整頓，槍斃三個逃兵，還有兩個人陪斬。三聲槍響後，有段對話：

——還跑不跑了？

——不跑了。

——再跑怎麼辦？

——一樣。

——和誰一樣？

——和他們三個一樣。

四平撤退引起的逃亡波，持續了很久。

6月25日，東北民主聯軍《自衛報》，刊登的《教育和鞏固新戰士的幾點初步體會》中，有這樣一段：

> 老戰士對新戰士談話時，不要誇大敵人的力量，應該多講我軍有利的地方。如一戰士在軍人大會上承認錯誤時說：「我聽老同志說四平打仗怎樣厲害，傷亡多少人，我害怕了，所以想跑。」一個副總長在班裏說敵人炮火怎樣兇，一炮彈打倒四五個，一個戰士聽後嚇得晚飯都沒吃，黃昏時就和另一個新戰士逃跑了。

新兵逃跑，主要是怕死。老兵和幹部就不那麼簡單了。

趙緒珍老人告訴我，王信圖是山東老八路，打仗很勇敢。當時以為他投敵了，又覺得不大可能。1968年山東來人外調，才知道是跑回家了。二十三團二營副營長朱鐵武，十五歲參加新四軍，槍林彈雨幾十仗，退到西豐時，帶着管理員和通信員投敵了。1949年解放上海被捉住，槍斃了。十九團二連一個姓吳的班長，要拉幾個人回家，回不去就投敵。槍斃時，面不改色。

有人失望了：革命沒頭了。

有人絕望了：萬歲的是蔣介石了，坐天下的是國民黨了。

「東總」前指作戰科長王繼芳[①]的形象，頗像舞台、銀幕和熒光

① 有的資料說王繼芳是作戰科副科長，有的老人說他在山東時當過科長，到東北後是作戰科參謀。

屏上風靡一時的那種奶油小生。一副時裝模特兒般的身材，一張白白淨淨、挺討某些異性喜歡的臉。不過，其所作所為卻大相逕庭。

5月18日夜，「東總」前指從梨樹撤退前，發現王繼芳不見了。大家也沒當回事兒，以為他幹甚麼去了，還等了一會兒。

兩天後，林彪覺出不大對勁兒了：這敵人怎麼就跟着屁股追，而且這麼大膽、放肆呢？

就在民主聯軍從四平東北、西北和正北分三路撤退時，王繼芳正迎着國民黨走去。他可不是空手去的。從腦袋到挎包，都裝着從實力統計到撤退計劃之類杜聿明求之不得的情報。

幾天後，王繼芳重返梨樹，把房東家那個面龐嬌嫩、豐滿漂亮的地主女兒領走了。個把月後，國民黨在長春為他們舉行了盛大的婚禮，還送他一頂「少將參議」的烏紗帽。

他本是個紅小鬼，在革命部隊中長大的。也許是過早撐起了超體力的負荷，他累了，又遇上個多情的女人，而且也早就該成個家了。這屬人之常情。陽關道也好，獨木橋也好，你就走你的。也許是一時想不開，糊塗，動搖。這樣的例子也不少。你仍可以和你所愛的人，去自食其力。這樣，在後來的「階級鬥爭」和「文化大革命」中，可能受審查，批判，戴上幾頂帽子。若能挺住，今天也會重過人的生活。可他不，他早就準備好了那麼多「禮物」，臨走還問有沒有甚麼新情況。他要用曾和他一鋪炕上打呼嚕，一口鍋裏攪馬勺的戰友的血，染自己的頂子，鋪一條榮華富貴的前程。

1949年秋天，二野在重慶把他抓住了。四野派架飛機把他載到武漢，審訊後槍斃了。據說，那個喝松花江水長大的白白胖胖的女人，一直跟着他，也沒有甚麼政治背景，就是愛上了這個一副好衣服架子的男人。

他害了那麼多曾經和他一樣的人，也害了自己，還害了一個女人。

輕易不讚揚誰的林彪，曾讚揚「東總」情報部門：能頂得上一個主力縱隊。

一個王繼芳能頂多少敵人呢？

9月25日，東北局在《關於準備粉碎敵人進攻的指示》中說：

必須立即嚴格審查幹部戰士的成份，堅決清洗壞人。①

總參謀部原副總參謀長閻仲川老人，當時是「東總」作戰科參謀。一下江南時，五師在靠山屯打了勝仗，林彪讓他去了解情況，總結經驗。還未趕到，敵人增援上來，五師撤了，他被隔在敵後。五師沒見到人，家裏慌了神，以為又跑了一個。他帶着兩個騎兵通信員繞了一天一夜趕回來時，有人正在查他的檔案。

高秀成老人講得更有意思：

撫順撤退後，營長高占會開小差了，帶着管理員、通信班長和通信員跑的，騎我的馬。營長開小差了，教導員有責任，這沒説的。師裏領導（老人是講了姓名的）卻非説我知道不可，是故意放走的。我和營長是老鄉，關係也挺好，可他要跑誰知道呀！把我「下放」到鐵嶺一個兵站當站長。四平撤退那個亂勁，師找不到團，連找不到營。我那個兵站也沒人管，大概認為我早跑了。兵站加上一個宣傳隊，男男女女一百多人，就一支槍。轉哪轉哪，也算老天爺照應，在東豐找到了部隊。哪知領導還是不放心。

我這人心裏不存話，愛發個牢騷，愛發牢騷就是重點對象。撅嘴騾子賣個驢價錢，就壞在這張嘴上了。

讓我到師裏當秘書。就唸四年書，「秘」字都認不大準，怎麼當這個「秘書」？為的是放到領導眼皮底下好放心。還派個通信員監視，上街買盒煙也跟着我。那個通信員也不爭氣，他倒跑了。

領導又説是我放走的，在柳河關我三個月，真能把死人氣活了。閒着沒事，我就敲門砸窗。領導來了，説你是共產黨員，要經得起「考驗」。我説我沒法經受這種考驗，我不能把他們的覺悟都教育提高到中央委員那水平上。

某軍副政委劉學友老人，1947年入伍後，就到北安軍政大學讀書。畢業後到哈爾濱，還沒分配工作，先搞「內部清理」。會幾句日本話的，不是「漢奸」，就是「特務」，關起來先打一頓。他那個區隊抓起十分一，最後又把抓人的人都抓起來了。

---

① 《瀋陽軍區歷史資料選編》，35頁。

把這些都歸咎於王繼芳，是不公正的。

很多老人講了很多關於「內部清理」的事情。講「天不怕，地不怕，就怕特派員來談話」，一些人被特派員找去談話就沒影了，也不知為的甚麼。當過特派員的老人，講起來也直搖頭歎氣。

陳世勳老人說，1937年微山湖西「肅托」，殺了三百多人。哪來那麼多「托派」呀！用電話線把大拇指和大腳指捆上，搖電話機上電刑。受不了就招，招誰抓誰，招了就殺。大都是些參軍不久的男女學生，平時敢說話，愛發點牢騷的。為了節省子彈，就用刺刀扎，女的朝陰道裏扎……

有的老人說，要打仗了，被關押的「敵人」都要求上戰場經受「考驗」。一些人就是想死在敵人手裏——死在自己人手裏是甚麼滋味呀?! 命大的，沒死了，回來再吊起來拷打，審問……

一些人挨整，是因為開小差，投敵，或是被疑為要開小差要投敵。

肺部至今還嵌塊彈片的呂效榮老人，正好與此擰着勁兒。

——日本投降後，你為甚麼要搞暴動，不回家？後來那麼多人都跑了，你為甚麼不跑？

老人說，他當指導員的那個八連，185人全是本溪茨溝暴動的「特殊工人」。四平撤退前傷亡、逃亡三分一，進關時剩下二十多個，全國解放就不到十個了。戰爭年代剩下的都是金子，信任又重用。1955年審幹，這些人被撥拉出來過遍篩子，倒也沒甚麼。到「文化大革命」就都成糞土了，翻來覆去問你留在革命隊伍裏想幹甚麼？有個石子亮，是山西決死隊的，暴動負責人之一，在廣州一個區公安分局當局長，活活給打死了。留在部隊的幾個挺幸運，去農場餵豬養雞種地。

我們有那麼多這樣那樣的「辦公室」，有那麼多想幹事，沒事幹，或是沒正經事幹的人，能不能再增加一個辦公室，把黨內軍內歷次「內部清理」的「戰果」統計一下，看看從「AB團」，「托派」到「叛徒特務走資派」，究竟有多少？再研究探討一下，其間有沒有甚麼必然的聯繫？

夏天穿棉襖

5月29日，林彪在給「周林陳並曹」[1]的電報*中說：

> 你們炮兵團的直屬隊，及一門榴彈炮，共五百人，其中大部份為革命的韓國人，另外有十餘日本人，因未接你們撤退命令，在吉林附近被敵人機械化步兵追上，全部被俘……

6月1日，彭真、羅榮桓和高崗在給「饒伍葉周[2]並中央」的電報*中，說：

> 我軍自四平撤至公主嶺附近時，敵以多路平行縱隊各附汽車坦克向我追擊，其受我抵抗之路則停止，而他路則進行包圍，飛機進行放肆轟炸，故被割斷我部隊甚多，至今尚存數團，數個營，數個連，落在敵後面，尚不知去向……

在梅河口南，中長路和瀋吉路之間的三角地帶，一支部隊行蹤不定，漫無邊際地轉悠着，從百花盛開的5月下旬，直轉悠到一片濃綠的7月。

看穿着是群叫花子，而且是「叫花子之最」。分不清甚麼顏色的棉衣，也不管袖口、膝蓋或肩頭甚麼地方，到處開花綻朵，和路邊香氣襲人的野花爭妍鬥艷。那臉也不知多長時間沒洗了，那頭髮、鬍子也不知多長時間沒理了。猛一見，就像從人類原始時代走來的一群野人。再看肩頭還扛着槍，又分明像「鬍子」。可在這方面見多識廣的黑土地人，祖祖輩輩也沒見過這樣破衣爛衫，頭髮、鬍子長了這樣長的「鬍子」呀！

這是被阻隔在敵後的三師獨立旅直屬隊和兩個團。

離休前為瀋陽軍區後勤部部長的石瑛老人，挺愛笑，笑得文雅，

---

① 即東滿軍區司令員周保中，政委林楓，副司令員兼參謀長陳光。「曹」好像是曹里懷，為長春衛戍區司令員。

② 即饒漱石、伍修權、葉劍英和周恩來，當時都在北平軍調部。

達觀。也挺愛動感情，講着講着，臉色驟變，有時還罵兩句，挺嚇人。

在東北野戰軍的師級幹部中，他是個很有個性的人物，用他自己的話講，「是個走到哪裏都要說了算的人」。他也確實能說了算，因為他有能力，又有魄力。

可現在，獨立旅政治部主任石瑛，只能帶着他的部隊像沒頭蒼蠅似的瞎轉悠。

獨立旅原在大窪一帶抗擊七十一軍。旅長兼政委吳信泉（離休前為軍委炮兵副司令員），從蘇北出發時身體就不好，這時終於累倒了。四平撤退前，林彪命令獨立旅在這一帶牽制、迷惑敵人，沒有命令不得離開。

老人說：

當時，周保中、陳光在延邊一帶，三縱程世才在通化附近，鄧華和吳法憲在八面城西北。開頭都來電報，要獨立旅去配合他們作戰。我們是主力呀。都比我官大，都得聽。這一頭，那一頭，有的是有敵人過不去，有的是走到半道情況變了，只在東豐打了一下。後來電池用光了，不能收發報了，清靜了，也不知道該往哪兒走了，是不是可以歸隊了。實際上，周圍都是敵人，也出不去了。部隊忽啦啦往北一撤，地方政權嘩啦啦全垮了。原來見面點頭哈腰的地方幹部，現在都不見了。

我召集營以上幹部開會。那會悶得嚇人，一人開口，大家都像炮炸膛。說黃克誠瞎指揮，說林彪只顧自己逃命，後來把矛頭對準我：你還想把我們往哪兒瞎領呀！

有怨氣得讓人放。你是領導，不衝你放衝誰放？下邊幹部戰士不也一樣衝他們放嗎？放怨氣是信得過你，也是逼你、將你。

我先把前一階段收到一些電報的有關段落唸一遍，那意思是很明白的。然後說，大家東跑西顛很辛苦。7月天還穿着大棉襖，捂得要生蛆。現在是最困難的時候，我們要挺住，要把部隊帶出去，一個人也不能丟！大家從蘇北千辛萬苦到東北，都是「老骨頭」，是黨的寶貝。現在不知道上級意圖，上級也不知道我們在哪裏。怎麼辦？請大家拿主張。如果沒甚麼高招，那還得聽我的。

老人們都說，四平那一仗，若是把這些「老骨頭」折騰光了，東北會怎樣就不好說了。

石瑛率隊北上。到梅河口南山城鎮找到個區政府，有日本人留下的舊電池。張口要幾個，人家獅子大開口，讓拿100支槍換。眼下是金子不如窩頭的當口，100支就100支。

電台「活了」，「東總」命令先拉到柳河。從柳河又橫着向西插、晚上睡，白天走。一路走走打打，過了瀋吉路、中長路，又過遼河和內蒙沒有人煙的沙坨子，快到通遼時，遇上來接應他們的旅獨立營。

那可真是「老鄉見老鄉，兩眼淚汪汪」呀！他們哭，獨立營的哭，戰士哭，幹部哭，首長哭，抱着哭。

黃達宣老人說，到通遼時，棉褲成了棉褲衩子了，膝蓋下邊都掛飛了。

鄭紹華老人說，他的屁股露了出來。

屁股露出來不要緊，因為大都是夜間行軍。主要是沒鞋穿。在蘇北不愁這個，這雙剛上腳那雙就來「慰問」了。闖關東到山東、河北境內，老鄉也慰問了些。到東北可就苦了這雙鐵腳板了。三師來晚了，獨立旅又在最後邊，「日本財」一點兒沒發到，老百姓又根本沒有「慰問」的習慣。如今坐辦公室，一雙布鞋三年還好好的。那年月，兩天急行軍，大腳趾頭就出來「賣呆」了。

穿戴還算好對付，最主要的是吃。

吃糧給錢。錢是東北局印的票子。國民黨沒來時，老百姓就不大認這種票子。國民黨來了，一看人家那穿戴和手裏的傢伙，土八路的錢就不叫錢了，更不用說現在打了敗仗，讓人家攆成這副模樣了。物以人貴，錢也一樣，後來連這樣的「票子」也沒有了，就寫條子。沒有紙，就從破窗紙和糊牆的報紙上撕一條。這件事沒忘過，這是當八路的基本功。可這條子能不能用？甚麼時候能有用？別說老百姓，連寫條子的人都不知道。

以班排為單位，自己解決肚子問題。弄到甚麼吃甚麼，弄不到就餓着。

虱子可是一頓不落，一個個吃喝得膘肥體壯，光天化日之下在身上遨遊。解開扣子，裏面白花花一層，也分不清是棉花，還是虱子。虱子盼打仗，一打仗就沒功夫抓牠們了。抓不過來，就脫光膀子抖落。這樣搞得差不多了，再抓，或是用牙咬，用石頭砸，棉衣裏子弄得血漬漬的。砸破肚皮也不死，一張嘴拱進肉裏還是喝。有人就説虱子是新六軍，真頑強。有人説不對，虱子是「革命蟲」，幹革命的人才有資格生虱子，地主老財資本家有嗎？

走着走着，有人「撲通」就倒了。一動不動，摸摸鼻子還有氣兒。趕緊到河裏或路邊窪坑裏掬捧水，最好是到附近人家去找碗米湯，灌下去就活了。

不少人開了小差。一團二連連長和指導員，一塊兒跑了。黃達宣那個連少，就跑個副連長。

老人説，當時沒少開會，團裏開，連裏開。講紅軍長征多麼艱難，講要看到光明，革命到底。都是實實在在的道理，一聽就明白。團長余和坦，政委李少元，都是參加過長征的老紅軍。團長講着講着就哭了，政委講着講着就哭了，大家聽着也哭。

老人説，他那時就記着一個理兒：咱是窮人，共產黨是為窮人打天下的。還記着毛主席的一句話：44年打倒希特勒，45年打倒小日本[①]。毛主席1943年就能看到抗戰勝利，今天跟着毛主席和共產黨，也一定能勝利。

就是憑着這種樸素的信念，黃達宣和他的戰友們，用刺刀，用雙手，掩埋了一個個倒下去的烈士，抬着不斷增加的傷病員，走出了黑土地的那個夏天裏的冬天。

---

① 採訪中，有幾位老人談到毛澤東這句話，都記不住出處。

第一二章：又一聲「撤」之後

在秀水河子繳獲的那輛美式吉普，從梨樹駛出來，剛拐上通往公主嶺的「電道」（公路），就開不動了。大車，馱馬，向北擁退的隊伍，把道路堵塞了。

秘書和警衛員上前道：能不能讓開點，後面是首長的車，首長有急事。

林彪要盡快趕到公主嶺去。毛澤東讓他堅守公主嶺和長春。

黑暗中，七嘴八舌響起斥罵聲：

甚麼手掌腳掌的，這時候了還擺臭架子耍威風！

就是林彪來了也不讓！瞎指揮，打敗仗，就會撤，就能跑——撤退將軍，逃跑將軍！

問問你們那個首長，是不是要撤到「老毛子」那邊去？

……

美國作家哈里森．索爾茲伯里，在他那本被評為1987年中國暢銷書的《長征——前所未聞的故事》中，曾以這樣詩一樣的語言描寫林彪：

> 他是紅軍中年輕的鷹。在一九三五年那明媚的春天裏，雲南的田野萬紫千紅，到處是雪白、桃紅和淡紫的罌粟花，在陽光下迎風搖曳。在紅軍這道星河中，沒有比林彪更為燦爛的明星了①。

此刻，歷史正以不知比索爾茲伯里輝煌多少倍的語言，讚歎坐在吉普車裏面的這位面色蒼白的將軍，並把黑土地這副絕不輕鬆的擔子，愈來愈沉重地壓下他那瘦削的肩頭。可在這些後來高唱《林總命

---

①（美）哈里森．索爾茲伯里著：《長征——前所未聞的故事》，207、208頁。解放軍出版社（1986年）。

令往下傳》[1]的士兵眼裏，他只能是斷了翅膀的鷹和隕落的星。

甚至一些當年非常熟悉、崇敬他的老部下，也心存疑慮：「林總」是不是多少年沒打仗了，不會打仗？

林彪病了

從中央決定在錦州西部打大仗離開瀋陽後，除了秀水河子戰鬥結束去撫順參加東北局會議，半年裏，林彪就一直跟部隊在前線轉悠了。天冷，騎不住馬，大都是「11」號。後來有了車，一些路也走不了。有時一天就換一個地方，最多半個月左右。去四平前路過西豐縣一個小村子，窮光光的，沒一戶像樣人家，就一間馬棚子還寬敞點。

季中權老人說，那天睡得晚，起得也晚。他出了馬棚子，看見鄰院窗根下坐着幾個大姑娘，一個個埋裏埋汰的，懶洋洋地曬太陽。有的叼根尺把長的大煙袋，有的伸進懷裏抓虱子。三十多年後當了中華人民共和國衛生部副部長的老人說，那是他第一次見到「關東山三大怪」之一的「大姑娘叼個大煙袋」[2]。

林彪身上也生了虱子。晚上住下，鑽進被窩，脱光膀子，在油燈下一聲不吭地在衣服上捉，用指甲掐，掐得「叭叭」直響。像臉色一樣蒼白的身上，兩排肋骨清晰可見。

生活之苦，林彪似乎無所謂。「撤退將軍」、「逃跑將軍」、「不會打仗了」的議論，他也無動於衷。使這個本來就心事重重的人操勞過度，簡直不堪重負的，是基於和戰問題的一系列分歧，和由此

① 這是1948年初以後，在東北解放軍唱得比較響的一支歌。據原三縱戰士李迎山老人回憶，歌詞好像是這樣的：

軍號響，紅旗展，
林總命令往下傳，
號召東北野戰軍創造千百個尖刀連。
要頑強，要勇敢，
朝着敵人心臟鑽，
刺刀見紅敵人全都完了蛋。

② 「關東山三大怪」為：窗戶紙糊在外，大姑娘叼個大煙袋，養個孩子吊起來——東北人把孩子的搖籃吊在空中，來回悠，叫「搖車」。

而來的壓力。

據說，在黑土地上，林彪對前途從未喪失過信心，也從未飄飄然過。秀水河子戰鬥後，有人說國民黨也沒甚麼了不起的。林彪說：不對呀，人家那炮打得像放花，咱打不起呀，這個敵人不好打呀。大窪戰鬥後也這麼說。

錦西不想打，四平不想打。拖過了錦西，沒拖過四平。

他「孤掌難鳴」。

意見相左，但毛澤東對他還是看重和信任的。

5月1日，毛澤東在給林彪的電報*中說：

> 前線一切軍事、政治指揮，統屬於你，不應分散。

5月19日，毛澤東在給「林並告彭」的電報*中，在同意林彪放棄四平，「準備由陣地戰轉變為運動戰」後，又說：

> 究應採取何種方針，由林根據情況決定之。

若由林彪決定，那就像錦州一樣，再後撤幾百里，「讓敵拉長分散後，再選弱點突擊」。

同一天，毛澤東卻又來電*指示：

> 長春衛戍部隊應立即開始布置守城作戰，準備獨立堅守一個月不靠主力援助，而我主力則將在敵人兩側及遠後方行動。

6月27日，林彪致電*中央：

> 公主嶺、長春、吉林未守之原因除時間倉促來不及立住腳根佈置防線和工事外，還由於防線太寬，公主嶺防線至少卅里，長春防線則一百八十里，吉林防線則五十里，如敵先將我軍包圍，然後集中兵力突破我一點，則狀況甚難設想，四平之守，乃因敵未料我軍防禦，故逐次增兵來攻，被我各個擊破，且敵在野戰中，遭受了大的打擊與殲滅，故四平防禦戰乃一時（特殊？）

條件地形成，而不能作為我一般的作戰方針，此次如我軍守大城市，則許多中小城市，將被丟掉，許多運動戰各個擊破敵人的機會不能利用，敵如繼續增兵對我守兵進行包圍攻擊，則仍然要放棄原（？）因就是這樣。

拿破崙說：「有一句確切不移的作戰格言，便是不要做你的敵人所願望的任何事情——理由極簡單，就是因為敵人如此願望。」

在奪佔長春之前，國民黨的願望就是要和共產黨決戰。不管在甚麼地方，只要共產黨敢打就行，一戰解決問題，一口把你吃掉。

從錦西到四平到長春，毛澤東和中央和東北局所要做的，正是蔣介石和杜聿明所願望的。林彪和黃克誠等人的所做所為，正是對手所不願望的。

四平一戰，共產黨的「老骨頭」被打掉那麼多，但總體元氣還在。做樑，做棟，做磚，做瓦，在黑土地搭起共產黨的天下，還夠。

如果在公主嶺、長春和吉林再來場馬德里式保衛戰，黑土地上的狐狸再機警，接二連三四，也難免有個閃失。而一旦失誤，後果就「甚難設想」。

如果在錦州西部打了大仗，其結局將比四平更慘，當是無疑的。

毛澤東放手讓林彪在黑土地上幹，是在本章快結束的時候。此前，毛澤東是戰略由我定，戰鬥由你打。林彪不情願，也不遺餘力去打。四平臨決定撤退前，還親自跑去前線看了看。公主嶺能不能守，他也不光在地圖前踱步，也親去實地踱一番。此前是越打越被動，現在是怎麼看也看不到「馬德里」在哪兒，只有落荒而逃。

從「獨霸東北」到「最後一戰」，到末了，一切都是按照「孤掌難鳴」的林彪的路數「鳴」的。

林彪也病了。

像杜聿明一樣，林彪的病根也是在抗戰中落下的。

平型關戰鬥後，林彪被閻錫山的部隊誤打了一槍。子彈擊中肺部，血迸出來，傷勢很重。延安都準備開追悼會了。後來去蘇聯治療，據說發現骨髓神經受傷，結個疤，造成植物神經紊亂。據說，這病人喜靜，怕光，失眠，憂鬱，且病情會隨年齡增長而加劇。根治辦法是手術，把疤取掉。可這種手術非常危險，九死一生。不知是醫生不敢做，還是林彪不想做，還是別的甚麼原因，反正手術是沒做。

從瀋陽到錦西、阜新、法庫、撫順、開原，再到四平，林彪勁頭和精神都挺好。從四平撤退到吉林，也沒看出甚麼兆頭。出吉林到九台就有些不行，到舒蘭終於病倒了。

據説是「交感神經發炎」，發燒不退。飯更少了，覺更少了。比飯少覺少更引人注目的，是脾性也變得一反常態了。

到九台路上騎馬。林彪眼睛好像睜不開，晃晃悠悠，有點坐不穩的樣子。深夜，秘書照例去機要組那兒，看看有無甚麼重要情況。剛躡手躡腳走幾步，就聽林彪喊：幹甚麼？別管它，別管它。

聲音不高，速度不快，不熟悉的人很難聽出甚麼不滿來。但對林彪的秘書、參謀和警衛人員説來，卻非一般了。

二十多個月裏，這是林彪對季中權唯一一次發火。

對季中權來説，林彪這火發得毫無道理。對李作鵬和何敬之那次，那火發得雖然不無道理，卻也是與林彪的一貫作風相悖的。

從四平撤退後，一路上到駐地後，林彪第一件事就是和部隊聯繫，了解所處位置、傷亡、逃亡、情緒以及其他意外情況。在九台出發前，林彪讓季中權通知參謀處，讓電台和機要組乘汽車一起走。不知是李作鵬忘了，還是怎麼的，他們到了舒蘭，電台馬馱人挑還未到。

林彪説：帶我去。

季中權情知不好，也只有把林彪引到李作鵬住處。

因能喝酒而得名「大燒鍋」（東北人稱酒坊為「燒鍋」）的李作鵬，正和何敬之等人坐在那裏喝酒。

林彪瞅了瞅，雙手抓住桌沿，「唏哩嘩啦」一陣響，桌子翻了。（有的老人説，林彪還隨手抓過炕上的行李甚麼的，摔向李作鵬等人）然後轉過身，説聲：走。

據説，林彪感情宣洩爆發到這種程度，不光在黑土地，就是在整個戰爭年代，也是空前絕後的。

在場的人全目瞪口呆了。那目瞪口呆，與其説是嚇的，倒不如説是驚的：「林總」這是怎麼了?!

一些老人説，林彪不會打了敗仗拿部下出氣。他是病了，是病態。他當時的負擔和壓力太大了。四平打得那樣苦，部隊撤退那樣亂，敵人那樣猖狂，下一步究竟怎麼辦？多少問題擺在他面前呀！這些也在其次，關鍵是思想不統一，還在亂着套。他在發出「請主席頭腦清醒考慮之」那封電報後，還發過幾封帶有「根本意見」的電報，主席都未明確回覆。可現在已是火燒眉毛，到了非解決不可的時候了，他又解決不了，說了不算。

對於一個電報發走了又想收回來，收不回來了還要發報據理力爭的人，這是一種甚麼樣的內心情緒？對於一個對身邊小事從來不聞不問，電台晚到一會兒也不礙甚麼大事的人，去把飯桌掀了，又是一種甚麼樣的情感宣洩？

有的老人說了幾遍：「路線鬥爭太苦了！」

「莫斯科撤退」

回到住處，林彪繼續踱步。踱一會兒，大概是踱不動了，就原地坐下。那是一戶朝鮮族人家，進屋就是炕。靠牆坐着，一動不動，像是睡了。一會兒，卻又閉着眼睛冒出一句：小季，記錄。

那個車軲轆仍在飛轉。

不能不轉。

5月31日，黃克誠的電報*：

毛主席：

東北情況很混亂，很難阻止敵人佔齊哈（齊齊哈爾和哈爾濱——筆者），假使退出哈齊，能取得和平停戰，則堅決退出求得停戰，來整理內部，以求再起，時機緊急，請考慮。

黃克誠

6月1日，林彪在給「中央周張譚」①的電報*中，說：「準備游

① 「周」即周恩來，「張」和「譚」說不準，待查。

擊放棄哈爾濱。」6月2日，東北局在給「中央並林」的電報*中，也說：「我們準備放棄哈爾濱」，「我已告辰兄準備退出」。

老人們都說，如果國民黨過松花江向北打，當時是沒法抵擋的。東北局已將東西裝車，國民黨一過江，馬上就放棄這座「東方的莫斯科」。

6月3日，毛澤東在給「東北局林並告李黃」的電報*中，說：

> 同意你們作放棄哈爾濱之準備，採取運動戰與游擊戰之方針，實行中央去年12月對東北工作指示，作長期打算，為在中小城市及廣大鄉村建立根據地而鬥爭。

在「最後一戰」和「保衛馬德里」的口號聲中，歷史在黑土地上兜了近半年的圈子，又回到了那個本來的座標點上。

據說，此前此後，林彪主要思考兩個問題。一是準備到東滿打游擊，二是整頓部隊，恢復士氣，堅定信心。

第一個問題，在6月1日電報中，林彪說：「七旅及七師今後應準備打到牡丹江」，「第一步可以珠河為目標」。另外還有專電，沒查到。筆者看到1945年12月25日的一封電報：*

> 彭羅並報中央：
>
> 為阻止敵進奉天後，我領導機關處於受敵威脅與被動情況下，提議東北局與總部，移到海龍。將本溪、遼陽一帶的物資、資源、原料，移到通化。我東北根據地的重心，應擺在哈爾濱一線以東，以延吉、臨江、通化為鞏固建立。我之群眾工作幹部，主要部份亦應放在瀋陽以東，因這一帶山多，人口多，物產多，敵少，氣候好，海外貿易多。
>
> 林
>
> 12月25日

天候、地形，敵情，我情，民情，從錦西到秀水河子、四平、公主嶺、長春、哈爾濱，哪一仗不能打，哪一仗能打、怎樣打，林彪腦子裏那個車軲轆，幾乎從未轉錯過，不能打還得打的仗，那車軲轆上已把下一步的路數轉出來了。而在更廣闊的宏觀上，林彪的目光更犀利、深刻而又執着。

由此而想起當年常聽常講常唱的那句「挽救了革命挽救了黨」。在黑土地這段撲朔迷離的「萬花筒」時期，如果也可以這麼説上一句的話，那在這句話前面的就不是「毛澤東」，而是「林彪」了。

解決第二個問題，一個最主要的方法，就是大講1812年俄法戰爭中，俄軍在莫斯科的大撤退。

據説，在林彪很喜歡的幾位外軍將領中，既有在這次戰爭中慘敗的拿破崙，也有成功地指揮俄軍撤退，終獲大勝，功成名就的庫圖佐夫。林彪在錦西避免決戰，指揮後退時，腦子裏那個車軲轆上是否轉過庫圖佐夫的這一傑作，誰也不清楚。但他能在四平撤退後迅速抓住普遍存在着的悲觀失望情緒，迅速地大講莫斯科撤退，肯定不會是即興之作。這無疑是成功指揮四平撤退這一傑作後的又一傑作。

「決定戰爭勝負的因素，並不是部隊士兵的喪失，而是希望的喪失。」

無論看沒看過利德爾·哈特的《戰略論》，古今中外一切傑出的軍事家，都是深諳這位英國軍事理論家這句話的含義，並致力於使他的士兵像堅守最後一道防線一樣，決不丟掉希望。

很多老人都談到當時林彪講莫斯科撤退的故事，説明四平撤退的意義。林彪還讓人寫篇介紹莫斯科撤退的文章，很長，登在《自衛報》上。還通過蘇聯駐哈爾濱領事館，搞到一部紀錄片《庫圖佐夫》，給部隊放映。

一些老人印象頗深的，是林彪在舒蘭一家戲園子的一次講話。

大意是：

> 大家一定以為我跑得太快了，丟的地方太多了。我説我跑得還慢了，丟得還少了。
>
> 這不是開玩笑，我講的是真話，講的是馬克思主義，是毛主席的軍事思想。
>
> 東北情況是敵強我弱。我們只有一個拳頭，敵人有好幾個拳頭，一個拳頭是打不過好幾個拳頭的。怎麼辦？就是要把敵人的

拳頭變成手掌。怎麼變？就是把城市丟給他們。城市一丟，我們的包袱就沒了，身子就輕了，敵人的拳頭可就伸開了，我們就可以一個指頭一個指頭地吃掉他們了。

解決東北的問題要靠戰爭。戰爭的根本問題在於消滅敵人。勝負不能從一時的進退看，也不能從一城一地的得失看。我們力量小，城市只能是旅館（林彪在各種講話中，經常講「城市是旅館」——筆者），暫住一時。把敵人拉散了，把敵人一股股地吃掉了，城市自然就是我們的了。如果我們現在捨不得城市，和敵人硬拚，那我們只能有兩條路：或者被敵人吃掉，或者走抗聯的老路——退到蘇聯去。

剛才我講了，拿破崙的軍隊開進莫斯科時，也是很猖狂的，可他們的失敗在那時候已經決定了的。今天也是一樣。我們已經通過大規模撤退，換取了消滅敵人的有利條件。這並不是個新問題。我們當年在中央蘇區和敵後抗日根據地，就是這麼做的。

現在，我們要把眼光轉一轉，從大城市轉到中小城市和廣大農村去，把大氣力用到建設根據地去。有了根據地，我們就有了家。有了家，就會要兵有兵，要武器有武器，要糧有糧，要衣服有衣服——在座不少人還穿着棉衣哩。我們有了這些，我們就會有全東北。

從「拒敵於國門外」，到「保衛馬德里」，在「萬花筒」時期那些像放花一樣的比喻中，把四平撤退比作「莫斯科撤退」，還是較為準確的。

不過，對於一個扛着步槍的士兵來說，他們更注重的不是說，而是幹，是跟着你林彪到底能打勝仗還是打敗仗。

「東北王」

《東北解放戰爭大事記》中，關於1946年6月16日這一天的文字，是這樣的：

中共中央發出關於東北局幹部分工問題給東北局的指示。指出：目前東北形勢嚴重，為了統一領導，決定以林彪為東北局書記、東北民主聯軍總司令兼政治委員，以彭真、羅榮桓、高崗、陳雲四同志為東北局副書記兼副政委，並以林、彭、羅、高、陳組織東北局常委。中央認為這種分工在目前情況下，不但有必要而且有可能，中央相信諸同志必能和衷共濟，在重新分工下團結一致，為克服困難爭取勝利而奮鬥。①

關於黑土地十個月來情況的一次組織總結。當然也是思想路線的總結。

林彪──「東北王」。

據説，林彪看完電報，沉思一下，就繼續踱步。那步履和神態，與過去一般無二。

而毛澤東在決定林彪當「東北王」時，對於這個當年的「娃娃」，會想些甚麼呢？

1948年11月23日，就在東北野戰軍主力兵分三路，啟程進關時，東北局在瀋陽召開擴大會議，通過了《關於全東北解放後的形勢與任務的決議》。*

其中有這樣一段：

當我們開始進入東北，國民黨反動派在美帝幫助下，曾經利用和平煙幕，進兵東北，接着又依靠其當時軍事上的優勢，配合東北反動勢力，向我作大舉進攻，企圖消滅我們於立足未穩之時，當時情況，極為困難。尤其是當時東北黨內少數領導幹部所存在的錯誤思想，更增加了當時的困難。這些同志對於敵人的和平陰謀抱着很大的幻想，對敵我力量的對比，以盲目的樂觀代替了冷靜的科學分析，對舊政權舊軍隊敵偽殘餘分子和階級本質，缺乏階級的分析，過份強調少數一時不能取得的中心城市的作用而忽視了廣大的鄉村，因而使他們違背了毛主席一九四五年十二

① 《東北解放戰爭大事記》，65頁。

月的指示，在堅決依靠東北人民，堅決消滅敵人，建立革命根據地的各種政策上發生了許多原則性的錯誤。這是在階級鬥爭的緊要關頭，少數同志喪失階級立場的一種非常危險的傾向。這種傾向，一開始就遭受到另一部份領導幹部的堅決反對，但仍給予東北人民解放事業以很大的損失。直至一九四六年東北局七七決議之後，才在全東北黨內貫徹了毛主席一九四五年十二月的指示，克服了黨內右傾危險……

基本公正中的一個基本的不公正，是把毛澤東的錯誤「忘掉」了。「獨霸東北」，「拒敵於國門之外」，「最後一戰」，「化四平街為馬德里」，「把長春變為馬德里」……好像全都是「東北黨內少數領導幹部」提出來的，毛澤東只有「一九四五年十二月的指示」。

「東北黨內少數領導幹部」，或者是就這麼認識的形勢，並積極向中央建議的，或者是執行中央的指示，這樣做確實「更增加了當時的困難」。但是，把這一切都歸咎到他們頭上，這不是人為地把這段歷史搞複雜了嗎？怎能叫人口服心服呢？

應該看到這個決議的毛澤東，當時又會作何感想？

沒有錯誤的毛澤東，是另外一個毛澤東。

被掩蓋、迴避了的歷史，不是真的歷史。

停戰十五天

就在共產黨人整頓好行裝，隨時準備棄城出走之際，6月5日，毛澤東來電報*了：

東北局及林：

寧周電稱，蔣已允馬停戰十天談判，請東北局堅守哈爾濱十天等語，望立即佈置堅守十天至要至要。

中央

從6月7日開始，停戰半個月。

6月26日，國民黨軍隊進攻中原地區，中國內戰全面爆發。

黑土地卻一直沉寂到10月下旬。

這四個月，是黑土地共產黨人寶貴的春天。他們惜時如金，全力以赴，揮汗如雨地播種，耕耘，兩年後就收穫了一個金燦燦的秋天。

從當年的林彪到今天的老人，都說國民黨沒向江北推進是失算。否則，共產黨的日子將更難過。

「停戰後，我軍整補，共軍也會整補。而共軍擴充得非常迅速，我軍卻不能盡量擴充。」杜聿明是個明白人，蔣介石也不糊塗。對於受傷的老虎，當然應該窮追猛打，置之死地，而不可放虎歸山，讓牠養好傷口再撲出來。

只是，和日本人打了八年，血流成渠，接着又和中國人打，把黑土地打得雪白血紅。共產黨打乏了，國民黨也打累了，雙方都迫切需要坐下來喘口氣兒。

而且，國際國內輿論都是和平，蔣介石有壓力。還有，過江佔領哈爾濱，在蘇聯門口舞刀弄槍，也不大好。或多或少，這也是個原因。

關鍵還是兵力不敷分配。

國民黨國防部史政司編寫的《綏靖第一年重要戰役提要．作戰檢討》中，有這樣一段：

（一）我軍以接收之目的，應進出松花江自有必要，惟就作戰方針言，欲壓迫共軍於松花江而殲滅之，則似過遠，以分進合擊包圍於四平地區而殲滅之，爾後向松花江進出為當。其次，就本案壓迫松花江殲滅之方針，在兵力部署上，與方針又不相吻全，即逐次使用兵力，致四平街久攻不下，其後增加兵力，亦未着重四平附近殲滅共軍之措施。迨攻下以後，即為離心推進，而成為廣泛之驅逐，卒未獲殲滅共軍也。

（二）作戰初期，我軍因兼顧遼東遼南方向之作戰，僅以新一軍擔負四平及解長春之圍雙重任務，兵力不足，以致四平久攻不下，長春淪於敵手。而後次第以第七十一軍和新六軍兩軍加入，雖獲得四平決戰之勝利，然已遷延兩月以上時間，使敵得以從容脫離戰場，未能將敵主力擊破，貽爾後東北剿共軍事以無窮之後患。

（三）我戰略受政略影響，專注重城市及交通線之佔領，忽略殲滅共軍主力……①

「欲壓迫共軍於松花江而殲滅之，則似過遠。」兵力不足，才感到「過遠」。蔣介石也不是不知道，「逐次使用兵力」為兵家所忌。可兵力不足，不能一擁而上，一錘子砸下去，也只有使用添油戰術。待「以第七十一軍和新六軍兩軍加入」，連奪四平、長春、吉林，雖「未能將敵主力擊破」，也算大獲全勝之際，剛剛「平定」的南滿又亂了套：六十軍一八四師在火線上倒戈了。

「八·一五」前的東北，大米為日本人的「專利」，只有少數「高等華人」才能進口。日本節節敗退，前方吃緊，後方吃緊，先是吃大米加高粱米的「二米飯」，後來就成了清一色的高粱米。於是，黑土地就有了句至今在一些老人口中還能聽到的歇後語：「小日本吃高粱米——沒法子了。」

蔣介石大概一輩子也沒吃過高粱米，但他也是沒法子了。

① 《四戰四平》第1集，20頁。

五、家

林彪說：「今天我們在東北還沒有根據地，還沒有家……如果我們沒有家，沒有房子，就好比流浪者，漂來漂去的二流子，遇到狂風暴雨就會無家可歸，無房子可住，就會被狂風吹掉，被暴雨淋死，遇到嚴寒冬天就會凍死餓死……死無葬身之地。」①

光靠靈感是得不到這樣的句子的。

「在阿拉曼②之前，我們沒有取得過一次勝利；在阿拉曼之後，我們又沒有遭受過一次失敗。」

把「阿拉曼」三個字換成「七七決議」，邱吉爾的這句話，就變成黑土地共產黨人的了。

因為共產黨人有了家。

---

① 《四野戰史》第2冊，3頁。

② 阿拉曼戰役，為1942年10月2日至11月4日，英國第八集團軍和德意非洲坦克集團軍，在北非進行的一次大戰，英軍大勝。

第一三章：魅力和偉力

陳雲起草的《東北局關於目前形勢與任務的決議》，即著名的「七七決議」，指出：

> 無論目前或今後一個時期內，創造根據地是我們工作的第一位。
>
> 跑出城市，丟掉汽車，脫下皮鞋，換上農民衣服，不分文武，不分男女，不分資格，一切可能下鄉的幹部統統到農村去，確定以能否深入農民群眾為考察共產黨員品格的尺度，一切深入農村者給以獎勵，不願到農村去的給以批評。造成共產黨員面對農村，深入農村的熱潮。①

一個「跑」字，表達了共產黨人怎樣的急切、決心、姿態和激情啊！

給農民土地

季中權老人說：

秀水河戰鬥前，林彪讓他帶上幾個戰士，在秀水河子北面一個幾十戶人家的小村，搞了一次試驗性土改。

當時有一種「東北特殊論」。是不是有人曾明確提出過這種論點記不太準了，但這種精神上級是講過的，大家感覺也比較強烈。覺得日本統治了十四年，搞了那麼多「開拓農場」，東北農村和關裏不一樣，好像已經資本主義化了似的。城裏人見你點頭哈腰的，鄉下人對

① 《瀋陽軍區歷史資料選編》，23、24頁。《陳雲文選》（1926—1949年）中（234頁），將「跑出城市」改為「走出城市」。

你又那麼冷漠，和關裏反差太大，觀感不好。我參加革命前在上海讀書時演過一個活報劇，劇情是一個中國理髮師在理髮時，把一個日本軍官殺了。我到瀋陽後第一次上街理髮，心裏就膽突突的，怕那個理髮師傅給我一刀。

在那個小村呆了不到十天。不到十天能幹甚麼呀，只把地主的糧食分了。可就這麼一下子，群眾就發動起來了。秀水河子戰鬥時，這個小村子出了二十多副擔架。

向林彪彙報，林彪很高興：能發動群眾，這仗就能打，東北就是我們的。

老人很自豪：東北的第一個土改試點，是我搞的。

但是，當時「屁股坐在大城市附近」，這個問題沒有被提到議事日程上。而且，國民黨腳跟腳就在屁股後面追，共產黨人到那兒炕沿沒坐熱乎就得跑，也來不及表演他們的超級藝術。

現在，天高海闊，黑土地上的共產黨人，可以盡情地表現和施展他們無與倫比的魅力了。

在永恆的日月和默默無聲的寒星下，四億中國人，三億多是面朝黃土背朝天的農民，他們日出而作，日入而息，他們像母親撫育嬰兒一樣伺弄土地，他們的夢也離不開土地。他們繁衍生活在土地上，他們的全部生命都和土地息息相關（那時沒有「城市戶口」，農民也不羨慕這個）。他們熱愛土地，渴望得到土地——可他們沒有土地。

沒有土地的農民，只能是土地的奴隸。

他們沒有權力，沒有尊嚴，甚至沒有妻子兒女，主人可以隨意霸佔她們，再把他們拉去看家護院。血性漢子流盡了鮮血，缺少血性的漢子和看得太多的血性漢子，就忍氣吞聲和學會了忍氣吞聲。因為沒有土地的農民，本來就一無所有，連自己都沒有。主人就是政府，主人的意志就是法律。國家朽到了極處，人民苦到了極處。在那極處的極處，是佔人口80%還多的農民。

他們食不果腹，他們衣不遮體，卻修造了那麼多富麗堂皇的廟宇，供奉了那麼多儀態萬方的神仙。他們向他（她）們叩頭，他們向他（她）們乞求，乞求風調雨順，乞求天下太平，乞求恩賜一個「青天大老爺」。他們不會唱《國際歌》，他們把命運交給了本是罪惡的幫兇的神們。不管他們發沒發現這一切是多麼荒唐可笑，當他們終於到了活不下去的時候，就發出山呼海嘯般的吶戚，狂濤怒瀾般地掃蕩大地。

中國歷史上大概可以編制一個師團的那些「萬歲」們，臥薪嘗膽，發憤立志，是為了江山，為了權勢，為了三宮六院。那些揭竿而起，流血拚命的農民，只是為了土地。然而，半個世紀前，當西方人高舉着「自由」、「平等」、「博愛」的大旗，終於用這種方式結束了這種生活方式，把封建社會推向了資本主義社會，古老的中國卻仍然重複着古老的歷史。一頂頂皇冠落地，一件件龍袍加身，渴望得到土地的人永遠一無所有，沒想得到土地的人不但得到了土地，還把渴望得到土地的人踩到了腳下。

中國只有農民戰爭，沒有農民革命。

農民生產糧食，供養軍隊、黨和國家的官僚。農民提供人力，成為維繫國家機器主要組成部份的軍隊。

「得人心者得天下」。在中國，特別是戰爭時期，得人心，首先是要得農民心。龐大的農民群眾心之向背，將左右一切，並能最終左右政治家們的政治。

比之西方發達國家，中國的生產方式實在原始，落後不堪。這是劣勢，也是優勢。發達國家，工業中心炸掉，海空封鎖，立刻陷入癱瘓。中國不存在這個問題。茅屋幾天就能搭起來，彎彎犁一會兒就能削一個。中國的優勢和力量在龐大的農民群眾中，在土地中。只要有陽光和雨水，土地就會生長糧食，國家就會有軍隊。而陽光和雨水誰也不能壟斷。

古今中外，很難找到一個政治集團像中國共產黨那樣，熟諳它的國情，了解它的人民。也沒有一個政黨能像它那樣，把自己和農民的關係理解得那樣深透，處理得那樣和諧。共產黨人最清楚農民那被貧窮折磨得麻木，冷漠的表象下，掩藏着甚麼樣的火燄，並善於把這火燄引發為摧毀對手的火山。

蔣介石當然懂得其道理。所以，他才迫不及待地發動內戰。所以，他在關內停戰，在關東大打，不讓共產黨人有喘息的功夫。因為只要共產黨人在農民中站住腳，就像魚兒游進大海一樣，黑土地就不是他的了。

1946年12月30日，蔣介石在特天字第七十號密令*中說：

> 剿匪平亂，必須軍事與政治相配合，收復區內之地方行政工作，尤關重要。我軍佔領各匪區之後，必須督導我各級官員，協助各級地方政府，注意民眾組織，整理保甲，加強人民之自衛力量，以安定地方秩序，恢復各種生產。對於處理土地糾紛，尤須注意，實行綏靖區減租法規，務須使耕者有其田，此為我軍與共匪鬥爭之基本問題。務希我將領切實勵行，勿誤。

蔣介石不光說說，還真把一些能夠減輕農民痛苦的法令，寫在了紙上。比如，1930年南京政府就通過一項法令，規定地租不得超過糧食收穫量的37.5%。這無疑是在此以前中國歷史上最進步的法令之一。可國民黨政府依靠甚麼人來推行它呢？是多少個世紀以來就佔有和統治土地的人，這些殘忍而又高雅的生活在中國式天堂裏的人，憑藉世襲的特權，完全佔據了權力、道德和法律的優勢。執行這些法規法令，就意味着失去他們的優勢和天堂。這是比挖祖墳更令他們難以容忍的。而這些人，正是國民黨政府統治農村，統治中國的社會基礎。觸犯了這些人，國民黨的根基也就動搖了。

一種先天性絕症。

中國歷代統治階級的字典裏，都找不到「民主」兩個字。但它們誰也沒說自己「專制」、「獨裁」，是人民的敵人。別說「正牌」的國民黨，連一撥又一撥唿哨來去的「鬍子」，不也打着「殺富濟貧」、「保衛鄉土」的旗號嗎？大老遠跑來殺人放火的東洋鬼子，不也說是「建設王道樂土」嗎？人們已經聽得太多了，人們不要聽了，而要看做。人們看到的最直接，也最現實的，是誰來了後他們碗裏的飯多了，少了，乾了，稀了，是家徒四壁的牆上，能不能比去年多一張《年年有餘》。

所到之處，曾像蝗蟲一樣吃光燒盡，現在，共產黨人要把中國革命之父孫中山傾心嚮往的「耕者有其田」的理想，寫在中國農民世世代代夢寐以求的土地上。

東北局和各級黨政機關大精簡，各抽出三分二幹部，共12000人，下鄉搞土改。

經過清算、分地鬥爭，1947年初，各地有400萬農民獲得了約3160畝土地，分得牲口44萬多匹，糧食1470萬擔。到1948年上半年，土地改革基本結束。

一堆堆燃燒地契的烈焰，映照着一張張仇恨的臉和一雙雙仇恨燒得通紅的眼睛。千百年來被腦滿腸肥的人欺壓慣了的人們，那目光中有激動和興奮，也有疑慮和恐懼：真的就這樣了嗎？

直到把寫有「張老三」、「李老四」的界樁，「叮叮噹噹」地釘在了黑土地上，一些人還不能相信這是真的。房無一間，地無一壠，連力氣都不是自己的，就這麼幾天，就這麼幾把火，就這麼根木樁，這地就歸了我了？有人一夜去地裏轉幾遍，看看那界樁是不是還在，會不會變了字號。有人摟着那寫着自己姓名的界樁，就像摟着情人一樣，枕着黑土地睡着了。

農民有了土地，共產黨人有了家。

土改中出現過火行為。

一是侵犯中農利益，二是殺了些不該殺的人。

老人説，有的斬草除根，把一家老少全殺了。吃奶的孩子，扯腿一劈兩半。

造成這種令人毛骨悚然的行為的原因，是多種多樣的。比如某些政策的不明確性（特別是在開始階段）。比如具體工作人員的政策水平。比如寧左勿右，越左越革命。而建國後「階級鬥爭」中的亂抓亂打亂殺，是不是也能從當年這種行為中找到某些影子？而到了需要共產黨員帶頭致富的那個時候（人而失去致富的本性，是否也為中外一絕），有些人則明確問道：真能讓富起來嗎？真富起來了，會不會再來那麼一傢伙？

黑土地一些老人當時看得真切的，是最早起來革命的農會幹部中，有些人並不是純正的農民，而是流氓無產者。這種人敢想敢幹，甚麼都敢想敢幹。在這些人心目中，「共產共妻」是天底下最好的口號和理想。不費吹灰之力就能將地主老財的錢財和小老婆共為己有，這等美事還能不甩開膀子大幹特幹嗎？

最根本的，這是千百年來那種原始、殘忍的血腥統治所致。被壓迫者一旦有了還手的機會，就會以同樣的暴力對待暴力。西方世界在反抗這種制度時，憤怒的農民也同樣是不在乎鮮血的。

革命本來就不是慈悲的，有時也缺乏辨別力。

1948年5月10日，「中共東北軍區後勤黨委會出版」的《目前後勤運輸狀況任務組織和運輸力的統一與使用》*中，說：

> 兩年來我們的生產力比偽滿時不是擴大，而是縮小了，比九一八以前恐怕也是如此。九一八以前的情況雖不太清楚，但過去東北糧食出口是很大的，每年大豆出口上幾百萬噸，高粱小米不但夠東北吃，而且還運到關裏去，徐州及連雲港以南很多糧食都是東北運去的。
>
> 去年我們的收成不好，先旱後澇，今年我們黨注意努力領導與組織生產，如果加上天好，可能保持前年的收入。不然的話，減產是可以肯定的，原因是由於東北過去地主富農佔很大數量，土改後大農生產破壞了，土地小塊小塊地分給農民，而農民組織和經營的經驗不足，使我們可能減產，這是一；第二，土改中出了一點毛病，打擊面寬了些，使過去生產中佔很大數量的中農富裕中農被打擊，因之生產情緒可能受到影響；第三，地主富農佔百分之二十，土改中注意不夠，有些打的狠了一些，生產有困難（種子牲口工具），影響了這些人的生產；第四，農村勞動力減少很多，參軍參戰數字很大……其次是馬匹數量大大的減少……

生產力水平退回了「少帥」那個年代。

土改中的過火行為是全國性的。而土改使生產力倒退這種後果，不知是否為黑土地所獨有。

但是，無論破壞了生產力，還是解放了生產力，共產黨人已經喚起農民千百萬，同心幹了。

再給一支槍

「翻身不忘恩，好漢去當兵！」

「保田保家保鄉去！」

「勝利反攻，人人有份！」

……

在農民分得土地後，這樣的口號，幾乎寫遍黑土地每個村莊每條街道的每堵牆壁。

農民有了土地，再給他們一支槍去保衛土地，這實在是太順理成章的事了。

在中國，沒有任何一個政治集團，敢於像共產黨那樣武裝人民。因為人民武裝起來，就要用槍桿子解決自己的痛苦。

這個黨，那個黨，你打我，我打你，反正都是「官家」，咱草民百姓管不了，也不管。而當東家的房屋、車馬和土地都變成了他們的後，面對這一切，他們還能像過去那樣漠然視之，無動於衷嗎？

劫富濟貧，開倉放糧，然後率領憤怒的饑民撲向另一座城池。中國歷史上的農民起義，幾乎無一不在重複這樣的畫面。但是，沒有任何階級和政黨能像共產黨那樣成功，那樣徹底，那樣更具歷史的主動性和創造力。

從這疙瘩到那疙瘩舌頭緊靠着牙，
民主聯軍和老百姓守住東北守住家，
東北是我們家鄉拚命保住它！
眼淚裏長着苗鮮血中開着花，
打敗那敵人保住我們的家！
……

唱着這支《從這疙瘩到那疙瘩》，黑土地上的農民，一批批走上前線。

據《東北三年解放戰爭軍事資料》統計，三年中，黑土地有1445907名農民參加了共產黨軍隊。

還不算我們經常在銀幕和熒光屏上看到的肩頭背着槍，手中拿着鋤頭，正在鏟地的那種民兵。

共產黨人憑藉自己的魅力召喚起人民的熱情，並憑藉人民的力量所向無敵。

第一四章：打「鬍子」

關東人稱土匪為「鬍子」。

胡作非為，那些無法無天的「鬍子」，也有自己的「法」和「天」。

「鬍子」頭叫「大櫃」。聯絡官叫「尚賢員」，作戰部長叫「總炮頭」，執法官叫「總稽查」，看管、審訓「肉票」（即抓來的人質）的叫「秧子房」，通風報信的情報官叫「傳號」，出謀劃策的軍師叫「搬舵的」，一般成員叫「小兄弟」。一般都有固定地盤，叫「溜子」。每個「溜子」的「鬍子」都有「山規局事」，叫作「五清六律七不搶八不奪」：「掌櫃的」要得清（不能亂搶），「小兄弟」打得清，「傳號」傳得清，「稽查」查得清，「線火子」（領路的）帶得清；「大櫃」不能吞大餉，不能姦淫婦女，「小兄弟」不能偷搶拐騙，不能反叛造謠，搶錯了要送回，「秧子房」不能跑了「秧子」（即「肉票」，人質）；盲、啞、瘋、癱、僧、道、尼不搶；同是「鬍子」不奪，娶媳嫁女不奪，送殯不奪，搬家不奪，山溝不奪，碼頭不奪，鰥寡，孤獨不奪，醫生不奪。

最初也許有此古風。現在這種「鬍風」即便不是蕩然無存，也所剩無幾，只掛在嘴皮子上了。（探究這些，需要有關專家寫部專著。）

另一個特點，是「鬍子」之多為中國之最。

中國歷來以官為尊。當官之路，一是進考場，二是拿錢買，三是哨聚山林當土匪——當土匪，受招安，再當官。一部「二十四史」中頗有些有頭有臉的人，就是這麼曲線當官的。而黑土地上近百年來最有名氣的人物，人稱「鬍帥」的張作霖「張大帥」，不折不扣，就是先當「鬍子」，後當上「中華民國陸海軍大帥」的。

恐怖的關東

動亂年代盛產「鬍子」。甲午戰爭和日俄戰爭期間，達到一個高潮。「八·一五」後，「鬍子」之多，為黑土地歷史之最。

《四野戰史》載：

> 估計在我南滿基本地區，約有匪五萬餘人，較大股活動的有五千人、三千人不等，重點活動於通化、瀋陽、安東三角地區，中長路以西直到熱河各縣數目較少，但平均每縣有千人左右。北滿匪數龐大，最少不下十萬人，大股都經常盤踞在數個縣境之內，且裝備優良，有野戰重炮。①

有野戰重炮的「鬍子」，也真夠洋氣、闊氣的了。

凡拉竿當「鬍子」都要報字號。那字號挺有意思：「天邊好」，「老山東」，「老山好」，「永好」，「全好」，「九江好」，「君子人」，「綠林女子」，「大閨女」，「宋美人」，「花蝴蝶」，「菊紅」，「兩點」，「寶山」，「四海」，「飛虎」，「大青」，「三合」，「天助」，「久仰」，「靠山紅」，「混天球」……形形色色，五花八門，還有叫「八路軍」的。

這些「鬍子」，有的對搶劫之外的事情一概不感興趣。有的曾打過日本，有的還曾是共產黨領導的抗聯，後來投降了日本。有的反叛一切「官家」，當年打日本，後來打蘇聯紅軍，現在又打共產黨和國民黨。有的不管日本，還是共產黨、國民黨，有奶便是娘，誰硬就靠誰——如果有雙藍眼睛和大鼻子，那字號完全可能叫「紅軍」，或甚麼「斯基」之類。還有一類，是由偽滿軍警偽憲特組成的，或自立門戶、或散佈於其他「鬍子」裏，其中還有不少日本軍人，政治色彩極濃。

土匪蜂起，國民黨政府委任狀滿天飛。黑土地人就以典型的黑土地幽默，在一些「鬍子」前面冠以「中央」二字，成了臭名昭著的

① 《四野戰史》第1冊，17頁。

「中央胡子」。

老人們說：國民黨正規軍不像電影上演得那樣，那紀律開頭比八路軍還好，最壞的還是那些「劫收大員」和「清剿驢子」（即國民黨「清剿隊」等地方武裝），這些人最能撈，糟蹋老百姓，把國民黨搞臭了。

國民黨在東北加委的「鬍子」頭，「總司令」、「總指揮」32名，「軍長」33名，「師長」158名。僅在北滿地區，就收編四個旅「中央鬍子」。

也算「八·一五」後黑土地上的政治土特產。

當時，東北154個縣（旗）中，100多個被「鬍子」盤踞着。共產黨佔據的不到50個，有的也不鞏固，經常處在「鬍子」威脅下。掛着「中央」牌子的「鬍子」，口口聲聲稱共產黨為「匪」，為「八路鬍子」，今天叫囂攻打這座縣城，明天叫嚷血洗那座縣城。1946年10月，不到半個月，接連洗劫了蘿北和依蘭兩座縣城。大小店舖搶劫一空，縣委、縣政府鮮血淋漓。包括蘿北縣長在內的二十多人，被拉到郊區集體槍殺。依蘭縣委書記的妻子，被糟蹋後上吊自殺。

8月15日，佳木斯各界群眾在中心廣場舉行盛大集會，慶祝抗戰勝利一週年，同時公審幾名日本戰犯和漢奸。公審正要開始，嗒嗒嗒嗒嗒，一串子彈射向主席台，全城頓時槍聲大作。騷亂平息後，主席台和會場上鮮血點點攤攤，傳單還在空中飄揚：「歡迎國軍」，「打倒共匪」，「共產黨是兔子尾巴長不了」……

在通化，還發生了由國民黨特務策劃，有三萬多日本人參加的暴亂。

共產黨派到各地去的工作人員，經常在半路上就被「中央鬍子」殺掉了。

恐怖的關東，沒有安全感的關東。

共產黨人不鏟除這個心腹之患，就不能在黑土地上站住腳跟。

1946年6月初，東北局和「東總」決定以師（旅）為單位劃分地區，抽調三分一兵力打「鬍子」。到1947年底，共打滅十多萬「鬍子」。

最後一面「青天白日」旗在黑土地消失後，中央在關於東北工作的指示中，有一項是繼續深入剿匪。東北周回電：無匪可剿。

這是千真萬確的。

兒時，常聽一些老人嘖嘖讚歎：小鬼子那麼兇，也拿「胡子」沒法，共產黨三下五除二就劃拉光了。就憑這一點，共產黨不坐天下就怪了。

剿匪專家
——東野名將錄之一

按響門鈴，出來個老人。中上個頭，披件銀灰色大衣，戴頂棕色貝雷帽。那開門的動作，那向來者伸出的手，那緩慢的步履，都帶着明顯的老態。比這一切都強烈的，是任甚麼樣的白髮也遮覆不了的軍人氣質。這種氣質，在筆者採訪過的曾在黑土地上戰鬥過的老人身上，都能見到。這氣質使他們在垂暮之年，也顯得那麼富有活力和魅力，使人一下子就能想見他們當年的英姿風采。

此刻，這位原軍委裝甲兵副司令員賀晉年將軍，就是當年三江（合江、松江和松花江三省）平原上的一位傳奇式人物。

1946年8月，正是「中央胡子」最猖獗的時候，賀晉年就任合江省軍區司令員。

合江是太適宜繁衍「胡子」了。西南和南部是崇山峻嶺，原始森林遮天蔽日。東部和北部是大片沼澤地和草甸子。草甸子蒿草比人還高，夏天人畜進去，一會兒就被蚊蟲叮剩一副骨架。沼澤地更兇險，不熟悉路徑，一腳下去，就別想再拔出來。如此荒蠻之地，就成了「胡子」得天獨厚的極樂世界。歷代官兵來剿，見是玉皇大帝的天兵天將都不敢涉足的地方，也就隨「胡子」們極樂去了。偽滿時期，日本人採取收買政策，「胡子」大都賣身投靠了。（老百姓說：「鬼子」，「鬼子」日本人不「鬼」，怎能叫「鬼子」？）「八·一五」後，這些「日本胡子」又搖身一變，成了「中央胡子」。其中，謝文東、李華堂、張黑子和孫榮久四支「胡子」勢力最大，號稱合江地區的「四大旗杆」。

東北土匪為全國之冠，合江為冠中之冠。

賀晉年就是衝這個來的。

在創建陝北根據地時，他就以擅長剿匪而聞名。1939年春天，周恩來在嶗山被一夥土匪襲擊，彭德懷立即將賀晉年從前線召回，去剿滅這夥企圖謀害周恩來的政治土匪。土匪在大山裏和他兜圈子，他抓住點蹤跡就窮追不捨，終於把這夥土匪一網打盡。

東北「鬍子」與陝北土匪當然有區別，但大路數是一樣的。

開頭，一些地區用大部隊圍剿。「鬍子」到處都有線眼，人熟地熟，部隊忽忽啦啦未到，早跑沒影了。有時圍上了，一打就散了。部隊一走，「鬍子」頭一聲唿哨，又拉了起來。

賀晉年不這麼幹，他組織精幹的小分隊，逮住蹤影就窮追不捨，而且務必抓住「鬍子」頭。

追進老林裏打。追進草甸裏打。追進沼澤裏打。

賀晉年老人説：東北有三宗寶，人參貂皮烏拉草。我們的小分隊也有三宗寶，大餅子鹹菜疙瘩烏拉草。追「鬍子」是十萬火急的事，沒功夫埋鍋做飯，做飯有煙也會給「鬍子」報信。玉米麵大餅子就着鹹菜疙瘩，騎在馬上邊追邊吃。

鑽進老林就像鑽進大海。夏天滿眼濃綠，冬天一片銀白。大餅子鹹菜吃光了，就吃野菜野果，松籽榛子。夏天秋天好對付，冬天也能將就，扒開積雪找蘑菇木耳，老柞樹上還有猴頭。最難最苦的是沒住處，特別是「大煙泡」一颳，弄不好就捂裏了。有時碰見棵空心老樹，心頭一喜，剛要鑽進去，「嗷」地一聲怪叫，竄出一隻黑熊。

不過，大雪也提供了「鬍子」的蹤跡。「鬍子」很狡猾，排成一路橫隊，漫無邊際地在老林子裏竄。賀晉年是不管你有多少路，我只管一路追。「兔子轉山坡，蹤跡不離窩」。「鬍子」也和兔子一樣，遲早是要歸到一起去的。

沒有雪的季節，就憑踏倒的蒿草追蹤。夜宿的鳥飛鳥叫也是報警器。馬糞蛋子更是寶貝。揀一個看看，就能判斷出「鬍子」的距離。

最主要的還是依靠群眾。老百姓不接近他們，並不是不向着他們。對於這些非搶即姦的「鬍子」，老百姓恨之入骨，只是怕「強龍壓不住地頭蛇」，怕報復，敢怒不敢言。只要耐心説服，並幹出樣子來，總會有人敢説話。賀晉年就是憑藉這些，在牡丹江兩岸死死盯住一股股「鬍子」，把他們一一吃掉。

從秋天追到秋天。他的第一匹坐騎，一匹沒一根雜毛的白色日本戰馬，累倒了，死了。第二匹是繳獲「鬍子」的棗紅馬，驃悍，烈性，在牡丹江岸邊滾下懸崖摔死了。後來他也病了，發高燒。深山老林，大餅子鹹菜疙瘩都啃光了，怎能養病？大家要送他回佳木斯，他不幹，弄副擔架抬着，繼續追擊。

他知道，「鬍子」的處境也絕不會比他自己好。現在是拚決心，拚意志的時候，就看誰能堅持到底。只有在「鬍子」疲憊不堪的時候，才能追上他。而要使對手疲憊不堪，自己就要疲憊不堪，甚至比對手更疲憊不堪才行。

「首惡必辦，脅從不問。」一些「鬍子」頭就抓住「脅從不問」大作文章：共產黨要抓要辦的是我，我都不怕，你們怕甚麼？有些人本來就是「鬍子專業戶」，吃這碗飯的，結果抓了放，放了抓，怎麼抓也不見少。後來就嚴厲了些。那個被稱為「老山貨」、「山中王」的謝文東，被槍斃後，還割下腦袋在林口，佳木斯「懸首示眾」。這古老而又野蠻的辦法，卻收到些文明的效果：很多「鬍子」攜械下山，避免了流更多的血。

謝文東被俘後，說：我老謝當過抗聯的軍長，打過日本，後來走錯了路，能不能饒過這一次？

謝文東和李華堂，都曾是黑土地上響錚錚的漢子。1934年，謝文東參加過轟動滿洲的「土龍山暴動」，後來成為東北抗日聯軍第八軍軍長。有一手好槍法的李華堂，當過抗聯第九軍軍長。後來，這兩條漢子都跪到日本人腳下，成了癩皮狗。再後來，一個成了國民黨的第五集團軍上將總司令，一個成了國民黨東北挺進軍第一集團軍上將總指揮，又出生入死地打共產黨。

（黑土地上的「鬍子」是很有「魅力」的，謝文東、李華堂這樣的「鬍子」更有「魅力」——筆者將在另一部作品中加以探究。）

「四大旗杆」倒後，一聽到「賀晉年」這個名字，一些「鬍子」就望風而逃了。

有的老人說，後來在江西剿匪，一聽到「賀晉年」的名字，土匪也恨爹娘少生了兩條腿。

賀晉年老人笑了：真這樣可就麻煩了，跑得快不好追呀！

楊子榮和他的戰友們
——黑土地英雄譜之二

在從紅軍到八路軍到解放軍的英雄序列中，很難找到一個像「楊子榮」這樣響的名字了。

其實，生活中的英雄，比舞台上的英雄更實在，更高大、輝煌。

楊子榮名宗貴，字子榮。1917年生於山東牟平縣嵎岬河村。十三歲隨父母渡海到安東，在繅絲廠當過童工，在鴨綠江上當過船工，在鞍山當過礦工。1943年回山東，1945年8月參軍。10月，沿着當年父母闖關東的老路，到達東北。

用今天的話講，楊子榮當時是個「老炊」。他二十九歲，比連長、指導員年紀都大，當個炊事員應該蠻合適的。他也確實幹得挺好。

一個人來到世界上走一遭，在遠非七十二行中的行當中，只有當他的愛好、學識和氣質與他從事的那一行相吻合時，生命才能爆發出最大的能量。比如陳景潤曾是個不稱職的中學教師，可是你把遼瀋地區所有中學特級教師集中起來，也不一定能證明「1+2」這個命題。而本節主人公，牡丹江軍區二團三營七連炊事班戰士楊子榮，則是個天生的優秀偵察員。

一次，楊子榮和團副政委曲波，偶然談到偵察問題。他說：我化裝一下，你在人群裏認不出我。曲波不信，兩人打賭，誰輸了買糖請客。曲波和幾個人在集市邊上瞅着，人走光了也沒見到楊子榮。正納悶兒，一個穿件破棉襖的老頭又走回來了，頭上頂個瓦盆，腋下挾個瓦盆，拄根棍子，彎腰駝背，鼻涕涎水的。幾個人都覺得蹊蹺，可若不是楊子榮拍了誰一下肩頭，大家還是認不出來。

而且，1.80米山東漢子，魁梧健壯，膂力過人，腿腳飛快。翻山越嶺像隻鹿，跳進水裏是條龍。還有幾下子武功。記憶力也特別強，簡直過目不忘。比這一切更重要的，是膽大心細，足智多謀，機敏果敢。

這些條件，入選今天千裏挑一的反劫機之類的特種部隊，也是夠格的。

1946年3月26日，在林口縣杏樹村戰鬥中，楊子榮榮立特等功，成為戰鬥英雄。

這是個百多戶人家的村子，盤踞着400多「鬍子」。周圍是一人多高圍牆，各角有炮樓。圍牆外是四米多寬、二米多深的壕溝，壕溝外是鹿砦。

爆破鹿砦沒有成功，幾次攻擊都沒打下來。「鬍子」火力很猛，輕重機槍「嘩嘩」掃射，炮彈在身邊咣咣爆炸。部隊被壓在鹿砦前，雙方在硝煙濃霧中對峙着。

第一排炮彈就在村中濺起一片囂叫聲。現在，這聲音更大了。

——三老四少的行行好吧，別打啦！

——「兔子不吃窩邊草。」都拖家帶口的，到別處去打吧！

——小三子呀，再打咱家全完啦！」

「鬍子」是幾股湊在一起的，內部渙散，沒有統一指揮。但圍住強攻，就會拚命。而且霧快散了，「鬍子」槍法好，那樣傷亡會更大。

一個大膽的想法，在楊子榮腦子裏成型了。

他對副班長説：我進去看看，讓他們投降。

全班同志大吃一驚：不行！太危險！

楊子榮已從鹿砦前站起來，揮動一條白毛巾，大聲喊：弟兄們，別打槍，我要和你們當官的講話。

有人以為楊子榮叛變了，「鬍子」也認為這個連腮鬍子大漢是來投降的。

進去就被槍口逼上了。

楊子榮説：兩軍交戰，就這樣對待來使？

一個小頭目吼道：我看你是來送死的！

聽説來個「八路」，老百姓都出來看。楊子榮就大聲説：鄉親們，弟兄們，我們大部隊已經把村子包圍了，再打下去，全村都要遭殃。弟兄們都有家有業，有的就在本村，只要放下武器，保證大家平安無事。

幾個「鬍子」頭迎上來，其中一個把槍口頂住楊子榮胸膛：不許你擾亂軍心！

楊子榮伸手撥拉開手槍，厲聲道：誰是青北寨的許大虎？誰是本村的郭連長？

話中有話：你們那點老底，我們全都知道。

未等回答，楊子榮繼續説：你們聽着，杏樹村已被包圍了。為了保護鄉親們，也給你們留條生路，我們的十幾門大炮才停止射擊。是降是抗，是活是死，由你們自己選擇。

許大虎揮舞着手槍：老子寧死不降！

楊子榮面對群眾大聲喊：鄉親們，許大虎要在這疙瘩打，你們説行嗎？

大家一哇聲地喊：讓他滾！回他們青北寨打去！

村中維持會長説：看在全村上千口人的面上，和解了吧。

許大虎把槍頂住維持會長腦門：我崩了你！

那個「郭連長」正在猶豫，見許大虎竟在自己面前欺侮本村頭面人物，頓時火了：姓許的，你還是見好就收吧，不然可別怪我不仗義了！

「鬍子」頭拔槍怒視，「鬍子」也騷動起來。有的想幫自己的頭目，有的不知所措。

在這槍響血濺的當口，楊子榮指着旁邊一塊空地喊道：弟兄們，不要白送命了，不要讓爹哭娘哭老婆孩子哭了，把槍放這裏吧。

一人帶頭，大家響應。

共繳獲長短槍300多支，輕重機槍10挺，擲彈筒8具，迫擊炮和平射炮3門。

紅領巾時代愛不釋手的《林海雪原》中，描寫的許家三兄弟（許福、許祿、許祥）、馬喜山、九彪、「座山鵰」，都是生活中實有的「鬍子」頭。當然，小説和生活是不同的。生活中這位大智大勇的楊子榮，在剿滅這些「鬍子」的戰鬥中，都立下了殊勳。

「座山鵰」叫張樂山，七十多歲，又瘦又小，卻應了那句「老奸巨猾」。在前面寫到的大小「旗杆」陸續折斷後，他憑藉三代慣匪的「祖傳絕技」，也憑藉七十多歲爬山越嶺小伙子也不是對手的敏捷，鑽進林海縣北部夾皮溝（東北人稱黃鼠狼為「黃皮子」，用一種特製夾子夾獲——東北到處都有這種「夾皮溝」）的大山裏。二團幾次進剿，蹤影全無。

楊子榮帶領孫大德等五個偵察員，全都「鬍子」打扮，在山裏轉了半個月，把這個老賊和十多個「鬍子」捉了回來。

——「大帥」「少帥」、日本鬼子都沒整了我，竟叫幾個土八路逼住了。唉，打了一輩子雁，到頭來叫雁啄了眼……

一段頗精彩的獨白。

1947年2月23日，在海林鎮北山上一個馬架子窩棚裏，堵住了幾個「鬍子」。楊子榮率先撲到門口，喝令「鬍子」投降。「鬍子」操槍頑抗。楊子榮立即扣動盒子槍扳機，卻未打響——天太冷，撞針凍住了。

裏面槍響了。

一座烈士墓，一座紀念館，矗立在海林鎮東山上。

上面寫着「特級偵察英雄」楊子榮的名字。

也寫着被「大煙泡」捂在老林裏的那些人的名字。也寫着陷在沼澤地裏的那些人的名字。也寫着那些倒在草甸子裏的人的名字。也寫着在每次打「鬍子」戰鬥中倒在黑土地上的人的名字。

楊子榮和他的戰友的名字，寫在黑土地每塊有名和無名的墓碑上，寫在天安門廣場上的人民英雄紀念碑上。

第一五章：土八路進行曲

李兆節老人說，闖關東路過臨沂和嶧縣見到磚瓦房，大家覺得了不起。蘇北都是茅草屋，只有廟才是磚瓦結構。到義縣見到一棟二層樓，更是嘖嘖稱奇：這東北可真是個「花花世界」呀！第一次見到收音機也是在義縣。這是個多大的人呀？怎麼鑽進去的呢？無神論的八路軍一時間竟有些迷信，懷疑世界上是否真的有神仙鬼怪了。大家團團圍着，想擺弄又不敢，說句話也怕把裏面的人嚇跑了。一個個瞪大眼睛，張大嘴巴，莊嚴、肅穆，又傻乎乎的。

土八路聽收音機——神了。

張繼璜老人說，他們到安東後住旅館。那樓，樓梯，玻璃窗，暖氣，滿世界瞅甚麼都覺着稀罕。不知水龍頭是甚麼，有人就擺弄，嘩一聲淌水了，嚇得大叫，誰也不知道怎麼關。最感興趣的是電燈，這個打着那個閉上，看不夠，玩不夠。有人湊上去點煙，怎麼點也點不着，有人氣得一煙袋鍋子敲碎了。

電燈泡點不着煙——土八路火了。

離休前是機械工業部農業機械總公司人事處副處長的王敏芝老人說，剛到東北，洗完衣服出去晾。見屋檐下扯着兩條線，衣服往上一搭，就被擊得跳起來。她看看那線，再看看周圍，是甚麼蜇的呢？試探着伸出手，又挨了一下。和她一起的宋荷芬說，你一驚一炸的幹甚麼？伸手幫她晾，「媽呀」一聲，就喊「馬蜂蜇死我了」。房東跑出來，那是電線呀，你們「過電」了。

土八路不認識電線——哪來的馬蜂？

趙緒珍老人在遼陽趕上部隊後，住在全是「洋房子」的一家日本醫院裏。戰士們大小便找不到「茅房」，醫院的人給指點。那便池是瓷磚砌的。有的瞅了好大一陣子，搖搖頭走了。有的試巴着蹲上去，最終還是失去了勇氣，跑到別處把事情結了。

土八路進廁所——不敢拉屎。

土八路這些土得掉渣兒的笑話，似乎於本章主題無關。

現在，土八路在黑土地上有了家，還要置辦「傢具」，還要「人丁興旺」。

土八路的辦法，土得實在，土得精明，土得洋氣。

「撿洋落」

在共產黨的四個野戰軍中，四野人多槍多炮多，而且槍好炮好，別人沒有的傢伙它也有，是最闊氣的。所以，電影劇本《大決戰》中，毛澤東說了幾遍：現在林彪壯得很哪。

開頭也寒酸得夠可以的了。

那些炮呀坦克呀，還有飛機甚麼的，是像撿破爛和收破爛那樣撿來收來的。比之今天走街串巷收破爛的小販們，當年黑土地上的共產黨人，就差沒敲鑼打鼓吆喝「破爛換錢」了。

延安炮校一千多人搬家來到關東，別說炮，連手槍都沒帶幾支。這倒不僅是因為《我東北現況通報》中，說了句「倉庫」中有「大炮數千門」。其實這「大炮數千門」，實在是劉姥姥進大觀園看花了眼。而且，沒弄出多少，「老大哥」就不讓動了。

不過，東北有槍有炮，而且數量不少，連坦克、飛機都有，倒是真的。一庫一庫存放着。有些軍火庫修在大山裏，日本人把勞工都殺了，誰也弄不清在甚麼地方。1987年興安嶺大山火，民間有傳聞，說是當年小鬼子一座軍火庫爆炸引起的。

還有相當數量散落民間了。

共產黨人的目光，主要就盯在這裏。

黑土地人管這個叫「撿洋落」。

黑土地人可沒少「撿洋落」。

「八·一五」後，關東到處都搶倉庫。搶吃的，搶穿的，搶用的。各地街頭攤點上，擺的大都是軍用品，從舖蓋到穿戴，除了鋼盔，甚麼都能買到。真有「撿洋落」發財的，也有倒霉的。有的在哄搶時被打死打傷了，有的扛着東西往回走又被搶了，人也打死了。「撿洋落」還有撿人的。一些走投無路的日本女人，就留在黑土地上當了媳婦。

也有搶軍火的。主要是那些想當「鬍子」的人。一般老百姓矚目的，是汽車，大炮和飛機「軲轆」，卸下來安在大車上。飛機輪胎最搶手。兒時，筆者沒少見過這種大車，跑得飛快，車老闆的鞭子甩得格外響。那神氣，就像今天大街上的豪華驕車趕超「上海」和北京吉普似的。

王振奎老人說，三下江南之前，炮校的主要任務就是收集軍火。不光是炮校，各部隊，各縣區政府，都有收集任務。

老人說，他們走到哪問到哪。看到老鄉車上有汽車、火炮和飛機「軲轆」，就追上去商量，買下來。再問日本人來過沒有，附近打過仗沒有。蘇軍和日軍打過仗的地方都走遍了。各種火炮都有，大都殘缺不全，就幾門炮湊成一門炮。有的是打壞的，有的是故意破壞的，有的拆卸開扔到河裏。「春砭骨頭秋砭肉」，結着冰碴兒也跳下去摸呀找呀。戰場上吃夠了挨打的苦頭，誰不盼着有自己的大炮呀。過去得到這些要拿命換，現在苦點累點算甚麼？在鏡泊湖邊，發現一座新墳前立塊「戰馬之墓」的木牌。他們覺得奇怪，扒開一看，是門九〇野炮，拆開用油布包着，零件一個不少。日本人逃跑時說，「二十年後再回來」。

炮校警衛連副連長周天才，一個人就搜集二十多門，被命名為「搜炮英雄」。

不光是炮，甚麼都要。汽車、坦克、飛機的各種零件，都是寶貝，裝在大車和爬犁上拉回去。

到1946年7月，共收集、拼湊了各種火炮700多門，坦克10多輛，編成八個炮兵團和一個戰車大隊。

土八路「撿洋落」發了洋財。

憑着這些日本「洋落」，共產黨人沒打收條，就把黑土地上的那些美國「洋落」，幾乎全部沒收了。

國民黨曾大肆宣傳，說這些都是蘇聯「洋落」：紅軍把日本軍火庫中的火炮送給土八路，臨走又把自己的火炮留下一些。

確實有點蘇聯「洋落」。

黑龍江省蘿北縣武裝部原副部長王永財，遼瀋戰役前是一縱隊二師炮兵營四連三排長。四連四門一〇五榴彈炮，就是「老大哥」給的，冬季攻勢後裝備上了。德國造，大概是在歐洲戰場繳獲的。一縱也就這四門。炮縱和其他縱隊的老人，都說他們那兒沒有這種「洋落」。

王永財老人說，國民黨宣傳共產黨用大姑娘和「老毛子」換大炮，老百姓可害怕了，問多少大姑娘能換一門大炮。他們就把德文鑿掉，說是繳獲國民黨的美國炮。其實老百姓也不認識是甚麼炮。那時謠言很多，也搞不清楚了。

「革命的兵販子」

「覺悟的共產黨員要自覺的當兵販子，當革命的兵販子是光榮的事。」

「九·一三」後，林彪的這句話受到批判。

其實，同樣意思的話，在當年東北局和「東總」一些文件中也有的，其他領導也講過，也都講得理直氣壯。不過，它完全可能是林彪的首創，所以歸結到他頭上是有道理的。或者是話以人貴，同樣都說了，他是「東北王」，自然不同凡響。

十六軍分區闖關東後，所到之處捲起的「參軍熱」，在中國人民解放軍建軍史上大概也是史無前例的。國民黨闖進來後，熱的就是國民黨了。不但有「參軍熱」，還有「軍婚熱」。這種熱，在國民黨佔領長春後達到高潮。當時，很多長春人得到了「乘龍快婿」，並以自己的女婿是全套美國卡嘰和羅斯福呢的新一軍為最榮耀。

共產黨就是另一種情景了。別說「娶媳婦」，「招女婿」，連有的「兒子」都跑了，有的乾脆改換門庭了。

可仗還要打，而打仗能沒有兵嗎？

在一段挺長的時間裏，黑土地上確是有股「兵販子」味道的。

某軍原政委譚順田老人說，在山東擴軍容易。行軍到了哪個村子，找幾個能說會道，長得又文靜一點的，上衣口袋插支鋼筆，沒筆桿光有筆帽也行，讓老百姓瞅着像個洋學生就行，站到人多的地方就宣傳。他十七歲時就擴過軍，人多不大敢講話，就站那兒唱、唱《當兵歌》：

叫老鄉你快去把兵當，
別叫日本鬼子來到咱家鄉，
老婆孩子遭了殃你才把兵當。

你別說日本來了難找我，
你東藏西躲不當兵，
咱們亡了國看你還往哪裏躲。

在東北再來這一套，其難度，就像把60年代初期軍人在列車上掃地送水，原封不動地搬到今天的列車上。

到甚麼山唱甚麼歌。

見到個人，琢磨一下，就上前套近乎。多大年紀了？家裏幾口人呀？都幹甚麼呀？嘮得差不多了，就問：你說八路好不好哇？

那還用問：好哇，八路好哇。

就說：八路好，你就當八路吧。

對方懵了：這……

就說：說八路好還不當八路，你這是甚麼意思？嗯？

故意沾邊，沾邊就賴。

光這麼賴也不行。有困難，只要力所能及，也真給解決。

鄭紹華老人說，四平保衛戰前，他在通遼東邊錢家店擴兩個兵，一個廟裏的和尚，一個農民。那農民說家裏老娘沒吃的，一看，是真的。他趕輛馬車，從地主家拉來滿滿一車高粱米給送去了。

瀋陽軍區創作室作家李英傑，1947年參軍時十五歲。妻子和他同年入伍，只有十二歲。五十歲也要，行軍能跟上就行。

白城子守備區後勤部原政委戚惠林說，拜泉縣城有二十多個「要飯花子」，也都弄來當兵了。

最難擴兵的是南滿三縱和四縱。它們被國民黨擠壓在長白、臨江、蒙江（今靖寧縣）和撫松四個小縣的狹窄地帶，人煙稀少，想賴也賴不幾個兵，於是就「長途販運」，去北滿和大連當「兵販子」。

瞿文清老人去大連「販」了一次。現任廣州軍區政委張宗先帶隊，當時是教導員。「販」回來一個團，都是警察，以中隊為單位，成建制帶回來的。

當時大連號稱「國際中心」，實際是共產黨天下。警察中隊長以上幹部，都是民主聯軍派去的。瞿文清到金縣公安分局，負責接兩個中隊。他在一個小屋裏呆着，只與分局長和兩個要帶走的中隊的中隊長聯繫，也不上街，吃飯有人送。一是大連國民黨特務多，二也不能讓警察知道。當警察拿薪水，生活好，老婆孩子熱炕頭，都不想離家上前線。

第三天晚上集合，在一個大屋子裏開會。進屋大門就落鎖，外邊把槍架起來，裏面分局長開始動員。講幾句，有人就哭了。動員完了就換服裝，換上便服就上汽車。十幾輛汽車直開到黑石礁，下車上船，起錨離岸。

一些人罵罵咧咧的：也不是不去，憑甚麼不先吱個聲？這不是糊弄人嗎？俺走了，一家老小怎麼辦？

中隊長說：你們不知道，我也不知道。你們有家小，我不也有家小嗎？

情況比較好了，是在農民有了土地以後。

但也不是甚麼問題都解決了。

比起「越窮越革命」來，「越窮越當兵」顯然要更接近歷史真實些。「當兵吃糧」，千百年來老祖宗就是這麼傳下來的。人們在窮得活不下去時，就去用生命換碗飯吃。如今有了土地，講良心的中國人中最講良心的農民，把他們的感激化作了參軍參戰的熱情。但在另一方面，土地也拴住了他們的心。共產黨是理直氣壯的，農民對共產黨也是感恩戴德的，但土地更實在，更有魅力。他們本來沒有甚麼奢望，他們只是農民，也只想做農民。而且戰爭越打越遠，還能不能回家？何時才能回家？這對於世世代代在那方天地的土疙瘩裏刨食吃的農民，實在是不輕鬆的。

一位不願意披露姓名的老人，講述了一段親身經歷的「光榮參軍」。

黑土地特有的南北對面大炕上，擠擠匝匝坐了四十多個農民。頭上，太陽像個大火球，暑熱從窗口一陣陣呼擁進來。灶間兩隻熱氣騰騰的大鍋下，劈柴噼噼啪啪熊熊燃燒，炕面就像鍋底一樣燙。

幾個工作隊和農會幹部站在地上，汗流滿面地講着：咱們窮人翻身了，翻身了不能忘本，要參軍參戰，這不光是報共產黨的恩，也是保田保家保衛自己的勝利果實。一人參軍，全家光榮。共產黨不興強迫，要向剛才那兩個同志學習，自覺自願……

頭上烤着，屁股下烙着，兩個農民實在受不了，就欠了欠身子。農會幹部立刻喊起來：自願了一個！立即鼓掌，上前給戴上大紅花。

有吃有喝，不批不鬥，就是不能動窩，不能回家。

兩天後，全都「自願」了。

1948年10月21日，東北軍區給「軍委總政」的報告中，談到擴軍問題時，說：

> 動員時間短促……動員方式簡單（強迫命令方式，相當普遍）。①

同年9月7日，「林羅劉譚」②給毛主席的電報*中，有這樣一段：

> 放鬆了運動方式之研究，採取了農會的壓力，在改正成份的借口下，強制中農當兵，甚至照數攤派的方法。南滿新兵入伍後，已開始發現有利用偽滿時期躲勞工的方法來躲避參軍的（用巴豆使生殖器發腫，偽裝梅毒，及假裝其他疾病或自傷等）。

同年6月30日，東北軍區司令部和政治部「致各軍區並報軍委」的電報*中，說：

> 中農在新戰士中佔百分之廿到廿五，在土改中被誤鬥者，佔參軍中農的二分之一或三分之一以上，思想上與農會對立，對參軍不滿，有的企圖向農會報復，並說貧僱農為自己保果實，他們參軍是革自己的命。

---

① 《瀋陽軍區歷史資料選編》，167頁。

② 「劉」是東北野戰軍參謀長劉亞樓，「譚」是東北野戰軍政治部主任譚政。

「鬼子」、「國際友人」和「同志」

內戰不僅使中國人民遭殃，也把一些日本人捲進來跟着受難。

侵華日軍頭號戰犯岡村寧次在回憶錄中說，到1946年6月，被俘日軍被國民黨留用達47000多人。被共產黨留用的大都在東北，有10000人左右，其中3000人參加了民主聯軍。

當初，他們中一些人會欣喜地注視着「皖南事變」，期望能演變成國共兩黨的全面衝突。當這一天終於到來時，他們卻身不由己地成了這不共戴天的兩大政治集團中某一方的成員，為他們曾經莫名其妙地仇恨過的「主義」，莫名其妙地戰鬥了。

一級戰鬥英雄，現任空軍司令員王海的老師，關東軍第二航空軍第四飛行訓練隊隊長林彌一郎，在鳳城縣被俘後，很快被送到瀋陽，受到黑土地共產黨兩位最高領導人彭真、林彪的接見。

從兵工廠、到共產黨的第一個戰車大隊和航空學校，在所有需要技術的地方，都能看到昔日可惡的「日本鬼子」，他們都受到禮遇。

1945年11月19日，蕭華在《對日人處理政策》*中說：

> 東北技術部門全握日人之手，我們建設新東北是離不開這些技術人員與工人。
>
> 對日各種技術人員加以招收和運用，生活上給予優待，改造思想為我服務，最近招收結果成績頗佳。

精明的共產黨人，最清楚自己缺少的是甚麼。從開動此刻停在門口的汽車，到組建未來的空軍，他們都離不開這些昨天的敵人。沒有這些人，共產黨人的戰爭機器上就會缺少許多齒輪，就會運轉得不靈活，就要澆更多的鮮血。他們在生活上優待這些人，在技術上讓這些人充當導師，輕而易舉地就解決了自己的燃眉之急，並千里之行始於足下地向着更宏偉的目標邁進。

應該說，這是共產黨人在黑土地上撿的最大一筆「洋落」。

在3000多名日籍民主聯軍官兵中，人數最多的是醫護人員。

在黑土地上流過血的老人，幾乎沒有沒經過這些人醫治和護理的。老人都說這些人技術好，又認真負責。有的說有人不接受咱們的思想，但幹工作一絲不苟。有的說他們個個都像白求恩。「中申」、「高橋」、「淺野」……老人們講到這些名字時，是那麼親切。

就是，誰能忘記從自己身上取出過彈片的人呢？

小日本吃高粱米是沒法子了，當八路也是沒法子了。蘇聯佔領軍不把他們當人，中國老百姓對他們也不客氣，中國的內戰又使他們回不了國，他們別無選擇。窮人當兵是為了肚子，他們當八路是為了腦袋。除此而外，他們只盼望這場與他們毫不相干的戰爭快點結束，能夠早日回國與家人團聚。

可共產黨能打贏這場戰爭嗎？他們一開始就沒瞧起這支軍隊，及至美式裝備的國軍一路趕着這支軍隊，他們也跟着這支軍隊潰退時，這些正統觀念極強的悲哀的日本人，簡直有些絕望了。他們覺得自己站錯隊了。

但他們很快就被共產黨人征服了——這倒不僅是因為共產黨人最終征服了國民黨。

這種征服，從一開始就進行了。服裝破爛，槍械破爛的民主聯軍官兵，飯菜顯然沒有他們的好。這使他們感動。這支軍隊官兵平等，長官不謀私利。特別使他們驚異的是，到哪兒住下就幫老百姓幹活，從挑水、掃院子到種地，甚麼都幹。還有對他們這些有一技之長的人的謙恭態度。

他們會擔心會被「洗腦」。這種事情始終沒有發生，可生活每天都在給他們「洗腦」。開頭，他們曾經把這些官兵與共產黨的關係，拿來與過去自己與天皇的關係進行比較。當他們覺得有了比較明晰的結論後，有人就申請加入中國共產黨。

據說，除極特殊情況外，都未被批准。

從黑土地到平津戰場到海南島，這些日本八路和中國八路一樣，兩腳血泡地行軍，在戰場上出生入死。銘刻在天津和平門附近的烈士紀念碑上的「島田正和」和「坂口光造」，不過是倒在中國土地上的成三位數計的日籍戰士中的兩個。

最苦的是女人。「特殊情況」本是可以照顧的，可和中國人一樣的「東方的羞澀」，使她們難以啟口，照樣跟着爬山過河。開頭語言不通，想「方便」一下都不方便，一出隊列就有人跟上來。其實，讓她們跑也不知往哪兒跑呀。有時就邊走邊「方便」了。

論貢獻，一些人不但應該入黨，還應該成為像白求恩那樣的國際主義戰士。但這都是不可能的。他們過去「鬼子的幹活」，有人手上還沾着中國人的鮮血。即使個人是清白的，「國家出身」也不好。而且，利用日本人為自己打仗，也實在是張揚不得的。

同樣的原因，還不能和中國人結婚。

三縱八師有三十多日本醫護人員，都快三十歲了，男多女少。即便比例相當，愛情也不是按比例進行分配的。生活陰差陽錯地把這麼多異國異性湊在一起，多情的月老就熱情地牽線搭橋。牽來搭去，月亮照着你，月亮照着我，中間是一條不可逾越的界河。

炮縱第二衛生所手術室日本護士白甜，和護士長姚喜奎戀愛。兩人都明白，今生今世只能是「同志」，只能有「國際友誼」。可愛情有時是不顧一切，甚麼力量也阻隔不住的。生不能結婚，死也要結髮。一天晚上，在手術室雙雙自殺了。發現得早，搶救及時。護士長受個處分，調離了。

中國人可以和朝鮮人結婚。各種技術部門中，朝鮮人也挺多。和蘇聯人也可以結婚。蘇軍從大連撤退回國時，跟走不少中國女人。據説，後來中蘇兩黨翻臉，大罵出口，有不少被迫離婚又回來了。

愛情不但有國界，還有「人界」。這兩界有時不得逾越分寸，否則就會「喪失國格」、「喪失階級立場」。有時則提倡和鼓勵越界。一切都取決於政治需要，取決於政治這會兒要當月老，還是要當那個法海和尚。

六、雪大好個冬

談到1946年冬天，老人都說：那個冬天那個冷啊，現在想起來還覺得手腳像貓咬似的。

黑土地上土生土長的老人說：解放前那幾個冬天才真叫冬天呢，這輩子沒見過那大雪。

那是共產黨人最冷的一個冬天。

第一六章：雨加雪

共產黨人在黑土地上陸續組建的十二個野戰縱隊中，作為主力縱隊中歷史並不算太長的四縱，是有出色表演和特殊貢獻的。

5月24日，國民黨軍隊進佔長春，正向吉林攻進時，四縱在南滿發起了鞍（山）海（城）戰役。5月25日攻克鞍山，全殲六十軍一八四師一個團。乘勝南下海城，迫使一八四師師直和一個團起義。接着攻佔大石橋和營口，殲滅了一八四師另一個團。屁股被戳了一刀，杜聿明不得不把新一軍南調，減弱了北滿的攻勢。

接着，又在遼東新開嶺全殲五十二軍主力二十五師。

這是在黑土地共產黨人最困難時期，打的兩個具有震撼力的勝仗。

然後，和另一個主力縱隊三縱，在極端困難的條件下，創建並堅持了南滿根據地。

「千里駒」的覆滅

1946年10月，杜聿明調集八個師約十萬餘人，分三路向南滿大舉進攻，企圖將共產黨主力，壓縮、圍殲於安東、鳳城、寬甸地區。

任你幾路來，我只一路去。宏觀上我是被動的，微觀上我是主動的。一個個微觀加起來，主動權就易手了。毛澤東的戰法雖然不是戰無不勝，失算的時候也不多。

不過，這次對這個號稱「千里駒」的二十二師，四縱開頭倒沒這麼大胃口。因為微觀上的主動性並不大。所以主動放棄安東。騰出手來和敵人兜圈子，掩護遼東軍區機關撤退。路沒少跑，仗沒少打，誰也沒佔多大便宜，「千里駒」只是窮追不捨。四縱一咬牙，就把這個能征善戰的「千里駒」，引到了遼東大山裏一個叫「新開嶺」的地方。

新二十二師是在遠征緬甸中打出中國軍隊的虎威，得名「虎師」的。二十五師為甚麼叫「千里駒師」，兩年後在塔山被四縱打殘廢了的獨立九十五師，為甚麼叫「趙子龍師」，筆者沒有查到具體出處。[1]但和「虎師」一樣，曾在古北口、台兒莊和遠征史上，寫下悲壯而又輝煌詩篇的二十五師，這個美名是在抗戰中打出來的，當是無疑的。而且，作為最早闖進關東的一個軍，五十二軍在黑土地上也確曾有過上乘表演。

「千里駒」氣勢洶洶朝口袋裏鑽。「師座」李正誼，只看見四縱十一師在他翻飛的馬蹄前連連後退。當他知道十二師已在前面恭候多時，十師也急如星火地趕到時，一切都晚了。不過，用少將軍服換套油漬麻花的伙夫衣服，再用鍋灰在臉上抹幾把混進俘虜堆裏，還是來得及的。只是那滿臉麻子，豈是鍋灰能抹平的？

> 今天我們應切戒驕傲，對共軍戰力萬不可再存輕視心理，這次二十五師疏忽冒進……以至全部被消滅。二十五師這樣好的部隊，如此下場真令人痛心至極。如果大家今後都像二十五師，就會亡黨亡國。[2]

杜聿明說的一點沒錯，從秀水河子到大窪到新開嶺，都使人想起一部電影中一位國民黨將軍的一句話：我們以往的教訓，就在於輕敵喲！

筆者家鄉老人是這樣評述和感慨的：那兵過的呀，一會兒共產黨，一會兒國民黨，後來也弄不清誰是誰了，也不知道誰攆上誰了。看那架勢呀，共產黨是不大行了。沒想到新開嶺一傢伙，可把國民黨打「屁了」（東北話，「服了」，「完蛋了」意思）！

新開嶺位於安東省賽馬縣（今丹東市鳳城縣）境內。蔣介石把這個「千里駒」送去的那個死地，是新開嶺東面一條東西走向的袋形谷地。兩邊是高山，一條靉陽河和寬（甸）賽（馬）公路從谷底並行穿過。只要控制住周圍制高點，任你「千里駒」、「萬里駒」，都有來

---

① 筆者很需要闖關東國民黨軍隊的許多歷史資料。據説某處有。好費口舌，人家説「沒有」，又説「不能看」。

② 丹東市史誌辦公室編印（1986年）：《新開嶺戰役文集》，55頁。

無去。

八個團圍打一個師，兵力二比一，裝備完全不如敵人。這種戰例在黑土地上是不多見的。但地形有利，大山助陣，土地爺的威力不止一兩個團。

戰鬥於10月31日10時打響。

「千里駒」果然不同尋常，幾個衝鋒就突破十一師部份陣地，攻佔了老爺山和四〇四高地。

老爺山可以俯視、控制整個戰區，為最有價值的制高點。抗戰中也是員勇將的「李大麻子」，集中炮火，拚力把它奪了下來。先以一個連守衛，後來增到一個營，11月1日又增到一個團。山頂有當年日軍修築的塹壕、工事和碉堡，碉堡內可容納幾十人。山很陡，七十多度坡。林又密，都是刺槐和山裏紅，扎人掛衣服。先是雨紛紛，後來雨加雪。鬆軟的腐葉上一層雪，腐葉下泥土泡得水嘰嘰的，一趾一滑。這種天候地理，能夠爬上去已屬不易，更不用說還有美械守軍密集的彈雨了。

土地爺叛變了，老天爺也成了敵人，時間也成了幫兇——幾路援敵已經出動，那個「虎師」新二十二師距這裏不到一天行程了。

十師二十八團九次攻擊都未奏效，傷亡500多人。算上炊事員，全團就剩300多人了。

部隊在山溝裏待命。沒有雨具，沒有棉衣。有一件算一件，所有衣服都套在身上了，有的還披着毯子，一個個水淋淋，泥糊糊，沒了模樣。有的瞪着血紅的眼睛望着老爺山，望着山上的敵人和戰友的遺體。有的頭枕膝蓋打着瞌睡。班長一會兒就得捅捅搖搖。不能睡，睡着一個就減員一個，非病倒不可。老天爺讓這個世界有晝有夜，本是讓人們有勞有逸，到甚麼時候就幹甚麼事的。十師從本溪縣一晝夜強行軍趕到這裏，氣兒沒喘勻就開始攻擊。攻上去，打下來，下來就在雨天雪地裏這麼蹲着。

團指揮所有個小棚子，警衛員用刺刀砍下樹枝搭的。兩台日式電話機好像凍僵了，一聲不吭。幾隻像現在家家戶戶都有的沒有把的水舀子似的大鐵碗裏，通紅的高粱米飯結了冰碴兒。

團長胡潤生「噗噗」吐着流進嘴裏的雨水和雪水，直罵「娘賣×的」。

政委張繼璜説：老胡，沉住氣。

其實，他心裏也直罵。

這仗算是打到節骨眼兒上了。

撤？快癱的「千里駒」立刻會蹦起來。打下去？我們困難，敵人更困難，主動權尚在手中，還有希望。但敵人肯定會拚死抵抗，再僵持下去，援軍趕到，後果不堪設想。

縱隊幾位領導一碰頭（請注意，這是真正的「碰頭」），咬牙橫心：打！

預備隊全部拿上去，幾位主要領導全下到師團去。十一師和十二師從側後全力攻擊，集中全部炮火掩護十師強攻。二十八團仍從正面攻擊，團長政委帶突擊連，參謀長帶尖刀排。

一錘子買賣、豁出去了！

敵人終於被衝垮了，垮了的敵人被壓擠在老爺山下敵師部附近的黃家堡子。炮火轉移射向，猛轟敵指揮所，汽車、裝甲車和幾百輛大車被擊中起火。烈燄熊熊，濃煙滾滾，鋪了層薄雪的谷地裏，「千里駒師」官兵就像熱鍋裏的螞蟻。

陳雲的「文章」

作為中國共產黨重要領導人，中國經濟工作傑出的領導者，陳雲在黑土地上的政治、軍事（他自稱不懂軍事）、經濟鬥爭中，都有不朽的貢獻。在黑土地紛紜變幻的「萬花筒」時期，他以鮮明的觀點和立場推動着歷史的進程。有些電報和文稿，已收進《陳雲文選》。筆者還看到一些電報，那見解都是經得起歷史檢驗的。

這裏敘述的是另一篇傑作。

「千里駒」的覆滅，打亂了敵人的計劃，保證了遼東軍區機關安全轉移，一些醫院、工廠和倉庫資材運去朝鮮，得以保全。但它並不能扭轉共產黨在南滿的劣勢。幾路敵人躊躇一下，立刻又緊逼上來。

風雪交加中，遍體鱗傷的四縱，開始疲憊不堪地撤退。

戰役期間曾「動員」一些民工抬運傷員，都跑光了。1500多傷員，全由俘虜抬着。沒時間從容消化，有的問聲「你是抓來的嗎」，就補進連隊。有的連隊一半是俘虜兵。俘虜根本不明白那是問「你是被國民黨抓來的嗎」，覺得莫名其妙：這還用問嗎，哪個不是叫你們抓來的？逃亡不斷發生。趙斌老人說，他那個營，有的俘虜把班長和老兵打死了，帶挺機槍跑回去了。

老人都說，直到四保臨江和三下江南後，俘虜都很難改造。特別是新六軍和新一軍的，一個連打剩幾個人也不繳槍，抓住了也不服：你們就憑人多打我們，有本事一對一地幹？

漫天皆白中，崇山峻嶺間行進着的像是一支國軍。俘虜和「解放戰士」不用說了，一些老八路也穿着國軍服裝。有的是從屍體上扒下來的。不像國軍的都是單衣，有的大腳趾頭還露在外面。就這樣，在越來越深的雪地裏，走了將近一個月。

國民黨在後邊喊：共軍弟兄們，你們沒路可走了，趁早投降吧！不投降就把你們趕進長白山啃樹皮，哄進鴨綠江喝涼水！

任何幽默都不會無中生有。對於南滿共產黨人來說，確確實實，自然界和政治氣溫都降到了最低點。

偌大個南滿，共產黨只剩下緊靠朝鮮的臨江、蒙江、長白和撫松四個巴掌大的小縣，偏僻閉塞，交通不便，人煙稀少。遼東軍區，遼寧和安東省委機關，三縱和四縱主力，一下子擠到這裏，裝備不足，兵員無着，糧食供應頓顯恐慌。而國民黨四個齊裝滿員的主力師，正向這裏撲來。

歷史在給「千里駒」準備了個新開嶺後，似乎又要給共產黨人找塊甚麼地方了。

老人都說，當時發了斧子、鋸，規定每個班做兩個爬犁（有人說一個）。還發了些辣椒、薑，每個班一斤酒。準備放棄南滿，過長白山到北滿去。快收拾停當了，勘查路線人員已經派出去了，就要開步走了，陳雲和蕭勁光從北滿趕到了。

隨之而來的，是著名的七道江會議。

中心議題是堅持還是放棄南滿。

12月11日開會，師以上幹部參加，開了四天。

在當年的黑土地上，特別是在大兵壓境的當口，這個會開得是長了點。

不得不長。

會議由改組合併（遼東和遼寧）後的遼東軍區司令員蕭勁光主持。他講了三點：南滿必須堅持；南滿能夠堅持；立足戰爭，以戰求存。

三點意見兩種回聲。主張走的人說：留得青山在，不怕沒柴燒。主張留的人說：還沒到山窮水盡的時候，還有幾萬人，就是上山當「鬍子」也能堅持幾年。主張走的是多數，據說職務也較高。「走」、「留」天平一邊倒。

> 當時對我們來說，天寒地凍，衣食困難，根據地狹小，敵人囂張……都不可怕，可慮的是我們自己形不成「武松的拳頭」，沒有「打虎」的堅強決心。①

蕭勁光這段話，可謂一語中的了。

會場形勢挺糟，戰場形勢不妙。敵人兩個師逼近梅河口和輯安。會場重於戰場。幾個師長回部隊準備打仗，這邊繼續爭論走與留。據說，有的主留派也有些動搖了。

就在這時，一輛火車頭載着陳雲，從臨江連夜趕到了七道江。

大衣上是雪，眉毛上是霜。

陳雲很喜歡用「做文章」，來比喻研究解決問題。這次，開門見山，還是這樣：大家談談，南滿是不是沒有「文章」可做了？

這是一棟日本房子，一個個小房間就像鴿子籠。窗外大雪飄飄，屋檐下吊着尺把長的冰椎，室內喘氣就像吸煙人噴出的煙霧。比這更冷峻的，是從三面緊逼上來的強大敵人，和令人心急如焚的爭執不休的走與留。陳雲卻像全然不覺似的，和大家圍着火盆烤火，要大家和他一道「做文章」。隨着推門呼擁進來的冷氣消逝後，氣氛緩和了，也活躍了些。大家各抒己見，做起「文章」來。

關於「文章」如何做得真，做得準，做得實事求是，陳雲在延安時就有論述，就是「全面、比較、反覆」：

---

① 《蕭勁光回憶錄》，343頁。

所謂全面，不僅要看到正面，還要看到反面；不僅聽正面的意見，還要聽反面的意見。所謂比較，一是左右的比較，二是前後的比較。所謂反覆，就是事物初步定了以後，還要擺一擺，想一想，聽一聽不同意見。①

由此，就不難理解他寫在黑土地上的那些「文章」了。

幾位老人說，得知陳雲要來，大家就認定他是來拍板的。這位東北局副書記、民主聯軍副政委，確實是來拍板的。而且，當他主動請纓來南滿任分局書記和軍區政委時，東北局明確指示是要堅持南滿的。但這並不意味着只管執行指示就是了，否則，他此前此後那些「文章」就該是另一種樣子了。在這舉足投步都關係到黑土地戰略全局的關頭，他要把每個人的「文章」都聽聽看看。當他感到「文章」已經成型了，時間又不允許慢慢「推敲」時，他就毫不猶豫地拍版了。

「文章」大意是：

我們不走了，都留在南滿，一個也不走。留下求打，在長白山上打紅旗，搖旗吶喊。當年抗聯力量那樣小，還堅持了十年。我們條件比抗聯好多了。

敵人戰略方針是「先南後北」。若放棄南滿，就正中敵人下懷，免除後顧之憂，可以全力以赴對付北滿。東北敵人好比一頭牛，牛頭牛身子衝着北滿，一條尾巴留在南滿。鬆開尾巴，那就不得了，這頭牛就會橫衝直撞，南滿保不住，北滿也危險。抓住這條尾巴不放，那就了不得，這頭牛就蹦跳不起來。

去北滿，過長白山要損失幾千人。將來打回來，還要損失幾千人。留下來會很苦，損失也不會小。但這兩種損失，意義是不一樣的。

蕭勁光是搞軍事的，很有學問。大家都是搞軍事的，學問都比我大。仗怎麼打，你們大家研究。但是，南滿有文章可做，南滿應該堅持，而且能夠堅持，這個板我敢拍——我就這麼拍板了！

---

① 吉林日報社《文摘旬刊》精選合訂本（1986年），第1集，27頁。

前面寫了，陳雲曾充份肯定避免錦州決戰和成功地指揮四平撤退，說這兩件事處理不當，東北就很難有後來的好形勢。

同樣，陳雲若不是在七道江會議上拍了這樣一板，東北也難有後來的好形勢。

七道江說，新開嶺說

毛澤東說：「往往有這種情形，有利的情況和主動的恢復，產生於『再堅持一下』的努力之中。」

作為戰略上和戰役中「再堅持一下」的典型範例，七道江會議和新開嶺大捷，理所當然地被寫進了那麼多回憶錄，還寫了那麼多專文。

卻理所不然地迴避了關鍵時刻的很多情節。

據說，新開嶺戰役打到節骨眼上時，有人要撤，有人堅決不同意，言辭很激烈。這難道不是關鍵時刻的關鍵情節嗎？然而，正因其關鍵，才需要含糊其辭，或輕描淡寫，或乾脆省略不提。否則，都端出來多難為情？就像七道江會議的多數派一樣，所有文章都見不到一個實實在在的人物。大敵當前，時間也是敵人，與少數主留派唇槍舌劍尖銳對立着的，好像只是一些模模糊糊的影子，只是這些影子羅列的一堆問題。於是，就你好我好大家都好，你沒錯我沒錯大家都沒錯，和和氣氣吃了一頓大鍋飯。

誰也不想把誰「揪」出來，可這是歷史呀。

如果當年也這樣做文章，共產黨就沒有今天了。

如果僅僅是一個新開嶺和七道江，這一節就是「向錢看」了。

撤也好，打也好，走也好，留也好，也就是個對事物的認識，說到家也不過是個「能力」、「水平」問題。而天才也有水平低的時候。可生活卻不是這樣。昨天可以讓今天背上十字架，今天也可以讓昨天背上十字架。一旦倒霉成了「黑幫」，「走資派」，或是「上了賊船」甚麼的，就「路線」呀，「立場」呀，「感情」呀，一頂頂帽子在頭上疊座珠峰。再「七道江」，「八道江」，「新開嶺」，「舊開嶺」，祖宗三代翻個底朝天。頃刻間，「一貫正確」就變成了「一貫錯誤」，「一貫反動」。

所以，你能責怪這種「大鍋飯文章」嗎？

新開嶺和七道江甚麼都知道，也甚麼都理解。
但是，歷史沉澱到今天，它們還應該沉默嗎？
而且，它們要說的並不止這些。

第一七章：熱　雪

杜聿明的戰略，始終是「先南後北」。四平保衛戰期間，他首先攻佔本溪，然後分兵北上，一鼓而下四平。現在，他又故技重演，四犯臨江，準備先擊破南滿共軍，再向北滿挺進。

林彪則針鋒相對。北滿不支，南滿出擊，南滿困難，北滿出援。四保臨江，三下江南，又拉又打，叫你首尾不能相顧。用黑土地上的話講，叫作「劁豬割耳朵戰術」。

一首快板詩《篩豆子》，把這段歷史形象化了：

國民黨，
兵力少，
南北滿，
來回跑。
北滿打了它的頭，
南滿打了它的腰。
讓它來回跑幾趟，
一笸豆子篩完了。

篩豆子，
大家幹，
咱把反動派篩幾遍。
南滿消滅它幾個師，
北滿消滅它幾個團，
機動兵力篩完了，
可笸再打殲滅戰！

天氣是朋友，也是敵人

1946年12月27日，鄭洞國坐鎮通化，指揮五個師進攻臨江。三縱和四縱十師、獨立師正面阻擊，四縱主力深入敵後。經大小十餘次戰鬥，殲滅國民黨7000餘人。

1947年1月5日，一縱、二縱、六縱和三個獨立師，一下江南。圍點打援，先在張麻子溝和焦家嶺，將來援的新一軍兩個團主力殲滅，又將所圍之點其塔木攻克。

四縱主力在敵後做手腳，鬧天宮，迫使鄭洞國將進攻臨江的兩個師調回。北滿再南下，杜聿明趕緊調集四個師北上迎戰。

同年1月30日，杜聿明調集三個師，分三路再犯臨江。三縱和四縱十師，以優勢兵力將一路擊潰。四縱主力在敵後大打運動戰，攻城奪地，使敵無力再進。

2月16日，杜聿明又集結五個師三犯臨江。三縱和四縱十師憑險據守，殲敵兩個團，乘勢反擊，迂迴包圍，迫使敵人後退。四縱主力和獨立師，在敵後如法炮製，所獲甚豐。

2月21日，一縱、二縱、六縱和獨立師共十二個師，突然二下江南，攻殲城子街新一軍一個團，佔領九台和農安。乘勝攻擊德惠，久攻不下。杜聿明立即指揮四個師北上，並打開小豐滿水庫，使松花江水陡增，企圖阻隔民主聯軍於江南進行決戰。民主聯軍拚死涉過松花江，杜聿明緊追不捨，並以部份兵力突入江北。乘敵立足未穩，林彪突然殺個回馬槍，三下江南，將八十七師和八十八師大部殲滅。

3月29日，趁松花江解凍之機，杜聿明以十四個師的番號七個師的兵力，妄圖一口吞掉南滿主力，完成「先南後北」計劃。四縱副司令員韓先楚，指揮三縱和四縱十師，以少數兵力將中路冒進的八十九師和五十四師一個團，誘至三源浦西紅石砬子預設戰場，突然發起攻擊，殲敵7800餘人。其他兩路，不戰自退。

四保臨江和三下江南，遂告結束。

國民黨在黑土地上的主動權，遂告易主。

「頭九不算九，二九凍死狗，三九四九石頭裂口，五九六九窮人伸手。」

「凍死狗」和「石頭裂口」的時候，正是仗打得最激烈的時候。

地是白的。山是白的。天是白的。連太陽都凍白了，像孩子們玩耍滾上去的一個雪球，冷冰冰掛在天上。積雪凍得像冰一樣堅實。大地凍裂了，張開一道道縱橫的口子，極易蹩斷馬腿。老百姓稱之為「鬼呲牙」，「鬼咬腿」。

民主聯軍後勤部頗具戰略目光，棉衣裏子大都是白的。可一次行軍下來，就油漬麻花，黃不巴嘰的了。裏子不是白的，雪地行軍作戰，就像樣板戲中少劍波的小分隊一樣，披件白斗篷。舞台上的斗篷如銀似雪，生活中的斗篷像孩子尿布。臉上則由老天爺幫着洗，眉毛鬍子全是霜，兩個鼻孔噴雲吐霧。遠遠望去，天地一色中，隊伍就像騰雲駕霧。

風助火勢，也助寒威。無風零下30度不覺太苦，有風零下10度就苦不堪言。狂風吹透衣褲，拚命劫掠熱量，臉像針扎刀割似的。「大煙泡」一颳，天昏地暗，睜不開眼，邁不動腳。掉隊了，十有八九別想歸隊了。

最易凍傷處為手腳、耳鼻和面部。撒尿沒有用棍子敲的，但撒完尿褲門沒繫好凍壞生殖器的，卻不鮮見。最初感覺疼痛，不久麻痺，抓摸無感覺，即已凍傷。初時皮膚呈紅色，繼為紫色，後變成白褐色。深紫色尚可治癒，白褐色即已無望。

張麻子溝伏擊戰時，江擁輝是一師副師長。老人說，部隊在沒膝深雪地裏趴了一夜，回來路上趕上大風，全師凍傷3000多人。主要是沒經驗，到宿營地就進屋了。應該把凍傷部位用雪搓紅了再進屋。就像凍梨，得放到涼水裏緩，放到熱水裏就爛了。

長春軍分區原司令員楊克明老人，當時是三師七團副團長。

老人說：

二下江南北撤時，國民黨打開小豐滿水庫放下的洪水，把兩里寬的江面都漫平了。霧氣騰騰，幾里外就能看見。江邊柳叢和蘆葦結滿霜掛，江面濛濛，看不真切。順流而下的冰塊撞擊着，喊哩喀嚓的，像妖魔鬼怪磨牙。

前面部隊有的過去了，有的正在過。有的脫了褲子，有的沒脫。淺處沒膝，深處沒腰。水下是原來的冰層。棉衣泡水像鉛砣似的，滑倒自己很難爬起來。十幾輛滿載彈藥糧食的大車陷在江心裏，牲口凍僵了，淹死了。幹部戰士以班為單位，互相拉扯扶架着。冰塊能躲就躲，躲不開就用刺刀挑，用槍托砸。炮彈不時在江中爆炸，濺起水柱，落下殷紅。

看着江水，有些發怵，可來不及猶豫。下到江裏，水涼砭骨，也能忍着。好歹上岸了，就凍得不行了。棉褲硬梆梆，兩條腿有水桶粗，只能一步一步挪。有的上岸就抽筋了，凍僵了。

我是騎馬過去的。上岸就組織部隊，拖拉拽架那些不能動彈的，不馬上弄起來就完了。

咱們過來了，國民黨就沒這勁頭。

沒有北滿又打又拉，南滿就夠嗆了。松花江若不封凍，北滿部隊也不能那麼跑來跑去連打帶拉。老天爺幫了大忙。

最苦的是南滿。

南滿根據地四個小縣只有22萬人。22萬人養活近6萬部隊和地方幹部，地方又窮，就更艱難。一保臨江前，三縱、四縱近半數人還穿着單衣。南滿分局和遼東軍區，號召機關人員捐獻衣服。四縱挺進敵後時，一些人還是單衣單鞋。比較普遍的是有大衣就沒被子，有被子就沒大衣。當時有句話，叫作「兩個縱隊一套被裝」。

最苦的是三縱，三縱最苦的是八師。

當年的八師政委劉光濤老人說，那時三縱非常羨慕四縱。四縱在敵後打游擊，到處跑，七師、九師多少都能活動活動身子骨，就八師守山頭，不能動窩。有句順口溜，叫「八師頂，七師拱（攻），九師轉（迂迴打援）」。師團還行，指揮所能找間房子，營以下就蹲山頭。蹲了三個多月，直到四保臨江結束。

山頭沒法挖工事，泥土跟石頭一樣硬。也不用挖。把雪堆起來，澆上水，拍打拍打，一會兒就凍得鋼筋水泥般堅固。人就在那裏蹲着。班長隔十分八分鐘就得喊上一陣：起來，都起來，跺跺腳，搓搓手。

呂效榮老人說，他那個連有個新兵，站崗時睡着了，凍死了。

睡眠不足，營養不良，是凍死凍傷的重要原因。吃的是窩頭，送上山來變成了冰砣，得用槍托砸碎吃。菜是酸菜、鹹菜，後來連酸菜缸和鹹菜罐子裏的水都喝光了。有的部隊揭不開鍋，就在雪地裏翻老鄉沒來得及收穫的玉米棒子，煮玉米粒子吃。

只盼着敵人來攻，盼着打出去。槍一響，不冷不餓也不睏了。可大栓拉不動，凍住了，手碰上就黏下一塊皮。大栓拉開了，槍又打不響。熱脹冷縮，撞針變短了。趕緊撒泡尿，趁着熱乎勁兒趕緊打，不然就更打不響了。可那「玩藝兒」也跟着冷縮了，就剩那麼一點點，不好使了。後來就把槍栓卸下來揣懷裏，打仗時再裝上。一仗下來，看吧，甚麼穿戴都有，連美式雨衣都套巴上了。

從敵屍上扒衣服，自己人也扒。沒法子，顧活人要緊。

若是受了傷，連傷帶凍，就更糟了。

老人都說，雙方倒在戰場上的，大都是負傷後凍死的。傷員向後轉移，路上也有凍死的。

三保臨江小荒溝戰鬥中，瞿文清右膝蓋被子彈打穿。夜間，部隊正往山上衝。他強撐着包紮好傷口就昏過去了。醒來後，全身凍僵一動不能動。月亮照在慘白的雪地上，周圍一點兒動靜也沒有。他覺得自己不行了。這時，聽見有人喊：排長，一排長。迷迷糊糊中，他聽出是連裏文書，他當班長時的「鞏固對象」于振海（離休前為山東泰安市體委主任）。

在爬犁上躺了三天，到了長白山裏的一個醫院。一條麻袋絮滿烏拉草，把兩條腿裝進去，上面再壓條被子。兩個民工換着拉，他躺在上面迷迷糊糊似睡不睡。快到了，他覺得兩條腿挺痛。一看，被子不知甚麼時候顛掉了。

在四保臨江和三下江南戰鬥中，在黑土地三年內戰中，究竟凍死凍傷多少人，沒有總統計（也可能有，筆者未見到）。零星見於各種資料的某個時間、某個縱隊的數字是：

1947年1月17日，「六師夜行軍中凍傷700多，輕者手足凍腫，重者即發黑，有的凍掉手指甲，有的可能殘廢」。

同一天，「寒流侵入，哈爾濱附近降至零下40多度，滿洲里零下57度，為六十年間僅有現象，致一星期內火車開不動。前方部隊作戰傷亡二千餘，兩晝夜凍傷八千人，故被迫停止作戰」。

同年1月24日，「一縱凍傷，輕2034人，重644人，其中少數可能殘廢」。

同年12月，「冬攻後不到半月，已凍傷八千餘人，重傷約三分之一」。

有些親歷者推測，凍死凍傷總數，當在10萬人以上。

國民黨應低於這個數字，因為他們的禦寒裝備好得多。

腳是最寶貴的

打阻擊的三縱羨慕四縱，打游擊的四縱也羨慕三縱。

太苦了那兩隻腳了。

從新開嶺戰鬥前個把月就不停地走，一直走到四保臨江結束。

原軍委工程兵副司令員胡奇才，當時是四縱司令員。老人說，新開嶺戰鬥前，十二師已經兩天沒闔眼，沒坐下來吃頓飯了。參謀長李洪茂打電話問我，能不能歇個把小時弄點飯吃再走。我說：現在走一里勝過將來走十里，現在走一小時勝過將來走十小時。你把這個意思告訴部隊，讓大家再咬咬牙，就說我代表縱隊黨委謝謝大家了。

趙斌老人說，四保臨江期間，每天都走七十里，八十里，有時一百多里。要在敵人背後捅刀子，拉回正面的敵人，就得多打仗，打勝仗，把敵人打痛。這就得攻其不備，突然出現在敵人面前，就得多走，快走，不停地走。只有兩個師兵力，若在一個地方住上幾天，叫敵人瞄上了，抓住了，就難脫身了。為了迷惑敵人，番號經常變，今天叫「江南部」，明天叫「黃河部」。還給自己升官晉級，團長叫「師長」，師長叫「司令」。這些都得走，靠兩條腿一步一步地走。

這段時間，四縱走路是最多的。但在黑土地三年內戰中，要想說出哪個縱隊走的路最多，那是困難的。

所有老人一致的見解是：腳是最寶貴的。

某軍政治部原副主任張耀東老人說：

當班長的基本功，也是管理教育最基本的一條，就是得把全班同志的腳管好。

到宿營地，正副班長三件事，一洗腳二喝水三吃飯。買柴找鍋燒開水，甚麼不管先管腳，吃不上飯也要洗上腳。先溫水，再加熱，把走麻了的腳燙得覺出痛了才算好。覺出痛了就是血液流通了，腳就是你的了。燙完了再挑泡。正副班長要一個個檢查。有的睡得死死的，耳邊打雷也不醒。你就得給洗，給弄。不然，第二天你就背槍，背背包，甚至背人吧。走好路才能打好仗，走路靠腳。

那時候發服裝，衣服長了短了肥了瘦了，無所謂。最要緊的是鞋，是鞋合腳不合腳。那時不像現在，司務長幾個月前就拿本子來問你要多大號的。一堆穿戴發下來，大了小了先班裏調，班里調不開連排調。再調不開，有人就和老百姓調。別的違犯紀律不行，為了腳，領導睜隻眼，閉隻眼，一般都能原諒。沒有腳不能革命，腳是革命的寶。

那時講怕苦怕累，主要就是怕走路。不怕打仗怕走路不是個別現象。有些人開小差不幹了，主要就是怕走路。那路也真有點走不起，特別是那些腿腳不好的，遭老罪啦。

黃達宣老人說，在那個穿棉襖的夏天裏，他那個連帶槍開小差的副連長，就是平板足。他打仗好，人緣好，就是走不得路，一瘸一拐的，大家都替他難受。當時一跑就是幾個人。路上有敵人，有「鬍子」，老百姓也打。他是一個人走的，大家說他帶槍是防身自衛的。大家都希望他能平安到家。以後再沒聽到信兒。從吉林到蘇北，那麼遠，很可能是路上被害了。

黑土地上的行軍紀錄，先有一師三下江南一晝夜140里。接着，二師創一晝夜150里。秋季攻勢中，二十三師一晝夜走185里。遼瀋戰役中，十六師一晝兩夜250里。

當時的一師政委梁必業老人說，偵察報告，農安北郭家屯有敵人。飯不吃，覺不睡，連夜就往那兒趕。飄風揚雪的，邊走邊啃乾糧，渴了就抓把雪。敵人也知道土八路鐵腳板厲害，可他哪知道我們這麼不要命呀！那時我三十多歲，正是好時候。現在別說走，就是坐車，那路也把人顛散架子了。

老人說，那時戰前訂立功計劃，第一條大都是「行軍不掉隊」。凡是能打仗的部隊，都能走路，都是鐵腳板，飛毛腿。

很多老人都有走路睡覺的經驗，騎馬也能睡覺。有的睡覺還不耽誤行軍。部隊停止前進了，撞到前進人身上，有的拐個彎兒還走。有的睡着就栽倒了。若是夜間未被發現，冰天雪地中，就再也醒不了了。

有行軍累死的。

走時一身汗，停下一身冰。連續地走，不停地走，吃不好，睡不好，體質差點，再生點病，這一切就難免了。人的承受能力本來是有限的。

今天拿着遙控器坐在電視機前的人，能想像出穿件汗淋淋的空筒子棉襖，在冰天雪地的「大煙泡」中跋涉的情景嗎？能領會到在沒膝深的積雪中穿着露趾頭的張嘴鞋，在7月的驕陽下穿着破爛的棉襖，全副武裝行軍的滋味嗎？

我採訪過的老人，就是這樣走遍了這片豐腴的黑土地。他們中的一些人，曾從江西走到陝北，又從陝北走向大江南北，再走到黑土地。又從白山黑水走到平津，走到兩湖兩廣——直走到天涯海角。

中國共產黨的歷史就是這樣走過來的。

中華人民共和國就是這樣走出來的。

戰爭選擇將軍

——東野名將錄之二、三

戰爭需要勇敢的士兵，更需要傑出的將軍。

翻開黑土地三年內戰共產黨軍隊的戰鬥序列，從自治軍到民主聯軍到解放軍，歷史波瀾起伏，將軍升降浮沉。

這是戰爭的選擇。

戰爭是一位嚴厲的考官，它無情地淘汰不稱職的將軍，而在能夠駕馭它的將軍胸前，毫不吝嗇地掛滿光芒四射的勳章。

之二：林羅「劉」——劉亞樓

遼瀋戰役期間，來往於黑土地和西柏坡之間的電報，篇末和篇首大都是「林羅劉」，有時是「林羅劉譚」。

據説，電文署名，開頭曾把老資格的政治部主任，後來被授予大將軍銜的譚政，寫在前面。當時的參謀長，後來被授予上將軍銜的劉亞樓，毫不「謙讓」：甚麼「林羅譚劉」？「林羅劉譚」！

換個人，可能就這麼「林羅譚劉」下去了，直到「劉」以外的某個人，覺得不合適再更正過來。可那就不是劉亞樓了。

一個才氣橫溢的，與中國傳統風格不大協調的東北野戰軍參謀長。

當年在劉亞樓身邊工作過的老人說，「東總」幾任參謀長中，沒有一個能夠超過劉亞樓的。有的老人說，在全軍的參謀長中，劉亞樓也是出類拔萃的。

還有他不同凡響的性格和作風。

對人嚴，對己嚴，說幹就幹，幹就得幹出個樣兒。佈置任務，一條一條，精細嚴謹，明明白白。講完了，問你有甚麼困難，要求。合理的，能夠解決的，要人給人，要物給物，而且是馬上就給，從不「研究研究」。點子又多，主意又快，放手讓你去幹。幹得好，大會表揚，小會表揚，功勞全是你的。幹砸了，大會批評，小會批評：你有困難找我呀？我這個參謀長是吃乾飯的呀？不就是給你們解決難題的嗎？你提出來解決不了算我的，現在哭爹叫娘算甚麼？你以為這是小孩子過家家呀，這是打仗，要死人的，人死了就活不了！

他批評你，還讓你講話，反駁。講得在理，能駁倒他，他欣賞你，重視你，重用你。講不出理，那就算是犯到他手裏了，非擼你個茄子皮色不可。有時擼完了，再出點子拿主意，還讓你去幹。

批評是輕的，動輒還拍桌子罵娘。

連縱隊領導也敢罵。打錦州時，讓八縱封鎖機場。錦州有兩個機場，一個能用，一個不能用。八縱來電報問封鎖哪個。他火了：你們是「吃草的」呀！

誰完不成任務就通報誰，不管你是誰。

他說：有甚麼了不起的？頂多就不選我當中央委員唄。

李作鵬因能喝酒得名「大燒鍋」。劉亞樓因上述原因被稱為「肝火王」。有的老人說他發火也能發到點子上。不管發火不發火，都是連講帶比劃。同樣一句話，從他嘴裏講出來，或是罵出來，味道就和別人不一樣。

他討厭幾棍子打不出屁的人，討厭懶散、不學無術的人。誰睡得早了點，他也不說話，進屋把燈打着，再把抽屜拉得「唏哩嘩啦」響，把你折騰醒。誰起來晚了，他進屋把窗戶打開，再拽一陣抽屜走人。而他，點燈熬油，就在雙城翻譯了《蘇軍司令部工作條例》。他在伏龍芝軍事學院學習過，在遠東軍區當過少校參謀，啃了五年黑麵包，俄語非常好。

能幹會幹，還能玩會玩，玩起來像幹工作一樣精力過人。被戰爭興奮得連夢鄉也硝煙迷漫的軍人，也真該調節調節氣氛。跳舞，打獵，「吹牛」（這是一些老人原話，相當於今天的「神聊」，「侃大山」）。雙城那個小地方，有舞沒處跳，到哈爾濱有機會是必跳的。打獵可以，也只能忙裏抽閒玩玩。「吹牛」最大眾化，又方便。往哪兒一坐，古今中外，海闊天空，一會兒就聚一堆人。

一次，講起他十九歲當營長時，林彪看見了他。瞅一陣子，摸着他的腦袋說：這個小營長不錯。他說：「林總」說我是個小營長，他才多大呀，不就是個二十四歲的小軍團長嗎？

有時，林彪也踱過來當聽眾。劉亞樓就站起來，叫聲「林總」，或是「一〇一」[①]。林彪就說：講，講下去。

對於林彪和羅榮桓，劉亞樓一向都是很尊重而又恭敬的，當然也就談不上發火了。沒有人會對此產生甚麼不舒服的聯想。劉亞樓對林彪和羅榮桓的敬重，就像大家對他和林彪、羅榮桓的敬重一樣。有的老人講，林彪有事找劉亞樓，劉亞樓經常是小跑着去的。同樣，司令部的參謀和處長到他那兒，也常是小跑。

林彪對劉亞樓非常欣賞、信賴、滿意。

一個典型的內向型性格，一個典型的外向型人物，配合、相處得默契、融洽，似乎有些不可思議。其實，不可思議處有時正是可思議處。

第二次世界大戰中德國陸軍總參謀長古德里安說：「一個理想的參謀本部軍官應該具有下列各項美德：忠於自己的信仰，機智，有節制，有犧牲小我的精神，具有強烈的個人信念，並且有才能將各種信念告訴他的指揮官。」

這些美德，應該說劉亞樓都具備。

有的老人說，劉亞樓的建議，幾乎沒有不被林彪採納的。

從1947年夏季攻勢開始後，共產黨人在黑土地上的每次勝利，都有他的智慧在閃光。

---

① 在東北，林彪、羅榮桓和劉亞樓的代號，依次為「一〇一」、「一〇二」、「一〇三」。在非正式場合，「一〇一」一直被叫到「九・一三」前。

除此而外，劉亞樓的貢獻，是在司令部建設上。

用「小米加步槍」形容共產黨軍隊裝備之落後，是再準確、形象不過的了。用「小米加步槍」來形容內戰初期一些部隊的司令部工作水平，也同樣準確而又形象。

游擊戰和正規戰的司令部工作，是有很大區別，甚至是截然不同的。即便是游擊戰，土八路的一些土參謀也不能說是稱職的。該參謀的不參謀，不該參謀的瞎參謀，有的甚至不經請示就擅自調動部隊。一些堪稱游擊戰專家的師團長和縱隊司令，也不習慣於司令部的參謀。打游擊打慣了，有的打仗扔了司令部，獨往獨來，「我就是司令部」。

劉亞樓上任後，很快就引入了正軌。

開辦各種參謀集訓隊，他親自去講課，結合部隊實際講解《蘇軍司令部工作條例》。請「東總」和縱隊、師團首長和有經驗的參謀人員現身說法。他自己則率先為範，從「東總」司令部做起，再一級一級抓下去，抓到底，當時掛在他嘴邊最多的一句話是：司令部不是指揮部隊的機關，而是首長指揮部隊的機關。

這也就決定本節只能到此為止了。

能夠施展出雄才大略，並獨當一面地導演出威武雄壯史劇的舞台，是在天津，是在他當了十四兵團司令員之後。

而那是另一位作者那支筆的世界了——那是一定會有出色描寫的。

之三：「好戰分子」

「娘賣×的，給我衝！衝不上去斃了你！」

據說，從連長到師團長，甚至到縱隊司令，戰場上沒這麼罵過的不大多。在黑土地上打了三年，入鄉隨俗，有的就把「娘賣×的」變成了「媽個巴子」。以至於進關南下後，有的家鄉人竟把他們當成了「東北佬」。

據說，鍾偉最能罵，而且始終是「娘賣×的」。

從十旅旅長到五師師長，再到十二縱司令員，不光在黑土地上，就是在全中國人民解放軍的將軍中，鍾偉也是位極有個性的人物。

他是有名的「好戰分子」。

按照時間順序，應該先寫靠山屯戰鬥。而且，這一仗也比較能表現出這位「好戰分子」的性格和作風。

三下江南時，林彪命令五師進至長春路東，配合一縱消滅大房身約一個團的敵人。3月9日，五師到達靠山屯西南。夜間行軍，白天睡覺。黃昏起來準備趕路，聽見西南姜家屯和王奎店那邊亂哄哄的。一偵察，是八十七師二六二團兩個營。鍾偉說打，有人說咱的任務是去大房身。鍾偉說：甚麼娘賣×的大房身，送上門的敵人給我打！

十四團一個衝鋒攻進姜家屯，俘敵200多。王奎店連攻數次未下。

有的老人說，正在這時，林彪來電報，命令五師速去大房身。鍾偉說：把這股敵人吃掉馬上就去。哪知這股敵人跑到靠山屯，和二六四團一個營會合了，拚死抵抗。林彪又來電報，催促執行總部意圖。鍾偉說：我這兒都快吃掉一個團了，一大堆俘虜，也拔不出腳啦！

十五團連衝四次都未成功。這時，八十八師和八十七師主力分別從農安和德惠趕來增援，林彪的電報也到了。有人說：這回不走也得走了。鍾偉拍起了桌子：誰再說走，我就斃了他個娘賣×的！一邊組織攻擊、打援，一邊給林彪回電：現在正是抓大魚的好機會，我就在這打了，快讓一縱他們都來配合我吧！

老人們說，這一仗打了個本末倒置，把一縱和二縱都調過來，把林彪都指揮了。林彪後來說：要敢於打違抗命令的勝仗，像鍾偉在靠山屯那樣，三次違抗命令。

有些情節是值得推敲的。或者是老人們記憶有誤，或者乾脆是有意的演義。但演義也好，記憶有誤也好，都是絕對符合鍾偉其人的性格真實的。

聽說打仗，後腦勺都樂開花，那勁頭就像今天年輕人赴約會，談戀愛。開會就搶任務，搶硬仗，搶不到就「娘賣×的」。他這邊打勝了，別人還在那兒啃，他就去打「小報告」：我說他不行嘛，怎麼樣？這回該我們上了吧？

愛打仗，氣魄大，決心硬。在蘇北時，一次打日軍。兩個炮樓，打下一個，另一個怎麼也打不下來。連長是新調來的，不知鍾偉脾氣，有點猶豫。鍾偉對警衛連長說：你去告訴他，一小時內打不下來，提頭來見。警衛連長跑去說：快打吧，支隊長（團長）要槍斃你了！那個連長一咬牙，打下來了。

打仗不要命，可從來不耍蠻。那蠻都是面上的。戰前親自偵察，敵情我情，天候地形，能不能打，怎樣打，會不會出現意外，出現意外怎麼辦，全都有數。打起來，不在師部，就在連部。戰場瞬息萬變，戰機稍縱即逝，一般都脱不過他的眼睛。特別是打到節骨眼兒上，能不能再堅持一下，他的決斷，十有八九都是對的。用五師一些老人的話講：那腦袋，咱十個八個捏一塊也不如他一個，比電子計算機還靈快。

在黑土地上每次戰鬥中，幾乎都能看到他的身影。勇猛似虎，矯捷似鹿，機警狡猾得像狐狸。

《東北三年解放戰爭軍事資料》中，是這樣評價五師的：

> 該部隊係東北部隊中最有朝氣的一個師，突擊力最強，進步快，戰鬥經驗豐富，攻、防兼備，以猛打、猛衝、猛追，三猛著稱，善於運動野戰，攻堅力亦很頑強，為東北部隊中之頭等主力師。①

在東北野戰軍十二個主力縱隊三十六個師中，這個評價是最高的。

五師是一頭雄獅率領的一群雄獅。

能打還能搶。

在蘇北時，十旅向鹽阜區要糧要錢，區裏沒給那麼多。鍾偉就讓偵察排在河邊埋伏着，把區委書記抓住揍了一頓。區委書記告到黃克誠那兒，黃克誠批評鍾偉。鍾偉裝糊塗：八路軍抓共產黨的書記，竟有這種事？天下奇聞。

1947年秋天，「東總」兩輛彈藥車路過鄭家屯五師駐地。鍾偉招招手，上去一個連就把彈藥卸了。押車的幹部説：這叫我回去怎麼交代呀？鍾偉寫張條子：就説我鍾偉收下了。都是八路，都打國民黨，甚麼你的我的？

一些老人説，這種事鍾偉可沒少幹。彈藥，吃的，穿的，用的，也不管是「東總」還是兄弟縱隊的，路過他那兒，看着挺好，寫張條

---

①《東北三年解放戰爭軍事資料》，38頁。

子就沒收了，就像收買路錢似的。

戰場上更能搶，而且越搶越精明。

戰前，讓戰士衣兜裏揣上條子，攻進城裏就貼，到處都是「五師繳獲」的條子。有些武器和倉庫本是別的部隊繳獲的，也被五師貼上條子。有時官司打到「東總」。兵慌馬亂的，也沒留人看守，怎個說得清？五師卻振振有詞——有條子為證。

能搶東西還能搶人——搶俘虜。冬季攻勢打文家台，新五軍軍長陳林達，本是三縱抓獲的。五師上去就給搶了過來，還把三縱的人也打了。

黑土地上頗有幾個兩頭冒尖的部隊：打敵人兇，搶東西兇，對兄弟部隊和老百姓也兇。用一些老人的話講，是名副其實的「野」戰軍——野得很（後面將專門談談這個問題）。

不但能搶，還能撈錢。

五師在蘇北時就能做買賣，到東北後更是大做特做。開燒鍋，辦商店，又做買賣又當兵。兵當得雄壯，買賣做得紅火。這在當時商業蕭條，軍費無着的情況下，於軍於民都大有好處，東北局和「東總」是提倡的。可鍾偉還要販大煙，因為這個最來錢。

一位曾經販過大煙土的老人說，這是犯法的事。當時各級部門對大煙販子查得很緊，弄不好都得掉腦袋。鍾偉不理這一套，對我們說：你們只管給我幹，我有腦袋你們就有腦袋，怎麼抓的怎麼給我送回來。

能搶又能撈錢，五師財大氣粗，吃得好，穿得好，身體好，衝鋒陷陣格外有勁頭。

還能吃能喝，能玩會玩。

每到一地，有甚麼好「嚼古」（東北話，即「吃的」），從名酒、名菜到各種有名的特產，鍾偉都要嚐個肚兒圓。打完仗了，把部隊交給政委、副師長，就回哈爾濱跳舞去了。看到師長回來了，幹部戰士就明白要打仗了。

這種情況，可不止鍾偉一個。

還玩女人。

一些老人說：天下事，沒有鍾偉不敢幹的。

還說他幾乎和哪個政委都合不來。對的錯的，甚麼都得他說了算，不然就「娘賣×的」。

遼瀋戰役前，鍾偉調到新成立的十二縱當司令員。他是黑土地上唯一一個由師長直接提為縱隊司令的。據説，此前「東總」曾要他到一個縱隊當副司令。他説：要是瞧得起我，就讓我當司令。我是寧當雞頭，不做牛尾。

據説，1955年他被授予少將軍銜時，好長時間不佩戴——嫌小了。

50年代初，南京軍事學院有個「將軍班」。我軍很多赫赫有名的將軍，都是這個「將軍班」的第一期學員。鍾偉也是。學院有蘇聯顧問，主要講蘇聯軍事學術。鍾偉不滿意：這個「格勒」，那個「格勒」，我們的三大戰役比誰差？應該多講講我們的。總唱反調，特別是對原國民黨陸軍大學留用的教員，教員講東，他就説西。教員理論上當然有一套，他那張嘴巴也不饒人。沒有「娘賣×的」，就講當年某某戰鬥就是這樣打的，就打贏了，你説誰對？教員説甚麼呢？他們當年教出的學生，不都是眼前這些「學生」的手下敗將嗎？

1959年廬山會議後，北京軍區參謀長鍾偉，説了些犯忌的話，退出軍界，任安徽省農業廳副廳長。

據説，「文化大革命」中兩派武鬥，他看着又坐不住了，説：這些娘賣×的造反派，連棟破樓也攻不下來。有人來找他，他如此這般幾句話，一下子就結束了戰鬥。後來一查黑手，那還有個跑？

坐牢期間，如果能夠看到報紙，一聞到這個世界哪兒又有了槍炮聲，他那顆心一定癢癢得受不了。

據説，平反後他去找黃克誠，要求工作。黃克誠説：你就安份守己呆着吧，若再打仗會去找你的。

兒時聽老人講「古」（即講故事），有時一個「古」完了，就聽到一聲慨歎：打江山的人，不一定就能坐江山哪！

身材瘦削、精靈強幹的鍾偉，當為其中類型之一。

《中國人民解放軍將帥名錄》第3集293頁寫道：鍾偉，湖南省平江縣人，1915年出生，1984年去世。

戰場是他的樂園。槍炮是他的玩具。硝煙是他最清新的空氣。彈丸的尖嘯是他最傾心的音樂。曾被當代青年稱為「三等殘廢」的平江人，就是為着軍人的事業來到這個世界上的。走上戰場，就像個傑出的樂隊指揮走上前台，揮動指揮棒，整個靈魂立刻就陷於陶醉般的兢兢業業之中……

我能夠想像出他失去「指揮棒」時的痛苦。

可又該怎樣理解「天下事，沒有他不敢幹的」呢？

其實這一切都是可以理解的。當然，理解起來挺難。

理解任何人都不是件易事。

第一八章：「黑土地之狐」

瀕臨松花江主流，在第二松花江北部的哈爾濱，滿語的意思是「曬網場」。

這古老的名字，會幻化出一幅古樸而又動人的圖畫：在遙遠的年代，以捕魚業為主的松花江人，滿載而歸後，在這裏歇息，晾曬網具。江水清清，船兒悠悠，兩岸葱綠，天空湛藍。漢子們赤銅色的肌膚在藍天綠地間閃耀，在清碧的江水中騰躍。女人清潤的歌聲滴着歡笑和情愛，在天地間和浪花中逐戲。服飾各異的赫哲和女真族孩子們，狗兒羊兒似的在草地上滾成一團。熱了，累了，就魚兒似的躍入水中。藍天大地盛不下人們的歡樂，松花江日夜不息地流向遠方。

從哈爾濱向南，普通快車的第一個停車站，叫「雙城」。

雙城縣黨史辦公室的同志說：雙城歷史上頗有幾個「人物」。偽滿洲國八個大臣中，雙城出了兩個。那位在國民黨上層也算有頭有臉，「八·一五」後的「東北行政委員會」中僅遜於熊式輝的第二號人物莫德惠，也是雙城人。如今台北還有條「雙城街」，莫德惠就住在那裏。

不過，雙城人話題最多的，也着實使雙域紅火一陣子的人物，還是來自湖北黃岡縣林家大灣的林彪。

現在的雙城縣人民武裝部，就是當年東北民主聯軍、東北野戰軍前線指揮所舊址。

這是一座古色古香，富麗堂皇，如今已有些破敗的建築。漆皮剝落的原始的大木門，嵌在灰白色的水泥牆中。院子青磚鋪地，牆是同樣的大青磚。六根一人粗的紅色木柱，擎着兩米寬的廊檐。檐下青磚上雕刻着鳳凰、麒麟、花草，做工精細，栩栩如生。青一色小葉瓦，像天安門城樓式的飛檐上、蹲伏着青色的麒麟。東西各一四合院，中間一道月亮門。西院為參謀處，東院住林彪。

林彪在黑土地的三年生涯中，兩年左右是在這裏度過的。

從三下江南到夏、秋、冬三大攻勢，直至遼瀋戰役前夕，林彪就在這裏織網——編織戰爭的血與火之網。

寒暑錶

熱情的雙城人，從厚厚的泥封中，為我找出一本殘缺不全的《林副主席東北解放戰爭期間在雙城住地紀念館內容介紹》。其中，有個《寒暑錶的故事》。

據說，這是兩尺多長的特製的寒暑錶。人武部的同志幾年前還見過這個「笨傢伙」，扔在倉庫裏，也不知來歷，也不知弄哪去了。

每到一地，秘書第一件事，就是選個合適的地方掛上地圖。林彪就以地圖為起止點，開始踱步。到雙城後，又多了個起止點，就是掛在窗外屋檐下那個笨重的寒暑錶。

天越冷，出現在寒暑錶前的次數越多。有時連大衣也不披，就那麼站着，看看寒暑錶，再看看天地風雪。有時還把一隻像面色一樣蒼白的手，伸到風雪中凍上一會兒。

古今中外，傑出的軍事家中不乏傑出的政治家。一個傑出的軍事家當然不必是一個天文學家，但他必須懂得老天爺的喜怒哀樂，看老天爺的臉色行事。從草船借箭到第二次世界大戰中的珊瑚海大海戰，例子不勝枚舉。

知己知彼還不夠，還要知道老天爺和土地爺。林彪看地圖當然不僅是了解土地爺，但他看寒暑錶則純粹是要和老天爺套近乎，交朋友。

黑土地上的第一個冬天，給林彪的印象無疑是深刻的。他早就在算計着這個冬天了。

1946年10月31日，「林彭高陳」在給「中央並告蕭江程羅」[①]的電報*中，說：

---

① 即蕭華、江華、程世才和羅舜初，依次為遼東軍區政委、第二政委、司令員、副司令員兼參謀長。

（一）目前敵人利用松花江阻我北滿部隊而集中主力進攻南滿與西滿。最近正在佈置攻洮南，但長春以北敵兵力較空虛，只新一軍兩個師及七十一軍一個師，六十軍一個師及其他地方部隊。我軍擬以五個師的兵力，令火車運輸從哈爾濱經齊齊哈爾繞至松花江以南再步行向敵發動攻勢，以各個擊破的方法求得殲滅敵人，以破壞敵人攻洮南的行動及策應南滿和破壞敵人攻哈爾濱的計劃。

（二）因敵人已深入西滿南滿，而關內尚未增加出關的條件下，我們突然出現在松花江以南進攻，故敵必無力將我驅逐，而在約一個月以後，彼如調兵向我進攻時，屆時松花江已結冰使我運動甚為自由。故目前出擊不致被敵打回，一個月後敵有力打我時屆時已無後路顧慮。

……

瞻前顧後，走一步，看幾步。林彪的算盤，方方面面，撥拉得周周到到。

很多老人講林彪會打仗，打巧仗，其巧之一，就是善於調動老天爺和土地爺。天上，地上，把一切可能利用的條件都比較充份的利用起來，把這些有形無形的條件編製成有力的縱隊和兵團。

杜聿明在這個季節實行「先南後北」計劃，算是失了天時，又丟了地利。他也是沒法子。就像蔣介石迫不及待發動內戰一樣，時間不是他們的朋友。拖下去，共產黨會一天天在人民中間發展、壯大。「天時不如地利，地利不如人和。」寧肯失去老天爺和土地爺，也要趁林彪羽翼尚未豐滿，把他打垮，吃掉。

不公平的「球賽」

從蔣介石到他的士兵，都說共產黨搞「人海戰術」，好像共產黨「犯規」了，以多淩少，欺負人。

任何體育競賽都有規則。球類比賽最重要的，也是常識性的一條，是雙方上場人數必須相等。拳擊台上，不但不能兩個打一個，還對運動員的體重做出規定，分成各種級別。

可在黑土地這個競技場上看到的，幾乎全是另一種情景。每次戰鬥，共產黨上場的「運動員」，總是超過國民黨。少則兩倍、三倍，多則四倍、五倍，甚至七倍、八倍。這確乎有失「公道」。

可戰爭不是體育比賽。孫子説：「兵者，詭道也。」豈止是「詭道」，簡直是殘酷、殘忍之道。成吉思汗允諾士兵，攻下城池後，可以隨意淫殺搶掠。人類進步到40年代，廣島、長崎兩聲巨響，不分男女，不論老少，全吃了原子彈的大鍋飯。戰爭絕不是慈善事業，所以就沒有甚麼規則可言。戰爭只有勝敗，不擇手段地取勝——勝者王侯敗者賊。

在戰爭的競技場上，總能以多打少，那是指揮員的水平。

也是人心——你國民黨能發動起那麼多人參軍參戰嗎？

而在雙方兵力相當，或是少於對手時，仍能以多打少，那就不僅是水平，而是天才了。

要以多打少，就要集中兵力。要集中兵力，就要走。要多走，快走，不分晝夜地走，頂風冒雪地走，不吃飯、不睡覺地走，拚命走。

四渡赤水後，埋怨毛澤東盡走「弓背路」，要把部隊拖垮了的林彪，在雙城那個四合院的青磚地上踱着步子，一封封電報飛向各個縱隊。忽東忽西，忽南忽北，忽進忽退，把部隊支使得顛顛跑，團團轉。那情景好像不是打仗，而是行軍大競賽，看誰走得多，走得快，然後得金牌、銀牌或銅牌。

林彪説：「不要怕疲勞而累死人，因為疲勞而累死人總比慢了而受傷亡損失要小得多。冬季作戰向巨流河前進時累死了人，但不要怕，要忍一口氣，咬緊牙關趕路，這時吃一點虧是有很大代價的，怕吃苦，怕走路，反會犧牲更大。」①

林彪很喜歡那些走路不要命的部隊。

一些老人説，對於這種大運動量的運動戰，開頭很多人不理解：兔子沒抓着，把鷹累死了。那冤枉路也真沒少走。有時好歹快到地方了，一個電報，調頭又往回跑。不跑也真不行。東北鐵路多，大都是

① 《林彪元帥軍事論文選集》，202頁。

國民黨佔着。人家增援快，一個師能當幾個師用，火車頭嘭哧嘭哧幾股白煙就到了。走脱被動，走出主動，打了勝仗，再走就痛快了，有勁了。流汗總比流血好。南下打衡寶戰役時，配屬四野指揮的兄弟部隊，開頭也不習慣，後來就好了。

最漫長的道路，常常是通往勝利的捷徑。

「空軍司令」

林彪打仗，經常直接指揮到師。特別是打運動戰。重要戰鬥，重要方向，有時還直接指揮到團。

當年「東總」和四野的秘書、參謀人員都説，林彪的電報，一般都是先師後縱隊（軍）再兵團的順序發出去。署名「林羅劉」、「林羅劉譚」、「林羅趙」，[1]經常是電報發走了，再送給「羅劉」，「羅劉譚」，「羅趙」看。衡寶戰役後期，林彪病了，倒在床上指揮，電報記錄完了，秘書代「林羅趙」簽上名就發走了。

打下錦州後回師打廖耀湘兵團，有的師在哪兒，縱隊不知道，林彪知道。有時兵團正在執行第一封電報指示，師裏已經按照變更命令的第二封電報行動了。

兵貴神速，瞬息萬變。按部就班地一級一級往下傳，敵人早跑了。

據説，大將風度的四兵團司令兼政委陳賡，曾風趣地説：在「林總」指揮下打運動戰，兵團司令是「空軍司令」，可以睡大覺。

老人都説，當時人們對林彪佩服得很。對這種越級指揮甚麼的，沒有人説甚麼。説他「獨斷專行」，是後來的事兒。

有的老人説：指揮錯了，那是獨斷專行；打了勝仗，他是正確的，能説是獨斷專行？

據説，蔣介石也經常這麼幹。東南西北，一個電報發出去，坐在南京指揮戰場上的師團。

同樣是越級指揮，林彪與他的校長幾乎毫無共同之處。這不僅因

[1]「趙」是四野參謀長趙爾陸。

為校長一個電報，就把前線指揮官搞得無所適從，而學生則統一了部署，爭取了時間，使部隊形成了拳頭。還因為林彪並未大包大攬，而是讓他的部下充份發揮自己的聰明才智。

幾位在黑土地上當過師長、政委的老人說，部隊行軍到達指定地域，第一件事就是向林彪報告當地敵情。三下江南時，林彪要求二十分鐘內就得將下面敵情報告給他。十幾個師，到地方不過個把小時，情況通報就下來了。這就逼着你往前跑，不打官僚主義仗。一仗下來，林彪六小時內要簡報，二十四小時要詳報，逼着你總結經驗教訓。把你搞得緊緊張張的，腦子裏一點空幾兒也沒有。

「走麥城」

林彪腦子裏那個不停轉動的車軲轆上，每個時期都有一個主題。四平撤退後，大講莫斯科撤退。一下江南前，一些人覺得美械裝備厲害，有畏敵怯戰情緒。這個時期的電報，就強調勇敢，勇敢就是勝利，要敢於刺刀見紅。此後，根據地半生不熟，又多在敵佔區作戰，敵情很難掌握，仗又不能不打。於是，一向穩妥的林彪，就一反常態地提出，「只要有六成勝利把握即決心打」，並給起個名叫「硬拚仗」。「六個戰術原則」，也都是根據各個時期的主要矛盾，總結出來的。

林彪要求秘書和參謀向下傳達命令時，重要問題要交代三次。

有人把這稱之為林彪的「重點主義」。

打了敗仗，「重點主義」就更重了。

黑土地上較大的敗仗，一是二下江南攻德惠不下，二是夏季攻勢中的四平攻堅戰。

據說，在四平攻堅戰後的「東總」高幹會議上，林彪曾三次站起來檢討：這次四平沒打下來，不要你們負責，主要是我情況了解得不夠，決心下得太快。不馬上攻，圍城打援最好。先消滅援軍再攻城，就能攻下來。另外，這次攻城還暴露了我們攻堅的技術差，這也主要是我平時研究得不夠。

大會講，小會講，專門開會講。不是要把誰講得抬不起頭，而是為的使大家從敗仗中振作起來。怎樣振作？把教訓無巨細一條一條擺出來，擺深擺透，擺得明明白白。然後，再一條一條理出對策，反覆演練。一句話：要贏得明白，更要輸得明白。

一些老人說，林彪非常善於總結經驗教訓，特別是教訓。一個敗仗講起來沒完。吃虧是師傅，壞事變好事。若沒有四平「走麥城」和大講「走麥城」，遼瀋戰役前的攻堅大練兵，就不會搞得那樣深入、徹底，錦州就不大可能那麼快打下來。

林彪不但抓住自己「走麥城」不放，還注意吸取別人過關斬將的經驗。

像1946年9月12日這樣的電報*，筆者還見到幾封：

軍委：

我們甚盼吸收關內作戰經驗，望將冀魯豫及蘇北等地的作戰經驗特別是夜戰經驗在戰役，戰鬥，在技術上的各種辦法陸續告我們以便研究吸收。

林
文日

1948年10月23日，林彪、羅榮桓在給各縱隊並報東北局、軍委的一封電報中，剖析了沙後所和王道屯兩個戰例（影響並不很大，但頗典型的兩個「不良戰例」）。毛澤東在向各野戰軍轉發這封電報的電報中說：

這種情形，恐怕不但東北部隊有，你們所屬部隊也會有的，不過你們在戰術問題方面給我們反映太少，我們無從知道。①

採訪中見到那麼多戰例，一本又一本，厚厚的，而且大都是精裝本。其中，沒見到一個打敗仗的戰例。

據說，美軍的軍事演習，為了使官兵對未來戰爭的殘酷性認識得更深刻，促使其刻苦訓練，每次「戰鬥」，都是敵勝己負。

---

①《毛澤東軍事文選》，322頁。

千篇一律，難免使人厭煩，因而那效果是令人懷疑的。但是，戰例戰無不勝，是否也走了極端？

「東北王」其人

有的老人說：林彪這個人我講不清，你也寫不清。

有的老人說：真要講起來，誰都不能信。

末了，幾乎都要補充一句：他後來怎麼變成那樣子，我可不知道呀。

像個苦行僧

「機智」、「敏捷」、「果斷」、「剛毅」、「深刻」、「冷靜」、「穩健」……用這些詞形容林彪都不過份。但千萬不能說「幽默的林彪」——儘管人們經常把「機智」和「幽默」聯在一起。

除了一位老人，別人都說從未聽林彪講過笑話。這位老人敢也只經歷過一次。是秀水河子戰鬥後，到撫順參加東北局會議，在飯館吃過飯，不知興從何來，林彪講了一個笑話。

如果有個題目，應為《一個蘇聯人和一個中國人對話》。

蘇聯人：喝酒嗎？

中國人：不。

蘇聯人：抽煙嗎？

中國人：不。

蘇聯人：嫖女人嗎？

中國人：不。

蘇聯人：那活個甚麼意思呢？

中國人：……

講的和聽的，都沒笑。

這個沒有引發出笑聲的笑話，對於講笑話的人，倒是夠意味深長的。

林彪不吸煙，不喝酒（必要場合，象徵性喝一點），也不講究吃。

每頓兩菜一湯。大多是白菜（或酸菜）炒肉，有時是炒瘦肉絲，或是炒雞蛋甚麼的。另一個固定是黃豆：炒黃豆，或炸黃豆，或煮鹽豆，或是豆腐。反正黃豆是必不可少的。不但飯桌上頓頓有，平時也抓着吃，就和黃豆過不去。來了客人，也唏哩嘩啦倒一盤，好像誰都像他一樣愛吃炒黃豆。

「永遠健康」時，也愛吃炒黃豆。

有時加盤菜，他就說：別這樣嘛。有時也不說，也不吃。再就不加了。

秀水河子戰鬥前，在法庫，一個地主聽說來了個「總司令」，請吃飯。有個酸菜炒白肉。瘦巴巴的林彪從不吃肥肉。被勸不過，試探着吃了口。從不談論吃喝的林彪回來後，說：好吃，好吃。連說兩遍，又說：再不能吃了。意思是，再不能到有錢人家吃飯了。

和林彪吃了近兩年飯的季中權老人說，和他吃還不如和警衛員吃。

據說，羅榮桓和劉亞樓吃得都很好。下邊一些縱隊司令和師長、團長，就更不用說了。「大燒鍋」李作鵬等人能吃能喝，會吃會喝，就在林彪眼皮底下吃喝。

不講吃，也不講穿，給甚麼穿甚麼。量體裁衣，伸胳膊伸腿的，裁縫怎麼擺弄怎麼是，像個木偶。從未聽他講過哪件衣服質地如何了，樣子好壞了，合不合身了甚麼的。

還不愛玩，也不會玩，甚麼嗜好也沒有。在雙城打過兩次獵。劉亞樓看他太累了，鼓吹去的。到哈爾濱邀請他去跳舞，有時去，有時不去。舞姿平平，總不長進。一次，蘇聯駐哈爾濱總領事館舉辦舞會。一個蘇聯女人，不知嫌林彪是個「三等殘廢」，還是嫌他剛從雙城回來，身上有股味兒，反正是拒絕了他的邀請。尷尬極了。總領事大發雷霆，嗚哩哇啦把那位高傲的女同胞臭罵一頓。那以後，舞就跳得更少了。

有時看看書。一是軍事，二是哲學，都是馬列和毛澤東著作。看得認真，紅藍鉛筆劃得溝溝道道的。三是醫書，都是中醫書。邊學邊用，活學活用，給自己開藥方。一次讓秘書去買砒霜，秘書吃了一驚。他說：你不懂，我這種病吃點砒霜好。有次吃錯藥了，半夜三更爬起來，雙手扶牆哆哆嗦嗦去開燈。秘書醒了，來扶他。他說：沒關係，有點不舒服。

都說他生活枯燥乏味兒。

有人說他像個苦行僧。

像個呆子

不光對身邊人吃吃喝喝不管不問，別的甚麼事也不管不問。

誰軍容風紀不整了，誰喝醉了，誰吵架了，他都好像看不見，聽不見，不知道——兩耳不聞窗外事。

四平保衛戰期間，警衛員坐在炕上擦槍，走火了，一梭子子彈穿過窗戶從屋檐下射出去。人們臉色全白了。正在屋外窗前踱步的林彪，停了一下，「嗯」了一聲，繼續踱步。在哈爾濱，一個警衛員大白天上街，槍叫人搶跑了，衣服扒得就剩條褲頭，窩窩囊囊哭着回來了。大家這個氣呀，說你算個甚麼軍人、男子漢哪。林彪停止踱步，瞅瞅那個警衛員，又瞅瞅大家，那目光像不食人間香火似的：這有甚麼值得驚驚怪怪的呢？

中國船舶工業總公司軍工部主任夏桐老人，自稱是「二燒鍋」。平津戰役後，南下到武漢，給林彪當了三年秘書。衡寶戰役打響前，他喝多了，醉得稀哩糊塗。醒來見大家忙得一塌糊塗，一下就嚇醒了。他提心吊膽地瞅着林彪，林彪好像根本不知道，再沒提這事兒。

季中權老人說，林彪跟他生過一次氣——近兩年就這一次。

1947年春，他和雙城一個姑娘談戀愛，要結婚了。他不夠「二七八團」條件，年齡不夠。林彪是個非常注意政治影響的人。東北局書記，民主聯軍總司令兼政委的秘書，帶頭違犯「二七八團」規定，會造成甚麼影響？愛情價更高，黨紀軍紀更嚴厲。他想好了，只要林彪說出個「不」字，就決心咬牙吹了。林彪卻始終沒說甚麼。結婚時，新郎請岳父母下頓館子，花二元七角錢，林彪還寫個條子，讓供給處報銷了。

但林彪是明顯地不高興了，生氣了。其「明顯」的尺寸，微妙得也只有季中權才能覺察出來：過去是「小季，記錄」，現在成了「季秘書，記錄」——多一個字，變兩個字。

婚後不久，他就離開林彪了。

是他自己要走的。

在延安時季中權就和葉群在一起，都是中央研究院黨委會幹事，還是葉群的黨小組長。都是學生出身，挺談得來。有人追葉群，葉群不幹，還請他出面幫忙。葉群「提升」為林彪夫人後，氣魄就不一樣了。在東北，除工作外，林彪從未讓季中權幹別的甚麼，葉群則抓住影兒就「季秘書」、「季秘書」，甚麼都支使。工作苦呀累呀，他都不在乎，最忍受不了的就是葉群那個樣子：「林總」都不這樣，你算老幾？到延安去的青年學生，一是追求國格，不當亡國奴，二是追求人格，要自由，平等。倘若換個人，他也能忍着。可你葉群也是一樣的學生，怎麼當上「太太」就變了嘴臉？他早就想走人了。現在違犯了「二七八團」規定，無形中不知會給林彪帶來甚麼影響，他覺得對不起林彪，走了也許能好點，反過來再想想，又有點捨不得，再一想葉群，還是走人。

是哈爾濱鐵路局公安處長李言（去世前為中國社會科學院法學研究所黨委書記）把他弄走的。在延安時，李言是中央研究院黨委書記，季中權的老首長。把他弄到公安處當了個科長。（老人說：到公安處吃得可好了。在哪兒也比在林彪那兒吃得好。）

一個鐵路局公安處長，敢把「東北王」的秘書撬走。這在今天看來，也真夠「膽肥」的了。

在一起生活兩年左右，不能說沒一點感情。更重要的，大概還在於季中權出色的工作。季中權走後，秘書增加到兩個，後來又增到三個。季中權一個人，又是最艱難時期，一切都處理得妥妥貼貼。

林彪和季中權談話，做思想工作希望他留下。講甚麼工作都是革命工作。講秘書工作的重要意義。講也不會總讓你當秘書。又講毛主席有個秘書，一幹就是十多年。等等，等等。

季中權心裏說：你扯到哪兒去啦！

據說，在「東總」一次高幹會上，林彪講了個故事。二次世界大戰中，一個蘇軍士兵趴在雪地上修理汽車，快凍僵了。有人問他，天這麼冷，怎麼還這樣幹？那士兵哆哆嗦嗦地說：斯大林知道我！斯大林知道我！林彪問：這種政治工作是怎麼做的？我們應該受到甚麼啟示？

能從這樣一件小事中透視出政治工作的威力，並「活學活用」的東北局書記、民主聯軍政委，在黑土地「萬花筒」時期，對國內外政治大風雲看得那麼深透，60年代又大抓「活思想」，此刻，對每天一起生活、工作的秘書的「活思想」，竟然一無所知到這種地步！

大智若愚——也算愚到家了。

這倒正應了蒙哥馬利的一句話：「極端緊要的是，一個高級指揮官絕不應埋頭於瑣事堆中。」

劉亞樓説：把他抓回來。

林彪説：要尊重他的意見。

有的老人説：林彪尊重人格，把你當人待。

在黑土地上在林彪身邊工作過的老人説：給林彪當秘書，當警衛員，當廚師，非常好當。

林彪性格孤僻，不善交際。

在錦州西部準備打大仗，有敵人，沒部隊，林彪急得半夜爬起來踱步。梁興初一師和黃克誠三師到了，多少年沒見面，大家「林師長」，「林師長」地叫着，恨不能抱着行個外國禮。林彪「嗯」着，握握手就問部隊怎麼樣，裝備怎麼樣，情緒怎麼樣。不明底細的人看着，那情景，用句黑土地上不大文雅的話講，就像「熱臉貼到了涼屁股上」。

臨死也不認識元角分人民幣的林彪，不會寒暄。不打仗時，經常有些縱隊和師領導來看他（那可沒有「討好」，「溜鬚拍馬」或者打誰幾句「小報告」甚麼的）。也沒甚麼事，就是來看看。他「嗯」幾聲，倒些炒黃豆，問幾句部隊情況，再就沒話了。有事找參謀處的人，開門見山問幾句，或是交代幾句，你就自動走人。簡練、明晰，用有的老人的話講，「都是指揮作戰語言」。平時也是。

林彪從無髒話。這在當時是不多見的。比較典型的，是林彪以後的「東北王」高崗：小資產階級的狂熱性就像個雞巴，動不動就硬了起來。會場上男男女女的，高崗就這麼講，面不改色，正兒八經。

據説，林彪不背後議論人。去錦州打大仗時，一路上，李作鵬等人發牢騷：能打的沒槍沒炮，破槍爛炮，不能打的就差沒飛機了，這仗怎麼打？林彪説：別這樣講嘛，先來的是有功的嘛。林彪這樣講着，在錦州卻為此事，當面批評了冀東部隊一位負責人。

林彪挺清高，但據説並不使人覺得高傲。在舒蘭接到決定由他擔任東北局書記的電報後，東北局讓他到哈爾濱去，他遲遲不去。有人以為他是拿架子：你們反對我，怎麼樣？還是我對了吧？後來發現，他是想等等，看看杜聿明的動向再説。幾天後，高崗來接他。從五常到舒蘭不通火車。林彪說：咱們走吧，別讓他再換車，跑這麼遠了。

費翔唱《冬天裏的一把火》，林彪夏天也像一塊冰，喜怒哀樂從不寫在臉上。前線傳來多大好消息，他「嗯」一聲，露出點笑意，一閃即逝。遼瀋戰役後，萬眾歡騰。林彪那臉色，那步子，還是那樣子，幾乎看不出甚麼喜色。

林彪討厭繁縟禮節，喜歡清靜。有的老人說，林彪的喜靜，進城後就有些病態了。一些老人說，在東北還看不出來。白天掛窗簾，在東北也是常事。

據說，這也是林彪離開哈爾濱，住到雙城的原因之一。

據說，葉群生林豆豆後沒奶，又是早產，讓林彪設法弄點奶粉甚麼的。林彪說：延安這麼困難，怎麼弄呀？葉群說他「呆」：比你官小的都能弄到，你怎麼就不行？林彪說：人和人不一樣。

戰爭！戰爭！戰爭！

林彪踱步的形象，很有幽默感。

不論春夏秋冬，也不管槍炮聲怎樣在耳邊隆隆震響，步子總是不緊不慢，勻速運動。

你盡可以說這是一個大將軍運籌帷幄，或是成竹在胸的從容、鎮定和自信。也可以說是一個無所事事，甚至是一個百無聊賴的人，在那兒無所事事、百無聊賴地隨意走動。

這印象，來自好像面部神經已經壞死，因而看不出任何表情的那張蒼白的臉，來自那雙有時袖着，有時隨意甩動着，或是耷落着的手（背着手時，形象能好點），更來自那腳步聲。那雙穿着大頭鞋，或是布鞋，或是皮鞋的腳，腳跟幾乎沒有離地的時候，就那麼在地上拖着，落下時，腳掌再着地，拖拖沓沓，一步兩響。這腳步把那從容、鎮定和自信全破壞了。

電影《莫斯科保衛戰》中的朱可夫，出入斯大林辦公室，粗壯的身軀左右搖晃着，笨重的馬靴在地板上沉重地拖沓着。那模樣，就像個挖了十小時煤，剛從井下出來的礦工。

被一些老人稱為「像個大姑娘」的清秀的林彪，那步履，那臉色，那神態，就像個大病未癒的人。

戰爭的輪子卻在腦子裏超速飛轉！視周圍一切如無物，也沒有自我，大腦皮層的每個細胞，渾身上下的每根神經，只有戰爭！戰爭！戰爭！

這很能使人想起拿破崙的一句名言：「軍事科學首先要包括準確推算到各種可能性，然後要幾乎像數學家那樣精確地給意外情形以它在人們推算中應有地位。正是在這一點上，一個人，切不可自己騙自己，毫厘之差可以改變一切。」

拿破崙還說：「對於一位偉大將領，決不會有一連串的大功績都是由機會或幸運造成的；這些功績常常是熟籌和天才的結果。」

不抽煙，不喝酒，不講吃，不講穿。大到一次戰役，小到部隊棉衣裏子應該是白色的，都在他腦子裏轉。打起仗來一夜一夜不睡覺。部隊到了甚麼位置，一眼就能在地圖上找到。一口氣口述幾封電報。然後，再踱步，再思考。生活就像腦子裏那個軲轆，周而復始。

他思考問題時，任何人都不得干擾。並不是誰說話走路聲大了，他批評誰了，而是長期以來形成的習慣。而林彪只要醒着，幾乎沒有不思考的時候。所以，人們一天到晚都噤若寒蟬。

據說，林彪思考問題時，特別是在關鍵時刻，不准任何人插言。他把這種時刻未深思熟慮就拿出來的意見，稱之為「瘟疫」，容易動搖決心。

誰有事要見他，都由秘書先去看看，視情況通報一下。在黑土地上唯一可以直接去見林彪的，是羅榮桓。後來高崗也可以直接進屋了。

「定下決心的過程是高度緊張的過程，也可以說是痛苦的過程。」

比劉亞樓早三年畢業於伏龍芝軍事學院的蘇聯元帥比留佐夫的這句話，對於「像個大姑娘」的林彪，能夠是相反的嗎？

聖經說：「頭腦簡單的人多麼幸福。」

據說，進城後，林彪很少看戰爭影片。

對於一位身上有五處槍傷的元帥，這實在是夠費解的了。

據說，進城後，林彪在家中從不穿軍裝，也不讓身邊工作人員穿軍裝。

這也有些不可思議。

據說，進城後，林彪曾想到哪個偏遠省份去工作。

據說，林彪目睹了第二個女兒來到這個世界的情景後，對戰爭的理解和觀念就和過去不大一樣了。

據說，林彪很喜歡孩子。見到孩子，那張冰冷的臉上就現出笑意，抱一抱，親一親，逗一逗。

據說，他患病後，常把幼兒園孩子找到家裏，聽他們唱歌，看他們跳舞，和他們說話。

林彪和葉群

據說，當年延安男女比例是18：1。

延安缺錢，缺槍炮，缺彈藥，缺醫藥，還缺女人。特別是女知識青年，大受青睞。

有人說追葉群的人，「有十八路軍」。

葉群確實有她的魅力。這倒不是她長相如何出眾，主要是她聰明，比較有學識、風度。如今人們把她視為中國的第二號壞女人，那是依據「萬壽無疆」和「永遠健康」排列的。她和那個在上海演過戲的「藍蘋」不同。「藍蘋」大庭廣眾中張口就是「老娘」。葉群在家裏也罵街，但在人面前總是顯得文雅，得體，一副淑女模樣。

據說，葉群在北京讀書時，學習非常好。延安幾所學校搞演講比賽，葉群上得台來，就像在北京參加學生運動街頭講演一樣，滔滔不絕，贏得掌聲。到東北後，林豆豆小，又生了林立果，名為林彪秘書，並未做甚麼工作。但她自學了俄語，翻譯小說，翻譯蘇聯紅軍解放東北的紀錄片。後來林彪去蘇聯療養，都是她當翻譯。林彪對「老大哥」也不會客套，很多場面都靠她應付，而且應付得很好。她智商很高，興趣廣泛，尤喜文學，看過許多中外名著。《紅樓夢》有的段落能背下來，為林黛玉和安娜．卡列尼娜流淚。她還寫過一篇《評東吳戰將陸遜》的文章，有的學者看後挺欣賞。有人說，如果有條件，她完全可以成為一名學者。

當了「太太」的中國女人，有幾個成為學者的？

那也不甘寂寞。當年北師大附中愛唱、愛蹦、愛跳的少女葉群，若是甘於寂寞，大概不會去街頭演講，後來也不大可能跑去延安。進城後，她經常講誰（都是當年延安的女性，有的還是她的部下）都當了甚麼「長」了。

老人都說，林彪對葉群管得挺嚴。

有的老人說，葉群倒霉就倒霉在不甘寂寞上了，很多事情都壞在她身上。

也有老人說，葉群當年也挺好的。並舉例說，南下到武漢後打撲克，年輕人玩起來不管天不管地的。第二天葉群過來說：小×，你們再玩時小點聲，「一〇一」昨晚一夜沒睡好。

老人說：若是換個人，可能早就一嗓子吼起來了，還能等到第二天早上？

林彪在雙城時，葉群在哈爾濱，個把月帶孩子來住幾天。有時，半夜三更聽見葉群嗚嗚哭。若是一般同志，兩口子吵架，誰能不過去勸勸呀？可這是「林總」呀！大家乾着急，也不知為甚麼。

有的老人說，林彪身體不好，又比葉群大十多歲，可能是夫妻性生活不和諧。

請一位比較了解底細的老人談談林彪和葉群的戀愛史，老人不談。拐彎抹角想引他談出來，老人直通通地發火了：你問這個幹甚麼？

據說林彪到雙城後，先是住在另一家。兩天後林彪就讓搬家。大家莫名其妙，議論一陣子，甚麼原因也沒找到。最後，有人說：是不是那家的媳婦太漂亮了？沒注意到這碼事的人瞅機會去看了看，果然美麗非凡。

但這只能算做推測，而不能定論。

另一件事是確確實實的。

大窪戰鬥後，林彪住在八面城。一天上午，來個女同志。穿套灰布軍裝，中等身材，二十五歲左右樣子，梳着短髮，樸實，大方，清秀，端莊，走得汗涔涔的。進院子正好碰上季中權，停住，問：林師長在這兒嗎？

季中權老人說，幾天前，遼西軍區政委陶鑄來過。陶鑄和林彪談話時，他恍恍惚惚聽到一個女人的名字，好像是延安魯藝的，在遼西軍區工作。可能是陶鑄告訴林彪，說她也到東北來了，可能是陶鑄讓她來的。

兩人談得很親熱。林彪講，女人靜靜地聽。女人講，林彪靜靜地聽。林彪的話從來沒有那麼多，表情也從來沒有那麼舒展，豐富，蒼白的臉上甚至泛出點紅暈。

中午，林彪破例讓加了兩個菜。飯後又談了個把小時。臨走，林彪送到大門口，直望到那女人的身影消逝了，他還在那兒站着。

林彪好像談興未盡，一會兒又踱到季中權那個小屋。伸手從桌上煙盒中取出支煙：小季，洋火呢？抽了兩口，嗆得咳嗽。掐滅煙，踱着步子，又和季中權談起來。話題是：人類的生產，生殖和生活。

季中權老人當時的感覺是：今天的林彪怎麼不像林彪了？

這個女人再也沒來過，林彪也再沒提起過她。

他們曾是一對戀人嗎？是甚麼東西使他們走到一起？又是甚麼力量把他們分開了？

只有他們知道。

在哈爾濱南崗葉群住處前面一棟樓裏，原延安某學校一位四十多歲的校長，「娶」了一個二十多歲的小伙子。她每天上班走了，就把小丈夫鎖在屋裏。

葉群曾嘲笑那位校長：鎖頭就能把人鎖住嗎？

可她和林彪的結合就是喜劇嗎？

「黑土地之狐」林彪的幽默，是把從年齡到資歷都比他大的杜聿明、陳誠和衛立煌一個個打下馬去，三年功夫就把黑土地變成了共產黨的天下——連共產黨人自己都覺得這未免快了點。

這是歷史的大幽默。

並不是隨便甚麼人都能「永遠健康」的。

溫都爾汗一聲轟響，「永遠健康」又爆出個大幽默——頗像一齣荒誕派戲劇的大幽默。

七、 血液是勝利的代價

從1946年7月至1947年6月，在付出了沉重的代價後，共產黨軍隊在全國各個戰場殲敵112萬人，開始了戰略反攻。

1947年5月13日，初步掌握了主動權的東北民主聯軍，在黑土地上率先轉入對國民黨的戰略性反攻。

攻擊！攻擊！再攻擊！從三伏一直攻擊到三九。

共產黨跑，國民黨追，共產黨好像生來就是挨打受氣的命，追的和被追的都已經習慣了。一旦調換了個兒，那世界立刻就為之改觀了。

第一九章：血　城

杜聿明四次進犯臨江未逞，邊放棄南攻北守計劃，採取防禦待援方針，以一部沿松花江佈防，一部控制北寧路和熱河，主力在中心地區機動作戰。林彪為打破南北滿分割局面，改變東北戰局，針對對方分散守點的特點，分頭發起夏季攻勢。其中以主力向長春、四平、吉林之間，實施主要突擊。

南滿三縱、四縱十師和獨立師，首先對瀋（陽）吉（林）鐵路中段的山城鎮、草市發起攻擊，殲滅重新組建的一八四師和暫二十師一部，又將新二十二師援軍打退。三縱沿四（平）梅（河口）鐵路向西攻擊，連克東豐、西安（今遼源市），與北滿主力會師。接着，四縱十師攻佔梅河口，遼南獨一師攻克大石橋，四縱主力連克通化、安東、本溪等城。

北滿一縱、二縱和獨一師、獨二師，從扶哈渡過松花江。二縱主力首先攻佔懷德，趕來增援的七十一軍兩個師趕緊掉頭回竄。在公主嶺以北大黑林子地區，被一縱和二縱主力圍住，除七十一軍軍部少數人跑掉外，八十八師和九十一師15000人，全部被殲。

東滿六縱和獨三師、獨四師，先向吉林以東新站、拉法和吉林鐵路進擊，又遠距離奔襲海龍、樺甸，將暫二師追殲，打通了東滿和南滿的聯繫。

西滿部隊攻克玻璃山、雙山。

熱河部隊攻佔圍場，圍攻隆化，包圍承德。

冀東部隊連克昌黎、盧龍、撫寧、遷安等城，並破襲北寧路。

黑土地槍炮轟鳴，共產黨人節節勝利。

當東、南、西、北滿和熱河、冀東殺聲漸趨平靜，戰爭就張着巨大的黑翅又一次降臨四平，撲打得血飛肉濺。

三十六計和百多萬軍人的驍勇，在遼瀋戰役前黑土地上成百上千次的角鬥、廝殺，都沒有在四平的兩次較量更能決定國共兩黨的命運了。

而這次其慘烈程度，不僅在黑土地，就是在全國也是罕見的。

血和火都是紅的

在懷德和大黑林子攻城打援結束後，共產黨人如果乘機攻擊四平，幾乎唾手可得。卻分兵攻擊東豐、西豐、昌圖、通遼、開原，使七十一軍得以整頓部隊，加強工事。

6月14日，一縱、鄧華縱隊、六縱十七師和加強的五個炮兵營，對四平發起攻擊。突破還快，發展很慢。22日，一縱喪失戰鬥力撤出戰鬥，六縱全部投入攻擊。最後將守軍壓至城東北隅，苦戰不下。29日，國民黨九個師逼近四平。30日拂曉，不得不退出戰鬥。

7月1日，林彪、羅榮桓在給毛澤東的電報中說：

> 四平戰鬥自十四日總攻擊開始到二十六日經十三天激戰，我軍俘斃傷敵三萬餘人，我傷亡一萬餘人。①

很多人認為這個傷亡比例值得商榷。

據說，死傷於炮火之下的老百姓之多，在全國也不多見。

失掉一個戰機，紅了一座城市。

一座血城，一座座有字和無字的血碑。

幾百門各種口徑的火炮對射。十餘萬軍人手中的步槍、衝鋒槍、輕重機槍嘯叫。天空是塗着「青天白日」徽記的飛機俯衝轟炸，最多一天達三十多架次。城郊每片小樹林都是攻擊目標。民主聯軍每擴大一塊陣地，飛機就擴大一片轟炸地域，有的炸彈都投在國軍陣地上。黑土地的夏天，白天特別長，從早晨4點到晚上8點，老天爺都為飛機開綠燈。地面則是人對人的巷戰。刺刀拚得嘁哩喀嚓，手榴彈冰雹樣砸，炸藥包轟開一堵堵牆壁，六〇炮這院打那院。炮管幾乎與地面垂直，稍不注意，出手的炮彈就會落到自己頭上。

---

① 《四戰四平》第1集，31頁。

燃燒彈，照明彈，飛機投擲的曳光彈，被炮彈打着的民房和建築物，熊熊燃燒。夜裏滿城火光，如同白晝。白天濃煙滾滾，滿眼火紅和血紅。牆上濺着血，路邊溝裏和路上坑窪處汪着血。一場大雨，火滅血光，兩天後又是火紅血紅。被雨水泡得發白的屍體，在烈日下由白變綠變黑，吹氣兒似地膨大起來。

黑龍江省蘿北縣武裝部原副部長王永財老人，當時是一縱一師二團三營機槍連班長。

二團第一個攻擊目標是滿鐵醫院。攻進去了，黑燈瞎火的，弄不準究竟是不是，營長讓他找個人問問。他帶領兩個戰士，挨家挨戶摸着去找，找了十多家也不見有人。深一腳，淺一腳，不時絆到死人身上。有的屍體爛了。一腳踩進腔子裏，「撲哧」一聲。好歹在間破房子裏找到個老頭和抱孩子的婦女，那婦女跪在地上哭天號地抓住老頭不放。王永財心中不忍，卻也無法，一再說：有我在就有他在。到了地方，老大爺說是。王永財讓戰士回去報告，自己就一頭栽那兒去了。不知多長時間醒來，周圍的人一個不認識。一問，都是六縱的，一縱早撤下去了。

楊克明老人說：

那仗打的呀，用嘴說不明白。一條街一條街往裏打。開頭沿街攻，人都撂那兒了。於是挖牆打洞往裏攻。頭幾天還能聽到廝殺喊叫聲，特別是國民黨那督戰隊喊得兇：狗操的，給我打！衝，不衝老子斃了你！後來嗓子都啞了，就那麼咬牙瞪眼也打。督戰隊有時喊兩聲，也是乾嚎。國民黨頂不住了，往後退時放把火，把房子全點着了，燒你，叫你站不住腳。有時打着打着，就聽有人沒好聲地喊：別打啦，我們是老百姓呀！還喊：這裏有孩子呀，給點吃的吧，救救命呀！身上有乾糧的，就往那兒扔。八路不能不管老百姓。

也吃不下飯。那煙呀火呀，屍體臭了那味兒呀，頭幾天別說吃飯，聞着就想吐，腦瓜子都薰得疼。後來聞不出來了，也只能喝點湯。死了那麼多人，眼睛都紅了，不覺餓，不覺睏，不覺累，就想打。快打到鐵路邊上時，前面一隊十多個人，每人十多顆手榴彈開路。第二隊全是炸藥包，光着膀子，機槍掩護往上衝。甚麼命不命的，不要命了，往上衝就是了。沒打死的，就算爹媽再生了一次。有些電影、電視，一到了這時候，就祖國人民呀，老婆孩子呀，甚麼都搬弄出來了。哪有的事兒呀！就坐在家裏瞎想胡編。

那敵人也真夠頑強的。一個個跟你死打，眼睛噴火出血的，好像一口氣兒能再打上七天七夜。一抓過來，往破屋裏一關，一會兒全癱那兒了，推都推不醒。

頭些日子，長春一中和吉林工學院請我去講傳統。講完了，我說我這輩子有三個「沒想到」。一是沒想到會活到今天，還能娶個老婆，有兒子，有孫子。二是沒想到能當官，官還當得不小，農民當了司令。參軍第二年讓我當排長，我不幹，說咱打土豪分田地，有飯吃就行了。後來又叫當連長，我說這回說甚麼也不行，咱幹不了。團長說：你不幹拉倒，我去找個國民黨來幹。我說那可不行。現在有些人也不掂量掂量半斤八兩，反正就是當官好，官越大越好。三是沒想到黨和人民這樣關心我們這些人，還有個離休制度。一想到這好日子，就想起那時候。

四平一仗，我們團傷亡300多人。主任犧牲了，兩個營長犧牲了。這還不是多的。逢年過節，或是不時路過四平，叨咕到四平，就想起這些人。有時又不大敢想，想起來受不了，總覺着就像欠着這些人似的……

很多老人都表述了同樣的感情。

他不像個將軍
——東野名將錄之四

6月22日前，四平攻堅戰前線總指揮是一縱司令員李天佑。

中等個子，黑，瘦，精幹利落，文質彬彬，穩穩當當。平時講話，交代任務，聲音不高，極有條理，絕少重複。講完了問你清楚沒有，讓你複述一遍，就說可以走了。進屋讓座，臨走送出門。打一仗總結一仗，愛思考問題。

有的老人說他像林彪一樣，不像個將軍。

很難說平型關戰鬥主攻團之一的六八六團團長，和林彪的指揮作風有沒有甚麼必然的聯繫，但建國後曾擔任過大軍區和國務院部一級領導的一些四野老人，都說自己在「林羅劉」身上，特別是在林彪身上，學到許多東西，彼此共同的烙記很多。

四平攻堅失敗，首先是輕敵。

夏季攻勢攻無不克，有些人腦子熱了，只看到守軍幾個正規師團番號，又是剛打敗的潰兵，新兵多，士氣低。這是實情。但城裏警察多，特務多，還有政府機關、兵站、醫院、車站的工作人員，這些非戰鬥人員在督戰隊槍口下，都會朝外放槍。保安隊之類地主武裝，打野戰是烏合之眾，依托強固工事打防禦戰就不一樣了。土地被分，親人被鬥，這種人沒有督戰隊也和你拚命。結果，估計不超過20000人，打出來34000多。

由於輕敵，就未集中絕對優勢兵力。兵力不足，就難於實施多路突破，突破後也難於迅速發展，結果到處頂牛。後來增加兵力，亦形成添油戰術。

由於輕敵，未等外圍據點全部肅清，炮兵也未全部進入陣地，就匆忙發起攻擊。有的部隊連地圖也沒有。原以為三五天即可打下，打着打着，有的部隊彈藥接擠不上了。

對於李天佑來說，還有點過於求戰心切了：反攻開始後，一縱還未撈上個像樣的仗打，太叫人眼饞心癢了。

據說，戰前，李天佑和副司令員兼參謀長李作鵬，還有鄧華司令員，都極力請戰，信誓旦旦地保證能打下四平。林彪踱步再三，點頭應允了。除了對敵人實力共同估計不足外，更重要的還在於忽視了自己的先天不足：他們還缺乏攻堅經驗，如果不說「沒有」的話。

追不上，打不垮的共產黨人，一直是在「你打你的，我打我的，打得贏就打，打不贏就走」的跑動中，和對手鬥力鬥智——主要是鬥智。現在，朝氣蓬勃的共產黨人發展了，強大了，可以憑實力和對手爭鬥，較量了。他們不失時機地表現了這一點，並憑藉一貫的英勇、頑強精神，啃下了大半座城市，極大地震撼了對手。但是，在黑土地上，他們還是第一次這樣實打實地進行攻堅戰。他們缺乏經驗，也缺乏教訓。戰前，他們不但輕視了對手，似乎也沒意識到自己的這一點。就是說，這一戰，他們有點不知彼，也有點不知己。

生活中到處都有第一次，特別是在一個新時期開始的時候。昨天在戰爭中學習戰爭，今天他們同樣需要學習。

黑土地上的共產黨人是認真學習了的，那成果輝煌而又壯麗。

秋季攻勢開始後，黃永勝在遼西三戰三捷，腦袋又有點熱，要打整編十四師。林彪趕緊發報：不准打。

不過，就像陳明仁在勝利中也做了場惡夢一樣，這一仗也使林彪心有餘悸。對長春欲攻不攻，攻了一下又罷手。南下錦州，遲遲疑疑，兵臨城下又猶豫一下。原因之一，就是被這場惡戰魘住了。

四平保衛戰打掉了「最後一戰」。

四平攻堅戰開啟了通往最後一戰的大門。

都是用鮮血付的學費。

無論如何，把李天佑將軍放在這樣一個空間和時間裹，不能說是公正的。能夠表現這位「不像個將軍」的將軍的將才的，是天津攻堅戰，是平津戰役後南下路上過關斬將。

不打敗仗的將軍，不但不是將軍，連人都不是。

不過，也確實有這樣的將軍：他打勝了，換了別人會大勝；別人敗了，換上他會一敗塗地。可他好像從來都未敗過，天老爺下多大雨，雨點也淋不到他頭上。

李天佑可不是這種「福將」。

此刻，他是戰犯
——戰犯錄之五

一將功成萬骨枯。

幾萬軍人和百姓的鮮血，鑄成七十一軍軍長陳明仁胸前一枚「青天白日」勳章。

還染紅了一頂「七兵團司令官」的大蓋帽。

還有到處可見的「陳明仁防線」。

陳誠到東北後，曾根據四平防禦工事情況，提出「重點堅強工事主義」。直到1949年5月，蔣介石親臨上海佈置淞滬戰役時，上海防禦工事仍然摹仿四平的模式。由鋼筋水泥築成主堡，每一主堡有地道相通。機槍陣地之外，儲有糧草彈藥。陣地與陣地間有蓋溝、交通溝，均有射擊設備。前沿遍佈地雷、鐵絲網、拒馬、鹿砦等物。只是中國人「喜歡」隱姓埋名，而且在這點上是絕頂聰明的：「陳明仁防線」聽着叫人不舒服不説，從「馬其諾防線」到「巴列夫防線」，世界上又哪有甚麼攻不破的防線呢？

陳明仁頗榮耀了一陣子。

後來也夠榮耀的。

一位國民黨將軍這樣描述陳明仁：

> 陳明仁在黃埔軍校第一期畢業後，由於他作戰勇敢，深得蔣介石的賞識。後來蔣介石認為他性情剛強，飛揚跋扈，不好駕馭，產生反感，不予重用，故在抗日戰爭時期和抗戰勝利後的一段時間內，他一直在第七十一軍任副軍長和軍長，直到一九四七年，固守四平街有功，才晉升第一兵團司令官（應為第七兵團司令官——筆者），該軍仍歸他指揮。可以說，該軍團以上的軍官大都是他提拔起來的。由於他的資格較老，加上敢做敢為，人們認為跟着他不會吃虧。①

提前預見到對手會攻打四平。在不算長的時間裏構築、加強了一條令國軍群起效仿的「陳明仁防線」。率領一支剛剛敗下陣來的潰軍和雜七雜八的烏合之眾，死打硬拚，堅守十七晝夜。爭奪天橋時，撒豆成兵，攻擊部隊腳下都是大豆，經常滑倒，難以衝鋒。道西守不住了，退到道東頑抗。直屬隊打光了，把衛隊派上去打，終於堅持到了最後五分鐘。後來和李天佑同為中國人民解放軍上將的陳明仁，是員悍將，是頭獅子。

電影《總統行動》中那位主人公在決定起義前，思想劇烈鬥爭，銀幕上反覆疊現熊熊烈火中的四平，街頭民主聯軍官兵的屍山血河——那是1949年夏天，國民黨第一兵團司令官陳明仁，在長沙通電起義前的真實心態。

毛澤東說：當初，陳明仁是坐在他們的船上，各划各的船，都想划贏，這是理所當然，我們會諒解。只要他站過來就行了，我們還要重用他。

① 《遼瀋戰役親歷記》，233頁。

中國人民政治協商會議第一次會議上，毛澤東和陳明仁在祈年殿前合影。陳明仁要洗十打。江山在握的毛澤東談笑風生，幽默連珠：少了，洗五十打吧。

長沙免卻一場戰火，陳明仁有功，長沙人民應該感謝他。

可黑土地上的血城呢？談起這一仗，四平一些老人都搖頭歎氣：唉，那人死的呀！而參加過四平攻堅的一些老人，提起這位共產黨高級將領，張口就是：陳明仁這小子……

醫學在研究救死扶傷，怎樣救得快，救得多。軍事科學在研究戰爭，研究殺人，如何殺得多，殺得快。陳明仁當年為國民黨中將兵團司令官，後來是共產黨上將兵團司令。生活就是這麼矛盾地存在着，陳明仁就是這麼矛盾地存在着。他存在得很好，永遠是座上賓，看上去好像還升了一級。

只是苦了誰呢？

可這又能都歸罪於他嗎？

第二〇章：金　秋

五十天夏季攻勢後，是五十天秋季攻勢。

夏季攻勢以圍城打援為主要戰法，秋季攻勢以遠距離滲透奔襲貫穿始終——都是林彪的拿手好戲。

9月初，冀熱遼部隊正準備破襲北寧路，陳誠調集四個師，分三路向熱河東部進攻。其中一路暫二十二師、暫五十師各兩個團，進至錦西西梨樹溝門、新台邊門一線。9月14日，八縱首先殲滅暫五十師大部，又在楊杖子追殲了暫二十二師大部。從錦州出援的四十九軍七十九師、一〇五師，被誘至楊杖子一線，由八縱實施主要突擊。四十九軍軍長王鐵漢連續組織反衝擊，都被打退。陳誠又拼湊四十九軍二十六師、暫六十師主力和暫二十二師、暫十八師各一個團，緊急馳援，被九縱阻於虹螺峴地區。四十九軍待援無望，多路突圍，除百餘人跑掉外，全部被殲。八縱、九縱乘機在北寧線上展開大破擊，將山海關至錦州間鐵路截成數段。

一縱、二縱、三縱、四縱、十縱向中長路進擊。三縱長途奔襲威遠堡門，10月2日，將五十三軍主力一一六師一舉全殲。四縱攻克開原東南八棵樹，殲敵一個團。七縱克彰武、法庫。然後，幾個縱隊轉向吉林。長春地區，先後圍攻吉林，攻克德惠、農安，準備誘敵出援，在運動中殲敵。敵均不敢出援。

10月10日，七縱連克大虎山、黑山、新立屯，17日又克阜新。這時，華北李宗仁部和傅作義部五個師東進反撲。林彪決心以八縱、九縱殲滅該敵。23日，九縱攻擊朝陽，誘敵西援。九十二軍軍長侯鏡如率二十一師和四十三師貿然西進，在義縣西朝陽寺一帶，被八縱、九縱包圍。激戰三晝夜，殲滅二十一師部和四十三師一部。

金風颯颯中，各種金屬的爆裂聲震撼着黑土地。

對於共產黨人來說，1947年的夏天、秋天和冬天，都是金光燦燦的秋天。

戰爭這所大學
——東野名將錄之五、六、七、八

《將帥名錄》中1603名將帥中，上過軍校的不多，像劉亞樓和李天佑那樣吃過黑麵包的更少。大多數將軍別說大專文憑，有的連小學文憑也沒有。有些人在廣州讀過黃埔，有些人在延安上過抗大。可在前幾年興起的「文憑熱」中，國家教委可能是疏忽了，或者是認真地考慮過了。當年在延河之濱讀過各種大學的人，他們的學歷在各類正式表格中，都不屑一提。

但他們都是大學生，是戰爭這所大學中真正的大學生，是在血與火的課堂上取得優異成績的高材生。

他們是一大批人，是1603名將帥的大多數。

國民黨將領中有留日派、保定系和黃埔系。共產黨將領則幾乎可以一言以蔽之曰「戰大系」——戰爭大學系。

無論當年「大老粗」曾榮耀到何種悲哀地步，也無論今天「文憑熱」曾一度熱得怎樣發燒，共產黨的天下，就是這些「戰大系」率領千軍萬馬打出來的。

之五：黃永勝是員幹將

秋攻伊始，遼西三戰三捷，給剛上任的陳誠當頭一棒，八縱司令員黃永勝功勞不小。

作為建縱不到一個月的小兄弟，八縱、九縱兵少炮少。八縱還不到25000人。以此不大的兵力優勢，不到半個月殲敵16000多人，是頗見指揮員功力的。

第二次楊杖子戰鬥，以1：11的傷亡比例，四十七小時殲敵正規軍12000多人。在此前的黑土地是少見的。

把王鐵漢的援軍誘至楊杖子，偵察報告是兩個團。一打，打不動。再偵察，是兩個師。剛從蘇北調來的四十九軍在秦皇島下船時，一些士兵還穿着美式大褲衩子。凍得哆哆嗦嗦的四十九軍，也是一支生力軍。剛從地方部隊升級的八縱，熟悉的是扒鐵路，炸橋樑，是「打得贏就打，打不贏就走」。況且，一口吃掉兩個師，過去連想都未想過。

縱隊指揮所設在一座高山上，距敵幾千米。落霞紛紛中，撤退命令已經下達了，有的部隊已經開始向後運動了。眼睛熬得通紅的黃永勝，一屁股坐在山坡上，摸出一盒揉搓得像紙團似的十支裝的「小粉包」：抽支煙，神仙神仙。副政委邱會作和參謀長黃鵠顯見了，上去就搶。黃永勝叫起來：別搶，我不是土豪呀。黃鵠顯按着，邱會作搜身，一盒「小粉包」變戲法似的不見了。三個人嘻嘻哈哈滾成一團，警衛員站在一邊笑。

咣咣咣咣，一陣炮彈突然打過來。一發口徑挺大的山炮彈落在不到十米處，濺起的泥土石塊，冰雹般砸在他們身上。沒爆炸，是發臭彈，不然全完了。

邱會作坐起來：敵人要退？

黃鵠顯道：「教師爺」說得對。

黃永勝拍拍身上泥土：通知部隊，停止撤退，立即轉入攻擊！

電台已經撤了，電話也不通。司令部和政治部幾個科長帶上命令，分頭去追趕和通知部隊。

八縱追，九縱堵，一場陣地戰變成了運動戰。原是東北軍的王鐵漢也被截住了。可他憑藉一口流利的東北話，又換了便衣，蒙混過去跑掉了。

八縱、九縱「開門大吉」，不但改變了熱河局面，自己也鳥槍換炮了。八縱一下子發展到四萬人。

林彪說：這個八縱，還真有點主力樣子。

戰場上，能夠迅速地捕捉到貌似平常，卻能表明敵人動向的些微變化，並迅速地做出判斷，定下決心，這是一種真功夫。

1927年參軍，只讀過一年私塾的黃永勝，是憑藉身經百戰，身上留下六處槍傷，獲得這種真功夫的。

1933年，他在紅一軍團當團長時，師長郭炳生帶兩個團要去投敵。黃永勝率他那個團就追，部隊都追回來，只郭炳生單槍匹馬跑了。為此，在第二次全國蘇維埃代表大會上，黃永勝得到一枚三等紅星獎章。據說，得到這種榮譽的人，犯了死罪，可以罪減一等。

1981年1月，中華人民共和國最高人民法院特別法庭，在給黃永勝等人量刑時，肯定會考慮到他們與「王張江姚」的不同——他們是為共產黨打江山出過力、立了功的。

機敏，果斷，會抓住戰機打巧仗，還能咬緊牙關打硬仗。遼瀋戰役期間，在堵截廖耀湘兵團東逃瀋陽的關鍵時刻，六縱司令員黃永勝，在聽了副司令兼十六師師長李作鵬的彙報和決心後，面對絕對優勢的強敵，面不改色：我的指揮位置就在這裏，我就準備死在這裏！

何等的魄力！

能打能罵：娘賣×的，衝不上去我殺你頭！

能玩會玩。黑土地上的頗有幾位會玩的將軍，他是其中之一。打獵，打麻將，跳舞，逛城市，聽說玩後腦勺樂開花。花錢大手大腳，流水似的不把錢當錢。還會趕時髦。有人說街上流行甚麼，他那兒就有甚麼。甚麼好地方都想去看看，玩玩。任華南軍區副司令員時，誰也沒告訴，由他帶頭，和兩個將軍擅自跑去香港玩了三天。

玩起女人來，那魄力也不比打仗、花錢、遊山玩水差。

據說，進城後，羅榮桓發的最大的一次火，就是為黃永勝玩女人而發的：這麼大年紀，這麼高職務，還不改，還要不要臉了!?

在黑土地上，有人不但玩中國女人，還玩日本女人。

黑土地上大名鼎鼎的不要臉的人物，是滿臉麻子，話如其人的高崗。

在黑土地三年內戰中，高崗是有功的。在抗美援朝戰爭中，高崗也有貢獻。據說，彭德懷說過：都說我指揮得好，其實我是靠了兩個麻子：前邊靠個洪麻子，後邊靠個高麻子。

一面是英雄好漢，一面是混帳王八蛋。

前美國民主黨參議員加里·哈特參加總統競選時，報紙上捅出一張照片：一位女模特兒坐在他的大腿上。頓時輿論大嘩。他不服氣，韜光養晦七個月，東山再起又去角逐，結果仍被哄下台去，並贏得1987年美國醜聞主角獎中的「幽默家」獎。

對於黃永勝和高崗這些「幽默家」的這類「幽默」，人們也並不是一無所知的。可若不是成了反黨集團的幹將或首領，他們會不會仍然無拘無束，玩得很有魄力呢？

之六：「旋風部隊」司令

談起三縱司令員韓先楚，老人們都充滿了懷念、崇敬和愛戴的深情。

也許，在所有曾以中國為敵的國家的情報部門，為中國將軍所建立的那些檔案中，韓先楚的那一本，在同級將領中應是最厚的。從這位個頭不高，黑黑瘦瘦的農民兒子十六歲參軍，從班長、排長、連長、營長、團長、師長、軍長，一個台階沒落升到大軍區司令員，一筆一筆都有記載。當然，記述得最詳細的，還是他指揮的那一個個輝煌壯觀的戰鬥和戰役。

秋季攻勢中，三縱奇襲威遠堡門殲滅五十三軍一一六師，是共產黨人在黑土地上最成功的戰例之一。

這一仗怎麼打，戰前有兩種意見。

政委羅舜初認為，五十三軍三個師在開原以東和東北地區，相距不遠，互為犄角。為避免兩面受敵，我軍應集中兵力，先殲滅西豐之敵，再向縱深擴大戰果。羅舜初曾任八路軍總部作戰科長，到東北後曾任遼東軍區副司令員兼參謀長，戎馬一生，主要是擔任軍事幹部，打過許多好仗，深得部隊信賴。更重要的是這種打法穩妥，符合「不打無把握之仗」的原則。所以，多數人都同意他的意見。

剛就任司令員的韓先楚不同意。他主張以主力長途奔襲，直插敵縱深威遠堡門，乘敵不備，殲滅一一六師師部和一團，打亂其指揮。同時以部份兵力包圍西豐之敵，相機殲滅其一部。如敵聞師部受擊，回竄增援，就在運動中速戰速決，而後再擴大戰果。這是一個奇兵色彩極濃，帶有冒險性的方案。

兩種意見相持不下。開頭，一些人還各抒己見，後來就剩司令員和政委唇槍舌劍了。

兩個方案同時上報「東總」。

李伯秋的夫人孫敏，當時是三縱機要科譯電員。老人說，過去電報署名都是「韓羅」，這回是各發各的報，各吹各的號。都下半夜了，韓司令拿着電報，親自跑到機要科。那字寫得扒扒拉拉的，不少錯別字，有的字不會寫，畫個圈。他一個字一個字說明，並說哪句話重要，讓給「用括號括上」。科長給他解釋，說可以括起來，但那不能表明重要。他就說：不管你們怎麼弄，反正把我的意思表達出來就行。坐那兒看着發完報才走。

林彪很快回電：按先楚意見辦。

戰鬥發展，同韓先楚的預想一模一樣。

戰後總結，羅舜初說：司令員指揮打仗，不拘一格，有正有奇，有獨到之處，我們大家都要好好向他學習。

高尚的博大的共產黨人的襟懷！

但這絲毫也不影響這一對老搭檔在後來的歲月中繼續爭論，據說有時爭論得更激烈，簡直是面紅耳赤。

這是兩個共產黨人純淨心靈的披現，是兩個傑出的將軍聰明才智的盡情發揮。共產黨人為甚麼無往而不勝？此後的三縱為甚麼所向無敵，被黑土地上的對手敬畏地稱之為「旋風部隊」？答案盡在其中了。

據說，在新開嶺戰鬥打到節骨眼兒時，有人動搖了，要撤。四縱副司令員韓先楚吼起來：要撤你們撤，把部隊給我留下！

（有的老人談到這裏，說：我說的這些你可不能寫呀，寫出來有人不高興。）

四平失守後，逼迫一八四師起義的鞍海戰役，也是韓先楚指揮的。

夏季攻勢開始後，一次吃掉對方一個師就不足為奇了，到遼瀋戰役後期簡直就只有「小菜」了。可在共產黨人連連敗退的劣勢中，能夠回過頭去吃掉一個師，談何容易？

羅舜初講完後，韓先楚說：政委的打法也有道理。威遠堡門要是打膠着了，那可就不好辦了。別看我一口咬定就那麼打，仗沒打完，這顆心也是吊在嗓子眼上呀！

誰也不是神仙。但在千鈞一髮時刻，在千軍萬馬廝殺的千頭萬緒中，一眼就能窺透要害，並咬鋼嚼鐵地一錘定音，高屋建瓴的大將風度和將才，不就在那一瞬間爆發出雷電般的轟鳴和閃光嗎？

巴頓、蒙哥馬利、隆美爾等人不說了，就是一些並不十分出色的外軍將領，傳記和回憶錄也是那麼出色，從性格到作為栩栩如生，令人掩卷深思。

我們的將軍文化不高，有些人寫的字可能像韓先楚那樣扒扒拉拉，有很多錯別字，不會寫的還畫了那麼多圈兒。但在戰爭這個舞台上，他們的演技絕不比那些從著名軍校中走出來的人差。他們在戰爭中顯露的才華，是那樣淋漓盡致，那樣舒展大方，那樣風流倜儻，令研究他們的中外學者驚歎不已。

可在回顧戰爭，總結歷史，為他們，也是為整個共產黨人立傳時，卻往往把戰役和戰鬥的高潮壓平了，把他們高超的技藝束縛了，壓抑了，迴避了，掩蓋了。沒了表現人物的關鍵情節，也沒了個人和個性。「麥城」可走不可講，或是一筆帶過。勝仗是大家打的，正確意見都是「黨委意見」。他們本來已經走向世界，成為全人類的智慧和財富。可作為炎黃子孫，我們看到的將軍就像大將一律四顆金星，上將一律三顆金星，中將一律兩顆一樣，不分彼此了。

大家都滿意的文章，也就是「文章」而已。

一座工廠，一所學校，一支部隊，搞得有聲有色，與主要負責人的才智和心血是分不開的。有時也有例外，真正在那裏挑大樑，起作用的，並不是職務最高的人。

四保臨江中，曾以四縱副司令員之身指揮三縱和四縱十師的韓先楚，就是這樣一位走到哪裏，無論身居何職，都舉足輕重的人物。本事在那兒，都服氣。

有的本來也赫赫有名的將軍，由於種種原因，在黑土地未能得以施展技藝。而這位共產黨一手拉扯大的「旋風部隊」司令，幾乎場場不落，可以從黑土地一直寫到海南島，再寫到朝鮮半島。

應該把拿破崙那句名言再重複一遍：「對於一位偉大將領，決不會有一連串的大功績都是由機會或幸運造成的；這些功績常是熟籌和天才的結果。」

從著名的將軍之鄉湖北紅安走來，又把骨灰撒在了那裏的農民兒子韓先楚，是中國共產黨和中國人民解放軍的驕傲。

之七：「跟他打仗心裏有底」

黑土地上的兩個主力縱隊司令員韓先楚和劉震，挺有緣份。

韓先楚當排長時，連裏抓個「探子」。那時打聽紅軍的人，常常被視為「探子」。他去一看，那人認識，就放了。放了「探子」還了得，撤職罰去炊事班背鍋。劉震也背過鍋，是因為夜裏打遭遇戰，背的一袋光洋弄丟了。兩人都能打仗，平時到炊事班背鍋，打仗了再回去當排長。若用後來的「階級鬥爭」觀點看，這種做法正好顛倒了個兒。兩人都是紅二十五軍七十五師二二五團的。長征途中，徐海東指揮後衛團打阻擊被包圍，騎匹白馬，眼看被敵人追上了，韓先楚是營長，劉震是營政委，兩人一挺機槍輪換着打，掩護徐海東衝出重圍。又你幫我，我幫你，從死人堆裏爬出來，趕上隊伍。

授銜時，兩人都是上將，當初的老班長陳先瑞卻是中將。中將說：戰士是上將，班長是中將，這兵叫我怎麼帶？上將說：甚麼這將那將的，戰士到甚麼時候也得聽班長的。

「跟他打仗心裏有底。」

當年二縱的老人都這麼講。

（不光二縱，幾乎每個縱隊的老人，都這樣評說他們的司令員。）

秋季攻勢中，二縱主要任務是在四平附近箝制新一軍。

此前二縱的一篇力作，是夏季攻勢第一仗——懷德、大黑林子殲滅戰。

5月的吉林，春寒還帶着股逼人的氣勢。清晨站在曠野裏，脊背一會兒就涼嗖嗖的了。

懷德鎮像個摻了些高粱麵的窩頭，隆起在春日潮潤的黑土地上。城牆上明碉纍纍，城腳下暗堡重重，一道寬八米左右，深三米左右的外壕，環繞着城牆。壕外屋脊形鐵絲網和鹿砦，層層疊疊。周圍一馬平川，只在西南角有道雨裂溝伸到城下。溝旁灌木叢生，光禿禿的枝條上，鼓着淡綠色的葉苞。

突破口，主攻方向，箝制方向。兵力配置，主攻方向絕對優勢兵力，一梯隊，二梯隊，預備隊。炮兵陣地，縱隊炮團和各師炮營及各團炮兵，全部使用在主要突破點上。

對於一個久經戰陣的將軍，當敵情和地形地物盡收眼底時，腦幕上就會像電子計算機屏幕一樣，隨之閃現出各種克敵方案和數據，而勝利也就在此刻同步前進了。

別看劉震打完仗就回哈爾濱，把部隊扔給政委吳法憲等人，像個「甩手當家的」，打起仗來可是半點不含糊。更何況這是黑土地的反攻第一仗。就像一場籃球賽，一開場能否壓住對手，一出手就投進三分球，還是被人連奪籃板球，事關全局，非同小可。

5月17日黃昏，懷德還未打響，城南十里堡方向槍炮聲驟起。長春新一軍四個團援兵，被早已等在那裏的一縱和獨一師阻住了。接着，大黑林子地區又槍炮聲大作，五師和從四平出援的七十一軍兩個師打響了。

來得正好。

激戰一夜，懷德守軍新一軍新三十師九十團和保安十七團大部被殲。殘敵退守城東關帝廟和大燒鍋院內，拚死抵抗，不斷打信號彈呼叫救兵。

這時，林彪命令獨一師單獨阻援，一縱迅速南下大黑林子，與二縱圍殲七十一軍主力。

這實在是節骨眼兒上的一招妙棋。如果攻佔懷德再調兵打援，七十一軍失去目標會拔腳溜掉，結果吃小魚丟大魚。現在小魚把大魚黏住了，靠不攏，不能溜，大魚小魚一鍋燴。

林彪在雙城踱得有板有眼有章法，還要前線指揮員打得有板有眼有章法。

黑土地上夏季攻勢以後，有些戰鬥就是由於前線指揮員未能完成「東總」意圖，而未能達到預期目的的。

劉震留下部份兵力圍殲殘敵，以主力迅速南移截斷七十一軍退路。結果，守敵和援敵全成了甕中之鱉。

反攻第一仗，前總主要指揮員劉震，功不可沒。

老人都說：戰爭年代攤上個能打仗的指揮員，那是福氣。東南西北，甩開膀子打就是了。打勝仗，少流血，還能學到許多本事，否則，你就跟着窩囊去吧，死都不知道怎麼死的，更不用說今天跟你談論這些了。

之八：鄧華及其他

夏季攻勢後，和八縱、九縱同時升級為主力的七縱，還未升級前（叫「鄧華縱隊」、「遼吉縱隊」），就以主力的姿容馳騁在黑土地上。直到遼瀋戰役結束，七縱陣陣不落，而且都是獨當一面的角色。

古今中外，一支軍隊能打不能打，首先取決於指揮員的水平。兵無強弱，將有巧拙，強將手下無弱兵。

七縱司令員是鄧華。

很多老人都說鄧華有謀略，看得準打得狠。有的老人還拿自己縱隊的司令員和鄧華比，說鄧華「厲害」。有人說四平攻堅戰前，鄧華認為兵力少，建議再增加一個縱隊，林彪未置可否。

老人都說鄧華「軍政雙全」。這應該是無疑問的。不然，彭德懷從朝鮮半島回國後，鄧華大概不會是志願軍代司令員又代政委。

按照常規，這樣一位將軍，應該是員風度謙和的儒將。一些老人卻說他能打能罵：「狗養的」，「狗操的」，「娘賣×的」，罵你罵得狗血噴頭，愛你愛得像兒子。

有的老人說，也不知怎麼回事兒，有時挺不痛快的，領導罵幾句反倒挺舒服了。大概那時不罵人的領導不多，就興這個，罵慣了，「罵是愛」。不過，今天有天大理，你罵個試試？別說部下，親生兒子弄不好都和你翻臉。

談到七縱特色，一些老人說：真能打，也真能搶，兩頭冒尖，野。

人家在村裏住上了，七縱來了，「起來！起來！」就得把熱乎乎的炕頭讓出去。遼瀋戰役圍殲廖耀湘兵團，過大淩河時，幾支部隊擠在那兒。七縱到了，機槍朝橋頭一架：誰也不准過，誰過就突突誰！

這些，都是其他縱隊和幾位抗戰時在鄧華身邊工作過的老人講的，對於黑土地上的鄧華的具體情況，都不了解。七縱這個軍的番號，1952年就撤銷了。將士分散各處，所著文章亦少。採訪的百餘位老人中，七縱的只有一位。這是令人遺憾的。

有機會把這一節補上，鄧華當不會比韓先楚等人遜色。

還有些名將也不能寫在這裏了。像秀水河子戰鬥前線總指揮、七旅旅長彭明治，是個打仗不但指揮自己的部隊，還經常被授權指揮兄弟部隊的將軍。可四平保衛戰後他就病倒了，一腔熱血和才華只能耗在病床上。

有的是因為秘書不准「打擾首長」，未能採訪。其實「首長」大都挺好說話的，只是「秘書關」難過。

官場與戰場
——戰犯錄之六

就在陳明仁焦頭爛額地躲在四平東北角化工廠地下室裏，嘶啞着嗓子向瀋陽呼救時，杜聿明病倒了。

三分治，七分養。一年前的這個時候，當杜聿明面帶微笑站在這片焦黑的黑土地上時，林彪沒在話下，病魔當然也就不在話下。如今，這一切都顛倒了個兒，把這位東北保安司令長官部司令長官不在話下了。而且還不止這些，那位頭上有塊癩疤的參謀總長「陳小鬼」，也趁人之危，從背後向他和熊式輝逼上來了。

陳誠出馬，一個頂倆。

後來去台灣當了副總統的陳誠，在國民黨上層圈子裏，是位佼佼者。

出身農民家庭的陳誠，當過小學教師，後來考上北平保定軍官學校。未畢業，又隨國民黨左派領袖鄧演達，來到黃埔軍校任候差軍官。東征陳炯明時，他是炮兵連長，帶傷發炮，擊中目標，當即提為營長。

此前，一次訪友，深夜歸來捧讀《三民主義》。恰值蔣介石巡視，見他如此勤奮，當即考問，陳誠對答如流。蔣介石連連點頭，說：詩曰「風雨如晦，雞鳴不已」，你努力吧。

1930年10月，陳誠去日本觀操。有日本將領問他：你年紀很輕，資歷甚淺，怎麼能夠當上將？陳誠正襟危坐，正言正色：你們日本的裕仁年紀很輕，資歷甚淺，怎麼能夠當天皇？語驚四座，釀下一場外交風波。

更值得稱道的，是他的廉潔，儉樸。

他當十八軍軍長時和譚祥結婚後，家中沒有傭人。廣東和武漢國民政府主席譚延闓的千金小姐能夠承受，農民的兒子陳誠居然未害「氣（妻）管炎（嚴）」，這兩口子也真夠可以的了。當團長時就跟隨他的一位副官，家裏僱了個女傭人，被他毫不客氣地下了逐客令。

美國人用藍眼睛對陳誠投以青睞，就是因為在烏煙瘴氣的國民黨官場上，看到了一株出污泥而不染的荷花。

官場中果真有清淨人嗎？

對於這片豐腴的黑土地，國民黨和共產黨爭鬥，國民黨內部也在爭鬥。

在「八·一五」後的「接收熱」中，國民黨上層人士，如陳誠、張群、吳鐵城等，都躍躍欲試要爭得這個肥缺。可蔣介石對他們另有打算。老謀深算的中央設計局秘書長熊式輝，乘機以中央設計局「東北復員設計委員會」名義，向蔣介石提出《關於東北復員問題的幾項原則意見》①，捷足先登。

陳果夫、陳立夫、陳誠、朱家驊等等，紛紛保薦自己的人去插一腿。腿腳不大好的熊式輝去找腿腳不大好的杜聿明，請「光亭兄」（杜聿明號「光亭」）給他搭伙當軍頭。

未上戰場，先戰官場。

正宗軍人出身的儒將杜聿明，曾決心做個純正軍人，除了帶兵打仗，不作非份之想。他當中國陸軍第一個裝甲兵團團長和二〇〇師師長時，經常穿着工作服在坦克下爬來爬去。逐漸地，他也諳熟這個世界了，那樣除了一身油污能爬出個甚麼名堂呢？

第一次患病住院後，先是聽説胡宗南的幹將范漢傑要去東北取代他，接着是他那位遲遲不去上任的副手梁華盛，也從廣東老家趕來病榻前，探頭探腦地「聽候吩咐」。共軍攻擊四平前，熊式輝對他説，陳誠在關裏淨吃敗仗，想來東北出出風頭，咱倆得想法子對付這個「小鬼」。杜聿明再瞧不起政學系的熊式輝，也不能不和他合作。官

---

① 熊式輝的這個意見，主要內容為：（1）為了便於復員，並考慮到偽滿統治東北後的具體情況，劃東北為九個省區。（2）在東北應以實行三民主義作為總的施政方針。對邊疆民族問題，盡力扶植其政治、經濟、文化之發展與自治能力之增進；對民權問題，積極保障人民的各種基本自由和基本權利，並普遍成立地方民意機構，限期實行縣市長民選，以完成地方自治；對民生問題，限制私人資本，發展國家資本，並整理地籍，調查荒地，逐漸實現耕者有其田。（3）抽調一部份精鋭國軍，長駐東北，作為軍事基礎；並改編和整訓偽滿軍隊，作為軍事輔助，以鞏固國防，維持治安，使成為東北政治上的安定力。（4）將日本在東北公私投資企業，全部改為國營，並保持其原來的經濟體系，對東北地下富藏，進行有計劃的開發，以促成重工業的繼續發展，作為全國經濟建設的基地。（5）在人事上，盡量避免國民黨一黨專政的色彩，積極爭取中間派的合作，造成一個民主的、聯蘇的政治氣象。

場上的白刃格鬥，把他們逼到一條戰壕裏了。

他不知道林彪有沒有這種麻煩，只知道一個林彪已經難以對付了，還要小心翼翼地對付周圍到處都是的明碉暗堡。他早已不是在坦克下爬來爬去的那個杜聿明了，但政治遠比他想像得更複雜，更殘忍，更冷酷。他畢竟不是科班出身，他鬥不過那些專門吃政治飯的人。他在兩條戰線上掙扎着，他太累了，他被共產黨和國民黨的兩面夾擊打垮了。

官場攪擾了戰場，人事搗亂了戰事，自己打敗了自己。

比杜聿明矮半頭的陳誠，雄心壯志擊雲天。

內戰開始後，陳誠在北平向中外記者宣稱，在軍事上對付中共，三至五個月便能解決。現在，這位東北行轅主任下車伊始，又揚言六個月恢復東北局勢。

南京國防部成立時，白崇禧任國防部長。陳誠不服，常講「國防部長有權，參謀總長有能」。現在，這位正統的黑土地之王，可以大顯其能了。

說幹就幹。他銳意整軍，將正規軍擴充到十四個軍。然後，快刀斬亂麻地整肅黨紀軍紀，將黨政軍中那些貪官污吏撤的撤，抓的抓，一時間人心振奮，覺得陳誠有決心，黨國有希望。

連堅守四平的英雄陳明仁也被撤職。說他堅守四平時，用大豆做工事，乘機貪污。功是功，過是過，鐵面無私。可胸佩「青天白日」勳章，手拿撤職令的陳明仁，心中是何滋味？那些看着陳明仁此等模樣的將軍們，又會作何感想？黨國正當用人之際，就不能用他一技之長，讓他戴罪立功？而且，官場早已腐爛透頂，國民黨已從根上朽了。別說一個陳誠，就是蔣介石有孫悟空的本事，拔把毫毛，吹口仙氣，變成成百上千的「蔣委員長」，黨國就能起死回生嗎？

陳誠責難杜聿明的防禦待援方針為被動挨打，確立自己的戰略為機動防禦，提出「確保北寧路，打通錦承路，維護中長路和保護海口」的戰略計劃。架子還未端足，林彪一個秋季攻勢把他打得哇哇直叫。冬季攻勢開始不久，精銳之一新五軍又被殲滅，連軍長都被活捉了。

瀋陽市民街談巷議：陳誠真能幹，火車南站通北平。

領章上綴有三顆星花的陳誠，當之無愧是官場上的「政治上將」。論起領兵打仗，比他少顆星花的杜聿明，比他強多了。

蔣介石從南京趕來，「娘希匹」地罵廖耀湘和李濤見死不救。廖、李二將說沒接到救援的命令，那話語就像身形挺得筆直梆硬。承認錯誤本來不是政治家的習慣，可當着老頭面弄僵了，也只有習慣一下，好像還能顯示一下風度。陳誠也把身子挺得筆直：新五軍被殲是我指揮無方，請「總裁」按黨紀國法懲辦我。

蔣介石倒沒像他對陳明仁那樣鐵面無私，說了句：仗正打着，俟戰爭結束後再評功過。

蔣介石走後不久，陳誠也走了。

杜聿明是病着走的，陳誠也是病着走的。都是為黨國嘔心瀝血累病的，被林彪打得傷心憋氣窩囊病的。

軍閥混戰年代，年輕的陳誠投身黃埔時，瘦小的胸膛翻騰着救國救民的潮浪。抗戰時期，他的頭髮一年比一年灰白，那顆中國心在為國為民跳動。可此刻，當他灰溜溜地踏上飛機，望着腳下白雪皚皚的黑土地時，那心情，能比逃往台灣時望着水天一色的大海強多少呢？

陳誠真正有點政績，是在跑到台灣以後。

能在那種窘境中，堅韌不拔地有所作為，也算一條漢子。

新五軍被殲後，陳誠說：我決心保衛瀋陽，如果共軍攻到瀋陽，我決心與瀋陽共存亡，最後以手槍自殺。

說這話時，那腳下已經準備開路了。

美國有個專門說謊的「鮑靈頓俱樂部」，每年要從九萬多會員提供的謊言中，挑選出一個「世界冠軍」。最佳謊言愈誇張愈好，因為誇張是幽默的一個重要內容。會員不受國籍、性別和年齡限制，唯獨一種人拒之門外，就是政客——因為政客是「職業撒謊者」。

在一個權力就是一切的國家裏，政治家與政客的界限在哪裏呢？

第二一章：紅　雪

秋季攻勢後，是連續三個月的大規模冬季攻勢。

三次攻勢，共殲滅國民黨軍隊308000多人，攻佔城市77座。共產黨佔領區面積已佔黑土地的97%，人口達到86%。民主聯軍發展到十二個縱隊，又一個炮兵縱隊，一個鐵道兵縱隊，十七個獨立師加地方軍，共105萬人。國共兩黨在黑土地上的地位，已經發生了根本性的變化。

「血液是勝利的代價。」

克勞塞維茨說的。

紅與白

1947年12月15日開始、1948年3月15日結束的冬季攻勢，第一仗攻克彰武，全殲守軍四十九軍七十九師，接着將新五軍四十三師、一九五師聚殲於公主屯地區。第二階段攻勢轉向遼南，先後攻克遼陽、鞍山，迫使營口暫五十八師火線起義。乘冰雪尚未融化，鋒鋭直向戰略要地四平，一舉奪下。吉林守軍見勢不妙，棄城逃進長春。

血戰彰武

秋季攻勢還未降下帷幕，雪花就扯開了冬的幔帳。一層又一層，紛紛揚揚，把煙熏火燎的戰場打掃、鋪撒得晶瑩、銀白。純淨而冷酷的雪白統治了空間，還想攫劫時間。手錶上的時針，因氣溫驟降變得踉踉蹌蹌。倒是揣在胸前、今天已經差不多成了古董的懷錶，以從容自若的步履顯示着自身的優越。

瑞雪兆豐年。從1946年的奇寒中走出來的共產黨人，天天月月都是金秋。

眼下，他們又要收穫一座血城——位於瀋陽西北的鄭家屯和大虎山鐵路線上的彰武。

守軍利用彰武縣城周圍高地，修築很多地堡。奪佔彰武，首先要控制這些制高點。

在這次戰鬥中榮立特等功，成為戰鬥英雄的黃達宣，所在連攻擊目標為城南山上一座苗圃。排長黃達宣的三排為尖刀排。

老人說，看地形時，哪兒有棵小樹，哪兒有堵雪牆，哪兒有個雪窪，都指點得清清楚楚。哪個班從哪兒上，哪個組爆破哪道障礙物，炸藥包放甚麼地方，拉火後在哪兒隱蔽，哪挺機槍打哪兒，掩護誰，都講得明明白白，落實到具體人。回來後，又在沙盤上反覆演練。實戰時只在一排攻擊時出點意外，被敵人火力壓迫在雪坡上。這時，三排已將幾座地堡炸毀，完成任務了。見狀，他立即將三排兵分兩路，從側翼攻了上去。

外圍戰鬥很順利，二縱和七縱都按預定計劃控制了制高點。攻擊縣城，五師五分鐘突破防線，五小時結束戰鬥。守軍依托工事頑抗，不斷組織反衝擊，都被打垮。整個戰鬥呈一面倒趨勢，沒有僵持，也沒有幾次衝擊不下的情景。

這一節的題目，似乎不妥？

劉學友老人說：

從軍政大學畢業後，長那麼大第一次上戰場，就是在彰武前線搶運傷員——我是民工大隊的副大隊長。

衝擊道路的雪地上，紅的，黃的，到處是傷員和烈士遺體。第一次見那場面，真懵。民工比我還懵，問我：這個腿斷了，那個腦袋有個窟窿，先背哪個呀？我哪明白呀！可烏紗帽戴在頭上，也不能裝孬，就說：甚麼這個那個的，快背！第一個腸子出來了，我不大敢看。那個傷員還明白，但說不出話，就用手抓摳我的肩膀，那意思是感激我背他。我這眼淚都要出來了。都是軍人，人家打仗命都豁出去了，咱背一下子算個毬？就說：好同志，你放心，我一定把你背回去！背幾次就有經驗了，先摸摸鼻子有沒有氣兒，先背重的，後背輕的。重傷員大都不會說話，一是流血多，二是凍的。有的抓住你就不放。是輕傷，就告訴他：先等會見，我先背重傷的，馬上就回來背你。

我背回十多個傷員。身上弄得那血呀，凍得嘩啦嘩啦的。回去後，棉衣都擰出血來，做夢都黏乎乎的。

最後處理烈士遺體。用大車拉，一車十幾個，二十幾個，一車車拉到山上一個大坑裏埋了。我們弄的那個大坑裏有幾百。開頭有木櫃子，後來沒有了，就那麼埋。木櫃子都是老鄉的，東北家家戶戶都有那種裝米的一人長短的大櫃子。不管在甚麼地方，打一仗，附近村子的米櫃就光了。

大坑旁山坡上有個廟，廟裏有個老和尚，站在那兒，閉着眼睛，直唸「阿彌陀佛」……

血染王道屯

攻佔彰武後，二縱、三縱、七縱將新五軍兩個師，包圍壓縮在瀋陽西北王道屯、文家台、黃家山和公主屯一帶村落裏。

王道屯一仗打贏了，也打慘了。

張耀東老人，當時是二縱六師十七團一營一連三班副班長。

老人說：

王道屯是個不到五十戶人家的小村子。敵人是一九五師五八五團，已經修好工事等上了。偵察報告卻說是一個連加個營部，剛進村。團裏決定趁敵立足未穩，衝進去把它一口吃掉。

就我們一個營攻擊。一連、二連並肩突破，三連是預備隊。村口有個胳膊肘彎兒，兩個連全打那兒了。那輕重機槍打的呀，就像用掃帚似的，雪打得都迷眼睛，我的狗皮帽子穿兩窟窿。三連再上，也不講究戰術，還是硬上，也打趴那兒了。

頭天夜裏飄一夜大雪，深沒膝蓋，雪一停，那天「嘎嘎冷」（東北話，形容天極冷）。我的腳趾甲全凍掉了。你想想，從上午9點多鐘到天停黑，就那麼在雪窩子裏趴着，那人能怎樣？可當時不知道，好像也沒覺怎麼冷。我趴在個尺把深的車道溝裏，前後左右全是人，黃糊糊的，血糊糊的，把眼睛都看紅了。大都是負傷後凍死的。團裏擔架連沒來，營連幾副擔架也都打那兒了。沒炮火掩護，有擔架也上不來呀。

天快黑了，炮響了，後續部隊上來了。我們開始衝鋒。都凍僵了，也爬不起來呀，爬起來也晃晃悠悠站不住。站不住也衝了進去！人到了那份兒上，甚麼想像不出來的事都能做出來。我還炸掉了個地堡，立了一大功。

戰鬥結束，我把全連機槍划拉划拉扛回來，五挺，扛兩次。一看人，連長，通信員，司號員，還有個四班副，都是趴在車道溝裏活下來的。還有在後邊做飯的司務長和兩個炊事員。全連一百二十六人就剩八個。二連剩二十一個，三連剩四十多。早晨還一口鍋裏吃小米乾飯，豬肉炖粉條兒，都嘮快勝利了，也該回家娶個老婆，好好種上幾畝地過日子了。昨晚一個連住半拉村子，現在連一鋪炕也住不滿了。一個個活蹦亂跳的人，這麼快就沒了。

指導員和我的排長都是蘇北人。指導員總愛講將來辦集體農莊，用拖拉機種地。有人問他拖拉機甚麼樣兒，他愣了一下，笑笑，說不知道。排長對我可好了，行軍給我扛槍背行李，吃飯總往我碗裏夾肉，說你有文化，好好幹，將來有出息。他就惦着要看看「樓上樓下，電燈電話」。夜里行軍老遠見到瀋陽燈火通明，就說將來一定要進去看看。打下彰武有電燈了，卻停電，只看到個電燈泡。

（有的老人說，他老家的鄉親們至今還在點煤油燈。）

連長不知怎的說了句「燒水」。通信員端來熱水讓他洗腳，他傻了似地愣坐在炕沿上沒反應。通信員碰碰他，他一腳踢翻臉盆：洗你媽個巴子！吼一聲，抱着腦袋蹲在地上，嗚嗚哭。

要去看看倒下的戰友，團裏不讓。縱隊派來文工團演節目，讓我們去看。誰還有那心思呀！

唉，王道屯，王道屯，王道屯……

血濺文家台

厚重的積雪，壓迫着山嶺、溝谷和大地。

文家台的茅草房好像承受不住了，擠擠擦擦地依靠在一起。坡坎上的房子，坡上的一邊被雪埋住了，另一邊露出黑褐色的泥牆。冰錐像巨獸的獠牙掛在屋檐下，窗戶紙在風雪中發出嗚嗚的顫音。破處用爛布團塞着，遠看就像亂七八糟睡着的一隻隻黑眼睛。

新五軍軍部、四十三師和一九五師殘部，軍長陳林達和師長謝代蒸，留光天，就是在這裏被殲滅、俘獲的。

雪野中一場血戰。

三縱七師二十團三營，最先衝進文家台。

趙緒珍老人說：

當時我是宣傳股長，隨三營做戰時宣傳鼓動——那時好像還沒有「蹲點」這個詞。突進去敵人就反衝擊，一次又一次，想把我們趕出去。新五軍是精鋭，裝備好，也真有股子死硬勁頭。幾次反衝擊被打下去，就組織軍官敢死隊，端着衝鋒槍往上衝。衝不動了，就把屍體壘成肉垛子工事堅守，或是推着屍體一點一點往前拱。

三營據守村邊一個地主大院，房子和圍牆打得七裂八半，窟窿豁子，冒煙起火。不斷有人倒下。髒污的雪地上，烈士和傷員倒臥在一起。能動彈的，就撐着爬着，找個背風的角落偎着。

營長犧牲了，副營長、戰鬥英雄李海西也犧牲了，教導員張林經（離休前為原昆明軍區炮兵政委）負了重傷，副教導員在後邊組織搶運傷員。沒人了，我就指揮。

我抱挺加拿大式機槍。不管傷得怎樣，能拿動槍的都打。也不知打死多少，就看見黑糊糊的一片。天亮了也未注意，打完仗一看哪，陣地前開闊地上沒膝深的積雪沒白色了。最前沿一條二十多米寬的乾河溝，米把深的河床都填滿了。

三營傷亡三分之二，一座大院也快紅了。唉，別提了。戰鬥後期，有些傷亡是自己炮火打的。炮縱四個營調上來，初學乍練，有的炮彈打到自己陣地上了。被自己的炮彈打死，那滋味兒不一樣。可大家還是挺高興，不然傷亡就更大了。

沒打過仗不知道，一聽說傷亡多少多少嚇一跳，以為都死了。一仗下來，一兩個月養好傷，大部份又都回來了。可在那「鬼呲牙」的天裏打仗，受傷搶救不及時就完了。好人都凍僵了，傷員流那麼多血能受得了？甚麼姿式都有。縮頭袖手的，往屋裏爬沒爬到的，互相摟抱着取暖的，扯也扯不開……唉，別提了。

敵人也是，大都是凍死的。有的衝鋒時打傷了，腿一軟就跪那兒了，雪深，也不倒，一會兒就硬梆梆凍那兒了。一個個呲牙咧嘴，鼻涕拉花的，有的坐在那兒，瞅着好人似的，臉上還是副笑模樣……

打完仗，一個個身上血呀雪呀冰呀的，也不愛說話。有的就蹲在那兒，叭嗒叭嗒抽咽，叭嗒叭塔掉淚……

四　平

一場雪下來，太陽一照，沒到中午就開始融化了，水嘰嘰的，一抓一個團。太陽落山，一晚上又凍得硬梆梆的。

四平就是在這時候打下來的。

一縱、三縱、七縱攻擊，炮縱160多門野炮、榴炮、山炮轟鳴。仍由一縱司令員李天佑指揮。一縱首先突入城內，三縱和七縱也相繼突破。二十三小時結束戰鬥。

七師出了點麻煩。

二保臨江時，呂效榮率突擊排衝進敵團指揮所。一顆子彈從左耳打進，從腦後穿出，組織股把他的名字寫進了「烈士花名冊」。四戰四平，又險些當了烈士，一塊彈片至今還嵌在肺尖上。

（採訪過的身上帶着彈片的老人，很多都是在四平留下的「紀念」。）

部隊衝到城根時，兩個暗藏的火力點，突然在屁股後面打響了。前後夾擊，突擊連都打在雪地上了。

師長在指揮所罵：娘賣×的，都趴着幹甚麼？怕死鬼，給我衝！

師長罵團長，團長罵營長：你們怎麼搞的？怕死鬼……

團長沒罵完，教導員薛新文跳出指揮所，一揮手槍：跟我上！沒衝出二十米遠，就被打倒了。

很多老人都記得薛新文：中等個子，小白臉，火爆脾氣，能說能幹能打仗，自尊心特別強。

教導員犧牲了，副教導員呂效榮帶人上，也被打在那兒了。前邊趴着帶突擊連的副營長，也負了重傷。那血，一會兒就把水嘰嘰的雪漫紅了。

全營340人，打完仗算上炊事員不到150。

兩個火力點敵人支撐不住了，出來投降。

「我操你媽呀！」八連副連長操起機槍就是一梭子。

槍被搶下了，副連長受了處分。

血腥和屍臭，早已被歲月的風雨洗刷罄盡了。但戰爭的遺蹟，在今天的四平清晰可見。

英雄街有座「大破樓」，裏面住着幾戶人家，還有個五保老人。那種彈痕纍纍的殘破，一眼就能與被風雨剝蝕的殘破區別開來。

「四平」這個名字本來另有出處，一些四平人卻那麼自信，說是這裏當年打了四次，才得名「四平」。並認為這個名字不吉利：叫個甚不好？叫個「四平」——不打四次能安穩平靜嗎？

從民房到公共建築，四次共打平了多少，這是很難說得清的。但四平平得不夠，是不應置疑的。在「和國民黨反動派長期鬥爭的繼續」的「文化大革命」中，四平是黑土地上打得最兇的城市之一，（還因為它是戰略要地嗎？）有些當年倖存的建築，又在武鬥中打壞了……

再死一次
——黑土地英雄譜之三

四平有條「仁興街」——那是為紀念倒在血城中的鄧華縱隊一師師長馬仁興而命名的。

遼源有座「樹棠山」——那是為紀念三縱八師一位排長陳樹棠而命名的。

錦州有條「士英路」——那是為紀念二縱五師一位董存瑞式英雄梁士英而命名的。

筆者看過幾本黑土地英雄譜，僅一個三縱，命名的戰鬥英雄就有一百多。

還有那些沒有命名的。

黃達宣老人說，1946年9月，獨立旅一團攻打哈爾濱。偷襲未成就強攻。二連沒衝進去倒下一片，一連衝進去了，佔領一座大廟。敵人反衝擊，你來我往打到下半夜，連長和兩個排長都犧牲了。腳下都是屍體，黑燈瞎火也不知還剩多少人。牆外就是敵人。他一遍遍小聲召集隊伍：一連的都出來！一連的都出來！數了數，站到他身邊的是七個人。打完仗再清點時，是十八個。

他沒看，也沒想看看當時都有誰沒站出來。

老人說：從死人堆裏爬出來的都是英雄，沒爬出來的也不能說「狗熊」。戰爭就是那麼回事兒，再勇敢，再英雄，也可能有膽小、怕死的時候。誰都是爹媽養的，都是人。

人世間沒有任何力量能像戰爭那樣，更能檢驗一個民族、一個政黨、一支軍隊的優劣、強弱了。一個人也是如此。戰爭的雷電迅疾地鑄造着偉烈的男子漢，也在頃刻間把王繼芳之類的靈魂剝個清光。

只是，應該怎樣理解那種「兩頭冒尖」的部隊和人呢？

> 功臣思想嚴重，在脱離領導的途中，享樂腐化成風，驕橫霸道，發生問題很多。（一）帶隊人不負責任，被帶人不服從管理，由於帶隊人都是臨時指定的，甚至指定警衛員（四縱），因此都是臨時觀點，弄得亂七八糟，有的中途就下車了，有的私自回家了等等。（二）賣公物搗買賣成了普遍現象，如九縱隊卅四名學員中就有卅名賣過東西，別的縱隊較多的有十縱廿七人，三縱廿四人，七縱廿人。（三）蠻橫作風嚴重，如四縱有三個人打了老百姓，還有一人打了很小的孩子。一縱七人打車伕，二、四縱隊繳車站執法戰士的槍亂打執法隊的槍，三縱對區政府人員發脾氣，四縱隊在大道上作障礙擋汽車拉他們，強迫要老百姓的拉糞車拉人，吊打退伍軍人（因偷了他們一件東西）與通化縣委吵嘴，強迫老百姓做飯，不給做就要捆，嚇得老太太跪下磕頭，八縱的大鬧牡丹江戲園子，九縱帶隊人廿六師參謀劉振江擅向肇東縣政府要糧三百斤，又向九縱某科長要錢廿五萬元，企圖從中貪污糧食錢（查出後，將錢追回肇東縣政府了）。①

《東北三年解放戰爭軍事資料》中的這段話，說的是各縱隊學員赴炮校學習途中的所作所為。

既然被選送到炮校學習，就應該是思想好，文化也比較高的，因而也是比較文明的。

1948年1月16日，譚政在《關於人民軍隊建軍路線的報告》中說：

> ××師（即十六師——筆者）是井岡山下來的。是紅軍的「老祖宗」，但部隊非常不團結，上下不團結，官兵不團結，軍民不團結，許多幹部因此要離開部隊，戰鬥力眼看着下降，那個部隊

---

①《東北三年解放戰爭軍事資料》，114頁。

所謂有三兇主義：對敵人兇，對老百姓兇，對自己同志兇。[①]

怎麼個兇法呢？用有的老人的話講：打仗嗷嗷叫，像八路；搶戰利品，打罵老百姓，就像土匪了。

這種「三兇主義」部隊可不止一個十六師。東北野戰軍中另一支「兩頭冒尖」，「野」得很的七縱，在攻打錦州老城時為了多撈資財和俘虜，兵力部署上不僅考慮怎樣消滅敵人，還充份注意到不能讓別的部隊插進來。這樣一支很能打的部隊建國不久就被撤銷番號，有的老人說就是因為另一頭太冒尖了。

八路軍「到一處吃一處，吃空燒盡，有如蝗蟲，人民怨聲載道」，而國民黨正規軍卻「對居民紀律頗好」，這與多少年來通過各種宣傳工具進行的「傳統教育」，是格格不入的，乍聽簡直有點令人難以容忍。

沒有根據地，「到一處吃一處，吃空燒盡」，為了生存，不得不如此。遼瀋戰役期間，一些部隊仍然「到一處吃一處，到一家吃一家，有的甚至連白條子都沒開」[②]，也是可以理解的。實際上，歷次農民起義，基本都是這樣子。

那時的共產黨人，敢直面人生，也不諱疾忌醫。

共產黨人就是這樣發展強大起來的。

「死一回了，夠本了。」小說上這麼說，老人們也這樣說。

但老人們還說：只有死過一回、幾回的人才更懂得生命的寶貴。

還有老人說：甚麼叫打仗？打仗就是把腦袋摘下掛在腰上，一仗下來沒了，就算「成功」了；摸摸還在，就說「又生一次」。特別是參加尖刀連、突擊隊，當爆破手，上去下來多少次，就等於生死多少次。現在人有文化，打仗前寫遺書，我們那時「說遺話」，叫「再死一次」。有的還對老鄉和知心的說：到時候把我弄回來呀，可別叫狼撕狗擄了。

鐵與血與火，把同一戰壕中人的靈與肉鑄結在一起。戰爭在鑄造

---

① 《瀋陽軍區歷史資料選編》，111頁。

② 同上，185頁。

生死與共的熱情和獻身精神的同時，也在鑄造冷漠、殘酷和野性。二者是統一的，統一於戰勝敵人的目的，統一於塑造戰爭中人的獨具的性格、感情和價值觀念。

在戰爭打響或即將打響的瞬間，一個初上戰陣的士兵，可能會情不自禁地驚叫一聲，掉頭逃跑。一個正待同樣動作的士兵，看到一個親密的伙伴倒下了，可能立刻就紅了眼睛撲上去廝殺。幾仗下來，一個在家連雞都不敢殺的人，可能對一個苦苦哀求的敵人傷兵無動於衷。一個再三教育別人不得虐待俘虜的連長、指導員，可能會把子彈連同咒罵一齊射向舉起雙手的對手。

槍林彈雨中曠日持久的衝殺，耳膜飽受爆炸的衝擊，眼睛因硝煙和疲勞而充血、疼痛，逐漸地聽覺和視覺都模糊昏花了。味覺也喪失了，皮膚也變得粗厚、麻木了，神經也因過度緊張而遲鈍了。當一個人整個反應組織都被揉搓得變形了時，他的行為就是正常狀態下的人難以理解的了。因為這時他已經不能算是正常的人了。

生活是大海，家庭是小島。游啊，游啊，累了，就爬上小島舒展一下神經，歇息一下心靈和肉體。然後，再去搏擊風浪。

可他們不是「二七八團」，也不能去哈爾濱跳舞。而且，他們中有的還未到應該游向「大海」的年紀，有的則差不多應該在那「小島」上抱孫子了。

1948年1月24日，《東北野戰軍總部關於政治工作的綜合報告》中，有這樣一段：

> 夏季戰役後，幹部中出現了一種右傾情緒，感覺戰爭殘酷，死亡的威脅太大，認為革命有前途，個人無前途，想脫離前線到後方享樂。表現此種情緒的多為連排幹部，但尚不普遍，不嚴重，現在注意克服。此外部份幹部還有恐美的心理，怕原子彈，怕三次世界大戰，怕國民黨失敗後美國直接出兵。因此顧慮戰爭的結束將遙遙無期。[①]

以血肉之軀搏擊鐵火的連排幹部和士兵，無論他們的生活曾經

① 《瀋陽軍區歷史資料選編》，127頁。

怎樣得非人，無論他們還將面對怎樣冷酷的人生，他們都是熱愛生活和人生的。不是好死不如賴活着。他們大都二十左右，三十左右，正是人生的好時候。再沒文化，再不羅曼蒂克，對明天也有追求和幻想。從「樓上樓下，電燈電話」，「用拖拉機種地的集體農莊」，到「二十畝地一頭牛，老婆孩子熱炕頭」，到最現實的一頓「豬肉炖粉條子」，或是更高級一點的「小雞炖蘑菇」，他們都想享受一下。而且，除了母親和親姐妹，他們來到這個世界還未親近過任何女人。連每到駐地都進行的傳統的宣傳活動，也不准接觸青年婦女。他們也有七情六慾，他們需要女人和家了，他們的生命已經走到這一步了。

一個人，無論怎樣軟弱無能，也無論社會意識如何，當他面臨死亡時，生命本身都會產生一種本能的抗拒。可在這裏能怎樣呢？逃跑抓住可能被槍斃，跑回家去也可能被「動員」回來。都是五尺高漢子，也實在叫人不恥。

命運不能選擇，危險和災難不可預測。死亡像影子一樣跟隨着他們，生命的終結輕易得就像彎腰揀塊石頭。又因為他們特別能打，就經常被派去打硬仗，打惡仗。這是他們的光榮和驕傲，同時死亡的機會也就更多。

於是，脾氣就變得暴躁，兇悍而又野蠻。當然也免不了想入非非，有條件就想幹點甚麼。拚命打一仗，死都了結了，不死差不多也能了結。

可不能出大格。

特別是在「男女關係」上。

四平保衛戰期間，二縱一個管理員和女房東通姦。很多老鄉求情，説這個女人一貫如此，「不怨這個八路」。不行，槍斃。

沙嶺戰鬥前，三縱七師一個偵察員強姦婦女。這是個抗戰中立過大功的戰士。團裏盡其所能，做了口棺材，置辦一桌飯菜。看過棺材吃飯。團長敬酒，政委敬酒，營長、連長依次敬酒。酒足飯飽，一聲槍響。

十六師駐在阿城時，師部的三個警衛員強姦日本女人未遂。有人找師長説：都是孩子（最大的十七歲，最小的十五歲），好不容易從蘇北來的，政治思想都挺好的，一時犯錯誤，罰勞役就行了。回答是三聲槍響。

（如此看來，高崗和黃永勝等人玩弄女人，確是應該「保守機密，慎之又慎」的。）

有的老人說，從東北打到海南島，又跨過鴨綠江再跨回來，很多戰士都三十多歲了，有的四十多了。娶個媳婦，年紀相差懸殊，感情也比一般夫妻難處；從死人堆裏爬出多少次的人，想的，說的，做的，都能和一般人一樣嗎？

把「兩頭冒尖」緊緊歸結為戰爭的殘酷，是難以使人接受的。但誰又能說與此無關呢？

幾乎每個老人都推薦幾個老人，說他當年多麼勇敢，英雄。慕名而去，有的說忘了，有的講得味同嚼蠟。有時講着講着感情爆發了，「娘賣×的」和「媽個巴子」都來上了，插句話都難。第二天接着談，有的又味同嚼蠟了，或是又「忘」了。

那經歷太可怕了。他們不想刺激別人，自己也不想做噩夢。

有老人給我讀了一首詩：

葡萄美酒夜光杯，
欲飲琵琶馬上催；
碎臥沙場君莫笑，
古來征戰幾人回？

那些死了幾次終於活下來的人，那些死了幾次終於把只有一次的生命留在了黑土地的人，無論命名還是未命名，無論有名還是無名，都是英雄。

無論生者還是逝者，像黃達宣老人那樣以最小代價換取最大勝利者，為大英雄。

人之為人
——他們也有姓名之二

淞滬抗戰，八十七師和八十八師守衛廟行。雙方殺得屍山血海。駐守南京的八十七師二六一旅要去增援，何應欽不准。官兵聲淚俱下：日寇打進國內，怎叫我們袖手旁觀啊！

七十一軍黑土地上連遭敗績，可從淞滬抗戰到南京、武漢保衛戰，在國民黨正面戰場上，到處都飄揚着它的旗幟。

1943年春，七十師闖進怒江峽谷，與緬北日軍對峙。瘧疾橫行，飲食極劣，不到一個月，八十八師能站起來作戰的只有一半人了。一半人也扼制了日軍攻勢。第二年反攻，遠征軍和駐印軍將日軍十八師團、五十六師團全殲，二十一師團、三十三師團大部殲滅。日軍憑藉堅固工事和武士道精神，每座堡壘都戰至最後一人。攻打龍陵老東坡時，八十八師用坑道作業迫近敵人，發起突擊。白刃戰，手榴彈戰，槍托對打，扭跑翻滾。在指揮所觀戰的美國聯絡參謀組組長吳德上校，對十一集團軍總司令宋希濂説：中國軍隊耐受困難的精神和作戰的勇敢，都是世界上少見的。

三戰四平炮聲隆隆，美國駐長春領事館匆匆撤退，七十一軍卻奇蹟般地守住了四平。

若是抗戰，再打幾座四平，再打出幾座血城，七十一軍將留芳百世。

八年抗戰，和日本人打紅了眼，打出深仇血恨。今天打中國人，也打紅了眼，打出深仇血恨。

戰爭輪子滾動起來，玉石俱焚，天使與野獸共生。

只是，中國人打中國人，多的是天使，還是野獸？

淞滬抗戰，十九路軍漫街拋撒大豆。日軍皮靴踏上就滑倒了，兩旁大刀隊齊出，滾瓜般砍腦袋。三戰四平，七十一軍如法炮製，在天橋上撒豆成兵。

軍人以服從命令為天職。武士道的日本軍人，服從天皇的意志。在四平頑強抗擊的七十一軍，服從蔣委員長的意志。生要服從這種意志，死也要服從這種意志——委員長為他的將軍裝備了「成仁」的「中正劍」。

對日本人幾乎不用思想。他們漂洋過海跑來殺人，他們是侵略者，是強盜，是野獸。對共產黨也不用思想，蔣介石都替他們想好了，「共產共妻」，「紅鬍子」，「共匪」，「姦黨」……信不信都由不得你。給你一套「正統」的軍裝，和一支人類智慧結晶的美國槍，只管對準共軍射擊就行了。況且，那當口，你不殺他，他也殺你。

戰爭把人訓練成機器，像機器人一樣在隊列中操着正步。這被稱之為「威武」，「雄壯」。槍響了，眼睛紅了，個性沒了，人性沒了，只被獸性拖拽着狂奔。這被稱之為「勇士」，「英雄」。

共軍撤出四平後，紅着眼睛從工事裏鑽出來的軍人，搶劫商店，強姦婦女，射擊任何敢於反抗和企圖制止他們的人，從平民百姓到和他們一樣的軍人。

獸性的慣力還在拖拽他們狂奔。

他們還是有思想的人嗎？

他們本來並不都是惡棍，他們本來曾具備中國農民一切美好的美德。若不是這場內戰，他們此刻會是個恭順的孝子，一個多情的丈夫，一個稱職的父親。可戰爭不允許他們如此這般。於是，人的七情六慾就變成了獸性的宣洩。

戰爭把一個個血肉之軀化成白骨，也讓一個個好端端的靈魂長出一截毛茸茸的尾巴。

黑土地上的老人說：咱當亡國奴那陣子，這疙瘩誰也不來。「大鼻子」把「小鼻子」趕跑了，都來精神了，自個把自個打得紅天血地的。唉，就自個打自個有能耐！

歷史是那樣輝煌

1953年5月30日，一座約六層樓高的「四平市烈士紀念塔」，在四平市英雄廣場矗立起來。

正面為林彪題詞：「為人民解放而奮鬥的烈士們永垂不朽。」左面為高崗題詞：「日月同光山河並壽人民戰士永垂不朽。」右面為陶鑄題詞：「成仁有志花應碧殺敵流紅土亦香。」後面為林楓題詞：「中國人民優秀兒女萬古千秋。」

一年後出了高饒反黨集團，高崗題詞被鑿下去了。

「文化大革命」中，先是林楓成了「走資派」、「三反分子」、「特務」，接着陶鑄又從「紅桃四變成黑桃三」，題詞當然都不能留着。

「九．一三」一聲爆炸，林彪的題詞也沒了。

如今紀念塔上的題詞，是從空間到時間都「萬壽無疆」的「人民英雄永垂不朽」。

手頭有篇《東北解放戰爭的勝利是毛主席革命路線的偉大勝利——揭發批判林彪反對毛主席革命路線罪行的資料》，是「瀋陽軍區機關革命大批判組」寫的，「供部隊批林批孔用」。

這裏只抄下目錄——這已夠長的了。

一、林彪推行劉少奇「和平民主新階段」的投降主義路線，對抗黨的「七大」路線和「針鋒相對，寸土必爭」的方針。

二、林彪從右傾機會主義路線立場出發，悲觀估計形勢，不敢鬥爭，不敢勝利。

三、林彪對抗毛主席積極防禦的戰略方針和建立鞏固的東北根據地的指示，大搞消極防禦，破壞根據地建設。

四、林彪干擾破壞毛主席的土地改革總路線總政策，推行劉少奇形「左」實右的土改路線，阻撓徹底消滅封建剝削制度。

五、林彪對抗毛主席建軍思想建軍路線，鼓吹單純軍事觀點，反對黨的領導，破壞我軍建設。

六、林彪對抗毛主席的十大軍事原則，竭力推行所謂「六個戰術原則」，反對集中優勢兵力，各個殲滅敵人。

七、林彪頑固對抗毛主席關於遼瀋戰役的作戰原則，畏敵如虎，不敢決戰，推行右傾保守主義的軍事路線，破壞毛主席的戰略決策。

八、林彪消極避戰，保存實力，苦心經營，妄圖成王，實現其篡軍篡黨的野心。

「永遠健康」時，説的永遠正確，做的一貫正確，連井岡山會師也變成了毛澤東和林彪。折戟沉沙後，還是兩個凡是：凡是林彪説的都是錯的，凡是林彪做的都在批判之列。

不但歷史要一筆塗黑，還要把林彪説成是「草包」，「笨蛋」，「不會做工、不會種田、不會打仗」，「一不讀書，二不看報，是甚麼學問也沒有的大黨閥、大軍閥」。

倘若如此，他怎麼會成為紅軍和八路軍的著名戰將？又怎能成為遼瀋、平津兩大戰役的前線最高指揮官？抗美援朝時，毛澤東為甚麼會首先想到讓他率軍赴朝作戰？

倘若如此，毛澤東為甚麼不撤掉林彪，還讓他當「東北王」？東北局和「東總」那麼多領導人，對林彪這些罪行當時是一點兒也未覺察，還是發覺了而未置一詞？這倒真不能不叫人懷疑會不會都是同伙了。

在這些問題陷入無法解釋的矛盾的同時，共產黨的形象不也受到極大的傷害嗎？

不也叫那些「口誅筆伐」的，還活得好好兒的人，提心吊膽嗎？

共產黨的歷史是那樣輝煌，共產黨人在黑土地上的歷史輝煌得令中外敵人目瞪口呆。當這一切不但成為中國共產黨人，也成為人類的共同財富時，當中外的敵人和朋友都在研究這段輝煌的歷史時，我們自己卻把它攪和得又一次叫人目瞪口呆！

第一份公開傳達到黨員的關於「九・一三」事件的紅頭文件中有句話，大意是：林彪在歷史上也為革命做出過貢獻。

就踏着這麼個台階，中國的第二號神，從雲端一下子邁入十八層地獄，成了中國的第一號鬼。

有時連鬼也不是，好像中國根本就未曾有過這麼個人。

一位老人說，一次，他去中國歷史博物館參觀，看到四個野戰軍戰鬥序列表中，四野司令員後面是空白。

四野沒有司令員，十帥中少一帥。

（溫都爾汗一聲響，林彪也真留下許多「難題」。比如，「十大元帥」怎麼講？講九個？全世界都知道中國有十個元帥。講十個？等於叫林彪一聲「元帥」。萬全之策似乎是一個也不講，卻又把90%的元帥都株連了。有幾千年歷史，能把任何棘手問題都圓通得天衣無縫的神奇的方塊字，在這裏無能為力了。於是，按授銜時順序排列是第三位，以姓氏筆劃為序是第五位的林彪，就變成了那個萬能的「等」字。可在今天許多家庭張貼着的一套中國元帥的年畫中，還能畫上一個「等」嗎？）

如果對別人也能如此「視而不見」，權當沒這麼個人，那倒是幸事。

請一位四野老人算算，當年黑土地上的師以上幹部，歷次運動中有多少人挨過整。老人說：還是簡單點，算算沒挨過整的人吧。

一位老人說：「九·一三」後，把和林彪沾點邊兒的人都弄北京來了，辦「學習班」。我說的這個「沾點邊兒」，可不是上賊船的那種邊兒，就是當年在他那兒當過秘書呀，警衛員呀，司機呀，保姆甚麼的。

一位戰爭年代給林彪當過警衛員的老人說，弄一陣，沒甚麼問題就算了唄？不，不抓你，不關你，就那麼軟不溜秋地呆着你。真不如判上幾年，痛痛快快，有個盼頭。黨一手拉扯大的，九死一生撿條命，能不想為黨幹點甚麼嗎？憋不住了去單位看看，人家像躲痲瘋病人似的躲着你。林彪「永遠健康」時，咱也沒「身體健康」，可他倒霉了你就跟着倒霉去吧。

老人都說：當初是我自己要去的嗎？不是組織叫去的嗎？當時那不也是革命工作嗎？不講理了。

季中權老人說：抓我時，說我反林彪。這回林彪完蛋了，我不當英雄也該出獄了吧？不行。說林彪是林彪，你是你，又關了三年。我也想開了：早倒霉晚倒霉，倒大霉倒小霉，反正早晚多少得倒霉——誰叫你有那段歷史呢？

高崗也有秘書、警衛員、司機、保姆。林楓也有。陶鑄也有。一野司令員兼政委彭德懷也有。二野政委鄧小平也有。三野司令員兼政委陳毅也有。「文化大革命」中被打倒的將帥都有。

不光有秘書甚麼的，還有部下。順蔓摸瓜，每個人周圍都能「揪出一小撮」。

誰能搞清這個數字：和共和國同齡以上的中國人，在建國後的歷次運動中，有多少人被整過，或未被整過？

殘酷的「階級鬥爭」，不也把人的心靈折騰得雪白血紅嗎？

從1947年夏季攻勢後期開始，在黑土地上和林彪共事最多的羅榮桓，未受株連——卻也不能使人欣慰。

1978年第九期《歷史研究》有篇「總政治部理論組」的文章：《在毛主席偉大旗幟下戰鬥的光輝一生——憶羅榮桓同志》。其中，有這樣幾段文字：

1940年，彭德懷違背毛主席的指示，搞所謂「百團大戰」，羅榮桓同志也是堅決抵制的。當時彭德懷給山東發報，要山東的部隊參加。羅榮桓沒有聽他的，只出了幾個團番號，應付了一下。

日本投降後……他堅決貫徹實行毛主席的路線、方針、政策，同劉少奇、林彪的機會主義路線進行了堅決的鬥爭。

羅榮桓同志對彭德懷推行的資產階級軍事路線一直進行堅決的鬥爭。有一次，彭德懷竟説甚麼：現在搞現代化，政治幹部要改行，再不改，將來要失業了。羅榮桓同志聽到後很氣憤，反駁説：「政治工作是我軍的光榮傳統，怎麼能取消？毛主席絕不會同意的。」……兩人吵得很厲害，結果不歡而散。①

林彪「永遠健康」時和劉少奇是兩個司令部的人，折戟沉沙後又坐到一條板凳上，成了「劉少奇、林彪的機會主義路線」。羅榮桓則和八路軍副總司令彭德懷鬥，和中華人民共和國國防部長彭德懷鬥，和國家主席劉少奇鬥，和「竊據東北人民解放軍司令員職位的林彪」鬥。

工作中意見分歧是難免的，有時分歧嚴重，「吵得很厲害」，也屬於正常現象。可動輒就上升到有你沒我的「路線鬥爭高度」，做成了這種「鬥來鬥去」的文章。過早逝世的政治元帥九泉下有知，會作何感想？

中華人民共和國影響最大的先進典型，瀋陽軍區的一位班長雷鋒，在「路線鬥爭」中應該説是比較幸運的了。可宣傳艱苦奮鬥時，就把他那條補了又補的褲子拿出來。強調「階級鬥爭」了，就大講他發現一個來路不明的「剃頭匠」。學習毛主席著作了，就全力宣傳他的「釘子精神」。1988年3月5日，又説他還有英格手錶、皮夾克和毛料褲。這樣被隨心所欲地抖來亮去的雷鋒，還是雷鋒嗎？這是宣傳典型，還是糟蹋人？有人説：不知雷鋒還有些甚麼東西沒拿出來。

據説「文化大革命」後不久，某軍區排演一齣話劇《平津決戰》，請一些參加過平津戰役的老人提意見。老人們説：這不是平津

① 1978年第九期《歷史研究》，6、7、8、9頁。

戰役，而是「平張（家口）戰役」。

在「長期的複雜的激烈的兩個階級、兩條道路、兩條路線鬥爭中」，今天你紅他黑，明天他紅你黑。打倒一個「鬼」，造就一個「神」。倘若找不到一個能成「神」的人，就會被株連得一片漆黑，或是留下一片空白，埋上幾顆地雷成為禁區。甚麼時候由黑變紅了，再塗過來，把地雷換成鮮花。

這是在捉弄誰，嘲弄誰？

作為東北人民自治軍總司令，東北民主聯軍總司令，東北局書記，東北軍區司令員兼政委，東北野戰軍司令員，一句話，作為「東北王」，在黑土地這場內戰中，共產黨輸了，贏了，或是輸贏各半，都避不開林彪。

無論杜聿明後來怎樣了，崑崙關大捷都是國民黨人和中華民族的驕傲。林彪當時作為一名共產黨員，平型關大捷也是共產黨人和中華民族的光榮。同樣，他在黑土地上的作為和功績，也是屬於整個共產黨人的。

歷史是不應隨着人的升降而浮沉的。

蘸着權勢的墨水寫着的不是歷史。

把「碑文」鑿來鑿去，只能把人鑿得玩世不恭。

不知台灣草民百姓知不知道平型關，大陸人民不但又知道了平型關，還知道了崑崙關和台兒莊（採訪中有老人說：土埋肩膀頭了，才知道還有個「台兒莊」）。而且，還知道台兒莊大戰前，共產黨人曾為李宗仁提供了日軍本間師團的重要情報。周恩來還曾向白崇禧建議這一仗應該怎樣打——「後來，在協助李宗仁指揮作戰的過程中，白崇禧基本上採取了周恩來提出的方針。」①

實事求是對誰都是有好處的。

1987年11月22日，《參考消息》刊登文章，「台灣當局欲購《血戰台兒莊》版權」。

時近一年，這部電影該在台灣上映了吧？透過銀幕上從蔣介石到普通士兵的一個個有血有肉的形象，台灣人民和國民黨人將看到共產黨人的胸懷。

---

① 1988年3月12日《週末》，《台兒莊大捷與周恩來的建議》。

八、 騷動的大地

關東，又一次從冰雪中走出來了。

大雁駕着濕潤的南風，用清亮的歌喉一路歡唱春天。鴨綠江開江了，松花江開江了，黑龍江開江了，冰排浮沉着，沖撞着，轟轟隆隆地湧瀉着。背陰處還殘存着積雪的千山，長白山，大小興安嶺，映山紅霞緞般地流光溢彩，紅紅火火地爆發出生命的歌唱。草芽錐尖似的，葉苞花蕾似的。山嶺和大地酥軟了，充滿了彈性的活力。蟄伏了一冬的小蟲和動物們，在洞穴口探頭探腦一番後，世界就顯得忙碌、喧鬧、擁擠了。

從冬季攻勢結束到遼瀋戰役發起，整整六個月，關東一反常態地沉寂着。

黑土地在沉寂中騷動不安。

第二二章：解　放

「我為誰扛起槍」

貧窮和愚昧是舊中國的一對孿生畸形兒，周而復始地生產愚昧和貧窮。

沒有土地的農民不可能擁有文化。沒有文化的人，可以是勤勞的，卻很難談甚麼智慧。而極端的貧困，又把他們固有的熱情消耗殆盡。他們把血汗灑在土裏，把生命埋在土裏，也把那點對幸福的追求和幻想，在泥土中化為灰。從皇帝到軍閥都唱着一支《萬歲！萬歲！萬萬歲》的歌，愚昧從來都是統治人民的法寶。沒有人告訴他們為甚麼要來到這個世界受苦受難，告訴這一點比給他們一支槍更可怕。

歷史的強者和智者的共產黨人，不但給了農民土地，還解答了這個「為甚麼」。

誰養活誰

最難難的時刻，常常能提出並解快最關鍵的問題。

作為主力縱隊中的主力師，三縱七師1946年逃亡1570人，其中黨員181人。就是說，每四個人左右就有一個開小差的。

一個從未有過的可怕數字，一個生死攸關的嚴峻問題。

鬥爭環境、性質、任務和對象都變了，政治工作新的突破口在哪裏？

共產黨人在苦苦思索。

一次，七師政委李伯秋、宣傳科長呂村夫和二十團政委胡實，談起在山東控訴日軍暴行，激發部隊報仇雪恨，很多青年當場報名參軍的情景。四平撤退後到柳河整頓，李伯秋明確提出要搞階級教育，解決為誰當兵，為誰打仗的問題。

訴苦運動首先在七師興起不是偶然的。因為南滿鬥爭艱苦，受

「最後一戰」影響最重。二十團九連作為訴苦教育的典型應運而生，也不是妙手偶得。因為九連是個非同一般的連隊。

140多人的九連，清一色新軍裝、牛皮鞋、皮帽子，清一色九九式步槍，腰間掛個日式子彈盒，還有個輕機槍班。瞅着令人振奮不已，再看那人可就洩氣了，立即會想起那句「驢糞蛋子面上光」。

九連是「八．一五」後，由本溪和撫順暴動的「特殊工人」組成的，大都是中條山戰役中被俘的國民黨官兵。老百姓都「想中央，盼中央」，這些人能不想，不盼？沙嶺戰鬥，九連兩個排埋伏在一片墳地裏，距敵一百多米，都是老兵，軍事技術蠻好，卻只聽槍響，不見人倒。那槍大都是朝天上放的。國民黨打國民黨！是有點下不了手。

趙緒珍從炮兵連調到九連第一天，就有老鄉上門告狀，説有人偷了他的老母雞。趙緒珍讓副連長晚點名時講講。副連長正講着，黑影中一個大個子喊：你瞎嚷嚷個啥呀，誰説老子偷雞了？副連長説：你罵誰？那個大個子揮拳就打，副連長掏出匣子槍，被大個子一腳踢飛了。

偷雞摸狗，買東西不給錢，借東西不還，損壞了不賠。還賭錢，磕頭拜把子，拜「三番子」（一種封建迷信組織）。認房東乾爹乾媽，和女人打情罵俏。還逛窰子，嫖女人。批評他，他不服：她要錢，老子有錢，兩廂情願，公平交易，犯哪條子紀律？

第一次上課，講形勢，講以鬥爭求和平。趙緒珍在上邊講，有人在下邊罵：這小子一定是個老共產黨，得盯住他！討論會悶了半天，站起來個打副連長的王福民。嘴上叼支煙，耳朵上夾支煙，大金牙一呲，張口就是一個「操」：和平？毛、蔣不死，屌輩子也和不了。他倆死一個嘛，能和平。

四平撤退後，有人説：不行了吧？還是人家「正牌」。沙嶺戰鬥中，蹲在工事裏抱槍不動的房天靜，編着快板發「牢騷」：當兵別當八路軍，受苦受累又受窮，死了落個臭烘烘，招來一群綠豆蠅。王福民打仗像條漢子，這時又熊了：為人不當差，當差不自在。幹這窮八路，打不死也累死了。老子不怕槍，不怕炮，就怕一天一夜不睡覺。

沙嶺戰鬥後，指導員開小差了，調來趙緒珍。現在連長又帶頭不辭而別，一天晚上跑了二十二個，給養員把全連菜金席捲一空。

九連要黃鋪了。

柳河整頓，師裏佈置擁政愛民教育，出了十七道題。有道題是：有人説窮人養活富人，有人説富人養活窮人，你認為哪個對？

趙緒珍老人説，那時人沒文化，腸子不拐彎兒，講課搞教育得直來直去講實的。講甚麼是共產主義，社會主義，現在的指導員會馬克思怎麼説，列寧怎麼説，大三條，小三條，左三條，右三條，唸上十幾頁稿紙。那時候指導員沒有這「水平」，就講共產主義是人人有飯吃，有衣穿，有房住，有地種。其實這還是個階級教育。只是這樣搞缺乏形象，對不上號，不着邊際。「誰養活誰」這個問題就不一樣了，再沒文化，再笨，也能説幾句。

有的説富人甚麼活不幹，卻吃香的喝辣的，是窮人養活富人。有的説富人不租給你地種，你喝西北風？有人説他闖關東要凍死了，一個財主把他架到家裏熱炕上，給飯吃，又給活幹，這不是富人救了窮人又養活窮人嗎？有的説窮人和富人是互相養活，誰也離不開誰。有的説窮富都是命，前生就注定，有錢人是有能耐，墳埋得好，誰也不服誰，爭論得熱火朝天。

一天，晚點名唱了支《誰養活誰》：

誰養活誰呀？大家來看一看，
沒有咱勞動，糧食不會往外鑽；
耕種鋤割全是咱們下力幹，
五更起，半夜眠，一粒糧食一滴汗，
地主不勞動，糧食堆成山。

誰養活誰呀，大家來瞧一瞧，
沒有咱勞動，棉花不會結成桃；
紡線織布沒有咱們呀幹不了，
新衣服，大棉襖，全是咱們血汗造，
地主不勞動，新衣穿成套。

誰養活誰呀，大家來説一説，

沒有咱勞動，哪裏會有瓦和磚；
打牆蓋房全是咱們出力幹，
自己房，二三間，還有一半露着天，
地主不勞動，房子高又寬。
……

不知是就把它當支歌了，還是唱多了不新鮮了，反正唱的沒覺出甚麼，一些「賣呆」的老鄉聽出滋味兒了：八路這歌唱到咱心裏去了。

第二天上課，大家挺奇怪：指導員披件破棉襖，一領破蓆頭，一個討飯瓢，旁邊還站着個老大爺，這是幹甚麼？

老人的苦，把一百多條漢子的苦水引發了，一個個哭成了淚人。

房天靜成了憶苦典型：俺十六歲叫小鬼子騙到本溪下煤窰。俺娘從山東來看俺，斷了盤纏，把三弟賣了二十五元錢。到本溪俺娘病了，就那麼眼睜睜看着俺娘死了。俺哭啊，哭有甚麼用？窮人沒有錢，富人誰管咱？俺這個窮小子卻壞了良心忘了本，打仗不開槍，真是個混蛋呀！

王福民跺着腳哭：俺也是個窮小子呀，卻盼蔣介石來，要幹「正牌」。蔣介石來了還有窮人的好呀！過去瞎了眼，現在心裏亮堂了。俺王福民生是共產黨的人，死是共產黨的鬼！

後來，王福民五次負傷（兩次重傷）不下火線。三保臨江大北岔戰鬥犧牲時，抓着趙緒珍的手要求入黨。這位當初被列為「危險分子」的兵痞，被追認為共產黨員。

有錢人家的也哭：過去花香的喝辣的，以為那是憑本事掙的，原來喝的都是窮人血汗呀！

下面文字，摘自《東北民主聯軍總政治部關於遼東三縱開展訴苦運動的經驗向軍委總政的報告》，和《遼東三縱隊的訴苦教育情況專題綜合報告》：

八師楊副師長的警衛員是特務，數次要害楊未成，非有這次查思想查成份，他自己不會說出來。[1]

① 《瀋陽軍區歷史資料選編》，93頁。

> 八師的各級幹部參加聽炮兵營長訴苦時，給下面印象很大，啟發了一個戰士對舊社會不滿而訴苦，他氣憤填膺感動的氣死了。死而復活，現成傻子。①
>
> 戰役行動開始時，戰士們紛紛表示要在戰場和敵人拚個你死我活，「向蔣介石報仇」，「向共產黨報恩」，「向家庭報喜」。……戰鬥激烈時，許多同志振臂高呼「不要忘了自己的諾言！」「這是我們完成立功計劃的時候了！」勇猛地向敵人衝去。②
>
> 全縱在四次保衛臨江和夏季攻勢戰役中，共殲滅敵人三萬七千多人，湧現戰鬥功臣一千五百多名，其中最突出的就有縱隊第一名特等功臣房天靜，「獨膽英雄」王永太、陳樹棠、高英富，「無敵英雄」周桓農等三百餘名。③

1947年9月28日，毛澤東修改、批轉了三縱訴苦教育經驗的報告。

「女國高，楊柳腰，穿皮鞋，戴手錶，交個朋友挎洋刀。」

「八·一五」後，一些人「革命了」的標誌，就是一夜之間挎上了洋刀，可以隨便抓人。看誰不順眼就一頓嘴巴子，罵幾聲「媽個巴子」，或是順嘴溜出句「八嘎牙魯」。進戲園子不買票，橫晃。「革命」是現買現賣掛在嘴上的，偽滿警察那一套不學就會。

1946年9月23日，《東北民主聯軍總政治部關於部隊坦白運動與訴苦運動的經驗》中，有這樣一段：

> 從一個連的材料觀察，大部份參加過偽滿時的警察，國兵，公安隊，棒子隊，土匪，及受過敵偽各種訓練，並且說明了任職與訓練的年月。做的壞事有：殺人，勒大脖子（即敲詐勒索——筆者），搶劫，嫖賭，強姦，抽大煙，扎嗎啡，加入三番子，溜大號（不經請假允許，就跑回家去，叫溜大號）。多報家庭人口

① 《瀋陽軍區歷史資料選編》，93頁。

② 同上，98頁，99頁。

③ 同上，97頁。

達到多領優待糧，以及重複過去的一些行為。在參軍動機上，為掙錢吃飯，不願做莊稼活，認為扛活太累或當兵不累，以及光復後沒有生路，即純粹為着生計問題，從好吃懶做思想出發的，佔百分之五十四。①

要讓這樣一些人捨生忘死投身革命，即便不是不可能的，也不是一朝一夕能辦到的。可共產黨人用幾把魔水般的淚水，就立竿見影地使他們咬牙切齒地向敵人衝去了。

八十年代的今天，無論怎樣解答「誰養活誰」這個問題，共產黨人的目的已經達到了。

「解放戰士」

冬季攻勢前被俘的國民黨士兵，除了害楊梅大瘡的，基本都成了「解放戰士」。後來就挑剔了，得個大，結實，還要瞅着順眼。一位老人說：我第一次去老丈人家，也沒讓人那樣端詳。

條件允許，通常都要集中訓練個把月。講傳統，講三大紀律八項注意，講官兵平等，等等。最重要的是訴苦，最好的教員是解放戰士。

幾位當年是解放戰士的老人說，一場訴苦會下來，一個個抽抽咽咽的，人還未解放，那顆心已經是共產黨的了。怪不得八路這麼不要命，官死了兵領着衝，像中了甚麼邪似的，敢情人家是為了自己打仗呀！有時候訴着訴着，家有「200畝地」的也跑上台去了。問他有甚麼苦水可倒的。他說我家哪有一壟地一片瓦呀。在國民黨那邊是越富越露臉，窮人受白眼，都報家有幾十畝地。不懂共產黨規矩，還捧着老皇曆瞎吹牛。

一仗接一仗，傷亡大，俘虜沒法送，就隨抓隨補，聽口音是老鄉，就說你到我們班吧。老鄉見老鄉，首先嘮家鄉。你家幾口人呀？村裏有沒有地主呀？地主幹活嗎？地主吃的甚麼？你家吃的甚麼？一天行軍沒到頭，一個人差不多就「赤化」了。

---

① 《瀋陽軍區歷史資料選編》，36頁。

張耀東老人是在大黑林子戰鬥中被解放過來的。第一仗打彰武，一人抓二十三個俘虜，立一大功。第二仗打王道屯，又立一大功。

五師打下義縣後，捕1800名俘虜，打錦州100多人立功。打錦州前減員用義縣俘虜補，打廖耀湘兵團用錦州俘虜補。長春解放後，王牌師新三十八師兩個炮兵連成建制火速調往遼西前線。人是原人，炮是原炮，就是炮口調轉了方向。

後送傷員，天亮了，一看怎麼抬着個國民黨呀？民工火了，拽下來就揍。傷員喊：我是八路呀，剛解放就打仗，哪有功夫換衣裳呀！

某軍政治部原副主任郭俊老人說，八師二十三團九連連長劉山，是個老兵油子。在冀東當偽軍被繳過五次槍，每次拿五元錢回家。最後一次嫌少了，說他還帶過來幾個人，不走就留下了。不怕死，能打仗，從戰士一直升到連長。在柳河強姦婦女被槍斃了，槍斃時面不改色。

這種有奶便是娘，在哪邊都不是孬種的人甚麼時候都有。而且國民黨大勢已去，被俘後再也端不起「國軍」、「正牌」架子了。這也是個因素。但舉足輕重的，還是在倒苦水中自己解放了自己。

佔領瀋陽第二天，「林羅劉」看望五師時，和五師政委石瑛有這樣一段對話：

羅榮桓：談談傷亡情況。

石瑛：團以上幹部傷亡十一個，連排幹部傷亡比編制還多，全師死亡7800多人。

羅榮桓：還有多少人？

石瑛：南下時是16000人，現在17000人。

劉亞樓：這不都是俘虜嗎？

黑土地上最能打的王牌師，此刻簡直就是個「解放師」了！

《遼東三縱隊的訴苦教育情況專題綜合報告》中，有這樣一段：

> 據七師一九四七年十月冬季攻勢前統計，全師九千五百六十八人中就有解放戰士三千二百五十四人，佔全師總人數的百分之三十四，到遼瀋戰役結束時，一般連隊解放成份都佔百分之五十四左右，有的連隊甚至達到百分之六十。許多解放戰士已經成了戰鬥骨幹，有些還入了黨，當了幹部。……通過訴苦，把蔣介石軍隊的士兵，變成為蔣介石自己的「掘墓人」，使蔣介石不

但在作戰物資和武器裝備上，而且在人力上也成了我軍的「運輸大隊長」。①

富於歷史主動性的共產黨人，以最便捷，最實際的方式，把蔣介石的士兵一批批變成他的掘墓人時，蔣介石只能在那兒漫無邊際地開着「耕者有其田」的空頭支票，咒罵「共產黨是不要國家民族的，共產黨是蘇俄的第五縱隊，共產黨人不要歷史，不要文化，不孝父母，共產公妻」②。

賠了老本的「二道販子」蔣介石，最終是不敢把底牌亮給人民的。

聲淚俱下地控訴一番，再千好萬好地歌讚一通（若配之以野菜糠皮之類「憶苦飯」，效果更佳），「階級感情」和「階級鬥爭」的熱力就火山般噴發了。這在建國後的「階級鬥爭」中是屢見不鮮的。

當疾風暴雨的階級鬥爭成為歷史，和平到來之時，就應該用科學文化去打動人們的心，向更高層次的解放進軍了。可惜，歷史又一次被愚昧和貧困魘住了。於是，這種曾使人們從蒙昧中獲得了最初的，也是最原始的自我解放的訴苦運動，就在「一抓就靈」，愈演愈烈的階級鬥爭和自相殘殺中，歷史地走向反面了。

政治元帥

陳世勳老人說，微山湖西「肅托」時，抓的抓，殺的殺，提心吊膽，人人自危，拷打的爹呀媽呀的，受不了誰知道會胡亂說出誰呀？就在這時，羅榮桓坐條小船趕到湖西。「放了。」一句話，全解放了。

在十大元帥中，羅榮桓既沒有賀龍「兩把菜刀鬧革命」的傳奇故事，也不像陳毅那樣火烈生動，興之所至，出口成章。在青島大學攻讀過土木工程的大學生，若不是那副眼鏡在土八路中有點突出，很難看出和常人有甚麼兩樣。

---

①《瀋陽軍區歷史資料選編》，103頁。

②《文史資料選輯》，第13輯，19頁。

于保之老人在山東給羅榮桓當過警衛員，老人說，下邊部隊一些領導，有事沒事，有機會都愛去羅帥那兒坐坐。在外面站崗，看他們嘮得像親兄弟似的。有時仗沒打好，或是出甚麼問題，被羅帥找來了。羅帥批評人可厲害了，一點不講情面。來時哭喪着臉，沒精打彩的，走時一個個都心情舒暢，像換了個人似的。也不知怎麼談的，反正羅帥就有這本事。

權威並不都是由職務決定的。同樣，說羅榮桓是位軍事家，也並不僅僅因為他的履歷中有「一一五師代師長」和「山東軍區司令員」這兩個職務。1937年7月，他指揮的梁山戰鬥，殲滅日軍600多名。1945年11月，中央要在錦州西部打大仗，指名道姓要林彪或羅榮桓前去指揮，毛澤東肯定是深思熟慮了的。

但是，從紅軍時代的連隊黨代表，到建國後的第一位總政治部主任，羅榮桓的主要貢獻還是在政治工作上。

做為黑土地黨和軍隊的主要負責人，羅榮桓主要從事部隊的思想建設、組織建設和後勤工作。這是一項十分浩繁的工作。

七師開展訴苦運動後，有人不以為然，甚至說三道四。羅榮桓立即感到這是個創舉。訴苦運動大規模開展起來後，有的單位查三代，使一些剝削階級家庭出身的人悲觀失望，覺得拚死拚活革命，倒成了革命對象。羅榮桓及時注意並糾正了這種過火行為，使訴苦運動沿着正確方向深入發展。

對於土改中亂抓亂鬥亂打現象，羅榮桓都及時提出建議，使問題得到解決。

有的老人說：跟羅帥做政治工作有安全感。

回首不堪回首的「階級鬥爭」史，我們最缺少的不就是安全感嗎？

在接連反攻的新形勢下，一些人思想還停留在山溝裏，沒認識到城市被奪佔就將永遠保持下去。加上農民出身的幹部戰士，對城市有種天然的抵觸和反感，覺得城市是地主資本家的窩子，打開後就得好好整一整。羅榮桓對這個問題盯得很緊。他在各種場合說明這個問題的危險性，以政委名義向部隊發出措詞嚴厲的《關於政策問題的指示》。根據他的意見，東北軍區頒發了《入城紀律守則》。攻下錦州，戰火剛停，他就親自進城核查執行紀律情況。

羅榮桓在黑土地上另一個貢獻，是成立和訓練二線兵團。

隨着戰爭規模越來越大，部隊傷亡也越來越大，兵員補充也越來越緊迫。在他的建議、籌劃和主持下，各軍區都成立起獨立團。大批農民入伍後，不經過地方武裝逐步上升的階段，由野戰軍抽調幹部和老戰士做骨幹，短期訓練後直接補充主力，或成立新的作戰師。到1948年8月，主力部隊已擴大到12個縱隊70萬人，加上地方武裝，總兵力達到105萬人。

在把大量心血默默地傾注到這些工作中的同時，羅榮桓無時不在關注着主力部隊的思想建設。四平攻堅戰中，一縱傷亡很大，有的師失去元氣。他來到一縱總結經驗教訓，整頓部隊，恢復士氣。八縱打錦州前出了紕漏，情緒受影響。他來到八縱，和縱隊領導談話，卸下包袱，輕裝上陣。林彪在關鍵時刻猶豫動搖，他明確說出自己的意見，使林彪重新下定決心。

一位戰爭年代先後給羅榮桓和林彪當過秘書的老人說：有的文章把林彪猶豫動搖，想回師打長春，羅帥去找林彪，寫成兩個人都拍了桌子。這是不可能的。從他們的性格看不可能，從他們當時的關係看也不可能。

老人們都說：羅榮桓和林彪，在黑土地上配合得很好。

羅榮桓不贊同「最後一戰」這個口號。為此，他曾給林彪寫過一封信，並請林彪轉報中央。

在四平撤退後的范家屯緊急會議上，羅榮桓旗幟鮮明地支持了林彪撤退到松花江北的主張。

病魔纏身的羅榮桓，在黑土地上的「萬花筒」時期，不僅表現了敏銳的政治洞察力，也顯示了不俗的軍事戰略家目光。

老人們說，羅帥和林彪都性格內向，愛思考。在雙城時，林彪沒事幾乎不出院，羅帥也輕易不到林彪那兒，來了就有大事商量。每次都談得好好的，沒聽說有甚麼口角。即便有，也是正常的，羅帥很大度，林彪也不小肚雞腸子。各縱隊和師的幹部配備，一般都是羅帥先拿出意見，再和林彪商量決定。署名的「林羅」和「林羅劉」的電報，發走後再給「羅劉」看，也未聽過有甚麼異議。

有人說，羅帥很會當政委，有兄長風度。

一句話道出了一位政治元帥虛懷若谷的忘我精神。

從紅一軍團到一一五師，羅榮桓和林彪應該說是老搭檔了，也應該說彼此在各方面都比較了解和信任。他們各有自己的魅力，兩種魅力相輔相成，互相完善。比林彪大四歲的羅榮桓，有時做為下級，有時做為同級，一直相處到平津戰役結束，關係一直是和諧的，融洽的。

實實在在，那時候自己人鬥來鬥去的，不是共產黨，而是國民黨。

第二三章：大練兵

「大兵團，正規化，攻堅戰」。

秋季攻勢剛剛結束，東北野戰軍參謀會議上，林彪明確提出這個新時期的軍事指導思想。

在以訴苦為主的政治練兵熱潮中，共產黨人以這種軍事思想為指導，在黑土地上進行了空前規模的軍事大練兵。

「練好兵，打長春」

牆上刷着「練好兵，打長春」。會上講着「練好兵，打長春」。請戰書和決心書上寫着「練好兵，打長春」。

練「一點兩面」，「三三制」，「三猛戰術」，「三種情況，三種打法」，「四快一慢」，「四組一隊」。老人們都這麼說。「九．一三」前的回憶錄上這麼寫。「九．一三」以後就不這麼寫了，再版的文章也把這些字樣刪掉了，或是換上了別的文字。比如，「三三制」變成「疏散的戰鬥隊形」。

各級指揮員所練各有側重。連隊主要是練「四組一隊」，練爆破，練土工作業，練攻城，練巷戰。

練兵中立一大功、三小功的黃達宣老人說，陣地和工事，都是按長春佈防情況設置的，反覆演練三四個月。白天練射擊，刺殺，投彈，衝鋒，翻院牆，爬城，晚上練夜行軍和村落、街道攻防戰鬥。村頭到處都挖的掩體、交通壕，人人練擱炸藥包，安雷管，接導火索。破土地廟，爛房子，坡坎甚麼的，都成了「地堡」，爆炸聲白天晚上響。怎樣穿牆打洞，土牆怎麼炸，石牆怎麼炸，反覆研究、演練。怎樣過外壕，壕那邊有地堡，壕下有地雷，怎樣把炸藥包扔過去炸，綁在竿上伸過去炸。那兵練的呀，長那麼大頭一回。

黑龍江省軍區原副政委張多樹，當時是九縱二十五師七十三團政委。老人說，九縱沒升級為主力時，在冀東沒練過「一點兩面」，「三三制」這些戰術，這回從頭練，趕緊練，打四平沒攻下來後，上邊是真下了狠心，下了也真練。不練不行，過去盡打野戰，野戰變攻堅，是門新功課。「平時多流汗，戰時少流血。」這句話可不是掛在嘴皮子上的。

每個老人對這場大練兵印象都很深刻，都說那幾個月的汗水沒白流。那戰術動作、機靈勁兒和精神頭兒，都和過去大不一樣。

談到林彪的「六個戰術原則」，老人們都說管用，就是那麼練的，那麼打的。

林彪的「婆婆嘴」

要客觀表現關東這場戰爭，避不開林彪，也很難避開林彪的「六個戰術原則」。

「一點兩面」

1946年9月15日，毛澤東致電*林彪，問「你們所說一點兩面的戰法是甚麼意思」。9月19日，林彪在覆電*中說：

> 所謂一點，就是說要集中優勢兵力於主要的攻擊點上，反對在各點上平分兵力的辦法。所謂兩面，就是說必須採取勇敢包圍辦法，防止敵人突圍逃走。兩面是指至少兩面，兵力多時也可以是三面四面。一點的精神在於保證一定打垮敵人，整個的精神在於使打垮的敵人不致跑掉。大意就是如此。是針對我們幹部不肯徹底集中兵力和不敢進行勇敢迂迴的毛病而規定的。

拿破崙說：「進行戰爭的原則也和實施圍攻的原則一樣，火力必須集中在一個點上（一個地段上），而且必須打開一個缺口，一旦敵人的穩定被破壞，爾後的任務就是把它徹底擊潰。」

「一點兩面」注重的，是包圍、突破後的全殲。

集中主要兵力突擊主要方向，從孫子到勞克塞維茨，從馬克思到毛澤東，都是這個原則。

「三三制」

三三制戰術組織形式，是一個班內由三至四人劃分三或四組。正副班長為當然小組長。另在班內挑選政治較好、戰鬥勇敢，或有經驗的戰士充當組長。在戰鬥時各組以班長為核心，在班長指揮下，率領本小組根據敵情地形，散開距離間隔進行作戰，不超過班長口令指揮範圍以外，在平時使三三制編制要與日常生活管理教育公差勤務等一切活動相結合，在戰鬥中求得靈活運用發揮其效能①。

1944年10月18日，林彪在陝甘寧邊區部隊高幹會議上講話中，就講到了這個問題：

我們部隊作戰時愛成群地湧來湧去，勇氣很好，但是缺乏有智術的動作。②

在近代的用火力的戰爭條件之下，用集團的衝鋒目標太大，如果被人家的大炮和機槍射擊的時候，損失就太大了，因此現在我們要教育戰鬥員三五成群的戰鬥，一個兩個的去戰鬥。③

「六個戰術原則」都是黑土地上提出來的，「一點兩面」和「三三制」提出得最早。

幾位老人都談到秀水河子戰鬥前，林彪在秀水河子小學校給一師七旅營以上幹部的一次講話。說林彪在講了戰爭不可避免後，主要就是講解「一點兩面」，「三三制」。說在錦州西部打的幾仗，敵人火力密集。咱們隊形密集，傷亡大。說現在不同於抗戰打日本，敵人是美械裝備，火力猛，又是精鋭，不能像過去那樣一打一衝，人海戰術，大家第一次聽到「一點兩面」、「三三制」，覺得新鮮，一時又弄不懂。有的老人還記得林彪邊講邊在黑板上寫、畫，説明「一點兩

① 《林副主席著作選讀》，202頁，此書為「文化大革命」中出版的小冊子，無出版單位。

② 《林彪元帥軍事論文選集》，82頁。

③ 同上，85頁。

面」和「三三制」的要領、意義。

一點兩面戰術不能機械的孤立的理解，而應該總起來看。一點不要理解為孤立的一點，兩面不要理解為平分兵力。戰術不是教條。而是根據實際情況應用的。

三三制戰術是戰術動作的部署問題。平常演習是三三制，作戰時不會用，隊伍擁在一堆這是實際鍛煉的不夠。戰鬥隊形都是由於火力的進步而由密集到分散，在戰略上要集中兵力，戰役上一點兩面，而在戰術上，戰術動作卻是分散兵力，稀疏兵力。兵力集中並不是要求我們在衝鋒時密集隊形，而是要求在部隊衝鋒時，必須有充份的火力掩護與配合衝鋒的部隊及二梯隊，所以兵多不是一下子都衝上去，而必須用三三制的隊形。①

「三猛戰術」

對於所選定的主攻點上，應將各種機關槍各種炮秘密的盡量接近敵人，適當的配備起來，以使統能向主攻目標射擊，並於同時猛然開火，這就是我們所謂「猛打」。這種火力用法，他是反對零零碎碎打的，反對把火力到處分散使用的。

在主攻點上，火力猛然開始射擊後，我突出部隊應乘此際敵人發呆，發慌時一時拿不出主意和來不及調兵時猛烈衝鋒，躍然奮進，以刺刀，手榴彈向前衝去，以刺刀刺殺敵人，不敢以刺刀刺敵的不算最勇敢的部隊與戰士，我軍必須建立刺刀血戰的威風和隨手榴彈的飛出爆炸而猛進的勇氣，這就是我們所謂「猛衝」。

對於已被衝動和潰亂的敵人，應實行猛烈追擊，要一直壓下去，這就是我們所謂「猛追。」②

戰鬥接連不斷，林彪的「原則」也越來越多。

據說，林彪口述這類電報時，一字一句，很少有重複、更正的

① 《林彪元帥軍事論文選集》，118頁，119頁。

② 同上，128頁。

時候。秘書記錄完了，林彪還在踱步，或是站在地圖前紋絲不動，這時，就很可能再來個「附說」，補充幾點甚麼。

翻開《林彪元帥軍事論文選集》，可以看到，林彪這些「原則」，不是講一遍幾遍就算，而是結合正反實例經常講，有機會就講，就補充，就強調。

話語金貴的林彪，在戰術問題上有個「婆婆嘴」。

「三種情況三種打法」

> 一種是敵人守，一種是敵人要退不退，一種是敵退，為了不致於亂用，提出三種基本不同的情況。如果敵人守，就要經過正式的準備，完成一切準備工作後再攻擊；如果敵人要退不退，我們準備好了再打，敵人會跑掉，不準備就打，又會被碰下來，這時應先將敵人圍起來，圍而不攻，或圍而小攻，用一部份和他們打，抓住他，使他走不脫，然後準備好再打；如果敵人退，就要猛追，這時不要等命令，不準備就是合乎戰術，準備了反而不合乎戰術，不要怕部隊少，也不要怕情況不清楚，追就是了。當然，戰役指揮員是應該組織有計劃的追擊。①

有老人告訴我，「三種情況三種打法」，蘇軍條例上就有，但比較抽象。林彪用比較通俗的語言，把它形象了，具體了，明確了。

當時沒有條件辦正規院校；軍政大學和各種參謀集訓隊，也都是速成性質。戰爭環境，沒有機會長篇大套上大課，而且幹部戰士文化很低，講多了，講深了，也不懂，記不住。於是，林彪就用「一點兩面」、「三三制」、「三猛」這些新名詞，把它們歸納起來，通俗易懂好記。

林彪還發明了許多新詞彙。「硬拚仗」，「拚命仗」，「莽撞仗」，「老太爺仗」，「官僚主義仗」，「攻城軍」，「爆炸軍」，「刺刀見紅」……人們講「人力」，「物力」，他又來個讓秘書一時沒法記錄的「時力」。還有那些後來聽着令人刺激的「活學活用」、

---

① 《林彪元帥軍事論文選集》，200頁，201頁。

「抓活思想」、「天天讀」之類。

人類許多詞彙的出現都與戰爭有關。現代英語中的不少常用詞彙，都是在兩次世界大戰中創造或流行起來的。在這方面，林彪也是個專家。

「四快一慢」

向敵前進要快：譬如打某個地方，怕敵人跑了，前進時要快。……

抓住敵人後進行準備要快：看地形，選突破口，構築工事，捆炸藥，動員，調動兵力，佈置火力等等，忙個滿頭大汗才好，這要快。

突破後擴張戰果要快。

敵人整個潰退了，離開了陣地，我們追擊時要快，這時要不管三七二十一，也不管白天黑夜……

一慢是指甚麼時候，甚麼事情上慢呢？是指總攻發起時機這一下要慢（但總攻開始後就要快）。在這問題上要沉住氣，上級催罵，派通信員左催右催，這就要沉着，反正我要準備好再打。①

「四快一慢」和「四組一隊」，都是四平攻堅戰後提出來的。

這些戰術原則都是根據黑土地上戰爭進程提出來的。像「一點兩面」有「點」有「面」一樣，每個階段都有一種主要傾向，抓住這種傾向歸納出一點，大講特講，一個問題講得差不多了，另一個階段又開始了。比如，由游擊戰轉化到正規戰時，大講特講「一點兩面」，「三三制」。準備總反攻了，就大講特講「四快一慢」和「四組一隊」。

林彪用那張因話語金貴而顯得份量非同一般的「婆婆嘴」，把各個時期需要的戰術和能體現出這種戰術的各種新名詞，灌輸給他的將軍和士兵。

---

① 《林彪元帥軍事論文選集》，167頁，168頁。

沉默寡言的「婆婆嘴」——林彪的「重點主義」。

「重點主義」中不忘「面」：

> 去年總結時我提出四快一慢，這個慢字又怕變成慢慢騰騰、懶懶散散的偏差，如果不築一條堤堵住這個偏差，就會把這句話亂用一氣。……黨內無論在思想政治上，提出一個決議，總要留個尾巴防止左右偏差，政治上如此，軍事上也是如此。①

「四組一隊」

> 四組即火力組，突擊組，爆破組，支援組。……提出四組一隊主要是提醒大家：突擊連隊要分工，小組互相掩護，互相配合，至於實際運用，應根據具體目標。同志們提出三個組，五個組，也有將機槍組組織起來成為一個戰鬥班的，我想今後也可能不一樣的。②

「四組一隊」是劉亞樓總結出來的。

老人都說，在打錦州和天津時，「四組一隊」起了很大作用。

很多老人都談到，一仗下來，各級指揮員都要到陣地或突破口去開現場會，根據實戰情況總結經驗教訓。打下錦州後就奔遼西，殲滅了廖耀湘兵團後，有的部隊還特意回到錦州，補上這一課。

兢兢業業，刻苦鑽研戰爭藝術的共產黨人。

黑土地上的共產黨人由小到大，由弱變強，越打越精明，是與林彪的這些戰術原則分不開的。

據說，毛澤東當年對林彪這些戰術是肯定的，有的還很欣賞。

據說，國民黨當年認為東北共軍戰術水平高。

而評價一位將軍和他的戰術的最簡捷、也是最權威的標準，是他所指揮的戰爭的勝利和失敗的總紀錄。

---

① 《林彪元帥軍事論文選集》，166頁。

② 同上，203頁，204頁。

孫子説：「夫兵形象水，水之形，避高而趨下；兵之形，避實而擊虛。水因地而制流，兵因敵而制勝。固兵無常勢，水無常形；能因敵變化而取勝者，謂之神。」

軍事科學之所以是一門科學，就因為它有規律可循。但一般的規律並不能代替一切，世界上沒有一條作戰原則是永恆不變的。無論多麼成功的戰術原則，都只能是一定歷史階段的產物。時間變了，空間變了，武器改進了，技術發展了，軍事組織形式和軍隊指揮的方法，也都要隨之進步和發展。即使是在電子計算機時代，軍事科學也不可能成為精確的科學。因為戰爭主要是由人的活動決定的。

當年的林彪，對這一點是清楚的：

> 這種經驗，是在一定的條件下產生的，因此，不是在任何時候任何條件下都可適用的；在不同的條件下，就會產生不同的規律。①

可是，當林彪做神成鬼時，這些東西也就跟着做神弄鬼了。

---

①《林彪元帥軍事論文選集》，131頁。

九、 熱點中的熱點

1948年秋天，在我們這個飽經憂患的星球上，沒有比遼瀋大地更引人矚目的了。

從「拒敵於國門之外」，到退守松花江北，共產黨人以歷史都為之瞠目的神速和英姿，在北起長春，南至唐山的千餘里綿長戰線上，開始了「獨霸東北」的「最後一戰」。

焦點是千百年來戰火不絕的錦州。

第二四章：奔襲北寧線

月輪在雲層中時隱時現，戰爭的輪子在黑土地上悄然而迅疾地轉動起來。

步兵、騎兵、炮兵、坦克兵，一支支大軍像奔騰的急流在金秋的夜色中湧動。攪拌着汗味兒和汽油兒味的塵霧，在瀰漫着醇酒般的穀香的大地上，扯着一條條看不見的長龍。

9月12日，震驚世界的戰略大決戰的槍聲，首先在北寧路山海關至唐山段打響。

十一縱由建昌營出發，攻克昌黎、北戴河。

熱河獨立四、六、八師，攻克沙後所、綏中。

四縱、九縱從台安、北鎮出發，插向錦州和義縣之間，包圍義縣。三縱和二縱五師由西安乘火車南下，接替四縱、九縱包圍義縣。

四縱急轉南下，攻克興城。

七縱攻佔高橋、西海口和塔山，切斷錦西與錦州聯繫。

八縱、九縱主力，佔領錦州外圍要點白老虎屯、帽兒山和紫荊山。

至此：北寧路錦州至唐山段被切斷，各點之敵一概被分割。

9月13日至16日，一縱、二縱、五縱、六縱、十縱和炮縱主力，分別由九台、平崗、清源、伊通、開原、四平等地，進至錦州以北和新民以西地區。

10月1日，三縱、二縱五師和炮縱主力，攻佔義縣。

大軍逼近錦州城垣。

突然性是戰略的本質

翟文清老人，這時已是指導員了：

從西安上火車前動員，沒說到哪兒去。「練好兵，打長春」，滿腦子都是「長春」，還用問？悶罐咣噹一夜，下車動員步行，方向

「西南」。大家懵頭懵腦的，說這是甚麼地方呀？一問，說是到了阜新。大家說，不是打長春嗎？怎麼跑這來了？戰士們問我，我哪知道呀。有人還以為我是保密呢。

黃達宣老人，當時是副連長。

部隊往南一扭頭，大家心裏就有數了。走了十多天（除三縱、二縱和五師和炮縱車運外，所有南下部隊都是徒步行軍）。白天睡，晚上走，每晚八十里左右，說是到北寧線上打仗，北寧線那麼長，也不說是到甚麼地方。過大凌河不久，腳下就絆上敵人屍體了。是八縱在前面打的。

劉學友老人，當時是師組織幹事：

帶的糧食，不到一星期就吃光了。過兵，要打仗，老百姓都跑了，甚麼吃的也沒有。過大凌河前，在禿老婆店弄到些餵牲口的黑豆，炒了「喀嘣喀嘣」吃個肚兒圓。過河涼水一激，可糟了，全拉稀了，一直拉到錦州。槍一響就不拉了，比「痢特靈」還靈。

王繼武老人，離休前是黑龍江省軍區獨立二師六團副團長，當時是九縱二十七師作戰科參謀：

南下前住在溝幫子，練半個月夜行軍，每晚幾十里，過大凌河再回來，全副武裝，每人四十斤左右。體質差的，心眼多點，就悄悄輕裝，把一些無關緊要的東西塞在老鄉櫃子底下。結果，9月12日晚上，過了河再沒回來。

原副總參謀長閻仲川老人，當年是「東總」作戰科參謀：

戰鬥打響前，南下部隊電台一律保持靜默。各縱和師都在原駐地留下部電台，繼續按部就班地收發報。各部隊南下，都是「東總」派人通知的。我去西安通知的三縱，鐵路局準備好車輛，何時出發和目的地，都不知道。有的師出發了，縱隊還不知道。南下部隊夜行曉宿，北邊圍困長春部隊也在緊張動作。白天向長春進逼，晚上再悄悄撤回來，造成一種打長春的聲勢，迷惑敵人。多保密一天，就爭取一天主動。

幾位當年的縱隊司令員和政委說，開始南下時，連他們也不知道要到甚麼地方去。

遼瀋戰役這樣大的行動，戰役開始前竟未開會佈置一下，連縱隊司令員都蒙在鼓裏，這在今天是難以想像的。

很多老人都談到當時有首歌唱得挺響，叫《林總命令往下傳》。說那時林彪的威信不是唱出來的，是勝仗連勝仗打出來的。崇拜得很覺得怎麼都行，反正服從命令聽指揮就能打勝仗。

利德爾·哈特說：「突然性是戰略的本質。」

大軍南下，國民黨也不是沒有察覺。飛機偵察和各地情報部門，都向「剿總」報告了共軍動向。「剿總」偵聽機構卻振振有詞：共軍電台都在原地未動，你們為甚麼不相信科學？

「科學」也好，事實也好，從瀋陽「剿總」到錦州指揮所，大難臨頭了，還處於一種渾渾噩噩的麻木和昏亂之中。不然，范漢傑夫妻感情再好，大戰行將爆發之際，也不會把夫人接來經受戰火洗禮。弄得民族英雄林則徐的這位孫女，比二十三年後葉群在山海關倉惶出逃還狼狽萬分。

「白老虎連」

大豆搖鈴歡歌，玉米咧嘴傻笑，高粱和稻穗沉甸甸地搖頭晃腦，乾枯的葉子在風中嘩嘩抖響。有的一片片割倒了，裸露着大地黑色的肌膚。有的割得一旮旯一塊的，有的只在田頭割了幾刀。山包一個個割得溝溝道道、坑坑窪窪的，像被理髮師惡作劇地胡亂推了幾推子的腦袋。

錦州這個地方出蘋果，還產梨。綏中白梨蜚聲黑土地和黃褐色的華北平原，如今還遠銷國外。蘋果紅了，紅得像喝醉了的高粱。白梨黃了，黃得像金燦爛的玉米，大豆和稻穀。性急的掉在地上，任鳥啄蟲啃着。

果香和穀香被火藥味淹沒了，戰火把莊稼人趕跑了，把他們賴以活命的一年心血和希望，丟棄在曠野裏。

莊稼院出來的莊稼漢，看着這些是不能不產生聯想的。

可現在來不及聯想。

除夕夜，滿城滿鄉鞭炮齊鳴，主題是迎接「趙公元帥」。共產黨人在北寧線和環繞錦州的幾十座城鎮鄉村，把槍彈炮彈啖火般射向秋日的天空和大地，可不僅僅是為了一個「趙公元帥」。

最激烈的戰鬥，發生在白老虎屯。

白老虎屯，位於錦州北部公路交叉點上，距錦州只有四公里。向北能切斷被圍困在葛文碑、薛家屯敵暫二十二師退路，向南可以抗擊城內出援。9月24日夜，九縱二十五師七十三團一連冒着濛濛細雨，像把尖刀穿透三十多里防禦縱深，神不知，鬼不覺插到這裏。構築完工事，抹把汗水，晨光曦微中，送來了城裏敵人慢慢悠悠的起床號。

對於這種視國軍如無物的行為，范漢傑從感情到理智都是難以容忍的。

十六個小時，十五次猛攻。野馬式在空中竄上衝下，最多一次出動六架。坦克在地面逞兇，由三輛增加到六輛。幾十門大炮集火射向，炮彈一掛排傾瀉到這塊彈丸之地。兵力由連而營而團，潮水般一波又一波，上去下來，硬是拔不掉只有兩門六〇炮的一連這顆釘子。

——打坦克後邊的步兵！

——打戴大沿帽的！

——打機槍手！

趙俊生一挺機槍前，倒下一個多排。

神槍手杜廣生，兩步支槍一支衝鋒槍輪着打。小炮班炮彈打光了，給他壓子彈。三十多敵人像豆捆似的，橫七豎八倒在陣地前的豆地裏。

一排副排長王得福，二排長呂紹德，八班戰士姚尚雲，在陣地上只剩下一個人時，拉響了手中的手榴彈。

一個團敵人傷亡近半，一連也剩下三十七個人了，彈藥也不多了。

指導員田廣文說：同志們，現在是甚麼情況，大家都知道。我們雖不是一母所生，但我們都是革命同志，階級兄弟。我們要團結一心，準備最後的戰鬥！田廣文把連隊花名冊和入黨志願書燒了，連長陳學良把望遠鏡拆了扔進炕洞裏，兩個人又把手錶砸了。小炮班兩門炮拆開，四散扔掉。司號員燒了號譜，通信員燒了聯絡旗，給養員燒了300多萬元菜金。

大地在腳下顫抖，火燄吞噬着村莊。太陽炙烤得受不了了，焦頭爛額地栽進地平線下面。

火光映照着一張張沒了模樣的臉膛。

不知誰哼起了《狼牙山五壯士歌》：

棋盤陀，山崖高，
壯士的血花紅！
勇敢的八路軍，
五個好英雄！
……

三十七張喉嚨同聲合唱。

從那時起，一連就有了一支自己的歌：

秋風橫掃落葉黃，
尖刀插進敵胸膛。
白老虎屯打惡仗，
死打硬拚不退讓。
無敵三十七勇士，
烈火之中高聲唱。
……

這支《「白老虎」連歌》，一直唱到現在。

紫荊山下

打錦州前出了三個問題。一個戰略上的，兩個戰術上的。

後兩個問題都出在八縱。

一個是前面寫一筆的沒有及時封鎖機場，讓劉亞樓罵了句「吃草的」（電報沒發，被羅榮桓制止了），任務也讓九縱搶去了。

電報是參謀長黃鵠顯發的。兩個機場，一個能用，一個不能用，封鎖哪個，對於這位當年紅四方面軍總指揮部作戰科長，是不必再發個電報請示一下的。有的老人說他能打仗，很有一套，就是當年「舉錯了手」，投了張國燾的票，受了打擊，心有餘悸。這餘悸「餘」了十四年，似乎有點過長。看來這個問題只有他本人能夠解答，但他已經不在了。

9月30日，毛澤東致電「林羅劉」，表揚九縱控制了機場，「毀機五架」。同時批評八縱貽誤戰機，指出「大軍作戰，軍令應加嚴。」①

毛澤東都有話了，八縱壓力很大。

八縱緊急召開常委會，決定將毛澤東和「東總」批評電報轉發到團。讓各團黨委立即討論表態，堅決打好下一仗。

這邊正攢着勁兒準備雪恥，那邊又把小紫荊山丟了。

10月6日夜，二十三師六十八團副團長韓楓（離休前為第二炮兵某導彈基地司令），率三營打下小紫荊山後，麻痹大意，下山吃飯去了。擔任警戒防禦的八連，連長也下山去了。下半夜，敵人突然又一個反擊，把陣地又奪了回去。

南京《中央日報》迅速作出反應：《錦州國軍反擊克紫荊山》。

沒及時封鎖機場，耽誤了兩天，使敵人空運錦州兩個團。若再耽誤兩天，空運兩個師，整個攻錦計劃也許就不得不改變了。而丟失了小紫荊山，部隊全不好運動，進入不了攻擊地域，也會影響攻錦部署。

八縱這下子更吃不住勁了。

政委邱會作火速趕到六十八團。當年八縱的老人說，邱會作有水平，有派頭（很多老人在談到「林羅劉」和他們的司令和政委時，都喜歡用這句話），很活躍。到六十八團，就召集全團幹部戰士和全師連以上幹部開會，進行動員、訓話。在山坡下野地裏，講了不到二十分鐘，嘁哩喀喳，沒一句廢話。講明天拂曉後兩小時，必須把小紫荊山再奪回來。然後當場宣佈，將六十八團團長和副團長撤職，八連連長槍斃。說這次先殺「兩條腿的」，下次再出事就殺「四條腿的」（指騎馬的）。韓楓在下邊說了一句：無官一身輕。邱會作聽見了，說：一身輕？你給我背大鍋去！

邱會作就在六十八團等着，奪回小紫荊山才走。

頭髮幾乎全白了。眼角和眉心的紋絡深且密，臉上總是笑呵呵的，使紋絡愈發深而密。1.70米以上的個子，是那種「有錢難買老來瘦」的瘦。穿件黑藍色中山服，一條海軍藍的確涼褲子，一雙東北人稱之為「二棉鞋」的藍呢敞口輕便棉鞋。走動時，雙手有點像鴨子似

---

① 《毛澤東軍事文選》，476頁。

的微微向後擺動。

不知底細，你會覺得他和如今街頭庭院那些離退休老人沒甚麼兩樣，而且是那麼慈祥、可愛。確實，他現在甚麼職務也沒有，連黨員也不是，實在是普通又普通了，簡直就剩下一個「老頭」了。

可他的名字叫「邱會作」。

他很健談，而且記憶力很好。頭腦清晰，思路敏捷，在採訪的百餘老人中是一流的。談起當年黑土地上的經歷，眉飛色舞，滔滔不絕，極有形象，所談情節，基本都可驗證。

談到紫荊山下這段時，他的小兒插言道：就這麼就把一個人槍斃啦？太過份了！

老人瞅瞅兒子：戰爭，那是戰爭！

又搖搖頭，歎口氣：槍響後，也就有點後悔。給個機會，讓他戴罪立功就好了。那個連長是冀東人，冀東老百姓好哇……

站在今天望昨天，很多事情都是難以理解的。

朱瑞不朽
——東野名將錄之九

義縣是錦州的門戶。它可以控制北寧路，維護關內外交通，是南下大軍，特別是炮兵、坦克部隊和後勤供給的必經之地。欲圖錦州，必先取義縣。

義縣城牆高厚，工事堅固。一座座炮樓鼓凸在城牆外，裏面有小炮，輕重機槍，每座都可以三面射擊。城根還有許多暗堡。一條十餘米寬、近二米深的護城壕。壕外有幾層鐵絲網，鐵絲網外，是地雷像秋後蘿蔔地的蘿蔔一樣密密麻麻的雷區。

這樣一座城池，加上天上有飛機，城內有炮兵，構成密集的立體火網，攻城部隊即使人手一個炸藥包，也是難以攻克的。

老人都說，義縣和錦州攻堅，炮兵起了重要作用。那炮火之猛烈、準確，在黑土地和全國都是史無前例的。

主攻義縣後，又在錦州擔任重點突破的五師政委石瑛老人說，炮一響，那炮樓就一座座飛上天，剩下幾座也沒了模樣。城門右側被轟開個二十多米寬的口子，倒塌的城牆填平了護城壕，連梯子都不用架了。錦州也是一樣，炮剛停，煙未散，部隊就從城豁子衝進去了。

翟文清和黃達宣老人說，打彰武和文家台時，那炮火就夠令人振奮的了，可和錦州根本沒法比。那炮打得長那麼大頭一回見到。共產黨哪來那麼多炮呀，別說敵人懵門兒，連自己也有點懵。當兵就吃炮彈，在敵人炮火下挨打，這回算是翻身了。

范漢傑則從另一個角度談了他的體會：

> 在解放軍猛烈的炮火下，電報電話不斷遭到破壞。我常到錦州車站北面的小高地樓上和錦州鐵路局辦公大樓上的觀測所去指揮，那裏就成了解放軍炮擊的目標。炮戰之猛烈為過去所未有。後來我軍炮彈接濟不上，炮兵陣地已被解放軍的炮火所控制，我軍發了幾顆炮彈後，解放軍即集中火力向我軍炮兵陣地及步兵陣地猛烈射擊，士兵在壕溝裏動也不敢動。①

從出關時一個赤手空拳的炮校，到進關時金戈鐵馬的炮隊，中國共產黨這支最強大的炮兵在黑土地上的每個足跡，都傾注着朱瑞的心血。

漫山遍野「揀洋落」，小板櫈一放就是炮校。四平撤退，炮校從通化搬到牡丹江。爬犁拖，大車拉，冰天雪地中，土八路的土炮兵學會了走。

怎麼打？過去是「大炮上刺刀」，把炮悄悄推到敵人眼皮底下，然後像守財奴數金幣一樣，把那幾發「寶貝」放出去。若是沒有打好，就拚死拚活往回拖呀，搶呀，有時連炮帶人都交待那兒了。過去把這一概説成是八路的勇敢精神，其實很多時候是不得不如此。遠戰，間接射擊，土八路不會打，打不好，炮彈落在自己陣地上的事情是經常發生的。三下江南時，有的縱隊司令破口大罵：娘賣×的，不打敵人打老子，炮兵有特務！

攻打德惠，用了三十個炮連。這是共產黨在黑土地上的第一次炮兵大亮相。步兵振奮不已，炮兵自豪不已，都覺得這回能把德惠打平了。結果，四個步兵師東南西北各一個，四個炮團也不偏不倚一個

---

① 《遼瀋戰役親歷記》，75頁。

師一個，再團營地往下分到連。各自為戰，亂打一氣，實施主要突破時，炮彈打光了。劉亞樓説：一人一套，這是發衣服呀？發衣服也不能亂穿一氣呀！

一仗下來，對炮兵一肚子意見。再打仗時，有的就説：一邊呆着去吧，別幫倒忙了。

畢業於莫斯科克拉爾炮兵軍官學校的炮縱司令朱瑞，聽着，記着，請教着，探討着。有時也激烈地和人家爭論。有話不説可不是他的性格。

步炮怎樣協同？火力怎樣集中？怎樣壓制敵炮？怎樣伴隨步兵衝鋒？要熟練掌握一支步槍，對於農民出身的士兵，也不是易事呀！「接洋落」起家的炮兵像個學步的孩子，在黑土地上的風雪中摸索着舉足、投步，踉踉蹌蹌，卻是堅韌執着，充滿信心地前進。

夏季攻勢後，基本走上正規。冬季攻勢開始後，看見炮兵，步兵遠遠地就歡呼起來：咱們的炮兵來了！交通堵塞，無論自己任務怎麼緊，也都趕緊給炮兵讓路。

密集的火網中，用血肉之軀翻滾着去送炸藥包——全世界都難找到一支軍隊，能像土八路那樣喜愛自己的炮兵了。

凡是比較大的戰鬥，主攻方向的觀察所和炮陣地上，都能看到朱瑞壯實的身影。那身影就是像他的性格一樣活躍。陣地選擇，兵力配置，主要火力點，他都要親自觀察、落實。部隊突破後，經常要到突破口去觀察炸點情況，總結經驗教訓。

義縣城垣突破後，縱深戰鬥還在激烈進行，他就要到突破口去看看域牆厚度，多少炮彈才能打透，以便決定這種城牆究竟怎樣打法更好。

走到城門前，踏中一顆反坦克地雷。

他是唯一倒在黑土地上的共產黨高級將領。

10月3日，中央軍委決定將東北炮兵學校，命名為「朱瑞炮兵學校」（即今「瀋陽炮兵學院」前身）。

王振奎老人當時是炮校校務參謀。打義縣時，他到阜新接引坦克部隊去了。回來路上，聽説朱瑞犧牲了，大家都不信。到義縣證實了，大家都傻了，哭了。

老人一口一個「朱校長」。

講「朱校長」性格開朗，活潑好動，沒架子，有點像劉亞樓。講「朱校長」有才氣，有學問，有修養，講話大家聽不夠，從來不罵人，是位學者型將軍。講學員畢業後，有的要到主力去，到前線去，有的嫌職務低了，鬧情緒，「朱校長」一談，都樂呵呵走了。講「朱校長」一是一，二是二，實實在在，最討厭大話、空話、假話。

（筆者看過朱瑞寫於1944年的一篇《我的歷史與思想自傳》。這個「書香門第三代的地主家庭」的兒子，對自己人生旅途中比較大的事件，從對立三路線態度曖昧，「實有助於當時之立三取消農民游擊隊的錯誤路線」①，到在蘇聯學習時，「與教員之一的麗亞由師生進入到朋友，由朋友發展到戀愛」②，一概據實而書，可信可親又可敬。不知當年是否都是這樣寫的——今天這樣的文章實在是難以見到了。）

又講「朱校長」愛洗澡，每天都洗。行軍路上在哪兒休息，也要用秫秸圍個圈兒，弄兩桶水從頭上淋個痛快。冬天也是，冰天雪地洗冰水浴。大家都替他冷。除了這點「特殊化」，你就看不出他是「朱校長」。一家四口在牡丹江住一間房子。兩個孩子的衣服，大都是大人舊衣服改的。南下臨走前，有事去找他，兩口子正在收拾行裝，沒一件像樣衣服。

老人說，如今是上級參加下級的婚禮，那時正相反，都是參加首長的婚禮。有規定，新娘子可以和首長吃三天中灶或小灶，三天後，就和戰士吃大灶。國民黨是丈夫官多大，太太多大官，共產黨可不，首長是首長，家屬是家屬，一家人兩碼事兒。那時那人那黨呀……

「那時那人那黨呀……」採訪中，很多老人都愛說這句話，自豪中帶着留戀和神往。

老人找出一張「朱校長」的全家福。照片上，朱瑞中等身材，很壯實，穿件列寧服，戴着眼鏡，有點禿頂，抱着大女兒。夫人端莊、秀麗，兩根尺把長辮子，懷抱小女兒。一家人笑着，笑得幸福、甜蜜。

老人流淚了。

---

① 《中共黨史資料》，第9輯，242、232頁。

② 同上。

第二五章：歷史的大手筆

9月21日上午，十幾輛吉普、救護車和卡車，魚貫駛出雙城鎮，開進車站。一陣緊張而井然的忙動，一列停靠在月台上的列車開動了。

北上，到哈爾濱後又轉東南，駛向牡丹江。晚上10多點鐘，突然掉頭西北，經昂昂溪南下。

掛在車廂裏的五萬分之一的地圖，隨着車身的顛簸震動着。林彪上車後，藍絲絨窗簾就拉下了。電燈不大亮，作戰科長尹健打着電筒。

金黃和火紅的地平線，在湛藍的蒼穹下起伏。大地在晝夜輪迴中，迅疾地後遁。

在南下大軍急促的腳步聲和車輪昂奮地轉動中，歷史向着黑土地三年戰爭的終點線，轟轟隆隆地衝刺。

10月2日清晨，「東總」專列到達彰武。一瞬間，歷史在這裏留下個「，」和那麼多文章。

兩年半前，林彪曾在這一帶「請主席頭腦清醒考慮之」。現在，輪到毛澤東向林彪這麼說了。不過，毛澤東可用不着像林彪那樣，把電報發走了還想追回來。

毛澤東看好關東

河北省平山縣，緊靠滹沱河北岸的柏坡嶺上，有個不到百戶人家的小山村，叫「西柏坡」。

西柏坡因柏坡嶺上的古柏而得名，因毛澤東而名聞天下。

穿着一套肥大布衣服的毛澤東，在國共兩黨的決戰時期，在這裏指揮了震驚世界的遼瀋、淮海、平津戰役。

黃金的黑土地

「喜看稻菽千重浪，遍地英雄下夕煙。」

1948年，被蔣介石通緝的毛澤東站在西柏坡嶺上，心頭也一定激蕩着這樣的詩情畫意。

東流的滹沱河水，唱着世世代代唱着的那支古老的歌。掩映在樹叢中的電台天線，日日夜夜唱着共產黨人的《勝利進行曲》。

4月22日，彭（德懷）張（宗遜）野戰軍奪回延安。

5月17日，徐（向前）周（士第）兵團攻佔臨汾。

6月11日，許（世友）譚（震林）兵團收復曲阜。

6月22日，陳（毅）粟（裕）野戰軍攻克開封。

7月6日，陳粟野戰軍睢（縣）杞（縣）大捷，活提國民黨七兵團司令區壽年。

7月16日，劉（伯承）鄧（小平）野戰軍攻克襄陽，活捉國民黨十五綏靖區司令長官康澤。

經過兩年浴血奮戰，共產黨已由戰略防禦轉入戰略進攻，取得了全國戰場上的主動權。國民黨軍隊已由戰爭開始時的430萬人，下降到365萬，能夠用於前方作戰的只有170萬。作戰方針，也由「全面防禦」，「分區防禦」，變為以北平、西安、漢口、徐州、瀋陽五大戰略據點為支柱的「重點防禦」。共產黨軍隊則由120萬發展到280萬，所佔面積為全國的四分之一，人口達到三分之一以上。

比這些數字更令人振奮的，是難以用數字表達的人心與士氣的對比。

黑土地的形勢更好看。

到1948年3月冬季攻勢結束，國民黨軍隊已被殲滅57萬人。此時，尚有14個軍，44個師，加地方武裝共55萬人，但已被壓縮在長春、瀋陽、錦州三塊互不相聯的地區。人心浮動，供應困難，恨不能像冷兵器時代那樣，掛出一塊「免戰牌」。與此相對應的，則是佔共產黨軍隊三分之一還強的105萬東北野戰軍和地方部隊，佔領地區為黑土地97%，人口為80%。

一方孤城困軍，把希望寄託在不知何時何日才能到來的援軍，甚至是至今也未爆發的第三次世界大戰上。一方大軍踴躍，實力就像大地一樣實在而又堅厚，金戈鐵馬，氣吞萬里如虎。

毛澤東說：林彪現在壯得很哪！

當初，毛澤東「一則以喜，一則以懼」。那「懼」，不僅是憂懼內戰行將爆發，對內戰前途也不能説沒有憂懼。雄才大略的毛澤東，大概是未把自己當成神的。戰爭畢竟是實力的對抗。勝者王侯敗者賊。

可現在，實實在在，毛澤東是今非昔比，壯得很，得意得很了。

但這一切只是勝利的可能性，還不是現實性。國民黨還控制着相當強大的戰略集團，還有很大的戰爭能力。真正解決勝負，還得通過最後的戰略決戰。

在毛澤東的視野裏，西北、中原、華東、華北和東北五大戰場，1948年秋天，「稻浪」金黃、豐收在望。而豐饒的黑土地，則是秋色濃，來得早，熟得快，應該開鐮收割的第一塊高產田。

「專顧錦榆唐」

「領袖」一詞，包括這樣的含意：高瞻遠矚，能夠超越現在透視未來，指導今天走向明天。

毛澤東天才的預見性，在解放戰爭中，特別是在三大戰役中，表現得淋漓盡致，無與倫比。

結果，蔣介石不得不再三改變他的戰略方針，從內戰初起的一年內「徹底消滅萬惡之奸匪」，變成到台灣後的「一年準備，二年進攻，三年掃蕩，五年成功」。毛澤東也不得不修改他的戰略計劃，把原定的五年打倒國民黨，輕鬆愉快地縮短為三年。

遼瀋戰役的勝利，進攻方向的選擇，是具有決定意義的一着。

1947年5月20日，毛澤東指出：

> 你們以八個師南進，希望能於夏秋兩季解決南滿問題，爭取於冬春兩季向熱河、冀東行動一時期，殲滅十三軍、九十二軍等部，發動群眾，擴大軍隊。該地共有人口一千五百萬，為將來奪取長春、北寧兩路，長、瀋、平、津回城必不可少之條件。奪取兩路、四城必須準備的條件有三：你們已在北滿建立了強大根據地，解決了第一個條件；現在正向南滿作戰，估計不要很久，即可解決第二個條件，建立強大的南滿根據地；第三步，還要解決冀熱遼地區的根據地問題。①

① 《毛澤東軍事文選》，454、455頁。

夏季攻勢剛剛開始，毛澤東就提出「奪取兩路、四城」的戰略構想，打遼瀋戰役和平津戰役的主意了。

1948年2月7日，毛澤東說：

> 下一次作戰有兩個方向，一是打撫順、鐵嶺、法庫之敵；二是打阜新、義縣、錦西、興城、綏中、山海關、昌黎、灤縣等地之敵。究竟打何地之敵為好，依情況決定。但你們應準備對付敵軍由東北到華北撤退之形勢。……對我軍戰略利益來說，是以封閉蔣軍在東北加以各個殲滅為有利。①

關門打狗。

同年9月7日，又說：

> 為了殲滅這些敵人（指錦州、榆關、唐山諸點敵人——筆者），你們現在就應該準備使用主力於該線（指北寧線——筆者），而置長春、瀋陽兩敵於不顧，並準備在打錦州時殲滅可能由長、瀋援錦之敵。②

此前的幾十封電報中，毛澤東始終注目「錦榆唐」。此刻，則明白無誤地指出：

> 不如置長瀋兩敵於不顧，專顧錦榆唐一頭為宜。③

如列寧所說，戰爭是一種形式繁多、差別萬千、錯綜複雜的事物。人類從事的任何活動，都不像戰爭給偶然性這個不速之客留有那樣廣闊活動的天地。軍事科學不能成為精確的科學，原因就在這裏。

在毛澤東那裏，這門科學夠精確的了。

當國民黨在全國還處於進攻狀態時，毛澤東就從黑土地上最早開

---

①《毛澤東軍事文選》，57頁。

② 同上，472頁。

③ 同上。

始的反攻中，窺見到戰略決戰的訊號。當蔣介石被戰爭的迷彩眩惑得六神無主時，洞若觀火的毛澤東，已經着手為明天的世界製造爆炸性的頭條新聞了。而當這一切成為可能時，他就在早已看準的一個最敏感的地區，迅雷不及掩耳地投注最強大的力量。

范漢傑被俘後說：「這一着非雄才大略之人是作不出來的。錦州好比一條扁擔，一頭挑東北，一頭挑華北，現在是中間折斷了。」①

站在西柏坡農家小院裏的毛澤東，神了！

「中國出了個毛澤東」

在林彪的踱步聲中，可以聽到黑土地歷史的滾滾雷聲。

毛澤東的腳步，翻覆中國、震動世界。

莎士比亞說：「有的人生來就是偉大的，有的人是經過奮鬥達到偉大的，有的人的偉大是硬捧出來的。」

生來就是偉大的毛澤東，是經過常人難以想像的磨難和坎坷，成為令人傾倒的偉大領袖的。

毛澤東的偉大，集中地表現在他對中國歷史和現實的把握和了解，特別是對於中國農民的透徹了解。他懂得農民在中國戰爭中的地位，非常清楚農民渴望甚麼，怨恨甚麼，並懂得怎樣把這種渴望和怨恨轉化為變革世界的行動。他的哲學像大地一樣，深厚，實在，而且是絕對的中國特色，連沒有文化的農民也一聽就懂。這不僅因為他是農民的兒子，更在於他具有傑出的天賦。

如果，內戰結果不是蔣介石跑到台灣，而是毛澤東避難蘇聯，人們一點也不會感到意外。因為蔣介石是那麼強大。一個強大的人變得更強大，本是理所當然的，算不得大英雄和男子漢。令世界目瞪口呆的，是這一切恰恰相反。

戰敗的日本不向他繳械投降。「老大哥」斯大林讓他向蔣介石妥協退讓。偌大個世界，毛澤東簡直應該稱孤道寡了。毛澤東不聽邪。他同蔣介石交手，又在朝鮮半島同杜魯門對抗。斯大林怕美國，毛澤

---

① 《黨史資料研究》，1986年第1、2期，25頁。

東不怕。毛澤東疏淡的眉毛下那雙慧眼，看透了中國，看透了世界，當然也看透了世界頭號強國美國。杜魯門無疑是世界上最有力量的人物，但杜魯門不能為所欲為，他毛澤東能夠。

如果人類評選男子漢（不分性別，而以作為大小論），1949年世界第一號男子漢，非毛澤東莫屬。

古今中外，常有偉人率領一個民族崛起於世界民族之林。「中國出了個毛澤東」，世界就在震顫中，對東方這個古老的國度和民族刮目相看。

毛澤東「神」的地位，也就同時確立了。

據說，毛澤東在決定是否出兵朝鮮時，一星期沒刮鬍子，也不作聲，作聲時常常是發脾氣。

西方的德林軟件公司，對「美國出兵朝鮮，中國狀態將會如何」進行研究。戰爭爆發前八天拿出了成果：中國將出兵韓國。七個字索價500萬美元。美國對華政策研究室一笑了之。

美國以幾百億美元和數十萬軍人的代價，打了一場錯誤的戰爭，是因為它不了解毛澤東的性格。德林軟件公司的成功，是他吃透了毛澤東這個男子漢性格中最本質的東西。

可毛澤東訪蘇時，卻被斯大林晾在走廊裏，等了幾小時後才被接見。

（有志於為毛澤東立傳者，千萬不可忽略這個細節。）

毛澤東在同蔣介石和蔣介石背後的美國交手時，已經同斯大林不動聲色地較量過了。毛澤東大獲全勝。大獲全勝的毛澤東，此刻即便氣炸肺，也只能像小學生渴見導師那樣等着，忍着。他的國家亟需老大哥援助。倘若此刻可以拂袖而去，決定出兵朝鮮時，也就用不着一個星期不刮鬍子了。

每個有志於民族騰飛的炎黃子孫，都不能不對中華民族近百年來的歷史刻骨銘心。其中最痛苦不堪的，應該說是毛澤東了。幾千年的古國，人口和國土的大國，只能任列強宰割，淩辱。毛澤東的天才賦予他一展宏圖的偉力，卻又為國力所束縛。天才與生俱來的並不都是成功和幸福，巨大的天才那痛苦也是巨大的。

毛澤東為一個民族立下了雄心壯志，並以他巨大的天才和魅力，喚聚起一個民族巨大的熱情和獻身精神。

在他做着看來根本做不到的事情時，他成功了，在他做着看來似乎能夠做到的事情時，他失敗。在一場劫難結束不久，他又讓全世界大吃一驚：發動了「史無前例的無產階級文化大革命」！

從共和國的國家主席，到功勳卓著的老帥，一個個竟那樣輕易地從政治舞台消逝，直到從肉體消逝。在對應的另一端，林彪則像玩兒似的，由人而神而鬼。

這一切，都與毛澤東有甚麼關係？

在中國，在世界，毛澤東都不想接受「老二」的地位。可在一個民族的失聲慟哭中，他給世界留下一個甚麼樣的中國呢？

勝利和失敗都是可怕的。巨大的勝利和失敗尤其可怕。

紳士風度的英國人不講良心。第二次世界大戰烽煙剛熄，就卸磨殺驢，把曾經拯救了一個民族的戰時英雄邱吉爾哄出唐寧街，代之以寫了本《幸運時刻的人》的艾德禮。

那位法國人引為自豪的戰時民族英雄戴高樂將軍，也是同樣下場。

任何人都屬於特定的時間、地點、環境。一個傑出的經濟學家，戰時當個士兵可能完全不夠格。領袖也是一樣，各自屬於各自的空間和時間。領袖和國家不能互換，和時代也不能互換。造就戰時偉大領袖必具的才智和品格，在和平時期並不一定是人民所需要的。

無論中國人懂不懂得這個道理，禮義之邦的子民也決不會做出這種傷天害理的事情。即便再來一次「文化大革命」，人們也可能同樣為曾經是巨人的毛澤東慟哭失聲。

被割斷了喉管的張志新那張千古悲憤的臉，在向歷史訴說着甚麼？

再偉大的天才，也不能脫離其民族的歷史而存在。

英國人信上帝，中國人信神。

神是歷史的產物。

因而，神是悲劇人物。

林彪的「活思想」

丟了延安的毛澤東，在「流浪」途中，在臨時首都西柏坡，和黑土地上的林彪電報往來，縱橫遼瀋大決戰。

電報談兵，也算中國共產黨人一絕。

遼瀋戰役，用槍炮打了53天，用電報打了近半年。

林彪被魘住了

林彪在雙城的青磚地上踱步，一顆心就像個鐘擺，一會兒擺向長春，一會兒擺向錦州。

在「長春」和「錦州」上面，疊印着血紅的「四平」。

如果錦州打成四平，黑土地上的共產黨主力，就可能被國民黨包了「餃子」。

1948年9月7日，「林羅劉譚」給毛澤東的電報*中說：

> 實際上還在去年就開始了大軍進入冀熱遼地區作戰的戰場準備工作。去年七月，子華同志來哈爾濱時，東北局就提出了準備戰場的各樣具體問趣，隨後高崗同志的親自到熱河和冀東，以及今年克誠同志去熱河工作，都是為了同時加強這一準備工作，此外，在去年冬天就開始了恢復鄭家屯至通遼的鐵路，以及重新修築通遼到彰武的鐵路，只是由於今年東北是五十年來所未有的大雨，致使通遼到阜新的鐵路直到最近才完成。

1947年12月4日，林彪說：

> 明年作戰，將主要依托冀熱遼根據地。因此，該處的一切工作，尤其是群眾工作，將有重大意義。①

在南下北寧線這個問題上，應該說，毛澤東和林彪是英雄所見略同。

憑林彪的才智，即便沒看清這一點，或是沒看透這一行動舉足輕

① 《林彪元帥軍事論文選集》，155頁。

重的意義，毛澤東一點撥，他也不能不明白。

唯其如此，林彪才一反常態地舉棋不定。

冬季攻勢後期，衛立煌在瀋陽集結二十萬重兵，眼睜睜看着遼陽、鞍山、營口、四平一個個丟掉，硬是咬牙橫心，按兵不動。

形勢在黑土地上明擺着：除長春、瀋陽、錦州三坨敵人，無仗可打。要打，就是攻堅，就是大仗，就是惡仗。

瀋陽是重兵據守的「剿總」所在地，不可能先從瀋陽開刀，只能在長春和錦州進行選擇。

林彪先要打長春沒咬定牙，後來南下也沒橫下心。

這可有點不大像林彪了。

他被四平那場血戰魘住了。

> 擴大來的新戰士，於戰鬥上有很大的問題，不能使他們打敗仗，尤其是第一次不能使他們打敗仗，這是對他影響最大，永遠留下怕敗的觀念。所以，要打有把握的仗，最好是叫他們打追擊與必勝的戰鬥。這樣來一次就有了必勝信心。如果沒有把握寧可不讓他們打，這是決定他們部隊一生的。①

1938年林彪講這話時是師長，如今「東北王」也當兩年了。可在攻取堅固設防和重兵把守的大城市這門課題上，他還是個初學乍練的新兵，而且這個新兵第一仗就碰了個硬釘子。這一仗不可能「永遠留下怕敗的觀念」，但在打下錦州前，卻像噩夢一樣魘着他。四平給他的印象太深了。四平給曾經信誓旦旦打了保票的參戰部隊的印象太深了。在黑土地上打過仗的人，有誰會忘記1947年夏天的那座血城呢？

林彪大講攻堅戰，打大據點，「四快一慢」，「四組一隊」，「攻城軍」，「爆炸軍」。他是下了狠心和真功夫的，那成果也是豐厚的。但在這一切還未實踐前，他心中是缺少底數的。唯一的那次實踐就像盞紅燈，在他腦子裏那個不停轉動的車軲轆上，不停地閃着不

① 《林彪元帥軍事論文選集》，75頁。

祥的警號。

毛澤東批評林彪從雙城動身晚了。大軍作戰，確實有個「四快一慢」中的「慢」的需要。更主要的，是林彪還未最後下定決心。

黑土地上的三年內戰中，林彪曾兩次要避免在錦州打大仗。第一次對了，第二次錯了。

古今中外，沒有不講「不打無把握之仗」的將軍。但叫起真章來，在「有把握」與「無把握」之間，就不那麼容易把握了。

「諸葛一生唯謹慎。」林彪也把謹慎做為信條之一。縱觀他一生指揮的戰鬥，除非不得已，他是輕易不違背這個原則的。

林彪首先選擇打長春，是符合他的一貫作風的。具體動作起來，也是嚴格遵循這一原則的。刻意選擇打過四平的一縱和六縱，首先進行試打，探探虛實，以求穩妥。

南下北寧線與奇襲威遠堡門有某些相似之處，都是向敵人意想不到的要害部位突然襲擊。應該說，這是善於運用智謀打巧仗的林彪的拿手好戲。而打巧仗，就不可能四平八穩，就要帶幾分冒險。不敢冒險的將軍是平庸的將軍。而比之「有把握」與「無把握」，在「不打無把握之仗」與「冒險」之間，是更難權衡、抉擇的。林彪的冒險，是在把各種可能和意外，都盡量在腦子裏那個車軲轆上軲轆出來的，再反覆軲轆出「把握」之後，才決定的。

眼下，面對一場更加威武壯麗的史劇，他完全有理由反覆思考，踱步。因為這是國共兩黨的第一次大決戰，他是前線最高指揮官，但是他太謹慎了，把困難考慮得太多了，步子邁得沉重了。

他太專注了，太精細了。太專注了容易鑽牛角尖兒，太精細了會變得婆婆媽媽。於是，對於黑土地上的最後一戰，他就顯得似乎有些小家子氣了。

決戰前的林彪也太痛苦了，為他的「活思想」煩躁、痛苦。

據說，林彪非常喜愛女兒林豆豆。平生唯一一次打女兒，就是在這個時候，把四歲的女兒踢了一腳。

有人說林彪「不打錦州打豆豆」。

這很容易使人想起四平撤退後，他在舒蘭掀了李作鵬等人的桌子。

林彪為難下決心而痛苦，毛澤東為林彪而焦灼。

這段時期，毛澤東給林彪的電報，有的文章說是「幾十份」，有的說是「七十多封」，有人說是「八十三」封。林彪給毛澤東的電報，數字大體相當。

焦點在於戰役應該首先從哪兒打起？

毛澤東矚目北寧線。

打長春便於集結兵力，便於根據地支援。敵人增緩和突圍，在漫長的600里範圍內，也便於運動中殲敵。而且，打下長春，可以免除後顧之憂，便於集中兵力南下作戰。可從戰爭全局分析，情形就不盡然了。蔣介石不撤退東北，十萬大軍被困長春是個原因。打掉長春，就會打掉蔣介石的一個包袱，為他打出退向關內的決心，從而保住一個比較完整的戰略集團。這對共產黨的通盤棋局是不利的。

林彪則屬意長春。

4月18日，林彪、羅榮桓、高崗、陳雲、李富春、劉亞樓、譚政致電軍委，在談了攻城打援的決心和部署後，說：

以上是我們的根本意見。其他意見亦曾深入考慮，均認為不甚適宜。我軍和打鐵嶺或撫順本溪或新民，敵均能立即組織三個師以上的兵力守，而集中十個師以上的兵力增援。敵增援距離甚近，又因遼河、太子河的妨礙，我軍攻城打援皆不便。本溪與鐵嶺兩點，如我軍主力向該方向前進時，敵甚至可能暫時撤退，讓我軍撲空；如我軍主力向義縣前進，義縣之敵必然自動撤至錦州；如我軍攻錦州，則所遇敵人比長春強大；如我軍等候敵人打通錦瀋遼，則不知要等到何時，且即令敵人出來打通，但我主力一向錦瀋線前進時，而敵必自動收縮，使我軍撲空；如我軍向錦州，唐山之線或東或平綏前進時，在敵目前採取放棄次要據點，集中兵力固守大城市的方針下，則必到處撲空，或遇四五個師兵力守備的城市。且大軍進到那些小地區，衣服彈藥軍費皆無法解決。同時，東北戰士入關，經長途跋涉，士氣必降，逃跑必發生。在我主力南下情況，長春之敵必能乘虛撤至瀋陽，打通瀋錦線。如我軍以很多兵力（如三個縱隊）入關，沿途仍不易求小仗打，遇大的戰鬥（又攻佔又打援）則又吃不消。而留在東北的部隊，既不能打仗，又無小仗可打，陷於無用之地。故目前只有打長春的辦法為好。①

毛澤東對周恩來説：瞧，一個「均」字，把我的意見否了。

4月22日，毛澤東在覆電中說：

我們同意你們先打長春的理由是先打長春比較先打他處要有利一些，不是因為打他處特別不利，或有不可克服之困難。你們所說打瀋陽附近之困難，打錦州附近之困難，打錦榆段之困難，以及入關作戰之困難等，有些只是設想的困難，事實上不一定有的。有些是實際的困難，在你們打開長春南下作戰時要遇着的，特別在萬一長春不能攻克的情況下要遇着的。因此你們自己，特別在幹部中，只應當説在目前情況下先打長春比較有利，不應當強調南下作戰之困難，以免你們自己及幹部在精神上處於被動地位。②

毛澤東知道，硬擰的瓜不甜，而且也沒到需要硬擰的時候。

7月22日，毛澤東在給「林羅劉」並告東北局的電報中，重申：

不要將南進作戰的困難條件説得太多太死，以致在精神上將自己限制起來，失去主動性。③

5月24日，試打沒有達到預期目的，卻把這場最實際的學術討論打熱鬧了。

6月1日，「林羅劉」致電軍委，並轉去李天佑和黃永勝等人的

---

①《毛澤東軍事文選》，496頁。

② 同上，459頁。

③ 同上，466頁。

電報。

「林羅劉」的電報說：

此次如攻長春，我們擬以新老八個縱隊直接投入攻城，以兩個縱隊阻援。我攻城兵力與守城兵力對比，不到三與一之比，但即三與一之比，打緩兵力則絕對是懸殊，故要攻城則不能同時打援。如敵不增援，我軍在攻城中逐個爭奪，消耗必大。能否維持消耗到底，而獲得解決戰鬥的結局，尚無把握。有可能消耗到戰鬥末期，連隊人數太少，無力續攻，使戰鬥出現僵持局面。屆時敵增援，則可能與守敵會合。

目前對長春地形條件還不夠具體了解，不知地形條件對我是否有利，須得實地偵察後才能看出。因此，我們對此戰局無最後的確定見解。①

署名「李梁曹楊」②的電報*，在比較詳細地分析了守城敵軍的兵力、工事和戰鬥情況後，說：

經過我們仔細反覆的考慮，認為目前作打長春除突破外要在縱深全殲長春守敵，佔領該城的把握不大；如果打得不順利，將付出很大的代價，其結果使我軍有生力量遭受相當的削弱，仍難取得徹底勝利。而且全軍中真能經受激烈巷戰考驗，戰鬥較強的尚不很多。但若有較長的時間付出較大的代價，亦有全殲長春敵之可能。

署名「黃賴黃」③的電報*，全文如下：

據俘虜供稱：長春敵軍雖有十一萬人，但持槍作戰者不到七

---

①《毛澤東軍事文選》，496頁。

②「李」為一縱司令員李天佑，「梁」為政委梁必業，「曹」為副司令員曹里懷，「楊」為參謀長楊尚儒。

③「黃」為六縱司令員黃永勝，「賴」為政委賴傳珠，「黃」為參謀長黃一平。

萬人。今日各師首長會議初步研究，無論政治情況、敵之設防與敵我優缺點之比較，勝利把握，較大問題是打的方法問題。必須周到考慮並繼續搜集材料再研究後詳報。

試打一下，林彪和李天佑有點怯手。倒是黃永勝魄力不減，覺得「勝利把握較大」。而且，他談到了「政治情況」。無形的士氣對比，無疑是敵情我情中必不可少的一項。

朱德也加入這場大討論。

6月3日，朱德在給軍委的電報中，挺詳細地談了打長春的九點意見[①]，認為「長春還是可能打下的條件多」。

毛澤東在「基本同意」的同時，始終如一地注目着北寧線，再三提醒林彪在打長春的同時，必須做好南下作戰的各項準備工作。

6月中旬，「東總」決定對長春實行「久困長圍」方針。

7月20日，「林羅劉」致電軍委說：

---

① 6月3日，朱德致電軍委：

我看了李天佑、黃永勝兩縱隊的電，長春還是可能打下的條件多。1. 敵人正規軍不到六萬，其他警察、憲兵、自衛志願兵等二萬八千人，正規軍中只有兩個師比較堅強的，志願軍中政治上要拚命，軍事上是混雜的，比較差的，督戰雖嚴，打混亂時即不生效。2. 援軍甚遠，我軍可以打援，即圍城打援亦有利。3. 敵守孤城，糧、彈、人的補充靠飛機，不能持久。4. 我軍兵力優勢，後方接濟便利，部隊技術有相當的學習，有相當攻城經驗，有相當的家務，如果有二十萬發山野炮以上的主炮彈及重、輕迫擊炮彈，炸藥三十萬斤，手榴彈二百萬個，即可能打開。再準備傷亡三萬以上的人。5. 攻堅即強攻，打城軍不在多，兩個縱隊及幾個獨立師能攻能防敵人反攻即夠，其餘的可打增援部隊。打的辦法是用坑道為第一，用技術、炸藥、手榴彈，抵近射擊，以各種炮為主，以工事對工事，進一步鞏固一步，做好工事再進，如攻到縱深處，將敵人分割或混亂後，敵人堅強性即減少，也有可能投誠的。6. 李縱攻過四平有經驗，但遇着頑敵抵抗，即估計艱難些。長春與四平不同點，即敵士氣不如以前旺，質量也差些。黃縱估計可能打開，既損失代價要大。7. 攻城必須先有計劃，收集各種專門炮、工人才，組織指揮所，必須要用攻城戰術，實事求是地、一步一步地進攻，帶一種學習態度，決不可性急。準備兩月、三月打下，也算是快的。只要是土質城底，又無城牆，是可能打下的。8. 再一種攻法是長圍，在一定的圈子內，圍死他，使其糧彈俱困，人心動搖時再攻。9. 這兩種攻城戰術：強攻與長圍。如有家務，可採取第一種。打久了第二種也出現了。如家務不大，攻一城將炮彈、炸藥耗盡，一時難補充，則不如打野戰。打長春要看家務大小來決定。

最近東北局常委重新討論了行動問題，大家均認為我軍仍以南下作戰為好，不宜勉強和被動的攻長春。①

毛澤東挺高興：瞧，又一個「均」字。

但林彪的「活思想」，並未徹底解決。

你一封，我一封，你來我往，電報大戰。

各持己見，各抒己見。毛澤東旗幟鮮明，幾乎每封電報都不離「南下」這個主題。林彪苦思冥想，一個「均」字，又一個「均」字。李天佑和黃永勝等人怎麼想就怎麼講，誰也不迎合誰。朱德更是話如其人。人人平等，人人都是人。

毛澤東有指示，有批評，有告誡，但絕無強迫命令：「你們如果不同意這些指示，則望你們提出反駁。」②林彪有照辦，有反駁，有否決。明知不對毛澤東心思，仍然堅持自己的主張。

也有妥協，毛澤東同意打長春，是火候未到前的一種妥協。林彪的第二個「均」字，也不無妥協的成份。

誰也不知道毛澤東在口述或起草這些電報時，腦幕上是否閃現過當初的「最後一戰」和「保衛馬德里」。誰也不知道林彪敢於違背毛澤東意志，執意堅持打長春時，是否想過那幾封得意之筆的4A電報。我們能夠真真切切看到的，只是以毛澤東為首的中國共產黨人實實在在的民主作風。

一場關於流血的政治的生動活潑的學術大研討，百分之百的民主空氣，絕對的「三不主義」。

遼瀋戰役槍炮未響，毛澤東已經打贏了。

毛澤東最終贏得中國，此為重要註釋之一。

---

① 《毛澤東軍事文選》，497頁。

② 同上，469頁。

四封4A電報

——4A電報之四

北寧線上，攻勢淩厲。

遼瀋大戰，箭在弦上。

遼瀋戰役學術大研討，也以連珠般的4A電報進入高潮，並在高潮處畫了個圓滿的「。」

林彪仍在猶豫

10月1日，「林羅劉譚」在給各兵團、獨立師、各縱、師、各軍區並報軍委，東北局的電報中，在指出錦州敵軍「戰鬥力不強」，「城內建築物及工事均不甚強」，「但由於錦州是敵之重要戰略基地」，「敵必拚命與我爭奪錦州」後，說：

> 錦州之戰有很大可能發展為敵我兩軍主力的大決戰，我必須以最大決心拿下錦州並於攻擊錦州過程中準備打瀋陽出援之敵和長春突圍之敵，利用敵人脫離城市進至分散而且無工事的鄉村（每村能容兵力必不多我易打），我各部應按照前電所規定兩條戰術大量殲滅敵人，使這一攻錦打援打突圍戰役，或為解放全東北有決定意義的戰役。但這一戰役必然是極其緊張、激烈與連續的作戰，望各部抱定打大仗打惡仗的決心，準確執行命令，不怕傷亡，不怕疲勞，不因傷亡洩氣，不因疲勞偷懶，要準備付出重大代價去爭取這一戰役的全部勝利。①

決定和氣魄都夠大的了。

第二天，「林羅劉」給軍委的電報就變了味兒：

> 得到新五軍及九十五師海運葫蘆島的消息後，本晚我們在研究情況和考慮行動問題。估計攻錦州時，守敵八個師雖戰力不

---

①《瀋陽軍區歷史資料選編》，166頁。

強，但亦須相當時間才能完全解決戰鬥。在戰鬥未解決以前，敵必在錦西葫蘆島地區留下一兩個師守備，抽出五十四軍、九十五師等五六個師的兵力，採取集團行動向錦州推進。我阻援部隊不一定能堵住該敵，則該敵可能與守敵會合。在兩錦間敵陣地間隙不過五六十里，無隙可圖。錦州如能迅速攻下，則仍以攻錦州為好，省得部隊往返拖延時間。長春之敵數月來經我圍困，我已收容逃兵一萬八千人左右，外圍戰鬥殲敵五千餘。估計長春守敵現約八萬人，士氣必甚低。我軍經數月整補，數量質量的大大加強，故目前如攻長春，則較六月間準備攻長春的把握大為增加。但須多遲延半月到二十天時間。以上兩個行動方案，我們正在考慮中。並請軍委同時考慮與指示。①

這種變化，在「東總」司令部《陣中日記》中也有記載：

10月1日的「決心」為：

北寧線上第一步任務已勝利完成，第二步擬奪取錦州，殲滅錦州守敵，並準備打瀋陽西援之敵與長春突圍之敵。②

10月2日為：

（一）正考慮下一步行動問題，一攻錦州，一攻長春。原定攻錦，因新五軍增葫蘆島，恐一時難下。長春經三個月圍困後易攻，但部隊往返不易，又加拖延時間。

（二）請示中央對下一步之意見。③

林彪在講「不要勉強和被動攻長春」時，對於南下也是有些勉強和被動的。一是長春不是一個猛攻可下，「久困長圍」不知要長久到何時。二是毛澤東執意南下，北寧線無仗可打，要打，也只有南下一

① 楊國慶，白刃著：《羅榮桓在東北解放戰爭中》，163頁。解放軍出版社（1986年）。

② 《陣中日記》，1010、1012、1013頁。

③ 同上。

條路了。

而南下，最可怕的就是把錦州再打成了四平。

所以，一會兒是「行動時間，須視楊成武部行動的遲早才能確定。」①一會兒是糧食問題，道路問題，雨具問題。不是條件不需要，困難不存在，主要是「活思想」還活着。

這個「活思想」也確實不是死的。

又4A電報

電報是2日晚上發走的，羅榮桓第二天早晨知道的。

羅榮桓和劉亞樓來到林彪住處。

林彪眼睛網滿紅絲，正在吃飯。煮鹽豆好像不是在吃，而是一個個往嘴裏數。

林彪讓座，兩人坐下。

羅榮桓：「101」給軍委發報，要考慮回師打長春？

林彪：準備一桌菜，來了兩桌客，怎麼辦？

羅榮桓：我們也調整一下，把圍困長春和監視瀋陽的部隊向南調整一下，怎麼樣？

林彪：援兵不止西面這一頭，更大的是東南的那個廖耀湘兵團。如果錦州久攻不下，兩頭敵人上來，這個風險太大了。

羅榮桓：從戰役本身看，風險確實挺大。從全局看，是戰略上的需要，冒險是值得的。軍委一貫的思想是打錦州。再說，幾十萬大軍突然拉回去……

林彪站起身，踱着步，問劉亞樓：參謀長的意見哪？

劉亞樓：還是應該打錦州。

林彪踱了一會，叫來秘書，讓他把電報追回來。

電報已經發走了——四個「A」，豈敢怠慢？

羅榮桓：馬上發報，重新表個態，怎麼樣？

林彪點點頭。

三人討論一下，由羅榮桓執筆寫完電稿。林彪過目，作些改動。

---

①《毛澤東軍事文選》，498頁。

又一封與昨天兩個味道的4A電報。

但對那個「活思想」，林彪腦子裏那個「車軲轆」一定已經轉動起來，或是已經轉出了路數。

據説，10月2日，林彪一夜沒怎麼闔眼。

一夜輾轉，鐘擺究竟擺向哪裏？長春？還是錦州？這是誰也不能斷言的。不過，從第二封4A電報研討情況看，應該說，那鐘擺還是比較傾向於後者的。

可以斷言一點，林彪肯定夠痛苦了。不但痛苦，而且緊張焦灼。

因為眼下可不是一個「均」字，又一個「均」字的那個時候了。大軍雲集，兵臨城下，歷史的秒針每一下都是那麼嚴厲，緊迫，刻不容緩。

無論毛澤東將要説甚麼，從這一刻起，林彪算是解脱了。

電報發走又想追回來，這種事林彪在黑土地上至少幹了三次。

就憑這一次，這位平素沉着、冷靜，從不輕易表露感情的林彪，也磨嘰得夠水平了。

不像林彪的林彪，才是真正的林彪。

毛澤東連發兩電

「林羅劉」這邊研討第二封4A電報，毛澤東在西柏坡收到第一封4A電報。

習慣夜間工作、白天休息的毛澤東，剛吃過安眠藥睡下。剛睡下就被叫醒，毛澤東有點火，看了電報，火上澆油。

——這個林彪！……點支煙。

警衛員趕緊點煙。

毛澤東是有名的「煙鬼」，一天一至兩盒煙。

（毛澤東如果不吸煙，「文化大革命」可能就不止十年了。）

三年內戰中，毛澤東只在重慶與蔣介石會談時不吸煙。會談十次，一支煙未吸。蔣介石不吸煙，此生如果兩人有幸再見，毛澤東還會如此克制自己嗎？

10月3日，兩盒擋不住。

這當口，如果能像蔣介石那樣有架甚麼「號」，毛澤東會不會飛到黑土地親自指揮遼瀋戰役？

連發兩封4A電報。

若是火候到了，大概毛澤東早就如此這般了。

4日凌晨，接到第二封4A電報，毛澤東長長吁出一口氣：

> 你們決心攻錦州，甚好，甚慰[①]。

有驚無險，白攪了毛澤東一場好覺，多吸那麼多尼古丁。痛苦的林彪，也拖累得毛澤東不得好過。

其實，即便10月2日《陣中日記》「決心」後面的「處置」欄裏，寫着的不是「各部隊仍繼續前進」[②]，而是「各部隊停止待命」，這件事也注定是有驚無險的。毛澤東不可能同意回師打長春，林彪也不可能獨斷專行。

但是，倘若兩個「活思想」果真成為事實，林彪是照樣再來次錦州撤退的。

「甚好，甚慰」之後，毛澤東回覆的電報中，「完全正確」，「完全同意」，「計劃甚好」，「計劃極好」，又恢復了10月2日前的字樣和口氣。攻克錦州後，毛澤東說：「部隊精神好，戰術好，你們指揮得當，極為欣慰。」[③]

10月17日，毛澤東指示，下一步行動應該西進打錦西和葫蘆島。林彪好像又犯了老毛病，19日建議回師東進，吃掉廖耀湘這條大魚。毛澤東立即覆電，「完全同意」。

剛吃批評，又唱反調，看準就說的林彪，也真夠個性的了。

是打錦州打出了自信？那自信應該是毛澤東的。

那時候，毛澤東和林彪，整個共產黨人萬眾一心。

---

① 《毛澤東軍事文選》，478頁。

② 《陣中日記》，1013頁。

③ 《毛澤東軍事文選》，488頁。

林彪有幾員得意的大將，毛澤東的大將更是非同尋常。林彪靠他們縱横黑土地，毛澤東靠他們打天下。而在黑土地和後來的平津戰役，以及進軍西南，毛澤東主要靠的是林彪。毛澤東再天才，單槍匹馬也不能征服中國。毛澤東巨大的魅力，不僅表現在對流血的政治的透視和駕馭，還表現在對他的大將的了解和統帥。從井岡山到現在，毛澤東對林彪是深知其人，深愛其才的。當他由衷地讚歎着「甚好」、「極好」、「完全同意」時，那心頭，大概是免不了再叫幾聲「這個林彪」的。

「活思想」確是活的

> 打仗是要有三分冒險的，一般説來有七分把握加上主觀努力就可以投入戰鬥，就可以打勝仗，要想有十分把握才投入戰鬥，那就沒有幾仗好打的，那是打老爺式的仗，必然會喪失戰機。①

同樣意思的話，林彪在黑土地上可沒少講。

> 此次錦州戰役，可能演成全東北大決戰，可能造成收復錦州、長春和大量殲滅瀋陽出援之敵的結果。②

同樣意思的話，攻打錦州前，林彪講過幾次。

林彪遲遲不南下，兵臨城下又猶豫一下，就是因為充份看到錦州牽一髮而動全身，「可能演成全東北之大決戰」。

林彪的顧慮是有一定道理的。

關門打狗，狗能不跳牆？衛立煌和傅作義能不拚命增援？萬一久攻不下，四平好退，長春易撤，錦州就難了。敵人兩頭夾擊，交通線一斷，即便部隊能走，重裝備怎麼辦？那可是共產黨千辛萬苦積攢的家當呀！這些家當丟了，遼瀋戰役拖後一年不說，而遼瀋戰役一拖後，淮海和平津戰役也就難提起了。

---

① 《毛澤東思想的光輝勝利——第三次國內革命戰爭回憶錄》，159頁。遼寧人民出版社（1961年）。

② 《毛澤東軍事文選》，500頁。

實際上，錦州未攻克前，這種前景始終是很嚴峻的。

三十一小時攻克錦州，國共雙方都沒有想到。對於大練兵效果，「攻城軍」和「爆炸軍」的威力，林彪沒想到是有些失算。但是，對於敵人在戰役期間犯的錯誤，那是事前誰也難以預見的。

如果廖耀湘出瀋陽就直奔錦州，十縱會怎樣？如果廖耀湘在東邊打，塔山援敵士氣會不一樣，錦州守敵情緒也會受到影響，三十一小時能攻克？共產黨兩頭忙活，還能那樣從容？

然而，就像直到今天還有人說「八·一五」後確實可能會出現一個「和平民主新階段」一樣，林彪的「活思想」再有道理，也被前進着的歷史否決了，將死了。

歷史的大手筆是毛澤東。

退到松花江以北前的大手筆，是誰呢？

做人難？做神難？

第二六章：內戰中的內戰

瀋陽。北平。葫蘆島。「美齡號」頻繁起落，「重慶號」往來馳騁。

毛澤東和蔣介石，都想在錦州決一雌雄。

在西柏坡的毛澤東，只能用電報做林彪的思想工作。

武裝到翅膀的蔣介石，親自與衛立煌等人面談。

還未開打，國民黨自己已經亂套了。

蔣介石的難唱曲

蔣介石先要撤退東北——這正是毛澤東所擔心的。

後來又要東西對進，決戰錦州——這正是林彪所憂慮的。

蔣介石並不白給。

孫子說：「故知勝有五：知可以戰與不可以戰者勝；識眾寡之用者勝；上下同欲者勝；以虞得不虞者勝；將能而君不御者勝。」

蔣介石丟掉東北，白白斷送了一個精銳的戰略兵團，正好犯了這五條。其中最關鍵的是上下異心，將不用命。

各吹各的調

從1984年2月起，蔣介石或派人與衛立煌商討，或親自召見衛立煌，反反覆覆就是一個主題：將瀋陽主力撤至錦州。

蔣介石看得明白。

他要連這點也看不出來，後來大概不會把台灣經營成那樣子。

打了兩年，「攻」打成「守」。而且只能依靠戰略城市重點防禦，戰略上的防線各個孤立。孤懸在黑土地上的一坨，更是岌岌可危。運輸困難，大量增援已不可能。不能增兵，只有撤兵，保住一個戰略兵團，還能縮短和加強防線。否則，只有白扔在那片讓他丟盡臉面的遙遠的黑土地上了。

從衛立煌到兵團司令和軍長，都不同意——這倒挺像林彪那個「均」字。

衛立煌說，共軍佔領了錦瀋間的要隘溝幫子，河流解凍，道路翻漿，重武器和部隊無法通過，出瀋陽會被吃掉。蔣介石說，不撤，補給沒法解決。衛立煌說，可以找美國顧問團幫忙。蔣介石說：「只要你對於部隊補給有辦法，也可照你的意見暫不撤往錦州。」①

「東北新立屯與溝幫子各要點相繼失陷，共匪緊逼錦州，瀋陽更形孤立，國軍若不積極出擊，作破釜沉舟之決心，則瀋陽二十萬之官兵皆成甕中之鱉。②」

蔣介石如此好說話，是忘掉了2月2日所記《一週反省錄》中的這段話嗎？

主力撤到錦州，等於放棄東北。這將在劇烈動盪的國民黨內部引起甚麼反響？又該怎樣面對國際視聽？當年丟失東三省，國內外人聲鼎沸，如今再丟一次，「總統」和「委員長」面子往哪兒擱？

「接收」變成「撤退」，心頭不是味兒沒說的了。可長痛不如短痛，自己拉下面子總比被人打掉面子好。蔣介石看起來明白，說起來也能「破釜沉舟」，做起來就礙起面子了。

遼海戰役把「撤退」打成「決戰」。

是退是戰，蔣介石都是認定錦州這扇大門是絕不能被打開的。

9月30日，蔣介石飛到北平，與傅作義商討，決定抽調六十二軍、九十二軍（後來只去個二十一師）和獨立九十五師，海運葫蘆島，由十七兵團司令侯鏡如指揮，向錦州攻擊。

10月2日，又飛抵瀋陽，組織西進。

衛立煌等人仍是一個「均」字。

衛立煌力主守瀋陽。他認為，出遼西背遼河、新開河和饒陽河三條大水作戰，共軍戰術一貫是圍城打援，太危險。錦州之圍應由關

① 《遼瀋戰役親歷記》，11頁。

② 廖蓋隆著：《全國解放戰爭簡史》，224頁。

內解決，與錦州部隊會合後，出大淩河向大虎山攻擊前進時，瀋陽主力才能出遼西。「瀋陽只有一套本錢，合則能守能攻，分則攻守兩不成。」[1]「不能單獨出遼西，這是真理！」[2]直到西進兵團行將覆滅了，他還堅持這個「真理」，要廖耀湘退守瀋陽。

廖耀湘先贊同守瀋陽，後來見不出瀋陽不行了，就主張出營口。

在瀋陽高級軍官會議上，蔣介石說：

> 形勢的發展，實在出乎吾人所料。錦州是東北我軍的咽喉，勢在必保。我此次來瀋，是來救你們出去的。過去你們要找共匪主力找不到，現在已集中在遼西走廊，正是你們為黨國立功的好機會，只要大家以革命精神下定決心，堅決服從命令，我想一定可以成功。今日惟有死中求生，如此戰失敗，則與各位再無相見之期矣！以往的失敗，就在予不聽我的話喲！……我已經六十多歲了，死了沒甚麼，可你們這年輕，再不聽我的話，一個個都讓共產黨把你們抓了去！[3]

做為中國現代史上最大的悲劇人物之一，能說出這番實在話，只有蔣介石了。

蔣介石在黑土地上的知音，是熱點中的熱點的范漢傑。

10月2日，蔣介石問范漢傑，是否應將錦州守軍撤到錦西。范漢傑「認為如能以錦州守軍吸引解放軍主力，而從瀋陽和關內抽調兩個有力兵團，在錦州地區與解放軍作一次決戰是一個好機會」。[4]

結果，他連逃跑的機會都沒了。

林彪的東北野戰軍突然出現在北寧線上時，陳毅的華東野戰軍已經發起濟南戰役。蔣介石顧不得東北，專務濟南。濟南丟了，才奔東北。東北忙活丟了，又去忙活淮海。淮海敗了，又奔平津。丟一塊放

---

① 《遼瀋戰役親歷記》，57、160頁。

② 同上。

③ 《黨史資料研究》，1986年第1、2期，20頁。

④ 《遼瀋戰役親歷記》，74頁。

下一塊心，最後把自己放逐到台灣去了。

一部五十餘萬字的《遼瀋戰役親歷記》，五十多位敗軍之將，都把失敗歸咎於跑去了那個美麗的寶島的領袖蔣介石。這很能使人想到第二次世界大戰後，那些垂頭喪氣的德軍將領寫的那些垂頭喪氣的文章。

不光遼瀋戰役，國民黨在整個大陸的失敗，歸咎於蔣介石都是理所當然的。

但在具體問題上，不應一概而論。

後備力量已經枯竭，大規模空運補給力所不及，東北已成死棋。衛立煌的「以不變應萬變」不過是苟延殘喘而已。退據錦州，和傅作義連成一體，不但能縮短和加強防線，且能把住大門，不使共軍進關。出遼西危險再大，也比坐以待斃強。共產黨先動手了，趁大門還未關閉，東西對進，兩面夾擊，也是沒有辦法的辦法，也不能說一點希望也沒有。「擊滅共軍主力」是不可能的。可打不贏，能不能打平？打不平，能不能突出去一部份？那個白給了的廖耀湘兵團，果真就是那麼白給的嗎？

應該說，從「撤退」到「決戰」，都不失為下策中的上策。

應該說，衛立煌和廖耀湘若能及早出動，孤注一擲，以死求生，林彪是撈不到那麼大便宜的。

還應該說，出遼西、出營口，守瀋陽，這台戲怎麼唱也難唱。但是，三點中無論抓住哪一點，同心同德幹到底，起碼，國民黨在黑土地上不會「稀哩嘩啦」得那樣快。

10月2日，南京《中央日報》發表文章：《歷代據守長城防敵南侵今日國防危機仍在北疆》。11月2日，即遼瀋戰役結束這一天，《中央日報》發表社論《東北與世界的前途》，把共產黨佔領東北稱為「十七年後的新『九．一八事變』」。

歷代據守長城為防外族入侵，「九．一八」事變是日本侵略中國的開端。國民黨故意混淆這場戰爭的性質（蔣介石曾多次鼓吹黑土地上的內戰是「民族戰爭」），用心是再明顯不過的。而對這場關東大決戰將在全國產生甚麼樣的連鎖反應，更是看得明明白白。

腦子並不是一團漿糊的蔣介石，卻把這場命運攸關的決戰搞成了一團漿糊。

也算一場軍事學術大研討。

權高勢重，卻不能推動部下向預定目標前進，這樣的領袖算甚麼領袖呢？

蔣介石被他一手鑄造的官僚機器將死了。

「萬歲」與「崩殂」

為了完成「東西對進，決戰錦州」這個主題，蔣介石或個別召見，或集體訓話，每次都大講「黃埔精神」、「北伐精神」。

> 怒濤澎湃，
> 紅旗飛舞，
> 這是革命的黃埔⋯⋯

唱過這支歌的人，誰能忘記廣州那個叫「黃埔」的小島呢？三民主義。國共合作。「打倒軍閥！打倒列強！」從珠江之濱唱到長江流域，人民簞食壺漿，大軍勢如破竹。

蔣介石尤其不能忘記黃埔。

據説，蔣介石在「通國陸軍速成學堂」（即保定軍校前身）學習時，一次上細菌課，一個日本軍醫官拿着一塊泥巴說：這塊泥巴能寄生四億細菌，就像四億中國人寄生在裏面一樣。十九歲的蔣介石憤而向前，把泥巴掰成八塊，指着其中一塊說：這裏有5000萬細菌，就像5000萬日本人一樣。

「八・一三」上海抗戰，蔣介石不惜血本，調集佔全國軍隊三分之一還強的七十三個師，而且全是精鋭，頑強抗擊。他自己不顧敵機轟炸，親臨蘇州前線督戰。

這裏不想評價上海抗戰在軍事上的得失，也不想論述蔣介石在八年抗戰中的功過。比之汪精衛之流，在民族危亡關頭，要緊的是一顆男子漢的中國心。

而在像一部亂七八糟打鬥片的中原逐鹿中，蔣介石就像個技藝超群的武林高手。流血的不流血的雙管齊下，大小軍閥不是被收買，就是被幹掉，打遍天下無敵手。抗戰中那些聽命於他的戰區司令，近一半是他當年的對頭。中國心固然舉足輕重，蔣介石的魅力也不應低估。

動亂年代發跡的領袖，絕少庸碌之輩。有些文章把蔣介石說成是軍事上的低能兒，那是把他和後來的毛澤東比較了。當初孫中山倚重於他的，主要就是他的軍事才能。但蔣介石的才能，主要還在政治上。他是政壇高手，是陰謀大家，是權術大師。「智謀」與「陰謀」，是經常難以區辨的。正義的事業，有時也要憑藉陰謀手段來完成。

紅領巾時代，歷史老師講「八年抗戰，蔣介石躲在峨嵋山上」，講「蔣介石早年投機革命」。投機也好，革命也好，蔣介石當年確曾革命來着（不然，有些事情就講不明白）。他賴以起家的那所軍校，也確實有一種「黃埔精神」。

一種代表了那個時代潮流，充滿朝氣與活力的革命精神。一種救國救民、發憤圖強的民族精神。一種不為官，不為錢，不要命的戰鬥精神。

其實，蔣介石不用講那麼遠，那個大轟炸期間的重慶就夠輝煌的了。那些成千上萬入川的人，如果留在沿海吃漢奸飯，日本人和汪精衛給的薪水是蔣介石的兩三倍。沒有一個盟國支持蔣介石，各個戰場上傳來的都是沮喪的消息，前途就像霧重慶一樣渺茫。可他們寧肯把父母和妻子兒女拋在敵後，也要跟着他們的委員長來重慶吃炸彈。因為蔣委員長在抗戰，抗戰中的蔣委員長的脈搏，是和全民族的脈搏一起跳動的。

可如今蔣介石再講起這些，就像個渾身掉渣的老太婆在那兒炫耀：瞧，我當年多麼漂亮！

產生蔣介石的時代已經過去了，「黃埔精神」早死了。不然，他會落到這步田地嗎？

他駕馭革命潮流統一了中國，獲得了一切。當他達到權力和榮耀的頂峰時，立刻就迅速而自然地跌落了。

這是蔣介石的悲劇，也是歷史的「規律」。

「一個領袖，一個政黨，一個主義。」

大千世界，茫茫人海，誰沒有頭腦？誰沒有思想？如此人間才冬暖夏涼，這般世界才日新月異。有人卻要把人都變成木偶：「服從要到盲目的程度，信仰要到迷信的程度。」「一切都在領袖的腦殼之中，領袖的腦殼要你怎樣就應該怎樣，我們一切不必問，也不該問。

只要隨着領袖的腦殼去，你可以萬無一失。」①

世界上果真有這樣的「腦殼」，四億中國人情願把腦袋當作吃飯的傢什，跟着這樣的「腦殼」正步走。可惜沒有。沒有就要思想，要思想就是罪過，就是「共匪」、「奸黨」，就抓，就殺。「莫談國事」——這就是蔣介石治下的「民國」。

一個人成了超乎一切之上的神時，神和人的悲劇就開始了。

人民苦到了極處，是因為專制到了極處，官僚腐敗到了極處。

「有條（金條）有理，無法（法幣）無天。」誰有條？誰有法？「國家」、「民族」掛在嘴上，都借革命營私取利，官越大本事越大。剿不光的共產黨，因為共產黨和人民站在一起。抓不盡，也不能抓貪官污吏。若是把貪官污吏都打滅了，蔣介石的天下不就垮塌了嗎？

據說大講「黃埔精神」的蔣介石挺廉潔。這倒不乏一種以身作則的榜樣力量。可一個把整個國家都視為己有的人，還用得着往腰包裏劃拉甚麼嗎？

八年抗戰，不能忽視蔣介石的中國心，也不應忽略這場民族戰爭同時也是他的戰爭。中國滅亡了，他給誰當「委員長」？

蔣介石當總統大慶大賀。他當總統與人民何干？誰當總統還不是他說了算？不就是把「蔣委員長萬歲」換成「蔣總統萬歲」嗎？上層龍爭虎鬥，魚死網破，「總統」總是會有人當的。中國從來不缺「總統」。誰當都一樣。輕諾寡信，人民已經領教得太多了。人民關心的是好好建設國家過日子，不再骨肉相殘窩裏鬥。可這樣的總統在哪裏呢？

孫中山聽到「孫大總統萬歲」時，說：「萬歲」是封建皇帝的稱呼，為了打倒「萬歲」流了多少血？我要接受這個稱呼，如何對得起先烈？

沒人考證蔣介石第一次被呼「萬歲」，是在何年何月何時何地。這位「萬歲」當時是何種心情，也沒有人能體味到。人們看到的，是蔣介石去世後兩小時，台灣政府新聞局發佈的公告，稱蔣介石之死為「崩殂」。

一個未黃袍加身的封建帝王。

---

① 榮孟源著：《蔣家王朝》，97頁。中國青年出版社（1979年）。

羅斯福對邱吉爾說：「與你同處在一個年代裏真是件快事。」

邱吉爾說羅斯福：「與他進行會晤有如打開第一瓶香檳酒時那麼高興。」

同為炎黃子孫的蔣介石和毛澤東，則恰恰相反。

從主義到性格都格格不入的兩個強人的碰撞，構成了迄今為止的半部中國現代史。

蔣介石一生都在研究中國，最讓他傷腦筋的，就是比他小六歲的毛澤東。越研究越沒轍，氣急敗壞地對毛澤東發了一道「通緝令」，罪名是「妄圖顛覆政府，其為內亂犯」。

毛澤東也在研究蔣介石，越研究越不把這個對手放在眼裏。遼瀋戰役中，他在發往黑土地的一封電報中說：「蔣介石已到瀋陽，不過是替喪失信心的部下打氣。他講些做些甚麼，你們完全不要理他。」①蔣介石臨終前，一定恨恨地念念不忘毛澤東。毛澤東大概早把蔣介石扔腦後去了。

在他們的童年時代，中國政府對於列強的每次壓迫都作了讓步。這就使他們都尋求和致力於民族的振興。

一黨領袖的毛澤東，連斯大林都瞧他不起，固然不是滋味兒。而中國合法的領袖蔣介石，在與洋人打交道時所受的窩囊氣，甚至比毛澤東還多。就說令共產黨忿恨不已的美援，蔣介石稍不順情遂意，就可能被斷流。1948年杜魯門連任美國總統後，蔣介石致信杜魯門：「支持國民政府作戰目標的美國政策，如能見諸一篇堅決的宣言，將可維持軍隊的士氣與人民的信心，因而加強中國政府的地位，以從事於正在北方與華中展開的大戰。」②可以在中國人頭上作威作福的蔣介石，在杜魯門這位洋大人面前，卻連這樣一紙空言的面子都撈不到。

有着世界強國偉大歷史的國家，經濟實力卻不如世界強國的一個零頭，這是每個當家人都難以容忍的。

可抗戰勝利後，蔣介石發動了內戰。毛澤東則把「階級鬥爭」這個「綱」，一直抓向了「史無前例的文化大革命」。

---

① 《毛澤東軍事文選》，479頁。

② 鴻鳴著：《蔣家王朝》，295頁。香港中原出版社（1986年）。

在一個民主和法制不健全的國家裏，是很難孕育喜劇人物的。

衛立煌這條漢子
——戰犯錄之七

1948年12月5日，共產黨宣佈的四十三名國民黨戰犯，蔣介石當之無愧地排在首位，衛立煌名列十三。

第三次內戰，做為黑土地上的敗軍統帥，衛立煌基本上只是參加了個遼瀋戰役。若僅此就決定了這個「十三」，那可是重了些。

悍　將

蔣介石在黑土地上三易主帥，杜聿明、陳誠和衛立煌。陳誠應該說傾向於政界人物，杜聿明和衛立煌則是地地道道的將軍。而杜聿明和衛立煌又有所不同，一為儒將，一為悍將。

從孫中山的衛士，到排長、連長、營長、團長、師長、軍長、集團軍總司令、戰區司令，剛烈驃悍，沒有官樣，倒像個黑土地上的車老闆的衛立煌，一直是國民黨軍隊中最能打仗的將軍之一。既是著名的剿共將領，又是抗日民族英雄。美國出版的《中國人名大詞典》，說他是「常勝將軍」。日軍華北最高司令官香月清司，稱他為「支那虎將」。

一縱、六縱、七縱的老人，一輩子忘不了四野二十一兵團司令員陳明仁。當年在鄂豫皖參加過第四次反「圍剿」的老人，永遠忘不了中華人民共和國國防委員會副主席衛立煌。

1932年6月，蔣介石調集六十三萬大軍，進攻鄂豫皖根據地。8月，十四軍軍長衛立煌到達黃安（今紅安）附近。黃昏時分，紅軍一個奇襲，擊潰十師三十一旅，直搗軍部。衛立煌親率特務連拚死抵抗。特務連武器精良，衛立煌個人還有幾支當時國內少見的英式自動步槍。紅軍若不見傷亡太大，有些遲疑，再猛攻幾分鐘，衛立煌就用不着後來被宣佈為戰犯了。

地跨鄂豫兩省的大別山中的險要城鎮金家寨，當年曾是太平天國、捻軍和白朗軍的重要據點，現在是鄂豫皖根據地軍政中心。蔣介石嚴厲催促向金家寨進軍，各軍皆畏葸不前。衛立煌精心策劃，率領一個師從小路翻山越嶺，直撲金家寨。沒想到紅軍主力已經西撤，少量守軍也沒想到「白狗子」會來得這麼快。

蔣介石正在為各部怯敵避戰發脾氣，聽說衛立煌已經佔領金家寨，大喜過望，親去慰問。除給衛立煌巨額獎金外，還由國民政府明令，將安徽的六安、霍山、霍丘和河南的固始、商城五個縣的部份地區劃出，以金家寨為中心建立一個新的縣治，命名為「立煌縣」。

國民黨統治時期，以人名作縣名者，除國父孫中山的故鄉廣東「中山縣」外，只有一個「立煌縣」。

一個將軍能混到這份兒上，也算頂天夠份兒了。

可「中山縣」是一個民族對一位偉人的懷念，「立煌縣」算甚麼呢？多少士兵的血？多少孤兒寡母的血和淚？衛立煌的八十三師進駐金家寨後，三個月中，就捕殺九百多紅軍和紅軍家屬。

「立煌縣」——一座血腥的黑碑，當為一切以打殺中國人為能事者戒。

現在，為蔣介石立下煌煌戰功的衛立煌，要為民族而戰了。

南京陸軍大學學員可以選學一門外語。陸大特一期唯一帶職學習的衛立煌，選學的是日語。有人學日語是為了當奴才，衛立煌學日語是為了打日本。他認為將來中國的敵人，就是一衣帶水的日本。

「七七」事變時，十四集團軍總司令衛立煌立即致電蔣介石，表示對日絕不可軟弱退讓。7月底，北平危在旦夕，衛立煌請纓北上。

10月，抗戰期間華北戰場上規模最大，歷時最久，敵我雙方傷亡慘重的忻口戰役打響了。

日軍三個師團加特種部隊，在飛機、戰車和重炮掩護下，猛攻忻口。第二戰區前敵總指揮衛立煌率軍奮勇抵抗。

我軍沒有高射炮，敵機放肆轟炸，將右翼重點南懷化一線工事夷為平地，佔據靈山制高點。衛立煌立即命令十八軍三十一師反擊。十年後在萊蕪戰役中被俘的國民黨第二綏靖區中將司令李仙洲，率領三十一師猛攻一天，傷亡慘重。師長李仙洲胸部被打穿。

李仙洲失利，衛立煌集中五個旅，親自指揮，兵分三路，趁黑夜拚死反攻。雙方都怕炮火傷着自己人，只投彈，拚刺刀，甚至徒手肉搏。靈山得而復失，失而復得。中路兵團總指揮、九軍軍長郝夢麟，親臨前線指揮，不幸中彈。彌留之際，高呼殺敵。同時犧牲的，還有五十四師副師長劉家騏，獨立五旅旅長鄭挺珍。日軍也有師團長和旅團長傷亡。

郝夢麟犧牲，衛立煌派六十一軍軍長陳長捷繼任。平津戰役打響前，林彪和羅榮桓寫信，勸天津警備司令陳長捷放下武器。陳長捷覆信說：「武器是軍人的第二生命，放下武器是軍人之恥。」①現在，陳長捷打得更堅決。雙方在南懷化南拉鋸般廝殺，日軍另一師團未增援上來前，始終未獲進展。

粗線條的衛立煌有勇有謀，對日軍戰略戰術早有研究。忻口戰役初期，他就有過圍殲坂垣師團的設想。忻口守軍死打硬拚，確曾造成了這樣的機會。可就在衛立煌準備從左翼發動攻擊時，平漢線上的第一戰區司令、「長跑將軍」劉峙，一退再退，敞開了娘子關外的大門，日軍以鉗形攻勢繞到衛立煌背後。

「支那虎將」再勇猛強悍，也沒有三頭六臂。

忻口撤退後，衛立煌黑了，瘦了，生了滿身虱子——像林彪後來在黑土地上一樣，脱光膀子抓。

1943年10月，衛立煌出任中國遠征軍司令。

1944年5月，衛立煌指揮遠征軍反攻。

5月11日至21日，二十集團軍強渡怒江成功。此舉在國際上引起反響。發行量很大的美國《時代》週刊做了專題報導，在封面上刊登衛立煌照片，題為《常勝將軍衛立煌》。

在滇西的群山叢林中作戰，對於衛立煌是個陌生的課題，反攻前，衛立煌對每一條攻擊路線，都仔細地進行分析研究。他發現有條隱密的小路，就詢問當地老人。反攻時，一支奇兵突然出現在日軍背後，日軍驚惶失措，吃了很大的虧。

滇西有50000日軍，正集中精力對付英美盟軍。在密支那的十八師團，已被從印度向回打的新一軍、新六軍牽制，不可能分兵滇西。衛立煌決心以霍揆彰的二十集團軍為右翼集團，宋希濂的十一集團軍

① 黃濟人著：《將軍決戰豈止在戰場》，100頁。

為左翼集團，集中力量攻擊戰略要地騰衝，全面轉入反攻。

蔣介石有些猶豫：敵前變更部署，關係重大，萬一失敗怎麼辦？

衛立煌說：我負全責。

孫立人以他的驍勇善戰和弗吉尼亞軍校的文憑（應為「武憑」），受到英美的青睞。行武出身的衛立煌，則純粹以赫赫戰功而飲譽中外。

「以不變應萬變」

1938年4月，衛立煌去洛陽開會，路過延安參觀抗大時，抗大學生高呼：「堅決打倒日本帝國主義！」「歡迎衛副司令長官！」「和衛立煌長官一起打到鴨綠江！」……

真的打到了鴨綠江邊。只是不是打日本，而是重操舊業打內戰。

不過，黑土地上可是絕對沒有「立煌縣」的。

蔣介石是把衛立煌做為一張王牌打到東北來的。

衛立煌的方針是：「確保瀋陽、錦州、長春，相機打通北寧線。①」

衛立煌刻意經營，準備大幹一番。

首先是網羅舊部。他把原十四軍舊屬陳鐵和彭傑如找來，分別委為「剿總」副總司令和副參謀長。主動上門的，都予安耕。對於有舊屬關係的現職將領，則另眼相看。他能到東北來的一個原因，就因為這裏大都是遠征軍的人，用着方便。他常說：大家都老朋友，我們共同努力。

蔣介石視浙江人為心腹知音，於是就有人考證自己祖籍不僅是浙江，而且是奉化。閻錫山那方天地更痛快：「學會五台話，就把洋刀挎。」衛立煌則是：「夜間出門不用問，合肥話當口令。」十四集團軍特務團清一色是合肥子弟，團長是個本家侄子。不光是一家將帥一家兵，長官部那麼多安徽官員，連保姆都是合肥女人。

應該說，這一切都是符合中國傳統的。而做為「嫡系中的雜

---

①《遼瀋戰役親歷記》，241、242頁。

牌」，衛立煌也是能容人，善於團結不同系統的人。他到東北後，對杜聿明和陳誠的班底，一概留用。對張作相、萬福麟、馬占山等原東北軍將領，陳誠視之為無物，他則待之以禮。在這點上，職業軍人衛立煌比陳誠更具政治家風度。

然而，衛立煌再有風度，黑土地這方天已是誰也無力再補了。

然後是大力爭取美援。衛立煌任遠征軍司令時，常與美軍打交道，頗得好感。戰後做為馬歇爾的客人，到美國考察訪問幾個月，又結交一些軍界朋友。4月以後，各種裝備源源而來，讓林彪多發一筆美國財。

那次衛立煌參觀完抗大，又去二十里舖看望平型關戰鬥中受傷的林彪。衛立煌想給林彪送點禮，沒準備，臨時湊600元覺得拿不出手，挺遺憾。這回補上了。

接着就是補充兵員，整訓部隊，構築和加固防禦工事。並親到錦州、本溪、撫順視察，大力督促各部搶購糧食。

都是為了一個「守」字。

衛立煌到東北是有條件的。一是蔣介石把黨政大權全交給他。二是被陳誠丟掉的十萬部隊近四個軍，要全部補齊。三是蔣介石同意由關內增派部隊，充實兵員和補充裝備。

從衛立煌的條件和蔣介石的允諾看，他們都想保全東北。

蔣介石很快就變卦了。一是新立屯、遼陽、鞍山告急，再三電令衛立煌派兵解圍，衛立煌無動於衷。二是全國戰場越來越吃緊，根本不可能向關外大量增兵。而不向關外增兵，保全東北是不可能的。東北不保，華北難保。但東北遲早不保，與其被吃掉，還不如跑掉。而且這些部隊都是精銳，有五大主力中的兩個。就像林彪捨不得丟掉那些重裝備一樣，他是時刻都惦記着這點金貴家底的。

「以不變應萬變」——衛立煌既應共產黨的萬變，也應蔣介石的萬變。

衛立煌認為：「共軍目前採用的戰法是圍城打援，我們絕不能輕舉妄動，上其圈套，只有積蓄力量、固守瀋陽，以待時局變化。」①

---

① 《遼瀋戰役親歷記》，47、48頁。

時局怎樣變化呢？「美國人是堅決反蘇反共的，瀋陽係東北重鎮，有戰略價值，決不會坐視不理。現在東北問題，蘇美等國利之所在，勢在必爭。第三次世界大戰大有一觸即發之勢。」①

不知道衛立煌訪美時，美國人給他灌了些甚麼洋湯。反正在希望、並把希望寄託在「美蘇必戰」，並且是「美國必勝」的第三次世界大戰上。衛立煌與蔣介石如出一轍。

衛立煌認為瀋陽可以長期固守。一是各將領都贊同他的主張。二是工事堅固，有足夠的守備力量。三是共軍攻堅死傷必大，容易挫傷士氣。共軍在四平吃過大虧，信心不足。

當年衛立煌看望林彪，某種意義上只是長官對一位負傷部將的禮節性慰問。十年後，當年名義上的部將，成了黑土地上平起平坐的對手。他一定下功夫研究了杜聿明和陳誠的教訓。他按兵不動，怕林彪打援，是有一定道理的。但在客觀上，他走的卻是一着死棋。

9月24日，蔣介石召衛立煌去南京，迫令出遼西增援錦州，並派參謀總長顧祝同到瀋陽監督執行。衛立煌與顧祝同爭吵，甚至賭咒發誓：「出了遼西一定會全軍覆沒，你不信我同你畫個『十』字（從前老百姓畫押，不是簽名，而是畫一個「十」字）。」②

果然不出所料，果真就能證明這種預言的完全正確嗎？

克勞塞維茨說：「具有積極目的的企圖引起殲滅性行動，具有消極目的的企圖等待殲滅性行動。」

開頭，彼此都怯生的。但毛澤東很快就促使林彪下定決心，積極果斷地動作起來。而「以不變應萬變」的衛立煌，「變」起來始終是消極被動的，等於為當年的一一五師師長創造建功立業的戰機。

而在頂撞總統和手執尚方寶劍的總統特使上，衛立煌可比發走電報又要追回來的林彪痛快多了。

衛立煌也真是條漢子。

9月7日15時，「東總」在給「中央軍委」的電報*中說：

---

①《遼瀋戰役親歷記》，47、48頁。

② 同上，14頁。

據社會部關係獲悉：

（甲）八月初衛匪在京，關於東北局勢有如下檢討及決定：

（一）判斷我軍將於十月發動攻勢，重點為錦州，對瀋則採取圍困辦法。

（二）不放棄打通瀋、錦線企圖，但不輕舉妄動，須應付我十月攻勢。

（三）維持瀋陽十月底，以觀時局進展，原則上不放棄該城，但避免作長春第二，必要時對軍隊改為輕裝，準備做運動戰及游擊戰，重要物資機器計劃撤退，不能運走者破壞之。

（四）盡量以長春牽制我之兵力，並已考慮長春最後突圍之游擊辦法。

……

這個「檢討及決定」，顯然帶着蔣、衛之間的妥協色彩。但在「判斷我軍將於十月發動攻勢，重點為錦州」上，是頗具眼力的。

可他們是怎樣做的呢？

衛立煌命令錦州兵站分監部的運輸補給隨到隨運瀋陽，儲存的少數餘額亦應盡快運瀋。范漢傑說錦州必須有一個基數的儲存，瀋陽主力即將撤至錦州，不必徒勞往返，給了衛立煌一個橡皮釘子。衛立煌認為打通瀋錦線應由「剿總」負責，主要兵力應集中瀋陽。范漢傑認為錦州必須增加兵力，以準備必要時打通瀋錦線。遼瀋戰役即將打響，范漢傑要撤退義縣，衛立煌又是個不准，結果把一個很能打的暫二十師斷送了。衛立煌和范漢傑都大抓人事，總司令和副總司令互相掣肘。蔣介石則以高超的平衡藝術搞政治搭配，將兩人推薦的人選各取二分之一。

范漢傑任二十七軍軍長時，屬於一戰區司令衛立煌指揮的戰鬥序列。但范漢傑是胡宗南的人，常常不理衛立煌那一套。蔣介石是應該知道這種歷史淵源的，卻把這位陸軍副總司令調來錦州給衛立煌當副手。權術大師蔣介石的拿手好戲，就是製造矛盾，利用矛盾。倘若下邊鐵板一塊，還怎麼控制呢？

內戰中的內戰。

衛立煌認為漢傑只聽蔣介石的，就努力接近廖耀湘、周福成等實力派人物。5月初，廖耀湘等人奉衛立煌之命進京，本是陳述堅守瀋陽的，卻變卦了。一是見蔣介石決心撤退瀋陽主力，二是決定成立西進兵團，由他當司令，魅力實在不小。衛立煌怕廖耀湘把主力拉走，堅決反對。

蔣衛相左，衛范不睦，衛廖又僵。

在國民黨的關東這盤棋上，還有誰能比衛立煌、范漢傑和廖耀湘的精誠合作更重要的呢？

陳誠引咎辭職，蔣介石曾有意將東北和華北統一交傅作義指揮。傅作義是個明白人，堅不受命，於是找來衛立煌。如今搬弄不動衛立煌，就想起他的愛將杜聿明，又要臨陣換將。

全亂套了！

廖耀湘全軍覆沒，衛立煌坐在「剿總」大樓裏，老和尚打坐般一動不動，一聲不吭。

為吃糧，十五歲就從軍的三星上將，在想些甚麼呢？

范漢傑的「天職」
——戰犯錄之八

衛立煌竭力經營瀋陽，范漢傑苦心經營錦州。

蔣介石和陳誠交給范漢傑的任務，是打通瀋錦線，維持錦州、錦西地區的生產。

北平。瀋陽。南京。傅作義。陳誠。衛立煌。蔣介石。職業軍人范漢傑四出活動，搞起穿梭外交。請調部隊。交涉修復大凌河鐵橋的器材。協商派人主持錦州和錦西的工礦生產。這邊苦心經營，那邊卻在拆台：南京決定把錦州煉油廠和錦州化學合成工廠的設備，拆運走了。

他仍然積極整訓部隊，構築工事，一心要把錦州這扇絕不允許被打開的大門經營出個模樣。

但他還是洩氣了。

與衛立煌的明爭暗鬥，使他寒心。他認為「將帥不和，不能作戰」。

陸軍副總司令范漢傑，本來就不想當這個「剿總」副總司令兼錦州指揮所主任——誰愛往這個冰天雪地的火坑裏跳呢？

8月2日去南京開會，他向蔣介石要求辭職。蔣介石不准，又找顧祝同。顧祝同不准，他就請假去台灣（家屬在台灣）。台灣去不成，又去找蔣介石。蔣介石限他第二天回錦州，讓空軍司令周至柔派飛機送他回去。回到錦州又去瀋陽找衛立煌要撂挑子，並建議以衛立煌的老部下陳鐵繼任。也是不死心，也是向衛立煌示威。老謀深算的衛立煌，還是那句老話：我們是老朋友，共同努力。

指揮東進的十七兵團司令侯鏡如，在回憶錄中寫道：

> 衛立煌當時對東北解放軍冬季行動判斷有錯誤。他認為東北解放軍發動對長春攻勢的可能性很大。理由是解放軍主力在北滿，長春已被包圍；國民黨軍在長春雖然工事好，但糧食、燃料都困難；解放軍進攻長春，交通補給條件都好等。他認為確保瀋陽、錦州是沒有問題的。國民黨軍主力都集中在南滿；從北滿到南滿交通補給線長，同時，解放軍大城市攻堅作戰經驗不足。現在的問題是要解決過冬的糧食問題。①

這與9月7日「東總」「社會部關係獲悉」不一致，但不排除這是衛立煌的真實判斷。

范漢傑回憶道：

> 我以前認為解放軍不可能從長春越瀋陽側面行動全力南下的。但八月底我回到錦州後，從長春、瀋陽、新民、遼中各地先後得到解放軍南下的行動情報，並有很多馬匹拉的火炮在錦州、錦西間的東面涉渡大凌河，但確實的部隊番號、人數始終弄不清楚。②

他面對的，是共產黨最強大的一支部隊，是共產黨有史以來最強大的一支炮隊。

---

① 《遼瀋戰役親歷記》，242頁。

② 同上，71頁。

在國民黨將領中，對共產黨軍事機器的強大威力，范漢傑領教得最早，體會得最深刻。

關東大門錦州只守三十一個小時，是怨不得范漢傑的。

范漢傑沒去台灣，倒把妻子弄來一座孤島。環繞這孤島的不是迷人的蔚藍色大海，而是死神的血與火之海。

9月末，錦州已是岌岌可危，他的高級僚屬紛紛把家屬送走，他還把妻子留在身邊。一是借此安撫人心，二是自信錦州可以固守半個月，蔣介石絕不會放棄錦州。那時東西對進，不但錦州可保無虞，也是建立功名的好機會。

結果，西面只聞炮聲不見人，東面連用炮聲增援的意思也沒有。不過最終還是見面了，在一個最不希望去的地方，以一種最不情願的身份會見的。

10月9日，范漢傑見勢不妙，決定向錦西撤退。衛立煌好像專門與他作對，部隊正要行動，來電命令固守待援。指揮所由鐵路局移到銀行，也躲不過冰雹般的彈雨。而他的彈藥越來越少，10月14日中午，在林彪開始攻城兩小時後，重炮炮彈即全部告罄。下午，各部電話時斷時續，後來全部斷絕。

當了九個半月黑土地「剿總」總司令，結束了衛立煌的軍旅生涯。「剿總」副總司令兼錦州指揮所主任范漢傑，也是九個半月。

衛立煌逃跑坐飛機，范漢傑和妻子用「11」號。

范漢傑以軍人的天職和不失軍人風度的勇氣和忠誠，成為黑土地上第一個被俘的正規軍中將副總司令。

有人給衛立煌看相，說他的特點是「五小」（五官不大），是「大福大貴」之人。衛立煌不以為然：「我打仗都是用生命拚來的，不是老天爺恩賜的。說我福將，說得輕鬆，哪知道打仗的不容易啊！」①

老天爺給的也好，拚命拚來的也好，比起方面大耳寬額頭的范漢傑，以及廖耀湘等人，衛立煌是夠福將的了。

---

① 趙榮生著：《回憶衛立煌先生》，111頁。

第二七章：砰然一聲

錦城之畔古淩河，
煙雨微茫趣事多。
斷雁落時迷舊浦，
釣船歸去濕輕蓑；
沿堤細柳輸青黛，
夾岸青山濕翠螺。
對影欲言猶未就，
無端詩句費吟哦。

明代詩人賀士咨在這首《淩河煙雨》中，為我們描繪了小淩河畔錦州城的山光水色。唐朝詩人常建的《弔王將軍墓》，讓人們看到的則是另一番景象：

嫖姚北代時，
深入疆千里。
戰餘落日黃，
軍敗鼓聲死。

嘗聞漢飛將，
可奇單于壘。
今與山鬼鄰，
殘兵哭遼水！

自古被稱為「山海要衝」的「咽喉」之地錦州，人民一代又一代伴着戰亂過日子。明末清初四十餘年間，這裏經歷九十餘次戰火洗劫。血紅淩河水，骨白黑土地。與「山鬼鄰」和「哭遼水」的，並不止殘兵敗將。其中著名的「松山大戰」，為清朝入主中原，統一中國，掃清了道路。

三年前，戰神從這裏呼嘯而過，在四平撲打了四輪後，終於又掉轉頭向這裏俯衝下來了。

躲過初一，躲不過十五。

「關鍵是爭取在一星期內外攻克錦州」

現在，毛澤東和林彪開動機器，運謀劃策，全力以赴地對付蔣介石、衛立煌和范漢傑了。

9月29日19時，「林羅劉」給軍委的電報說：

> 我們攻錦州的兵力，共五個縱隊（三、四、七、八、九縱），又兩個最強的師（五師和十七師——筆者）及炮兵與大小坦克十五輛。以一個縱隊（十一縱），對付錦西之敵。以六個縱隊（一、二、五、六、十、十二縱隊）（缺兩個師）打援。①

毛澤東回電說：

> 決心與部署均好。②

10月3日，部署有些變化：

> 以四縱和十一縱全部及熱河兩個獨立師對付錦西葫蘆島方面敵兩個師，以一、二、三、七、八、九共六個縱隊攻錦州；以五、六、十、十二共四個縱隊對付瀋陽增援之敵，以大、小、新、老九個獨立師，對付長春突圍之敵。③

---

① 《毛澤東軍事文選》，499、476頁。

② 同上。

③ 《羅榮桓在東北解放戰爭中》，167頁。

10月5日4時，毛澤東在電報中說：

攻城兵力亦可能不要使用到六個縱隊，估計有五個縱隊即夠，尚有一個縱隊可以作為總預備隊，保證整個戰役的勝利。①

林彪立即將一縱（欠三師）放到高橋一線，做為戰役總預備隊。

10月11日9時，毛澤東指示「林羅劉」：

關鍵是爭取在一星期內外攻克錦州。

你們的中心注意力必須放在錦州作戰方面，求得盡可能迅速地攻克該城。即使一切其他目的都未達到，只要攻克錦州你們就有了主動權，就是一個偉大的勝利。②

今天我們很輕鬆地摘引這些文字，而當年的毛澤東和林彪再自信，再成竹在胸，也不可能是輕鬆的。

毛澤東在西柏坡一支接一支吸煙，林彪在牤牛屯一圈又一圈踱步。從錦州戰役到遼西戰役，兩個軍事天才高瞻遠矚，又精細縝密，互有肯定、否定，相輔相成，將一場震驚中外的戰略大決戰，一步步引入佳境。

帽兒山下

帽兒山在錦州北不到20里外，因山形像頂帽子而得名。站在「帽子」上，錦州全城及周圍制高點，盡收眼底。

1989年11月2日，中央電視台《歷史上的今天》節目中，熒光屏上出現了個叫中國人吃驚的鏡頭：林彪和羅榮桓身穿大衣，站在帽兒山上，手執望遠鏡作觀察狀。

有老人說，打錦州時林彪等人並未上帽兒山，電視上的鏡頭是1950年蘇聯來拍電影（片名好像叫《中國人民的勝利》）時補拍的。攻錦前不是沒想上帽兒山，而是那段時間霧很大，上去也看不見甚麼。

---

① 《毛澤東軍事文選》，480、481、482頁。

② 同上。

10月7日，「林羅劉」和二縱、三縱和炮縱領導，到白老虎屯南山上看過一次。第二天，又和韓先楚等人，到帽兒山下帽山屯前高地看了一次。

關於指揮員要親自看地形，林彪有很多論述。從闖進關東後準備在錦西打大仗開始，到四平保衛戰結束前後，林彪經常往前線跑。那以後，他基本就是在雙城看電報和地圖指揮戰鬥了。這次非同小可，他兩次上前線看地形。

「秋老虎」當頭，正是「早穿皮襖午穿紗」的時節。

五師政委石瑛和參謀長汪洋（離休前為北京軍區副司令員），鑽在錦（州）義（縣）鐵路線上一節煤車下，觀察義縣地形和守軍前沿陣地情況。

太陽悶乎乎地蒸烤着大地，屁股和脊樑被太陽和汗水烤炙得火燎燎的。路基和車上煤屑滾了一身，汗水在臉上髒兮兮地沖出一道道溝。望遠鏡黏乎乎的，眼睛也黏乎乎地看不真切。兩人看着，小聲嘀咕着，汪洋在小本子上畫着。200米外就是敵人，冷槍不時從頭上掠過。警衛人員趴在路基下高粱地和草叢中，緊張地盯視着周圍動靜。

——狗日的，弄得像從黑非洲來的。

正在組織包括汪洋在內的五師老人撰寫五師戰史的石瑛老人，斑白頭髮梳理得光光整整，老人斑挺多的臉上，大概每天都要抹點甚麼「霜」的。只是那「狗日的」之類，與那儒雅神態格格不入，卻與當年的戰地粗獷毫無二致。

當年人稱「打仗政委」的老人，極有個性。

他是鍾偉走後調到五師的。難得和政委和平共處的鍾偉，卻希望與他「搭伙」。他說：我來了，是你說了算？還是我說了算？

英雄惜英雄，卻又一山難容二虎。

走到哪裏都要說了算，和領導也要爭個高低。他說，軍人以服從命令為天職，但只會說「是」的不是好軍人。官大不是理，官大不過理，誰說的對誰說了算。我就喜歡這樣的部下。好說「不」字的人，很少有窩囊廢。

老人說，要想說了算，就得讓人說「不」，還得君子動口動手又動腳。戰爭是個巨大的綜合體，由各種千差萬別，千變萬化的本質和非本質現象組成的綜合體。敵情我情，敵我雙方從精神到物質的實際狀況，還有天候地理等等，都得心中有數。一片樹林，一條小河，一道坡坎，一座獨立家屋，有時都有重要意義。這些經常是地圖上看不到的，都得往前跑。

東北的仗越打越好，地形看得好是重要一條。凡是能打的部隊和打得好的仗，都少不了這一條。林彪很重視這一條，三下江南時部隊到位置20分鐘就跟你要正面敵情，就是往前邊趕你。

攻堅戰，看地形最重要的是選擇主攻方向和突破口。

攻錦部隊，組成兩個主要突擊集團，一個輔助突擊集團。二縱、三縱、六縱十七師和炮縱主力，加坦克團，組成北突擊集團，由韓先楚統一指揮，擔任主要方向的突擊。七縱、九縱和炮縱一部，組成南突擊集團，由鄧華指揮，和北突擊集團南北對攻。八縱加一縱炮團，由東向西，進行輔助攻擊。

瞿文清和呂效榮等老人，認為主要突擊方向選擇不當。

北面是敵人防禦重點工事堅固，主要兵力火器都擺在那裏。這確實不符合林彪再三論述的「主要的突擊應施於敵人戰鬥隊形中最敏感最薄弱與有關要害的地點」①。但林彪還有論述：「在特殊情況下，也有直接奪取強點的，例如我們佔壓倒優勢，或者有內應，或者有特殊的火器，可以一個襲擊將敵要害奪取下來。」②

瞿文清和呂效榮等人，是做為攻堅勇士，切身經歷了硬碰硬的突破和縱深戰鬥，看到了太多的血。林彪是做為戰役指揮員，縱橫全局，並看好北面居高臨下，炮兵陣地好，「以炮兵為主」，「以炮能發揮火力為標準」。③

錦州北三十里左右有處景致，山石犬牙交錯，奇形怪態，多呈枯樹狀，故曰「丫把石山」（現改為「翠岩山」，名極高雅，卻似不倫不類）。

---

①《林彪元帥軍事論文選集》，144、216、218頁。

② 同上。

③ 同上。

丫把石山像座屏風，遮擋着西南側不足百戶人家的牤牛屯。小村莊山青水秀，村頭兀立一座殘破的烽火台，恬雅閒適中，令人遙想旌旗鼓角，遍地狼煙。

「文化大革命」中，丫把石山廟宇被毀，佛像遭劫，出家人掃地出門。牤牛屯卻香火騰騰，成了黑土地上一處朝拜聖地，鼎盛時期每天達幾千人。臨走，必得在當年金寡婦家後院井中，舀壺「聖水」。如今，井台上的轆轤長滿青苔鐵鏽，井口已被蒿草遮沒了。

范漢傑被俘後送到這裏，吃驚不小，林彪就在這裏呀!?

直到廖耀湘兵團覆滅，「林羅劉」一直在這裏指揮作戰。

像雙城一樣，牤牛屯老人說，直到全國解放後才知道住在這裏的是誰，當時只知道村裏「來了大官」。而在山村老百姓眼裏，一個團長，甚至一個連長，那官就夠大的了。

「守配水池的都是鐵打的漢！」

要在一星期內外攻克錦州，首先要掃清外圍據點。

10月9日，七縱和九縱攻佔城南炮台山、雙山子、罕王殿山、朝陽堡，將女兒河南岸守軍肅清。10日，八縱攻佔城東大小紫荊山、百官屯，11日攻佔北大營、八家子，一直打到錦州城東關。12日和13日，二縱和三縱在城北攻佔合成燃料廠、團管區、師管區、配水池和大疙瘩，逼近城垣。

城中古塔隱約可見，錦州裸露了。

配水池位於城北約二里處一個高地上，與東面二里處的大疙瘩相呼應，可以控制錦義公路，為城北屏障。配水池五間房子大小，高出地面六米左右，偽滿時代的鋼筋水泥建築，將水放乾，就是一座現成的堡壘。至今仍是個供水處，裏面水流嘩嘩。

風雨剝蝕，人工修繕，灰色牆體上纍纍彈痕依然清晰可見。正面牆壁上方，從右向左，用白灰寫着「守配水池的都是鐵打的漢！」每個字斗大個。被白灰塗抹過，沒人指明，很難看清楚。左側牆壁上方寫着「配水池是第二個凡爾登！」「凡爾登」三個字一眼就能看出來。下邊從左至右用白灰寫着「毛主席萬歲！」大概是「文化大革命」遺蹟。

站在「凡爾登」下的嵩草叢中，李湖老人告訴我，以配水池為核心，不到半平方公里的陣地，有二十多個永久和半永久性明碉暗堡，堡與堡之間有交通壕。坡下正吐着紅纓的玉米地，有寬深各三米的環形外壕，有倒打火力點。壕外是雷場，還埋有電發火引爆的航空炸彈。

守軍為暫二十二師一團二連。全連150人，是從全團抽調八年以上軍齡老兵組成的。配屬一個重機槍連，一個戰防炮排。戰鬥打響後，兵力增加到一個加強營。

攻擊部隊，為三縱七師二十團一營和三營。

12日6時40分開始攻擊，18時攻克。

守軍增援反擊不下三十次。團長王振威親自指揮出擊，當場陣亡。

戰鬥英雄、一營營長趙興元組織發起最後一次攻擊時，六百多人的一營，只剩下二十六個人了。

不知他們站到我此刻的位置時，還剩下多少人。

只知道腳下都是鐵和血。

七師指揮所距前沿300餘米。師長鄧岳和政委李伯秋拿着望遠鏡，一會兒看看東面八師包打的大疙瘩，再把目光對準自己承包的配水池。

——娘賣×的，又下來了！

鄧岳恨恨地罵着，也不知罵的是配水池，還是大疙瘩。

黃昏時分，配水池打下來了，大疙瘩還在上去下來地拉鋸。師長寧賢文又急又恨：娘賣×的大疙瘩，一天一夜打不下個大疙瘩！

大疙瘩原是個古烽火台，被風雨吹打成個大土包，老百姓稱之「大疙瘩」。偽滿時期，日軍修築個鋼筋水泥大地堡，外面覆蓋着近兩米厚的積土，炮彈落上去像手指彈腦殼一樣。

二十四團三營傷亡大半，調上二營再攻。二營傷亡過半，又調上一營。守軍為一個營，傷亡很大。火力一點兒不減，邪門了。

已是13日了，明天就要總攻錦州了。韓先楚也「娘賣×的」罵起來了。

嘴裏罵着，腦子裏轉着。他跑到和大疙瘩在一條直線上的配水池，八倍望遠鏡裏，看到大疙瘩後邊有條暗溝，直通錦州。

——娘賣×的，鬼在這裏呀！

二十團一營和二十四團三營，都未能參加攻擊錦州。

無論選擇哪個方向為主要突擊方向，那些從血泊中衝進去而活下來的人，對主攻方向提出質疑，都是可以理解的。

「死也要死在城裏！」

各路攻城部隊，一邊緊張地掃蕩外圍據點，一邊用大部兵力大挖交通壕。

至14日總攻發起前，各縱隊都完成萬米以上的交通壕，有的挖兩萬多米。一條條蛛網似的從攻擊出發地推進到錦州城牆跟前。大軍雲集，地面上很少看到有人走動，既增加了攻擊的突然性，又減少了傷亡。

錦州挖交通壕，是推廣義縣攻堅經驗。

義縣是推廣五師經驗。

原計劃，五師從義縣西邊突破。石瑛和汪洋轉了大半天，認為還是西南方向好。炮陣地好，便於發揚火力。所忌千餘米衝擊道路上的開闊地，全是沙土，可以挖交通壕。五師過去幹過，雖未大搞，底數還是有的。

黃達宣老人說：

交通壕都是蛇形的。步兵的一米多寬、二米多深，最前點距敵六十多米，以敵人投彈扔不到為準。炮兵的能開進汽車，有的把火炮推到距敵百把米遠。

夜裏悄悄把部隊帶上去，頭頂頭，腳對腳，趴下就挖。從敵人眼皮底下往回挖，土朝面向敵人那邊堆。一夜能挖出個大樣，存住身，站住腳，白天加工，修理。我們連那段，先是塊草地，後來是個小高地，都是風化石，不好挖。不好挖也得挖，認真挖，拚命挖，用汗換血，換命，換勝利。

范漢傑寫回憶錄，說他曾想反擊我們，一看那交通壕就沒了主張，只有拚命打炮。那炮打得夠蠍虎，沒白沒黑地扔，傷亡不少人。我們連長就是那會兒犧牲的，離我就幾米遠。我抱起他使勁喊，他一句話也沒說出來。我這個副連長，就這麼當上了連長。

據說，攻錦州前，各縱傳達林彪命令，傳達到師：只准勝，不准敗，完不成任務，殺頭！

林彪沒開殺戒，用不着。但這種說法，在黑土地上是史無前例的，在各級幹部心理上產生的衝擊也是巨大的。在節骨眼上真有人出了不該出的問題，講話從不帶「！」的林彪，殺個「四條腿的」也不是不可能的。

有人說林彪沒這麼說，林彪不會說這種話。不管說沒說，反正林彪這回算是狠上了。

「東總」從參謀處長到科長，能派下去的都下到各縱去了。那是不用像冷兵器時代那樣，帶柄「尚方寶劍」的。

各部隊紛紛進行動員。

五師在師管區方向突破。十四團從左翼突破，十五團和師警衛營從右翼突破。十三團和配屬五師的十團為二梯隊，隨十四團和十五團跟進，打縱深。

分派任務時，師長吳國璋（抗美援朝犧牲時，為某軍副軍長）講：你十四團和十五團要開不了口子，你十三團和十團就給我上！誰有本事，誰是英雄好漢，誰就往裏打！

明明白白的激將法。

五師很多老人，都記得全師連以上幹部會上，石瑛講的一番話：

這些日子，大家都憋着一股勁，還窩了不少火。有的說，咱打了義縣，打錦州輪不上了，覺得吃了虧。有的說咱打下義縣，有經驗，還能讓咱上。嘴上這麼說，心頭也沒底。現在大家知道了，打義縣咱是主攻，打錦州咱還是主攻方向！咱五師是陣陣少不了的英雄好漢！這是「林總」對咱五師的信任，是咱五師的光榮！這次打錦州用甚麼思想打？就是準備房倒屋塌，傾家蕩產，把缸缸罐罐都甩進去，伙夫馬伕都進城！死也要死在城裏！死在城外是孬種，是笨蛋，不是咱五師的人！……

又一座血城

戰爭的飛輪催動歷史的時針，「咔咔」地走向1948年10月14日。

西柏坡，毛澤東在屋地上踱步，周恩來和朱德在地圖前凝視。

帽兒山前「東總」前線指揮所，披着大衣的林彪端立不動，劉亞樓手執話筒，看着手錶。

籠罩在淡淡晨霧中的錦州城，幽遠、神秘而又險惡。模模糊糊的土坡輪廓後，不時閃亮團團火光，炮彈就像一群烏鴉向城外飛來。

沒有鳥啾，沒有雞鳴，沒有炊煙，沒有人影。漠漠的黃褐色的背景上，山巒，田野，收割的未收割的大地，在硝煙和顫慄中，愈發顯得沉滯而又壓抑。

秒針「咔咔」走向10點。

林彪點點頭。

劉亞樓大聲喊：開始！

900多門大炮齊放。炮彈出膛發出的強光，把太陽都懾服了，逼退了。深秋的大地上，煙塵衝天而起，迅即把炮群遮沒了。錦州則成了鋪天蓋地的炮彈的彈巢，在巨大的連續的爆炸中，城塌堡飛，煙火迷漫。

在中華民族的歷史上，同一地點，同一時刻，集中這樣強大的炮火，還是第一次。

坦克躍出隱蔽地，各路大軍沿交通壕開始突進。

30分鐘後，除八縱外，全線突破。

15日18時，戰鬥結束。

省府大樓下

三縱在配水池和大疙瘩中間突破。

土城牆被轟開道二十多米寬口子，部隊湧進去不遠，就被遼西省政府大樓的火力阻住了。

如今這裏是空軍第三航校。座北朝南的四層樓，正面潔白如洗，背面磚牆上彈痕纍纍。院牆內外高大的楊樹，肥大的葉子在薰風中沙沙作響。一扇扇打開的窗戶裏，傳出電扇嗡嗡的轉動聲。當年每扇窗口都是個火力點，輕重機槍噴瀉火燄，鉗制着逶迤數里的城牆。從11點打到黃昏無進展，樓後坡坎上烈士遺體越倒越多。後來，主力都是從東側爬牆向市區攻進的，樓上火力就向東側射擊。

天黑時，瞿文清的八連接到命令：兩小時內拿下大樓！

照明燈一顆接一顆掛上天去，把一切染成慘白。在熄滅的瞬間，熊熊大火，炮彈出膛和爆炸火光，立即從黑暗中鑽出來，滿城血紅。曳光彈漫天飛舞，像無數團巨大的紅絨線在空中攪織。

美聯社報導：錦州之戰，子彈密集得在空中相撞。

瞿文清老人說：

大樓下是圍牆，圍牆外有地堡，地堡前百餘米有道兩人多寬、深的壕溝，壕溝外是鐵絲網。就這麼一層層往裏炸，往裏打。

地堡裏機槍往外打，樓上火力像梳子，樓裏敵人不斷出來反擊。都是九十三軍的雲南兵，個不高，挺兇狠，能打。連裏有四挺輕機槍，營裏配屬兩挺重機槍，全力壓制，掩護爆破組輪番攻擊。

攻到樓前時，樓上手榴彈像屋檐滴水似的往下砸。幾個爆破組上去，不是負傷，就是犧牲了。正着急，新戰士楊玉文爬回來了拿着拉火管（規定爆破手完成任務回來，要上交拉火管）樂顛顛地說：指導員，炸藥放上了，準備衝吧！等了十多分鐘，炸藥也沒響。再一看，炸藥沒有了，去營裏取，只取回一包和一個命令：必須在規定時間內完成任務！

好歹就看這包炸藥了。

幾個人都要去。楊玉文更窩火，說甚麼也要再給他個機會。

我說：誰也別爭了，這包是我的。

戰鬥結束清點人數，六個排長副排長剩個排副，二十個班長副班長剩兩個。打到這份上，再完不成任務，我這個指導員怎麼交代？連長年輕，打仗勇敢，但沒經驗。我在山東就幹這個，一天書沒唸，擺弄炸藥包可是大學生。

跟連長交代幾句，就連滾帶爬往前摸。死呀活的全沒想，滿腦子就是那棟大樓。從山東打到東北，從海南島打到朝鮮，要害不要害，身上沒少見血，可都沒要命。這回更福氣，子彈撲撲鑽進身邊土裏，手榴彈在周圍咣咣炸，硬沒傷着。樓上敵人發現了，手榴彈冒着煙，羊拉屎似地往下掉。打完仗回去看看，樓下是個挺陡的坡，坡下是個坑，手榴彈都滾到坑裏響了。當時是甚麼也不顧了，反正你不炸死我我就炸死你，有你沒我。半道上撿包犧牲戰士的炸藥，到樓下又見到小楊沒響的那包。三包擱在一起，檢查兩遍，導火索「哧哧」竄出藍火苗，瞅一會兒才跑。也不知跑出多遠，未等昏倒，爆炸的氣浪就把我掀倒了。

這一仗，八連記集體兩大功，得一面「軍政雙勝」錦旗。我立三大功，成為「戰鬥英雄」。

老人說：一個在戰友流血犧牲中得到榮譽的人，是沒有甚麼理由不謙虛、謹慎的。

當了美國總統的五星上將艾森豪威爾，當年從歐洲凱旋時，也說過同樣意思的話。

天下竟有這等巧事：轉戰半生，如今瞿文清家那棟二層小樓，就座落在當年「省府大樓」左前方300米處。老人每天清晨起來，就會看到當年浴血廝殺的戰場，想起那些活生生的前仆後繼的戰友……

老人說：住在這裏，也好，也不好……

誰能體會出「也好，也不好」的全部含義呢？

請老人帶我去看看那棟大樓。老人說行，得帶上一封介紹信。

真的，若不帶上一封介紹信，誰會想到這位其貌不揚，總戴頂草帽伺弄菜地的老人，是當年攻佔這座城市的英雄呢？

每個時代都有每個時代的英雄。造就那種英雄的那個時代過去了，而能始終保持人的本色的人，是真人真英雄。

十八勇士

原黑龍江生產建設兵團五師副師長羅印成，當時是八師二十三團三連連長。

這是個1.80米的關東大漢，白髮，禿頂。兩年前患腦血栓，行動不便。頭一天聯繫採訪，老人滿口答應，卻告誡我：你可得來真格的呀！再玩假的，可沒功夫跟你磨嘴皮子。

瞿文清攻打省政府，羅印成攻打市政府。

下午3時攻到市政府前一個大院裏，也就200多米距離，傷亡近半，天黑也未攻動。又調上兩個連，半夜後才拿下來。部隊向前發展，三連留下打掃戰場，後送傷員和俘虜。

送不下去。右側方一棟大白樓下有個大地堡，裏面有個把連敵人拚命打槍。羅印成說：把它拿下來。有人（老人是講出了姓名的）說：那不是咱的事。羅印成火了：就眼瞅着傷員流血等死呀？跟我上！

天亮也沒打下來。最後一次，羅印成帶着通信員顧士魁，從側後摸上去。幾顆手榴彈塞進去，只聽那裏面吱哇亂叫着，舉出塊白布亂搖晃。半截塔似的羅印成站在地堡上大喊：把槍扔出來！

大白樓上飛來一顆子彈，從右肩打進，後背穿出。他踉蹌了一下，使勁撐住，一手執槍，一手高舉手榴彈。沒等最後一個敵人出來，就栽倒了。

參加這次戰鬥的十八個人，被師裏命名為「十八勇士」，各記一大功。

有人是在敵人像羊群樣被趕出來時，才不知從哪兒站出來，成為勇士的。

生活中確實存在着這種會「打巧仗」的勇士、英雄。

一隻小碟大小的傷疤，像片肥碩的楊樹葉子，深深地嵌在肩胛骨下。薄嫩的皮膚，皺紋就像伸展的葉脈。頭上，腰間，腿上還有幾處，每處都是枚「勇士」勳章。右大腿內側一個傷疤，可以伸進半隻拳頭。那是朝鮮戰場「留念」。逢上陰雨天，全身就癢，就痛，就把老人那顆心拽回到一個個火光血影的戰地。

老人說：

打義縣時，三連傷亡大半，連長、指導員都犧牲了。戰後殺豬，一盆盆豬肉炖粉條子端上來，誰也不吃。我帶頭吃兩口，這時候大家狠狠地瞪着我，那心裏大概不知操了我多少遍八輩子祖宗。

我是打義縣後從二連調來的，排長提連長。現在的幹部，動一個提一串。那時呀，連長提營長，再提起個連長，有幾個？大都是傷了，亡了，才提起來補缺的。從班長、排長到連長，我都是接的烈士的班。那時候，當官可不是喜事呀！

打義縣，打錦州，攻擊時都是「三三制」。這辦法管用。不然傷亡就更大了。

梁士英——董存瑞

五師突入城垣後，也被阻住了。

敵人利用鐵路路基修築起第二道工事。十五團八連衝進突破口，一個連敵人撲上來，想把八連反擊下去。衝鋒槍嘯叫着，鋼盔和船形帽下，一張張變形的臉猙獰可怖。打倒一批，後面的還上。八連傷亡接二連三，手榴彈打光了，敵人也快撲到近前了。這時，一個戰士飛身躍起，順勢甩過去一根爆破筒，一個班的敵人被炸飛了。

這個戰士叫梁士英，是吉林扶餘縣三岔河人。在家種過地，給地主扛過活，後來當了國軍。「八·一五」後參軍，在攻打昌圖和彰武戰鬥中立過功。

打退反擊，部隊正要越過路基向前發展，西邊一座碉堡裏，兩挺重機槍打響了。

趴在連長身邊的梁士英說：我去。

他脫下棉衣，提起連在一起的兩根爆破筒，揣上兩顆手榴彈，緊貼着路基向前爬去。

子彈飛蝗般掃射，路基上塵土飛揚。每秒鐘都可能死一次，他居然爬上去了。他躲在射擊死角裏，側着身子，將爆破筒塞進噴吐火舌的射擊孔。正要跳開，爆破筒被推了出來，掉在地上哧哧冒煙。抓起來塞進去，剛要鬆手，又被推出一尺多長。

這時，只見梁士英雙手攥住爆破筒，將身子死死地抵在射擊孔上。

一聲巨響。

二縱梁士英捨身炸地堡。

十一縱董存瑞捨身炸碉堡。

在現為××軍的二縱採訪時，軍黨史辦公室負責人說：梁士英比董存瑞晚了140天。

據說，1948年5月25日，十一縱三十二師九十六團二營六連班長董存瑞，在攻打隆化犧牲後，有人認為董存瑞沒帶支架，用身體擎炸藥，違反規定，不能算英雄。

據說，二兵團司令員程子華聽後，說：這是英雄行為。

於是，英雄名揚天下。

「攻堅老虎」

共軍在黑土地上最負盛名的幾個王牌師，為一師、五師、七師、十師和十七師。

一師「防禦、進攻、野戰、攻堅兼備」①。五師「以猛打、猛衝、猛追著稱」②。七師「善於夜戰及爆破」③。十師「防禦戰鬥中有頑強的戰鬥力」④。十七師「為東北野戰部隊中攻堅力最頑強之部

① 《東北三年解放戰爭軍事資料》，35、39、42、46、53頁。

② 同上。

③ 同上。

④ 同上。

隊」[①]。一個「攻堅力最頑強之部隊」，道出了「攻堅老虎」的特色。

這個美稱，是在四平那座血城中打出來的。

縱深戰鬥十三晝夜，炸藥一車車運上去，又一包包送到目標上。重疊爆破，打下七十一軍軍部。「四組一隊」，主要就是根據十七師的經驗總結出來的。

林彪不但踱出了「六個戰術原則」，還非常注意研究、培養和發揮每支部隊的特點。很多老人談到「林彪三調十七師」。一是四平，二是錦州，三是天津。都是做為預備隊，在關鍵時刻和關鍵部位，把這隻老虎放出去。

三年前，十七師的前身山東七師，從山海關且戰且退，未到錦州，已傷亡、逃亡近半，其狼狽不可言狀。而今，當年的七師又回來了，陣容雄壯，氣貫長虹，從精神到物質都「鳥槍換炮」了。

「剿總」錦州指揮所和六兵團司令部之間的鐵路間，是錦州的心臟。「攻堅老虎」的任務，是待三縱打開突破口後，就猛撲進去剖腹挖心。

韓先楚左手傷殘，五指不能屈伸。十七師師長龍書金，左臂肱骨抗戰時打斷了，皮肉連着，不能活動。兩人擎着望遠鏡，看着三縱先頭部隊湧進突破口。

龍書金：韓司令，該我們的了！

一個久經沙場的將軍，是聽不得別人的槍聲的。

在這場關東大決戰中最不好受的，應該是此刻正在高橋待命的一縱司令員李天佑了。預備隊，預備隊，堂堂一縱只「預備」上個尾巴，一點也沒勁兒地跑去瀋陽放了幾槍。結果，打天津時，十七師跟着一縱突破打縱深，李天佑就想「獨吞」。龍書金哪裏肯讓。「官司」打到劉亞樓那裏。

只有一隻好手臂的龍書金，話語不多，威烈嚴厲。他有的是心計，是專打硬仗的決心、魄力和勇氣。有人說他是林彪的愛將。林彪當年有許多愛將（每個將軍都有自己的愛將）。不管這些愛將後來怎樣了，在黑土地上，他們是以驍勇善戰受到部隊的信賴和愛戴，得到

---

① 《東北三年解放戰爭軍事資料》，35、39、42、46、53頁。

林彪的青睞的。

龍書金和政委徐斌洲，隨着他們的「攻堅老虎」一路突進。天黑時鑽進一座大碉堡裏，黑窟窿咚的，架上電話就指揮戰鬥。沒想到，裏面還有敵人。

輕重機槍颳風樣叫，炸藥包和爆破筒轟轟隆隆，震天動地。

十七師轟開鐵道上第二道防線，攻佔重兵據守的神社。晚上11時左右，拿下了鐵路局大樓。

現在是全國政協常委的徐斌洲老人說，攻堅，打巷戰，最得心應手的武器就是炸藥包和爆破筒。火光中，一條條街道、胡同，一座座碉堡和大樓前，到處都躍動着抱着炸藥包，抓着爆破筒的身影。前邊倒下了，後邊再上。再倒，再上。我們的戰士太勇敢，越殺越勇！

攻打神社時，四十九團三營七連戰士劉萬成，快衝上去時被打倒了。後邊的正要上，劉萬成一躍而起，趁敵人轉移火力的功夫，衝上去把爆破筒掛在了鐵絲網上。原來他是故意倒下的。那個爆破筒冒一陣煙，卻啞吧了。劉萬成氣得兩眼噴火，光着膀子，也不躲避了，就那麼硬衝上去。敵人嚇傻了，瞪着眼睛竟忘了射擊。

「拒敵於國門之外」時，全美械裝備的十三軍弄明白了共軍的「大炮」後，立刻囂張起來。如今，敵人算是被這「大炮」懾服了。

「攻堅老虎」越打越威風。

滿城都是「攻堅老虎」。

二縱攻打稅務局據點時，一次重量級爆破，將一個營守軍全部埋在瓦礫下。

七縱攻打錦州電影院時，第一次用150公斤炸藥，只炸開一個缺口。最後將1000多公斤炸藥裝在車上，戰士們頭頂幾層濕被推上去，300多守軍全部炸死、震昏。

箭頭是紅的

城外大炮轟轟隆隆，域內炸藥包和爆破筒轟轟隆隆。

二縱沿着中央、吉野、春日街和火車站，一路衝殺。三縱和十七師兩支箭頭，在富士、立山、恭城、霧島、妙義、紅梅、白梨、梅花等街，攪得煙飛火騰。七縱和九縱以中央大街分界，沿着國利、民和、積和、榛名、慶西、桃林和杏花、菊花、丁松、白楊等街，捲起兩路血火。八縱由東向西，直插北南兩大箭頭的對接點。

14日下午，彈藥庫和汽油庫被炮彈擊中。隨着巨大的爆炸聲，蘑菇狀煙雲被烈燄托上天空。一些人驚叫起來：原子彈！原子彈！美國扔原子彈啦！

太陽逃遁，月亮無光，大地震顫、熱浪灼人。屍體與瓦礫堆疊，斷壁與頹垣對稱，天與地彌合，血與火輝映。

九縱二十七師是14日晚涉過女兒河的。

迎面大火熊熊，山巒、大地、河面一片通紅。一排排炮彈落在河裏，濺起滿天血。

進到菊花街，師長和政委蹲在路邊彈坑裏指揮戰鬥。作戰科長大聲喊：王參謀，找間房子，設指揮所——快！

王繼武推開幾家屋門，沒見到一個活人。前邊有排房子，進去一看，一屋子女人，趴着躺着，一動不動，怎麼喊也不應聲，也不知死活。一張張臉被火光映得通紅，刻在他記憶中的卻是煞白。後來得知，都是窰姐兒。出來撞上個大個子，渾身血糊糊的，用支長苗盒子敲打王繼武肩頭，讓他「快衝」。好一陣口舌，弄明白是七縱一個營長。全營就剩他一個人了，打糟了，不知怎麼闖到這裏來了。

王繼武老人說：那一仗下來，老熟人一下子就沒了那麼多。

黃達宣老人說，他帶一連從車站東邊兩洞橋衝進去時，烈士遺體都抬下去了。路上都是帽子、鞋，血和碎肉紅乎乎的，黏腳。

林彪面前那張地圖，代表各縱隊攻擊方向的一個個箭頭，都是紅色的。

所有戰役和戰鬥示意圖，只要能夠用顏色表示，共產黨軍隊退卻和進攻方向的箭頭全是紅色的。

確實應該用紅色表示。

當所有紅色都聚到同一點時，錦州這扇關東的大門，就砰然一聲關閉了。

國民黨在黑土地上的多米諾骨牌的第一塊骨牌，倒了。

國民黨在大陸上的多米諾骨牌的第一塊骨牌，倒了。

一〇、塔山！塔山！

錦州南十八公里處有座松山。明末清兵攻錦州，屯重兵於松山。明朝總兵洪承疇、洪承德率軍十三萬，與清兵戰於松山，敗走杏山。這就是決定明亡清興關鍵戰役的著名的松山大戰。清高宗詩云：「承德承疇皆背主，山松山杏盡連營。」

錦州西南三十公里處有座塔山。清太宗崇德四年，睿親王多爾袞曾率兵戰於塔山。可在錦州這塊旌旗變幻，鼓角不絕，遍地白骨埋刀槍的古戰場上，這一筆實在太微不足道了。

黑土地上的最後決戰，把塔山打成中國戰爭史上的名山。

第二八章：「拚命仗」

紅領巾時代，就聽說「林彪有三隻虎」。這是不大確實的，起碼在黑土地是不確實的。

在黑土地上，林彪有五隻虎：一縱、二縱、三縱、四縱、六縱。

原來在塔山一路據守的是十一縱、熱河獨四師、獨六師和炮兵旅。10月4日，林彪把四縱這隻虎，又放到了塔山。

《東北三年解放戰爭軍事資料》中，這樣評價四縱：

> 戰鬥作風勇敢，不太講究戰術，過去戰役中參加進攻及攻堅戰鬥較少，擔任阻擊、打援、防禦之艱苦的戰鬥任務較多，參戰次數最多，幹部戰士傷亡很大，部隊作戰決心很頑強，不怕傷亡不叫苦，執行命令堅決，善於打陣地戰，也能打運動戰，在防禦戰鬥中有頑強的戰鬥力。①

遼瀋戰役中，打得最激烈，也最慘烈的，是塔山。打得最頑強，最硬朗，功勞也最大的，是四縱這隻「塔山虎」。

「街亭雖小，關係重大」

錦州是關東的門戶。

塔山是錦州的門戶。

一星期內外能否攻克錦州，關鍵在於一星期內外能否守住塔山。

林彪說：丟了塔山，要你腦袋！

塔山防線，東起渤海，西止虹螺山，約六十餘里。從海濱到白台

① 《東北三年解放戰爭軍事資料》，45頁。

山二十餘里，為四縱防線。塔山村左右十五餘里，為防禦重點。

東面臨海，為海軍側翼支援、掩護，提供了天然便利。南面大小東山和影壁山，為國民黨佔據，居高臨下。守軍陣地完全在陸海炮火射程之內，且陣地只是中等起伏，無險可守。但西邊有虹螺山，攻方無法迂迴，只能從塔山正面一孔之道通過，不能展開很大兵力。守軍兵力火力則可以集中，並能組織強大預備隊實施反衝鋒。

三年前準備在這一帶打大仗時，林彪站在虹螺山上，是不可能想到這場惡戰的。但這裏的地形，想必給他留下了深刻的印象。這次磨磨嘰嘰不想南下，車到山前又要敲退堂鼓，他最擔心的就是怕塔山堵不住。

塔山被突破，侯鏡如的東進兵團，半天就能擁到錦州。侯鏡如東進成功，廖耀湘西進可能就不再猶豫。兩面夾攻，內外夾攻，整個局勢就不一樣了。

諸葛亮出祁山，失了街亭，羅貫中給擺個「空城計」，使他的逃跑成為千古絕唱。林彪要是丟了沒有塔的塔山，可沒有空城計擺唱，弄不好只有拚命突圍了。

毛澤東關注遼瀋。

10月10日9時，毛澤東在給「林羅劉」電報中說：

> 從你們攻擊錦州之日起，一個時期內是你們戰局緊張期間，望你們每兩日或三日以敵情（錦州守敵之抵抗能力，葫蘆島，錦西援敵和瀋陽援敵之進度、長春敵軍之動態）、我情（攻城進度、攻城和阻援之傷亡程度）電告我們一次。①

林彪關注塔山。

10月5日，「林羅劉」在給四縱的電報中說：

> 你們必須利用東自海邊西至虹螺山下一線約二十餘里的地

① 《毛澤東軍事文選》，481頁。

區，作英勇頑強的攻勢防禦，利用工事大量殺傷敵人，使敵人在我陣地前橫屍遍野……而使我軍創造震動全國的光榮的防禦戰。[①]

開頭，十二師在百戶左右的塔山村放一個連，村後一個小山頭上放兩個連。縱隊領導又看遍林彪電報，上面明確指出要防守白台山、塔山村、打魚山島和西海口一線。第二天又去看地形，發現塔山村雖然處在敵人火力之下，但與敵隔條三十米寬的小河，便於發揚火力。而且控制着從村中通過的公路，並可直接威脅鐵路，就像整個防線上的門閂一樣。如果主要經營村後那個孤立的小山頭，塔山村失守，敵人就會從小山頭旁邊繞過去，真可能當了那個失街亭的馬謖。

「錦州之戰有很大可能發展為敵我兩軍主力的大決戰」，在塔山則要「使我軍創造震動全國的光榮的防禦戰」。宏觀上，林彪高屋建瓴，一語中的。微觀上，做為戰役指揮員，千頭萬緒中竟能看準塔山村這個「門閂」，對塔山重視可見一斑——濃眉下那雙不大的眼睛，也真夠「毒」的了。

從10月10日淩晨開始，塔山惡戰六晝夜。林彪主動詢問和四縱主動報告的不算，僅一個十二師，每天就要向林彪報告四次。

——守住塔山，勝利就抓住一半。告訴你：塔山必須守住！拿不下錦州，軍委要我的腦袋；守不住塔山，我要你的腦袋！

據説，這樣的話，林彪講過不止一次。

一字一句，不緊不慢，不高不低，與平常沒甚麼兩樣，好像完全用不着「！」。

沉默寡言的婆婆嘴，這一刻倒真有點「一句頂一萬句」的味道。

其實，果真要用腦袋擔保的話，林彪的腦袋首先是用塔山來保的。

蔣介石説：攻不下塔山，軍法從事！

塔山一步走通，黑土地即便不活動起來，也能鬆動一下。

蔣介石挺有信心：兵力優勢，裝備優勢，海空優勢，彈丸之地的塔山，炮彈也砸平了。但也不敢掉以輕心。一是這些優勢從來都是他的，

① 《星火燎原》選編之十，57頁。戰士出版社（1982年）。

戰局卻每況愈下。二是「街亭雖小，干係重大」，塔山實在非同小可。

於是，「重慶號」乘風破浪，蔣介石兩到葫蘆島。

10月13日，又下了死命令，限於明日黃昏前攻下塔山，否則以軍法從事。

黃埔校長蔣介石可不像他的學生林彪，「軍法從事」是經常掛在嘴上的。也真殺。抗戰期間，從集團軍總司令到軍長、師長，被他「軍法從事」不下十個。這次內戰，也屢開殺戒。2月27日，四十九軍七十九師師長文禮丟了瀋陽南郊的白塔堡，蔣介石一封電報就沒了命。

這回，蔣介石更狠上了。

只是他能殺誰呢？

東進兵團是真打的。

十七兵團司令侯鏡如未到之前，由五十四軍軍長闕漢騫指揮。這位曾率軍強渡怒江，為中華民族抗戰史，也為自己軍旅生涯寫下光輝一頁的黃埔系將軍，冒着炮火，親自上塔山村對面的雞籠山指揮戰鬥。總統府華北戰地督察組長羅奇，也幾次上陣督戰。他是獨立九十五師老師長，召集全師排以上軍官講傳統，鼓勵士氣。幾次攻擊失利，他又決定以500萬金元券一人的賞價①，組織「奮勇隊」。

豁出錢了，也豁出命了。

陸地，空中，海上，炮彈、炸彈把塔山炸成一片火海。在整個遼瀋戰役中，塔山的炮火是最密集的。

炮擊剛停，就成連成營成團往上衝，連長營長團長帶頭衝。

團長帶頭衝鋒陷陣，在共產黨中也不多見。號稱「趙子龍師」的獨立九十五師，更是不同尋常。一個衝鋒隊上來，全端着衝鋒槍。再一個衝鋒隊上來，全是機關槍。一些頭戴大蓋帽的軍官，像練就了刀槍不入的「金鐘罩」和「鐵布衫」，遠遠地衝在最前面，手中自動火器颸風般掃射。前面倒下後邊上，一梯隊垮了二梯隊上，二梯隊垮了三梯隊上。剩下幾個人衝不動了，就把屍體壘成活動工事，釘在那兒，硬是不退。

---

① 有的資料説是5000萬金元券。

四縱一些老人說，在東北還未見過國民黨有這種勁頭。

10月15日，即錦州城破這一天，侯鏡如同時展開五個師兵力，拂曉時分摸到陣地前，漫山遍野發起集團衝擊。在雞籠山上督戰的羅奇，見獨立九十五師衝進村頭，樂得揮舞馬鞭子大叫：突破了！突破了！

所有攻擊部隊都被打殘了。能攻善守，據說在華北從未吃過敗仗，連一挺機槍都未丟過的「趙子龍師」，臨走時，三個團只能湊成三個營了——也算闖了次關東。

五十四軍、六十二軍和獨立九十五師，都先後突破過前沿陣地。後續部隊跟不上，一個反擊，不是被趕出來，就是被吃掉。除去指揮不當外，兵力未佔絕對優勢也是個原因。而塔山正需增兵之際，從煙台火急運到的三十九軍，卻因風浪太大進不了港。天老爺好歹開恩了，塔山之戰高潮已經過去了。

不是將不用命，士兵不拚命，實在是國民黨「氣數」已盡。

虎嘯塔山
——東野名將錄之十

總參謀長遲浩田任濟南軍區司令員時，在山東臨朐聽一位老翁唱了首抗戰歌謠：

胡奇才，真勇敢，
帶領八路打冶源，
打死鬼子三十三，
活捉一個翻譯官。

原軍委工程兵副司令員胡奇才，正在家中撰寫塔山阻擊戰的回憶錄。老人說，若不是遲總長把這首歌謠抄錄給他，他都記不得了。

別人可都記得。很多老人談到胡奇才的死打硬拚的狠勁兒。有人說抗戰時在山東打小張莊，連攻幾次未下，胡奇才火了，組織起黨員和幹部，集中全團號兵（有人說是找了幫吹鼓手）猛吹衝鋒號，親自率隊往上衝。

有的老人說：誰要是叫胡奇才狠上了，不死也得扒層皮。

林彪把有準備的死打稱之為「拚命仗」。塔山阻擊戰，就是一場舉足輕重的典型的「拚命仗」，最需要的就是這種死打硬拚的狠勁兒。

塔山惡戰六晝夜，四縱副司令員胡奇才，一直在前線坐鎮。

一些老人説：胡奇才往那兒一坐，不用吭氣兒，那威勢就來了。甚麼不用想，許進不許退，你就往死裏打吧。

老人中上個頭，寬肩碩背，方面闊額，粗獷豪放。一頂藍呢帽戴在鬢髮斑白的頭上，步履帶着明顯的老態。自然法則卻掩蓋不住久經沙場磨礪的英武和威凜，使人想見當年的雄姿英彩。話語簡潔果斷，語聲渾厚有力。

虎老雄風在。

胡奇才先在十師，後到十二師，都是主要防禦方向的師。

10日拂曉，打魚山島失守，西海口和塔山村側後受到威脅。如果敵人從西海口登陸，不經過塔山，繞過高橋，就可直抵錦州。情況十分緊急。林彪打來電話，命令立即收回。正在十師的胡奇才，協同指揮，堅決反擊，奪回了打魚山島。

11日，「林羅劉譚」電令胡奇才，到扼守塔山村的十二師去。

師指揮所設在村後一個山坡上。在十二倍望遠鏡裏，葫蘆島碼頭上的兵艦，從兵艦上下來的部隊上火車，火車冒着白煙正往這邊開。渤海灣裏的「重慶號」巡洋艦上，「重慶」兩個字都能看見。艦上152毫米口徑大炮炮口火光一閃，頃刻間，塔山地動山搖。

旁邊溝裏是炮陣地。炮陣地自然是炮擊目標。出膛的炮彈，落地的炮彈，日夜轟響。不時有炮彈在附近爆炸，氣滚陣陣撲擁進來。

面前，腳下，是一片火海。火海之中，雙方進退騰躍，撲打廝殺。除了火光，就是炮聲。後來，炮聲好像也被火光吞沒了。

不管甚麼時候，老人一想起塔山，眼前就會現出那片火海。

後來幾次去塔山，他總覺得像置身火海之中，紅光耀眼，熱浪灼人。

胡奇才和師長江燮元、政委潘壽才，站在火海之上觀察敵情，分析敵我攻防重點和薄弱部位，組織部隊頑強防禦，適時反擊。前沿幾次被突破，援兵上不去，反擊不及時，防線就可能被衝開。一點兒也疏忽不得。

炮火硝煙中甚麼不覺得，打完仗就不行了。送去醫院，醫生說再晚點就危險了——急性闌尾炎，差點兒穿孔了。

瘦削精悍的江燮元，也是員虎將。

部隊戰前動員，他指着指揮所說：我看着你們，你們看着我。是死是活咱們在一起，是死是活就在這裏，是死是活也要守住陣地！

他是個「燒鍋」。軍中多豪飲，四縱豪飲多。敵人上來了，他向警衛員一伸手，警衛員趕緊把酒壺遞過去。敵人下去了，咕咚咕咚再灌幾口。走到那裏，警衛員忘了揹槍，不能忘了酒壺。好漢武松喝十分酒就有十分氣力，師長江燮元喝十分酒就有十分猛勇。

今天也喝，是兑了水的茅台。他不幹。醫生說：兑水是保護身體，今天少喝是為了明天多喝。

攻錦州和塔山打援，無疑是共產黨人威武雄壯的史劇。但是，要在這兩個舞台上展示某位將軍的雄才大略，卻是困難的。因為一切都基本由毛澤東和林彪導演好了，各個方面軍只要按照導演的意圖，管好自己那一畝三分地就行了。

大練兵中，四縱練的是攻堅，讓這隻虎鎮守塔山，只是因為它當時距塔山較近，調動方便。而縱隊副司令員到擔負主要任務的師去，像副連長打仗帶尖刀排一樣，是慣例。沒有命令，胡奇才也會這樣做的。但「林羅劉譚」一道命令，無疑是加重了此舉的份量。

古人云：「地之險易因人而險。」

調來一隻虎，再調一員虎將，無險可守的塔山之險，立刻就出來了。

「與陣地共存亡」

B-29簡直是隨心所欲，有時嚎叫着俯衝轟炸，有時像表演雜技似的懸在空中，一動不動地傾瀉炸彈。隱蔽在雞籠山背後的炮群，密如蝗群的炮彈帶着駭人的嘯音，呼擁而來，把半邊天空都遮得昏暗了。從「重慶號」上發射的大口徑炮彈，一發就打掉一個排。

整整六晝夜，不下十萬發炮彈和難以計數的子彈，在彈丸之地的塔山穿織、飛迸、碰撞。

血火之中的血肉防線。

強中自有強中手

趙斌老人當時是營長，帶領全營堅守白台山五號陣地。

老人說：

我們上去就搶修工事。都是晚上挖，白天不能動。敵人炮火猛，見人就打。一夜修好，白天就打平了，晚上再修。大廟柱子拆下來，門板上去就摘，大樹也砍。老百姓不讓。政府說別管他們，砍。地方政府就在那兒辦公，全力支援。

一天下來，一個連個把排就沒有了。傷亡再大的，就撤下去休整。

我們那兒不是主要的，打得最兇的是塔山村和鐵路橋頭堡。我們在山坡上看得清清楚楚。敵人羊群似地往上攻，前邊倒下也不理會。後來組織敢死隊，真它媽的敢死，10月天光着膀子往上衝，比小鬼子的「武士道」還兇，膽小點還真叫他們唬住了。戰場上看不出孬種。

打得最激烈時，上邊傳下話，說毛主席說：四縱在，塔山在！這下子，大家更來勁兒了！

（1984年收復老山，攻打某高地，某部二連幾次攻擊未下。指導員說：同志們，黨中央來電報了，說咱們二連是好樣的，一定能把這個山拿下來！全連士氣大振，一個衝鋒上去了。）

守塔山村的是十二師三十四團。

十二師是最早進入陣地的。工事未上頂蓋，前沿未設置障礙，敵人就上來了，操傢什就打。

第一次炮擊，前沿工事就全被摧毀了。血肉隨着鋼軌、枕木和土石甚麼的，一次次飛上天去，平地犁鬆幾尺土。

三十四團打了兩天，將塔山村以東陣地交給十師二十八團。

張繼璜老人說：

13日打得最激烈。天未亮，那個「趙子龍師」就摸上來。鐵路旁的高粱地幫了忙，嘩嘩響。當天就打光了，連根完整的高粱秸也沒有了。抓兩個俘虜，說今天無論如何要拿下塔山。向師裏報告，師長說明天總攻錦州，今天戰爭一定很殘酷，就看你們二十八團的了。我說，別說「趙子龍師」，就是把關羽、張飛都搬來，也沒他們的便宜。

7點多鐘全線攻擊。雙方不下500門大炮對轟，敵人打我們前沿，我們打他們縱深。硝煙未散，黃乎乎一片就上來了。放到五十米左右，輕重機槍和小炮一齊開火，一槍能打倆。打得差不多了，河那邊黃乎乎一片又上來了。晚上不打了，趕緊修工事，拖屍體。不拖不行，太多了，影響射擊。

下午4點多鐘，高家灘差點兒丟了。那裏一個連快打光了。我和團長鞠文義，帶着四連、五連兩個英雄連和一個警衛排去增援。我們的炮彈從頭上飛過去攔阻敵人，敵人的炮彈在我們人群中咣咣炸，跑着跑着人就飛起來了。不到500米距離，倒下200多人。

高家灘裏邊是我們人，外邊是敵人，我們在外邊又把敵人包圍起來。一場好打，雙方團長都上去打。

那天，全團傷亡700多人。師政治部主任何英（後來曾任外交部副部長）打電話問傷亡情況。我怕讓我們下去，就說200多吧。他說不對，衝那下子就有200多。我說不管剩多少，反正我們不下去，有煙酒給點就行了。話音剛落，煙酒已經到了。

我們幾個團幹部都是「燒鍋」，我是「燒鍋」加「煙鬼」。打仗不能沒彈藥，我們還少不了煙酒，煙酒添豪氣，從未醉過。1958年在武漢集體轉業，三個人喝了六斤八両。退出軍界了，再打仗不用我們了，不大是心思。那也沒醉。現在可完蛋了，煙也戒了，酒也戒了，半両下肚就有點胡說八道。

我們接收陣地時，三十四團三營不交。那個營長臉紅脖子粗和他們師長吵：十師是主力，就拿「主力」牌子壓人哪？主力算個甚麼？「主力」叫他們一輩子包下啦？

我們分配任務時也吵。一營、三營聯合起來對付二營：你們四連、五連都是英雄連，還想打個英雄營呀？都成你們的了！

四縱這隻猛虎，在塔山吼叫撲打。

一縱這隻猛虎，在高橋虎視耽耽蹲着。

一縱幾次要上，四縱堅決不讓。

上來兩隻虎，功勞算誰的？

四縱老人說：四平那一仗，一縱打得有點不大行了，所以叫他們在後邊蹲着。

一縱老人説：我們是東北第一縱，是從平型關下來的。有我們在後邊蹲着，四縱和十一縱膽氣就壯了，敵人就害怕，硬不起來了。好鋼要用刀刃上。這「東北第一虎」，不到關鍵時刻，怎能隨便放出去？

一種強者的見仁、見智、自豪、自信和幽默。

軍功章與金元券

10日黃昏，炮聲隆隆中，二十八團在八號陣地上召開士兵代表會，各連代表宣誓：

> 堅決響應林司令員號召，寸土不丢，寸土必爭，打垮敵人數十次的衝鋒，讓敵人在陣地前屍橫遍野，血流成河，創造英勇模範守備戰例。①

三十五團二營教導員許英犧牲後，六連二排在給團裏的信中寫道：

> 我們全體同志把悲痛犧牲的教導員，五、六班長及烈士同志們的熱淚一擦乾，放在刺刀尖和手榴彈上，變成千古不能忘的仇恨。刻在我們腦海裏的教導員在臨光榮犧牲前所説的：「六連守住，堅決打垮敵人！」的話，我們永遠記住，堅決給他們報仇雪恨，不怕流血犧牲，到戰場死打硬拚！報不上仇，至死不甘心。因此我們全排向團首長要求艱巨的戰鬥任務！我們要刺刀見紅，手榴彈開花，報仇立功奪獎狀，戴毛澤東獎章。②

三十團四連二班長青永安説：我是富農成份，我要黨在戰鬥中考驗我，改變我的成份，吸收我入黨！

三十四團警衛連戰士姜澤玉是地主成份，戰前決心爭取火線入黨。他立一大功，入黨了。

---

① 摘自某軍（即四縱）政治部編印《塔山英勇守備戰畫報特刊》（1949年2月）。

② 同上。

14日晚上，敵人攻擊塔山村。堅守在前沿陣地的三十四團警衛連，已經四天沒怎麼合眼了。指導員史升起對三班長説：你是共產黨員，快帶三班衝出去，給你記功！打退敵人衝鋒，史升起頭和胸部負傷，見一排長左手負傷，趴在戰壕裏，就説：你是好幹部，黨這時需要你，快回去掌握部隊，我給你記大功。戰士孫保林負傷跑下來，史升起認為他還能戰鬥，就説：小孫，你不是要求入黨嗎？這正是黨考驗你的時候，你是英雄，你就回去！

普普通通，實實在在的政治思想工作。

很多老人都説，那時共產黨的模範帶頭作用，都是看得見，摸得着的。衝鋒在前，退卻在後，第一條是不怕死。平時，行軍多揹一支槍，到宿營地燒火做飯，給大家打洗腳水。餓了把乾糧讓給別人，冷了把自己的衣服或被子披在別人身上。

老人們都把這句話掛在嘴上：那時候那黨員哪！……

談到理想教育，有的老人説他只在入黨宣誓時，講過一句「為共產主義奮鬥到底」。講得多的是「樓上樓下，電燈電話」，再就是「蘇聯的今天就是我們的明天」，好像蘇聯已經實現了共產主義似的。很多老人都談到夜行軍時，遠遠地看到城市燈火通明，都指點着，讚歎着，説一定要打進去看看。

看得見，摸得着的形象和理想，鼓舞着人們去流血、奮鬥，成為勇士、英雄。

戰後，十二師三十四團被授予「塔山英雄團」稱號，三十六團被授予「塔山守備英雄團」稱號，十師二十八團被授予「塔山守備英雄團」稱號，縱隊炮兵團被授予「威震敵膽」稱號。僅十二師就有2026人榮立戰功。

在遼瀋戰役中，四縱被授予榮譽稱號和榮立戰功的集體和個人，從數量到質量，都為各縱之冠。

戰火密度與英雄密度成正比。

塔山阻擊戰中最響的名字，是二十八團一營二連指導員程遠茂。

中等個頭的山東漢子，粗獷驃悍，一天書沒唸。戰士不聽話就「娘賣×的」罵，急眼了就動手打。領導批評他，他説打是親，罵是愛，反正都是為他好，不然，我吃飽了撐的呀？行軍給戰士揹槍揹包，打仗豁出命也不丟傷員，戰士對他像親哥一樣。轉業到山東某縣法院當院長，槍斃人讓他簽字，他說：槍斃他個×養的，簽甚麼字？「文化大革命」中批鬥他，他和造反派對罵。受不了了，跑回當年的四縱。一報姓名，哨兵瞪圓眼睛瞪他——誰不知道「程遠茂」呀！可部隊也不能總「窩藏走資派」呀。造反派覓到蹤跡來揪他。臨走，老戰友都來送行。軍長呀，師長呀，最小的是團長，吉普、轎子車一大溜，好像歡送一位國家元首，把造反派唬得夠嗆。

程遠茂帶一個加強排，守衛鐵路橋頭堡。

橋頭堡一直是重點攻擊目標。14日這天，錦州大戰，塔山大打，橋頭堡也打得最兇。

「重慶號」上的大口徑炮彈，大都落在橋頭堡一帶。工事都毀了。炸上天的不用說了，埋在工事裏拱不出來的，也都那麼的了。活着的，一個個滿面焦黑，身上泥呀血呀火呀，眼睛紅得噴火冒煙。

程遠茂吼着，叫着，打着，來回跑着。不能用語言指揮了，他就拍肩膀比劃。該反擊了，他端着刺刀衝出去，大家見了都跟着往上衝。

有人說他有勇無謀，想必是有根據的。給他一頂「法院院長」的烏紗帽，讓他去做古裝戲中七品縣太爺的本職工作，那是亂點「鴛鴦譜」。但在這一刻，有謀首先需得有勇。沒有勇氣，不敢上，堆了架，或是衝動得紅了眼，滿腦子只剩下個「衝」和「殺」，即便長着個諸葛亮的腦袋，也守不住橋頭堡的。

不知打退多少次衝鋒，彈藥不多了，五十多人的加強排就剩七個人了。撤下陣地後，七個人還能走能打，能吃能睡，就是甚麼也聽不見，聾了，木呆呆，傻呵呵的。若不是另一條也是指導員的山東漢子遲久慕，帶領四連衝上來，這樣的七個人也沒有了。

如今，「塔山阻擊戰紀念館」裏，陳列着兩枚手槍子彈，彈體裹着厚厚的綠色銅鏽。那是程遠茂準備留給自己用的。

後來，敵人的勁頭就不行了。

15日下午，敵人攻擊松山陣地。攻不動，趴在那兒不動彈。守在最前面的三十六團二連二班戰士曾國考，靈機一動，喊起來：跑了！跑了！敵人以為後邊的真跑了，回頭就跑，亂成一團。

很多老人都談到國民黨的督戰隊。四縱有的老人，還看到衝鋒前敵軍官在隊前訓話，手裏揮舞着金元券。講甚麼聽不見，那意思是誰都明白的。

衝上去是金錢，退下來是槍彈。流血的政治到了這份兒，也算一絲不掛到家了。

共產黨用的是軍功章，是士兵家中分得的土地，是在土地上生長的人心。

士氣是不能用槍口脅迫，也不能用金錢堆壘的。重賞之下的勇夫，勇氣是不能持久的。因為冥冥中的那個世界用不着金元券。而我們後來把政治視為萬能，「政治統帥一切」，「一通百通」，又能從當年這兩種截然相反的歷史現象中，得出甚麼樣的聯想呢？

老人們當年打土豪時，還有種革命行動「打菩薩」。這和後來紅衛兵「打四舊」砸文物，似乎不能混為一談，可能說一點聯繫也沒有嗎？

任何社會現象都能在歷史上看到影子，有時簡直就是重複歷史，或是變相重複歷史。

第二九章：西南有條河

塔山村西南有條河，河寬三十米左右。當年睿親王多爾袞在這裏飲過馬，得名「飲馬河」。

以河為界，國共惡戰六晝夜，更名「勝利河」。

大戰期間，這裏是屍山血肉。

黑土地知道
——黑土地英雄譜之四

從程遠茂到梁士英，生者與逝者，都是那個時代的英雄。

那些連姓名都犧牲了的人呢？

無名者

張繼璜老人說：

二十八團在塔山傷亡三分一，二連、三連、四連和五連傷亡最大，在三分二左右。其中，犧牲209人。這209人是掩埋的數字。有的炸飛了，遺體找不到了。

張繼璜的夫人王敏芝老人說：

塔山打仗時，我們後勤在高橋。二十八團三營長季向蒙來了，說打把撲克吧。我說，你沒看我們忙的這個樣兒嗎？他說：玩一把，就一把——我們今晚就上去了。我們幾個人趕緊陪他玩。走後再沒見到，有人說他犧牲了，有人說他負了重傷。打完仗，四連司務長來領菜金，進屋就哭，說誰誰炸沒影兒，誰誰成「餃子餡」了……

胡可風老人說：

我那個連，四次打得差不多了。第一次是四平保衛戰，140多人剩40多人。第二次打昌圖，190多人回來28個。第三次是打完彰武又打文家台，數字記不住了，傷亡也是一大半。最後一次是打義縣吳家小廟。200多人剩18個；幹部就剩個副指導員，是我現在的親家公。

這種情形是很普通的。凡是能打的連隊，都有幾次打得「差不多了」的紀錄。一個連打剩幾個人，補上還能打，還是英雄連。作風在，連隊就在。

李兆書老人說：

「八·一五」後組織「反攻團」，各地動員參軍，動員一個連就當連長，動員一個營就當營長。我當時是泗沭縣六區治安股長，動員了一個連，200多人。出趟關再進關時，就剩8個了。這8個大都是十五歲左右的小鬼，不是在醫院當護理員，就是給首長當警衛員，這麼剩下來的。1950年3月蘇北發大水，部隊撥一批糧食救災，我回去一趟。鄉親們都跟我要人，說你把我那孩子弄哪去了呀……

1986年5月，當年冀東十六軍分區一些老人在北戴河聚會，座談闖關東攻克山海關戰鬥。老人們像當年從戰場上下來一樣，見面就說：「你還活着呀！」嘮着嘮着，就淚水吧嗒的了：「文化大革命」中，誰誰被打死了，誰誰被打殘了，誰誰離婚了，孩子也帶走了……

「打敗了日本狗強盜，消滅了蔣匪軍」，還要過「文化大革命」這一關！

《東北三年解放戰爭軍事資料》寫道：

> 東北的部隊在出關時不超過十一萬人，二萬幹部（黨、政、軍幹部在內），全數不超過十三萬人，在三年的解放戰爭中，殲滅了敵人一百零六萬餘人，自己發展壯大為一百三十萬餘人，三年來東北的人民以一百四十四萬五千九百零九人的子弟參加了人民解放軍，三年戰爭中我們俘虜了敵人六十四萬九千六百卅人，如果以三分之一的俘虜（廿萬人）補充了我們部隊，加上出關的十一萬，則我軍全部實力的最高額為一百七十五萬五千九百零七人，三年的解放戰爭，我軍傷亡卅萬零一千零七十九人（其中傷十九萬四千八百一十三人，亡五萬五千四百卅九人，被俘失蹤五萬零八百二十七人），在十九萬四千八百一十三人傷員中有百分之三十成了殘廢（折合五萬八千四百四十四人），百分之四在醫院死亡（折合為七千七百四十四人），總計戰亡，失

蹤，殘廢，死亡合計為十七萬二千四百餘人。因此負傷歸隊的人員只有十二萬八千六百廿五人，在一七五五，九〇四（應為1755907——筆者）人中減去現有一，三二七，七一四人，則尚應有四二八，一九三人的差數。除去戰死、失蹤、被俘、醫院中死去和殘廢等去掉一七二，四五四人，則仍有二五五，七三六人不對數，三年來估計我們部隊的逃亡清洗可能有十五萬人，還有十萬餘的誤差，我們認為在政府擴兵中可能有重複的數目字，和動員逃兵歸隊的重複數字……①

傷亡30多萬人。

戰死、失蹤、殘廢、死亡17萬多人。

逃亡、清洗可能有15萬人。

錦州凌河區退休老工人耿福恩，當年參加過掩埋烈士遺體。

老人說：

太多，天也冷了，弄不過來，大都是集中起來先埋上，第二年春天再清理、掩埋的。當時味兒就不小了，再埋一冬天，那味兒能好？連長以上的有棺材，戰士大都是用櫃子，後來櫃子也不夠了。唉……

有些家屬來認，天南地北的，往回運。有些犧牲時沒模樣了，又埋得泥呀土的，怎麼認？就那麼撥拉找呀，哭呀，有的趴那兒就起不來了……

張繼璜老人說：

二十八團的烈士，都埋在高橋北山上。開頭有棺材、櫃子，後來就是門板、炕蓆、高粱秸。不是10月16日，就是17日，在墓地開的追悼會。那場面，一輩子忘不了。

這些年，有機會就想去那裏看看。去年到錦州開會，還去了趟。（王敏芝老人插話：我這個老頭呀，去一趟回來，就幾天睡不好覺。）沒有碑，那麼多人記不住。但一營教導員于新堂那座墓是忘不掉的。他是膠東人——我們二十八團膠東人多——大個，侃快，正直，能打仗，戰前和二營、三營搶任務，最先上去的。沒找見，墓沒了。我數了數，209座墓就剩四十多了，都蓋房子，種地了——是家

---

①《東北三年解放戰爭軍事資料》，0頁——《關於戰史材料收集的幾個說明》。

裏來人起走了嗎？

在當年二縱的攻擊方向，錦州城郊通往朝陽的公路旁，有座很大很莊重的烈士墓。有人告訴我，裏面有幾百烈士遺骸。

彰武城外山坡外，令「阿彌陀佛」的老和尚閉着眼睛不敢看的那個大坑，今天無論修得多麼莊重、氣派，那碑文都無法寫下那幾百逝者的姓名。

絕大多數是無名者。

這是沒法子的。那是戰爭，而且是那樣一場戰爭。老百姓有裝米的櫃子，「運輸大隊長」沒運來棺材。如果打了敗仗，連這樣子都做不到。

但從抗戰到內戰，只要條件允許，烈士遺體是一定要搶回來的。很多老人都有這樣的經歷。逝者拋屍野地，風吹日曬，狼撕狗擄，生者食無味，寢不安，是要影響軍心士氣的。有些仗，就是為搶烈士遺體打的。戰友搶回來了，又有戰友倒下了。

包括在黑土地打過仗的當年國民黨人員在大陸的罪行，已經理所當然地被歷史淡化了，勾銷了。當宣傳機器全力收錄重返故鄉的國民黨老兵，上岸下機，和親人抱頭慟哭的感人聲畫時，是不是更應當緬懷、關注一下這些逝去了四十多年的人——特別是這些犧牲了姓名又失去了安息之地的人？

據說，蘇聯在歡慶衛國戰爭勝利時，斯大林的第一杯酒是獻給無名烈士的。

這幾十萬拙樸的文字，首先就是獻給那些連姓名都犧牲了的人。

有名與無名

10月14日，「趙子龍師」攻擊塔山村受阻，一個連被壓在陣地前。前有火網，後有督戰隊，進退兩難。

三十四團一營一連一排一班，先後上去兩個人勸降，半路上都被打掉了。

副營長鮑仁川問副班長卜風剛：敢上嗎？

卜風剛：敢！

鮑仁川：好樣的！完成任務給你記大功，負傷一定派人把你揹回來。

上去一個人，帶回一個連——連官帶兵，124名俘虜。

從遼東到遼西，從東北到西南，卜風剛最難忘懷的就是塔山。全班十二人，十一個長眠在那裏了。有機會就回去看看，在戰友墓前流連，在紀念館戰友遺物前沉思。

講解員在講述「獨膽英雄」卜風剛的事蹟。當年為四縱的某軍軍史，卜風剛的事蹟佔四頁。「遼瀋戰役紀念館」到處尋找卜風剛，他所在的海軍駐瀋陽地區辦事處，對這位巡視員這段歷史不了解，把「遼瀋戰役紀念館」的人打發走了。妻子也只知道他在塔山打過仗。當這一切突然在人們眼前放出光彩時，這位「獨膽英雄」的生命之火已快燃盡了。臨終，他要求把遺體留給醫院，做醫學研究。

他說他本來就是個普普通通的人。

談到黑土地上一位名氣更響的英雄時，一些老人就談起與這位英雄有關的至今默默無聞的一位英雄。

在清除錦州外圍一個重要據點時，攻上去，打下來，他（恕我未能寫出他的姓名）一直在前線指揮，並率隊衝鋒。部隊打得差不多了。據點快拿下來了，他也負了重傷。

他卻不能成英雄。因為後來指揮戰鬥的那個人，過去就是個英雄。要錦上添花，樹個大英雄。

當時人們為無名者不平，後來則覺得成名者官越當越大不是那麼回事兒。有人說他當年也就是個指導員水平。有人講他當了大官後的許多笑話，說這是把他糟蹋了，也把別人糟蹋了，把黨的工作和事業也糟蹋了。

英雄和當官本來沒甚麼必然的聯繫。可英雄模範怎能不當官呢？中國最尊崇的是甚麼？

在死人堆裏站起來，又在眾目睽睽中被人竊笑，甚麼滋味兒？

這或許是甘願默默無聞者的註釋之一。

被俘者

黑土地三年內戰，從士兵到團長、政委，都有被俘的。

有的跑回來，有的又被俘虜過來。後者基本都處理回家了，前者要進行審查。誰知你是自己跑回來的，還是故意放回來當特務的？

對幹部審查尤其嚴格。

一師出關不久，某團團長、政委帶警衛連看地形。敵人先到了。連長要打，政委説看清楚，別誤會了。打一上午，只團長帶幾個人衝出來。連長被俘後自己跑回來，政委負傷後被俘，三下江南時被放回來。連長送去後方審查，政委先轉業到地方，後來打發回家了。

不論甚麼職務，曾有多大功勞，當了俘虜再放回來，就一切都化為烏有，甚至變成負數了。自己跑回來了，即便當時能審查清楚，「文化大革命」也難過關。

一位重傷後被俘的老人説：軍人怎麼的都行，就是不能當俘虜。當俘虜就不是人，連國民黨兵都不如了。國民黨兵抓過來當「解放戰士」，你回來就不好「解放」了，到「文化大革命」那會兒就更難「解放」了。可戰爭能沒有俘虜嗎？而當了俘虜，回來還照樣幹，那仗還怎麼打呢？這是沒法子的事。就是要叫你生不得，死不得，人不人，鬼不鬼。

先拷打肉體，後拷打靈魂。

拷打一個人，也讓大家放明白些。

沒有比被俘者的命運再悲慘的了。

沒有比這種政策再殘忍的了。

因為戰爭就是殘忍的。

流血的政治是不容忍吝嗇鮮血的行為的。

被俘和失蹤的五萬多人中，堅貞不屈者，無疑是更高層次上的英雄。

逃亡和清洗的十五萬人。被清洗者中那些錯殺的呢？他們有墓嗎？墓前有碑嗎？那碑文應該怎麼寫？

血火之中，四縱在塔山畏縮不前的，只有三十六團四連副連長史可輝一個人。聽説要進關了，也是六晝夜，一個十一師就逃亡200人。勝利之師而大規模逃亡，究其原因，僅僅是因為農民意識，捨不得離開家鄉和黑土地嗎？

黑土地甚麼都知道。

那座碑
——他們也有姓名之三

「在三年的解放戰爭中，殲滅了敵人一百零六萬餘人」，其中「俘虜了敵人六十四萬九千六百卅人」。

就是說，有四十多萬國民黨官兵，或殘廢，或失蹤，或拋屍黑土地。

都沒有碑。

凡爾登

東進兵團在塔山拋屍七千多具。

塔山鎮一些老人說：

那仗打的呀，村西南黃乎乎沒別的，血漬糊落的全是「死倒」，飲馬河都填平了。國民黨埋了些，國民黨走了政府又號召去埋。哪有那些人手呀。第二年不用號召，莊稼人沒開化就下地了，這溝邊拖一個，那坑裏埋一個。天暖了，不清整了怎麼種地呀？都說狗吃人，豬也吃，吃紅眼了。那也吃不了。那狗和豬才叫肥呢。有人打那就不吃豬肉了。

錦州不愁人手，也忙火半個多月。

耿福恩老人說：

國民黨的好辦，扔到車上，幾十個人一車，拉到城外去埋。不用現挖坑，有的是工事，挺方便。那些日子，出出進進的馬車、汽車，全是幹這個的。開頭挺害怕，後來就沒甚麼了。這些年錦州越擴越大，沒少挖出來。前些日子，石英破璃廠擴建地基，挖出骨頭白花花的。知道是打錦州留下的，不知道是誰的。我說是國民黨的。

呂效榮老人說：

文家台消滅新五軍後，團裏讓我帶八連去打掃戰場。主要就是清理敵人屍體。一點味兒也沒有，死了就凍了，硬梆梆的。五十個人一垛，橫豎垛着，一垛垛地垛在村外沒膝深的雪地裏。幹了四天。臨走讓老百姓去瀋陽捎個信，國民黨來車拉走了。

打起來你死我活的，都紅眼了。這功夫看那一堆堆像送到地裏的糞堆樣的死人，一個個缺胳膊少腿、呲牙咧嘴，心裏也不大是滋味兒……

1946年4月28日，蕭華在一封關於送還敵人屍體、開展政治攻勢的電報*中，說：

> 送回死屍，尚未統計，各旅團分別進行，在棺上貼輓聯祭文宣傳品每日送七八人，各方都去送，並帶有吹鼓手，頑軍哨兵說：又來了，又來了，軍官禁止士兵出來看，收到死屍、傷兵後，25D（「D」即師——筆者）回信挺客氣，14D則罵，近發現被扣抬送之民眾70十（「十」似為「多」之意——筆者），送死屍和傷者影響很大，據訊有全連放下飯碗流淚者。

一具屍體，一個悲劇。

一個人的悲劇，一個家庭的悲劇。

也是一個民族的悲劇。

「配水池是第二個凡爾登！」

塔山是凡爾登。

錦州是凡爾登。

黑山是凡爾登。

四平是凡爾登。

文家台是凡爾登。

秀水河子是凡爾登。

大戰，小戰，戰場無處不是凡爾登。

當然是中國式的凡爾登。當歐洲人駕着坦克、裝甲車和飛機，把成百上千噸鋼鐵傾瀉在戰場上之後，黑土地上是一批又一批血肉之軀的「敢死隊」。

戰爭就是絞肉機！

勇敢，頑強，視死如歸，被認為是雄偉高尚的美德，而且自古就與戰爭聯結着。為反抗暴政，為民族解放，挺身惡鬥，勇往直前，那確是崇高的美德，是男子漢頂天立地的事業。

可在這場戰爭中算甚麼呢？

當他們被督戰隊的槍口逼着往上衝時，那不過是一群武裝的囚徒而已。

他們的敵人，本來是那些鼓動這場內戰的人，是那些吞噬人民血汗的貪官污吏。

要麼殺人，要麼被殺，別無選擇。活路只有一條，就是衝上去。衝不上去被敵人殺，退下來被自己人殺——在這個世界上，他們還有自己人嗎？

只有遠在故鄉的父母、妻子和兒女，在日夜牽掛着他們。為他們祝福，為他們祈禱，望眼欲穿盼歸去。

黑土地上陪着他們的，是冰天雪地，是「大煙泡」，是吃紅了眼的豬和狗，是興奮的聒噪着的肥碩的烏鴉和禿鷹。

從新開嶺到張麻子溝，從塔山到遼西那些窩棚，人們傳說夜夜都能聽到鬼叫，南腔北調的。老人們說，那是回不去家的鬼魂，在哭，在鬧……

義縣城破，九十三軍暫二十師一團團長趙振華，把槍口緩緩對準了自己的太陽穴。

槍炮聲中，他又看了這個世界一眼。他看到了妻子和兒子。妻子癱坐在椅子上，淚水已經流乾了，哀哀地望着他。兒子偎在母親懷裏，驚駭地叫着：媽呀，爸呀……

手槍掉在了地上。

黑土地上，64萬多官兵做了這種選擇。

全國是400萬。

原白城子守備區後勤部政委戚惠林，當年是十二縱保衛科幹事。遼瀋戰役後，曾在解放軍官教導團工作過。

老人說，軍官不少帶着太太。有的戰士聽出是老鄉，就說：都甚麼時候了，還跟着他受罪，快走吧！有些感情真深，怎麼也不走。見你就給丈夫求情，說他是為抗戰打日本參軍的，打鬼子險些把命都丢了。講着就哭。周圍沒人，金條，戒指甚麼的就往你懷裏揣。只要能對她丈夫好點，怎麼的都行。那樣子也真叫人可憐。現在講海峽兩岸都是炎黃子孫，那時若講這個，階級立場可就歪大了。

張耀東老人說，他們衝進錦州師管區大樓時，裏面女人吱哇亂叫：別打了，我們投降呀！有的軍官想抵抗，太太就撲上去抱住他。在操場上站隊，男女分開，有些女的抱着丈夫不鬆手，有的跪下給你磕頭，一口一個「長官」，說你可別殺他呀，要死讓我們一塊兒死。

有的老人講，還有女軍官，有的還抱着吃奶孩子。

三縱打到海南島後，某師兩個連乘車在山路上行進，後面有幾輛國民黨軍車。師長見了，問怎麼不打。一位副教導員說，這幾輛車跟十幾里了，不像是武裝人員。師長火了：你怎麼知道不是武裝人員？給我打！機槍小炮架起來，幾輛車翻的翻，着火的着火。喊着「繳槍不殺」衝上去，全傻眼了：車上都是國民黨家屬，死的死，傷的傷，女人哭，孩子叫……

很多文學名著都表現了這樣的主題：置身於龐大軍事機器中的主人公，終於從切身經歷的慘痛中看透了戰爭。戰爭與他和他的伙伴毫無相關，他們只是為着一個腐敗的政權，或是某個獨裁者，在殘殺無辜和無辜被殘殺。

要錢不要命也好，為「主義」奮鬥也好，被逼無奈只有殺人也好，那些像趙振華那樣有機會做一次自我選擇的軍人，或多或少，是會領悟到這場內戰對他們到底是意味着甚麼的。

那些來不及進行選擇而拋屍黑土地的人，在流盡最後一滴血前，看一眼藍天和大地，那眸子會閃爍些甚麼？他們知道誰把他們送進絞肉機的嗎？

「蔣介石先生」

四平保衛戰中，毛澤東直言不諱：

> 必須準備數萬人傷亡。①

1946年12月30日，蔣介石在特天字第70號密令*中說：

---

①《毛澤東軍事文選》，275頁。

本年一年來之剿匪軍事，全由我各將領指揮，我方官兵忠勇奮發，替主義犧牲，替真理奮鬥，多能達成艱巨任務，奠定統一基礎，即是以安慰國家及陣亡將士之靈，亦是以雪我國無窮之恥，惟念將士死傷之慘，以及冰天雪地之苦，不禁為夢魂不安……

不能說蔣介石的感情完全是虛偽的，可這位政治家果真長着一副菩薩心腸嗎？

幾十萬人都是沒見過冰天雪地的南方人，一批批倒斃在冰天雪地之中。10月16日，「美齡號」最後一次從瀋陽西返時，路過大火熊熊的錦州，又在塔山上空轉了兩圈。他看到填滿了飲馬河的屍體嗎？到錦西後，他眼含熱淚，恨恨地說：我和他們拚了！

倘若這場戰爭是打日本，蔣介石雖敗猶榮。再有幾十萬南國男兒拋屍冰天雪地，歷史也將銘記着蔣介石的中國心。

倘若蔣介石是這場大戰的勝者，還會眼含熱淚嗎？

台灣報紙發表不少蔣介石晚年家居生活照。和夫人儷影相隨。與長媳及孫女、孫婿含笑合照。與曾孫慈祥對弈。含飴的晚年，弄孫之樂，其樂陶陶。

從長白山到海南島，那些絕了香火，回不去家的靈魂呢？那夜夜不息的哭叫聲，是在向誰索命？

石瑛老人講過這樣一番話：和平年代，連職幹部犯了錯誤，換個地方，好好幹，三年就能改觀。營職要五年左右，團職八年左右，師以上十年吧。戰爭年代快，打兩個好仗，馬上就改觀了。

中華民國的總統需要多少年？

石瑛老人當然沒有想到這個問題。這是根本不同的兩碼事。但是，答案已經有了。

1948年12月25日，新華社發表《陝北權威人士談戰爭罪犯問題》，談到蔣介石等四十三名戰犯，「是罪大惡極，國人皆曰可殺者」[1]。

1988年3月14日，中華人民共和國最高人民法院、最高人民檢查

① 見於1948年12月25日《人民日報》。

院發佈公告：「對去台灣人員中在中華人民共和國成立前在大陸犯有罪行的，根據《中華人民共和國刑法》第七十六條關於對犯罪追訴時效的規定精神，決定對其當時所犯罪行不再追訴。」①

總統與士兵平等，都是四十年。

蔣經國去世，中共中央給「中國國民黨中央委員會」發去唁電：「驚悉中國國民黨主席蔣經國先生不幸逝世，深表哀悼，並向蔣經國先生的親屬表示誠摯的慰問。」②

蔣介石去世，新華社發表消息：「國民黨反動頭子，中國人民的公敵蔣介石死了。」③

如果蔣介石能再活上十三年，中國共產黨即便不發封唁電，新華社還會發這樣的消息嗎？

實際上，蔣經國未去世前，共產黨就稱其父為「先生」了。

三分之一世紀風吹雨打，「頭號戰犯」、「人民公敵」變成了「先生」。那些在冰天雪地中凍成冰砣樣的屍體，那些在熱帶和亞熱帶烈日下一會兒就膨脹了的屍體，會死而復生嗎？

黑土地上沒有國民黨陣亡官兵紀念碑（黃土地和紅土地大概也沒有。台灣肯定會有的）。中國人好像沒有為對手立碑的習慣。

然而，在華夏大地的每個「凡爾登」，都聳立着一座無形的無字碑。

每座碑都在告誡中國人「中國人不打中國人」，告誡中國人不要忘記發動了這場內戰的那個人的姓名。

那是歲月的風雨永遠吹打不去的。

---

① 見於1988年3月14日《人民日報》。

② 見於1988年1月15日《人民日報》。

③ 見於1975年4月7日《人民日報》。

河兩岸是百姓

兩次世界大戰死亡的4000萬人中，一半以上是平民。

在中國這次內戰中，直接和間接死於戰爭的老百姓，知多少？

白紅黑

錦州淩河區菊花街印染二委主任，五十二歲的張玉傑說：

打仗時，我家住在古塔區南街西二胡同。一個大雜院十多戶人家，住一連國民黨。外邊朝裏打，裏邊朝外打，我們鑽在果窖裏打哆嗦。五十多人死兩個。沒來得及進果窖打死一個，炮彈片從氣孔鑽進去打死一個。國民黨不行了，也往果窖裏鑽，和老百姓換衣服。八路喊「繳槍不殺」，我們一家三代舉着手走出來。現在看電影電視，一看到誰投降就想起這段，心頭直撲騰。當時才十二歲，覺得挺好玩兒。

菊花街陶瓷聯委書記，五十七歲的郭維珍老人說：

我姑奶奶住在神社附近，那兒打得兇，死的人多。姑爺爺不在家，就她領三個孩子。炮彈房前屋後響，誰知哪下掉頭上呀！一會兒鑽地洞，一會兒趴在炕沿下，一會兒拖兒抱女再往地洞跑。女的沒主意，也是「麻爪」了。姑奶奶總叨咕，說後趟房四十多個人躲在地洞裏，炮彈打上去，全捂裏了。一嘮起來，她就說那命是撿來的。

哈爾濱二一一醫院原副院長韓德老人，四平攻堅戰時還未參軍，是市立醫院內科醫生。老人說：

問問四平老人都知道，那一仗下來，全市完整無損的房子基本沒有了。

咱們部隊一層層往裏推，推到哪裏，兩邊炮彈就往哪裏砸。大火白天晚上燒。老百姓開頭都躲在家裏，盼咱們快打進來就算熬過去了，哪知打起來沒頭了，就開始往外邊跑。天上飛機炸，地上炮彈打，子彈嗖嗖飛，那人死的呀，包袱箱子扔一地。沒人管。那功夫誰管誰呀！死個人不如隻小雞。哪是逃命是玩命呀！玩命也比等死強。我愛人懷孕四個月，跑不動了，我就扶着架着她。那時那人真抗折騰。

塔山鎮六十五歲的張連生老人說：

開仗以前，八路讓老百姓走，走2000多口人。膽大的，腿腳不方便的，顧家不顧命的，留下了。各找出路。俺一家六口跑到十二里外的老官堡。就聽那炮打的呀，天都紅了，就惦着那個家甚麼樣了。莊稼人除個家還有甚麼可惦念的？回去一看全毀啦！炸的炸，燒的燒，沒一家好房子。河西南國民黨那邊都平了，死傷幾千口子，張國勝老兩口全炸死了。那個哭呀，哭人，哭家，哭這個日子還怎麼熬呀……

七十一歲的王振成老人說：

俺家六間房子，八路要扒了搭炮樓。俺跪下磕頭，說莊稼人蓋個房子不易呀，老少十多口子，好歹留個窩吧。扒了兩間偏房，四間正房拆去了門窗。唉，沒扒掉也打完毬的了。打完仗都走了，叫老百姓怎麼活呀！怎麼活也得活，鼻涕一把淚一把，搭巴搭巴貓一冬。

塔山、錦州、遼西打爛的那些房子、窩棚，還來得及在第一場大雪前「搭巴搭巴」。文家台呢？零下三十五至四十度，大雪沒膝深，打平了。

三個冬天，國共兩黨在冰天雪地中大打出手。一仗下來，雪白，血紅，打爛的房子朝天張着焦黑的大口。

塹壕中有凍死的士兵，廢墟上有凍死的百姓。

從亞洲到歐洲，當許多飽受戰火蹂躪的國家，正在廢墟上重建或已經重建了家園時，我們卻在八年抗戰的廢墟上，繼續製造着廢墟、瓦礫、飢餓和死亡！

地震可能發生在冰川，海洋，大漠。這場內戰不可能在沒有人煙處進行。這已使捲入戰爭的百姓遭難。劫難還不僅於此。

1945年10月，共產黨放棄鄂豫根據地北移後，國民黨軍隊進入「匪區」，大肆屠殺「通匪人員」。甚至斬草除根，一家老少全部殺掉。

1948年10月13日，南京《中央日報》載文《舟山群島剿匪記》，刊登五幅照片。中間一幅為「東福山俘獲之女匪」，照片上三個短髮少女，纖秀、樸實，典型的漁家女兒形象。中間一個低着頭，兩邊的向前望着甚麼，左邊一個頂多不超過十五歲，一雙不諳事的大眼睛，滿臉稚氣，毫不在乎。那神態與其說是「堅貞不屈」甚麼的，倒不如說更像在一場「捉貓貓」遊戲中被捉住了，覺得挺好玩兒。

遼瀋戰役期間，廖耀湘兵團西進路上，對沿途村鎮「共匪幹部」和「通匪人員」，也是抓的抓，殺的殺。

當時是八縱民運兼敵工部長，離休前在中國科學院工作的潘純老人說，他家在冀東青龍縣七道河村。抗戰時那裏是「人圈」，

「八·一五」後是拉鋸區。國民黨來了殺一批「通匪人員」，共產黨來了再殺一批「通匪」的。全村五百多口人，死的死，逃的逃，解放時就剩幾十口了。

禮義之邦的中國，政權更迭從來都是在血泊中進行的。

「勝者王侯敗者賊」，永遠倒霉的是老百姓。

黑土地上一些老人說：那時呀，管它誰輸誰贏的，老百姓就盼着快點打巴打巴完了就好了，可折騰不起受不了啦！

若再打上十年、八年的，也得受着。

養不活

1947年收成不好，1948年又是個災年。

春旱，苗未出齊。夏澇，雨水之大為三十年所未有。遼河沿岸很多村鎮成為澤國，糧食絕收。頭年就是先旱後澇，當年又多個蟲災。僅此一項，瀋陽附近各縣，半個月左右就減產三成以上。

天災戰禍，雙刀齊下。

衛立煌的既定方針是個「守」字。

古人說「守有十全」，「糧草足」為「十全」之首。而瀋陽的馬路和兵工廠是不長莊稼的，只有出去搶。

《遼瀋戰役親歷記》，這樣描述衛立煌的「搶奪小麥之戰」：

> 衛立煌命令東北政務委員會及遼寧省政府宣佈官價購糧，但毫無結果。於是又召集軍長以上開會研究如何搶購糧食問題。當即決定各部隊自行向當地徵購，並規定十分之二的提獎辦法，以鼓勵各部隊積極徵購。誰知糧食欠收，民食尚感困難，徵購不易。開始各部隊向民間強迫徵購，後來發展到搶奪，不顧人民死活，造成雞犬不寧，人民大批向外逃難，十室九空，厥狀甚慘。①

廖耀湘兵團西進途中，糧食問題是這樣解決的：

---

①《遼瀋戰役親歷記》，51頁，165頁，206頁。

兵團行動期間，應就地徵收糧秣，即掠奪糧食，以空出來的噸位，增運彈藥。①

新一軍在彰武台門附近大肆搶掠各個糧棧的糧食，並爭先恐後的用汽車、大車運往新民和瀋陽，在市場上高價出售，以肥私囊。②

殺民養軍

共產黨闖到關東初期，「對人民強迫使用五百元、一百元之大邊幣，造成物價飛漲，商店關門，糧食除一部份吃日本存糧外，其餘到一處吃一處……」

1948年5月10日，東北軍區後勤黨委會出版的《目前後勤運輸狀況任務組織和運輸的統一與使用》*中，有這樣幾段：

部隊高度集中，物資供應就是問題了，糧食吃光了，部隊先是吃地主富農的，後來就吃中農的，最後無法只有吃貧僱農的了。吃豬也是如此，先吃大豬，大豬吃完吃中豬，最後吃小豬，馬是先吃馬草，穀草，穀草吃完吃高粱稈子，最後只有啃木頭。

人民負擔佔全部收入百分之廿五至卅，農民收的糧食百分之廿五至卅交給了公家，另外還要購糧，佔農民收入百分之十至五。

抗戰時期在蘇北最多的負擔才百分之十五，一般的地主富農百分之十五，中農才百分之十，貧僱農才百分之二至五。

同年3月20日，中央轉發「林羅譚」關於東北野戰軍政工會議情況的報告*中說：

因城市在我圍困時群眾受敵統治且在家無食，一旦被我攻佔後，即需救濟，否則不能過活，鞍山被我攻佔之第二日即發生兩家貧民實行全家自殺慘劇，故攻佔城市在目前對我負擔很大。

---

① 《遼瀋戰役親歷記》，51頁，165頁，206頁。

② 同上。

同年8月21日，熱河「分局軍區」在給「林羅劉譚並中央」的一封電報*中說：

（一）我們要求二十五個團再減少一半，原因是：

A. 擴新到冀東，黨與群眾隊伍非常混亂，大批逃兵回家，還有少數分子勾結地富和被撤掉的壞幹部上山當土匪。隊伍未整頓前，擴軍只有強迫命令，使黨與群眾更加對立，造成嚴重後果。冀熱察基本人口七十多萬，新解放區四十多萬，老區已擴軍及地幹共六萬多人（抗戰時死亡在外），有些區村已無幾個青壯年。政權幹部為婦女擔任，熱河四百二十萬人口，十八歲到四十歲青壯年約八十萬。「八·一五」到現在參軍的廿萬人，村以上地幹脫離生產者，約四萬人，土改中殺掉五千人，鼠疫傷寒飢餓死掉約四千。當土匪者被殺者約二千，國民黨抓去若干煙民青壯年約廿萬。如果再大量擴兵，則無法維持生產與戰勤，爾後主力補充亦無辦法。

B. 養不活（現冀察熱遼區負擔人口只一千萬），冀東三百九十萬，熱河四百二十萬，冀察熱一百二十萬，各區游擊區約二百萬，現在脫離生產人數包括楊羅兵團（楊得志、羅瑞卿兵團——筆者）在內，已達四十一萬，如再擴兵二十五個團，則為四十七萬，無論如何養不活。現在人民已處在異常悲慘的狀態中。

從城市到鄉村，從「敵佔區」到「解放區」，內戰中的黑土地是一幅怎樣的圖畫呀！

1912年（民國元年）至1949年，37年間中國人口增加1.4億。
1949年至1957年，八年中人口增長一億。
難道控制人口最有效的辦法就是戰爭？

海兩岸

「日本鬼子」，「美國鬼子」，「越南鬼子」，中國人習慣稱敵對的外國人為「鬼子」。對於同為炎黃子孫的對手，講究「正統」的中國人，最通用的是一個「匪」字。「共匪」，「奸匪」，「毛匪」，「林匪」，「蔣匪」，「杜匪聿明」，「衛匪立煌」，「傅匪作義」，等等，等等。當北平有和平解決跡象了，「傅匪作義」就變成「傅作義將軍」。而近四十年後，台灣當局仍稱大陸為「匪區」。

這似乎挺可笑，就像小孩打架玩兒。

1958年，美國以削減美援為手段，力迫蔣介石從金門、馬祖撤兵。如果此舉得逞，下一步就可能「託管台灣」。蔣介石的中國心不甘，已力不從心。毛澤東火眼金睛，萬炮震金門，告訴「美帝國主義」，內戰還在打，軍隊不能撤，託管不可能。據説蔣介石接到炮戰報告，連叫三聲「好」。而在大陸與鄰國發生的歷次邊界衝突中，台灣當局幾乎每次都引經據典，説明哪哪自古就是中國領土，給予聲援和關注。到底都是炎黃子孫，多遠是多遠。

「主義」卻是萬萬碰不得的，一碰上立刻就怒目相對，翻臉不認人，又「共匪」、「奸匪」地罵上了。

就因為共產黨奪了國民黨的江山？確實，那時國民黨是合法的「正統」。可如此追究起來，領導辛亥革命的國父孫中山不也大逆不道了嗎？那時的「正統」是大清帝國。

當年的「鬼子」們紛紛來華投資，發財，海峽兩岸為甚麼不能堂堂正正地發財？「肥水不流外人田」不實際，可自家兄弟多分點，不是理所當然，也是最起碼的嗎？

對「鬼子」、「洋人」似乎是不必太認真的，對中國人可是不能沒了「主義」。風度翩翩的政治家當然不能沒了「主義」，問題是這「主義」究竟給國家和民族帶來了甚麼？

1946年1月12日，周恩來在報告國共會談經過時說：

> 要互相競賽，不要互相抵銷。我們覺得既是政治解決，求合作，那麼兩黨也好，各方面也好，總有些意見，應該在工作上競賽，在地方上努力，而不是說，你做好了，我不高興，或者這一方面做好了，那一方面不高興。因為好的事情，都應該歡迎，不管行之何方，出之何黨，只有這樣，中國人民的力量，民族精

華，才能不互相抵銷，才能有益於建國。[①]

150多個字，兩處「不互相抵銷」。

如果照此辦理，今日中國會是何等模樣？

有着幾千年「大一統」傳統的中國，是只有征服，而沒有競賽的。

於是，抗戰中聚集起來的民族精英和無辜百姓，又一次倒在了互相抵銷的血泊之中。

於是，傳說中的孟姜女哭長城，現實中的孟姜女哭大海。

於是，美國人登月球用十年時間，中國人回故鄉用四十年。

近百年中，中國人打殺了多少中國人？列強打殺了多少中國人？二者有甚麼聯繫？

老祖宗早說了：「和氣生財。」「家不和，外人欺。」

---

① 《八．一五前後的中國政局》，70頁。

一一、死　城

當熱點中的熱點復歸冷寂後，國民黨在黑土地上的命運，就明明白白地注定了。

戰略割斷不算，正式圍困已達五個月的長春，就像一枚爛透的果子，首先從戰爭之樹上掉落下來。

完全是另一種形式的戰爭。

第三〇章：不死不生

奔騰的飲馬河、伊通河和沐石河，沖淤出一塊豐腴膏美之地，聚吸着闖關東的人們，為這座東北中部城市的興起打下堅厚的基礎。

「長春」這個令人神往的名字，一說沿襲遼代「長春州」之名，一說源於清朝的「長春堡」（今郊區永春鄉），一說起自「長春花」的花名，因為此地開墾前盛產一種美麗的「長春花」。究竟哪說成立，像許多地名一樣，「長春」寄託着人們一種對美好境界的追求和嚮往，當是無疑的了。

「九．一八」事變後，日本帝國主義在製造了一個傀儡政府的同時，選擇長春作為「滿洲國」的首都，更名「新京」，成為東北的軍事、政治和文化中心。

歷史之河在屈辱地嗚咽了十四年後，流到了1948年。

「長春，六點半」

1948年9月25日，《人民日報》刊登一篇「逃到哈爾濱的前長大代理校長張德馨博士訪問記」，題目叫《長春停在「六點半鐘」》：

> 去年十月中旬，解放軍進攻吉長路，小豐滿的電源被截斷了。長春在十月十七日下午六點半全城停電——電車走到哪裏便停到哪裏，機器轉到甚麼地方便停在甚麼姿態上。就在那一秒鐘的時間裏，全城一聲「啊嗬」便失去了熱力，失去了光明。直到今天，有的電車還停在街上，機器還保持着待動的姿勢，電鐘的時針還指着六點半。

城外城

3月13日，東北民主聯軍奪佔四平後，長春就孤懸在松遼平原上了。

有人稱之為「死城」。有人稱之為「陸上孤島」。坐鎮這裏的「剿總」副總司令兼一兵團司令鄭洞國，稱之為「一隻斷了線的風箏」。

一座死城，也是一座堡壘，要塞。

日軍佔領期間，在市郊挖掘壕溝、坑道，構築許多永久性工事。市區建築，從佈局到構造，都充份考慮到軍事的意義。城中心的關東軍司令部、在鄉軍人會、空軍司令部和大興公司，都是米把厚的花崗石牆，鋼筋水泥屋頂，中型炮彈不能損壞。樓房地下室，有鋼筋水泥坑道通到大馬路，彼此相通。其中有笨重的大鐵門，可以互相隔絕。各主要街道寬度都在六十米以上，可以充份發揮火力，重要街口還有水泥掩蓋的地堡。國民黨進入長春後，又環市添築許多碉堡和工事。其中，僅中央銀行周圍修築的永久性工事，就有150多處。6月22日，中央社稱長春防線為「堅冠全國」。

工事堅固，守軍也很頑強。

冬季攻勢後，林彪就謀劃打長春。5月24日，一縱和六縱試打未達目的，僅奪佔大房身機場。於是改而為久困長圍，準備將敵圍困到山窮水盡時再動手。

這無疑是最佳軍事選擇。

5月中旬，成立以蕭勁光和蕭華為首的圍城指揮所。

6月1日、2日的《陣中日記》寫道：

> 五月三十日決定圍困及嚴密封鎖長春之部署：
>
> （一）使用獨立師以營為單位，接近長春周圍及近郊，堵塞一切大小通道，主陣地上構築工事，主力部隊切實控制城外機場。（二）以遠射程火力，控制城內自由馬路及新皇宮機場。（三）嚴禁糧食、燃料進敵區。（四）嚴禁城內百姓出城。（五）控制適當預備隊，勾通各站聯絡網，以便及時擊退和消滅出擊我分散圍困部隊之敵。（六）城南、城東歸六縱，城北、城

西歸一縱，炮火由炮師派歸五、六縱指揮。（七）兩個月來幾個獨立師圍困長春成績不大，未看成（是）嚴重戰鬥任務，無周密計劃和部署，應該改正。要使長春成為死城。①

6月28日圍城政工會議上，圍城指揮所再次強調封鎖糧食、蔬菜、燃料、牛馬及一切可供敵人使用的生活資料，斷絕城內外人員往來和商業關係。並提出口號：「不給敵人一粒糧食一根草，把長春蔣匪軍困死在城裏！」②

圍城指揮所還發動群眾，成立軍隊地方聯合對敵鬥爭委員會，在各交通路口設立核查站、檢查哨，嚴格檢查過往行人、車輛，封堵糧食進城。

長春圍困戰——封鎖、斷絕糧食之戰。

6月22日，由十二縱和獨六、七、八、九、十、十一師組成的圍城大軍，進入指定地域。

六個獨立師在前面組成第一道包圍圈。各師以三分二兵力，以五十米一個人的密度，對城內進行封鎖、監視，餘下為預備隊。十二縱以主力佈置在城西和西南敵人主要突圍方向上，其餘在其他方向進行策應，構成第二道防線。

開頭，包圍圈達150多里。十二縱司令員、「好戰分子」鍾偉，看好土質特點，組織部隊挖地道進行爆破，連續拔除據點。各獨立師如法炮製，將包圍圈縮減到100里左右。雙方最近處只有百把米，彼此吃的甚麼飯都能看見。

一馬平川的原野上，暖風吹拂着綠色的草和彩色的花。鮮花綠草遮掩着一條條通往前沿的交通壕，終點是長達百里的環城壕溝，溝沿上聳立着鐵絲網。

風把蔓科植物吹到鐵絲網上，鐵蒺藜上開着香艷的花。

天上不會掉餡餅

「金湯之固，非粟不守；韓白之勇，非糧不戰。」

---

① 《陣中日記》，773頁。

② 長春市地方史誌編纂委員會（1987年）：《長春黨史資料》第1輯，11頁。

3月1日，長春市長尚傳道上任伊始，就大抓糧食。3月4日，將中央信託局長春分局貯存的100萬斤大豆全部買下。（他在回憶錄中寫道：「這批大豆，保證了公教人員不至餓死。」[1]5月，又對全市進行人口和存糧普查，發現民間存糧只夠吃到7月底。

民無糧要反，兵無糧要散。

怎麼辦？

一搶，二空投，三發大票子。

7月初，蔣介石致電鄭洞國：「盡收長春人民所有糧食物資，由政府統一分配。」[2]尚傳道對鄭洞國說：「民間存糧已快吃光了。由政府沒收，也收不到多少糧食，物資；而且在飢餓威脅生存之際，我無法保證市屬職員廉潔奉公。此舉徒然騷擾人民，毫無裨益，我辦不了。您要遵命辦理，請您另選市長。」[3]

誰當死城市長也是死棋。飢腸轆轆的士兵見到誰家煙囪冒煙就去搶，再砍樹木，拆房子，後來乾脆挖馬路取瀝青燒飯。鄭洞國下禁令，尚傳道在報上發表談話，號召「餓死不搶糧，凍死不拆房。」[4]好像他們是不吃五穀雜糧的神仙。

在城裏搶，還出城搶。對老百姓可以為所欲為，這八路豈是隨便動得的？圍城指揮所的口號是：「不讓一粒糧食落在敵手，不讓快要餓死的敵人復活！」[5]抽出十分一兵力，五分一牲口和大車，先前沿，後後方，熟一塊，割一塊，最前沿由部隊掩護，夜間搶收。快割，快打，快運，快藏，四快一光。給群眾留下三個月存糧，餘皆運到後方。結果，幾次出搶收穫甚微，倒是損兵折將，能省點口糧。

6月起，軍糧主要依靠空投。

蔚藍色的天空上，幾架銀灰色飛機翼下，降落傘一頂頂綻開。那情形就像幾隻懸空的吊瓶，在為一個垂死的病人輸液。

---

① 中國人民政治協商會議吉林省委員會文史資料研究委員會編：《吉林文史資料選輯》第2輯，73、75、77頁。吉林人民出版社（1981年）。

② 同上。

③ 同上。

④ 同上。

⑤ 《長春黨史資料》第1輯，13頁。

守軍每天正常耗糧不下10萬斤，需要40架次飛機才能保障。實際最多也沒超過20架次，一般都是10架次左右，天氣不好，一架也來不了。飛機一來，城外高射炮就開火。不敢低飛，就在3000米高空投擲，有些就飄到城外送給共軍了。落在城裏的，也常被居民搶去。

城裏有空投指揮所，統一分配糧食。可降落傘沒落地，飢餓難耐的士兵就一擁而上。有些部隊搶到就私分了，有的甚至發生械鬥。鄭洞國親自下令：「倘有不顧法紀仍敢擅自搶藏者，一經查獲，即予就地槍決。」[①]真槍決了一些，卻能斬盡殺絕嗎？

後來不用傘了，直接投擲。一袋袋糧食像炸彈一樣飛速落下，老百姓坐在家裏禍從天降。落在地上也摔個稀爛，更有許多沒了影兒。士兵們趕着大車沿街搜尋，房屋擠擠匝匝，哪裏看得真切？

戰馬殺光了殺狗，捉貓，捉老鼠，打鳥。天上飛的，地上走的，一切可以送進嘴裏的東西，都成了捕殺對象。

與食物成反比扶搖直上的，是物價。

下面是每斤高粱米漲價（東北流通券）情況：

6月2日　　4萬元

6月23日　　22萬元

7月14日　　80萬元

7月28日　　330萬元

8月1日　　720萬元

8月18日　　2300萬元

9月10日　　2800萬元

10月15日　　3500萬元

四個月上漲近900倍。

後來乾脆有價無市了。

一捆鈔票買一捆青草。

一個金鎦子換一個大餅子。

幾個大餅子換一個大姑娘。

兩年半前，新一軍和新六軍等部隊向長春攻擊前進時，杜聿明出

① 《蕭勁光回憶錄》，391頁。

賞價100萬元東北流通券，獎勵首先進入長春的部隊。如今，這筆重賞只能買不到三錢的高粱米。

長春變成死城，精兵變成困軍，「堅冠全國」的工事成為無用之物。

從6月起，正規軍每人每日定量一斤五両，高粱大豆各一半。

7月1日，開始減到九両。

8月初，新七軍和新三十八師每週還能吃頓大米飯，六十軍一八二師用三分一高粱摻大豆吃，餘下四個師全發糧代金，各連自己買，買到甚麼吃甚麼。每人每天菜金只夠買條黃瓜。地方保安部隊連條黃瓜錢也沒有，一切全靠搶，搶到甚麼吃甚麼。

9月中旬，六十軍一些部隊開始吃糠秕、豆粉、酒糟。官兵夜盲、腹脹、盜汗、暈眩、浮腫，越來越多。

10月後，一些部隊別説突圍、打仗，放開大路隨便走，也走不到瀋陽了。

六十軍起義出城後，軍長曾澤生下的第一道命令，就是好飯好菜不可多吃，以免把胃吃壞了。

十五的月亮

——蔣軍弟兄們，你們內無糧草，外無救兵，一點指望也沒有了。再過兩月不用打，自己就垮了！這一點你們自己最清楚。你們都是窮苦人家子弟，餓肚子守城為誰？共產黨是為窮人打天下的，蔣介石和四大家族、地主老財才是窮人的死對頭。槍是老蔣的，命是自己的。你們要看清形勢，為自己，也為家中親人想想，趁早棄暗投明，跳出火坑，我們隨時都在歡迎你們！早拖槍逃跑，早到招待所登記，早一天不挨餓，早發路費，打路條回家！……

——六十軍的弟兄們，聽出來了吧？我是雲南曲靖人，原一八四師的，海城起義的。老鄉們，蔣介石抓了龍雲，又把咱們趕到東北給他賣命，衝鋒打頭陣，退卻當掩護，死了的那些弟兄多寃哪！現在，新七軍吃大米白麵，六十軍喝野菜稀粥，老蔣不把咱滇軍當人待呀！你們在這裏受罪，父母和妻子兒女在家受苦，日夜盼你們回去，共產黨是仁義之師，對咱起義投誠官兵可好啦！願回家的發路費，想留下的跟我一樣……

——六十軍一八二師五四五團朱雲團長請注意：朱團長，你素懷報國救民之心，投筆從戎，轉戰湘鄂贛滇，抗戰有功，人民一筆一筆都給你記着。但是，你現在替蔣介石打內戰，是沒有任何前途的。滇軍老前輩張沖將軍，希望你認清形勢，率部棄暗投明。何去何從，請你速作抉擇……

——六十軍暫編二十一師一團李樹民團長請注意：李團長……

——新七軍暫編五十六師二團三連的張二寶子，我是你媽呀！我的兒啊，你還活着嗎？餓甚麼樣了？我和你爹爹天天哭呀！你爹病了，我這眼睛也快瞎了，想你呀！共產黨對咱家可好了，分了地，沒人種，政府給種的。政府說了，你回來甚麼事兒沒有。前院和後街的狗剩子、四柱子都回來了，你快回來吧！我的二寶子兒啊，你聽見了嗎？……

——新七軍暫編六十一師三團八連的王大田，我是你媳婦素花呀……

……

圍城部隊各連都有喊話組，前沿陣地五里左右設一個廣播站。一到晚上，高音喇叭和自製的土喇叭，一齊「開火」。叫「弟兄」，喊「老鄉」，喚子索夫，指名道姓，四面八方，幾里縱深，全被這聲音覆蓋了。

炮兵向城裏發射宣傳彈。武工隊進城偵察，散發傳單。有的把宣傳品放在木箱上，利用伊通河漂進城去。

還利用國民黨家屬做工作。六十軍撤退吉林時，三十多隨軍家屬被俘獲，一律待之以禮，經教育後送回長春。暫五十二師師長李嵩弟弟李泰然的妻子送回去後，又找到他們失散的孩子，又給送了回去。李泰然很感動，三次送出重要軍事情報。長春成為死城後，一些家屬又化裝成難民，紛紛出城逃生。通過哨卡時，很多人被難民「點水」。哨卡不難為她們，有的還從優接待，並通知沿途給予關照。她們後來寫給丈夫的信中，講了許多共產黨好話，成了義務宣傳員。

攻城為下，攻心為上。

國民黨也搞起心戰——雙方對着幹。

——八路弟兄們，過來吧！我們這邊吃大米白麵，還有美國罐頭。

——蔣軍弟兄們，你們當官的講的是真的嗎？

——投誠到長春來吧！願幹的留下，不願幹發路費回家。

——你們自己能離開長春一步嗎？

——我們有飛機，用飛機送你們回家。

——你們的飛機敢下來嗎？早叫我們打到雲彩上去了。

……

講不過打槍，打一陣就靜靜聽着，搭上話了：

——繳槍真的不殺嗎？願回家的真讓回家嗎？

——真的既往不究嗎？

——對新三十八師也一樣嗎？我們當官的說，八路最恨新三十八師，過去不是扒皮，就是活埋。

這邊就讓新三十八師投誠過來的官兵講話。

那邊又喊：八路兄弟，我們餓得前腔貼後腔了，能不能讓我們吃一頓？

這邊就說：行啊，來吧。

舉着白旗就過來了。接待的大都是老鄉，「老鄉見老鄉，兩眼淚汪汪」。有的過來就不回去了，有的回去又拉過一批來。

這還了得！鄭洞國頒佈「連坐法」。三人一組，一人逃跑，二人受罰，二人逃跑，一人槍斃。每連逃亡三人以上，連長送軍法處。越過哨卡三十米者，格殺勿論。抓回逃兵，一律槍斃。

開頭執行很嚴厲。六十軍暫二十一師二團有個班，閒嘮時發牢騷，說「走個毬的」，被告密。兵團司令部未經過軍長、師長，就將這個班和排長抓走全部槍斃。

本想殺一儆百，反倒激起公憤。六十軍一些官兵揚言「要報仇」，「拚了」，連新三十八師也有人說：「太過份了」。有的連隊跑多了，連長乾脆帶領全連投誠。

先是地方保安部隊，接着是六十軍。後來連王牌新三十八師也成班成排地跑了。

從6月25日至9月底，共逃亡官兵13700多人。

中秋節前後，攻心戰掀起高潮。

除了東北入伍的外，新七軍中兩湖兩廣人多，六十軍基本都是雲南人。除去老內容外，又增添一些家鄉小調和地方戲。《繡荷包》，《小河淌水》，《楊柳青》，《走西口》……一曲曲都傾訴着同一個主題。還朗誦李白的詩：「床前明月光，疑是地上霜；舉頭望明月，低頭思故鄉。」濃重的鄉音伴着哀婉的洞簫，夜夜到天明。

月朗星稀，夜深人靜。這邊唱，那邊哭。

投誠官兵說：講別的還能忍着，一提「家」這心就碎了……

請看鄭洞國遠在上海的夫人陳澤蓮，寫給丈夫的一封信：

桂庭（鄭洞國的字——筆者）：

幾個月來為了你的安危，使人時刻不能忘懷，寢食不安。桂庭！逐人衰弱與憔悴的不是歲月，而是憂愁。數月來我身體壞透了，較前更消瘦多了！桂庭，你們被困在這孤城，到底要緊不？我得不着一點實際情形，真令我焦急萬分。今天看報上說，長春機場又失守，長春情況危急。我看中央不給你設法，你是無可奈何！你到底是甚麼病？現在好些嗎？你真太大意了。你不顧性命在幹，這是為了哪種？我想到這一切傷心極了。苦命的我，尚有何言！上天保祐你平安。應該很平安，因為你向來對人都是好，心更好，應該有好報。秋風起更愁人也。

祝你

健康

蓮上九月六號

一座孤城，孤懸起多少顆苦命人的心！

而對於在這場內戰中不能與家通信的中國士兵，這場戰爭不就是一座孤城嗎？

在黑土地好歹活了兩年半，胡義深領章上多了個「豆」。

讀書時就知道東北是大豆故鄉，身臨其境，果真名不虛傳。只是這金子色澤的大豆營養再高，這胃囊也不能全盛這個呀！

五臟六腑脹鼓鼓的，像個打足了氣的皮球。最舒服的是打個嗝，或是放個屁。兩支腿支撐不住了，發飄，又像灌了鉛，動一動就一身虛汗，兩眼直冒金花。

老人說，他現在一看到大豆就要吐，一看到鳥兒就想起那座城。

他經常夢見自己變成了一隻鳥兒，飛呀，飛呀，飛過山海關，飛過黃河、長江，飛回了生他養他的那個叫「大永寧」的村子。

為甚麼要醒來呢？

他性情溫順，對誰都習慣於點頭稱是。這倒不僅是軍人的天職使然。上有父兄，下有弟妹，在家時誰都能支使他。沒想到稀哩糊塗被支使到關東，他和弟兄們就像一群大傻瓜，或者乾脆就是一船鹹魚、土豆和蘿蔔甚麼的。被困長春後，他設想：果真能像鹹魚、土豆和蘿蔔那樣，沒有思想，該多好？

他們為甚麼要來到這冰天雪地中打仗？中國人為甚麼要這樣兇殘地打殺中國人？有強大盟邦支持的國民黨，為甚麼打不過共產黨？這些問號，就像餓得發昏時眼前直冒的金花。他弄不明白，但他認準國民黨是出了毛病，要完蛋了。

報紙和長官總講「主義」和「革命」。這聽着挺好聽的「主義」和「革命」，他好像聽懂了，又好像永遠也聽不懂。別的弟兄能聽懂嗎？那些講得那麼好聽的人就懂嗎？天下事，大凡真事，好事，都是不費解的。像抗戰打日本，一講就懂，不講也懂。那是一個民族的主義，是衛國保家，不當亡國奴的主義，每個有血性的中國人都願為這主義去死。可現在，這「主義」和這戰爭與他有甚麼關係呢？他和所有操着那方土地鄉音的弟兄，只有一個主義：回家！

不斷有人跑到那邊去。跑過去的弟兄天天在那邊呼喚。聽說那邊真讓回家。他信，這邊假話太多了，他就信那邊的了。可兵荒馬亂的，能回去嗎？那是一條對角線哪！九死一生也值得，那畢竟是條生路。即使死在路上，也是收回自己生命主權的一次嘗試，為自己的主義奮鬥過了。

他祝願勇敢地踏上這條路的弟兄們一路順風，自己卻從未動過這樣的念頭。頂頭上司對他很好，他這位副官處副官不忍背棄他們。老蔣信不過滇軍，中央嫡系欺侮滇軍，他們自己再不抱緊點，這世界就一點光亮也沒有了。從九十三軍到六十軍，滇軍歷盡劫難而能維繫到如今，一個「滇」字就是主義。環境愈艱險，這主義就愈堅定，強烈。

眼下，這主義也到窮途末路了。

戰爭中的軍人都經歷這樣的場面：激戰前，冷漠的陽光或月光下，人們冷漠地注視着，每個人都能從對方臉上看到死亡。這是最可怕的時刻，比死亡還可怕。可再可怕，明天畢竟會有人活下去。現在，月亮照着你，月亮照着我，除了跑到那邊去的，全城幾萬弟兄有誰能死裏逃生呢？

他永遠忘不了那個晚上，月亮那麼大，那麼圓。他隨團長去前沿視察，那邊突然喊起團長的名字。他驚愕地望着團長，團長驚愕地站在那裏，像被使了定身法。那是一個充滿感情的聲音，歷數了團長抗戰中的功勞，眼前的幾條出路，希望他為國為民，為士兵也為家鄉父老鄉親，三思再三思。

明亮的月光下，他看見團長這條鐵錚錚的漢子，眼裏噙着淚花。接着就甚麼也看不見了。

那一曲曲鄉音鄉情鄉戀喲，那一片壓抑的、放縱的南國男兒的悲聲喲。他想即刻就向那邊走去，又想一頭就撞死在那裏。

老人說，從那一刻起，他就見不得那個叫「月亮」的東西了。他總覺得那是另一個世界的太陽，他就是那個世界的人。一看到那個又圓又亮的東西，就想喊，就想罵，就想哭，還想笑。

十五的月亮，照着家鄉，照着黑土地，照着千萬顆被淚水泡淵了的心，照着像月亮一樣顏色的黑土地上的白骨，和回不去家的夜夜哭叫着的魂靈……

六十軍副官處長張維鵬，將妻子女兒喬裝打扮，混在難民中送出城後，跑到長春有名的「三六九」飯館，喝了個昏天黑地。

有的妻子死也不走，誓與丈夫共存亡。

走的，天各一方，不知死活。留的，孤城殘月，何日存亡？

逐漸地，一些人開始反常失態了。

兩年前，新一軍進駐長春後，掀起一股「結婚熱」。抗戰八年，東征西殺，出生入死，中下級軍官大都未成家。勝利了，和平了，該安居樂業了。當了十四年亡國奴，又遭「老毛子」洗劫，「想中央，盼中央」，老百姓都把他們當成解放者。一時間，全城鞭炮不絕於耳，各酒樓飯店大擺婚禮宴席，日本人走後空下的大批房子，大都貼上了大紅「喜」字。女大學生幾乎都成了新娘。軍裝筆挺，皮鞋錚亮的軍官們，出入成雙成對。王牌中的王牌新三十八師，昂首闊步，自豪感強，紀律也好，尤其受到姑娘們青睞。現在，一座死城，遍地餓殍，又颳起股「臨時夫人熱」。從尚傳道到下級軍官，都尋找新歡。（尚傳道在回憶錄中談到妻子時，說：「困守長春的兩個月，我做了對不起她的事。」[①]）當初姑娘們以嫁軍官為榮耀，為愛國，如今是為餬口，為活命。只是這回沒了一點紅火氣兒，倒是瘋狂的士兵在居民區打劫糧食和女色，不時引動一陣喧鬧。兵團部政訓處長楊天挺，奔六十的人了，搞了個十七歲的少女。軍人和官僚們傾其所能，恣意宣洩。

一種垂死前的歇斯底里！

悲哉！鄭洞國
——續戰犯錄之二

沒有比鄭洞國再悲哀的了：

> 當時我眼中的太陽，已失去了光彩，我真正體會所謂日月無光的滋味。可是，我絲毫沒有改變堅守到底的決心。[②]

古人去：「哀莫大於心死。」鄭洞國是心已死，還硬要死到底。

「明知不可為而為之」

衛立煌執意守瀋陽，鄭洞國不想守長春。

3月初，六十軍撤退吉林時，鄭洞國就主張同時放棄長春。他認為長春離主力太遠，有被吃掉的危險。與其將來被吃掉，不如現在跑掉。將東北主力集中於瀋陽、錦州之間，能戰，能守，又能保存一部有生力量。

這本是符合蔣介石撤退東北的總體戰略，蔣介石卻不幹。他認為放棄長春，國際影響太大。困守長春保全面子，還可以吸引共軍主

---

① 《從戰犯到公民——原國民黨將領改造生活的回憶》，175頁。中國文史出版社（1987年）。

② 《遼瀋戰役親歷記》，302頁。

力，減輕瀋陽、錦州壓力。

為了戰勝對手，毛澤東忍辱負重，毅然放棄首都延安。為了保全面子，蔣介石卻寧肯不顧總體戰略，而不放棄「滿洲國」的首都。

10月23日，南京《中央日報》在一篇題為《論長春之守》的社論中說：

> 國軍之攻取和堅守長春，本來是政治的意義大於軍事的意義。……國軍在這一接收主權和保持主權的民族戰爭中，長春是我們領土主權的象徵，必須攻取，也只有盡力保持。而其攻取和保持的意義，與其說是軍事上的，無寧說是政治上的。

一日三餐，政治家是不能忘了「政治」這杯酒的。問題是，當政治主要是以流血的方式，即通過將軍們去進行時，一旦軍事上失利，政治上還有甚麼可談的呢？而當一切面子都丟盡了時，再談上一番「與其說是軍事上的，無寧說是政治上的」，那面子就能重新鋪天蓋地了嗎？

杜聿明病了走了。陳誠病了走了。鄭洞國也要去北平治病。他確實有病。有病沒病也不想去長春，他看透這是步死棋。走不了，這位從不做非份之想的厚道人，又建議梁華盛去，或是與范漢傑對調。衛立煌說，梁華盛與六十軍軍長曾澤生不睦，范漢傑情況不熟，還是他比較合適。

回憶到這段經歷，鄭洞國寫道：

> 作為軍人，還能怕危險麼？我是國民黨的高級將領，在困難的時候，我不負責叫誰負責？一種「臨危受命，義不容辭，明知不可為而為之」的思想支配着我。……我既然跟國民黨幹了幾十年，惟有盡自己的力量，掙扎到它垮台為止，這樣才能問心無愧。①

---

①《遼瀋戰役親歷記》，299、300頁。

幸運者大難不死，奸詐者高官照做。鄭洞國以他一代良將的慧眼和被歷史嘲弄的真誠，去了那個有去無回的死地，做了一個腐敗政權的殉葬品。

長春保衛戰，十萬官兵保衛蔣介石總統的面子。

「成仁」——成人

鄭洞國坐守長春的方針，是「加強工事，控制機場，鞏固內部，搜購糧食」[①]。

未到兩月，機場丟了，空中交通斷了。

最頭痛的是糧食。可城外搶不來，城內搜不出，全城貓呀狗的幾乎斷了香煙。他抱着一隻滿身貴族氣的小花貓坐在沙發裏，除了一支支吸煙和唉聲歎氣外，還能怎樣呢？

10月16日，蔣介石命令突圍。鄭洞國佈置停當，新三十八師第一線部隊已進入開進位置。六十軍起義，長春一分為二了。

曾澤生給鄭洞國打電話，請他審時度勢，共襄義舉。

鄭洞國說：「我是軍人，要保持軍人氣節，不成功便成仁。」[②]

解放軍代表劉浩給他打電話，希望他不要做無謂的犧牲。

鄭洞國說：「既然失敗了，除戰到死以外，還有甚麼可說，放下武器是做不到的。」[③]

新七軍參謀長龍國鈞來見他，說：「新七軍官兵已決定放下武器，解放軍已經同意保障司令官以下生命財產的安全，希望司令官和我們一道行動。」[④]

鄭洞國說：「你們作法我是不同意的，既然你們已決定放下武器，那麼你們幹你們的，我幹我的好了。」[⑤]

鄭洞國致電蔣介石，表示「來生再見」[⑥]。

---

① 《遼瀋戰役親歷記》，299、300頁。

② 五十軍「長春起義」編寫組（1985年）：《長春起義》，83頁。

③ 《遼瀋戰役親歷記》，303、304頁。

④ 同上。

⑤ 同上。

⑥ 同上。

10月24日，南京《中央日報》發表文章：《鄭洞國壯烈成仁三百官兵全體殉職》：

> 中央社瀋陽二十三日電，據悉：孤守長春之東北剿匪總司令兼吉林省主席鄭洞國將軍，自市區戰起，率部堅守核心據點中央銀行大樓，與匪英勇搏鬥，嗣以彈盡糧絕，終於廿一日上午發出最後之一彈，壯烈成仁，所屬三百官兵，亦全體殉職。鄭氏十八日電致其夫人陳澤蓮女士稱：「望保重，永別矣！」二十日致杜聿明、趙家驤及諸友好電稱：「現雖大勢已去，當奮鬥到底，以保吾黨革命軍人之忠貞氣節，希釋勞念！」

三天前，《人民日報》已刊出文章：《鄭洞國率部投降長春完全解放》。

原來，副參謀長楊友梅等人，不忍見鄭洞國「成仁」，和共產黨談妥，讓直屬部隊朝天放槍，佯裝抵抗後再放下武器。槍聲中，鄭洞國給蔣介石發報。楊友梅早讓衛士將鄭洞國的手槍拿走了，將他團團圍住，使他「成仁」不得。

鄭洞國想「成仁」。

杜聿明想「成仁」。

廖耀湘想「成仁」。

遼瀋戰役結束後，「以必死的心情」走向淮海戰場的杜聿明，見大勢已去，拔槍自殺，槍被衛士奪下。被俘後，又趁人不備抓起磚頭，砸得滿頭滿臉鮮血。

趙振華在把槍口對準太陽穴時，看到了妻子和孩子。杜聿明的妻女不在身邊，在噴火冒煙的死神即將從槍口衝出來的瞬間，他想到了甚麼？當廖耀湘在遼西狼狽逃竄，無處藏身，鑽進高粱稭堆裏喘息時，他會想些甚麼？

> 外侮需人禦，將軍賦采薇，
> 師稱機械化，勇奪虎羆威。
> 浴血東瓜守，驅倭棠吉歸。

沙場竟殞命。壯志也無違[1]。

這是毛澤東為二〇〇師師長戴安瀾將軍寫的輓聯。

蔣介石寫的輓聯是：「浩風英氣」[2]。

弟兄們！向前走，
五千年歷史的責任，
已經落在我們的肩頭。
日本強盜要滅亡我們國家，
奴役我們民族。
我們不願做亡國奴，
只有誓死奮鬥！
……[3]

二〇〇師官兵唱着他們師長譜寫的這支《戰場行》，浴血奮戰時，那是一個民族在衝鋒，在吶喊！

千古流芳的戴安瀾將軍，倘若不是戰死在抗日的疆場上，會不會也和他的長官杜聿明，同為五軍師長的鄭洞國、廖耀湘一道，來到這片黑土地上兇殘地打殺中國人？如此，他能逃脫和杜聿明、鄭洞國、廖耀湘同樣的下場嗎？

「恨不抗日死，留作今日羞。」當鄭洞國等人準備「成仁」時，他們會不會想到吉鴻昌的詩句？

然而，歷史竟然會荒唐到要責怪他們沒在抗戰中死去嗎？

馬革裹屍，是軍人的最高榮譽。誰也不應懷疑鄭洞國等人「成仁」的決心。可他們為甚麼終於沒有「成仁」？就因為被衛士奪下了手槍，被幕僚們團團圍住？倘若他們面對的不是共產黨，而是日本侵略軍，他們會做此選擇嗎？

---

① 黨德信、楊玉文主編：《抗日戰爭國民黨陣亡將領錄》，133、137、138頁。解放軍出版社（1987年）。

② 同上。

③ 同上。

四十九軍軍長鄭庭芨，一位在抗戰中立下不朽功勳的將軍，這樣描述在遼西被俘後押往哈爾濱時的心境：

正值北國寒冷的冬天，我坐在隆隆前進的火車上，望着窗外朦朧的大地，紛飛的雪花，心情難以名狀。我彷彿看到老母又在為我敬神祈禱，看到了她那哭乾了淚水的雙眼，滿是皺紋的蠟黃的臉；想起兒時家境不寬裕，平時靠吃白薯、野菜、碎米湯渡日，母親卻常常拿張棕葉包些米，放在湯裏煮米飯團獨給我吃，盼我長壯些，將來好有出息。進了黃埔，我從見習官到排長、連長，經南征北戰，直當到了軍長，母親日日為我禱告，求神保祐。我只盼世泰民安，早日解甲歸田，以盡孝道，沒想到結局如此之慘。

還有愛妻，隨我顛簸，為我擔憂，此刻我在北國，她卻在千里之外的南方海口，膝下三女二兒，將來何以為靠？莉娟呀，我對不起你，多保重吧！①

再看看指揮鄭庭芨在緬甸血戰的戴安瀾將軍，寫給妻子的遺書：

親愛的荷馨：

余此次奉命固守同固，因上面大計未定，與後方聯繫過遠，敵人行動又快，現在孤軍奮鬥，決以全部犧牲，以報國家養育！為國戰死，事極光榮，所念者，老母外出未能侍奉，端公仙逝未及送葬，你們母子今後生活，當更痛苦，但東靖澄籬四兒俱極聰俊，將來必有大成，你只苦得數年，即可出頭之日矣，望勿以我為念……我要部署殺敵，時間太忙，望你自重，並愛護諸兒，侍奉老母，老父在皖，可不必呈聞，手此即頌心安。

安瀾手啟

卅一年三月二十二日②

---

①《從戰犯到公民——原國民黨將領改造生活的回憶》，23頁。

②《抗日戰爭國民黨陣亡將領錄》，135頁。

同是牽掛老母嬌妻弱子，情調卻是天壤之別！

逝者千古流芳，生者功成名就。他們本來是我們的民族精英。他們應該受到人民的敬仰和愛戴，領章上應該有三顆星，或更多的星。他們本來盼望世泰民安，應該和父母妻子兒女月圓花好，再不因戰爭而天各一方。他們文化修養普遍比共產黨將領好，他們本來應該吟詩作畫，或是壯懷激烈地抒發當年的抗戰報國之情，而不是寫這類「沒想到結局如此之慘」的文字。而我和我的戰友見到他們，應該致以標準的軍禮。

是誰把他們送上打殺中國人的戰場？是誰使他們從抗戰功臣變為內戰戰犯？又是誰使他們妻離子散，甚至人亡家破？

斯大林格勒會戰，德軍第六集團軍二十萬官兵被圍困在冰天雪地之中，彈盡糧絕。集團軍司令保盧斯致電希特勒：「為了挽救還活着的人，請即刻允許我們投降。」①希特勒回電：「不准投降！部隊應該固守陣地，要戰鬥到最後一個人，最後一粒子彈！」②

蔣介石先令他的「如兄弟子姪一般」③的長春守軍固守，後來又令突圍。

鄭洞國也從未動過投降的念頭。

崑崙關大戰，鄭洞國率領的榮譽第一師傷亡近半，有的團只剩三百多人。即便打剩鄭洞國一個人，誰也不會覺得他是劊子手。國魂永在，正義長存。

可在死城長春，率領連走都難走到瀋陽的士兵血戰、突圍，這不是一場無謂的屠殺嗎？

不以成敗論英雄，但能不以無辜者的鮮血論功罪嗎？

任何軍事戰略觀點，都不能證明這種行為是無罪的。

任何忠貞、節義，在這裏都是自私的，甚至是卑鄙的。

「倒戈將軍」石友三，為人不齒，千古唾罵。一代良將鄭洞國的悲劇，在於他的愚忠。

---

① （蘇）A · M · 薩姆索諾夫著：《200天大血戰》，590頁。軍事譯文出版社（1985年）。

② 同上，590頁。

③ 《長春起義》，244頁。

而此刻的蔣介石，如能換成邱吉爾，羅斯福，斯大林，或是毛澤東，有誰會下令「投降」？

槍口是個「。」。

對準自己太陽穴的，沒有噴火冒煙的槍口，也是個句號。

鄭洞國，范漢傑，廖耀湘，盧浚泉……黑土地上絕大多數二星中將，走下戰場，走出軍界，走進監獄。昨天戰爭曾賜給他們一切，今天則把一切都剝個精光。功與罪，瑰寶與垃圾，榮譽的峰巔與恥辱的深淵。在嘗遍了人生的百草後，他們學會了做工，種田，手上有了繭子，也有了普通中國人的七情六慾。

他們重新成人了，成了實實在在生活在大地上的中國人。

連蔣介石也成人了。

只是那手上的血腥會消逝嗎？

歷史記着他的名字

事情壞到極處，新的一章就揭開了。

走投無路的曾澤生，撥動了長春的時鐘。

「六十熊」

暖潤的南風帶着股苦艾和泥土的清涼味兒，在大雁歡快的叫聲中，一路向北吹拂，吹拂。

又一個冰天雪地的冬天過去了，可滇軍和國民黨的春天在哪裏呢？

設在中長路理事會大樓（今長春鐵路分局）的六十軍軍部裏，軍長曾澤生站在窗前，望着窗外花骨朵兒似的鼓着葉苞的楊樹，沉思默想。

長春和昆明，一北一南，都叫「春城」。

驀地，一支歌由遠而近，在耳邊響起：

> 我們來自雲南起義偉大的地方，
> 走過了崇山峻嶺，
> 開到抗日的戰場。
> 弟兄們用血肉爭取民族的解放，
> 發揚我們護國、靖國的榮光。

不能任敵人橫行在我們的國土，
不能任敵機在我們領空翱翔。
雲南是六十軍的故鄉，
六十軍是保衛中華的武裝！

1937年秋，40000滇軍健兒唱着這支歌，開赴台兒莊前線，直唱到抗戰勝利。

台兒莊大捷後，日軍大舉增兵魯南，圖謀攻取戰略重鎮徐州。六十軍奉命在台兒莊、禹王山一帶，抗擊坂垣的五師團和磯谷的十師團。那是真正的戰爭，那是滇軍出滇抗戰的第一戰。天上地下，日軍的火網簡直密不透風。二十七個晝夜，紅天血地，滇軍健兒拚死搏殺。唱着軍歌趕來的40000人，離去時只剩下20000。但是，他們終於守住了自己的防線，使日軍重佔台兒莊直取徐州的企圖不能得逞。

20000兄弟倒在中原大地上，唱着軍歌再來20000！

河南。山東。江西。湖北。「我們來自雲南起義偉大的地方……」在中華民族的抗戰洪流中，一支帶着滇地特色的隊伍，轉戰大江南北，前仆後繼，萬難不屈。

最後一幕，是在北緯16.1度的越南土倫。

一場豪雨，把山川、原野洗得一塵不染。熱帶酷熱的陽光下，全副武裝的六十軍官兵肅立在操場上，雄赳赳，氣昂昂，英姿勃發。對面，是日軍三十八軍混成旅的隊列。那隊列也夠整齊的，只是再也沒了「武士道精神」，就像一群灰頹頹的木偶。旅團長白水大佐，一個留着兩撇高傲的八字鬍的矮壯軍人，正步走到曾澤生面前，立定，敬禮，報告日軍投降部隊番號、自己職級和姓名。然後，垂首彎腰，將一把指揮刀畢恭畢敬地捧呈上來……

曾澤生只覺得一股股熱浪，撲撲地拍擊着胸膛！

雲南是六十軍的故鄉，
六十軍是保衛中華的武裝！

如今，連長春老百姓都知道六十軍叫「六十熊」。

只道出國受降是六十軍的光榮，沒料想卻是蔣介石的調虎離山計。

五華山解決了龍雲，黑土地再收拾滇軍：冰天雪地，背井離鄉，「不死不生，必死必生，置之死地而後生」——你死我生！

明明是借共產黨刀殺滇軍，卻叫你甚麼話也說不出來。

滇軍離滇，已是虎落平陽。一條對角線送來東北，又被分割使用。九十三軍放到遼西、熱河，六十軍擺在中長線。六十軍三個師又被瓜分，全部配屬了中央嫡系。主力一八四師三個團，一個擺在鞍山，一個擺在營口、大石橋，一個擺在海城至湯崗子間，成了各管一段的鐵路警察，偏又冤家路窄，頂頭上司，竟是那個收拾了龍雲的杜聿明。

同性相聚，美國人會多瞅幾眼，疑為搞同性戀。異性之間多說幾句話，中國人會生出許多是非。同鄉湊在一起，在蔣介石眼裏，就是要謀反。

一八四師海城起義，更叫曾澤生捏着一把汗：會不會乘機編掉六十軍？

杜聿明卻親來撫慰：中央是相信你的，六十軍仍歸你指揮，要盡快重建一八四師。

新「雲南王」盧漢銜蔣介石之命，千里迢迢，也來慰問子弟兵。

當年日軍再犯台兒莊，于學忠和湯恩伯部抵擋不住。五戰區司令李宗仁，電請蔣介石急調六十軍增援。六十軍列為武漢衛戍部隊序列。衛戍總司令陳誠與六十軍軍長盧漢商談，盧漢說：統帥部叫到哪裏就去哪裏！

後來和張沖、龍雲一樣歸順了共產黨的滇軍首領盧漢，這回公開場合大講「主義」，「革命」，背地裏則反覆叮囑：「我這個主席是靠你們當上的，能否繼續當下去，要看你們為蔣效勞的成績如何，既要努力效勞，但又不能丟掉老本，老本沒了一切都完了。再具體些說，要服從蔣的指揮，和蔣搞好關係，並爭取蔣的信任，但又要靈活對待，固守防區，加強訓練，力保部隊實力。特別要加強內部團結，嚴防共產黨的策反活動」①。

盧漢話好說，曾澤生戲難唱。

---

①《長春起義》，244頁。

1947年秋吉林保衛戰後，六十軍召開戰役檢討會。曾澤生在主席台牆壁上掛張古畫。畫面上一隻怒氣衝衝的大獅子，把一群小獅子朝懸崖下推。曾澤生說：「這幅畫畫的是大獅子訓練考驗小獅子能力的情景。獅子就是用這樣嚴厲而殘酷的辦法訓練小獅子的。據說小獅子墮岩後如果不死，大獅子就承認是牠的好兒子，把牠領走。如果小獅子墮岩跌死了，大獅子就毫不悔惜地丟下屍體走了。我們部隊現在的處境也和這幅畫上的小獅子的命運相似。我們在這座孤城裏是接受上級最嚴酷的訓練和考驗，如果我們不堅強，就會毫無憐惜的消滅在這裏。所以我們必須振奮起來，以圖自保，接受更加嚴峻的考驗。」①

像小媳婦一樣戰戰兢兢，又要像獅子一樣兇狠冷酷，在夾縫中擠殺出一條生路。

一八四師重建四次，最後和九十三軍一道覆滅在遼西。一八二師和暫二十一師也屢受重創。也有上乘表演。吉林保衛戰，「小獅子」摔得血肉模糊，終於成功。守衛團山的一八二師五四六團兩個加強連，打剩六個人，五人重傷，陣地才失守。1948年3月撤退吉林，甚至被路透社記者稱為「東方的敦克爾克」。

吉林撤退截擊過六十軍，又參加長春圍困戰的獨六師，有些老人說：和六十軍打，個對個，咱們不行。

依然是滇地鄉音，六十軍的故鄉永遠是個偉大的地方。只是那軍歌再也唱不響了。怎麼唱呢？「漂洋過海，開到了內戰的戰場？六十軍是盧漢的衛隊，還是蔣介石的武裝？……」

沒了軍歌的六十軍，成了「六十熊」。

六十軍本來裝備差，待遇低。收縮吉林市後，吉林省主席梁華盛不准六十軍進駐省屬公產房屋。無奈，部隊只好住進偽滿營房、空閒民房和寺廟。軍需給養，很少按時供給。新兵增補，要到錦州找九十三軍同鄉解決。駐地分散，供給拖欠，官兵憤懣，軍紀難以維持。梁華盛大罵：甚麼六十軍？六十熊？軍不軍，民不民，像一群烏合之眾！陳誠上任後，在長春召見駐軍長官，訓斥六十軍：以後誰的軍風紀不好，就取消它的番號，把它編掉，我陳辭修決不客氣！

---

①《遼瀋戰役親歷記》，608頁。

一柄達摩克利斯劍懸在六十軍頭上。

僅有這把劍是不夠的。

痛苦的分娩

一輪殘月，照着一座孤城。

月光把層層疊疊、高高低低的建築刷得慘白。沒一絲兒風，沒一點兒光亮，沒一聲響動，一切生命好像都不存在了。拆去門窗、房架的各種建築，有的坍塌成一堆瓦礫，有的朝天張着大口，猙獰可怖。空空蕩蕩的街道，柏油路面被掘挖得坑坑窪窪。哨兵伴着「死倒」在路邊徘徊，鋼盔在月光下一閃一閃，像遊蕩的幽靈。一聲炸耳的槍響，空氣顫慄了一下，更平添了幾分死寂。

曾澤生在窗前踱步。

中上個頭，一副標準軍人姿態的曾澤生，是個性格內向，做事精細，不動聲色的人。

不動聲色的曾澤生，此刻心頭波翻浪湧。

守？即便共軍不攻，也沒幾天守頭了。跑過去的撿條命，留下的都將像老百姓一樣，橫屍街頭。

突圍？他曾探問過新七軍軍長李鴻：「突圈，六十軍是沒希望了，你們還是可以的。」李鴻道：「三十八師都靠不住，現在是師長有師長的算盤，士兵有士兵的想法。簡直是離心離德！現在是圍在城裏，還能這樣守着。出去就散了！」[①]連王牌中的王牌都靠不住了，在飢餓面前人人平等。現在是誰能吃飽，誰就是王牌。

到能吃飽的那邊去？從西南到東北，冰天雪地苦苦掙扎了兩年，就是這個歸宿嗎？

5月中旬，一八四師五一一團團長張秉昌和五四四團副團長李峥先，被俘後釋放回來，勸他「反蔣起義」。他冷冷地道：「這邊倒倒，那邊倒倒，這樣的事我搞不來。」[②]

和張秉昌、李峥先一道來當說客的暫二十一師師長隴耀，一年前，親生女兒受共產黨派遣，和母親從雲南來到東北。鐵血硝煙中，

① 《長春起義》，153、229頁。

② 同上。

猛見微微甜笑的妻子，青春煥發的女兒，多少夫妻恩愛骨肉情？可一談到「反蔣起義」，立刻反目成仇。

在海城率一八四師起義的師長潘朔端，戰役初期是決心頑抗到底的。有兩個連長作戰不力，立即將兩人當場槍斃。

果子不熟透，是不會從樹上掉下來的。

應該說，六十軍在黑土地的分娩，是懷胎於五華山的槍聲的。一個國家，一個民族，一支軍隊，一個人，最不能忍受的就是被人下眼瞧。國民黨愚蠢的為淵驅魚政策，正中共產黨下懷。但是，比之共產黨的性質、綱領和終極理想，畢竟志不同，道不合。無論怎樣受歧視、排斥，滇軍和國民黨大方向一致，根本利益相同。

或戰或降或起義，潘朔端是火燒眉毛，刻不容援。曾澤生的痛苦，在於有充裕的時間煎熬自己的靈魂。

十九歲從軍，二十三歲入黃埔。營長、團長、師長、軍長，嵌着各種文字、符號的槍彈、炮彈沒有奪去他的生命，歷史塑造了一大批像他一樣的軍人。

蔣介石是孫中山的接班人，是國家元首，代表正統，有幾百萬軍隊，還有美國支持。而且，在滇軍將領中，他是為數不多的可以稱蔣介石為「校長」的人。自知比不得嫡系，但戰爭結束是不會沒他一杯羹的。退守長春後，蔣介石親自寫信，祝賀他成功指揮吉林撤退，並晉升他為一兵團副司令兼六十軍軍長。他感恩戴德，如獲至寶，並請了長春一流古玩商，將蔣介石手蹟裱好珍藏。

更強烈的是地方觀念。

從一個小地主的兒子到滇軍高級將領，他是龍雲和盧漢一手提拔起來的。入越受降前滇軍整編，多少人瞅着六十軍軍長這個寶座，其中還有龍雲的「龍子」。結果，卻是「忠實可靠，治軍得力」的他成了「軍座」。為了「雲南王」的基業，封建軍閥也是頗有眼光的。而曾澤生們為報答知遇之恩，也不遺餘力，兩肋插刀。一榮俱榮，一損俱損，擎着「青天白日」旗的滇軍，第一面旗幟上寫的是一個「滇」字。

五華山槍響，隴耀聲淚俱下，要打回雲南報仇。曾澤生何嘗不想雪恨？是誰給了他高官厚祿？可老蔣是白給的？留得青山在，不怕沒柴燒。最要緊的是保存實力。

如今，在這遙遠的黑土地上，別說滇軍，連嫡系也成秋後的螞蚱了。

潘朔端起義，嫡系說是「叛蔣」，滇軍說是「叛滇」。在滇軍心目中，最不能容忍的就是「叛滇」了。

現在，他不但容忍了，而且理解了：為蔣介石當殉葬品，值得嗎？

潘朔端就在城外，天天都這麼喊。老師長張沖也來了，在那邊呼喚。

那邊是個甚麼樣的世界？他不信「共產共妻」，但他打心眼裏沒瞧得起共產黨。那副打扮，那幾支破槍，也想爭天下，真是異想天開。比之嫡系，滇軍是雜牌；比起共軍，滇軍可是堂堂國軍。可共產黨就像施了甚麼魔法，國軍一陣風般就國不國、軍不軍了。他不服氣，開頭上下都不服氣。不服氣，就打幾個勝仗爭爭氣呀！卻是一敗塗地。僅僅是軍事指揮上的無能嗎？看看這邊的貪官污吏，就知道那邊是一個甚麼樣的世界了。

他聽過那邊的宣傳。共產黨員厲害！從台兒莊到武漢，從西南到東北，他闖過多少血火？軍人流血不流淚。可那一刻，他不是他了。

此刻，他知道他的官兵做的都是甚麼夢。

那是夢麼？

一條對角線，30000子弟兵，如今剩多少？明天還會剩多少？做人做鬼，他對得起家鄉的父老鄉親嗎？可「這邊倒倒，那邊倒倒」，就有顏見那片生他養他的土地嗎？是誰給了他榮華富貴？歷史將怎樣描述這一筆？

眼下，還能顧得了這些嗎？

而且，究竟甚麼是忠孝節義？

「不死不生，必死必生，置之死地而後生。」

9月22日，曾澤生決定起義。

當晚，與一八二師師長白肇學和暫二十一師師長隴耀，統一思想。

一番緊鑼密鼓地籌劃後，10月14日清晨，派張秉昌和李峥先出城，與解放軍聯絡起義。

當晚，會澤生先後召集暫二十一師和一八二師營以上軍官開會，號召反蔣起義。兵隨將轉，特別是對於這樣一支地方觀念極強的部隊。

接着，設計將可能拒絕起義的非滇系的暫五十二師師長和團長，活捉軟禁。

隨即掉轉槍口，向新七軍設防。

10月18日天亮，以中山路（今斯大林大街）為界，駐守西半城的新七軍驚駭地發現，對面東半城已經不是形容枯萎的六十軍，而是神采威揚的八路了。

新七軍隨之宣佈投降。

長春，從「六點半」啟動了。

從國民黨到共產黨，曾澤生都是中將軍長。

從西南到東北，只道是滇軍打共軍，借共軍滅滇軍，誰會想滇軍變共軍？

又有誰曾想：成為階下囚的國民黨軍，在監獄中保得了性命，當年雄姿英采的共產黨將軍，卻成了一場「大革命」的對象，有的慘死，有的殘廢？

人生之旅，命運之船，榮辱浮沉，誰能料得？

而當長春和自己的命運都停在了「六點半」時，曾澤生無疑是做了一次選擇。

無論如何，對於長春那些還在勉強地做着呼吸運動的草民百姓，實實在在，曾澤生的選擇是善事義舉。

活躍的「內線」

共產黨的地下工作，是必須寫一筆的。

早在紅軍長征時期，共產黨就向滇軍派遣了一些黨員。抗戰期間又陸續派進，建立了地下黨組織。六十軍起義後，曾澤生恍然大悟：我身邊竟有這麼多共產黨呀！

遠見卓識的共產黨人，是與人奮鬥的大師。

內戰初起，滇軍佔黑土地國民黨軍隊的三分一。針對這種情況，共產黨從延安抽調一批雲南籍幹部闖進關東，打入滇軍內部。

延安黨校學員劉浩，曾長期在雲南做地下工作。妻子祿時英，和九十三軍軍長盧浚泉都是彝族，又是本家親戚，而盧浚泉又是盧漢的叔叔。通過這種關係，劉浩同龍雲、盧漢、盧浚泉、張沖、隴耀等雲南軍政要人，都有接觸和交往。為了駕取龐大的戰爭機器，共產黨人把一大批身懷各種技藝的文武高手聚集在自己的旗幟下，隨時都能向任何一條戰線出擊。

不會説東北話的劉浩，穿越戰線時扮成個啞巴。一進入滇軍，一口純正的滇地鄉音，就像「少校軍需官」身份一樣便利。處於冬眠狀態的地下黨，很快恢復了活力。煽風點火，洩氣搭橋，爭取骨幹，發展黨員。地下黨組織像雪球一樣越滾越大，掌握了幾個團的帶兵實權。

隨着戰局發展，策反工作也越來越活躍和富有成效。

彝族漢子隴耀，性格直爽，敢作敢為，受不了嫡系的氣，經常口出怨言。六十軍收縮吉林途中，暫二十一師遭截擊，傷亡過半。他逃進吉林，閉門不出，借酒燒愁。正在這時，共產黨代表和隴耀的親戚劉浩，帶着林彪和潘朔端的親筆信，登門拜訪了。後來曾澤生決定和組織起義時，隴耀起了重要作用。

這邊曾澤生派人聯絡起義，那邊內線送來敵人要突圍的情報。一兵團有的領導認為這是陰謀。劉浩以一個特工人員的經驗和機敏，判定六十軍起義是瓜熟蒂落，勢在必行。並主動要求進城，與曾澤生商談。

拜訪隴耀去得還是時候。

那是稍有失誤就要掉腦袋的。

自然，他們並不光策反。

吉林和長春城防工事，兵力部署，官兵心態，都化作各種圖形和文字，送出城去。隴耀那次遭截擊，就是一份情報所致。動之以情，曉之以理，是以實力和嚴酷的現實為後盾的。

而在更廣闊的背景上，精明的共產黨人簡直無孔不入。

隱蔽在瀋陽「剿總」、空軍司令和軍運指揮所的「內線」，將國民黨各個時期的作戰計劃、城防要圖、兵力配備、軍事運輸、糧食供應、密碼、口令等等，相繼送出。國民黨密碼不斷變換，每次都被獲知。有的譯電員就是「內線」。而共產黨的密碼，當年難住了日本人，如今又叫國民黨一籌莫展。

攻打錦州前，「內線」就從錦州市政府軍事科複製出城防工事圖。東進兵團陸續開到葫蘆島，番號、兵力編制和火器配備情況，就陸續到了「東總」。西進兵團未出瀋陽，行動日期、路線和作戰企圖，林彪就知道了。

朝氣蓬勃的共產黨人，與其說是在駕馭戰爭，倒不如說是在駕馭國民黨。

筆者幸運又興奮地找到當年「東總」負責情報工作的一位老人。老人笑吟吟地說他甚麼都知道，但這是絕密。我說已經過去四十年了，有些情況是不是可以談談了？笑吟吟的老人，笑吟吟地堅決不談。

第三一章：「兵不血刃」

長春和廣島，死亡人數大致相等。

廣島用九秒鐘。

長春是五個月。

百姓夾在中間

長春是在淪陷期間膨脹起來的城市。

「九・一八」後，日本集中一批國內一流專家，採用歐美式建設理論，到長春進行規劃設計。綠化系統，既吸收了霍德華的田園城市理論，又注意到整體環境。新區採用分流制的排水系統，以保持公園綠地流水清潔，利用天然溝渠造成藉助於地形的綠化帶。主要幹道採用電力、電訊、照明線路地下化，新住宅區設置電力路線走廊。為適應三十年代城市交通方式，採用平面環狀交叉，設計了許多圓形廣場。

人口也由「九・一八」前的15萬，劇增到「八・一五」前的70萬左右。其中日本人為14萬。

長春圍困戰前，居民為50萬左右①。

五個月圍困，全城700餘萬平方米建築，230萬平方米被破壞。一切木質結構部份，大到房架、小到交通標誌牌，乃至瀝青路面，或用於修築工事，或充作燃料，而一切可以當作食物的東西，如樹皮、樹葉之類，都被盡情地送入口中，化作維繫呼吸運動的熱量。

戰後，長春只剩下17萬人。

一是存有幻想，二是顧及軍心士氣面子，圍困之初，國民黨不准百姓離城。尚傳道提出「人人種地，日日練兵」，號召軍民同舟共

① 有的資料說是40萬，有的說是60萬。

濟，保衛長春。鄭洞國講台灣正在訓練大批美械新軍，即將開赴東北大舉反攻，只要守住半年左右，大局就能扭轉。

幻想成為空想，口號只是口號。即便人手一把鋤頭，掘去瀝青的馬路能長莊稼，也得等到秋後才能吃到嘴裏，而存糧只能吃到7月底。50萬張嘴，成了國民黨的沉重負擔。

7月下旬，蔣介石致電鄭洞國，從8月1日起，疏散長春哨卡內人口，只准出卡，不准再進。

共產黨早已森嚴壁壘。6月28日，一兵團政委蕭華在圍城政工會議上說：

> 敵人疏散人口的方法，可能有以下幾種：一、強迫逼出，二、組織群眾向我請願，三、搞抬價政策，收買存糧，逼得群眾無法生活不能不外逃，四、出擊護送群眾出境。因此我對長春外出人員一律阻止，但不能打罵群眾，縱有個別快餓死者須要處理時，也要由團負責，但不應為一般部隊執行，更不能成為圍城部隊的思想。①

8月17日，一兵團副政委兼政治部主任唐天際，在圍城部隊高幹會議上的報告中說：

> 在圍城時期，基本上還是執行圍困封鎖，禁止人民與長春市之來往，禁止與長春之貿易關係。但在我警戒線附近，因蔣匪之搶掠驅逐與強制疏散而奄奄待斃之饑民很多，死亡率很大。這些人已經不可能回到長春市內增加敵人之負擔，故我們還是必須加以救濟。這對我們的政治影響及部隊的影響是很大的。關於放出與救濟這些難民有以下幾個原則：
>
> 甲、難民已進入警戒線內及警戒線外附近之地區，或我軍攻佔之地區，對是飢餓死亡很嚴重者，放出或予以就地救濟，至於城內及敵乘隙新疏散出來之難民則暫不能救濟，待調查之後聽候

① 《長春黨史資料》，89、90、99、100頁。

處理，對於尚存有糧食，或將存糧出賣者不予放出。

乙、不是大肆號召及整批自流的放出，而是在部份地區（即指定一定的放行之道路）採取部份的放行，故可先派工作人員進入難民地區進行調查，將真正的難民予以組織，告以放行之時間地點，並予以證明，每一期預計放行之數目要先期報告，以使準備救濟。

丙、在放出之難民中，工人與學生可以吸收者經難民處理委員會轉至適當地點收容，但不是號召城內工人學生都出來。對於真正有特殊技術之人才，可以號召爭取其出來，亦送處委會。①

9月9日，「林羅劉譚」在給毛澤東的報告中說：

我之對策主要禁止通行，第一線上五十米設一哨兵，並有鐵絲網壕溝，嚴密接合部，消滅間隙，不讓難民出來，出來者勸阻回去。此法初期有效，但後來飢餓情況愈來愈嚴重，饑民便乘夜或與白晝大批蜂湧而出，經我趕回後，群集於敵我警戒線之中間地帶，由此餓斃者甚多，僅城東八里堡一帶，死亡即約兩千。八月初經我部份放出，三天內共收兩萬餘，但城內難民，立即又被疏散出數萬，這一真空地帶又被塞滿。此時市內高梁價由七百萬跌為五百萬，經再度封鎖又回漲，很快升至一千萬。故在封鎖鬥爭中，必須採取基本禁止出入，已經出來者可酌量分批陸續放出，但不可作一次與大量放出，使敵不能於短期內達成迅速疏散。如全不放出，則餓死者太多，影響亦不好。

（二）不讓饑民出城，已經出來者要堵回去，這對饑民對部隊戰士，都是很費解釋的。饑民們對我會表不滿，怨言特多說：「八路見死不救」。他們成群跪在我哨兵面前央求放行，有的將嬰兒小孩丟了就跑，有的持繩在我崗哨前上吊。戰士見此慘狀心腸頓軟，有陪同饑民跪下一道哭的，說是「上級命令我也無法」。更有將難民偷放過去的。經糾正後，又發現了另一偏向，

① 《長春黨史資料》，89、90、99、100頁。

即打罵綑綁以致開槍射擊難民，致引起死亡（打死打傷者尚無統計）。①

比之草民百姓的命運，人世間的一切苦難都黯然失色了！

白骨之城

「兵不血刃」的長春之戰，把手無寸鐵的老百姓推上第一線。

尚傳道在回憶錄中寫道：「根據人民政府進城後確實統計，由於國民黨『殺民』政策，餓、病而死的長春市民共達十二萬人。」②

10月24日，南京《中央日報》在一篇《長春國軍防守經過》中寫道：「據最低的估計，長春四周匪軍前線野地裏，從6月末到10月初，四個月中，前後堆積男女老少屍骨不下十五萬具。」

長春變成不折不扣的死城，餓殍之城，白骨之城！

天塌了

六十七歲的宋占林老人，離休前是長春市二道河子區城建局環衛科長。

老人說：

1948年春節前後，吉林和周圍城鎮有錢人都往長春跑，中農也跑，大車、爬犁絡繹不絕。國民黨宣傳共產黨「共產共妻」，「流血鬥爭」，都害怕。長春一下子就變擠了，住房緊張，煤柴緊張。穀草最貴，一斤穀草換幾斤大豆。跑進城的難民都有馬。那時糧食還不見緊張，大豆有的是，都用豆餅、大豆燒火做飯。我家也是，鍋上鍋下都是糧食。天化時就不大行了。先是把黃豆磨成麵吃，不消化，胃受不了。難民殺馬，烤馬肉吃，像現在街上烤羊肉串兒似的。最先餓死的不少是難民，和進城謀生計的手藝人。

我就這二道河子生人。父母，弟兄四人，四個妯娌，三個孩子。我們兄弟身強力壯，我和大哥是木匠，二哥是銅匠，在貧民區中算中

---

① 《瀋陽軍區歷史資料選編》，150、151頁。

② 《遼瀋戰役親歷記》，403、404頁。

上等人家。就這樣，十三口之家也死了四口：父親叫流彈打死了，孩子全餓死了。

朝陽區東朝陽路九居民委員會主任李素娥老人說：

那時，我家住在老虎公園（今動植物園）北門。一家八口，父母和六個孩子，我是老大，那年十六歲。父親在南嶺運動場畫跑道圈，原來就病懨懨的，最先餓倒的，接着是大弟弟。男人不經折騰，女人抗勁兒。我們家全靠我折騰了。爹媽常說：是素娥救了一家人哪！

我們7月中旬斷糧，吃野菜、樹皮。先扒榆樹皮，扒掉老皮要裏面那層嫩的，黏黏乎乎挺好吃。後來甚麼樹都扒，老皮也吃。長春樹多，夏天馬路上不見陽光，都是陰涼。都扒光了，白花花的。

我有個二姨叔叔，在「六十熊」一個特務連做飯。偽滿時，爹媽賣隻二百多斤豬，給他娶的媳婦。媽說：三年大旱餓不死廚子，你去看看能幫點不。進屋就見鍋裏煮着大米飯，二嬸拿鍋蓋就蓋上了。二叔說：你吃一碗吧。我恨不能把頭都拱進鍋裏，一想到爹媽和弟妹，就說給兩碗我拿家去吧。二嬸臉不是臉，鼻子不是鼻子，說我們今晚就揭不開鍋了，還給你拿家去？我媽哭着說：這年頭沒親戚啦！

我家房後有塊地，頭年種點穀子，吃了些，裝了三枕頭。藏着掖着，尋思不到快餓死時不能動。鄰居有兩個姑娘和國民黨不正經，不知怎麼叫她們知道了，來幾個「六十熊」，硬給搶走了。一家人哭啊。爹說：這是命，遇上小人了！

說到頭，還是空投大米救的命。

得拿命換。

老虎公園是個空投點，飛機一來就掉糧袋。盡是大米，南方大米，東北人叫「線米」。飛機一響，國民黨就戒嚴。看不住。老百姓早準備好了，哪兒都藏人，空投也不都那麼準。老百姓搶，國民黨就開槍。開槍也搶，用小刀劃開袋子，摟些就跑。有的見到糧食就往嘴裏抓，甚麼都不顧了，也忘了，槍打刀扎，就那麼抱着糧袋不放，槍打死的，人踩死的，每天都有。我們家人祖祖輩輩都膽小，可人到了那份上也就沒甚麼膽小膽大的了。媽甚麼也捨不得吃，總讓我吃個半飽，說你是咱家頂樑柱呀。我哪吃得下呀？走路打晃，動一動就冒虛汗。可一看糧袋掉下來，勁就來了。白花花的大米撈在手裏，那是全家人的命呀！

有個姓劉的姑娘，比我大一歲，叫糧袋砸死了。離我不到十米遠，砸得扁扁乎乎的。

朝陽區義和路居民張淑琴老人說：

一天，我坐在炕上哄孩子，喀嚓一聲，一袋糧食掉下來。還沒明白怎麼回事兒，吵兒巴火進來幾個國民黨，都是新七軍的。魂兒都嚇飛了，沒聽見他們問甚麼。翻一大陣子，糧袋砸穿房蓋掉在天棚上了，正在我們娘們孩子頭頂上。是炒黃豆。他們就罵，說吃黃豆拉稀腸子都快拉出來了，大老遠的還送這破玩藝兒，嘴裏這麼罵，那眼睛瞪得「大眼賊」似的，掉進牆裏的也摳出來。

國民黨有搜糧隊，一斤半斤也拿走。我們家來過一次，翻得碗朝天，瓢朝地，用鐵釬子往地下捅。

有天來個兵，翻出幾個大餅子。我哪能撕巴過他呀，就說：你看看我那孩子吧，小貓小狗也給留條小命吧！他還有點良心，給留下兩個。

那年我二十五歲，三個孩子，大的六歲，小的一歲。唉，哪還叫孩子呀，猴啥樣他們啥樣。小女兒就那麼餓死了。吃奶孩子沒聽說有活過來的。再困個把月，就全完了。

李素娥：

拿命換點大米不敢吃，拿去換糠、麴子、酒糟甚麼的，讓全家人餬口，搶大米不能拿麵袋，得用筐，不顯眼。後來筐也不行了，就穿個大布衫子，裏面縫些兜。去市場賣大米也一樣。一次叫幾個「六十熊」發現了，說我是「大米販子」。就二斤大米。我抱住不放，在地上打滾。他們拽我去督察處。我不知道他們怎叫「六十熊」，也不明白這「督察處」是幹甚麼的。旁邊人說：你就捨了吧，去督察處就沒命了。一個同學見了，跑回去報信。爹媽來了，給他們磕頭，一口一個「長官」，「老總」，說孩子小，不懂事。高抬貴手開開恩。有個兵是遼南人，我們老家也是遼南，聽出是老鄉，就說到他們家看看再說。五個弟妹一水水躺在炕上，有出氣沒進氣樣兒。沒說甚麼，把那二斤大米拿走了。身上打得青一塊、紫一塊的，爹媽抱着我哭。

有一次賣大餅子，糓子、樹皮和麴子做的。想賣點錢，最好是換點藥，給爹和弟弟治病。吃點飯立刻就精神了，那算甚麼病呀？可人就是那麼怪。媽說，你上街還不叫人撕碎了呀！那時賣吃的，一個人賣，幾個人看着。怕搶。不少賣大餅子的，把命都搭上了，我出門沒走多遠就讓人搶了，邊跑邊吃。我追上個死人幌子樣的人，他已經吃光了。我蹲在那兒哭，他傻乎乎地看着我，站那兒也不跑了。

現在這人認錢。假藥，假種子，假化肥，甚麼都慘假，要錢不要良心。我們這茬人講名聲，講信用，講仁義。可他搶我大餅子，我搶國民黨大米，就是沒了禮義廉恥嗎？弟妹們吃東西我都不大敢看，一看心裏就癢癢，嗓子眼恨不能伸出個小巴掌。一些人是看見吃的，身不由己就上去搶了。

有人給我保媒。甚麼「保媒」，「結婚」的，就是換大餅子。和我大小的姑娘，不少都換了大餅子，換給郊區農民。孟家屯，就是現在第一汽車廠那兒，不管多大年紀，還是瞎子、瘸子，光棍都娶的小媳婦。我在電車公司工作時，幾個師傅都是小媳婦。

東西不值錢，錢不值錢，金子不值錢，人不值錢，幾個大餅子就領走一個大姑娘——就認吃的。

宋占林：

剛解放時我當街道幹部，沒少處理這類離婚案。結婚為口飯，有飯吃馬上不幹了。政府政策是能過就過，不能過不硬捏。長春藥廠一個女的，有孩子了，非離婚不可。男的不幹，丈母娘說幾句不中聽的，就把丈母娘殺了。

李素娥：

每天都餓死人。死在家裏的不知道，路邊越來越多。我在南關永安橋頭賣大米，身後咕呼一聲，一個老頭就倒那兒了。灌口米湯就能活過來。有收屍隊，一路撿，往車上扔，說「餵狗」。狗吃人，人吃狗，那狗才肥呢。

宋占林：

死人最多的洪熙街和二道河子。洪熙街甚麼樣子沒見到，二道河子十室九空。

開頭還弄口棺材，接着是大櫃、炕蓆甚麼的，後來就那麼往外拖。也沒人幫忙了。都死，誰幫誰？拖不動了，就算到地方了。有人拖不動了，坐那兒就動不了了，也死那兒了，最後也沒人拖了。炕上，地下，門口，路邊，都是。有的白花花剩副骨架，有的正爛着，剛死的還像個好人。大夏天，那綠豆蠅呀，那蛆呀，那味兒呀。後來聽城外人説，一颱風，十里、八里外都薰得頭痛。

我們家附近沒一家不死人的。同院的王青山，五口剩一口。西邊何東山，也是五口剩一口。前院一個姓曾的木匠，七口人剩個老伴。「楊小個子」一家六口，剩個媳婦。後邊一家「老毬兒」（東北稱闖關東的河北人為「老毬兒」），六口全死了。

舊曆8月初，我臨出哨卡走到現在膠合板廠那兒，想喝點水。一家門窗全開着，進去一看，十多口人全死了，炕上地下，橫躺豎臥。坑上有的還枕着枕頭，女的摟着孩子，像睡着了似的。牆上一隻掛鐘，還「嘀嘀嗒嗒」走着。

開頭見死人掉眼淚，頭皮發炸。後來也害怕，不是怕死人，是覺得自己早晚也是這條道。再往後見了打個唉聲就過去了，再往後連個唉聲也不打了，也不把死當回事兒了。

解放後，熟人見面就問：你家剩幾口？就像現在問：你吃飯了嗎？

解放後第一件事就是「救生埋死」。「救生」就是給活着的發糧食，「埋死」就是埋死人。我參加「埋死」了。幹一天給五斤高粱米，幹了個把月。全城都幹，全民大搞衛生運動，不然發生瘟疫更了不得。挖個大坑，把鋼軌甚麼的架上，屍體放在上面燒。大部份是埋的。有的集中一起挖個大坑埋，有的隨處挖坑就埋了。前院姓曾的一家都爛炕上了，拿不成個了，唉，別説了。第二年看吧，凡埋死人的地方都不長草，那地太「肥」了。

吉林省軍區原參謀長劉悌，當時是獨八師一團參謀長。

老人説：

獨八師當時就在二道河子執行圍困任務。通信員説有個老太太，把餓死的老頭的大腿煮吃了，吃了也死了。團長吳子玉是個老軍人，説哪能有這種事。通信員説，不信我領你去看看。進去一看，鍋裏還剩條大腿。團長回來跟我説，那天都沒吃飯。

宋占林：

我出哨卡前，看到路邊一個人兩條大腿都剔光了。早就聽説有吃人肉的，還不大信。那肉是刀剔的，不是狗啃的。那時早見不到狗了。

1955年，我當區機關黨委書記時，有個挺好的黨員發展對象，向黨交心，説他那時吃過人肉。那還能入黨嗎？

最叫人揪心的是孩子。

不少人都把孩子扔了，扔到馬路邊上，希望有錢人能抱走撿條命。現在的東盛小學，當年就是學校，二道河子這片那兒最多。大都是五歲上下，有的拉拉巴巴剛會走，張着小手「媽呀」、「媽呀」叫，爬到馬路上的，爬進學校的，那個小樣呀！叫不動了，就歪在那裏，慢慢就死了。活着的還在那兒爬，啞着嗓子叫「媽」。人們都不敢往那兒去。每天都有送的，聽説真有叫人抱走的。

張淑琴：

我在吉林大路那兒見過，披個小被，在那兒哭得泥人兒似的。看一眼趕緊跑。自己孩子都餓死了，抱回來不也是個死嗎？

六十五歲的于連潤老人，退休前是朝陽區孔雀理髮社工人。

老人説：

二道路那兒扔些小孩，一場大雨全淋死了，小肚子灌得鼓鼓的。唉，別説這個了，一説這個就想起我那死去的孩子。真作孽呀！

我那時候就理髮。餓得那樣，也有人理髮。甚麼人那時候還能想着理髮呢？

有錢人到甚麼時候都有錢，餓死的都是窮人。

張淑琴：

新七軍的官太太穿旗袍，抹口紅，坐人力車，後邊跟好幾個護兵。有的軍官挎兩個太太壓馬路。人和人不一樣。

永春路的「老藏生」食品店一直營業。你想想，那掌櫃的會是甚麼人物？

李素娥：

南關永安橋頭有家炸大果子的，那個香呀，一走到那兒就拔不動腳了。不要錢，用金銀首飾甚麼的換，那財發的呀！吃的都是當官的和有錢人，也沒見有人搶。一般人就是有油有麵，你炸個試試？

宋占林：

逃進城的地主富農也餓不死，他們組織保安隊，老百姓叫「鬍子隊」。國民黨不發糧餉，吃穿全靠搶。搶還有名堂，今天這個「捐」，明天那個「稅」，可把地皮刮完了。

于連潤：

那時咱就尋思呀，你國民黨和共產黨有仇，咱老百姓招誰惹誰了，要遭這種大難？可尋思這個有甚麼用？誰把咱草民百姓的命當命……

10月15日，鄭洞國的晚飯是四菜一湯。

尚傳道説：「沒聽説有餓死士兵的事。」①

「不給敵人一粒糧食一根草，把長春蔣軍困死在城裏！」

困死的都是百姓。

真空地帶

偽滿時期，日本人在城邊修了條環城公路，老百姓叫「圈道」。

圍城期間，這條圈道成了國共兩黨之間的真空地帶，老百姓叫「卡空」。

國民黨往外趕，共產黨往回堵，老百姓大都是夾在「卡空」裏餓死的。

高秀成老人的夫人譚文姝，當時是長春大學（現吉林大學）法律系學生。

老人説：

長大早就停課了，門窗都沒了，桌椅砸壞了。學生分兩派，辯論，寫大字報，像「文化大革命」似的。國民黨特務動輒抓走進步學生，有的抓走就沒影了。我哪派也沒參加，像「文化大革命」中的逍遙派。

我是6月份出城，比較早。那時國民黨還不讓出城，老百姓大都未想到往外跑。我哥哥明着是國民黨長春市專員，實際是咱們的地下黨，當時我不知道。後來想，他大概知道圍城不是短時期的，所以讓我們趁早走。

天沒亮，就和姐姐、姐夫一家動身了。姐夫是市立醫院（今第二軍醫大學）內科醫生。同行的還有幾個醫生，都帶着家屬、孩子。約定在二道河子街頭集合，會齊了就走。我領着姐姐的大孩子，姐姐抱小的，姐夫揹着東西。我甚麼也不明白，挺害怕，又覺得挺神秘的。國民黨卡子好像沒怎麼盤問，共產黨那邊有人接，都是我哥聯繫的。不敢走大路，就在草棵子裏蹓。草棵子裏有不少死人，把我嚇的呀，

---

①《遼瀋戰役親歷記》，403、404頁。

心「嘣嘣」直跳。

朝陽區武裝部政委錢富永說：

外逃主要是三個口子：東邊二道河子，出去奔吉林；西邊洪熙街，奔公主嶺、瀋陽；再就是北邊的宋家窪子。我們家是從洪熙街附近出去的，西紅柿剛有點紅的時候。夜裏，黑黑的，從草棵子裏爬過去的。那時還不太嚴。

宋占林：

我跑了三次。第一次是7月，出二道河子五里路到靠山屯，天亮了，叫兒童團發現了。一看就明白是從城裏跑出來的。十多個小孩，管我要路條，沒有就讓回去，可認真了。第二次想從卡子過上溜過去，又給抓住了，不打不罵，反正怎麼商量也得回去。光有路條也不行，還得有老婆孩子。兩次都帶着老伴和孩子，若是我一個人非扣住不可。

開頭出不去還能回來。後來國民黨准出不准進，出不去就只有夾在「卡空」裏等死了。

那也跑。豁出去了。怎麼也是個死，往外跑還能有點指望。

我們家是分四批走的。弟弟和弟媳第一批，我第二，二哥和母親第三，母親走時大哥還在家守着。哥四個各奔它鄉。我和老伴在「卡空」裏呆三天出去了。

于連潤：

我們家在「卡空」呆十多天才出去。

臨走買輛推車，把點破爛裝上。把點黃豆、糠、麴子都做成大餅子，帶上。頭道卡子是國民黨，挨個搜，不要錢要東西，貴重東西和吃的。人家有經驗，再裝，有錢人也能瞅出來。看我那樣兒，翻幾下一揮手讓走了。有錢的不行，不拿出好東西不讓過。

「卡空」裏那人哪，男男女女，老老少少，坐着的，躺着的，也分不清是死是活。瞅着那樣兒，腳下就有點軟了。咬咬牙，硬着頭皮，還是闖。

「卡空」裏「鬍子」多，搶吃的。一口井他們霸着，怕老百姓給喝光了。莊稼地也霸着，誰也不准進。白天晚上打槍。我有個侄女婿不聽邪，也是餓急眼了，晚上想弄點毛豆，去了再沒回來。人們擼樹葉子吃，成牲口了。樹沒皮沒葉，草剩個稈，有的地方稈也不多了。嘴都吃綠了，人都吃綠了。

一家一堆，擠擠匝匝的。有的偎在破房茬子裏，大都在露天地呆着。鍋呀，盆呀，車子，被子，活人，死人，到處都是。8月，正是最熱的時候，日頭那個毒呀。突然下起大雨，活的淋得像塌窩雞崽子，死的泡得白白胖胖。就那麼放着爛着，骨頭白花花的。有的還枕個枕頭，骨架子一點兒不亂。

人餓了，開頭腳沒根，渾身直突突，冒虛汗。餓過勁了就不覺餓了，暈暈乎乎，飄飄悠悠，像騰雲駕霧似的，不覺得難受了，也不怎麼想吃甚麼了。可一看到能吃的東西，立刻就想吃，就想搶。不少死人身邊都光溜溜的，一根草都沒有。能説話時，一聲又一聲聽不出個個數，一聲聲都像是「餓呀」、「餓呀」。沒聲了，眼睛有時還睜着，望天望地，半天不眨一下，甚麼表情也沒有。慢慢地，眼睛再也不睜了，還喘氣兒，像睡着了，這就快了。快了也能挺個一天兩天的。人命可大了，像燈油不熬乾不死。有的瞅着還像笑模悠悠的，更嚇人。

趕上毒日頭，那人一天功夫就發起來了。腦袋有斗大，屁股像小鼓似的，眼瞅着發，先綠後黑。一會兒「啪」的一聲，又悶又響，肚子爆了。白天晚上都響，夜靜聽得最清。這一聲，那一聲，有的就在身邊響。鼻子早就聞不出甚麼了，可那一聲響過後還是受不了，沒聞過的想像不出那味兒。

在「卡空」裏熬過十天的人不多。老天爺照應，那幾個大餅子過卡子沒翻去，「胡子」也沒搶去。不能讓誰看見，天黑時偷偷掰點吃。這麼對付有十天，又吃兩天草和樹葉子。渴了喝雨水，用鍋碗瓢盆接的。這些喝光了，就喝死人腦瓜殼裏的，都是蛆。

就這麼熬着，盼着，盼開卡子放人。就那麼幾步遠，就那麼瞅着，等人家一句話放生。卡子上天天宣傳，説誰有槍就放誰出去。真有有槍的，真放，交上去就放人。每天都有，都是有錢人，在城裏買了準備好的，都是手槍。咱不知道。就是知道，哪有錢買呀！

張淑琴：

我們在卡子前排隊，推車一個接一個。八路在隊伍兩邊來回走。邊走邊説：誰有槍、子彈、照相機，交出來就開路條出卡子。老百姓吵吵嚷嚷的，説甚麼的都有——那些話呀，説不得……

平時在「卡空」裏都不吱聲。兩邊便衣挺多，還有「胡子」。那時那人都老實，怎麼擺弄怎麼是，像小貓似的。也是餓得沒精神，不想說了。

我們家是9月16號那天走的，在「卡空」呆一宿就出去了。是託了我老伴的福。他是市立醫院X光醫生，那邊缺醫生，講明白就讓過去了，挺痛快。不知道有這條，不然早走了。

宋占林：

我運氣也挺好。在「卡空」裏呆兩天，碰上個小時候在一起撒尿和泥玩的伙伴，小名叫「來順」，姓王，前街的。他當八路了在卡哨上，挎個木頭匣子槍進來偵察。他問我他家人怎樣了，我說全沒了。他蹲那兒就哭，嗚嗚的。哭一陣子，我說你看我和你嫂子怎麼辦哪？他抽抽嗒嗒地說有命令，你們這片不放，明天放「馬車地號」的，你跟他們走。「馬車地號」都是趕車拉腳的人，叫這麼個名字。若不碰上他，八成沒今天了。

于連潤：

我是一沒熟人，二哪也不缺個剃頭匠，甚麼門也沒有，只有硬挺乾熬。一塊兒來的不少都完蛋了，我也快不行了，就準備讓人聽個響臭塊地了，發了個救命的「難民證」[①]。這個謝天謝地呀，出去沒幾天又回來了——長春解放了。

---

①這個「難民證」，老人保存至今。正面為：

難民證

茲有自長春逃出難民于連潤等四人，經審查後，准予分散謀生，沿途崗哨查驗放行為要。

年齡40　　性別男

住址長春二馬路8號　　職業商

分散地點范家屯　縣　區　村

行程　自9月17日起　至9月20日止

發糧黃豆四斤

長春難民處理委員會發（此處蓋有「長春難民處理委員會」公章）

民國三十七年9月1日

背面為難民紀律

1. 在指定時間內，到達指定地點。
2. 到指定地點後，向當地政府報告，並服從管理。
3. 不得造謠生事及一切破壞行為，違者繳銷難民證，並予以處罰。
4. 沿途不得偷竊食物，如包米土豆等，及一切擾亂社會秩序行為。

出哨卡就有吃的。稀粥，麵不麵，糙子不糙子，一人一大碗。不能吃乾的，胃受不了。有人喝光了還要，不給就搶，撐死了。

李素娥：

我有個舅舅，還有個姨姨和姨丈，都是出卡子後撐死的。

我們家也準備出去了，推車甚麼的都準備好了。第二天天剛亮。爹說素娥你快起來，這槍口怎麼都對上咱們了？我一看，可不是怎麼的。我說國民黨要殺人了。爹說：不對，有變。後來才知道，「六十熊」起義了。

八路進城就發糧，大車呼呼朝城裏運。我去扛回40斤。別看走路都打晃，再給40斤也能扛回來。飯做好了，媽還捨不得吃。我說這日子過去了，共產黨來了就好了。媽捧着飯碗，眼淚噼哩啪啦往下掉，說：老天爺呀，可算活過來啦！

1987年，美國得克薩斯州一所保健學院的教授，對43.2萬人的死亡時刻進行數理統計，發現死亡率最高的時刻，為每天凌晨4時至7時。

對於廣島，死亡率最高的時刻，無疑是1945年8月6日。

對於血城四平，死亡率最高的時刻，是1947年7月14日至26日。

對於死城長春，死亡率最高的時刻，是1948年5月至10月。

一座城市，因戰爭而活活餓死這麼多人，古今中外，絕無僅有！

歷史如是説

當戰爭以鐵與火與血的方式，在四平，在錦州，在遼西吼嘯、撲打時，從綠春到金秋，長春150個黎明和黃昏靜靜悄悄。

於是，關於這場圍困戰的文章，幾乎都寫着「兵不血刃」四個字。

當暫五十二師師長李嵩弟弟的妻子被送進城去，接着又送去失散的孩子，闔家團圓時，草民百姓開始家破人亡，一個個嬰兒被扔到街頭號泣。當六十軍副官處長張維鵬等人的妻子兒女，被優待送出哨卡，並在沿途受到關照時，沒有槍和照相機的芸芸眾生伴着纍纍白骨，成群結隊地跪在哨卡前，苦苦哀求放生救命。

這就是：「兵不血刃」！

孫子說：「是故百戰百勝，非善之善也；不戰而屈人之兵，善之善者也。」

不戰而屈十萬守軍，實為「善之善者也」。可對於草民百姓的遍地餓殍和白骨呢？瞬間的屠殺與慢慢地餓斃，其間有殘忍與人道之分嗎？

血肉橫飛也好，兵不血刃也好，任何形式的死對於生命本身都是相同的。而同是生命的消亡，唐山大地震，南京大屠殺，長春圍困戰，自然界的災難與人類的殺戮，侵略者的屠刀與骨肉同胞的相殘，是一樣的嗎？

那位持支木頭匣子槍的圍城的「來順」，一家人不也就剩他一個了嗎？

流血的政治演化成這種不流血的政治，那就是最殘酷、最野蠻的戰爭了！

長春一些老人說：打記事起，我們這疙瘩就沒得好過。「小鼻子」欺負咱，「大鼻子」糟害咱，「小鼻子」才狠呢，「大鼻子」才壞呢。好歹把這些畜牲盼走了，折騰得更厲害！外國人不把咱中國人當人，中國人怎麼也不把咱老百姓當人呢？

當年參加圍城的一些老人說：在外邊就聽說城裏餓死多少人，還不覺怎麼的。從死人堆裏爬出多少回了，見多了，心腸硬了，不在乎了。（有的老人說：那時候那人好像已經不知道甚麼叫「驚訝」了。）可進城一看那樣子就震驚了，不少人就流淚了。很多幹部戰士說：咱們是為窮人打天下的，餓死這麼多人有幾個富人？有國民黨嗎？不都是窮人嗎？

沒參加圍城的部隊，看到出來的難民人不人、鬼不鬼的樣子，也這麼說，這麼想。

圍城初期，有人在圍城政工會上講：「要將老百姓的飢餓貧困的罪過歸到敵軍及敵政府身上，擴大他們與群眾的矛盾，孤立敵人。」①

後來的回憶錄，對此或避而不談，或一筆帶過：「當然，長時間

① 《長春黨史資料》，92頁。

圍城，也給城市人民帶來一些苦難。」①

有人說：活活餓死那麼多人，太「那個」了，不好說呀！

如今一個人質，會把首相、總理、總統折騰得寢食不安，使出渾身解數，通過各種途徑進行斡旋，解救。這充份顯示了一個民族和人類的人道、人權、尊嚴、價值和文明進步的自主意識。當此稿正修改到這裏時，被困在阿拉斯加海冰區的三條倒霉的灰鯨，成了人類的寵兒：世界上最大的「星系C5型」軍用飛機被調往那裏，一條大型破冰船為牠們開出條八公里長的水道，兩架「天鶴」式直升飛機整天在上空盤旋，花費達數百萬美元。其實，這種從1946年起受保護的灰鯨，由於數量驟增，十年前已經允許適量捕殺了。

若說講這些太遠了，電影《莫斯科保衛戰》中有個鏡頭挺近的：當一座城市（名字記不得了）被德軍包圍，紅軍準備血戰到底時，指揮員命令老人和婦女、兒童：為了俄羅斯，你們立即出城向敵人投降！

在「兵不血刃」的長春，誰應對無辜百姓的纍纍白骨負罪呢？

歷史說：這是戰爭。戰爭就是人殺人，人吃人。為達目的，戰爭是不擇手段，不顧一切的。

歷史說：只要是戰爭，平民百姓遭難就是難免的。眼睜睜活活餓死這麼多人是太「那個」了，從這種聳人聽聞的殘酷、野蠻行徑中，正可以了解和透視中國歷史和這場戰爭的淵源、特色。

歷史說：歸根結柢，是誰發動了這場內戰，他們為甚麼能夠發動起這場內戰，中國的老百姓為甚麼只能像羔羊一樣束手待斃？

歷史還問：如果再發生一場內戰，誰敢保證中國不會出現長春第二？

遼瀋戰役前，戰爭中軍民比例是二兵一伕。

遼瀋戰役期間，直接用於支援前線的民工達160萬人，一兵二伕。

錦州戰事正烈，廖耀湘兵團攻佔彰武，將後方補給線切斷，前方糧草、彈藥和被裝供應不上，特別是油料短缺，汽車大部停駛。遼西和熱河人民，人揹馬馱駱駝運，將油料送到前線。又從奈曼旗到北

---

① 1987年第1、2期《黨史資料研究》，26頁。

票，日夜搶修出一條700多里的公路，基本保證了前線供應。

黑山阻擊戰中，民工修工事，運彈藥，揹傷員，送飯菜。一座不到萬人小縣城，出動130萬個工日。

三年內戰中，有多少民工倒在黑土地上？

僅一場黑山阻擊戰，就倒下400多人。

冬季攻勢和四保臨江、三下江南，雪白，血紅。最刺眼的，就是一具具穿黑棉襖的遺體。

推着車，挑着擔，抬着擔架的人民，直接投入戰爭，一直走到天津城下。

送走了兒子、丈夫和父親的父母、妻子和兒女們，再用扶犁握鋤的粗糙的手，支援這場戰爭。

長春則是50萬人民支援城外的10萬部隊——但他們不是「伕」。

他們沒有槍，算不得戰士，但是，被逼進死地，上天無路，入地無門的他們，搶空投大米，發動糧食戰，以人的強烈的求生慾望，「配合」城外，苦苦地進行着一場無形的封鎖與圍困。城裏多張嘴，國民黨就多一份壓力。城裏添具白骨，就多一顆射向國民黨軍心士氣的子彈。洞簫，殘月，家鄉小調，城外四面楚歌。城內，街頭風雨中號泣、倒斃的孩子，烈日下和靜夜中「蓬啪」炸裂的屍體，就是炸響在國民黨心頭的軟性原子彈。

沒有長春的纍纍白骨，有這座名城的「兵不血刃」嗎？

蔣介石的前妻毛福梅，是被日軍飛機炸死的。

共和國的旗幟上，染着毛澤東六位親人的血。

倒在這場內戰中的無辜百姓呢？長春這座死城的餓殍和白骨呢？他們是泰山？是鴻毛？還是像那滿山遍野的小草甚麼的？

那些三代橫屍炕上地下，門口街頭，斷了香煙的家庭。那些還未來得及看清這個世界是個甚麼模樣，就被扔到街頭的孩子。那些用青春換了大餅子的姑娘。那些被血一樣的高粱米粥撐死的人。那些吃人肉死掉了，或是不能入黨的人。被戰爭夾在中間，呼天不應，叫地不靈的草民，不才是最大的受難者和犧牲品嗎？

做為人來到這個世界上，他們的人格、尊嚴和感情，難道不應該同樣地受到珍視和尊重嗎？

美國人在華盛頓修了那麼多紀念碑，其中有座「越南戰爭紀念碑」，冷冰冰的黑色大理石上，密密麻麻地刻着那麼多姓名。那僅僅是在告誡人們，不要忘記在那場一無所獲，也與美國百姓毫無相關的戰爭中，倒在遙遠的南亞叢林中的美國軍人嗎？

（美國人的噩夢是「越戰」，中國人的噩夢是「文革」——早有人吵吵要建立一座「文革」博物館，不知道能不能和何時才能建起來。）

我們曾在黑土地上建了那麼多紀念碑，碑文寫了砸，砸了再寫。在雙城，在帽兒山，在牤牛屯，在許多與「東總」有關的地方，都曾籌建各種各樣的紀念碑和紀念館。有的地基打好了，有的文物收集得差不多了，有的已經快開館了，那個最大的「文物」256號三叉戟一聲響，一切都消聲匿跡了。

死城的纍纍白骨，應該避而不談，或是一筆帶過嗎？

為了這種亙古未有的慘絕人寰的悲劇，不再在我們的黑土地、黃土地和紅土地上重演。為了中國普通老百姓的權利、人格、尊嚴和價值，不再被漠視、踐踏。為了今天和明天的「小太陽」，能夠永遠在和平的陽光下生活。一句話，為了像今天唱的那樣，「讓世界充滿愛」，我們是不是應該在這片黑土地的白骨之上，建一座碑？

那碑文是現成的。

一二、遼西大喋血

錦州關門，死城復活，黑土地上共產黨人黑洞洞的槍口、炮口，就齊刷刷轉向了遼西的廖耀湘兵團。

一個精銳的戰略兵團，沒有絲毫作為，頃刻間灰飛煙滅。

第三二章：不治之症

前方吃緊，後方緊吃。

前方亂了，後方爛了。

兵敗如山倒，黨敗如山倒。

「研究研究」

10月4日，毛澤東在給「林羅劉」的電報中說：「在此以前我們和你們之間的一切不同意見，現在都沒有了。」①

10月18日，林彪已經準備回師打廖耀湘了，蔣介石和衛立煌等人，還在「研究研究」。②

直到用不着研究了，也沒「研究」出個眉目。

二十天武裝大遊行
——續戰犯錄之三

黃褐色的塵埃裹捲着人流，在秋日的遼西大地上湧騰着。

汽車，炮車，裝甲車，騎兵，步兵。車吼馬嘶，十餘萬雙腳紛亂起落，汽油和機油味兒，人畜的汗味兒，攪拌着飛揚的塵土和牛馬糞的草末兒，在高遠的藍天下，騰捲起一條沒有盡頭的黃褐色的長龍。明麗的陽光，清亮的河流，瀰漫着穀香的曠野，都被這黃褐色的喧嘯充塞了，遮沒了。

---

① 《毛澤東軍事文選》，479頁。

② 《遼瀋戰役親歷記》，22頁。

黃褐色的士兵，就像衣冠機器一樣在進行。髒污的船行帽和鋼盔，在塵埃的河流中浮沉。汗水的溪流，在毫無表情的臉上沖刷。槍械的重負，只知始點，不知終點，也不知命運的跋涉，使他們疲憊不堪。那腳步彷彿不是自己邁動的，而是被黃褐色的洪流擁動的。鼻孔被塵土堵塞了，一個個大張着嘴巴喘息着，就像被一池渾水嗆得要浮出水面又浮不出來的魚。

千軍萬馬，卻不顯零亂。

特別是新一軍和新六軍，涉渡遼河、新開河和饒陽河，也是那麼迅捷，井然有序。

楊克明老人說，五縱（組建五縱，老人從三師調到十四師四十二團任團長）任務是在遼西牽制、遲滯廖耀湘西進。站在新民西邊山上，遠遠的，就見塵土飛揚，像着地捲來一陣狂風。長那麼大，還沒見過這樣的大兵團行軍。望遠鏡裏，車是車，炮是炮，一隊隊步兵整整齊齊，耀武揚威。本是平常行軍，卻像檢閱似的，可不像電影上的國民黨軍隊。走了那麼遠，就是那麼一股勁兒，具有股王牌軍的氣勢。

這是軍人對一支訓練有素的軍隊的讚歎。

沿途百姓則驚呼：過兵啦！

「八·一五」後，兵來兵往，槍響炮轟，老百姓已經見怪不怪，成了生活中一個重要內容了。但這次，八縱、九縱等部隊過去後，人們覺出非同尋常，是要「開大仗火」了。所剩不多的青壯年紛紛出逃，有的村子連老頭也剩不幾個了。

老百姓當然不知道，廖耀湘兵團所到之處，要實行蔣介石在豫魯曾經實行過的「三光政策」。

當年日本侵略軍在中國實行「三光政策」，如今該中國人對中國人進行「三光」了。

舒適的美式吉普，顛簸不開廖耀湘緊皺的眉頭。

黃褐色的塵埃中，他看不到出路在哪裏。

衛立煌鐵嘴鋼牙，咬定「真理」，堅決「不變」。廖耀湘變了，不是變成出遼西，而是出營口。以營口為依托、經盤山向西打，進可攻，退可守，可謂一招好棋。他信誓旦旦：「出營口連一副行軍鍋都不會丟。」[①]

變與不變，都不能改變蔣介石的決心。

不過，縣官不如現管。兵團司令廖耀湘，不動聲色地把蔣介石的錶針向自己回撥了。

10月2日就該出動，「研究研究」，10月12日還未全部集結完畢。10月11日，先頭部隊攻佔彰武。15日，兵團主力仍在彰武、彰武台門、新民以西徘徊。蔣介石連電催促，回答不是「橋樑未架好」，就是「正準備前進中」。兵團參謀長楊昆問：「我們為甚麼不趕快前進？」廖耀湘說：「我判斷不會出幾天，錦州就會被解決，那時我們就不要前進了。」[②]

對於錦州決戰，不管林彪何時和怎樣想通的，一旦橫下心來，他就毫不猶豫，全力以赴地打下去。

廖耀湘恰恰相反。

東北人講「磨洋工」，廖耀湘是「磨蔣工」。

廖耀湘把蔣介石泡了，卻躲不過毛澤東的慧眼：「只要不怕切斷補給線，讓敵進佔彰武並非不利。目前數日，你們可以不受瀋陽援敵威脅，待錦州打得激烈時，彰武方面之敵回頭援錦，他已失去時間。」[③]

浩浩蕩蕩，轟轟隆隆，廖耀湘兵團二十天武裝大遊行。

用黑土地上的話講，這叫「唬牌」的。

軍事智謀的第一個特徵，就是能夠區別哪些是能夠做到的，哪些是不能夠做到的。

錦州丟了，多米諾骨牌的第二塊骨牌長春也倒了，國民黨在黑土地上要幹的事情，就只能是如何放出廖耀湘兵團了。

唯一條路，就是廖耀湘早已存心的走營口。

這正是毛澤東一直擔心，並再三提醒林彪的。

蔣介石卻依然堅持東西對進，會師大淩河，收復錦州。

---

① 《遼瀋戰役親歷記》，163、191頁。

② 同上。

③ 《毛澤東軍事文選》，482頁。

這正是林彪和毛澤東所希望的。

衛立煌還是「以不變應萬變」，要廖耀湘退守瀋陽。

最高統帥向前拽，頂頭上司朝後拖，廖耀湘營口走不成。

杜聿明又被蔣介石召回黑土地。他本是銜總統之命來做廖耀湘工作的，一研究，也認為走營口是上策。

廖耀湘又去找衛立煌。一番口舌，衛立煌最後也同意先力圖出營口，萬不得已時退瀋陽。兩人都認定共軍將回師東進。廖耀湘說：「無論實行退營口或退瀋陽哪一條方案，要緊的問題是爭取時間，必須立即行動或採取預備行動。」①

當前一塊多米諾骨牌倒下時，歷史確實存在着那麼一個瞬間，眼明手快，可以把後一塊骨牌抽脱出來。

「軍中聞將軍之命，不聞天子之詔。」衛立煌倘能當機立斷，廖耀湘兵團不能説一點救也沒有。可對於蔣介石出遼西頂得叮噹響的這條漢子，這一刻卻記起軍人的「天職」，要聽「天子之詔」了。正好，「天子」要他開會，於是又跑去北平「研究研究」起來。

一「研究」就是五天。

現在輪到廖耀湘體驗范漢傑臨覆滅前的滋味兒了。只是，這回在遼西大地上漫天攪動的黃褐色征塵，不再是虛張聲勢的「唬牌的」西進兵團，而是林彪急如星火的東進大軍了。

廖耀湘準備「獨斷專行」了：「只要能救出兵團主力，我就決定幹，個人的罪責，出去以後再說。」②

其實，廖耀湘出遼西後徘徊、觀望，等待錦州「被解決」，已經是獨斷專行了。這當然有違軍人的天職。但在出營口這個問題上，一代名將廖耀湘的眼力，比所有人都高明。而蔣介石曾寄以厚望的衛立煌，這位當年的內戰和抗戰名將，無論其動機如何，在黑土地上的表現，都是成事不足，敗事有餘。

（比之林彪當初在錦州和四平恰到好處的「獨斷專行」，智謀與將才簡直就是天壤之別了。）

可連蔣介石的錶針都是毛澤東撥動的，廖耀湘豈能「獨斷專

---

①《遼瀋戰役親歷記》，173、174頁。

② 同上。

行」？此前在遼西所以能夠如此，那是因為正中毛澤東和林彪的下懷。

10月19日晚，心急如焚的廖耀湘直接致電蔣介石，決心要求經黑山、大虎山直退營口。

10月20日晚，蔣介石仍令全力攻錦州，必要時也可退營口。

中國的傳統，歷來是「誰官大誰錶準」。在出遼西還是守瀋陽上，以出遼西為準，或多或少，蔣介石和衛立煌等人各自把錶針向對方撥動了一次。現在，蔣介石又把錶針向廖耀湘撥動了一下。

只是，此刻出營口已是一廂情願了。

都去做明知不是那麼回事兒的事兒

10月19日（或是20）下午，蔣介石在北平東城圓恩寺行邸，召集東北和華北兩集團首腦衛立煌和傅作義開會，研究如何東西對進。

不倫不類，中間還夾着個徐州「剿總」副總司令兼前進指揮所主任杜聿明。

會間，蔣介石單獨和杜聿明「研究」。

杜聿明：校長看收復錦州有幾成把握？

蔣介石道：六成把握總有。

學生：孫子說：「夫未戰而廟算勝者得算多也；未戰而廟算不勝者，得算少也。多算勝，少算不勝（接下去是「而況於無算乎」——他未敢說出來）。」現在我們算到六成，只會失敗，不會勝利。

校長：你看如何才能收復錦州？錦州是我們東北的生命線。

學生：孫子說：「五則攻人，十則圍之，倍則奇正並用；有奇無正，有正無奇，每戰必殆。」以目前敵我兵力比較，敵倍於我，有奇有正，收復錦州是凶多吉少。

學生給校長講兵法。

校長要提升學生為瀋陽「剿總」總司令：我把東北全交給你好了，你自己發紙幣，找糧食，擴充軍隊。

學生趕緊推辭，卻又不敢太拗——杜聿明就是杜聿明。

於是雙方又把錶針撥動一下，當初的東北保安司令長官部司令長官重返黑土地，成了衛立煌的副手兼冀熱遼邊區司令官。

聽鼙鼓而思大將，想起杜聿明也是自然的。陳誠無能，衛立煌不聽話，愛將杜聿明的表現確實比他們都好。可既有今日，何必當初？

別說杜聿明也是林彪手下敗將，就是把國民黨精英全部調到東北，事到如今，誰能有回天之力？而且臨陣換將，將心士氣，豈不更亂？兵家所忌，蔣介石樣樣佔全。

如果說北寧線上戰事正烈，東西對進尚不失下策中的上策的話，現在蔣介石是徹底舉止失措昏了頭。

而毛澤東，一不換將，二不「深入實際」，就在那清秀幽靜的小山村西柏坡，一封又一封電報，把蔣介石支使得東跑西顛，焦頭爛額。

10月18日，蔣介石帶杜聿明去瀋陽開會。衛立煌默不作聲。蔣介石一再問：俊如（衛立煌的字）兄意見如何？衛立煌說：請光亭、大偉（趙家驤的字）講講。杜聿明說：請大偉兄作判斷。

你推我讓，都很「謙虛」。

在北平開會，蔣介石和衛立煌無法統一思想，杜聿明和衛立煌意見一致。蔣介石問：宜生（傅作義的字）兄意見如何？傅作義道：關係國家大事，要好好地考慮。

會場與戰場，傅作義都夠老練的。

蔣介石憤怒地說：我們空軍優勢，炮兵優勢，為甚麼不能打？

蔣介石氣壯如牛，10月26日第三次飛瀋陽那天的日記中卻寫道：「東北全軍，似將陷於墨盡之命運，寸中焦慮，誠不知所止矣！」①

蔣介石說晚飯後繼續開會。飯後，杜聿明說腰痛坐不住，傅作義和衛立煌也說不去了。三位也真做得出，讓總統在那兒傻等。

10月20日，衛立煌和杜聿明同機回瀋。衛立煌說：我不同意就不參加意見，也不執行他的命令。

當晚在衛立煌家中，召集廖耀湘、劉玉章（五十二軍軍長）和趙家驤開會，由杜聿明傳達蔣介石的命令：西進兵團全力攻錦州，必要時可逐次抵抗退營口；五十二師出營口，攻佔海上通路；五十三師及其在瀋其他部隊守瀋陽。

在回顧這一段親歷時，杜聿明寫道：

> 我當時是這樣想的：蔣介石的命令我雖然不同意，但我不能不下達，希望衛、劉能頂回去，那我就可以向蔣介石回報說各

---

① 1986年第1、2期《黨史研究資料》，29頁。

將領皆認為不能執行，蔣介石要辦就辦大家，由大家負責。衛也可能有這樣的想法，可是衛不敢說頂回去，我也不敢說頂回去，廖、劉更不敢說頂回蔣介石的命令。那就是說大家皆認為蔣介石是失策，可是誰也不願意承擔起挽救東北國民黨軍免遭覆沒的責任，只是背後埋怨慨歎，這就是當時國民黨將領的一般心情。[①]

都覺着不是那麼回事兒，都想說，又都不說，都那麼去做明知不是那麼回事兒的事兒。

不管甚麼事情，到了這份兒上那就算完蛋了。

蔣經國是個孝子

廖耀湘兵團浩浩蕩蕩向着黑山和大虎山進發，一副「明知山有虎，偏向虎山行」的架勢。

當初的外交部駐東北特派員蔣經國，在上海可是動了真格的，真刀真槍打起老虎來了。

蔣介石趕緊收束馬拉松式「研究」，飛去上海放虎歸山。

前方亂了套，後方亂了套。

早就亂套了。

權力就是印鈔機

請看「八．一五」後第一個春節的各地春聯：

北平有：天上飛來，三洋開泰；地下鑽出，五子登科。[②]

昆明有：本利輕微，捐稅請少抽點；生命寶貴，自由請放寬些。

重慶有：政治協商完成，民主伊始，官老爺還發橫財麼？和平建國揭幕，天地回春，工人們再也窮不得！

甘肅有：日日了日，日日不了，愁何日能了不了日？年年過關，年年難過，想哪年無過難過年？

勝利鑼鼓音猶在耳，中國人就用這種辛辣的幽默和呼天搶地的悲

---

① 《遼瀋戰役親歷記》，32、33頁。

② 「五子」，即房子、車子、票子、條子（金條）、婊子。

愴，迎送抗戰後中華民族第一個最隆重、最紅火的傳統節日了。

「想中央，盼中央，中央來了更遭殃！」

「八・一五」後，國民黨政府在受降的同時，「接收大員」滿天飛。

原在淪陷區的國民黨特務首先從地下鑽出來，選擇油水最多的對象「劫收」。第二輪是航空司令部、海軍部、後勤總部，戰時運輸局和前線部隊，仗着現代化和地利之便，以閃電戰進入收復區，劫奪現金、物資、生產機構、倉庫、住宅等等。待由陸軍總司令部到達開始正式「劫收」時，已是第三輪了。

京、滬、平、漢等大城市，雨後蘑菇般冒出四十多個各不相屬的接收機關。各種服飾的接收人員揣着蓋有各種大印的封條沿街張貼，有的還在門口放上兩個槍兵。這撥剛走，那撥又到，撕去別人的，貼上自己的。有的一張門扇上貼着十多個封條，有的乾脆破門而入，先是金銀現鈔，接着是貴重物品，後來有的連燈泡也沒了。劫收多少，一靠先下手為強，二憑人多槍多後台硬。湯恩伯的第三方面軍，與上海警備司令部爭奪一所日本俱樂部，開槍互擊，死傷多人。

北平有敵偽房產14000餘所，被接收的只有380餘所。南滿鐵路在瀋陽房產1200棟，最後只剩下兩棟。武漢180多座工廠，劫收過後，能開工的只有30多座。長沙和岳陽有3400多輛汽車和100多噸汽車零件，十多個劫收單位搶紅了眼，勢均力敵，算是沒有被劫分。可監守自盜，最後幾乎全成廢車廢料。

列入東北保安司令長官序列的九十四軍軍長牟廷芳，到上海沒幾天就「五子登科」。票子、條子撈多少，天知地知他知。人們看得見的，是兩棟洋房，四輛轎車，三個女人。

日本人早已熟諳國民黨的寡廉鮮恥，交出資產時故意留下一些不入冊，另以副冊交給接收人，做「買路錢」。日軍第六方面軍總司令岡部直三所部，在武漢投降後，留下大批現金、鴉片、軍糧、食鹽、輪船、汽車，另行呈繳給第六戰區副長官郭懺。這位接收委員會主任將大部變賣，餘皆用輪船裝運南京，「贈送」上層官員。

劫收敵偽物資拍賣所得總值達五萬億元，相當於國民黨政府1945年預算支出的四倍多。

劫收得沸反盈天時，蔣介石置若罔聞。第二年5月才下道手令，由國民參政會、國民黨中央監察委員會和監察院，會同組織清查團。

又一場混戰。發了橫財的各派勢力，為了保衛「劫收」戰果，都往清查團裏塞人。明爭暗鬥之烈，不亞於劫收。

京、滬為劫收重點。清查團從上海到廣州，兩個月未辦一個案子，就腰包滾圓地打道回府了。

冀察熱綏清查團，在北平檢舉了第十一戰區司令長官孫連仲親屬盜賣幾十輛汽車的案子。孫連仲立即以公函知會清查團，說是登記手續未備，現已補行登記了。

廣東各接收機關的接收清冊，概不交出，清查團只有坐冷板凳。有的交出的清冊，都是後來偽造的。時隔一年，接收單位或者撤銷，或者改組，人員星散，辦移交的日本人更不知去向。上天入地隨便查，反正死無對證。

閩台清查團想幹點真事，也真下了功夫，把台灣專賣局和貿易局長等人貪污罪證，移交給了法院。可貪污大蟲們，早像郭懺那樣買通了上下關節。結果，這些大蟲安然無恙，清查團灰溜溜走人。

天津公用局長等人發劫收財被部屬告發。市長張廷諤召集公用局全體職員，破口大罵：密告檢舉的人是禽獸，非父母所生，一定要徹底嚴辦！

廣西乾脆拒絕清查團入境。

土皇帝閻錫山最實在，根本就反對清查，山西也就根本未派去清查團。

監察院參加清查的二十二個監委，出發前開會，一些人慷慨陳詞，大有同貪官污吏決一死戰的氣魄。國民黨元老、監察院長于右任，摸着鬍子笑道：「御史豸冠，不畏強暴，自然是中國歷史上的優良傳統，也是我們的神聖職責；但是也要體貼主席（指蔣介石）此次要三方面委員組織清查團的苦衷，總要做到不偏不激，使人心悅服，使政府過得去，千萬不要將來又有人說要『清查』清查團委員才好。」①

---

①《文史資料選輯》第55期，10頁。

北平臨參會議長谷鍾秀，在歡迎清查團大會上致辭：「國難發國難財，勝利發勝利財，今天清查不希望再發清查財！」①

有人說：清查是第四輪劫收。

虎狼當道，法幣也像洪水一瀉千里。

抗戰前夕，法幣發行總額14億元。抗戰勝利前夜，發行額達5000億元。1948年8月21日以金元券代替法幣時，法幣發行額已達660萬億元，為抗戰前的47萬倍。

1947年7月24日，美聯社評述法幣購買力：法幣100元，1937年可買兩頭牛，38年買一頭牛，41年買一口豬，43年買一隻雞，45年買一條魚，47年只能買不到半盒火柴。

國民黨是槍桿子的財政，每年內戰經費佔總支出的80%。1947年軍費開支100億元，全年收入只有17億元，那83億元全靠印鈔機彌補。

國民黨政權糜爛之快，如同軍事上的迅速崩潰一樣，令人吃驚。

京、滬要地，大案要案大都與豪門權貴有關，清查團當然是碰不得的。可像瀋陽西塔第四糧庫這樣普通得不能再普通的單位，又怎樣呢？

曾當過倉庫保管員的宋長青老人說：貪污「掃地糧」是公開的。吃空餉，僱十個工，少時報二十個，多時報四十、五十。今天分這個，明天分那個，夏天黃卡嘰工作服，冬天是海軍呢。有甚麼分甚麼，一層層往下分。像我這樣的，小得溜的也給點，好堵你嘴。不堵嘴也不敢怎的。大小是個官，就和主任沾親帶故。國民黨倒台那年，主任把幾十包出口豬鬃拉到親戚家盜賣，還勾結部隊搶糧食，搶十車報二十車丟失。上邊來檢查，不知從哪弄來些人，你叫「張三」，他叫「李四」，交代一番。月報表，季報表，連宿大夜做假帳。遠接高迎，把檢查組請到最好的飯館喝一頓，再揣些「紅包」。檢查組抹抹嘴巴，「挺好」，走了。反正幹甚麼吃甚麼，當多大官發多大財。誰也不害怕，因為誰都這麼幹，誰在適當位置都有後台撐腰。

貪污腐化已經像癌細胞一樣，擴散到國民黨的整個肌體。

誠實的官員，要麼被通貨膨脹吞噬，要麼變成貪官污吏。

---

①《蔣家王朝》，296頁。

而軍人不必通過流血冒險就能得到升遷，誰還愛幹傻事，拿腦袋當賭注呢？這是個到處都是「門」的世界，人人都在為自己選擇最佳途徑。貪財者斂財，好色者獵色，興趣廣泛者樣樣俱全。無論牛頭馬面，還是酒囊飯袋，大小只要有個象徵權力的甚麼東西，就能在那方天地裏無所不有。權力就是最大的印鈔機。

窮了百姓，富了黨人，這樣的黨能不垮台嗎？

在這點上，蔣介石是不糊塗的。

1948年7月27日，他在南京國防部會議上講：「我們在軍事力量上本來大過共匪幾十倍，制空權、制海權完全掌握在政府手中，論形勢較過去在江西圍剿時還要有利。但由於在接收時許多高級軍官大發接收財，奢侈荒淫，沉溺於酒色之中，弄得將驕兵逸，紀律敗壞，軍無鬥志。可以說，我們的失敗，就是失敗於接收。」①

這種腐敗作風，很難說清是何時開始的。但在「八・一五」後，正直的官員和善良的百姓，是確曾對國民黨滿懷熱望的。而當人們目睹了這些「劫收大蟲」的劣行後，國民黨的「白日」就迅速地從「青天」上墜落了。

打虎記

1948年8月13日，在司徒雷登協助下，蔣介石搞出一個「經濟緊急處置方案」，決定實行「幣制改革」和「限價政策」。

方案條文甚多，可以歸納為四大項：（一）自8月19日起發行「金元券」，以300萬法幣兑換1元金元券，限期10月20日前兑換完畢。（二）限期收兑人民持有的黃金白銀銀幣與外匯，逾期任何人不得持有，違者嚴辦。（三）限期登記管理本國人民存放外國的外匯資產，違者制裁。（四）整理財政並加強管制經濟，以穩定物價，平衡國家總預算及國際開支。

上海是中國最大的金融市場，「幣制改革」和「限價政策」如在上海成功，即可打開全國局面，黨國即有起死回生的希望。

8月20日，上海經濟督導員蔣經國，率領他一手營建的「戡建大

---

① 宋平著：《蔣介石生平》，501、502頁。吉林人民出版社（1987年）。

隊」，殺氣騰騰，開進上海。

黨國存亡之秋，老子委兒子重任，看來蔣介石是咬牙橫心了。

與黑土地有過一段緣份的蔣經國，更是躊躇滿志，氣魄非凡。

一聲令下，上海六個軍警單位全部動作起來，「凡違背法令及觸犯財經緊急措施條文者，商店吊銷執照，負責人送刑庭法辦，貨物沒收」。①

十天中，蔣經國選拔12300多熱血青年，組成「大上海青年服務隊」（又稱「打虎隊」），上街示威遊行，宣講「幣制改革」和「限價政策」。響徹上海的口號是，「只打老虎，不打蒼蠅」，「打禍國的敗類，救最苦的同胞」。打虎隊員帶武器擁入工廠、商店、倉庫以至私人住宅，翻箱倒櫃，掘地挖牆，搜查金銀、強令兌換金元券。

第一個喪命的，是利用職權、串通商人拋售永紗股票投機的財政部秘書陶啟明。接着是警備部科長張亞尼，警備部第五稽查大隊長戚再玉，囤積商人王春哲。被捕入獄的巨商大戶，達六十四人。連上海黑社會頭子杜月笙的兒子杜維屏，也被判八年徒刑。

真有股子「喝令三山五嶽開道，我來了」的威勢。

在那個「有條有理」的世界，這簡直是不可思議的。

外國記者把蔣經國形容為「中國的經濟沙皇」。中國商人稱之「不近人情的雍正皇帝」。上海百姓當時若是會唱的話，大概要打着腰鼓，提前唱一曲「解放區的天是明朗的天」了。

與國民黨作風判若兩黨的蔣經國，繼續聲色俱厲地發表着實實在在的宣言：

> 上海許多商人，其所以發財的道理，是由於他們擁有本店製造的兩個武器：一是造謠欺騙，一是勾結貪官污吏。做官的人如與商人勾結，政府將要加倍的懲辦。戚再玉已經槍斃了，聽說不久的將來，還有類似的人，也要得到同樣的命道；這就是對於身為官吏的人的警告……。共匪和奸商是革命的兩大敵人，我們對於這兩個敵人，決不能放鬆一個，要同樣的打，一起的打。②

① 《蔣介石生平》，499頁。

② 《蔣經國傳》，168頁。

不過，上海畢竟叫「上海」。

警備司令宣鐵吾首先發難：今後經國兼任司令，經管工作當能愈和各方面配合，加強管制力量。酸溜溜的口氣中，透着股死硬氣。

市長吳國楨跑去南京，遞交辭呈，向老子抗議兒子。

社會局長吳開先，擅自批准絨線廠上漲五成，公然在太歲頭上動土。

商人的戰術，先是將700萬市民的生活必需品藏起來，叫你有市無貨。經管會宣佈限期登記存貨，實施物價總檢查。一些商人就利用火車囤積，拉着各種貨物，今天開無錫，明天轉鎮江，和你打游擊。

與鐵路上的遊龍對應的，自然是市場上搶購的長龍。

然而，已近不惑之年的蔣經國，是決心與官商集團、腐惡勢力拚個死活的。他是來者不善。而且，「蔣經國」是何許人也？

到了收拾「揚子公司」這隻大老虎時，何許人也不行了。

蔣介石的大姨姐夫孔祥熙，是孔聖人第五十七代直系子孫。這位胖得近乎球形的財政巨頭，有兩兒兩女。其中最不同凡響的，是長子和次女。

二小姐孔令俊喜着男裝，也具有「丈夫氣」。一次，在南京街頭架車兜風違反交通規則，警察不識尊容，說了幾句。她掏槍打死警察，揚長而去。她與龍雲兒子有隙。一次在重慶中央公園相遇，龍子龍女，拔槍大戰。鮮花滴血，綠葉綻紅，擊傷不少遊人。

太平洋戰爭爆發，國民黨很多名流危懸海外，蔣介石緊急調派飛機接運回國。號稱「南天王」的原廣東省長陳濟棠，豁出一把老骨頭才擠進艙，並搶得一個座位。豈料孔二小姐的愛犬沒有座位，立逼「南天王」下去。「南天王」不肯就範，孔令俊指揮隨從，硬把「南天王」趕下飛機。只道是窮人不如富家狗，這回也讓「南天王」嘗嘗滋味兒。

中國是這幫龍子龍孫的，他們當然可以為所欲為。

二小姐不學無術，除了胡作非為倒也不思「進取」。大少爺學績平平，卻眼紅一頂哈佛大學經濟學博士帽。他把香港中央信託局一位職員弄去美國，冒名「孔令侃」，兩年寒窗，孔令侃「博士」就衣錦還國了。

使孔令侃名揚天下的，是蔣經國查封了他的「揚子公司」。

9月30日，蔣經國查封「揚子公司」當晚，南京總統官邸正在宴客。杯盤交錯之際，上海突來緊急電話，說孔令侃被捕。第一夫人宋美齡放下電話，立即給正在北平部署「東西對進」的蔣介石打電話。第二天，宋美齡飛滬，蔣介石也隨後趕到。10月9日，蔣氏夫婦帶孔令侃回到南京。

兒子抓，老子放，父子同演「捉放虎」。

如此勞動總統夫婦的「揚子公司案」，眾說紛紜。有人說：宋美齡是「揚子公司」的大股東。有人說：蔣介石是要美人不要江山。有的作品說蔣氏夫婦匆忙放虎歸山，是因為孔令侃準備公佈姨父母存放在美國的財產數字。

此案中最尷尬的角色蔣經國，是這樣解說的：在法律上講，揚子公司是站得住腳的。倘使此案發現在宣佈物資登記以前，那我是一定要將其移送特種刑庭的。①

在不知出了多少「水門」和「伊朗門」醜聞，卻只能是當事者清的中國，此案至今仍是個謎。

但是，親手發行法幣的人最不相信法幣，爭相把錢財存放到外國，卻是不爭的事實。國難發國難財，勝利發勝利財，清查發清查財，改革發改革財，更是世人共睹。蔣經國倒是一身正氣，可他觸痛的正是國民黨巨頭們最敏感的神經。因為他們是絕不允許觸動這一切的。因為他們正是「這一切」的製造者和最大受益者。

萬千「蒼蠅」不管，可以打出「廉潔」，打出「清正」，打出「黃埔精神」，打出「偉大形象」。「老虎」可是萬萬碰不得的，那是「國寶」，屬「特級保護動物」。

縱觀歷史，有幾多反腐敗鬥爭不是到這步卡殼的？

「我們已無處後退，只有勇敢向前！向前！②」直到一敗塗地逃到台灣，蔣介石才痛下決心「改造國民黨」。改造得如何？不可妄談。當大陸還在搞「憶苦思甜」時，台灣國民收入已達700美元，在

---

① 《蔣經國傳》，175、176頁。

② 歌曲《保衛大台灣》的歌詞。

亞洲僅次於日本、香港和新加坡，是世人皆知的。

如果說北伐和抗戰是蔣介石一生中的兩個高峰，那麼台灣經濟的發展，應該說是第三個高峰。

只是，為甚麼一切都在掌中時就要腐敗、墮落，只有被逼到犄角旮旯，走投無路時，才能發展和強大自己呢？

11月1日，黑土地上的內戰結束前一天，國民政府宣佈停止「經改」，取消「限價」。

長春被圍，有人建議將長大搬遷北平。鄭洞國說：「長春丟了，北平難道能保嗎？在中國，沒一個地方是安全的，要保險，只有搬到美國去！」①

長大是搬不去美國的。一場虛驚的孔令侃，可是漂洋過海，到美國繼續經營他的「揚子公司」去了。

聲名顯赫的「打虎英雄」呢？

據說，蔣經國卸職離滬前個把星期，幾乎天天渴酒，酩酊大醉，狂哭狂笑。

虎狼橫行，國將不國，「打虎」如同為病危的母親割除腫瘤。不肯掏腰包的逆子，說母親好端端的，為甚麼要詛咒她老人家？送母親去醫院動手術的孝子，被一頓拳腳打個烏眼青。

兩個月前，他的「一路哭不如一家哭」，曾是何等響亮和振奮人心。如今，老百姓又一次把日落西山的雲霞當作了東方欲曉的晨曦，就輪到雄心壯志的「經濟督導員」淚灑黃埔了。

憂國憂民之淚！

比之那些禍國殃民的龍子龍孫，蔣經國實在是鳳毛麟角、夠光彩照人的了。

蔣介石有個好兒子。

「尼古拉同志」

9月12日，蔣經國在上海「青年軍聯誼會」上發表演講：

---

① 1948年9月25日《人民日報》2版：《長春停在「六點半鐘」》。

天下再沒有力量比人民的力量更大，再沒有話比人民的話更正確。

人民的事情，只有用人民自己的手可以解決，靠人家是靠不住的，要想社會翻過身來，非用最大的代價不能成功。①

一口一個「人民」，真沒有在蘇聯白吃十二年黑麵包。

「四．一二」，蔣介石在上海大殺共產黨人，正在莫斯科中山大學學習的蔣經國，慷慨陳詞：

過去他是我的父親，革命好朋友，去了敵人的陣營，現在他是我的敵人。②

帝王之家，父殺子，子殺父，原本平淡無奇。但在中國現代史上的政壇要人中，父子鬧到如此田地者，尚屬鮮見。

因此很在蘇聯紅火了一陣的「尼古拉同志」（蘇聯為每個中國留學生都取了個俄羅斯名字，蔣經國叫「尼古拉」），到底還是躲不過政治風浪的拍打。先流放般送到農村，繼而又去工廠。若不是「國共合作」出現轉機，還不知要「留學」到猴年馬月。

「當官的莫進來，發財的請出去！」寫在贛南幹部訓練班大門口木牌上的這段話，自然使人聯想到當年的黃埔。踏着晨曦和學員一道赤膊跑步的蔣經國，則使人聯想蔣介石當年黃埔夜巡的身影。但對於「尼古拉同志」，這一切已經無不帶着在馬列主義故鄉修煉的烙記了。

贛南的「蔣青天」成為上海的「經濟沙皇」、「雍正皇帝」，堅定的信念，踏着社會主義節拍。蘇聯十月革命後出現的經濟危機，不就是被布爾什維克的鐵腕打下去了嗎？他沒看到這段。但蘇聯共產黨人朝氣蓬勃的獻身精神，他是耳聞目睹的。

畢業於列寧格勒的托瑪卡軍政學校，後來成為二級上將的蔣經國，一生中未領兵打仗，卻敢打老虎，會做工種田。

---

①《蔣經國傳》，169、51、100、101、482、432頁。

② 同上。

種田，從農民幹到村蘇維埃主席。做工，從工人到技師、廠長。沒有住處，中國的「第一公子」睡在教堂車房裏，後來又和一位貧苦老婦共居一室。吃黑麵包，淘金，挑柴，揹鐵條，抬機器，修馬路。比之今天中國留學生在美國刷盤子，不知要苦多少倍。若換成孔家公子小姐，或許早不堪忍受，尋了短見。蔣經國就是在這種人生逆境中，鍾煉了他的大眾意識。

「天將降大任於斯人也，必先苦其心志，勞其筋骨，餓其體膚，空乏其身，行拂亂其所為，所以動心忍性，增益其所不能。」孟夫子的格言，沒想到卻應驗在異國他鄉。

當然，誰也不能忽視他的身份（連斯大林都不能忽視）——他是「太子」。

贛南新政，上海打虎，滿口言論，與共產黨如出一轍。除非太子，誰敢？

孫科敢。他敢說出自己想說的話，卻不必擔心被戴上紅帽子投入監獄，或者殺頭。堂而皇之寫在憲法上的「自由」、「民主」，他是可以充份享用的。因為他是國父孫中山的兒子。

而到了連太子也必須緘口的時候，深切體驗了中國政治的黑暗和變幻莫測的蔣經國，只有仰天悲歎，用淚水傾訴「自由」、「民主」了。

有人跌落民間復起後，會變得無比貪婪。有人政治上受挫，會激流勇退，或一反常態，以百倍的瘋狂去角逐權力。

政治家蔣經國的偉大和高尚處，在於對理想和目標的矢志不渝，並能在傳統的慣性和惰力中，不屈不撓地衝殺出一條符合時代潮流的民主和進步的道路。

1988年1月26日，台灣《自立晚報》刊登李筱峰的文章《不同觀點評價蔣故總統》，認為，蔣經國一生中值得稱道的兩件事，其一為「蔣先生能夠掙脫黨內保守勢力，推行民主化政策，毅然決定解除戒禁，開放黨禁、報禁，這是歷史性的決定」。

同年2月2日，台灣《民眾日報》刊登澳大利亞昆士蘭大學教授邱垂亮的文章《蔣經國的功過》，說：「70年代，他領導台灣的科技菁英，推展十大經濟建設，迅速創造經濟發展奇蹟。台灣經濟增長率近十二年來，每年平均都在百分之十左右；國民平均所得，每年由60年代的五六百美元，到80年代的五六千美元。」

1942年7月4日，江西第四區行政專員兼贛州縣長蔣經國，在專區縣長會議上，說了一個令人陶醉的新中國的夢：

> 那時的贛州，一路所望到的都是花園樹木，而且警察也沒有了，路上都是機器來指揮交通。自衛隊也沒有了，因為大家都能安居樂業，沒有土匪強盜，所以用不到自衛隊了（全境只有穿白色制服的政治指導員）。贛南的大禮堂，也移到南康去了，一路看去，看到了幾處煉鐵廠和飛機製造廠，那個很小的沙石埠，也造成了一座漂亮的電車站，那個大禮堂，堂皇美麗，可以容納兩萬人。大禮堂之正中在轉映紐約的電影和維也納的音樂，幾處電視的幕上，正在映出倫敦的足球賽。那時候，已經成為電氣化的世界。①

在那樣一個昏天黑地的世界，能發出這樣一番頗像個中學生的羅曼蒂克的暢想，也見一顆清潔之心。

更可貴的，是認準目標就百折不撓地走下去。

一位美國記者，這樣描寫50年代的蔣經國：

> 他幾乎沒半點我們在亞洲所常見的權力象徵式排場，他自己開車，不用保鏢。他叫他的司機「馬林可夫」，因為，很像那個俄國人的故事。有一次，他的車子沿海濱公路疾駛，遇到幾位候車的軍官。經國把他們帶回台北，每人收二十元台幣的車資。其中，居然沒有人知道他是誰。②

在中國，地位如此顯赫，而能如此瀟灑、自信，具有平民意識的，還有誰？

---

① 《蔣經國傳》，169、51、100、101、482、432頁。

② 同上。

父親總統，兒子總統，使人想到封建帝王的子繼父位。確實，蔣經國若不是蔣介石的兒子，既不會有蘇聯落魄，也不能有上海打虎。說不定一場天花，不拋屍野地，也落滿臉大麻子。然而，忠賢之家也有奸佞，茅草屋也出虎狼。關鍵在看他如何行動。

他說：「如果我們勤勤懇懇地為老百姓做事，我們是不會完蛋的。[①]」

美麗的寶島，化作一條騰飛的小龍。

我們這條「大龍」呢？

在這個充滿競爭的世界上，機會確實不是均等的。台灣經濟起飛固然有天時地利的因素，可決定性的不還是「人和」嗎？

起碼，台灣沒搞「文化大革命」。

我們失去了太多的機會。機會可以再抓，時間卻是一去不復返了！

下面題為《人命價值的地區差》的文章，載於1989年2月26日《文摘報》第一版：

> 淮海戰役前夕，美國水兵的吉普在上海撞死中國人，賠償相當於購買一頭騾子的錢。兩年前，北京某電器廠向該廠電器產品用戶宣傳：「如確因質量問題發生觸電死亡時，由我廠支付人民幣3000元，不再承擔任何其他責任和費用。」一個工廠竟隨便給人命標定價格！不過總算是中國人自己定的，沒有異族凌辱的痕跡。
>
> 我們不妨再看看外國人命的價格：英國一婦女在醫院接受剖腹分娩，手術中因麻醉藥物失靈造成疼痛（注意：僅僅是疼痛）。經法院判決，獲1.72萬美元賠償。美國一個家庭蒸氣取暖器被五歲小孩碰翻造成燙傷，向生產取暖器廠方索賠，法院判給25萬美元賠償費。
>
> 中國人食用廠製食品中毒，有關公司不可能給中毒者償付

① 《蔣經國傳》，169、51、100、101、482、432頁。

損失；出口食品因質量不合格退回來，可以「轉內銷」餵自己同胞；「文革」中被虐殺、逼死，被私刑拷打致傷、致殘、致瘋、致死者難以計數，哪一個受害罹難者向法院告狀要求以命償命以血還血？可能生活早已教會他們懂得自己在這塊土地上享有的價格。

形成這種「地區差」的社會因素是甚麼？我曾苦苦思索，卻一無所獲。但有一個發現，那就是不管其他物價如何升降變易，而中國的人命價格卻始終保持穩定：解放前相當於一頭牲口到現今的3000元人民幣，並無多大波動！

這篇文章旁邊還有篇短文，題目叫《公費「買春」》：

據説，日本、台灣、南朝鮮、泰國有一種「買春旅遊」，旅客交給旅行社的費用中，包括了嫖妓宿娼的費用。最近看報，上海出現了「陪酒女郎」，廣東一些地方也辦起了「桑拿浴室」、「按摩中心」，不少是色情場所，一個鐘頭要花四五十元。

報上還說「有人利用公款，互相請領導去『按摩』」。這就在公費吃喝、公費旅遊之外又出現了當官的不用自己掏腰包而可以玩女人的公費「買春」這一種中國特色的「新」事物了。

這一切，都在向今天訴説着甚麼呢？

當年講的「蘇聯的今天就是我們的明天」的那個「老大哥」，曾當過領導人的赫魯曉夫，被趕下台過退休生活後，回顧歷史，發出這樣的懺悔：

我在1914年結了婚，那時我是20歲。因為我做的是高度技術的工作，我立刻得到一套房間。這套房間有會客室、廚房、臥室和餐室。革命後好多年，回想起我做為資本主義制度下的工人，有比現在生活在蘇維埃政權下我的工人同胞更好的居住條件，使我感到痛心。革命後很長一段時間內，我們甚至不能滿足工人們包括那些曾在紅軍中服役過的人最基本的需要。青年男女在他們結婚之前會到我們這裏來，要求給他們一套房間。我們不僅不能給他們一套單獨的房間——我們甚至常常不能為他們在宿舍裏找到一個地方，這不糟糕嗎？

就物質條件來說，人們仍然沒有得到很好的供應。我不打算從我作為革命前頓巴斯的一個工人和革命後十餘年作為莫斯科一個黨的工作人員在生活方面的對比中作出結論，雖然我不否認我在對比的時候常常悶悶不樂。

只要指出這點就夠了：革命後工資太低，而物價太高。①

我們那些逝去的和離休的當家人，在回顧造成四十年後還是「初級階段」的一幕又一幕不堪回首的歷史時，會作何感想？

彌留之際，蔣經國對於生命結尾處那個「。」前的一切，是應該欣慰，甚至自豪的。

1945年12月11日，南京《中央日報》發表山東省主席對中央社記者談話：《魯難未已！日本控制八年之損失不及共黨三月之破壞——何思源痛述山東共禍》。

1980年6月，中國青年出版社出版的《蔣家王朝》一書中，寫道：國民黨軍隊進入東北後，「瀋陽一帶的老百姓都說：『小鬼子的時候也不過這樣慘呀！那時候頂多鬧個餓不死吃不飽的日子。現在不得了啊！眼看要餓死了。』②」

而在共和國成立後的一個相當長的歷史時期裏，台灣當局說「大陸兩個人穿一條褲子」；在大陸人心目中，台灣則「到處都是貧民窟」，「人民生活在水深火熱之中」。

除了當年那些漢奸賣國賊，沒人會懷戀那八年（東北是十四年）亡國奴生涯。而「大陸兩個人穿一條褲子」，「台灣到處都是貧民窟」，「人民處在水深火熱之中」，苦的不都是老百姓，丟的不都是中華民族的臉嗎？

1987年12月30日，《華盛頓郵報》發表文章，說：「如果將日

---

① 赫魯曉夫著：《最後的遺言》。見1988年12月18日《文摘報》7版：《赫魯曉夫的痛心和悶悶不樂》。

② 《蔣家王朝》，285頁。

趨先進的台灣技術和大陸廉價的勞動力結合在一起，將能使21世紀成為『中國的世紀』。」

果真如此，那是悲劇，更是喜劇！

屆時，倘若編一部《中國名人大辭典》，名列前茅的應該是甚麼樣的人呢？

第三三章：遼西那些窩棚

遵照蔣介石命令，廖耀湘兵團由彰武、新立屯地區南下北寧路。10月21日開始猛攻黑山，25日仍未得手，廖耀湘信心動搖。又獲悉攻錦共軍已回師遼西，遂放棄重佔錦州計劃，經大虎山以東向台安前進，準備出營口。在六間房、趙家窩棚、賀家窩棚地區，又遭堵截。廖耀湘又改變計劃向海陽撤退，可退路已被切斷。

黑山，大虎山以東、無梁殿以南，魏家窩棚以北，厲家窩棚車站、半拉門以西，約一百二十平方公里地區內，廖耀湘兵團被團團圍困。

這一帶，自古就是陸路闖關東必經之地。推車挑擔，或是把個大包袱斜挎在背上的人們，或在這裏打尖，或在這裏安家。四根棍子支兩叉，中間再橫上一根，就成了一個棲身窩。在五萬分之一軍用地圖上，密密麻麻的大小村鎮，大都叫做「窩棚」。當初第一家窩棚的主人姓甚麼，就叫甚麼「窩棚」。

如今，這裏成了廖耀湘兵團的亂葬場。

十萬精兵，葬禮只用兩天。

如果說錦州之戰是遼瀋戰役的關鍵性初戰，遼西圍殲戰就是遼瀋戰役的最後決戰。

林彪的決心

林彪在牤牛屯金寡婦家踱步。

三年風霜雨雪，好像沒在他身上留下甚麼烙記。臉色依然是那麼蒼白。話語依然是那麼金貴。步子依然是那麼不緊不慢，或背手，或隨便悠蕩着，一步兩響，威凜不起來。口述電報依然那麼清晰，或踱或坐，或站在地圖前，一字一句，很少重複。

聽說捉住了范漢傑，劉亞樓樂得抓着話筒蹦起來。跑去向林彪報告，林彪只「嗯」了一聲。

進了瀋陽，黑土地統統姓「共」了，那臉上好像也沒露出過笑模樣，依然是那麼踱來踱去。唯一有點異樣的，是點頭和「嗯」的時候比過去多了點。

現在，他腦子裏車輪飛轉，煙塵彌天，是那個正在武裝大遊行的廖耀湘兵團。

攻佔錦州後，有兩個攻擊方向：一是向南攻擊侯鏡如的東進兵團，一是向東攻擊廖耀湘的西進兵團。

毛澤東要向南，林彪要向東。

10月12日和14日，毛澤東在給「林羅劉」的兩封電報中，都表明了南進的意圖。

17日5時，毛澤東又在電報中強調：

> 你們下一步行動，我們認為宜打錦、葫，並且不宜太遲，宜在休整十五天左右即行作戰，先打錦西，後打葫蘆島，爭取十一月完成奪取錦葫任務[①]。

毛澤東想「迅速攻下錦、葫，然後迅速以主力回困瀋陽」[②]。

林彪怎麼想的？

請看《陣中日記》有關文字：

16日：「我決乘勝回頭圍殲瀋陽西援之敵，同時以一部圍殲長春可能突圍之敵。[③]」

17日：「先殲長春突圍之敵，並以引敵深入之方針，把敵引到溝幫子一線後，再行聚殲。[④]」

18日：「形勢發展對我更有利（指六十軍起義——筆者），我決

① 《毛澤東軍事文選》，484、486頁。

② 同上。

③ 《陣中日記》，1040、1041、1042頁。

④ 同上。

在錦州以東地區，再殲敵一二十萬人。[①]」

就是說，攻佔錦州第二天，林彪就決心回師東進，吃掉廖耀湘兵團這條大魚了。

很難說是不是攻克錦州後的即興之作。不是，林彪夠高瞻遠矚的了。是，林彪也太眼明手快了。

黑土地三年戰爭中，未聽説林彪在甚麼原則問題上違心屈從過誰。當然都是以林彪風格表述的。而在這場學術研討中，他當然也不會像黃克誠那樣言辭激烈（這段有些電報筆者未見到）。但那決心，已是不可動搖了。

19日21時，「林羅劉」給軍委的電報講得很明白：

> （一）估計彰武、新立屯地區之敵，有可能在現地不動，等整八軍到錦西後，再南北配合向錦州前進，瀋陽之敵則向營口撤退。但亦有另一可能，即是現在彰武、新立屯之敵，撤回新民、瀋陽，利用遼河阻隔我軍，全部向營口撤退。（二）如我攻錦西，須準備海岸邊與敵十二個師作戰，地區狹窄，我兵力用不上。敵則扼原有強固工事抵抗，戰鬥不能很快解決。新立屯、彰武地區之敵，則乘虛進佔錦州，使我既打不下錦西，又未能殲滅向錦州前進的敵人，則對我不利。（三）我們建議：如瀋陽之敵仍繼續向錦州前進峙，則等敵再前進一步後，再向敵進攻。但有若干徵候敵不再前進，或有向瀋陽撤退轉向營口撤退的象徵時，則我軍立即迅速包圍彰武、新立屯兩處敵人，以各個擊破方法，將新一、新三、新六、七十一、四十九軍全部殲滅，使之不能退回新民、瀋陽和退至營口。目前該敵有隨時縮回瀋陽的可能，故我軍須速決定行動方針。盼軍委即回電指示。[②]

古人云：「得形勢之地，有死生之勢。」

林彪屬意東進，首先是看準了國民黨連遭慘敗，極度恐慌混亂，進退失據的火候，同時也是基於地理上的考慮。

---

① 《陣中日記》，1040、1041、1902頁。

② 《毛澤東軍事文選》，501、457、458、487頁。

東進兵團塔山受阻，一個重要原因就是地域狹窄，不能迂迴，優勢兵力不得施展。南進，攻守互換，即使不再打出個「塔山」，也難「迅速攻下錦、葫」。全殲根本就不可能。

如此，像毛澤東估計的「瀋敵可能被迫增援」那樣，雙方大軍雲集遼西走廊這段只有二十里左右寬的山海之間。國民黨「東西對進」，兩頭夾攻，其在黑土地上的形勢能否一時改觀，也未可知。

或者，像毛澤東一直擔心的那樣，廖耀湘兵團很可能從營口走掉，「封閉國民黨軍在東北加以各個殲滅」①的戰略目的，就達不到了。

或者，廖耀湘退回瀋陽。強攻硬打，傷亡不大。長困久圍，黑土地難免不會出現第二座「白骨之城」。

而遼西走廊北端的黑山、大虎山地區，正是個殲敵的好戰場。西北是醫巫閭山，東南是一片沼澤。溝幫子附近，山脈與沼澤間僅有三十多里的狹窄通道。黑山、大虎山附近是一脈丘陵。這裏既無堅固工事可守，又無有利地形依托，只有幾十個叫做「窩棚」的大小村莊。而攻擊部隊卻可依托醫巫閭山隱蔽地出擊，還可利用饒陽河、遼河斷敵退路。

毛澤東如果忽略了這一點，林彪稍加點撥即可。

19日17時，毛澤東電報中說：

> 如果長春事件之後，蔣介石、衛立煌仍不變錦葫、瀋陽兩路向你們尋戰的方針，那就是很有利的。在此種情況下，你們採取誘敵深入，打大殲滅戰的方針，甚為正確。②

毛澤東痛痛快快把錶針撥向林彪。

毛澤東的高明，在於能堅定地推動部下向着正確的目標前進，又能迅速的修正自己。

---

①《毛澤東軍事文選》，501、457、458、487頁。

② 同上。

蔣介石的低能，就在於恰恰相反。

林彪看準火候就說，就堅持到底。

廖耀湘、杜聿明、衛立煌正好背道而馳。

在這裏，「勝敗乃兵家常事」嗎？

攻佔錦州前，林彪打援戰術是「東拖南阻」：南邊堅決頂住東進兵團，東邊則拖纏住西進兵團，叫它進退不得。

現在是「明修棧道，暗渡陳倉」。

原在遼西牽制廖耀湘兵團的十縱，進到黑山以北頭道鏡子一帶隱蔽。敵不動則不動，敵西進則退至黑山、大虎山一線固守。如敵有東退徵候，即不分晝夜插到新立屯以東，切斷敵人退路。五縱進至廣裕泉西南隱蔽。敵停則停，敵進則退。如敵有東退跡象，立即插到新立屯以南，截斷新六軍退路。六縱暫於彰武西北隱蔽，準備突然包圍彰武之敵。

一縱、三縱、八縱以及十七師為第一梯隊，10月21日開始東返。一路沿北寧線向大虎山疾進，一路沿公路直奔黑山，一路經義縣向白土廠邊門前進。二縱、七縱、九縱及炮縱為第二梯隊，於22日隨後跟進。

假如未能在新立屯、彰武地區抓住敵人，敵人轉營口撤退時，所有部隊立即轉向營口，在營口和牛莊間殲敵。

一律夜間行動。

四縱和十一縱繼續在塔山一線抗擊東進之敵。

原在錦西附近的兩個熱河獨立師和十一縱一個師，大天白日，向西南作戰役佯動。沿途大肆籌辦糧草房舍，虛張聲勢，作出林彪要進關的樣子。

10月17日，「東總」公開宣稱南進，掃蕩北寧線。

一個月前，林彪專列南下兩天後，《東北日報》發則消息：林彪正在哈爾濱開會。

「兵者，詭道也。」

10月21日，「林羅劉譚」致電各縱：

我軍決定全力乘敵撤退中與敵決一死戰，以連續作戰方法力求全部殲滅敵人，此戰成功，則不僅能引起全國軍事形勢之大變，且必能引起全國政治形勢的大變，促成蔣介石迅速崩潰。我全體指戰員須振奮百倍勇氣與吃苦精神，參加此一光榮的大決戰，不怕傷亡，不怕疲勞，不怕遭受小的挫折，雖每個連隊遭受最大傷亡（每個連隊打得只剩幾個人也不要怕），對全國革命說來仍然是最值得的。

須嚴戒沙後所王道士屯的打法，那種打法是未偵察地形狀況，未等部隊大部到齊，未等火力兵力很好配備，未將敵人退路截斷及倉促的亂打亂衝。此次打法，只要我各級幹部嚴守準備好了再猛攻的原則，則必然橫直勝利。這就是在接近敵人後指揮員迅速偵察地形選好主攻點，將最大部份之火力、兵力集中於該點附近，並採取縱深配備，然後先將敵人重要建築物與障礙實行破壞射擊，待大體已被破壞後，即以火力進行數分鐘的壓制射擊，步兵即開始猛衝猛追。只要採取這種打法則橫直打勝仗。①

喜怒不形於色的林彪，字裏行間，洋溢着壓抑不住的堅定和自信。

當一場舉足輕重的決戰還未打響已穩操勝券時，是多麼激動而又痛快。

克四平，下錦州，攻堅戰，林彪已不是生手了。但是，從平型關大捷，到扭轉黑土地局勢的四保臨江，三下江南，和秋風掃落葉般的夏秋冬三大攻勢，林彪最得心應手的，畢竟還是運動戰。以打巧仗著名的林彪，是位運動戰專家。他的聰明才智和技巧，在比較少拘束的運動戰中，可以得到淋漓盡致地發揮。身材纖巧的林彪，一走上運動戰的戰場，心靈就沉浸在一種出神入化的境界之中。

林彪的巧，巧在戰機的把握，戰場的選擇，對部隊特點的瞭如指掌和使用，以及走一步看幾步的遠見。

毛澤東說「宜在休整十五天即行作戰」，林彪六天就出動了。

拿破崙說：「在戰爭中只有一個有利的時機，能抓住此時機，就是天才。」

---

① 《瀋陽軍區歷史資料選編》，170、171頁。

克勞塞維茨說：「在決定性地點上能夠集中多大的兵力，這取決於軍隊的絕對數量和使用軍隊的藝術。」

林彪抓住了一個最好的時機，選擇了一個最好的戰場，投入了最強大的兵力，表演了一場令人擊節的拿手好戲。

林彪為廖耀湘兵團看了塊好風水，沒想到他自己的葬身之地卻是溫都爾汗。

戰爭是雄性的

東返部隊先是急行軍，後是強行軍。

原在遼西的五縱、六縱，一晝兩夜行軍250里。

李伯秋老人說，打下錦州，後勤部門組織部隊白天晚上搶運物資。彈藥、糧食、被服，國民黨兵站倉庫的東西，能弄動的都往外弄。汽車馬車，肩挑背扛，汽油桶運到城外就推到路邊溝裏。沒處放，時間緊，飛機轟炸很厲害。當時是從最壞處想的，準備敵人重佔錦州。忙得一塌糊塗，拉到城外沒兩天，就接到命令奔遼西。

李兆韋老人說，出發前，連夜報告傷亡情況，連夜調配補充幹部。「你當營長，你當連長，你當指導員，你當排長。」遼海戰役打了一個多月，三個營長都沒當到頭。兵員是邊走邊補充，都是俘虜兵，不少軍裝都沒換，只把「青天白日」扯掉了。有的連八十人，有的連五十人，有的連二十人。黑燈瞎火的，走着走着，前邊又喊：「領槍了！各連來領槍。」步槍，衝鋒槍，機槍，槍沒了，就拿幾顆手榴彈。第三天頭上傳來命令：停止前進，站在甚麼地方就把東西放在甚麼地方，除了槍支彈藥乾糧袋，全部放下。「放好了嗎？」「放好了。」「出發！」

恩格斯說：「正如在商業上說，『時間就是金錢』一樣，在戰爭中也可以說『時間就是軍隊』。」

蔣介石堅持收復錦州，會師大淩河，是認為共軍傷亡很大，無力再戰。他的看法不是沒有一點道理，但他不理解這場戰爭更不理解共產黨人。

東進部隊徒涉大淩河。

河面寬200米左右，水深沒腰，河底是流沙。沙層很厚，雙腳不能停，停下再難拔動，越動越往下陷。有些車馬陷住了，很快就沒影了。不能去救，去救也得陷進去。遼西不少河流都是這樣子。初到東北時不識河情，不少人陷在裏面。蘇聯紅軍也吃了不少這種苦頭。

10月底，水涼砭骨。遼西戰役結束西返時，水穩處冰層已有玻璃厚了。有的在水中抽筋了，一停頓就陷進去了。上岸後不管三七二十一，連架帶拖拚命跑。不然，刀子樣的北風一溜，一會兒就凍僵了。

張耀東老人兩腿內外側，一條條筷子粗細的凸起的血管，像爬滿了蚯蚓。老人稱之為「大淩河留念」——「聚筋了。」

最苦的是女人。

當時的二師財會科會計劉淑，是騎馬過去的。

老人說，天黑，岸上河裏，吵兒巴火的，甚麼也聽不見。也不聽，就盯着那河面。河心有漩渦，那馬隨着漩渦轉，眼看要轉進去了。好像挺害怕，又好像甚麼也沒怕，也不知怎麼過去的。那馬打着哆嗦上岸了，眼前紅通通，白晃晃的。仔細一看，是戰士們在烤火，都光着屁股。

戰鬥部隊女人少，有馬騎。醫院和宣傳隊的，連馬尾巴也拽不着。

劉光濤老人說，西返過大淩河也是晚上。人踩馬踏，冰都碎了，化了。過河後在岸邊等部隊，上游突然傳來一片哭叫聲。「爹呀」，「媽呀」，鬼哭狼嚎似的，那個瘆人哪。趕緊派人去看，都是師醫院和宣傳隊的女同志。

性情溫雅的師政委，把指揮渡河的幹部訓了一頓：打仗沒法子，現在為甚麼不能搞條船，或是想點別的甚麼法子？

老人說，他長這麼大，也未聽到過那樣瘆人的叫聲。

老人說，直到今天，那尖厲的慘叫還在耳邊響着。

幾個縱隊的老人，都聽過那慘叫。

老人們說：有些女同志未等進關就癱了。

老人們搖着頭：唉……

從南下北寧線到回師遼西，從闖關東到進關，數以萬計的軍中女性，是建立了特殊的功勳的。在某些方面，她們比男人更強韌，更富於生命力。如果剔除性別因素，而把「男子漢」視為強者的稱謂，她們中的一些佼佼者，甚至比一些男子更男子漢。

但是，「水做的女人」是經不得這種水的。

李伯秋的夫人孫敏老人，當年是三縱機要科譯電員。闖關東路過家鄉時，想看一眼母親，又怕讓母親看到。匆忙中寫個條子扔給車下人，紙條隨風飄着，她大聲喊着：交給村長，勸勸我媽，就說我去開會了……

從南滿到北滿，三縱和四縱是黑土地上走路最多的部隊。

當年四縱二十八團財會股會計王敏芝老人，說她行軍從未掉過隊。

闖到關東，她被分到遼東軍區「供（給）訓（練）隊」學會計。畢業後，和一個叫「王順花」的女孩分到十師。雪野中，一輛順路馬車拉着他們「吱吱嘎嘎」地顛呀顛呀，兩人凍得噝噝哈哈的，那心卻像冰天雪地中的兩團火苗。十師是主力呀！快到了怎麼還聽不到槍聲呢？一問，說離前方還遠着呢。不上前方，不打仗，叫甚麼主力呀？在十八歲的姑娘家心裏，主力是應該天天打仗呀！

沒幾天就趕上四保臨江。這個走呀，少時每天五十里左右，多時一百多里。走路不愁。她長得苗條精幹（今天依然如此），有的是力氣，月經又晚，像個男子。王順花就不行了，胖，又是痛經。她就幫她揹東西。大都是晚上走，白天有飛機轟炸。過封鎖線，連咳嗽都不行。她提隻桶，裏面裝着鐵飯碗，提心吊膽就怕弄出聲，絆個跟頭就更了不得。摔倒了，不顧身子，把桶擎到半空，像表演雜技。

當會計後發匹馬。弄個像被面大的馬搭子，裏面都是錢，搭在馬背上，就成了活動「銀行」。光有錢不行，敵佔區不能花，還帶些金子和煙土。弄個衝鋒槍子彈帶，把金子和煙土放裏面，藏在衣服裏面。渾身上下一般粗，像懷了幾個月的身孕。有人說她們走路腳下塵土多，金子沉。

孫敏老人說她走路能睡覺。

行軍睡覺各有各的樣兒。有的跟着隊伍邊走邊睡，像有根線牽着似的，前邊停下就撞上了。另一個譯電員王善琦，走着走着離隊了，那就是睡着了，趕緊接她一把。她不，一睡着就站住了，像馬似的。有人就叫她到後邊去。那可不行，不掉隊了嗎？

到了宿營地，別人是洗腳、吃飯、睡覺三部曲。孫敏她們趕緊架設電台，發報收報。王敏芝她們趕緊鋪開攤子，發錢算帳。有時忙活完了剛倒下，又集合出發了。有時飯也趕不上，拿塊飯糰子邊走邊吃。

女人來到這世界上，本來就要多承受幾分苦難。而這些，本來並不屬於其中的。

睡覺照顧女同志，給個熱炕頭。南北大炕，不管男女，倒頭就着。沒人家，就隨便找個甚麼背風的地方偎着。睡前一定要把馬搭子壓在身底下，再把「子彈袋」檢查一遍，繫好，才敢合眼。

二師的「銀行」裝在一輛大車上。到宿營地不卸車，值班的披件大衣，偎在錢箱子上睡。春夏秋冬，劉淑像男人一樣睡在那上面。

東北三年，脫衣睡覺的時候比節日還少，身上那蝨子呀，跟孩子們講，孩子說：媽呀，你怎那麼髒呀？

剛到供訓隊時，王敏芝問：這「會計」是個甚麼？有人說：會計就是個人。發本油印課本《會計與簿記》。這「簿記」是甚麼？有人說：簿記就是本書。她把這本書一直揣到共和國誕生。

那時候那人，土得冒煙，髒得掉渣，真誠得透明，把理想和信念揣貼在心窩上。

夏季攻勢後的一天，一個不到二十歲的清秀的女兵，揹着個薄薄的背包，提隻裝着臉盆牙具的網兜，汗涔涔走進二十八團團部。在眾多男子漢注目禮中，姑娘敬個禮，掏出介紹信。

政委張繼璜已經明白了幾分。看到介紹信上「于淑海」三個字，趕緊伸出手去：歡迎！歡迎！然後跑去前院，照團長胡雲生胸前就是一拳：快走，看是誰來了！

誰也不認識誰。

胡雲生已經做了一夜新郎夢：昨天下午師裏來個電話，說縱隊衛生部有個叫「于淑海」的護理員，今天來和他結婚。

而新娘子于淑海，從縱隊動身時，說是讓她去十師。坐馬車到了十師，又讓她去二十八團。也沒說去幹甚麼，她也沒問。那是不用問的。去哪兒幹甚麼，都是革命工作。

此刻，當她看到胡團長望着她的那種激動、興奮的目光，姑娘家的本能使她預感到已經發生了甚麼。她感到突然，有些惶惑，可很快就坦然了：周圍女伴，一個個不都是這樣子嗎？

去年，張繼璜和王敏芝夫婦去浙江嘉興看望這對老戰友，于淑海還說：哼，就這麼地把我分配給他了。當年的團長「哈哈」大笑：這叫「千里姻緣戰爭牽」。

副團長、副政委、參謀長、主任不請自來。炖上幾隻老母雞，拎來幾隻「酒葫蘆」，三張拼在一起的高低不齊的方桌上，十多隻粗瓷大碗舉起來，十多張粗喉嚨大嗓子，齊聲祝福「革命夫妻，革命到底」。

副團長和警衛員把行李搬出去，就是「洞房花燭夜」。

張繼璜和王敏芝的「洞房花燭夜」，枕頭是個馬搭子。

「洞房花燭夜」之前，兩人見過兩次面。一次是和他一道闖關東的師作戰科長，介紹她和他見面，給她印象最深的是警衛員那隻不離身的「酒葫蘆」。第二次在行軍路上，看一眼，沒等說話就過去了。

張繼璜老人給這種戰地婚姻總結八個字：「兵臨城下，速戰速決。」

沒有情書，甚至沒有情話，更談不上花前月下，卿卿我我。

當然也沒有小說和電影中的情節：硝煙烈火中，突然出現一位美麗的女性，自然也會站出一位英俊的男子漢。於是，美女加英雄，一段令當代小青年恨不能上去親身體驗一番的風流倜儻的戰地羅曼史。

和王敏芝一起到十師的王順花，談戀愛。那男的不夠「二七八團」，又降職，又處分。在山東就是「二七八團」的李伯秋老人，1948年才結婚。

當年「旋風部隊」的主力師政委說：從山東到東北，見過多少寡婦？有的又找一個又守寡，有的生了孩子沒處放，有的老婆孩子都讓敵人捉了去。還是一個人好哇，赤條條來去無牽掛。

很多老人如是感慨。

蘇北三師闖關東到阜新海州後，家屬在義縣準備坐火車趕大部隊。國民黨追上來，炸壞火車，一些家屬被抓走，一些逃到老百姓家躲起來。有的被迫給人家當了媳婦，有的一路乞討，甚至不得不賣身，半年後才在庫倫找到部隊。

不打仗了，留守處把家屬送到部隊駐地住上一段。開頭用馬車，後來是汽車，像個大篷車隊，像個吉普賽部落。打仗了，再回來等着，守着——誰知道是不是已經生離死別過了？

有的老人覺得無所謂：那時打仗不像現在這樣可怕。一年三百六十天，總提心吊膽的，還不把人折騰死了？習慣了。那時就盼快點打完算了。有時十天半月不打仗還挺奇怪，怎麼不打了？

有的則唏唏噓噓：慣是慣了，可人心是肉長的，那是自己的老頭呀，能不掛着？那時就怕仗打壞了，就怕傷亡，就怕他回不來，不見到面一塊石頭不落地。夜裏盡做噩夢，血淋淋的……

八師副師長黃朝宣的妻子李莉，是個天生的樂天派。從東北到平津，看誰心神不定就去勸。南下到許昌，敵機掃射，車廂打那麼多窟窿，大家都下車隱蔽，她抱着孩子樂呵呵地說「沒事」。打海南島時丈夫犧牲了。開頭大家不敢告訴她，她看出來了。不吃不喝，白天晚上點根蠟，抱着孩子流眼淚。有時夜裏突然跳起來，大喊大叫「老黃回來了」，幾個人都抓不住，瘋了似的。

從貞德、卓婭，到在黑土地上為國捐軀的趙一曼，歷史用血火之筆塑造了那麼多千古流芳的巾幗英雄。而從傳世不朽的中外名著，到如今封面陰盛陽衰的各種雜誌，又有幾多少得了風姿飄逸的女性？

雄性的戰場上，突然出現一位光彩照人的戎裝女性，那僅僅是美，是別樣的勇武，像萬綠叢中一點紅，像漫漫荒漠中一片綠洲，或是一汪清泉？

把女人視為生兒育女的工具，固然腐朽不堪。可雄性的戰爭，難道不本來應該是男子漢們的事業嗎？

一位蘇聯作家說「戰爭中沒有女性」。一位中國作家說「戰爭讓女人走開」。戰爭以一種甚麼樣的魔力抹煞了人的性別？當和日本侵略軍打紅了眼的中國人，又和曾經一道抗日的骨肉同胞打紅了眼時，戰爭抹煞的僅僅是人的性別嗎？而那些在根據地和留守處守活寡的女人，那些不屬於「二七八團」之列的不知兒子或丈夫是人是鬼的女人，她們果真能夠從戰爭中走開嗎？

當老人們講述到大凌河畔那尖厲嚇人的慘叫時，我突然悟到作家們為甚麼那樣青睞戰爭中的女性。

雄性的戰爭中的女性，更能表現戰爭的殘酷！

膽　魄

——東野名將錄之十一、十二

「養兵千日，用兵一時。」

兵如此，將軍呢？

之十一：打鐵的

十縱司令員梁興初，大個子，大長臉，大嘴巴，大牙。眼睛本來不算大，眼珠子卻動不動就瞪得老大。

一些老人叫他「梁大牙」，叫得親切，叫得溫暖。說他瞪眼珠子挺嚇人，不擺架子對你像親兄弟。說在他手下工作沒有沒被他罵過的，罵得痛快，罵得舒服，罵完就完，沒小鞋大帽子，有時也罵得你想和他對罵，過後一思量，又恨不能再讓他罵一頓。

黑土地上很多將軍都有外號（不知其他野戰軍是否如此——想來這不會是黑土地的特產）。有的叫「好戰分子」，有的叫「小諸葛」，還有叫「教師爺」、「毛猴子的」，大都與本人性格和戰鬥作風有關。

純粹因形象而得名的「梁大牙」，其實應該叫做「打鐵的」。

這倒不是因為他參軍前是個鐵匠。

從平型關戰鬥中的六八五團營長，到黑山阻擊戰的十縱司令，像韓先楚、黃永勝、鍾偉這些戰爭大學中的高材生一樣，他是一身傷疤一串台階，從戰爭的火網中硬打上來的。

硬打上來的將軍能打硬仗。

1946年5月23日，國民黨進入長春後，蔣介石親來慰問。看到松花江南的拉法，為吉林以東鐵路公路交叉點，當即指示杜聿明：拉法非常重要，是戰略要點，要派一個加強團固守。6月6日，七十一軍八十八師二六四團一個營，進佔拉法北十二里處的新站鎮。

黑土地一連串的勝利，蔣介石頭腦有些發脹。另外，他也是看了個火候：從6月7日12時起，東北停戰十五天。

難道蔣介石忘了，1月13日午夜東北第一次停戰生效後，共產黨不是照樣攻佔了營口嗎？

6月7日，林彪命令一師和二師，由一師師長梁興初和政委梁必業統一指揮，堅決吃掉這股突出孤立的敵人。

這是四平撤退後，民主聯軍第一次主動出擊。這一仗的勝負，不僅是一塊戰略要地的得失，而且將對國共兩黨在黑土地上的前途產生影響。勝了，共產黨人將會從四平戰後的疲亂中喘口氣，恢復振作一下軍心士氣。敗了，就會在普遍的悲觀失望情緒上，再壓上一塊沉重的烏雲，處境將會更加困難。

8日3時開始攻擊拉法，拂曉即結束戰鬥。

用梁必業老人的話講：趁夜暗悄悄摸近，一傢伙就衝進去了。

新站打僵了。

9日2時，一團、三團和五團如法炮製，國軍已有準備。三團受阻，一團佔領鎮東南角後被頂住。五團突入鎮內，傷亡很大，不能前進，由二團接守陣地。天亮後強行攻擊，守軍拚死抵抗，不斷實施反擊，雙方膠着廝殺。

飛機不斷向守軍空投彈藥食品，八十八師增援部隊已趕至老爺嶺，與打援的四團接火。援兵將至，彈藥給養不缺，守軍挾一路北進威勢，士氣不減。而攻擊部隊三個團的番號，實際每團只有千把人，兵力優勢並不大多少。

打不打？還能不能打？

打？若能很快結束戰鬥，傷亡再大也值得。不然，援兵上來，即使能夠脫身，新站也將會變成「小四平」。

不打？幾百人白傷亡了，前功盡棄，灰心喪氣地撤退。

這仗算是打到節骨眼兒上了。

此刻，在舒蘭的病中的林彪，腦子裏那個車軲轆轉得再快，再精心策劃，也得靠前線指揮官審時度勢，作出決斷。

「梁大牙」一咬牙：打！

把六團調到攻擊和打援兩用位置上，其餘四個團全力攻擊。

最後一錘子打響了。

第二年秋天，林彪在一次關於「硬拚仗」的講話中說：

成對峙時，只要不是山窮水盡，還應該硬下去，這時要十分冷靜地分析情況，尋求擊敗敵人的機會，這時我們處境固然困難，但還應該想到這時敵人的困難，至少也和我們所差無幾，對峙中即使看出有撤出戰鬥的前途，如其早撤還不如多挺一會兒，這樣頂多也就是多傷亡幾個人而已，但勝利的出現，往往就在多挺這一會兒上，這就是所謂最後五分鐘，看誰挺得硬，誰就是勝利者，指揮員的頑強性就表現在這裏（據説此次南滿殲滅二十五師的勝利，就是這樣取得的，還有一、二師新站戰役也有類似情形）。①

善打巧仗，非常注重部隊作風的林彪，很喜歡關鍵時刻叫得真、過得硬的部將。林彪在黑土地上的幾位「愛將」，「打鐵的」「梁大牙」即是其中之一。

（有人挺忌諱説自己是當年林彪的「愛將」，好像這樣就會和後來的林彪講不清楚。）

在黑山阻擊戰中立下赫赫戰功的十縱二十八師，是當年延安大生產運動中著名的三五九旅的老底子（主力南下了，未到東北）。

《東北三年解放戰爭軍事資料》，這樣評述二十八師：

係東北各部隊中歷史基礎最老的部隊之一，其中有不少為土地革命及抗日戰爭時期之骨幹成份，連以上幹部絕大多數為關內參軍之老幹部，部隊作風甚疲塌，缺乏朝氣，保守性大，進步慢，戰爭作風被動，戰鬥力未能充分發揮，其部隊歷史應列入東北各部隊中之主力師，但戰鬥力還不如一般老部隊及趕不上進步較快之新部隊。②

老人們都説：遼瀋戰役前，二十八師在黑土地上基本沒打過甚麼好仗。

有的老人説，這個旅來東北時就挺富，「黑（煙土）白（銀子）貨挺多」。有的老人説，他們到東北挺能搞東西，發了財，「家務

① 《林彪元帥軍事論文選集》，121、122頁。

② 《東北三年解放戰爭軍事資料》，65頁。

多」，包袱重。有的老人說，每次轉移，他們大車小輛，滿滿登登，像個輜重隊。有的老人說，四平保衛戰期間，林楓讓這個旅撤出梅河口，後勤部長不幹，說是要請示旅裏。林楓說：是東北局領導你們，還是你們領導東北局？打仗不積極，就能搞東西，東北丟了，你們的東西能保住？

林彪和劉亞樓都講過：打不好仗，就降級，當獨立師。

當一些新部隊不斷升級到主力縱隊時，三五九旅降為獨立師。

「寧當雞頭，不當牛尾」的鍾偉，由「雞頭」一下子變成「牛頭」，為的是用這位「好戰分子」的性格、作風，把新成立的十二縱帶成一支生力軍。「打鐵的」「梁大牙」到十縱當司令，並在遼西戰役中受命死守黑山，體現的是林彪同樣的用將之道。

「打鐵的」則把二十八師放到攻守焦點的「一〇一」高地。

據說，戰鬥快打響，他還在二十八師呆着。有人說：司令，該回指揮所了。未起床先點支煙「神仙」一番的「梁大牙」，吸口煙，樂呵呵地說：我看這裏就挺好嘛。

司令到師，師長到團，團長到營，一級級壓下去，這在戰爭中並不都是必要的，特別是在防禦戰中。但是，在這裏，在一個尤其需要顯示決心的時刻，這樣壓一下子沒有必要嗎？

黑山為進出大窪、營口、海陽、錦州的唯一走廊，無論向何方進退，廖耀湘都必須首先攻佔黑山。而十縱的任務，就是死死咬住廖耀湘兵團，引來無數鋼刀銳箭，將對手剁成肉泥血醬。

二十餘架飛機輪番轟炸，十倍於守軍的炮火猛烈轟擊，由營而團而師的兵力一次又一次地衝殺。因一塊山石書寫「小黑山」三個字而得名的「黑山」，火燒血浸，真正成了「黑山」。「一〇一」高地反覆爭奪二十多次，山頭削去兩米，「一〇一」變成「九九」。

炮火襲擊過後，幹部戰士從泥土中扭動着拱出來。文書，衛生員，司號員，理髮員，炊事員，都操槍戰鬥。排長犧牲了班長自動代理，班長倒下戰士挺身而出。正面擋不住了就向側翼突擊。八十四團二營，與二〇七師一個旅反覆衝殺十小時，剩下二十多人還拚了五次刺刀。「九二」高地一個連苦戰一晝夜，最後全部犧牲。

廖耀湘這樣描述守軍：

他們攻擊前進時，均一律持槍上刺刀和投手榴彈，直接衝向我軍陣地，前仆後繼，非常英勇。①

二等部隊一下子打成了一等部隊，打成了鐵，打成了鋼。

本來就沒有不能打仗的兵。

之十二：李作鵬當機立斷

在闖關東的十萬部隊中，沒有比華中三師七旅（即後來的六縱十六師）戰史再輝煌的了。

《東北三年解放戰爭軍事資料》中，這樣寫道：

該部隊自歷史以來參加戰鬥最多，戰鬥經驗豐富，戰鬥作風勇猛，能攻，能守，不怕犧牲，準備好，行軍力強，能打硬拚仗，戰鬥力強，有朝氣，雷厲風行，但亦存在有些簡單化，保守，對新的戰術研究與掌握不夠，因之進步較快，該部隊為東北各野戰部隊中之頭等主力師，但存在高傲自滿情緒。②

七旅是紅一軍團二師老底子。1927年參加南昌暴動，1928年於三河壩失敗後上井岡山，抗戰後編入一一五師三四三旅六八五團，參加平型關戰鬥。「皖南事變」後南下華中，擴編為新四軍七旅。

1943年3月18日，日軍六十五師團3000多人加7000多偽軍，由淮陰北犯。七旅十九團四連，奉命在劉老莊掩護主力撤退。從拂曉戰至黃昏，彈藥打光了，敵人上來了。「我們死也不投降！」全連八十二名勇士，端着打彎的刺刀，仆倒在血染的土地上。

一支敢於刺刀見紅的部隊：打日本刺刀見紅，打國民黨刺刀見紅。

能打硬仗，也打了許多硬仗，只是戰績不大。

三下江南主攻焦家嶺，七旅連打七次衝鋒。一般部隊，三次衝不上去就怵了，鬆了，軟了，衝不動了。七旅的字典裏沒有「熊」字。

---

① 《遼瀋戰役親歷記》，212頁。

② 《東北三年解放戰爭軍事資料》，52頁。

大雪沒膝，血飛肉濺，照樣衝，照樣打，生死不怕嗷嗷叫。結果，傷亡幾百人，只打下一間獨立家屋。

幾天不打仗，「病號」一個個倒下了。聽說打仗了，「撲愣愣」爬起來，都好了。

行軍路上，飛機轟炸掃射。打倒了，抬走，隊伍不停不避，照樣前進。就有這麼股勁頭。

對敵人兇，對自己人也兇。

進戲園子橫晃，不買票。去日本人住宅區，要「米西米西」，罵「八格牙魯」。宿營，把兄弟部隊從熱烘烘的屋子攆出去。戰後和兄弟部隊搶戰利品，開槍打死打傷人。打罵嚮導，民工，老百姓。搜俘虜腰包，槍斃俘虜。七旅樣樣出名。

在阿城，七旅教導隊和東北局的人打籃球。七旅犯規不服判決，打球變打人。高崗上去勸架，也吃了兩拳。高崗說：我是你們副政委。兵們說：就打你這個雞巴副政委！打罵東北局副書記、民主聯軍副政委，這還了得？七旅把那幾個兵綁上，送去請罪。高崗說：連我都敢打，打仗肯定是好樣的，快放了。

一支和三五九旅不一樣的，「兩頭冒尖」，「三兇主義」，同樣需要打翻身仗的部隊。

10月20日10時，「林羅劉」給軍委的電報中說：

> 此次大戰，全局關鍵在於是否能截斷新立屯、彰武之敵的退路。①

9月中旬，六縱（欠十七師）從吉林進至長春南，作攻擊長春狀，掩護主力南下。廖耀湘兵團出遼西，六縱也出遼西，協同五縱與敵周旋。10月24日，廖耀湘兵團猛攻黑山，六縱隱蔽地進至彰武、新立屯。然後掉頭南下，強行軍向台安急進，準備堵截廖耀湘南逃營口。

六縱司令員兼十六師師長李作鵬，率前指隨四十六團前衛營跟進。

夜色蒙蒙，繁星滿天。嚓嚓的腳步聲中，是呼哧呼哧的喘息。

---

①《毛澤東軍事文選》，501頁。

俗話說「二八月亂穿衣」，行軍臘月天也恨不能亂穿衣。走起來穿單衣也嫌熱，停下來穿大衣再裹條被子也打哆嗦。馬更騎不住。寒氣逼人，個把里路兩條腿就麻了，趕緊下來。走出一身汗再騎上去，那滋味兒更難受。

一天兩夜250里，26日凌晨抵達北寧線。過鐵路時，與姚家窩棚敵人遭遇。四十六團向前猛撲，全殲新六軍十四師前衛營，搶佔姚家窩棚，並攻下厲家窩棚車站。

正打着，「林羅劉」來電：繼續前進，不要與敵糾纏。

李作鵬回電：敵情嚴重，不能繼續前進，待查明情況後再告。

有的老人說，槍一響，就聽出是敵人正規部隊，李作鵬就判斷情況可能有變，決定停止前進。

一個精明的判斷和重要決定。

黑土地上的名將，沒一個是只會執行命令的。

戰鬥打響，師騎兵偵察連就撒出去了。天剛亮，撈回條大魚，一個換了便衣的少將參議。那參議說，廖耀湘已經改變南出營口計劃，決定東退瀋陽了。

一個極為重要的情況，宣告了一個難逢的戰機和嚴峻的時刻。

厲家窩棚車站、半拉門、姜屯一線，是敵退瀋陽必經之地。守住這裏，就能切斷敵人退路。但是倉促佔領陣地，在攻錦主力趕到之前，這裏將要承受難以想像的壓力。

設在小于家窩棚的前指，距前線二里遠。美式重炮發出的炮彈，從頭上掠過，爆炸的氣浪將黑黃的窗紙撕扯成條條片片，嗚嗚作響。屋頂的蛛網、塵灰和泥土，像流沙樣瀉落。

性情暴烈，很注重軍人儀表的李作鵬，站在炕沿下，一件黃呢大衣快要從肩頭滑下去了：向總部報告，準備戰鬥！

有的老人說李作鵬當時「毫未猶豫」。有的老人說他「很冷靜、果斷」。有的說是「一副胸有成竹的樣子」。有的說「也看不出甚麼表情」。

戰爭中，主動和優勢的得失，經常取決於瞬間的決斷。將軍的功業，就在這瞬間的決斷中成就，或者毀棄。

新開嶺和新站，韓先楚和梁興初咬鋼嚼鐵一聲「打」，當然和此刻有所不同。但在透視和把握戰爭的能力上，在最需要，也最能顯示一個將軍的才華、決心和魄力的時刻，他們都表現了不愧為黑土地名將的風度。

有的老人說：十六師這塊好鋼，這下子算是用到刀刃上了。好鋼能不能用到刀刃上，「用」字是大有講究的。

遼西戰役，李作鵬功不可沒。

如今一提到「李作鵬」這個名字，三十歲以上的中國人，眼前就會出現一副墨鏡，並能在兩面鏡片上幻化出林彪和「黃吳葉李邱」一串並不陌生的形象來。於是，那雙藏在鏡片後面不知是甚麼樣兒的眼睛，就愈發深不可測，那目光就永遠狠毒而又險惡，充滿陰謀味道了。

「東總」有名的「大燒鍋」，在山東就戴副墨鏡。他的眼睛有毛病，怕光。據說是抗戰時被日軍毒氣彈薰的。

李作鵬的與眾不同之處，不在於當時在中國都少見的那副墨鏡（銀幕上的國民黨特務，十有八九是要戴上一副的），而在於他的出身和經歷。梁興初等人是班排連營團，從戰鬥部隊一路打上來的。李作鵬則是從機要員、參謀、科長、參謀處長，當上縱隊副司令的。

據說，林彪和羅榮桓挺器重他。

打海南島時，船隊在海上，風突然停了，帆船走不動，半路上要回來。當時是軍長的李作鵬立即報告兵團，兵團還未回話，他這邊決心已經定了：用槳划也得給我划過去！

有的老人說，營以上單位才有電台，連以下聯繫不上，怎麼回來？這個人精明強幹，火氣來得快，腦子轉得快，叫你怕也叫你服，叫真格的不含糊。

有的老人說，他當參謀處長是有貢獻的，跟林彪學到不少東西。

有的老人說，十六師在東北換了四任師旅長，比較之下，資歷並不深的李作鵬能轄住這樣兩頭冒尖的師，那是得見點真功夫的。

老人都說：功是功，過是過，昨天是昨天，今天是今天，應該一是一，二是二。

把一個人生命旅途中的「一」和「二」單獨提取出來，歷史的變遷，有時簡直叫人目瞪口呆！

不過，中國人好像已經見怪不怪了。

打亂仗

遼瀋戰役中的最後決戰，林彪的打法是攔住先頭，截斷後尾，夾擊中間。

十縱攔住先頭，六縱截斷後尾，東返主力向中間一衝，廖耀湘兵團亂套了。

10月26日拂曉，圍殲戰打響。

一縱、二縱、三縱（附十七師）、十縱及炮縱主力，由黑山正面自西向東突擊。七縱、八縱、九縱，由大虎山以南向北突擊。五縱、六縱跨北寧線，由二道鏡子、饒陽河以東向西突擊。各縱給各師再大概分定攻擊方向，各師再向下區分一下，命令一律是「搜索攻擊前進」。

不知道敵人準確位置，反正就在這一圈內。

各路陸續打響，林彪將指揮權適時下放到各縱和師：哪裏有槍聲就往哪裏打，哪裏槍聲密集就往哪裏打，直打到聽不到槍聲為止。

敵我交叉，我我交叉，突擊與反突擊，包圍與突圍與反包圍，五十多萬大軍糾纏扭打。

潮水樣的隊伍，向着槍炮聲撲打。撲滅一處槍炮聲，留下一片血火，裹捲着煙塵再向另一處槍炮聲撲去。一個山包，一座村莊，上午你手，下午我手。槍管赤熱，刺刀滴血，槍炮聲分不出個數，天地間的一切都被戰爭的喧嘯充塞了。入夜，照明彈一顆顆掛上天空，信號彈、炮彈和各種子彈的彈道，像千萬條火蛇在地平線上狂舞。爆炸的火光，燃燒的房屋，襯着空中慘白的照明彈，照耀如同白晝。

百年大樹在烈火中焚逝，千古無聞的小村莊在血戰中載入史冊。

堵截廖耀湘兵團的戰鬥，首先在魏家窩棚打響。

10月25日，廖耀湘兵團攻黑山不下，命令四十九軍、新三軍十四師和新六軍騎兵部隊，經大虎山以東向營口撤退。並命令原在遼河東岸的新一軍暫五十二師，由卡力馬西渡遼河接應。林彪早有算計，24日即令八縱主力向卡力馬急進，遼南獨二師由南向台安北急進。四十九軍先頭部隊進至魏家窩棚，迎頭正撞上獨二師。八縱隨即趕到，將敵攔腰切斷。

從拂曉打到黃昏。

邱會作隨二十三師六十七團前進，指揮所設在距敵不到一百米遠的一條雨裂溝裏。炮彈一排排瀉在溝後曠野裏，泥土把天都遮蓋了。指揮所傷亡三個人。副師長和團長、政委，都勸邱會作下去。他說：還能跑過炮彈哪？要跑都往前跑。

堅守趙家窩棚的二十二師六十五團，戰後打掃戰場，一連陣地上，雙方幾十把刺刀插在對手身上。

獨二師帶着個炮團，都是重炮，趕到架上就打。剛組建的炮團，初學乍練，準頭不大，那聲音可是夠唬人的。

交手三年，共軍是有重炮必有主力。國民黨又以為共軍主力都來了，退了。

由退營口變為退瀋陽，南進中的縱隊右轉成了東向的橫隊，黑壓壓地向北寧路兩側壓來，又撞上了剛剛趕到這裏的五縱、六縱。

最慘烈的戰鬥，是在厲家棚一帶。

這條路再打不開，廖耀湘只有全軍覆沒了。新三軍、新六軍調集主力，不惜代價，成營成團往上攻。可六縱豈是好惹的？「王牌」對「頭等」，都拚命了。

在厲家窩棚鐵道南端的十六師四十六團一個營，插到敵人堆裏去了，三面受敵。陣地打平了，就跳進彈坑裏打，把屍體壘起來打。槍支打壞了，彈藥打光了，就從敵屍上找來打。平時排長叫班長，班長叫戰士都得跑過來的「兩頭冒尖師」，這一刻，輕傷不包紮，重傷不下火線，還能動彈的，爬來爬去在陣地上運送彈藥。

二連一個排，在姜家窩棚和鐵家窩棚之間搶佔了陣地，打退十多次衝鋒後全部戰死。敵人也再不敢進攻了，他們不敢相信這塊陣地上已經沒有人了。

各師團都有全部打光的連隊。

四十六團政委張天桃中彈犧牲。

很多老人都記得十六師最年輕的團政委的模樣，個頭不高，胖乎乎的，圓臉，挺愛笑。說他是四川人，父母被打了土豪，就剩他一個。紅軍看着可憐，就把這個「地主崽子」領走了，成了隊伍中一名「紅小鬼」。

另一場至關重要的血戰，發生在胡家窩棚。

25日晚，三縱三個師在黑山東北同時展開，三路煙塵滾滾突進，胡家窩棚正撞在七師的箭頭上。二十一團在前，十九團隨後，二十團為二梯隊。半夜時分，進至胡家窩棚附近，聽到槍聲。二十一團三營撲上去，團主力繼續往前衝。三營一個衝鋒，攻佔胡家窩棚北山。八連二排插到胡家窩棚東側，攻佔敵人重炮陣地。敵人拚死反擊，除了一個報信的副班長，全部犧牲。三營主力攻擊胡家窩棚西坡，連衝幾次未下。十九團一營上來了。師炮兵營也上來了，炮火掩護，兩下夾攻，衝上去了。

李伯秋老人說：天黑地暗，也不知道那是個甚麼「窩棚」，更不知道那裏是廖耀湘兵團指揮所，反正哪有敵人往哪打，沒想到打了正着。

廖耀湘後來說：「解放軍第三縱隊及其以北的友鄰部隊第一棒就打碎了國民黨遼西兵團的『腦袋』（即兵團前進指揮所），同時打碎了新三軍、新一軍及新六軍三個軍的司令部。」①

退營口再東返，陣腳已開始混亂。這下子沒了「腦袋」，就徹底亂套了。

26日凌晨，林彪命令全線出擊。

不管三七二十一，四面八方，猛打，猛衝，猛追。十多萬國民黨軍隊麕集在幾十個「窩棚」內，包圍圈越壓越小，仗越打越亂。

翟文清老人說：我們連剛衝進景家窩棚，敵人也進了村。槍打，手榴彈炸，「嘁哩咔嚓」拚刺刀。敵人頂不住了往後退，剛到村頭，迎面一支隊伍壓過來。敵人一看軍裝顏色不對，扭頭向左跑。我們一個排就抓了四百多。

邱會作老人說：在遼河西岸一個村子，我們縱隊部讓敵人衝散了。槍像吵豆樣響，身邊就跟着個警衛班。我和參謀長黃鵠顯被衝在一塊兒。他槍打得好，抓過警衛員的卡賓槍，打倒幾個衝上來的敵人。我乘機跳出窗戶去找部隊，正碰上七縱一股部隊。是聽到槍聲跑來的。我說：我是八縱政委，你們現在聽我指揮，任務是保護我們——

---

①《遼瀋戰役親歷記》，181頁。

馬上去找司令員他們，必須給我找到！

當時為五縱司令的萬毅老人說：我們和三縱打起來了。五縱穿的是繳獲的國民黨棉衣，三縱把我們當國民黨了。他們打，我們打，他們喊「繳槍不殺」，我們也喊「繳槍不殺」。國民黨不喊「繳槍不殺」，覺得不對勁兒。這才用號音聯繫，知道是自家人打起來了。

李兆書老人說：國民黨也把我們當自己人了。隊伍正走着，黑糊糊來了撥人，問：「你們是哪一部份？」一些調皮的戰士說：「新六軍的。」「我們是新一軍的，可找到你們啦，」樂顛顛跑到近前，我們把槍一頂：「你看我們是誰？」我們是二梯隊，趕到那裏已經打得差不多了。有的炊事員挑來飯菜，喊：二營開飯了。人們都上去吃。天亮了一看，隊伍裏怎麼跟着這麼多國民黨？一問，是國民黨哪個「二營」的。

劉光濤老人說：開頭還打，有些敵人打得還挺頑強。後來就不打了，敵人見了我們就跑，我們見了敵人就追。有的連隊一路追到瀋陽去了，滿城找部隊。上哪兒找呀？三縱根本就沒去瀋陽。後來不追也不跑了，老遠見到敵人，招招手，他們就過來了。再後來連手也懶得招了。帶的糧食不多，哪有那麼多飯給他們吃呀！

十六師打仗兒，抓俘虜也有「絕活兒」：四十八團兩個排，在曠野裏持槍擺成一座「解放門」，凡從門內走過去的即為「解放」。不到半天時間，就有五個軍、九個師番號的二千多國民黨官兵，通過「解放門」。

「腦袋」被打碎後，廖耀湘甚麼也顧不得了，用明語呼叫部隊向「二道崗子」集中，想在那裏恢復指揮。「東總」立即在地圖上找到三個「二道崗子」，並迅速判定是新立屯附近的「二道崗子」。可失魂落魄的廖耀湘，連他自己也不可能去到那裏了。

激戰中，為了不給敵人喘息機會，形成防禦態勢，各部隊大膽穿插、分割、滲透，向着槍聲猛衝，各自為戰，以亂對亂。有的縱隊不知道師的位置，師又不知道團在哪裏，團也找不到營連了。

最清楚敵我全局的，是在牤牛屯的林彪。

關於「打亂仗」，林彪有很多論述：

> 敵人退卻——要快，敵人亂即以亂對亂，冒險擴張戰果，此

時不管陣地之外或陣地之內，都要猛要快。①

當然不講戰術，見了敵人不管三七二十一就是不對的；但也有時打對了，那就是打退卻的敵人，這種情況就要不管三七二十一就打，邊打邊偵察，如果慢慢展開再打，敵人就跑了。②

敵人整個潰退了，離開了陣地，我們追擊時要快，這就要不管三七二十一，也不管白天黑夜……追呀，這時應一面追擊一面報告，如這時要準備呀，報告呀，敵人就會跑掉。③

一貫小心謹慎，不見兔子不撒鷹的林彪，在這裏一口一個「不管三七二十一」。

「文化大革命」「天下大亂」，說是「亂了敵人」。

遼西戰役，共產黨人實實在在是亂了敵人。

兵敗如山倒
——他們也有姓名之四

10月2日，蔣介石在瀋陽「剿總」師以上軍官會議上說：再不聽我的話，一個個都讓共產黨把你們抓了去！

眾將愕然。

愕然的將軍們，此刻在遼西平原上狼奔豕突。

那是在一個相當大的開闊地上，被圍在開闊地的人，至少有三千人以上。還雜有重輜重、行李、騾馬、大車、汽車等。東邊槍響，人群向西跑；西方槍響，人群又向東逃。我們幾個人，先是站在汽車門的兩邊，命開着汽車跑，從來顛顛簸簸，又下車跟着跑。跑來跑去，只聽得四面八方槍響，卻未看見解放軍人員逼近來。於是我們幾個人分別向跑的人群中大喊大嚷：「你們不要

---

①《林彪元帥軍事論文選集》，157、165、167頁。

② 同上。

③ 同上。

跑，組織起來吧！幫我們突圍出去，要官有官，要錢有錢啊！」「司令官、軍長都在這裏，你們保護着出去，保證你們升官受賞！」……我們喊得聲嘶力竭，這些人還是不睬不理，奔逃如故。①

廖耀湘兵團參謀長楊昆，在這裏描述的「相當大的開闊地」，只不過是遼西戰場上的一個角落而已。

新三軍參謀長李定陸，是這樣描述的：

工兵營長和我實在走不動了，就躲進路旁叢草坡地，我二人這時又飢又渴，偷偷出來找水喝，連路旁牛腳坑裏的污水也喝了。我二人就在墳地裏過了一夜。②

派到瀋陽「剿總」任高級參議的南京國防部少將郭樹人，這樣寫道：

潰兵蜂擁退入村中，潘裕昆（新一軍軍長——筆者）慌忙乘車逃走，龍天武（新三軍軍長——筆者）慌亂無措，臨陣脫逃……我和龍天武棄掉車和行李，不得已徒步過河。水深沒膝，河面結有一層薄冰。過河後寒冷打顫。因褲管和皮鞋內都灌進冰水，走路時哧哧作響，我倆成了落湯雞，退逃大為不便，龍天武僅挾軍用皮大衣一件，我只提皮包一個，此時只有護兵一名跟隨，真成了光桿司令。

龍、潘和我向彰武縣方向退逃時，在路上遇着新三軍的（暫編第五十九師）師長梁鐵豹，也是光桿司令。③

在所有逃跑將軍中，潘裕昆和龍天武還算最幸運的。

廖耀湘帶着隨從副官和新六軍軍長李濤、新二十二師副師長周

---

① 《遼瀋戰役親歷記》，193、196、197、199、200頁。

② 同上。

③ 同上。

璞，在饒陽河邊草叢中躲到黃昏，開始向瀋陽逃竄。走不遠，副官不見了。周璞掉進一個沒頂深的水坑，大聲喊叫，引來一陣槍聲，又把李濤衝散了。天亮後，不敢進村，兩人藏在野地一堆高粱稭裏，入夜再走。千難萬險，千辛萬苦，好歹走得遼河邊上，聽説瀋陽已經成了共產黨的天下。西進兵團光桿司令官又掉頭西進，準備去葫蘆島奔老長官杜聿明。

他在北京功德林戰犯管理所見到了杜聿明。

在此之前，除了潘裕昆和龍天武，他和他的西進兵團所有中將軍長、副軍長、少將師長和副師長，早已在哈爾濱「東北解放軍官團」團圓過了。

那也是黑土地上國民黨將軍的一次大團聚。

黑土地三年戰爭中，擊斃國民黨正規軍和非正規軍中將二名，少將十二名，俘虜和投誠上將二名，中將三十七名，少將二百三十七名。

不能忘卻的一筆，是將軍們落荒而逃時的扮相。

儒將風度的杜聿明，在淮海戰場逃跑前換上一套普通軍官服裝，被俘時報名「高文明」。

在法國見過洋世面的廖耀湘，在黑山縣中安村被抓獲時，頭戴一頂半舊氈帽，穿一件破棉袍，趕着一頭小毛驢，毛驢上馱着兩袋花生。被民兵詢問時，他用一口湖南腔報名「胡慶祥」。

范漢傑更可笑。《人民日報）10月27日刊登通訊《范漢傑就擒記》，寫道：「16日上午，在距錦州城東南二十餘里的谷家窩棚東面的小道上，走來了四個着黑色服裝的中年男女。其中一個高大個兒，頭戴爛氈帽，身穿一件露出棉花的破棉襖和一件極不相稱的小棉褲，肩上披着一條破麻袋，手裏拿着一個蘿蔔在啃着。」

衛立煌倒沒換便衣，卻更破了相。

10月30日下午，瀋陽東塔機場亂成一團。飛機剛着陸，衛立煌由衛兵護駕鑽進機艙門，軍政大員們隨即蜂擁而上，擠在艙門口動彈不得。往昔風度翩然的大員們，此時喊叫怒罵，互相掄動手杖和槍把子。合江省主席吳瀚濤，嫩江省主席彭濟群，「剿總」政務委員王家楨，一個個從艙門栽下來。有的抓着機翼爬上飛機頂，有的要砸碎機窗往裏鑽，飛機起動後都摔了下來。

「高文明」自報職務是「一個軍需」。「胡慶祥」自稱是「從南方來做小買賣的」。「高大個兒」說他是「瀋陽一家鐘錶店記帳的」。在北鎮被俘的李濤，則乾脆裝成乞丐。

土相與洋相，堂堂國軍在黑土地上算是出盡了。

一套質地極好的將軍服（很多人都說國民黨軍裝「挺有味」），換成狗皮帽子撅腚襖，或是一套油漬麻花的伙伕裝，是很簡單的。可那一下子就能端起的中將副總司令、中將軍長和少將師長、副師長的架子，卻是一下子就能放下的嗎？

三年前闖關東時，一方扮成「教授」、「商人」，為「東北人民自衛軍」一個名稱頗費心思。另一方則滿身披掛，趾高氣揚，八面威風。

三年後，正好顛倒了個兒。

歷史的幽默。

比之「黃吳李邱」在特別法庭上那身打扮，和那架在山海關機場起飛的二五六號三叉戟，又是一種甚麼幽默呢？

而二兵團司令員程子華和東進兵團司令官侯鏡如，當年在塔山針鋒相對，今天卻又是冤家路窄，一起坐到全國政協和黃埔同學會去了。

林彪是隻獅子，一隻貌似綿羊的獅子。

廖耀湘就是綿羊嗎？

杜聿明到葫蘆島後，因電台故障，一直未與廖耀湘取得聯繫。他對廖耀湘是有信心的：打得了就進錦州，打不了就退營口，看這位老部下在黑土地上再表演一場拿手好戲。

不光是在國民黨，就是在中國，打逐次抵抗戰，廖耀湘也堪稱一流高手。

從衛立煌到杜聿明、鄭洞國，當年的遠征軍司令長官、副司令長官、軍長，成了黑土地的「剿總」司令官、副司令官。從長春的新七軍軍長李鴻，到遼西的新一軍軍長潘裕昆、新三軍軍長龍天武、新六軍軍長李濤、四十九軍軍長鄭庭芨，都是遠征軍中威名赫赫的戰將。在軍裝筆挺、金星閃亮的國民黨將軍叢中，他們是驕子，是寵兒，是令人刮目相看的中堅。

有一種「外來戶」感覺的胡宗南系統的范漢傑，也是抗戰名將。

1947年4月14日的一封電報*，共產黨人這樣描述林彪進關後的第一個對手傅作義：

嵩：

傅作義部隊之幹部帶兵方法係採用馮玉祥之養兵政策，所賦予之任務毫無猶豫不決，毅然執行其犧牲之精神特強，傅對戰時之兵力運用頗冒險性，尤於重點方面之攻擊，每不顧前後左右之部署如何兵力如何而對重點必集中全力攻擊之，如此次集寧張家口之役，均集中其全力以赴其新攻擊之目標、而其後方之基地方面則僅留殘餘老弱之少數部隊以守之，其部屬謂如當時共軍若以小部襲其後亦決無今日之傅作義，以其屢次冒險、故獲成功，部屬對之極表欽佩，而傅也頗以為得。

璋

即使是一般將領，打正規戰，經驗也不比共產黨將領少。而在文化素質方面，「戰大系」的共產黨將領，更是差得遠。不然，在共和國成立後的一個很長時期裏，「大老粗」的牌子就不會那樣響。

而現在，獅子也好，綿羊也好，用蔣介石的話講是「一個一個都讓共產黨把你們抓了去」，用鄭庭芨的話講是「到哈爾濱掃茅房去」了。

筆者在某處見到一本《東北被俘、投誠、遣送國民黨軍官通信錄》，當年威風凜凜的「團長」、「處長」、「政戰主任」之類校官們，大都成了「社員」。如今還活着的，大都在區縣政協當了個「委員」。

將是名將，兵是精兵。

10月26日拂曉，新一軍正在和七十一軍交接防務時，陣地被突破。混亂中，官兵奮勇撲向突破口，軍部特務營和騎兵團也投入戰鬥。馬上不得施展，就下馬白刃格鬥，終於將陣地恢復。

七十一軍、新一軍和二〇七師三旅攻擊黑山時，都組織了「敢死隊」。在包圍圈中那些窩棚，沒來得及組織「敢死隊」。一些老人說，那也跟「敢死隊」差不多，一個個像長了兩個腦袋，拚命往外衝。子彈打光了，衝鋒槍不能上刺刀，就掄起槍把子和你打。

翟文清老人說，他那個連打下錦州後補充的三個排長，在遼西又都打掉了。

楊克明老人讚歎廖耀湘兵團西進的行軍隊列「像檢閱似的」。邱會作老人則用同樣的語調讚歎企圖奪路逃跑的新二十二師。

老人說，新二十二師向新民撤退被六縱頂住了，又想奔遼河邊上搶渡口，準備逃營口。在一個叫「六間房」的地方，稀哩糊塗叫我們碰上了。七、八路縱隊，漫地裏捲着黃煙過來了。縱隊部幾個人趴在一間房頂上，離他們就一百多米遠，身邊只有兩個營，也是二十二師的。我們又是槍又是炮地猛打，敵人不理睬，倒下就倒下，沒倒下繼續走，隊形不亂，就是腳步快了些。戰士們這個氣呀，邊打邊罵：他媽的「虎師」，死到臨頭還這麼硬氣！

沒有比敗而不亂，更能見出一支軍隊的素質了。

美國記者西奧多・懷特和安娜・雅各布，在《風暴遍中國》一書中，這樣描寫在南亞叢林中的新一軍和新六軍：

> 這「是一支種族繁雜的軍隊，有英國人和美國人，有克欽族人和印度人，不過最英勇的要算中國人。在這裏，各國軍人都知道，史迪威訓練的中國軍隊是精銳頑強之師。士兵們臂膀粗壯，肌肉結實，他們對於手中的美式武器非常熟悉並運用自如。他們不僅對自己充滿自信，甚至敢於藐視他人。不管是美國人，英國人，緬甸人，還是其他甚麼人，只要觸犯了他們，就會遭到迎頭痛擊。他們只要有一個人拿着一支湯姆槍佔領一個據點，就能阻止一群敵人的進攻」。①

從印度到中國，橫貫緬甸，一路掃蕩「武士道」，也迎頭痛擊一切敢於藐視中華民族的人。

這是何等的國威，軍威！

如今，血為誰流，命為誰喪，威為誰揚？

林彪曾幾次準備集中十個主力師，消滅這個「王牌」中的「王牌」。可這個「虎師」既有虎的猛勇，又有狐狸的狡猾，能打又能溜，「黑土地之狐」始終未能如願。一些老人說：那峙一提起新

---

①（美）西奧多・懷特、安娜・雅各布著：《風暴遍中國》，287頁。解放軍出版社（1985年）。

二十二師，真有點「談虎色變」的味兒。

遼瀋戰役後，幾個縱隊都提出這個問題：新二十二師究竟是誰消滅的？

劉亞樓哈哈大笑：反正是八路軍消滅的！

打了三年，各縱大都和新二十二師交過手，都沒佔多少便宜。這次，它這個窩棚撞一頭，那個窩棚撞一頭，這個縱隊打一下子，那個縱隊打一下子，都想和這個「虎師」真幹一傢伙，又都沒用上力氣。幾頭撞過後，它自己唏哩嘩啦「散花」了。

不光新二十二師是誰消滅的說不清楚，其他軍師也是一團亂帳。戰後清點俘虜，西進兵團五個軍的番號，各縱隊都有。

曾經在緬甸仁安羌大捷中轟動英倫三島的新三十八師，在長春聽說長官決定投降時，一些官兵抱頭慟哭，泣不成聲。在這裏，新一軍和新六軍一些官兵，也是哭着繳槍的。

嘗聞漢飛將，
可奇單于壘。
今與山鬼鄰，
殘兵哭遼水。

10月28日拂曉，喧囂的戰場沉寂下來了。

晨光曦微中，厚重的鉛色的霧一樣的硝煙，帶着股濕熱的血腥氣，壓抑着空曠的遼西平原。樹木擎着通紅的火把在地平線上很有耐性地燃燒，像一盞盞長明燈，又像一根根生日蠟燭。幾乎是清一色的草房燒得只剩殘垣斷壁，張着焦黑的大口，有的還在升騰着煙霧。遠遠望去，就像一縷縷飄着飯香的炊煙。

被戰火蹂躪的逐漸冷漠的曠野裏，到處是丟棄的作戰物資。大至車炮，小至一條軍毯，一支「馬牌」擼子，一聽印着「USA」的罐頭，一個兵團從司令官到士兵所需的一切，應有盡有。車炮有的停在路上，大炮還掛在牽引車上，有的傾倒在路邊溝裏、河裏，有的只剩個焦黑的鐵骷髏。車炮旁，一具具焦黑的，或是殘缺不全、血肉模糊的屍體，在焦黑的、平光光的和黃褐色的抖索着枯草的野地裏，以人世間各種最殘忍的，也是最自然的姿式，橫躺豎臥着。

在那還湧流着紅色和白色液體的創口上，一個個靈魂還在苦苦掙扎。在那已經冰冷僵硬的屍體裏，靈魂已經解脱，在霧一樣的充滿血腥的煙靄裏，開始了冥冥世界的旅程。

靈魂還完整地保存着的軀殼，影影幢幢，就像一個個幽靈在向西遊蕩，遊蕩，遊蕩……

一位在斯大林格勒戰役中被俘的德國軍人，在日記中寫道：

> 在從韋爾佳奇往北去的空曠荒涼的鄉間小道上，一眼望不到頭的俘虜隊伍在蠕動着。他們向車站走去，所有人都彎着腰，步履艱難。他們蓬亂的鬍鬚上掛着冰塊。凡是能找到的破布、麻袋和布墊子，他們都用來裹着自己的腦袋和肩膀。他們用鐵絲把乾草緊緊地包紮在他們的皮靴或赤裸的腿上。一輛大卡車緊跟着他們，收拾那些在後面躺下的人。如果有一個人倒下去，沒有一個俘虜再去看他一眼。警衛隊不得不自己費力地把他抬到卡車上去。①

戰後，在這一戰役中被俘的近十萬德軍俘虜，只有十分之一左右回到了德國。

無論打紅眼了時多麼殘忍，無論長春的草民百姓怎樣「成群跪在我哨兵面前央求放行」，也「不能成為圍城部隊的思想」，在中國，在黑土地，那俘虜政策也是夠人道、夠寬容、夠英明的了。

但是，此刻遼西平原上這些被繳械的人若不是中國人，被收容後能給發路費，打路條，回家去嗎？

畢竟都是中國人。

悲哀也正在這裏。

在功德林，杜聿明想念漂洋過海去了美國的妻子女兒，尤其牽掛女兒的婚姻。他不知道女兒嫁給了後來獲得諾貝爾獎的楊振寧博士，經常夢見女婿是個粗野的美國大兵。噩夢醒來就悔恨，詛咒，為甚麼對蔣介石那榜樣盡職盡責，卻丢棄了丈夫和父親的責任？

---

① （蘇）A. M. 薩姆索諾夫著：《200天大血戰》，594頁。

沒資格進功德林的士兵，能想些甚麼？

從那條用鮮血打通的滇緬公路，到這片兵敗如山倒的黑土地，他們有過自己嗎？

拿到了路費和路條的，為甚麼要選擇這條路？昨天還吃國民黨飯，今天就掉轉槍口打國民黨，思想、感情一時還轉不過彎兒？他們懂得那個遙遠而又神秘的玄而又玄的「主義」嗎？白天沉重地扛在肩上，晚上冰冷地抱在懷裏，衝鋒時端在胸前噴火冒煙。他們手裏拿着槍，他們又是誰的槍？而今，憑着一張路條和這點路費，他們就能永別武器嗎？

莫道萬里迢迢，莫道腿腳有傷，一瘸一拐，撲到老母膝下，擁抱妻子兒女，多少年夢魂縈繞的渴望，自會產生世界上最強大的力量。可前面等待他們的會是甚麼？飢餓，寒冷，疾病，和由此產生的野蠻和殘忍，隨時都可能致他們於死命。而任何一支躲避不及的扛槍的隊伍，都可能把他們重新拉入隊伍，再塞給他們一支槍。

（1948年8月，「粟陳唐鍾張」[①]在給「中央軍委」的一封電報*中，專門談到東北釋放的俘虜進關後沿途跋涉的情形，說：「俘虜回去必為敵人抓去重新當兵，在我各部隊兵員極不充實情況下，建議由冀魯豫軍區於黃河渡口及各地方軍區設專門收容機關，進行審查各處所潰敗及走散之俘虜人（員？）盡量爭取參加我軍。」）

那些永遠被拋在這陌生的黑土地上的人呢？他們的靈魂已經到家了？還是奔南京總統府索命去了？在這個世界上他們不屬於自己，到了那個世界就能主宰自己了嗎？

伴着母親的痛苦、希望和幸福，他們來到這個世界上。人來到這個世界，是要承擔責任的。他們承擔了甚麼責任？為誰承擔了責任？在行將離開這個世界時，或仰望蒼穹，或俯面大地，無論看到了甚麼，領悟到了甚麼，他們對這個世界已經無能為力了。就連這身可惡

① 即華東野戰軍副司令員粟裕，參謀長陳士榘，政治部主任唐亮，副主任鍾期光，副參謀長張天壽。

而又可憐的「黃皮」，也將被像他們父兄一樣的窮人扒去。赤條條來到這個世界，再赤條條離去。而在那片生養他們的故土，將再隆起一座座空墳。

那墳裏會放些甚麼？一套離家前穿過的衣服？一本爺爺傳下來的《三字經》？一把曾助他為父母盡了點孝道的鐮刀、鋤頭？一支兒時玩過的小木槍？

啊，槍！把它燒了！把它砸了！即使再活一萬次，再死一萬次，也不要槍！不要！不要 !! 不要 !!!

勝利鑼鼓

離休前為解放軍藝術學院研究員的白刃老人，遼瀋戰役期間，做為新華社駐東北軍區記者，一直隨十六師「前指」行動。遼西那些窩棚復歸平靜後的第二天，他策馬去四十六團二連採訪。

凜冽的寒風中，老遠就聽到一陣鑼鼓聲。

在一家土坯圍牆農院裏，有三個戰士，一個在打鼓，一個在敲鑼，一個在擊鈸。

若在往常，看到一位腰間插支擼子，胸前挎架照相機的騎馬幹部，不等走到近前，早立定行注目禮並上前報告了。這一刻，三個人好像沒看見他似的，眼睛直直地望着前面，手中一下一下只管敲打着：咚咣鏘，咚咣鏘，咚咣鏘……

記不得那村子叫甚麼「窩棚」了，記不得那三個戰士的形象了。比如臉上是怎樣帶着煙黑塵土，衣服上是怎樣沾着血跡，被彈片和子彈撕出棉絮，燒得窟窿眼子。老人甚至記不得當時是否與他們交談過，他們是否開過口。只記得那臉上好像甚麼表情也沒有，又好像蘊含着那種境況下人類所能有的一切感情。只記得那鑼鼓聲一下一下就是那麼個節律，走出好遠了那鑼鼓聲還在響，直到今天好像還在耳邊響。還記得周圍站着一群小孩子，一個個破衣爛衫，小臉凍得發青，鼻涕都「過河」了，有的嗞溜一聲吸進去，有的用明晃晃的袖頭抹一把。

南下北寧線前，他曾來這個連採訪過。連隊正在操場上集合，一百八十多名男子漢放開喉嚨，唱一支當年在華中用血與火譜寫的戰歌：「『勇敢隊』，『勇敢隊』，江堰戰鬥顯神威……」①

因一部描寫長春圍困戰的電影《兵臨城下》而罹難的老作家說，遼瀋戰役期間，他寫了十多篇戰地通訊，發在當時的《東北日報》上。後來還寫篇介紹收容所俘虜情況的通訊，沒發出來，報社說我對敵人寫得「客氣」了。

晚飯後，戰地記者信馬由轠出了村子。

村頭一片小樹林前開闊地上，一匹匹死馬像秋後遍地的「莊稼舖子」（割倒後一堆堆放着而未捆起來的莊稼）。很多馬沒腿了，刀砍斧剁掉的。旁邊一具具屍體，稍微有點模樣的，衣服都被扒走了，赤條條，一絲不掛。暮靄中，迷漫着一股又腥又甜的黏乎乎的氣息。

幾十萬軍隊在幾十個「窩棚」往來廝殺，糧食一掃而光，老百姓只有煮死馬肉吃。而從山海關退向松花江北，再從長白山打到海南島，戰場上到處都能看到扒得光溜溜的屍體。一些老人說，有的掉隊的戰士也被剝去衣服，光着屁股追趕部隊。

黑土地上的老人說：小鬼子投降穿日本衣服，國民黨垮台穿美國衣服，中國人最會「撿洋落」。甚麼「細菌」呀，「傳染病」呀，褲子都穿不上還管那個？

幾隻肚皮滾圓的狗，在馬前懶洋洋走過，不理不睬的。

新華社記者騎的是匹性情馴柔的騾子。不知是牙口嫩了，還是沒見過這種場景，遲疑着不肯向前。拍打一下，牠嘶叫着跳起來，扭頭要往回跑。

他也有些看不下去了。

廝殺兩天，天地間都被戰爭的喧嘯充塞了，此刻好像才注意到天上還有個圓圓的、大大的、通紅通紅的東西。

西邊藍湛湛的天空被撕裂了，洞穿了，濃稠的眩目的血漿，天河決口般從那創口中噴瀉着，潑灑着，天地間猛烈地翻騰起腥黏嗆人的血浪。那血浪紅得溫暖，紅得鮮艷，又紅得冷酷，紅得駭人。遠處輪

---

① 據說這是當年七旅的旅歌歌詞，未收集全。

廓模糊的山，曠野默默流淌的河，頭上高遠的天，腳下「莊稼舖子」一樣的沒有腿的馬、赤條條的冰冷的屍體，都被這血浪淹沒了，漂搖着。沒有聲息，沒有影動，除了這溫暖的冷酷的血紅，好像一切都凝滯了，死亡了，又好像一切都在萌芽、新生……

三十九年後，我站到這片土地上望着西天火燄般燃燒的太陽，彷彿又看到了那個圓圓的、大大的、通紅通紅的創口。看到了那些「莊稼舖子」樣的馬，蒼白的、一絲不掛的屍體（那魂靈也是一絲不掛的嗎）。看到了那些幽靈般西去的幢幢人影。看到一座座血城、血鎮、血村飛濺的血火。看到死城雪一樣的纍纍白骨。聽到烈日下和靜夜裏「蓬啪」的爆裂聲，聽到大凌河畔令人毛骨悚然的淒厲的慘叫。聽到那個不知叫甚麼「窩棚」的始終是一個節律的「咚咣鏘」……

那血紅的創口還不時幻化出黑土地上一面面傲慢的「膏藥旗」，和一輛輛沒有血腥，卻不無刺激的飛駛的「三菱」、「尼桑」、「皇冠」、「藍鳥」……

那些窩棚中的老人告訴我，個把星期後下了第一場雪。雪花紛紛揚揚撒落下來，很快就被湮紅了。茫茫雪野，白一片，紅一片，「挺好看的，又看不得」。第二年開化時，有些地方那「雪水像醬油似的」。

一三、最後一戰

「獨霸東北」，「最後一戰」叫得最響時，正是共產黨人嚴酷的冬天即將到來的時候。

日出日落，雪白血紅，打了三年，當獨霸東北的最後一戰真的到來時，人們卻似乎把這兩個激動人心的口號忘卻了。

本來就不值一提，也沒功夫提它了。

第三四章：時間不光是軍隊

10月28日，遼西戰場槍炮聲剛剛停息，兩路煙塵衝出那些窩棚，又向新的目標撲去。

一縱、二縱向東奔瀋陽，七縱、八縱、九縱向南奔營口。

10月31日，一縱和二縱進到瀋陽西郊，與從長春南下的十二縱和獨立師，對瀋陽形成合圍態勢。11月1日，一縱、二縱由城西和西北方向突破，十二縱由城南突破，各獨立師由城東和城北突破。守軍除二○七師稍作抵抗外，餘皆紛紛出降。

10月27日，遼西戰役還未結束，九縱和南滿二師即東渡遼河，日夜兼程趕往營口。11月2日晨，未待七縱和八縱趕到，即向營口發起攻擊。

11月2日，歷時五十天，以攻佔瀋陽和營口為終點的遼瀋戰役，宣告結束。

共殲俘國民黨官兵47.2萬餘人。

看誰跑得快

奪取瀋陽、營口，與其說是戰鬥，倒不如說更像馬拉松賽跑。

拚命跑，就怕敵人跑了。

還怕兄弟部隊跑前邊去了。

石瑛老人說：

從錦州奔遼西，我們是二梯隊，到那兒仗已經叫人家打得差不多了。正不是心思，總部電報到了，很簡單，「向瀋陽開進」。從縱隊到師團營連，誰在前，誰在後，一聲令下開步走。「開會」呀，「研究」呀，沒那一說。

不是走，是跑，小跑，每小時二十里左右。吉普扔在黑山那邊老爺嶺了，馬也騎不住，從師長到戰士都是「11」號。跑到新民，一個參謀向我報告，他望我，我望他，呼哧呼哧光張着嘴巴喘，說不出話了。

劉學友老人說：

當時的口號是：「打到瀋陽去，解放全東北！」「能跑就跑，能飛就飛，到瀋陽就是勝利！」「誰先到誰好漢！」看到遼西那樣子，就知道這仗不快打就打不上了。又是去瀋陽，「樓上樓下，電燈電話」，那是「理想」，誰不高興？

飯走着吃，覺走着睡，尿也走着撒，都澆褲子上了。後來也沒尿了，都順汗淌了。到瀋陽邊上是夜裏，看不見「樓上樓下，電燈電話」，就是渴，都要乾透腔了。進城後，路邊放着半人高，缸口粗細的鐵桶，幾百米一個，也不知是幹甚麼的，後來明白那是防火水桶。也不知多少年月，那水都綠了，黏乎乎的。一個人上去喝，大家都趴上去喝，老牛似的咕咚咕咚灌一肚子再跑。現在若灌那麼一傢伙呀，都得去火葬場爬煙囪。那時那人真是特殊材料製成的。

八縱二十二師六十六團組織股長趙熙敏，南下北寧線時背着一大挎包獎章。以為打完錦州能發下去，打完遼西也沒功夫發，又「唏哩嘩啦」背着往營口跑。

老人說：

團長尉章（離休前為山東省軍區副司令員）把馬給戰士騎，揮着手槍在後邊壓陣，誰慢了就咣咣朝天上放槍：不跑斃了你！哪是不跑呀，跑不動啦。開頭你扶我我架你的，後來掉隊就掉隊，也不管了。掉隊的在路邊走，我們在中間跑，有的連隊甩下一半多。團長也跑不動了，又騎上馬。那馬汗淋淋的，也跑不動了。跑不動了也得跑，不跑敵人就跑了。

過牛莊不遠，讓停止前進，也不知道營口已經解放了。一停就倒那兒了，倒下就睡着，那才齊呢。天蒙蒙亮，地上一層霜，就那麼倒着，像死人似的，把路都鋪滿了。每連兩個站崗的，也睡那去了。那鼾打的，山呼海嘯。

你想想，從打錦州起就沒睡過足覺，沒白沒黑再跑上個把星期，那人會乏成啥樣？

離休前為黑龍江省軍區副參謀長的張魁印老人，當時是二師偵察參謀。

老人說：

跑路最多，也最倒霉的，是我們一縱。

塔山打，錦州打，炮聲隆隆，我們在高橋當預備隊。一會兒說遼西緊張了，我們經義縣往黑山，北鎮那邊跑。跑到半路，說那邊沒事了，塔山吃緊了，趕緊又往回跑。跑到半路，說那邊沒事了，塔山吃緊了，趕緊又往回跑。跑回來，人家四縱不讓上，還在高橋等着。大凌河不知過了幾個來回，哪兒也沒打上。打廖耀湘好歹算沒白跑，硬仗也都讓人家撈去了，我們還不如人家獨立師。「一縱命不好。」

打完遼西讓去營口，跑到半拉門西南「停止待命」。待一會兒命令到了，讓去遼中堵截敵人。跑半道上又說敵人沒南逃，還在瀋陽，掉頭又跑。一天晚上變三次。忙三火四跑到皇姑屯，一問路邊掉隊的，是二縱的。這個憋氣窩火呀，人家又搶我們前邊去了。

戚惠林老人說：

我們十二縱趕到瀋陽邊上時，路上車呀人的擠不下了，漫到兩邊田地裏。「八路軍」，十八路軍，二十八路軍也有，前沒頭，後沒尾，都往城裏跑，撩着蹶子跑。

打瀋陽差不多就剩跑了。

比打仗還累。

翟文清和黃達宣老人說：

跟林彪打仗，第一條就得能跑。向後跑得快，向前跑得更快。東北那三年算是跑出來了，習慣了，大家都明白，跑路越多，流血越少，勝仗越大。

11月3日，「林羅劉」有封電報*：

軍委東北局：

（一）瀋陽戰鬥，估計昨日黃昏可結束，守敵可全殲。

（二）營口戰鬥已結束，五十二軍從海上逃走多少，被殲多少，現不明。

（三）我們昨晚自打虎山以西轉移，今晨到新民西，擬今晚去瀋陽。

林羅劉

同一天，「林羅譚」在給各兵團、縱隊「各首長並報軍委東北局」的電報*中說：

為恢復體力，各部在到達駐地後的前一個星期左右的時間，不必正式出操上課，開會亦求內容扼要，應多進行文化娛樂工作。

林彪此時的心情，從這兩封電報中，可揣見一斑。

最後一戰，跑得上氣不接下氣，還是讓五十二軍軍部率二十五師（缺一個團）和特務團從營口跑掉了。

10月25日18時，毛澤東在給「林羅劉」並告東北局的電報中說：

你們事先完全不估計到敵人以營口為退路之一，在我們數電指出之後，又根據五十二軍西進的不確實消息，忽視對營口的控制，致使五十二軍部隊於二十四日佔領營口，是個不小的失着。①

「批林批孔」中，這是批判林彪「對抗毛主席關於遼瀋戰役戰略方針」的專題之一。有的文章甚至說林彪是故意留個缺口，讓五十二軍跑掉的。

五十二軍進佔營口之際，正是遼西圍殲戰即將展開的關鍵時刻。林彪全神貫注於廖耀湘這條大魚，雖曾命令九縱東渡遼河趕往營口，但已晚了一步。

有的老人說：遼南獨二師改變計劃到遼西，林彪是報告了毛主席的，毛主席是同意的，組織手續是全的。獨二師正好截住廖耀湘退營口先頭部隊，歪打正着，使敵人產生錯覺，是起了重要作用的。不然，廖耀湘退營口會不會得逞？獨二師去營口就能堵住嗎？

有的老人說：遼瀋戰役殲敵四十七萬，跑掉一萬，本來不算個甚麼問題。平津戰役跑掉五萬敵人，淮海戰役跑掉六個軍，這麼比也不算個問題。毛主席當時提出批評，是擔心遼西和瀋陽敵人從營口跑掉，遼瀋戰役結束後這個問題就不復存在了。後來那麼批，太苛求

---

①《毛澤東軍事文選》，492頁。

了，不公道。牆倒眾人推，鼓破亂棍捶，叫人後怕。

軍事科學院一位戰史專家說：現在寫遼瀋戰役，用不着提這個了。

其實，這本書中的很多事情都是節外生枝，用不着提的。

「起義」？「投誠」？

11月1日拂曉，一陣激烈的槍炮聲後，防線很快被突破，各路部隊迅速擁入瀋陽的大街小巷。

六師十六團尖刀連一連連長黃達宣，率隊從火車站南攻入，一路搜索前進。

到處都在響槍，哪兒也沒有像樣的戰鬥。開頭還能見到敵人，邊跑邊回頭打幾槍，後來連個人影也見不到了。

黃達宣和指導員蘇福林，駁殼槍大張着機頭，率隊貼着街道兩邊牆跟前進。進到大西門里附近，「世合公」銀行探出兩個國軍腦袋，一閃又縮了回去。黃達宣衝進去，幾扇門大敞着，裏面都是敵人。站着的，坐着的，躺着的，清一色盒子槍，有的放在桌上，有的扔在地上，毫無反抗意識。黃達宣問當官的在哪兒，不吱聲，都朝樓上指。踏着木製樓梯「噔噔噔」跑上去，一扇門裏走出個穿長袍，戴禮帽，商人模樣的人。駁殼槍頂上去：繳槍不殺！那人說：請長官小點聲，我們長官都在這兒。這時裏面走出個中上個頭，挺魁梧，又挺有派頭的漢子，說：我是周福成，我們正在和你們的三縱隊（實際是獨立師——筆者）商討投誠事宜。

當時，黃達宣從未聽過「周福成」這個名字，不知道周福成是國民黨八兵團司令官兼五十三軍軍長——這時是瀋陽守備兵團司令官。

不到一天時間，一連劃拉一千多俘虜。「世合公」銀行後有個操場，列好隊，黃達宣親自挑選「解放戰士」，個頭沒他1.75米高的不要。看中一個撥拉出來一個，撥拉出來八十個。一報數，少一個。他一眼就瞅住俘虜堆中一個大個子，說：你怎麼又回去了？那大個子說：我想回家。黃達宣說：東北解放了，關裏沒解放呢。說着，又給撥拉過來了。

這個「大個子」，就是現任中國人民解放軍副總參謀長徐惠滋中將。

有的老人說：黃達宣抓了個國民黨中將兵團司令官，還給我軍「撥拉過來」個中將副總參謀長。

徐惠滋也說：我是黃副軍長撥拉過來的。

過去說就說了，當了軍長，成了上級，還這麼說。黃達宣覺得不好意思，說：軍長，你再別說了。徐惠滋說：老連長，這是歷史呀。

10月31日晚，瀋陽守備兵團司令周福成，將指揮權交給五十三軍副軍長趙鎮藩，躲進「世合公」銀行甩手不幹了。兵團參謀長蔣希斌，命令機關各處、科原地待命，等待解放軍接收。參謀處長戴鴻圖，通告各部隊也照此執行。

樹倒猢猻散，守軍紛紛樹起白旗。有的將槍炮車輛堆列好，拿着花名冊等待「共軍」，有的駕着吉普車，上街尋找、迎接「共軍」。在遼西，一個女文工團員喊一嗓子，就能聚來一群潰兵。在瀋陽，一個班、排長帶幾個戰士，就能接收一個團。

有點挑肥撿瘦的，是都要向正規軍投降，不愛向獨立師繳槍。有的還堅持要舉行個「正規」儀式。在長春投降的新七軍，也是如此。

有點火藥味兒的，是關於「起義」，還是「投誠」的爭執。

五十三軍，做為張學良帶進關內三十萬東北軍剩下的唯一一個軍，也做為防守瀋陽的主力，共產黨曾派進「內線」策動起義，五十三軍內部也有人想起義，都因為周福成而不能成功。10月27日，瀋陽已經危如累卵。他的女兒帶着「張大帥」張作霖夫人的親筆信，趕來勸他起義。他火了，竟要槍斃親生女兒。

如今，周福成被帶到十六團後，一再堅持自己不是被俘，而是「投誠」。

一些守軍則紛紛要求「火線起義」。

11月1日上午，駐守在鐵西區北路的東北第二守備總隊（相當於師），派代表找到二縱五師十四團，邀十四團派代表去總隊談判。總隊長毛芝荃和副總隊長佟道，要求承認其部屬「火線起義」。十四團政治處主任王邦佐不同意，指令其交出防禦部署圖，撤到指定地點集中。毛芝荃和佟道說解放軍有位「周政委」，已經答應他們「起義」了。不談了，去五十三軍軍部找這個「周政委」，根本沒有此人。下午又談，一方堅持要求「起義」，一力堅決不同意，言來語去迸出火星子。

「起義」，還是「投誠」，關係前途和命運，當然非同小可，是個「原則問題」。可是，當十四團部隊逼近總隊司令部，迫使警衛排放下武器後，也就沒甚麼「原則」可爭執的了。

拚死拚活，好歹算從遼西逃回瀋陽的新三軍暫五十九師師長梁鐵豹，也要求「火線起義」。

比較曲折複雜的，是駐守在瀋陽東郊的新一軍暫五十三師的「起義」。

做為王牌中的雜牌，遼西戰役後期，師長許庚楊就醞釀起義。10月28日，遼北軍區和所屬獨一師進至東郊，許庚楊即派人與獨一師晤談，要求起義。10月31日，遼北軍區同意暫五十三師所屬三個團屬起義。

當天，「林羅」兩次來電，批評遼北軍區先斬後奏，認為暫五十三師是在大兵壓境下迫於形勢，不能算起義，應按「反正」（即投誠）對待。

但協議已經達成，代表已經派出，攻城和起義即將開始，來不及改正了。

11月7日，「林羅劉」在給軍委的電報中說：

> 現五十三師整個建制仍未動開至法庫（應為「開原」——筆者）整訓，目前似乎只有承認該部起義的辦法。①

軍委覆電表示同意。

後來，暫五十三師並未按起義對待，而被宣佈為「反正」。1949年4月，起義後被授予「東北人民解放軍第五十三師」的暫五十三師，被解散了。

究竟是「起義」，還是「投誠」，有些「官司」直到1986年才有定論。

在宦海中行將滅頂的將校們，抓緊最後的時刻，用盡最後一線氣

---

① 瀋陽軍區政治部聯絡部編（1986年8月5日）：《遼瀋戰役期間瀋陽、錦州國民黨部隊起義投誠情況概述》（重新認定呈報材料），68頁。

力，苦苦掙扎，討價還價，拚命要在官場上保住一頂哪怕是多麼可憐的烏紗帽。

士兵們則見了「共軍」就問：誰管我們哪？怎麼還不「解放」我們啊？

離休前為某師副政委的張天鑄老人，當時是「剿總」特務團二營六連中士班長。

老人說：

10月31日下午，二營奉命到機場保護飛機，好讓大員們逃命。飛機飛了，團長沒了，營長也不見了。四連的兵提着槍到處找連長，說連長把他們多少錢揣跑了。回到營房，營副讓把槍架在院子裏，讓大家進屋等着，也沒說等甚麼。第二天，聽說四連跑光了，機槍連也沒幾個人了。六連剛從安徽徵來不少新兵，東南西北還沒弄明白，一個個哭眼抹淚地說：你們到哪兒我們到哪兒，可別把我們扔了呀！排長王福蔭和我是老鄉，都是長春人，南下到廣西留在南寧軍分區了。他說咱們回家吧，我們就走。當時也不知道長春解放了，廖耀湘完蛋了，反正就知道這國民黨的天算是塌了，我們這些小兵蛋子也都成了「打敗的鵪鶉鬥敗的雞」。

走到南湖，槍越響越密，不敢走了，躲進一個跑光的國民黨大官家裏。一天一夜沒合眼，也不敢露面，不知外邊怎麼的了。第二天上午來幾個八路，把我們嚇的呀。他們看我們一眼，帶搭不理地說，你們到樓上去住，下邊要住部隊，就走了。王福蔭說，這八路見國民黨怎麼不抓呀？還讓咱和他們住一塊，晚上若往上邊扔顆手榴彈不完了嗎？他說咱倆還是回營房吧，反正天塌下來大家擎着。

街上亂哄哄的都是兵，八路，國軍，你來我往，誰也不管誰，那才有意思呢。八路東張西望，一雙眼睛不夠用了。國軍有的問八路到哪兒集合、「解放」，有的想上去問又不大敢。有個揹着個電台的國軍，問我們是不是「解放」了，要跟我們走。有的手裏搖晃着錢，去敲路邊飯館的門。過去老遠見了，老闆早就點頭哈腰迎上來了，不給錢也得擠出笑臉。這回怎麼敲，怎麼商量，也沒人理。八路是看西洋景，國軍是肚子造反了，都盼着找個吃飯的地方。

走到南八條特務團衛生所門口，一個國軍在門口站崗。馬路對面一座大院門口，站着個八路哨兵。兩人隔條馬路，就那麼持槍站着，望着。那國軍站得筆直，瞅着比八路還認真。當時我們挺羡慕那個國軍，覺得他就像是個共產黨了。

槍還在院裏架着，也是國軍哨兵。來一撥八路，當官的就上去敬禮，報告，要求接收。一些兵就要跟八路走。八路說你們把東西看好，後邊有人管你們，說完就走了。一些人就開玩笑，說哪有給槍不要，當兵也不要的？

等兩天才接收。軍官站一邊，士兵站一邊。聽說軍官都發路費讓回家，士兵要補充當八路，有的兵就站到軍官那邊去了。當時我就尋思，當兩年國軍，再當八路也好，回家也好，兵就是兵，別鬧那個景了。一挑，說我個小，1.60米出點頭，不要。我說個大割不去，個小還能長，我才十八歲。其實我現在也沒長大，這兩年還抽巴回去一些。怎麼又要了？因為我高小畢業，是個「知識分子」。現在講這個叫孩子們笑話，那時有這文化程度可就是個寶了。

把我分到二縱五師十三團二營六連一班。班長樂壞了，歡迎會上說：這個新戰友是個「大知識分子」，今後就當咱們的「學習組長」，大家跟他好好學。我說：這「學習組長」是幹甚麼的？班長說：就是平時教大家學文化，開會討論記個錄。我說：甚麼叫「討論」呀？班長說：你連這個也不懂呀？

連隊選舉士兵委員會主席，往碗裏扔黃豆。營長跑來坐在我那隻碗跟前，指點着我：這是王天鑄的，這隻碗是王天鑄的。

那時可重視文化知識了，對解放戰士一點兒也不歧視。

吳法憲受了處分

瀋陽潰散國軍沒人管，一個挺重要的原因，是有些部隊只顧抓物資了。

拚命往瀋陽跑，怕敵人跑了，怕打不上仗，還怕東西叫別人搶去了。

張耀東老人說：我們二縱進瀋陽最早，好吃的，好用的，大都叫我們佔上了，可發大財了。身上裏外三新，全換了。香煙，罐頭，餅乾，糖，酒，衣服，都是美國貨。最多的是加拿大白麵，一粒一粒的，叫「砂子麵」，比現在的精粉好多了。上頓餃子，下頓烙餅，北京解放了還沒吃完。有的部隊南下了，還拉着加拿大白麵。有的部隊說二縱「爪子長」，「抓得快」，是「鐵爪子」。我們說：能抓你也抓呀？二縱真能打，也真能抓。

李兆書老人說：吳法憲帶上我們幾個人，坐着吉普看倉庫，看了九個。吳法憲看得可認真了，還問我們應該把哪些倉庫給一縱。那時領導都這樣，打仗看地形，重要繳獲親自過目，可不是光用嘴深入實際。後來給一縱三個不大不小的倉庫。誰好孩子往廟上捨？

張文星老人說：師裏讓我帶個連在南八條那兒看倉庫，一個被服庫，兩個加拿大白麵庫。剛看上，三十六團三營長帶兩個連來搶了。我上去阻攔，他們把幾袋麵壓我身上，弄得麵人似的，差點兒憋死。老百姓看了，說這八路怎麼這個樣子呀？我找他們團長告狀，團長把三營長猛擼一頓，記大過一次，搶去的白麵全部沒收。三營長後來見到我，嘿嘿笑，說你小子可把我告苦了。

劉學友老人說：當時瀋陽紅十字會醫院（現二〇二醫院）收治不少國民黨傷兵，就把它當成國民黨醫院了。六師十七團一個指導員莊嚴，帶人搬走一些藥品，有的戰士把一些設備也砸了。後來召集瀋陽各界名流開會，有人說八路軍搶砸醫院。師政委李少元火了，要槍斃莊嚴。莊嚴才十九歲。後來沒槍斃，不知怎麼處理了。十七團黨委受到集體記過處分，團長和政委各記大過一次。

二縱政委吳法憲也受到記過處分。

不光是要承擔領導責任，還因為二縱進到瀋陽附近時，他不讓架設電台收發報，怕總部變更命令不讓進瀋陽，撈不到油水。

在「林羅劉」簽署的一份《瀋陽解放後關於火炮調整的命令》中，有這樣一段：

> 調出炮數，一縱山炮五門，二縱山炮十八門（包括九四山二），一四野四門，化迫二門，美十榴五門，十五迫六門，共三十五門，三縱三八野一門，一四十榴三門，美十榴三門共七門，五縱化迫五門，十二迫六門，共十一門，六縱山地三門，三八野炮八門，共十一門，七縱山炮六門，十二迫六門，共十二門，八縱美十榴五門，十縱美十榴七門，十二縱美十榴四門。①

---

①《東北三年解放戰爭軍事資料》，93頁。

二縱調出火炮，佔總數的36%還多。

跑得最快，打仗最多，功勞最大，傷亡最大，繳獲最多，受的處分也最多。

要物不要人，並非自瀋陽始，也不止一個二縱。

1948年12月，東北野戰軍政治部《關於秋季戰役（遼瀋戰役當時被稱為「秋季戰役」）中城市紀律情況報告》中，說：

> 秋季攻勢開始時在義縣、興城、昌黎等戰鬥中城市紀律是很好的。群眾反映稱為「仁義之師」，一天半至兩天就大致恢復秩序，部隊有錯拿電話局一把鉗子，也查明送還，部隊出城，連隊都進行檢查，做到繳獲統一分配。但這都是小城市，參戰部隊不超過兩個縱隊，故易維持紀律。
>
> 錦州收復後，物資特多，參戰者有五個縱隊，地方黨政工作接收的準備也很不夠，尤其當時敵廖兵團南來，錦州可能再失，且敵機轟炸較烈，覺得如其便宜敵人還不如便宜自己，故決定讓各部隊爭取迅速將物資搬出，且首先補充自己，當時三四天內，各部隊搬出了大量物資。這是一個特殊的不得已的情況，卻必然發生一些不好的影響。如有的搬多，有的搬少，有苦樂不均現象，有的部隊吃大米白麵，有的連高粱也吃不上。也發生爭奪物資鬧不團結，其中七縱為各部所不滿，如不照顧他部，到他部防區搬東西，佔領之倉庫不肯上交，給他部之俘虜將青壯者挑出一些，戰鬥將結束時對舊城內尚有敵萬餘，他們拒絕別部參戰，自己獨吞，怕別人染指。……另一偏向，則是因物資多，大家爭搬大倉庫，而對收容俘虜，打掃戰場反不注意，故錦戰結束後三四天內，市內散俘傷俘尚到處亂走，無人收容。
>
> 長春敵投降前夜，有的部隊其軍官已失去統制力量，士兵自動走散，加之我軍缺乏受降經驗，和有些幹部的洋財思想，致在新七軍投降後，有的受降部隊只要武器不管俘虜，有受降一兩個團而俘虜不過三四百人。
>
> 戰場上的零星物資的統一分配可以做到，但所規定的整批物資及倉庫只能看守不得搬運，則不能完全做到，因為大家有

「遵守紀律就必然吃虧」的思想，覺得別人拿了，我不拿不合算，統一分配沒有自己分的多，或認為「大家分了，也不是本人貪污」，這種思想就是抓一把的基礎，而這主要是幹部的思想問題，故錦戰中有的部隊得了米麵被服很多，別的部隊則產生了羨慕思想，於是瀋陽戰役中也就抓一把。

一般爭執事件很多，領導幹部間拍電報，寫信，當面控訴，往返答辯，影響到下面則有因互爭而開槍打死打傷人者。

這些爭執，每個戰役都有，而且幾乎是包括了所有的參戰部隊。①

同年5月10日，東北野戰軍後勤部副政委陳沂，在後勤會議上的報告*中說：

這次打四平，搶了醫院，連老百姓的兩三個西藥店都搶了，這就叫本位主義害死了，為了自本位搞點西藥，竟不顧黨的影響，這簡直是強盜，而不是人民解放軍。

去年某縱打進四平，光是倉庫裏的雨衣，皮衣，棉衣就是好幾萬套，他們派人看守，不要別的部隊去拿，結果第二天被炸的光光的，這些人是只許讓飛機炸不許別人拿，這是甚麼話？本位主義從紅軍時代就反對起，到現在還是這樣的嚴重，今天我不詳細舉例子了，我們部隊中的本位主義照東北人的口語來說：「老鼻子啦。」

遼瀋戰役後，「林羅劉譚」狠抓了這個問題。

被抓了典型的吳法憲，也發了狠：打開天津誰再發一點洋財，就槍斃他！

四野給天津人留下了很好的印象。

進入北平就更好了。

衡寶戰役後，有些部隊老毛病又犯了。

---

① 《瀋陽軍區歷史資料選編》，183、184、185頁。

很想寫幾位當年黑土地上的縱隊政委，老人們卻都對他們的司令員津津樂道。

談的較多的，是後來成了「五虎上將」之一的吳法憲。

對於當年就有「吳胖子」之稱的吳法憲，比較一致的看法，是他沒架子，挺隨和，聯繫群眾。說他挺愛開玩笑，有時見了下級也敬個禮，「沒大小」，和人挺處得來。

有的老人說他當年瞅着也挺正派，沒甚麼壞心眼，後來怎麼就變成那樣子了呢？人可真不好看。

有的老人說當年批判黃克誠時，吳法憲扮演了很不光彩的角色。扮演這種角色的也不光他一個，不過他垮台了，成「死狗」了，就怎麼批判都行了。

有異議的是關於他的能力。

有人說他當年就是個「草包政委」，沒甚麼主見，魄力，就是個「坐車的」。說他一聽說甚麼事情沒弄好，就「娘賣×的，娘賣×的，咋搞的，咋搞的。」

有人說比起那種出類拔萃的，他不行，可講話辦事也是很有一套的，不白給。他若是個「草包」，「飯桶」，怎麼能當上縱隊政委？共產黨沒人了怎麼的？

生活是一本書，生活中的人也是一本書，一本用各自密碼編寫的很難破譯的書。

但是，「壞人＝草包＋飯桶＋笨蛋＋白癡」，確是我們曾經有過的一個公式。好像他們的垮台，就是因為他們的無能。而且，壞人在娘胎裏就不是好東西，好人生下來就是百分之百的布爾什維克。

但是，生活中確實有些幹得很精彩，很出色的人，並沒有被歷史留下來，或是在某段歷史時期中被埋沒着，一些本來很平庸的人反倒少不了。歷史有時需要這種角色。他們是被歷史推到那兒去的，並不一定是積極主動創造、爭取的。他們是歷史的幸運兒，也是歷史的悲哀。比之那些因出類拔萃而多災多難的人，他們活得實在是夠輕鬆的。他們中有的人若不是在某個時刻投了一下機，本來會繼續輕鬆地活下去，甚至青雲直上。

一位「羅榮桓傳記寫作組」的老人說，他們去監獄找吳法憲了解羅榮桓情況時，吳法憲站起來立正報告，張口就叫「首長」。這回可是正兒巴經，沒一點開玩笑的意思，卻愈發使人忍俊不禁，又不能不強制忍住。

（一些人在台上時曾是何等「風度」，一旦失勢怎麼就「幽默」如此呢？）

這位在黑土地曾被吳法憲開玩笑敬過禮的老人説，吳法憲「態度最好」，問甚麼講甚麼，寫的材料最多，水份也最多。比較之下，李作鵬正好相反。

當年黑土地上的名將黃永勝，十八年徒刑服了三分二就病死了。

和吳法憲一樣被判十七年徒刑，早已監外就醫的李作鵬，依然是個「燒鍋」，愛喝酒。他每天的工作是寫回憶錄。他有得寫的。

筆者採訪時已經釋放的邱會作，和吳法憲、李作鵬一樣，每月200元生活費。夫人參軍前是個護士，後在延安醫大畢業。「九・一三」後也被關了幾年。現在，她辦個執照，開個體診所。據説生意還挺好——「邱會作」三個字無形中所起的廣告作用，大概是不能低估的。

吳法憲經常上街買菜。人們都認識他，有的叫他「吳大爺」，有的叫他「老吳頭」「老胖頭」，叫甚麼他都答應，依然挺隨和。看見他挎着籃子來了，就讓他先買，説照顧老年人，有的還説「老紅軍可以不排隊。」

會打仗卻打了敗仗的杜聿明等人，在監獄中學會了做工，種田。從人類進化的意義講，這是一種從猿到人的進步。他們終於成人了。

從堂堂「空軍司令」到「吳大爺」，「老吳頭」，「老胖頭」，吳法憲也成人了。

當他和售貨員或小販數點角幣和鋼崩兒（不知他會不會討價還價，也不知「九・一三」前是否認識人民幣——林彪是不認識的）時，當他提着裝着親手挑的蔬菜的菜籃子回家（開頭，他會橫過馬路，會識別紅綠燈嗎？）時，他會想些甚麼？是彈雨中衝殺，風雪中行軍，打了勝仗和部下開個玩笑的歲月？還是蒙着黑色窗簾的「紅旗」，戒備森嚴的豪華庭院，走到哪裏都是前呼後擁的笑臉？他是為權力的失落而懊喪？還是為人性的復歸而慶幸？

高處不勝寒，還是人間好。

第三五章：葫蘆島不是「。」

黑土地上最後一面「青天白日」旗，是從葫蘆島的碼頭上消逝的。

南廣北銳，中腰狹窄，只有六里長的小島，凝固在萬頃碧波之中，像隻葫蘆，又像個「！」。

最後歸宿的那個台灣島，則像個「、」，或者「，」。

從秦皇島到葫蘆島
——再續戰犯錄之一

10月20日，徐州「剿總」副總司令兼二兵團司令官杜聿明，調任瀋陽「剿總」副總司令兼冀熱遼邊區司令官。

10月27日，就在東進兵團徒勞無功的終於攻佔塔山這一天，廖耀湘兵團電訊聯絡中斷。杜聿明立即命令停止東進，退守原來陣地。11月2日，瀋陽失守。於是，杜聿明的使命，就由東進變成西退。

廖耀湘兵團被殲，瀋陽易幟，錦西和葫蘆島的國軍成了驚弓之鳥，唯恐共軍頃刻間趕來，再把他們席捲一空。有的說應從陸上跑，有的說應從海上走，有的說還是海上走安全，但若船來晚了，掩護部隊無法走掉。有的說有重要機器設備，奉主管機關命令要盡快撤退，有的說有檔案文件必須先走。邊區司令部門口擁擠着一群又一群人，爭吵不休。連侯鏡如都急了，催杜聿明當機立斷，快些從陸路走。

面色黃瘦，一副病容的杜聿明不動聲色。給前方部隊的命令是「向共軍搜索攻擊」，給後方部隊的命令是「向某地轉移」。等部隊到了葫蘆島碼頭，才發出上船命令。

11月8日午夜，最後一支部隊五十四軍八師經錦西機場去碼頭登船時，杜聿明很安閒地站在跑道旁，向八師副師長施有仁招手道：不要慌，沉着點。

衛立煌逃跑時，連「剿總」樓上的國防部戰地督察組長都忘了打聲招呼。儒將杜聿明，在這裏把人心惶惶的十萬大軍的撤退，組織調理得有條不紊。

只是，林彪錦西撤退建立功名，杜聿明功名何在？

從崑崙關到山海關，他在黑土地上指揮打響了內戰的第一槍。從秦皇島到葫蘆島，他在黑土地上撤退了最後一名國軍士兵。當年他揭幕，如今他謝幕，有始有終，倒是一個全過程。

離開黑土地兩天後，杜聿明飛赴淮海戰場，兩個月後，他在河南省永城縣陳官莊被俘，從此走出軍界。

對於黑土地，對於杜聿明，戰爭結束了。

一切都完結了嗎？

11月4日，「林羅劉」在給「軍委東北局」的電報*中說：

> 日前由瀋陽至打虎山，由打虎山至錦州，由瀋陽至營口之線，到處是潰兵，三五成群，絡繹不絕，已令各部收容補充。

王繼武老人説，打下錦州後奔遼西，路上到處都是迎頭走來的國民黨官兵和家屬，羊群似的，亂哄哄的。也不知是打散的，還是拿到了還鄉證。過錦州西大橋時，橋上都滿了，我們是硬擠過去的。

這些從「西大橋」上過去的，那些從營口跑到葫蘆島，又從葫蘆島和東進兵團一起跑掉的，有多少人回到了家，或是去了台灣？回到家，去了台灣，他們和他們留在大陸上的親人，苦難從此就了結了嗎？

很多來華「觀光」、「投資」的日本人，一定要去看看他們當年的「故居」。當他們在那裏流連時，其感情、感想大概是難以和盤托出的，卻也不無可以理解之處。而對於世世代代繁衍、生活在這片土地上的人，卻只能對故土望洋興歎，那又是一種怎樣的冷酷，殘忍？當他們中終於有人在有生之年如願以償後，他們會不會想到要去當年的戰場上看看？他們中，可有在塔山和黑山等地倖存的「敢死隊員」？

蔣介石死前留言：日後反攻大陸，要將遺體移返南京，葬於孫中山陵前。

這和那些胸前衣服上寫着「想家」大字的去台老兵，心境是一樣的嗎？

1988年1月18日，台灣《民眾日報》刊登去台老兵楊榮華的一篇文章：

> 我是個孤兒，是個沒有親屬，沒有黨籍，沒有教派，沒有啟蒙同窗，沒有孤兒院玩伴的老孤兒。……十四歲那年，在山坡放牛，被國軍四十四軍連人帶牛抓進軍中，牛被宰殺烹食，我被迫成為軍佚，當炮灰，和鬼子打仗，跟共軍拚命（「抓」也好，「被迫」也好，「和鬼子打仗」與「跟共軍拚命」，是兩碼事情——筆者）。直到金門古寧頭之役，奮戰有功，放牛郎也能當官，升上排長，獲得想要的光榮。在一年準備，兩年反攻，三年掃蕩，五年成功的口號下，我視軍營為家，埋頭苦幹，潛心求知，考上炮校，並能畢業，滿以為運途順暢，前途光明，未料四十七年（1958年——筆者）元月，突然莫名其妙被扣上「庸劣」帽子而被「撤職」，成為殺雞儆猴的祭品。迄今含冤三十年，也曾多次申訴，卻找不到半個包青天，怎不令我哀傷失望！尤其跟劫機「異」士，越南難民，駕機偷來台灣領取黃金的那些人相比，會使我吐血、發狂，再想想目前孤寂淒涼飢寒苦境，連半分鐘都不想再活下去，真是先來的不如後來的，後來的不如偷來的啊！①

正是台灣民間「返鄉拳」②唱得興致時，筆者在某地見到兩位上訪老人。一位是參加長春圍困戰的，一位是在長春起義的。在一間最下等的，被褥、床單和枕巾油漬抹黑的房間裏住了幾天，接待部門通知招待所，攆他們走。兩位長春城下的對手，又都在朝鮮吃過美國子彈的老人，聯合起來去找「首長」，這才重新有屋住，有飯吃。飯桌上，兩個小青年對那位起義老人說：你若去了台灣，今天回來，看是啥成色？

對比這些老人，這幾十萬拙樸的文字，應該首先獻給誰呢？

---

① 見1988年1月25日《參考消息》：《「還我一頭牛！」》

② 「返鄉拳」口訣是：一圈，兩制，三通，四流，六萬（旅費），七天（簽證），八件（三大件五小件禮物），九別（久別），十全（全家團圓）。

政治家講「主義」，講「信仰」，並為之奮鬥終身。一個人和一個民族，當然是要有信仰的。對於一個還不強盛的民族，尤其需要一種精神的力量。可在這裏，對於那些在這場內戰中至今還沒有好結果的老人，這種不流血的戰爭是個甚麼東西？

即便是對於去了八寶山的杜聿明，和那些在台灣和在黑土地上把生命劃了「。」的不知名的人，在他們生命末尾處留給後人的，就是個「。」嗎？

黑土地上的爆炸聲

葫蘆島撤退前，杜聿明指示部隊，對錦西和葫蘆島地區工廠設備，能搬走的盡量搬走，不能搬走的必須徹底破壞。錦西發電廠，煉油廠，葫蘆島自來水塔，碼頭，機車，都指定部隊負責破壞。碼頭是要用到最後一刻的。待部隊全部登船遠去後，就用艦炮發射炮彈，誘發碼頭上預先埋設的大量TNT炸藥。

在所有撤退前還來得及下手的城市，都能聽到破壞工廠礦山的隆隆爆炸聲。

在所有來不及動手的城市，都派去飛機大肆轟炸。

11月2日以後，國民黨飛機連續幾天轟炸瀋陽，重點目標是兵工廠和倉庫。如果幾座彈藥庫被擊中，半座瀋陽城就不會是今天這樣子了。

四平，錦州，鞍山，本溪，吉林，營口，梅河口，凡是打過仗的城市，特別是曾經幾進幾出的城市，從廠房設備到一般公共建築，完好無損的不多。有的炸平了，有的燒光了，有的洗劫一空。

「兵不血刃」，未遭槍打炮轟的長春，「原有的400家中小型工廠，不僅完全停工，而且廠房設備都已大部毀壞殆盡。」「全市輸電設備被毀三分之一左右。自來水淨送水設備70%被毀。煤氣製造設備大部被毀。全部公共交通車輛，無一完好；部份有軌電車已被用作城防工事埋入土中」①。

① 于涇著：《長春的起源發展和變化》，35、36頁。1987年6月，「長春市城市問題研討會材料之二」。

六十軍撤退到長春前，鄭洞國飛去吉林傳達撤退命令，特別指示務必將小豐滿水電站徹底毀掉。果真如此，中國將失去一座最大的水電站，還有十多個縣將變成澤國。共產黨早已得知這個計劃，全力宣傳保護電站，發出警告：有膽敢破壞電站者，不論官兵，一律以戰犯論處，追到天涯海角也要擒拿歸案，決不寬宥！

共產黨也曾想炸毀小豐滿。

一位老人（老人並未説讓隱去他的姓名）説：四平撤退前，我跟副師長去趟小豐滿電站。那可真是個電的世界，取暖，做飯，全用電，老百姓家也是電爐子，那人瞅着好像都帶着電。土八路開了眼界，也心痛，捨不得。開頭，管理人員以為我們是去保護電站的，挺熱情。後來見我們問哪兒是要害。聽出門道了，態度就變了，説「哪兒都是要害」。回去報告，上級又説不炸了，説早晚都是我們的。憑當時我們的技術力量，恐怕也不一定炸得了。

1946年3月15日和16日，林彪有兩封電報*：

中央東北局：

南滿蘇軍已撤，國民黨已進佔瀋陽並繼自關內增兵，估計其第二步行動將為佔領南滿工業糧食區，這一帶我們無守住的充份把握，如和平後國民黨亦將這一帶劃成他的，故無論和、戰，這一帶我皆難於保持，因此，我意利用戰事期間在敵人將逼近時即將這一帶全部煤礦與工業進行大規模的爆炸破壞，將全部礦林淹沒，只要一停電，礦裏的水不能排出礦即被淹，非一年半以上不能修復，所以我建議立即着手準備大破壞。盼你們即考慮答覆。

林

3、15、未時

中央東北局：

一、昨未電意見作廢。

二、我們擬不進行一般的破壞，只破壞無損於蘇聯利益和群眾生活利益的軍事工業部份，並只在盡量搬運後，對不能搬運的部份進行破壞。以上意見望考慮覆電。

三、為增加談判政治資本，請向國民黨方面提出和平聲明，如彼方繼續進行內戰，則東北礦山與工業有全部破壞的可能，其破壞責任應由戰事挑撥者完全負責。

林

3、16、卯時

第二天，中央覆電：

林並東北局：

林刪電悉。關於南滿工業區不論和戰，我均不應有任何破壞。因為這將影響數百萬人的生活，並將在全國全世界留下長期破壞的影響。務望不要作此打算，並向有此思想的同志作堅定明確的解釋。

中央

3、17

破壞鞍鋼，中央軍委是同意的。

6月2日，蕭華有封電報：*

林彭報軍委：

鞍山製鋼所各種熔爐共破壞十座，毀火車頭十個變（發？）電所一座。

立山至湯崗子段鐵路均已破壞。

蕭

冬

破壞最嚴重的就是鐵路。

東北鐵路最多，扒的也最多。除了松花江北，各線幾乎沒有未被扒過的。有些重要線段，扒過不下十次。中央軍委幾次推廣東北扒鐵路的經驗。1947年10月21日，「軍委」致電*「劉鄧、陳粟、陳謝韓、徐滕薄、饒黎、張鄧、譚許、聶蕭劉、楊楊耿、彭張、王王、賀蕭、李周」[1]，轉發「東總介紹鐵路大翻身的方法」[2]，用這種方法，「一連人每小時可翻六里路長」。

用黑土地上老人的話講：八路軍那可真是「扒路軍」呀！

馬克思說：「誰要想戰勝敵人，他就不會去同敵人討論戰爭的代價。」

經濟力量是戰爭的基礎。不能佔有它就摧毀它，反正不能讓敵人利用它。

戰爭本來就是破壞的藝術。

---

① 即晉冀魯豫軍區司令員劉伯承，政委鄧小平；華東野戰軍司令員兼政委陳毅，副司令員粟裕；晉冀魯豫野戰軍四縱司令員陳賡，政委謝富治，副司令員韓鈞；晉冀魯豫軍區副司令員徐向前、滕代遠，副政委薄一波；華東軍區政委饒漱石，副政委黎玉；華中軍區司令員張鼎丞，政委鄧子恢；山東兵團政委譚震林，司令員許世友；晉察冀軍區司令員聶榮臻，副司令員蕭克，副政委劉瀾濤；晉察冀野戰軍司令員楊得志，第二政委楊成武，參謀長耿飆；西北人民解放軍野戰軍司令員兼政委彭德懷，副司令員張宗遜；「王王」、「賀蕭」、「李周」不詳。

② 電報全文如下：

劉鄧、陳粟、陳謝韓、徐滕薄、饒黎、張鄧、譚許、聶蕭劉、楊楊耿、彭張、王王、賀蕭、李周：

東總介紹鐵路大翻身的方法如下：

（一）以百人左右為一隊，幾十個人也可以，攜帶粗繩廿根，結實木廿根（內一部份可用鐵路上起道釘之鐵起子）及一二十把鐵鍬洋鎬。

（二）第一步將鐵路一邊之兩根鐵軌連結之螺絲釘取掉（或毀掉），並取下結合處的兩塊小鐵板，只能截斷一邊鐵軌，不應截斷兩邊鐵軌。

（三）第二步從兩根鐵軌斷開處，用工具將二、三十根枕木下的墊土刨空。

（四）第三步，用粗繩隔一枕木，將鐵軌和枕木交叉處捆結實（十幾根繩子按次均捆上），然後以一部人用木（鐵）棒將分離開的一面鐵軌撬起來，同時用力拉繩子，使整個鐵軌枕木翻個筋頭，接着便很容易的往前。結果全部鐵路都翻了筋頭。

（五）然後將枕木取下，堆集起來用火一燒，日前敵人修路極感頭痛的是沒有枕木，要從美國運枕木來，因此燒掉全部枕木，是重要的一着。

（六）此法開始時較費力氣，只要開頭翻過，事後利用鐵軌本身重量及壓力，越翻越輕。據我們的經驗一連人每小時可翻六里長，所以這種方法的特點是方法簡單，動作迅速，破壞規模大，所費力量小，東北敵人十分怕鐵路翻身。

軍委
廿敬

日本撤退前破壞，「老大哥」進來大肆劫掠，接着是中國人槍打炮轟TNT炸。

三年內戰，中國這個最重要的工業基地受到怎樣的破壞？戰後生產力處於一種甚麼樣的水平？

1948年5月10日，東北野戰軍後勤部副政委陳沂，在後勤工作會議上的報告*中說：

> 兩年來我們的生產力比偽滿時不是擴大，而是縮小了，比九一八以前恐怕也是如此。

一位作家這樣描寫鞍鋼：

> 鞍鋼解放，只剩下沒法搬走的高爐殼了。……有些剛入廠的小青年，童心未退，休息的時候，還淘氣地在廠子裏追兔子，抓野雞呢。那時候，高墟上雖然沒長出高粱，但是蒿草沒腰。白晝，蠍虎爬在爐壁上曬太陽；黃昏，烏鴉在捲揚機上聒噪；入夜，間或聽到狼嚎。①

殘破的鞍鋼，殘破的黑土地，生產力又回到了「少帥」那個時代。

共和國的黑土地，就從「少帥」時代起步。

如果這場內戰再打上三年，五年，黑土地會回復到甚麼年代？

① 徐光夫著：《高爐熱淚十五年》。《新人新作選》，240、241頁。人民文學出版社（1965年）。

一四、中國，幾點鐘？

本來，1945年就是勝利年。

本來，和平的鴿子早就該起飛了，建設的號子早就該唱響了，振興的步伐早就該邁開了。

本來，此刻黑土地的雪應該是雪白雪白的。

還用重複黑格爾的那句話嗎？

第三六章：勝與負的十萬個為甚麼

成敗論兵家

日本和盟軍在「密蘇里」號上正式簽署停戰協定後，美國人說：「太平洋上的勝利是重大的技術勝利」，「是由於美國在金屬、槍炮以及高超的技術方面全面徹底地壓倒了日本」[①]。

在中國，在黑土地，如果只是比較雙方在「金屬、槍炮以及高超的技術方面」的優劣，只能得出與既成事實完全相反的結論。

當然還有兵力的比較。四平保衛戰前，國民黨兵力始終少於共產黨，卻將共產黨從山海關一直趕到松花江北。兵力佔優勢了，卻走了下坡路。

戰爭從來都是兵家競技的舞台。

在戰爭的天平上，智謀是個重要的砝碼。

前面已經寫過了：憑人多打人算甚麼能耐？有本事咱們一對一地幹？

打了敗仗的國軍不服氣。確實，八年抗戰，他們經的戰陣多，軍事素質比土八路好。而且「較頑強，不容易繳槍，甚至一連打到七八個人也不繳槍，帶着遠征軍、常勝軍的驕傲態度」。還有「對居民紀律頗好」，「僱民伕一般給錢」。

同樣，從廖耀湘到潘裕昆、李濤、李鴻、鄭庭笈等等，八年抗戰，攻守進退，打的正規戰也多。從理論到實踐，軍事素質普遍比同一層次的共產黨將領高。如果說士兵文化程度（特別是青年軍二〇七師等）也比共軍士兵高，將軍文化修養更高則是公認的。

---

① （美）西奧多·懷特、安娜·雅各布著：《風暴遍中國》，《序言》，2、3頁。

單純比較自然情況，也不能說林彪就在杜聿明和衛立煌之上。同為黃埔生，林彪自平型關戰役後基本就養傷了，杜聿明參加了抗戰的全過程。平型關和崑崙關不能互換，讓林彪指揮忻口戰役和反攻緬甸，誰也不能斷言會比衛立煌打得更好。戰爭不是武林競技，上得台來，幾個回合，三拳兩腳，就見高下。

但在黑土地三年悲哀的較量中，實實在在，林彪比他們都高明得多。

錦州西部撤退，四平撤退，避開了國民黨的鋒銳，保存了實力，奠定了黑土地反攻的基礎。身上生着蝨子的林彪，軍事家的精明和政治家的遠見，在黑土地非同尋常的「萬花筒」時期閃耀光芒。

四保臨江，三下江南，毛澤東的愛將粉碎了蔣介石的愛將「先南後北」戰略。機智的「黑土地之狐」更添獅子的威猛，連將杜聿明、陳誠和衛立煌三員大將挑落馬下。

即便是在開始反攻後，林彪若是個「甚麼學問也沒有的大黨閥，大軍閥」，黑土地的主動權也是隨時可能易手的。

當時被稱為「秋季戰役」的遼瀋戰役，是中國這場內戰中具有決定意義的三個大戰役中的第一個。沒有遼瀋大捷，毛澤東不會那麼快就決定打淮海和平津戰役。應該說，第一個是最重要的，也是最難打的。

從出關的十萬人，到進關的百萬人大軍，戰爭的輪子在黑土地上馳騁了三年，也在林彪腦子裏轉動了三年。除了南下和攻錦前並未造成任何後果的確曾活的「活思想」，還有甚麼？

而在更廣闊的背景上，拿破崙有滑鐵盧，斯大林有衛國戰爭初期，毛澤東有甚麼？

國民黨則恰恰相反。

抗戰結束，蔣介石憑一紙契約，想從「共產邪惡」手中「接收東北」。一廂情願不成，就將精銳調去大打出手。雖然初戰勝利，已成強弩之末，只有在遙遠的黑土地上被動挨打了。

遼瀋戰役，更是決心躊躇，進退失據。對於共產黨出擊方向，有見地，無定論。戰役打響，只期望錦西得手，剃頭匠挑子一頭熱。錦州一破，全線陷於被動，一個精銳兵團和一片豐腴的黑土地，頃刻間輸個精光。

中國人講「勝者王侯敗者賊」，又講「不以成敗論英雄」。發出「地無分南北，人無分老幼，無論任何人皆有守土抗戰之責任」號召，後來被趕到重慶去了的蔣介石，站在崑崙關和敗走野人山的杜聿明，都是英雄。在那場戰爭中，每個堅持抗戰的中國人都是民族英雄。但在黑土地上，在這場中國人打中國人的戰爭中，卻是不能不以成敗論英雄的。

很多老人直言不諱：跟着林彪打仗，能打勝仗！

而「跟着毛主席就是勝利」，那是被戰爭年代的歷史檢驗過了的。

由強變弱由弱變強，轉勝為敗與轉敗為勝，黑土地眼花繚亂的戰爭進程表明，共產黨人的軍事學說和軍事藝術，要比國民黨高明得多。

共產黨人在三年內戰中錘煉得爐火純青的戰爭技藝，已經走向世界，成為全人類的財富。

得人心者得天下

在筆者家鄉一帶，很多老人有給國共雙方出伕、當嚮導的經歷。有時剛給八路帶過路，回到家，或在半路上，又被國軍拉去當嚮導。

老人們說：槍子不認人呀，誰愛幹這個呀！電影上光演國民黨打人，八路也打呀。可憑良心講，一樣的活兒，還是愛給八路幹。是誰給了窮人房子和地？能不向着？

崑崙關大捷後，杜聿明對記者發表談話：「本軍是民眾的武力，民眾是本軍的父老。所以諸位要是記載這一次勝利，千萬要帶一筆：本軍的勝利，其實也就是民眾的勝利。」①

國民黨的失敗，也是民眾的勝利。

流血的政治的政治家也好，不流血的政治的政治家也好，他們的聰明才智，只能在符合人民意願這個大前提下施展。否則，才能越出色，悲劇的角色就越充分。

---

① 鄭洞國、侯鏡如、覃異之、文強、鄭庭芨、楊伯濤著：《杜聿明將軍》，39頁。中國文史出版社（1986年）。

這是一場實力懸殊的戰爭：國民黨在兵力、給養、槍炮和包括海空軍高超技術方面的絕對優勢。共產黨在人心上的絕對優勢。

國民黨靠自己的優勢發動了這場內戰，共產黨靠自己的優勢打贏了這場內戰。

鼓動內戰本身，就失去了人心，導致了失敗。

蘇聯紅軍出兵東北，使共產黨人能夠搶在國民黨前頭進入黑土地，並在各方面得到「老大哥」關照。交通要道被阻斷後，朝鮮北部就成了溝通南北滿和關內外的主要走廊。幾百萬噸各種作戰所需物資，或運去朝鮮得以保存，或經過朝鮮進行轉運，交流。國民黨進攻南滿期間，有18000多傷病員、家屬和後勤人員越過鴨綠江，進入朝鮮。那情景，就跟今天阿富汗游擊隊和柬埔寨抵抗力量頂不住時，就往巴基斯坦和泰國跑差不多。

打滅「鬍子」，安定後方。土地改革，建立起鞏固的根據地。黑土地本來就得天獨厚，工業基礎雄厚，又是著名糧倉。兵員足，糧草足，又能造槍造炮造彈藥。共產黨人就在三年前全國力量最薄弱的黑土地上，打響了這場內戰舉足輕重的第一個大戰役，並把黑土地變成了一統大陸的戰略基地。

還有關內各戰場的支援。倘若關內打得不好，國軍源源湧進關東，「黑土地之狐」再有本事，怕也難免當年抗聯的命運。

內戰伊始，蔣介石幾乎擁有一切。430萬裝備精良，勇敢善戰的軍隊。「想中央，盼中央」的人民。世界頭號強國的支持。連社會主義的蘇聯也不得不和他打交道。如今，雪白血紅的黑土地不用說了，自古兵家必爭之地的黃色的中原，同樣色彩的華北平原，青枝綠葉的南國的紅土地，也正在和即將失去。若不是託海龍王的福，蔣介石早像菲律賓那位馬科斯那樣，跑去夏威夷或甚麼地方當寓公了。

共產黨的勝利，國民黨的失敗，可以出一部《十萬個為甚麼》。

歸根結柢，是人民和誰站在了一起。

自命不凡的人物，可以把人類拖入一場世界大戰，可以把一片土地糟蹋得雪白血紅。甚麼人權呀，道德呀，法律呀，在他們眼裏都不過是玩具店裏的東西。他們可以隨意玩弄歷史。可到頭來被歷史嘲弄的是誰呢？

從中外古今到未來，金屬的選票也好，紙張的選票也好，決定歷史進程的都是人民。

1947年，當土地改革在黑土地基本完成後，如果舉行一次公民投票，人民會選擇誰？中國人沒有在紙上寫下自己信賴、愛戴的當家人的傳統和習慣，蔣介石也不想讓人民養成這個習慣。那麼，人民就把選票壓進槍膛，推進炮膛，把他打掉，把他轟翻！

兵敗源自黨敗

「八·一五」後，中國人打中國人的第一槍，是蔣介石迅雷不及掩耳地收拾了龍雲。

老謀深算的「中國王」收拾起老謀深算的「雲南王」，輕巧得就像張飛吃碟豆芽。這個龍雲也真有些該收拾收拾的地方。可在「鏟除共產邪惡」的大方向上，他們有甚麼根本利害衝突呢？大敵當前，本該通力協作對付共產黨，蔣介石卻先來一場窩裏鬥——別一種「攘外必先安內」。

聯想到一八四師海城倒戈，六十軍長春起義，原因當然多種多樣。但九華山的槍響，不是早把滇軍打得心頭淌血了嗎？

六十軍和九十三軍集中使用，作用會大得多。而且打虎親兄弟，上陣父子兵，老鄉不同於父子兄弟，也會彼此照應，奮力向前。國民黨卻寧肯犧牲戰略的利益，也要把它們拆開，為的是不能讓滇軍在黑土地上形成一股集團勢力。

關東決戰，蔣介石原想讓傅作義統一指揮，後來又變了。為的是傅作義在華北曾有出色表演，若再出個風頭，尾大不掉，不好控制。

孫立人不救一八四師，廖耀湘不救新五軍。這已成了國民黨的保留節目，關裏關外，屢演不衰。

從大小幾十個地區、單位湊到關東的共產黨人，為着各自山頭的利益，抓物資，爭繳獲，甚至開槍打死人。但在對付國民黨上，卻是爭先恐後，一點也不含糊。被追打得到處跑，吃夠了苦頭的共產黨人，始終有一種危機感和緊迫感。他們從切身的經歷中深切地體會到，不打垮敵人，天塌下來誰也好不了。

攻打天津時，十四兵團規定，誰先打到金湯橋，就命名為「金湯橋師」。黑土地上的兩個王牌師較上勁兒，拚命攻擊。五師首先發報攻佔金湯橋，一師說是它們先到的，五師離那兒還有半里路就搶先發了報。官司從兵團打到四野，又打到軍委，結果誰也沒當上這個「金湯橋師」。兩個師不服氣，都說「下次再見」。

共產黨若像國民黨那樣互相傾軋，林彪腦子裏那個車軲轆還會那樣轉嗎？

國民黨的天，是共產黨去捅，國民黨也去捅。

內戰中的內戰，窩裏鬥中的窩裏鬥。

與窩裏鬥成正比的，是窩裏爛。

1948年9月16日，南京《中央日報》發表文章：《全國咬緊牙關克服建國大敵蔣總統以國民資格發起勤儉建國運動戒除奢侈腐敗崇尚節約沖刷渣滓奠定戡建基礎》。同月7日還發表文章：《完成戡建的使命一個人做兩個人事兩個人吃一個人飯》。

國家到了這步田地，掌握國家命運的人怎樣開飯？

蔣氏父子在上海灘演的那場「捉放虎」幕後的那隻大老虎孔祥熙，據美國一家刊物說，他任行政院副院長和財政部長的十二年裏，聚斂的財富達到三十二億美元！

「勝者王侯敗者賊」——那些像毒蛇猛獸一樣吞噬着人民血汗的國民黨權貴們，不是賊又是甚麼？

土地改革破壞了大農生產，使糧食減產，國民黨斥之為給農民小恩小惠。可比之這些貪官污吏，人民自會得出甚麼結論？

不患寡而患不均，並不是中國的國粹，也不應看作中國人主要的傳統心理。朝朝代代見慣了貪官污吏的中國百姓，倒是挺「寬容」、「大度」的。只要有碗粥喝，大面上能過得去，大人物憑藉權勢撈點甚麼，不但能夠容忍，甚至可以給予理解。不撈不貪，當官幹甚麼？這種「寬容」，「大度」，造成了歷代官吏驚人的貪婪，同時也造就了中國社會驚人的政治平衡力。這種平衡一旦被打破，那爆發力也是驚人的。

台灣官修國史這樣結論國民黨的垮台：

> 蔣公於民國三十八年（1949年）初引退後，政府失去領導

中心，匪軍乘機加緊全面叛亂，大陸因而陷於匪手。①

蔣介石倒不必像他的史官那樣做文章：

我現在不是被共產黨打倒的，是被國民黨打倒的！（這句話一傳出去卻變成了：「國民黨不是被共產黨打倒的，是被蔣某人打倒的！」）②

病入膏肓的國民黨，是既不能忍受病痛的折磨，也不能忍受藥物的治療了。特奧會的口號是「戰勝自己」。

勇敢是戰勝了自己的怯懦。清廉是戰勝了自己的腐敗。文明是戰勝了自己的野蠻和愚昧。富強是戰勝了自己的貧窮和衰弱。

從猿到人，從石器時代到電子時代，人類的每次進步都是戰勝自己的結晶。戰勝自己是最困難的，也是最痛苦的。可要生存，要發展，就必須勇敢地承受這種痛苦。

就像「八·一五」後戰爭與和平一樣，歷史曾經耐着性子，給了蔣介石選擇的機會：是戰勝自己？還是戰敗自己？

直到今天，歷史還在發問：國民黨是自殺？還是他殺？

用黑土地人的話講，叫「腳上泡——自己走的」。

---

① 鴻鳴著：《蔣家王朝》，279頁。

② 同上，298頁。

第三七章：今天向明天走去

熱點西移

1948年11月14日，毛澤東在給新華社寫的《中國軍事形勢的重大變化》的評論中說：

> 中國的軍事形勢現已進入一個新的轉折點，即戰爭雙方力量對比已經發生了根本的變化。人民解放軍不但在質量上早已佔優勢，而且在數量上現在也已經佔有優勢。這是中國革命的成功和中國和平的實現已經迫近的標誌。
>
> 這樣，就使我們原來預計的戰爭進程，大為縮短。原來預計，從一九四六年七月起，大約需要五年時間，便可能從根本上打倒國民黨反動政府。現在看來，只需要從現時起，再有一年左右的時間，就可能將國民黨政府從根本上打倒。①

從葫蘆島跑到北平的杜聿明，也對傅作義作了類似的斷言：

> 東北共軍將近百萬，它的戰略戰術、武器裝備及戰力遠遠地超過關內共軍。從軍事上講，共產黨一年以內將統一中國。②

國際輿論也紛紛作出判斷。

路透社記者寫道：「國民黨在滿洲的挫折，現在已使蔣介石政府比過去二十年存在期間的任何時候，都更加接近崩潰的邊緣。」③

---

① 《毛澤東選集》（合訂一卷本），1252、1253頁。人民出版社（1964年）。

② 《遼瀋戰役親歷記》，45頁。

③ 1986年第1、2期《黨史研究資料》，31頁。

《泰晤士報》評論：「中共佔領東北，又將出現一個由北向南的征服形勢。」「以現在看來，中國如果要統一，似乎將從東北出發了。」①

《紐約時報》說：「問題不僅是……在遠東的一場內戰的勝敗問題，世界的均勢改變了，而且，它是朝着美國希望的相反方向變化的。」②

黑土地的得失，使歷史天平從根本上傾斜了。

國民黨輸掉的，不僅是抗戰中英勇善戰的遠征軍主力和豐腴的黑土地，更主要的是精神、士氣和心理上的崩潰。

共產黨如願以償，徹底完成了七大提出的爭取東北的戰略任務，並史無前例地擁有了一支強大的戰略預備隊。

這樣一支從數量到質量都為解放軍之最的野戰軍，即便就擺在黑土地上，那威懾力也足令國民黨膽戰心驚的了。

11月1日，就在一縱、二縱、十二縱和獨立師即將向瀋陽發起攻擊時，石家莊告急。四縱和十一縱11.6萬餘人，分路經冷口和喜峰口，先行進關。

11月18日，中央軍委命令東北野戰軍停止休整，各縱（11月3日，東北野戰軍一至十二縱相應改為三十八至四十九軍）取捷徑以最快速度進關，突然包圍唐山、塘沽和天津敵人。

從11月23日起，一縱、二縱、三縱、五縱、六縱、七縱、八縱、九縱、十縱、十二縱，每縱編入一個獨立師，一至四個獨立團，3000至10000解放戰士，加上特種兵（炮兵、坦克兵）和鐵道縱隊，共73.1萬餘人，西路經冷口，中路經喜峰口，東路經山海關，以迅雷不及掩耳之勢，直迫平津。

先是夜行曉宿。月底企圖暴露後，遂晝夜疾進。

古老漫長的長城線上，三路大軍洶湧西進。數不清的山炮、野炮、榴炮和汽車牽引車、騾馬車、坦克、裝甲車，煙塵滾滾，遮天蔽日。

國民黨驚呼：「狗皮帽子」來啦！

---

① 1986年第1、2期《黨史研究資料》，31頁。

② 同上。

老百姓驚呼：這共產黨可真了不得啦！

梁必業老人說，三年前出關也是這個時候，走的也是冷口。穿戴像花子，扛槍像「鬍子」。老百姓說：這就是「共產黨」呀？這回進關，老百姓說：這天底下都是共產黨啦！哪見過這麼闊氣的共產黨啊？這共產黨員是神仙哪！

趙斌老人說，進關不久就碰見一支關裏部隊。他們一個團才三挺輕機槍，我們一個營光重機槍就九挺，還有九門迫擊炮。往那兒一擺，把他們眼饞得那個樣兒呀，說：瞧人家，闖關東發大財了！

宋繼先老人說，從喜峰口進關，沿途國民黨望風而逃。抓住的俘虜說，他們就怕我們這些「戴狗皮帽子的」。東北進關部隊大都戴狗皮帽子。一些戰士也淘氣，老遠就把帽子挑在槍尖上搖晃，嚇唬他們，到天津城下還搖晃。

先後進關和撥歸華北及其他部隊的東北部隊，達105萬餘人。

11月30日，林彪從喜峰口進關。

此刻，沒有比林彪更榮耀的了。

從三年前秋雨綿綿中闖關東，過平漢路遭截擊，混亂中連心愛的女兒也險些丟了，到如今百萬雄師浩蕩進關，林彪以令從敵人到朋友和同志的中外同行們欽羨的技藝，將一個將軍光輝燦爛的一頁留在了黑土地上。

當他在瀋陽踏上火車，在錦州坐上吉普，在喜峰口告別關東時，鐵流湧騰中，不動聲色的林彪腦子裏那個一刻不停的車軲轆上，除了下一個對手傅作義外，還會轉動些甚麼呢？那個進城後想到哪個偏遠省份當個省委書記甚麼的念頭，是在掃蕩天涯海角後才突然冒出來的嗎？為甚麼後來又不想率軍赴朝作戰？

林彪離開黑土地一週後，《東北日報》登出一條他還在瀋陽的新聞，迷惑敵人。

而1971年9月12日，即二五六三叉戟墜毀溫都爾汗前一天，《人民日報》頭版頭條刊登消息：《偉大領袖毛主席五十幅彩色照片開始發行》，「這套照片中，有幾幅是毛主席和他的親密戰友林彪副主席在一起的照片。」

讓中國充滿愛

1945年5月7日，德國和盟軍簽署無條件投降文件後，德國代表阿爾弗雷德·約德爾將軍要求講幾句話。他說：「一經簽字，德國人民和武裝部隊的命運好歹已交付了勝利者手中……此時此刻，我只能表示希望，勝利者將寬宏大量地對待他們。」①

9月2日，日本和盟軍在「密蘇里」號上簽署停戰協定時，日本外務大臣重光葵，拖着一隻笨重的假腿，雙手哆嗦着緊握繩索，一下一下吃力地向甲板上攀登。

盟軍代表居高臨下地觀望着，沒有人伸出手去扶一下這位跛足老人。就像勝利者冷漠地聽着約德爾的那番話，未作任何評論一樣。

歷史從來不憐憫弱者。

而今，當年曾計劃要被降為一個普通巴爾幹國家的德國西部，牢固地佔據着歐洲頭號大國的地位，再次成為歐洲以至全世界的「機器車間」。雄心勃勃的日本，憑藉強大的經濟實力，在全世界安營紮寨。戰後成為日本人太上皇的山姆大叔驚叫：「日本人將買下美國！」②

也是勝利者的我們呢？當年講的「蘇聯的今天就是我們的明天」的「老大哥」呢？

坐在屋裏，我們盡可以天天憶苦思甜，年年講「形勢大好」：十年前，有幾多中國人做過彩電和冰箱夢呢？推開窗戶，我們卻只有望洋興歎：在一百二十八個國家和地區中，我國人均國民生產總值排在倒數二十多位，只能與黑非洲的索馬里和坦桑尼亞平起平坐。

不知道蘇聯人均國民生產總值是多少，只知道今天它也在改革。不知道共和國誕生時在人類大家庭中的座次，只知道這片黑土地雪白血紅後四十年了，我們的社會主義還是「初級階段」。

1955年，中國國民生產總值佔世界份額的4.7%，1980年下降到2.5%。1960年，中國生產總值與日本相當，到1980年只佔日本的四分一，1985年下降到五分一。1960年，美國生產總值超過中國4600

---

①（美）埃德溫·哈特里奇著：《第四帝國的崛起》，32頁。

② 1988年8月7日《文摘報》文章：《日本人將買下美國》。

億美元，1985年超出額達到36800億美元。

20世紀初，國父孫中山曾悲憤地發問：創造了人類古老文明和燦爛文化的中華民族，在這個世界上為甚麼如此屈辱、貧困？

20世紀末，我們是否也可以提出同樣的問題？

槍炮聲向西向南捲去了，留下一片殘破的黑土地，雪白血紅。

當槍炮聲終於在對角線的另一端止息時，德國西部未響一槍，也未發出一聲納粹式的威脅，正悄悄地從失敗和破壞的深淵中爬出來。穿和服的「阿信」，已經在東京開張了一家賣魚店，為一個家庭和一個民族的振興，邁開了艱難而又堅實的步履。

迫於無奈也好，出自深刻的反省而理智、冷靜了也好，淪為三等或四等公民的日本人、西德人和意大利人，在廢墟和瓦礫上創造了比勝者更富有、更強大的奇蹟。

而人類中有着共同歷史的最大的一群人，卻仍在東亞大陸上擁來擁去忙於廝殺打鬥。先是把本來就貧困落後，又在八年抗戰中打得破爛的國家，愈發打得破爛不堪。然後，又把「階級鬥爭」「年年講，月月講，天天講」①，直講到「父子之間，兄弟姐妹之間，夫妻之間，連十幾歲的娃娃和老太太，都參加了辯論」②。

三年內戰，窩裏鬥得紅天血地。

十年「文化大革命」，也不是打「鬼子」，也沒去月球上「文攻武衛」。

從出關到進關，共產黨人爭分奪秒，惜時如金，幾乎每個行動都搶到了對手前面。遼瀋戰役後，國民黨估計共產黨第二年春天才能進關，最快也得兩個月後。共產黨人二十多天就闖進華北。沒有比共產黨人更懂得「時間就是軍隊」了。可同樣是恩格斯說的（而且是在同一句話中說的）「時間就是金錢」，近四十年後，才首次出現在南國的深圳。

---

① 毛澤東1962年8月在北戴河中央工作會議上的講話。引自《紅旗》雜誌1967年第10期社論《無產階級專政下繼續進行革命的理論武器》。

② 1967年毛澤東視察華北、中南和華東地區時的講話。見瀋陽軍區支左辦公室編印（1968年10月16日）《文件匯編》，13、14頁。

從黨派裂痕到「階級」創傷，時間可以彌合一切。可時間早已不是我們的朋友了，我們早已是「大男大女」中的「大男大女」了。

直到今天，我們還不得不一遍又一遍地向人民許諾：再也不搞「運動」了。

而筆者在四平、長春、錦州等地採訪時，一些老人提出個我們好像從未思議過的問題：若再打仗，這疙瘩還能打得那樣紅天血地嗎？

一些或「樓上樓下，電燈電話」，或比「樓上樓下」更高雅的四合院中的老人（這些就是他們當年為之浴血奮鬥的那個「理想」嗎），則感慨不已：全國解放後，若能像戰爭年代埋頭戰爭那樣搞建設，今天會是啥成色呀！

如果不打這場內戰。如果不搞那場「文化大革命」。如果再紅天血地打一場。如果再來一次「文攻武衛」的「大革命」。……

我們有太多的「如果」！

我們已經不能再有「如果」！

歷史秒針每下都在向我們閃着紅燈：

球籍！球籍 !! 球籍 !!!

這個世界，每秒鐘有三萬美元用於製造軍火，有一名兒童死於各種本來可以避免的疾病。

人類已經擁有的核武器，可以使人類毀滅幾十次。

倘若爆發一場核大戰，這個地球將不再是隻破球，而是隻沒有生命的死球。

人類至今未將第三顆原子彈投向自己。而吃過兩顆原子彈的，當年大概想也未曾想過要進軍美國的日本人，無論將來能否買下美國，這個世界反正和過去是有點不一樣了。

用槍炮打進去佔領，是侵略，是強盜，是「鬼子」。掏錢去買，用造福於人類的先進產品和技術去攻擊，去打開國門和家門，同時也征服人心，是「客商」，是「朋友」，兩廂情願，甚至求之不得。

超級經濟大國巨大的財富，使它們在國際舞台上的影響無所不在。而一些曾以軍隊和武器「進入」鄰國的國家，不但聲名狼藉，到頭來也未發財致富——這本來曾是一些國家富強的重要手段之一。

「主辦奧運會是一等國家，一等國家的人民是一等人民。」①南朝鮮人是值得自豪的，也有得炫耀的。不是炫耀武力，而是炫耀經濟實力，炫耀財富和金錢。

人類在謀求不戰而勝的和平的努力中，正在取得成就。

但是，只要人類還在把最先進的技術用於軍備競賽，戰爭就在威脅着人類。

倫敦出版的《南方》雜誌發出驚人之語：「第三次世界大戰已經開始了，是在第三世界開始的。」②

或因落後而挨打，或因落後而拿着先進的武器骨肉相殘。越窮越打仗，越打仗越窮。貧困與戰爭惡性循環。

（據説，人類自有史以來已經進行了14513次戰爭，5164年間只有329年是和平的日子。而中國在近百年中發生戰爭之多，是不是世界之最？）

戰爭也好，「買賣」也好，在這個沒有五環旗的球形賽場上，歷史對曾經創造了那麼多世界之最的中國提出的挑戰，比任何時候和任何國家都嚴厲，簡直就像一份最後通牒。

我們已經把自己折磨得疲憊不堪。

我們已經因挨打受辱而積累了太多的敏感。

像朝鮮人一樣，我們已經不需要再證明甚麼。

最要緊的，是在持家過日子上拿獎牌。

而這，最要緊的是中國人別再打中國人了！

1986年，我們獻給國際和平年一支歌。

讓世界充滿愛，先讓上蒼賜給我們的這片土地充滿愛。

願黑土地的雪永遠潔白無染！

願炎黃子孫永遠絕戰！

1988年從綠春到金秋一稿
窗外一片雪白時二稿
於本溪

① 第二十四屆奧運會期間，掛在漢城市中心的一條標語。

② 1988年2月12日《本溪日報》文章：《「第三次世界大戰」與軍火商》。